AK
경제학

실전 동형
모의고사

허역 편저

KB049036

박영사

Intro 머리말

『AK 경제학 실전 동형 모의고사』라는 이름으로 시험 직전 Self−Test를 위한 교재를 개정하게 되었습니다. 교재를 개정할 때가 되면 늘 마음속에는 묘한 긴장감과 설렘이 공존합니다. 한편으로는 수험생들이 들려 줄 날카로운 지적에 대한 긴장감과 다른 한편으로는 수험생들의 요구에 부응하고 있다는 평가에 대한 설렘이 그것입니다.

이제 본 교재의 특징 몇 가지를 적어보고자 합니다.

이번 개정에서도 가장 먼저 고려한 것은 수험생들의 요구를 우선한다는 것이었습니다. 많은 수험생들이 모의고사 형태의 교재를 이용할 때 문제와 해설 부분을 반복하며 확인해야 하는 불편함을 호소합니다. 이러한 불편함을 덜어주기 위해서 수험생들의 '가독 편의성'을 우선적으로 고려했습니다. 그래서 해설 부분에 기존 문제를 재수록함으로써 문제와 해설을 번갈아가며 확인해야 하는 번거로움을 최소화하였습니다.

이렇게 수록된 해설 부분은 단순한 정답 확인에 그치지 않고, 경우에 따라서는 이론서에 버금가는 자세한 내용을 담아 수험생들이 마지막 복습의 기회를 갖도록 노력하였습니다.

또한 직류에 따라 출제 문항 수가 서로 다른 것을 고려하여 20문항 15회(홀수 차 모의고사)와 25문항 15회(짝수 차 모의고사) 등 총 30회로 구성하였습니다. 이를 통해 직류에 따른 사전 적응력 향상을 도모하고자 했습니다.

그리고 강의 진행 중에 또는 강의 종료 후에 참으로 다양한 질문을 받습니다. 이를 토대로 가능한 한 다양하고 많은 내용들을 책 속에 담아내고자 노력했습니다. 이렇게 설정된 집필 방향에 따라 공인회계사, 감정평가사, 공인노무사, 보험계리사 등 다양한 직류에서 출제되었던 문제 중에서 기존 7급 공무원이나 국회직 8급 기출문제와 비슷한 유형과 난이도를 보였던 문제들을 일부 재가공하고 변형하여 구성해보았습니다.

그리고 아직 출제는 안 됐지만 편저자의 일방적 판단으로 출제가 임박했다고 생각되는 분야에 대해서는 몇 문제 정도를 편저자가 직접 만들어 제시하였습니다. 적중했으면 참 좋겠습니다.

아무쪼록 이 교재에서 다룬 내용을 통해 모든 수험생들이 '合格'이라는 선물을 받기를 충심으로 기원 드립니다.

끝으로 항상 그러했듯이 이번에도 예외 없이 촉박한 시간에도 불구하고, 그리고 여러 가지 어려운 상황 속에서도 마지막까지 편집에 온갖 정성을 쏟아준 김민경 대리에게 마음속 깊은 곳에서부터 고마움을 전합니다. 그리고 본 교재를 출간할 수 있는 기회를 준 안상준 대표이사, 조성호 이사께도 감사함을 전합니다.

2021년 여름이 시작되는 날
노량진 작은 방에서……

편저자 **허 역**

※ QR코드를 촬영하시면 정오사항 및 도서 정보 업데이트를 확인하실 수 있습니다.

Contents 차례 ————————————————

AK 경제학 실전 동형 모의고사 **문제**

Contents 차례 ────────────────────

AK 경제학 실전 동형 모의고사 정답과 해설

AK 경제학

실전 동형 모의고사

AK 경제학

실전 동형
모의고사

30

01

소비자 민주의 효용함수가 다음과 같다.

- $U(X, Y) = X^\alpha \times Y^\beta$ $(\alpha + \beta = 1)$

$X = 3$, $Y = 6$일 때 민주의 한계대체율(MRS_{XY})은 3이라고 알려져 있다. α의 크기를 구하면?

① $\dfrac{1}{3}$ ② $\dfrac{2}{3}$ ③ $\dfrac{3}{4}$ ④ $\dfrac{3}{5}$

02

민주의 효용함수는 $U(M, L) = M \times L$이고, 예산제약식은 $w(24 - L) + A = M$이다. 민주가 효용을 극대화할 때와 관련된 설명으로 가장 타당한 것은? (단, M은 소득, L은 여가, $(24 - L) \geq 0$은 노동시간, A는 보조금, w는 시간당 임금이다)

① 민주가 보조금을 받지 못한 경우, 노동시간은 시간당 임금에 비례하여 증가하게 된다.
② 시간당 임금이 일정할 경우 보조금이 증가하면 노동시간도 함께 증가한다.
③ 민주가 일정액만큼 보조금을 받을 때, 시간당 임금이 상승하면 여가도 증가하게 된다.
④ 보조금이 시간당 임금의 4배인 경우, 효용극대화를 위한 민주의 노동시간은 10시간이다.

03

10명의 노동자가 생산에 참여할 때 1인당 평균생산량은 19단위였다. 그런데 노동자 1명을 더 고용하여 생산하였더니 1인당 평균생산량은 18단위로 줄어들었다. 이 경우의 한계생산물은 얼마인가?

① 1단위 ② 8단위
③ 9단위 ④ 11단위

04

다음 표는 여객과 화물운송 서비스를 제공하고 있는 A기업과 B기업의 단위당 여객운송 서비스와 화물운송 서비스 제공에 따른 비용을 보여 준다.

A기업		여객운송(명)		B기업		여객운송(명)	
		0	400			0	50
화물운송	0	0	400	화물운송	0	0	45
(톤)	100	500	800	(톤)	15	60	120

두 기업 중 범위의 경제가 존재하는 기업은?

① A기업에게만 해당한다.
② B기업에게만 해당한다.
③ 두 기업 모두에 해당한다.
④ 어느 기업에도 해당되지 않는다.

05

K기업의 공급함수가 다음과 같다.

- $Q_S = a + bP$, 여기서 Q_S는 공급량, P는 가격, a와 b는 모두 0보다 큰 상수이다.

다음 중 K기업의 공급의 가격탄력성과 관련된 진술 중 가장 타당한 것은?

① 공급의 가격탄력성은 항상 1보다 크며, 가격이 상승할수록 더 커진다.
② 공급의 가격탄력성은 항상 1보다 크며, 가격이 상승할수록 더 작아진다.
③ 공급의 가격탄력성은 항상 1보다 작으며, 가격이 상승할수록 더 커진다.
④ 공급의 가격탄력성은 항상 1보다 작으며, 가격이 상승할수록 더 작아진다.

06

다음 그림은 종량세가 부과되기 전의 배추 시장과 콜라 시장을 나타낸 것이다. 이제 두 시장에서 각각 단위당 2원만큼의 종량세가 수요자에게 부과된다고 한다. 이러한 종량세 부과에 따른 변화에 대한 설명으로 가장 타당한 것은?

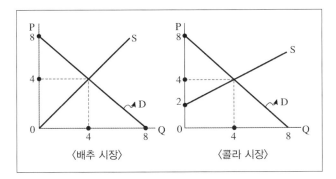

〈배추 시장〉   〈콜라 시장〉

① 종량세 부과에 따른 정부의 재정수입은 콜라 시장에서 더 크다.

② 종량세 부과에 따른 경제적 순손실(deadweight loss)은 배추 시장이 더 크다.

③ 종량세 부과에 따른 수요자와 공급자의 조세부담 크기는 두 시장에서 동일하다.

④ 종량세 부과에 따른 소비자잉여는 배추 시장에서 더 크다.

07

'SS 설렁탕'은 전단지에 인쇄된 할인쿠폰을 오려온 고객들에게는 일반 고객들보다 설렁탕을 한 그릇당 10%만큼 저렴하게 판매하고 있다. 다음 중 'SS 설렁탕'의 판매 전략과 가장 가까운 것으로 판단되는 것은?

① 'S 전자' 대리점에서는 전시상품에 대해서는 신상품에 비해서 50%만큼 할인하여 판매하고 있다.

② 남성 전문 이발소인 '피란 클럽'에서는 10번 이발을 한 고객에게 11번째에는 무료로 이발을 해 주고 있다.

③ 독점 사업자인 'K 통신사'는 개인보다 기업에 대해 높은 시간당 통신요금을 부과하고 있다.

④ '네고비아 기타'는 연주가용 고급 원목 기타는 1,000만 원에, 보급형 일반 목재 기타는 50만 원에 판매하고 있다.

08

공공재(Public Goods)에 대한 설명으로서 가장 적절치 않은 것은?

① 소비에 비경합성이 존재한다.

② 국방, 치안, 가로등 및 공원이 해당된다.

③ 공공재의 무임승차문제의 주된 요인은 비배제성이다.

④ 공공재는 개인이 원하는 양을 얼마든지 소비할 수 있다.

09

다음은 개방 국민경제의 사후적 균형에 관한 설명이다. 이에 대한 분석과 추론으로 옳은 것을 〈보기〉에서 모두 고르면?

> 경제는 사후적으로 보면 언제나 균형을 이룬다. 개방 국민경제에서의 주입은 투자지출, 정부지출 및 수출이며 누출은 민간저축, 조세 및 수입이다. 민간저축과 투자지출의 차이는 민간 잉여, 조세와 정부지출의 차이는 정부 잉여, 수출과 수입의 차이는 순수출로 정의된다. 2국으로 구성되는 국제경제를 상정하자. 그리고 한 나라의 수입의 크기는 그 나라 국민소득의 크기와 비례적인 관계가 있다고 한다.

─ 보기 ─

㉠ 국내의 투자지출이 클수록 순수출의 크기는 작다.

㉡ 민간 잉여의 크기가 일정하다면, 정부 잉여가 작을수록 순수출의 크기는 크다.

㉢ 민간 잉여와 정부 잉여의 합이 양(＋)이라면 순수출의 크기는 반드시 양(＋)이다.

㉣ 상대국 정부가 정부지출을 확대하면 자국의 순수출은 줄어든다.

① ㉠, ㉡   ② ㉠, ㉢

③ ㉡, ㉣   ④ ㉢, ㉣

10

장기 소비함수에서 평균소비성향(APC)이 0.75, 단기 소비함수에서 평균소비성향(APC)이 0.65로 알려져 있다. 만약 항상소득 가설에 따른다면 임시소득의 값은? (단, 소비의 크기는 일정불변이라고 가정한다)

① 양(+)의 값이다.
② 음(−)의 값이다.
③ 0(零)이다.
④ 양(+)일 수도 있고, 음(−)일 수도 있다.

11

투자가 독립투자로만 이루어지는 민간 봉쇄경제인 K국의 소득과 저축의 관계가 다음과 같이 주어져 있다. 아래 진술 중 가장 타당하지 못한 것은? (단, 저축은 소득의 크기에만 영향을 받는다고 가정한다)

소득(Y)	300	320	340	360
저축(S)	44	48	52	56

① K국의 소비함수에서 기초소비는 16이다.
② 만약 200만큼의 디플레이션 갭이 존재한다면 완전고용에 도달하기 위해 필요한 정부지출은 40이다.
③ 소득이 증가할수록 평균저축성향은 지속적으로 증가한다.
④ 소득이 증가한다고 하더라도 한계소비성향은 일정하다.

12

민주는 H은행에 거주자 외화예금 형태로 예치되었던 1,000만 원 전액을 인출하여 500만 원은 현금으로 보유하고, 나머지 500만 원은 요구불 예금 형태로 다시 K은행에 예치하였다. 이 경우에 협의통화(M_1)와 광의통화(M_2)의 변화는? (단, 다른 조건들은 고려하지 않는다)

① 협의통화는 증가하고 광의통화는 불변이다.
② 협의통화는 증가하고 광의통화는 감소한다.
③ 협의통화는 감소하고 광의통화는 증가한다.
④ 협의통화는 감소하고 광의통화는 불변이다.

13

'투자는 이자율의 감소함수'라는 가정에 가속도원리를 도입하여, '투자는 이자율의 감소함수일 뿐 아니라 소득의 증가함수'라는 가정으로 바꾸면 어떠한 변화가 나타나는가?

① IS곡선의 기울기가 더욱 완만해진다.
② IS곡선의 기울기가 더욱 급해진다.
③ 재정정책의 효과가 더 커진다.
④ 금융정책의 효과가 더 작아진다.

14

루카스 공급함수가 다음과 같다.

$$Y = Y_N + \alpha(P - P^e), \ \alpha > 0$$

각 학파에 적용할 때, 이 함수가 가지는 특징에 대한 서술로서 옳지 않은 것은?

─ 보기 ─
㉠ Keynes 학파의 경우 단기에 P^e가 불변이므로, 우상향하는 AS곡선이 된다.
㉡ 통화주의의 경우 단기에 P^e가 불변이므로 우상향하는 AS곡선이 되지만, 장기에는 $P = P^e$가 되어 자연산출량 수준 Y_N 수준에서 수직선이 된다.
㉢ 합리적 기대학파의 경우 단기와 장기에 모두 $P = P^e$가 되어 AS곡선이 Y_N 수준에서 수직선이 된다.
㉣ 합리적 기대학파의 경우 예상하지 못한 인플레이션이 발생하더라도 단기와 장기에 모두 $P = P^e$가 되어 AS곡선이 Y_N 수준에서 수직선이 된다.

① ㉠, ㉣   ② ㉡
③ ㉡, ㉢   ④ ㉣

15

이자소득세율(t)이 25%이고, 명목이자율(i)이 4%, 예상인플레이션(π^e)이 3%라고 가정하자. 만약 예상인플레이션이 6%로 상승하였을 때, 세후 실질이자율(r_t)이 이전과 같은 수준이 되기 위해서 필요한 명목이자율 수준은?

① 5%   ② 6%   ③ 7%   ④ 8%

16

J. R. Hicks가 승수효과와 가속도 원리를 결합하여 순환적 성장을 설명하면서 가능성이 높은 경우라고 한 것은?

① 단순 진동형
② 단순 발산형
③ 수렴 진동형
④ 발산 진동형

17

다음과 같은 Cobb-Douglas 생산함수를 가진 경제가 완전경쟁 하에 있다.

$$Y = AL^{\alpha}K^{1-\alpha}$$

2021년에 GDP 성장률은 5%, 노동(L)과 자본(K)의 투입 증가율은 각각 5%와 3%라고 할 때, 2021년의 총요소생산성 증가율이 1%라고 한다. 이 경제의 노동소득분배율을 구하면?

① $\frac{1}{2}$
② $\frac{1}{3}$
③ $\frac{2}{3}$
④ $\frac{3}{4}$

18

갑국과 을국에서 A재, B재 각 1단위를 생산하는 데 필요한 노동 투입 시간은 다음 표와 같다.

구분	A재	B재
갑국	100시간	50시간
을국	20시간	40시간

양국은 노동만을 투입하여 생산하며, 가용 노동시간은 1,000시간으로 동일하다. 무역은 양국 사이에서만 자유롭게 이루어지며 거래비용은 없다. 자유무역 후 A재와 B재는 1:1로 교환되고 갑국이 소비하는 A재와 B재의 소비량은 동일하다. 비교우위론에 따른 자유무역 후 을국이 소비하는 A재와 B재는 각각 몇 단위인가?

	A재	B재
①	10	10
②	10	40
③	40	10
④	40	40

19

소규모 개방 경제모형에서 수입관세 부과 정책과 수출보조금 지급 정책 실시에 따른 공통적인 효과에 관한 설명으로 가장 타당한 것은? (단, 수요곡선은 우하향하고 공급곡선은 우상향하며, 다른 조건들은 고려하지 않는다)

① 정책 실시 전에 비해 두 정책 모두 생산자잉여를 증가시킨다.
② 정책 실시 전에 비해 두 정책 모두 소비자잉여를 증가시킨다.
③ 정책 실시 전에 비해 두 정책 모두 재정수지가 개선된다.
④ 정책 실시 전에 비해 두 정책 모두 무역량을 증가시킨다.

20

다음 표는 일정 시점에 각국의 빅 맥(Big Mac) 가격과 현물 환율에 관한 자료이다. 빅 맥에 대해 구매력 평가설이 성립한다고 가정할 때, 장기적으로 환율이 오를 것으로 예상되는 국가를 모두 고르면? (단, 동일한 시점에서 미국에서는 빅 맥이 3달러에 판매되고 있었다)

	국가	빅 맥 가격	현물 환율
㉠	일본	220엔	110엔/달러
㉡	중국	20위안	5위안/달러
㉢	태국	330바트	100바트/달러
㉣	베트남	16,000동	8,000동/달러

① ㉠, ㉡
② ㉠, ㉣
③ ㉡, ㉢
④ ㉢, ㉣

02회 / AK 경제학 실전 동형 모의고사

01

소비자 B는 항상 야채(X) 2단위와 과일(Y) 3단위를 서로 대체하여 소비한다고 한다. B가 야채와 과일에 소비할 수 있는 예산은 12,000원이고, 야채와 과일 1단위의 값이 각각 1,000원이라고 한다. 이에 대한 설명으로 옳지 못한 것은?

① B의 효용함수를 구하면 $U=2X+3Y$로 나타낼 수 있다.
② B의 야채 소비에 따른 주관적 교환비율은 야채의 상대가격보다 항상 큰 값을 갖는다.
③ B의 합리적 선택의 결과 야채만을 소비하게 된다.
④ 야채의 소득−소비 곡선(ICC)은 원점을 지나는 직선이다.

02

위험기피자인 갑의 효용함수가 다음과 같다.

- $U=W^{0.5}$, U는 효용이고 W는 재산이다.

갑이 질병에 걸릴 확률이 10%라고 하자. 현재 갑의 재산(W)은 8,100이며, 질병에 걸릴 경우 갑의 재산은 2,500으로 감소한다고 한다. 다음 설명 중 타당한 것은? (단, 다른 조건들을 고려하지 않는다)

① 공정한 보험료는 250이다.
② 갑의 기대재산은 7,850이다.
③ 주어진 조건에서 도출되는 최대보험료는 704이다.
④ 갑은 공정한 보험 상품을 구입하지 않는다.

03

A기업의 생산함수가 다음과 같다.

- $Q=10K^{0.6}L^{0.4}$
- 여기서, Q는 생산량, L은 노동량, K는 자본량이다.

생산함수에 관한 다음 설명 중 가장 타당한 것은?

① 단기에 규모에 대한 수익 불변의 특성을 갖는다.
② 노동투입량과 자본투입량이 모두 2배로 증가하면 기술적 한계대체율($MRTS_{LK}$)도 2배가 된다.
③ 각 생산요소의 평균생산력을 기준으로 분배할 때 자본소득 분배율은 40%이다.
④ 자본투입량과 노동투입량이 모두 2배가 되더라도 노동의 한계생산물은 불변이다.

04

생산함수와 노동과 자본의 가격이 다음과 같이 주어져 있다.

- $Q=\min[aL, bK]$, a와 b는 상수
- 노동의 가격$=P_L(=w)$
- 자본의 가격$=P_K(=r)$

이를 전제로 한 평균비용(AC)곡선으로 옳은 것은?

① $AC=aP_L+bP_K$
② $AC=bP_L+aP_K$
③ $AC=\dfrac{P_L}{a}+\dfrac{P_K}{b}$
④ $AC=\dfrac{P_L}{b}+\dfrac{P_K}{a}$

05

미국과의 자유무역협정 체결로 소고기의 국내 공급이 대폭 증가하였다. 이러한 변화가 국내시장에 미치는 영향에 대한 〈보기〉의 진술 중에서 옳은 것을 모두 고르면? (단, 소고기와 닭고기의 수요곡선은 모두 우하향하고 공급곡선은 우상향한다)

보기
- ㉠ 소고기와 닭고기가 대체재라면 닭고기 가격이 하락하고 거래량 역시 감소한다.
- ㉡ 소고기와 닭고기가 보완재라면 닭고기 시장의 생산자 잉여는 감소한다.
- ㉢ 소고기와 닭고기가 대체재라면 닭고기 시장의 소비자 잉여는 감소한다.
- ㉣ 협정 체결 후 소비자들의 소고기에 대한 선호도도 함께 높아졌다면 소고기 가격은 상승하고 거래량 역시 증가한다.

① ㉠, ㉡　　　　　　② ㉠, ㉢
③ ㉡, ㉢　　　　　　④ ㉢, ㉣

06

독점기업이 당면하고 있는 시장수요곡선은 $P = 12 - \frac{1}{2}Q$이고, 한계비용은 항상 2로 일정하다. 만약 정부가 기업에게 단위당 2만큼의 종량세(quantity tax)를 부과하는 경우, 소비자 잉여는 조세부과 전에 비해 어떻게 변하겠는가?

① 1만큼 감소한다.
② 3만큼 감소한다.
③ 6만큼 감소한다.
④ 9만큼 감소한다.

07

기업 A의 조업중단점이 되는 무선 마우스의 가격은?

무선 마우스를 생산하는 기업 A의 생산 능력은 월 2,000개이고, 고정비용은 월 5,000,000원이다. 한 개당 생산에 소요되는 가변비용은 20,000원이다. 그런데 생산량이 800개일 때 기업 A는 조업을 중단한다고 한다.

① 10,000원　　　　　② 15,000원
③ 20,000원　　　　　④ 25,000원

08

K국의 국내 자동차 시장은 시장점유율이 60%인 H기업과 40%인 S기업에 의해 양분되고 있다. 허쉬만-허핀달(Hirschman-Herfindahl) 지수로 측정한 K국 자동차 시장의 독점도(degree of monopoly)를 구하면?

① 100　　　　　　　② 2,400
③ 4,200　　　　　　④ 5,200

09

독점적 경쟁시장에 참여하고 있는 K기업은 현재 장기균형 조건에서 생산을 하고 있다. K기업의 현재 생산수준에 대한 설명으로 가장 타당한 것은?

① K기업은 현재 초과이윤을 얻고 있다.
② 가격이 평균비용보다 높다.
③ 가격이 한계비용보다 낮다.
④ K기업은 과잉설비를 보유하고 있다.

10

K국의 직업훈련 교육서비스에 대한 수요곡선이 다음과 같이 주어져 있다.

- $P = 100 - \frac{1}{2}Q$, 여기서 P는 수강료이고, Q는 교육시간이다.

또한 직업훈련 교육서비스 공급에 따른 훈련원의 한계비용곡선과 훈련원 교육서비스 공급에 따른 외부 한계편익곡선이 다음과 같다고 알려져 있다.

- $MC = 10 + Q$
- $EMB = 30$

직업훈련 교육서비스가 사회적 최적 수준에 도달하기 위해 필요한 보조금 총액 크기를 구하면?

① 1,600 ② 2,000

③ 2,400 ④ 2,800

11

다음 유량과 저량에 대한 진술 중 옳은 것은?

① 소득과 재산은 모두 유량이다.

② 소득과 재산은 모두 저량이다.

③ 소득은 유량이고 재산은 저량이다.

④ 소득은 저량이고 재산은 유량이다.

12

케인스(J. M. Keynes)가 제시한 자본의 한계효율에 대한 정의로 옳은 것은?

① 미래 기대수익을 자본재 구입비용으로 나눈 값

② 미래 기대수익의 현재가치와 자본재 구입비용을 같게 하는 할인율

③ 자본재 구입비용을 미래 기대수익의 현재가치로 나눈 값

④ 자본재 구입비용을 시장이자율로 할인한 값

13

다음은 개방경제 거시모형이다. 이에 대한 설명으로 가장 적절하지 않은 것은?

- $C = 100 + 0.8Y$
- $I = 100$, $G = 100$
- $X = 350$, $M = 150 + 0.2Y$
- C는 소비, Y는 소득, I는 투자, G는 정부지출, X는 수출, M은 수입이다.

① 균형국민소득은 1,250이다.

② 균형국민소득에서 경상수지는 50만큼 적자이다.

③ 정부지출이 10만큼 증가하는 경우, 폐쇄경제 하에서의 국민소득 증가분과 개방경제 하에서의 국민소득 증가분의 차이는 50이다.

④ 정부지출이 10만큼 증가하면 폐쇄경제 하에서의 균형국민소득은 1,550이 된다.

14

다음은 W국의 경제 상황과 관련된 표이다. 이 표와 관련된 설명으로 옳은 것을 〈보기〉에서 모두 고르면? (단, 2019년도의 GDP 디플레이터 증가율, 실질 GDP 증가율, 인구 증가율은 각각 4%, 2%, 1%였다)

구분 \ 연도	2020년	2021년	2022년
GDP 디플레이터 증가율	4%p	4%p	4%p
실질 GDP 증가율	2%p	3%p	4%p
인구 증가율	1%p	2%p	3%p

┌ 보기 ────────────
㉠ 2022년에는 명목 GDP와 실질 GDP는 동일한 비율로 증가했다.

㉡ 1인당 실질 GDP는 매년 증가하고 있다.

㉢ GDP 디플레이터의 크기는 매년 동일하다.

㉣ 명목 GDP의 크기는 매년 증가하고 있다.
────────────────

① ㉠, ㉡, ㉢, ㉣ ② ㉠, ㉡, ㉢

③ ㉡, ㉣ ④ ㉢, ㉣

15

만기가 1년이고, 이자는 만기에 한 번 8만 원을 지급하는 액면가 100만 원인 이표채권이 있다고 가정하자. 현재 이표채권의 가격이 90만 원이라고 할 때, 이에 관련된 설명으로 가장 타당하지 못한 것을 고르면?

① 채권의 만기수익률은 20%이다.

② 채권의 표면이자율은 경상수익률보다 더 높다.

③ 채권의 경상수익률은 약 8.9%이다.

④ 채권의 만기수익률과 채권의 가격은 역(−)의 관계에 있다.

16

고전학파의 화폐수량설에 관한 설명으로 가장 타당하지 못한 것은?

① 피셔(I. Fisher)의 거래수량설에서 화폐의 기능은 교환의 매개수단이고, 마셜(A. Marshall)의 현금잔고수량설에서 화폐의 기능은 가치저장수단이다.

② 피셔(I. Fisher)의 거래수량설은 묵시적으로 화폐수요를 설명하고, 마셜(A. Marshall)의 현금잔고수량설은 명시적으로 화폐수요를 설명한다.

③ 피셔(I. Fisher)의 거래수량설에서 화폐수요는 유량(flow)이고, 마셜(A. Marshall)의 현금잔고수량설에서 화폐수요는 저량(stock)이다.

④ 피셔(I. Fisher)의 거래수량설과 마셜(A. Marshall)의 현금잔고수량설 모두에서 화폐수요의 이자율 탄력성은 '1'이다.

17

케인스 학파의 일반적인 경제관에 관한 설명으로 옳지 않은 것은?

① 물가에 대한 적응적 기대를 전제한다.

② 외적 충격에 대한 비수용적(non−accommodative) 정책을 주장한다.

③ 장기분석보다는 단기분석의 설명력이 높다.

④ LM곡선의 기울기보다 상대적으로 가파른 IS곡선을 전제한다.

18

고전학파의 총공급곡선을 가정할 때, 총수요의 감소가 물가와 실질 산출량에 미치는 영향으로 가장 타당한 것은?

① 물가 상승, 실질 산출량 감소

② 물가 하락, 실질 산출량 증가

③ 물가 상승, 실질 산출량 불변

④ 물가 하락, 실질 산출량 불변

19

다음은 K국의 노동시장에 대한 자료이다.

- 전체 인구: 1억 명
- 노동(생산)가능인구: 8,000만 명
- 비경제활동인구: 3,000만 명
- 취업자: 4,000만 명

K국 경제의 고용률과 실업률은?

	고용률	실업률
①	80%	10%
②	60%	15%
③	50%	20%
④	50%	25%

20

총공급곡선의 모양이 수평일 때, 단기 필립스곡선의 모양은?

① 수평　　　　② 수직

③ 우하향　　　④ 우상향

21

다음 실물적 경기변동이론(real business cycle theory)에 관한 설명으로 옳은 것은?

① 상품시장은 과점시장의 형태이다.

② 불경기에도 기업은 이윤을 극대화한다.

③ 임금은 신축적이지만 상품가격은 경직적이다.

④ 예상하지 못한 통화량의 변화가 경기변동의 주요인이다.

22

다음은 A국과 B국의 노동자 1인당 1일 평균 생산량을 나타내는 표이다. 리카도(D. Ricardo)의 비교우위론에 따를 때, 다음 중 A, B 양국이 교역을 통하여 모두 이익을 얻을 수 있는 교역조건에 해당하는 것은?

	X재	Y재
A국	8	10
B국	1	4

① A국의 X재 1단위가 B국의 Y재 1단위와 교환될 때
② A국의 Y재 1단위가 B국의 X재 0.5단위와 교환될 때
③ B국의 X재 1단위가 A국의 Y재 2단위와 교환될 때
④ B국의 Y재 1단위가 A국의 X재 0.3단위와 교환될 때

23

다음은 대국인 갑국의 X재 중심의 경제성장에 따른 국제상대가격의 변화($P_1 \Rightarrow P_2$)로 인한 갑국의 소비수준의 변화를 보여주는 그림이다. 다음 중 그림에 대한 설명으로 옳은 것을 〈보기〉에서 모두 고르면?

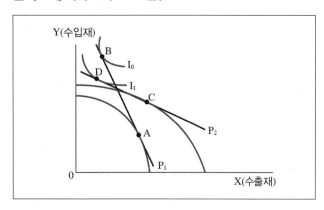

─ 보기 ─
가. 교역 전의 생산점과 소비점은 각각 A와 B이다.
나. 국제상대가격이 변화하면 생산점과 소비점이 분리된다.
다. 국제상대가격의 변화로 갑국의 교역조건은 개선되었다.
라. X재가 자본집약재라면 갑국에서 자본의 증가로 나타날 수 있는 현상이다.

① 가
② 나
③ 다, 라
④ 라

24

관세에 관한 다음의 설명 중 가장 타당하지 못한 것은?

① 소국이 수입관세를 부과하는 경우, 수입관세가 없는 경우에 비해 소비자 후생이 감소한다.
② 대국이 수입관세를 부과하면 교역조건을 개선시킨다.
③ 소국이 수입관세를 부과하게 되면 국제 상대가격에는 변화가 없다.
④ 관세를 이전에 비해 높이면 정부의 관세수입은 증가한다.

25

다음 글에 대한 설명으로 옳지 않은 것은?

한국과 미국 사이에 자본이동이 자유롭다고 가정하자. 현재 한국의 연 이자율은 8%, 미국의 연 이자율은 5%이고, 현재 달러에 대한 원화의 환율은 1,000원이라고 한다.

① 1년 뒤 환율이 1,050원으로 예상되면 한국 예금의 기대수익률보다 미국 예금의 연 기대수익률이 더 낮다.
② 커버된 이자율 평가설에 따른 균형선물환율은 1,030원이다.
③ 선물환 시장에서 1년 만기 달러의 선물환율이 1,020원이라면 미국 예금 연 기대수익률은 7.1%가 된다.
④ 선물환 시장에서 1년 만기 달러의 선물환율이 1,020원이라면 한국의 투자자는 한국에 예금한다.

01

효용함수가 다음과 같이 주어져 있다.

> - $U = (X + Y)^2$
> - U는 효용이고 X는 X재 소비량이고 Y는 Y재 소비량이다.

X재 가격은 2원, Y재 가격은 1원이라고 할 때, 주어진 효용함수에 관한 설명으로 가장 적절하지 못한 것은?

① X재와 Y재의 소비량을 모두 2배 증가시키면 효용은 4배만큼 증가한다.

② X재와 Y재의 한계대체율(MRS_{XY})은 항상 일정하다.

③ 소득−소비 곡선(ICC)은 Y재 축과 겹쳐진다.

④ 소비자의 최적소비는 주어진 소득으로 X재만 소비하는 것이다.

02

다음 글에서 괄호 안의 ㉠, ㉡, ㉢에 들어갈 숫자를 순서대로 채우면?

> 소비자 갑은 두 재화 A와 B만을 소비하여 효용을 얻고 있으며, A재 2단위는 B재 3단위와 완전히 대체될 수 있다. 갑의 소득은 12원, A재 가격은 2원, B재의 가격은 1원이다. 만약 A재의 가격이 1원으로 하락한다면 효용을 극대화하는 (㉠)재의 소비량은 (㉡)단위만큼 늘어나고, 이 중에서 소득효과는 (㉢)단위이다.

	㉠	㉡	㉢
①	A	12	4
②	A	12	8
③	A	8	4
④	B	12	8

03

기술적 한계대체율($MRTS_{LK}$)이 체감한다는 것은?

① 기술이 노동과 자본을 대체하는 것이 점점 어려워진다는 것을 의미한다.

② 기술이 노동과 자본을 대체하는 것이 점점 쉬워진다는 것을 의미한다.

③ 임금이 자본 임대료보다 점점 더 높아진다는 것을 의미한다.

④ 자본 임대료가 임금보다 점점 더 높아진다는 것을 의미한다.

04

K기업의 장기총비용곡선이 다음과 같다.

> - $LTC(Q) = 20Q - 12Q^2 + Q^3$
> - LTC는 장기총비용, Q는 생산량이다.

규모의 경제가 나타나는 생산량 Q의 범위는?

① $0 \leq Q \leq 3$ ② $0 \leq Q \leq 4$

③ $0 \leq Q \leq 5$ ④ $0 \leq Q \leq 6$

05

시장 수요함수가 다음과 같다. 폐색가격의 크기로 옳은 것은?

> $$Q_D = 100,000 - 0.5P$$

① $P = 0$ ② $P = 50,000$

③ $P = 100,000$ ④ $P = 200,000$

06

다음 표는 소주의 가격 변화에 따른 1일 수요량과 공급량을 나타낸 것이다.

가격(원)	2,000	2,100	2,200	2,300	2,400	2,500	2,600	2,700	2,800
수요량(병)	110	100	90	80	70	60	50	40	30
공급량(병)	20	40	60	80	100	120	140	160	180

만약 정부가 소주 구매자에게 구매 후 소주 한 병당 300원 만큼의 종량세를 부과할 때, 소주가격과 소주 거래량의 변화로 옳은 것은?

	소주가격	소주 거래량
①	100원 상승	20병 감소
②	100원 상승	20병 증가
③	100원 하락	20병 감소
④	100원 하락	20병 증가

07

완전경쟁시장의 단기균형 상태에서 반드시 성립하는 것은?

① 한계비용(MC) = 평균가변비용(AVC)
② 한계수입(MR) = 평균비용(AC)
③ 한계비용(MC) = 평균비용(AC)
④ 가격(P) = 한계비용(MC)

08

독점기업 J의 수요함수가 다음과 같다.

- $Q = P^{-2}$, P는 가격이고 Q는 수요량이다.

정부가 독점기업 J에게 단위당 10원의 조세를 부과하는 경우 이윤극대화 수준에서 가격의 상승분은? (단, 한계비용은 20원으로 일정하다고 가정한다)

① 10원
② 15원
③ 20원
④ 25원

09

다음 사례의 경우 국내 총생산(GDP)의 합은 얼마인가?

어부가 미끼와 그물 등의 원료구입비 10만 원을 들여 참치를 잡았다. 이를 중간 도매상에게 100만 원을 받고 팔았다. 중간 도매상은 참치의 일부를 횟집에 80만 원에 팔았고, 나머지는 통조림 공장에 90만 원에 팔았다. 횟집은 참치를 회로 150만 원에 판매하였고, 통조림 공장은 130만 원 어치의 참치 통조림을 생산하여 일본으로 수출하였다.

① 260만원
② 280만원
③ 380만원
④ 560만원

10

케인스의 거시경제 이론체계에 대한 다음 설명 중 가장 적절하지 못한 것은?

① 고용 수준은 유효 수요의 크기에 의해 결정된다.
② 노동 시장의 불균형은 명목 임금의 하방 경직성에서 비롯된다.
③ 생산물 시장에서의 불균형 해소는 이자율의 조정을 통해 이루어진다.
④ 저축과 투자는 항상 일치할 수는 없으며 사후적으로 균형 상태에서만 일치한다.

11

케인스 단순모형에서 한계소비성향이 0.75, 소득세율이 20%이다. 현재 정부는 심각한 경기침체에서 벗어나기 위해 10조 원 규모의 재정지출을 계획하고 있는 것으로 알려져 있다. 만약 정부가 이러한 계획을 실행하게 되는 경우 예상되는 재정수지의 변화는?

① 4조 원만큼 악화된다.
② 5조 원만큼 악화된다.
③ 8조 원만큼 악화된다.
④ 10조 원만큼 악화된다.

12

통화량(M)이 현금통화(C)와 예금통화(D)의 합계로 정의되고, 본원통화(H)는 현금통화와 은행의 지급준비금(R)으로 구성된다고 한다. 또한 민간의 현금 – 통화비율($c = \frac{C}{M}$)이 0.2이고, 총지급준비율($z = \frac{R}{D}$)이 0.25라고 한다. 중앙은행이 10조 원의 본원통화를 증가시킬 때, 통화량 증가의 크기는 얼마인가?

① 15조 원 　　　　　 ② 20조 원

③ 25조 원 　　　　　 ④ 30조 원

13

폐쇄경제인 K국의 IS–LM 모형이 다음과 같이 주어졌다.

- IS곡선: $r = 5 - 0.1Y$
- LM곡선: $r = 0.1Y$

현재 경제상태에서 국민소득은 25이고 이자율이 3이라고 한다면 상품시장은 (㉠)이고, 화폐시장은 (㉡)이다.

괄호에 들어갈 용어로 옳게 묶은 것은?

	㉠	㉡
①	초과공급	초과수요
②	초과수요	초과수요
③	초과공급	초과공급
④	초과수요	초과공급

14

다음 표를 기초로 하여 2020년을 기준년도로 할 때 2022년의 물가지수를 Laspeyres 지수로 구하면?

구분	2020		2022	
	가격(P)	수량(Q)	가격(P)	수량(Q)
쌀	100	500	80	600
면화	250	40	500	50

① 90 　　　　　 ② 100

③ 110 　　　　　 ④ 120

15

K국의 생산가능인구는 3,000만 명, 취업률이 96%, 실업자가 100만 명이다. K국의 비경제활동인구를 구하면?

① 200만 명 　　　　　 ② 300만 명

③ 400만 명 　　　　　 ④ 500만 명

16

K국의 필립스 곡선이 다음과 같이 알려져 있다.

- $\pi = \pi^e + 7.5\% - 2.5u$
- π는 실제 인플레이션율, π^e는 예상 인플레이션율, u는 실제실업률이다.

위 식과 관련된 진술로 가장 타당한 것은?

① K국의 자연실업률은 5%이다.

② K국의 정책당국이 실업률을 1%p 낮추기 위해서는 2.5%의 인플레이션을 희생해야 한다.

③ 예상 인플레이션율이 상승하면 경제는 필립스 곡선을 따라 좌상방으로 이동한다.

④ 실제 GDP가 잠재 GDP보다 크다면 실제 인플레이션율은 예상 인플레이션율보다 반드시 낮다.

17

솔로(R. Solow) 성장모형에서 생산함수가 $Y = L^{0.5}K^{0.5}$이고, 인구증가율이 0%, 감가상각률이 5%, 저축률이 20%인 경우, 이에 대한 설명 중 옳은 것을 모두 고르면? (단, Y는 총소득, L은 노동량, K는 자본량이다. 또한 다른 조건은 고려하지 않는다)

보기
- ㉠ 정상상태(steady state)에서 1인당 자본량(k)의 증가율은 0이다.
- ㉡ 감가상각률이 10%로 증가할 경우 정상상태에서 1인당 자본량은 증가한다.
- ㉢ 현재의 저축률은 정상상태에서 황금률 수준의 1인당 자본량을 달성하기 위해 필요한 저축률 수준에 미달하고 있다.

① ㉠ 　　　　　 ② ㉠, ㉡, ㉢

③ ㉠, ㉢ 　　　　　 ④ ㉡, ㉢

18

우리나라에서 최근 몇 달간 발생한 국제거래가 다음과 같다고 가정했을 때, 우리나라의 국제수지에 대한 설명으로 옳은 것은?

ⓐ 미국으로부터 차관 5억 달러를 도입하였다.
ⓑ 중국에 휴대폰 10억 달러어치를 수출하였다.
ⓒ 태국으로부터 과일 2억 달러어치를 수입하였다.
ⓓ 인도에 4억 달러를 투자하여 자동차 공장을 지었다.
ⓔ 외국인 관광객 수입이 3억 달러에 달하였다.

---

① 상품수지는 8억 달러 적자이다.
② 금융계정은 3억 달러 적자이다.
③ 경상수지는 11억 달러 흑자이다.
④ 이전소득수지는 3억 달러 흑자이다.

19

다음 표와 같이 환율 변동이 발생했다면, 이에 따른 효과 중에서 옳은 내용을 〈보기〉에서 있는 대로 고른 것은?

구분	원/달러	엔/달러
과거	1,050	100
현재	1,100	110

보기
ⓐ 달러 표시 외채를 가진 한국 기업의 상환 부담이 감소하였다.
ⓑ 부품을 한국에서 수입하는 일본 기업의 생산비가 상승하였다.
ⓒ 한국에 수출하는 미국 제품의 가격 경쟁력이 하락하였다.
ⓓ 미국에 수출하는 일본 제품의 달러 표시 가격이 상승하였다.

① ⓐ, ⓓ   ② ⓑ, ⓒ
③ ⓑ, ⓓ   ④ ⓒ, ⓓ

20

자본이동이 불가능한 소국 모형에 관한 다음 진술 중 가장 타당한 것은? (단, 변동환율제도를 가정한다)

① 총수요 관리정책으로서 재정정책은 무력하다.
② 총수요 관리정책으로서 통화정책은 무력하다.
③ 확장적 재정정책으로 이자율이 상승하여 순자본유입이 이루어진다.
④ 확장적 통화정책으로 환율은 상승한다.

01

효용함수가 $U(X, Y) = X^{0.2}Y^{0.8}$인 소비자가 효용극대화를 실현하는 X재와 Y재의 구매량의 합은? (명목소득: 100만 원, X가격: 10만 원, Y가격: 5만 원)

① 19   ② 18

③ 17   ④ 16

02

소비자 A는 두 재화 모두 정상재인 X재와 Y재만을 소비하고 있다. 그런데 X재 가격만이 하락할 때 소비자 A의 X재에 대한 소비 지출액은 불변이라고 한다. 다음 중 소비자 A의 가격 – 소비 곡선(PCC)으로 가장 적절한 그림은? (단, 소비자 A의 한계대체율(MRS_{XY})은 체감하며 다른 조건을 고려하지 않는다)

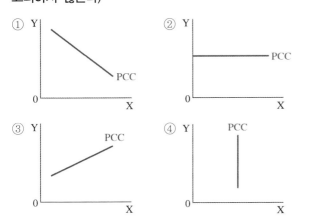

03

소비자 민주는 X재보다 Y재를 훨씬 더 선호하는 소비자이다. 이제 정부가 민주에게 생활 향상을 위해서 X재에 대한 현금보조, 현물보조, 가격보조 등의 다양한 보조제도 실시를 검토하고 있다고 한다. 이러한 보조제도 실시에 따른 다음 설명 중 가장 옳지 않은 것은?

① 현금보조를 실시할 때 민주의 효용은 가장 크게 증가한다.

② 현물보조는 민주의 다양한 상품조합 선택을 제약할 수 있다.

③ 정부의 목적이 Y재 소비 억제와 X재 소비 장려에 있다면 가격보조가 가장 효과적이다.

④ 정부가 가격보조를 하는 경우, 민주에게는 소득효과만 발생하고 대체효과는 발생하지 않는다.

04

어떤 기업의 평균비용이 100으로 일정하다고 알려져 있다. 다음 〈보기〉에서 이 기업의 생산조건에 대한 설명으로 옳은 것을 모두 고르면?

> ┌ 보기 ─────────────────────
> ㉠ 고정비용의 크기는 존재하지만 그 크기는 알 수 없다.
> ㉡ 평균비용과 한계비용의 크기는 같다.
> ㉢ 총가변비용 곡선은 원점을 통과하는 직선이다.
> ㉣ 한계비용 곡선은 우상향한다.
> └──────────────────────────

① ㉠, ㉣   ② ㉠, ㉡, ㉢

③ ㉡, ㉢   ④ ㉢, ㉣

05

생산함수가 $Q(L, K) = \sqrt{LK}$이고 단기적으로 K가 100으로 고정된 기업이 있다. 단위당 임금과 단위당 자본비용이 각각 1원 및 9원으로 주어져 있다. 단기적으로 이 기업에서 규모의 경제와 규모의 비경제가 구분되는 생산규모는? (단, Q는 생산량, L은 노동투입량, K는 자본투입량이다)

① 100
② 200
③ 300
④ 400

06

'33 아이스크림' 가게를 운영하고 있는 K씨는 판매수입을 늘리기 위해서 아이스크림 가격을 개당 1,100원에서 900원으로 인하하였다. 그 결과 아이스크림의 1일 판매수입이 990,000원에서 1,350,000원으로 증가하였다. 아이스크림의 수요의 가격탄력성을 구하면? (단, 가격탄력성을 중간점 공식(호탄력도)을 이용하여 도출한다)

① 0.8
② 1
③ 1.8
④ 2.5

07

독점기업이 당면하고 있는 시장수요곡선은 $P = 12 - \frac{1}{2}Q$이고, 한계비용은 항상 2로 일정하다. 만약 정부가 기업에게 단위당 2만큼의 종량세(quantity tax)를 부과하는 경우, 조세 부과 전에 비해 나타나는 생산자 잉여의 변화는?

① 8만큼 증가한다.
② 10만큼 감소한다.
③ 12만큼 감소한다.
④ 18만큼 감소한다.

08

다음 가격정책에 대한 설명 중 가장 타당한 것은?

① 최고가격을 균형가격보다 높게 설정할수록 소비자 보호 효과가 커진다.
② 최저가격을 균형가격보다 낮게 설정하면 시장에서는 초과수요가 발생한다.
③ 최저가격을 균형가격보다 높게 설정하면 실효성 있는 규제가 되어 자원이 효율적으로 배분된다.
④ 실효성 있는 최고가격을 설정하면 암시장 발생 유무와 관계없이 소비자 잉여와 생산자 잉여의 총합은 동일하다.

09

생산요소에 대한 수요가 파생적 수요(derived demand)인 이유는?

① 생산요소에 대한 수요가 기술 수준에 의해 결정되기 때문이다.
② 생산요소에 대한 수요가 생산물에 대한 수요에 의존하기 때문이다.
③ 생산요소에 대한 수요가 생산함수로부터 파생되기 때문이다.
④ 생산요소에 대한 수요가 비용함수로부터 파생되기 때문이다.

10

다음 중 "질문지를 어떻게 구성하느냐에 따라 다른 응답이 나올 수 있다"는 것을 설명하는 행동경제학 개념은?

① 틀 짜기 효과(framing effect)
② 닻 내림 효과(anchoring effect)
③ 현상 유지 편향(status quo bias)
④ 부존 효과(endowment effect)

11

다음은 2022년 T국의 국민소득 계정의 일부이다. T국의 실질 국내총소득(GDI)과 실질 국민총소득(GNI)을 각각 구하면?

> • 실질 국내총생산(GDP): 1,800억 달러
> • 실질 국외 순수취요소소득: 50억 달러
> • 교역조건 변화에 따른 실질무역손익: −100억 달러

	실질 GDI	실질 GNI
①	1,700억 달러	1,850억 달러
②	1,700억 달러	1,750억 달러
③	1,750억 달러	1,700억 달러
④	1,850억 달러	1,700억 달러

12

소비함수가 다음과 같이 주어졌다.

> • $C = a + bYD$
> • C는 소비, YD는 가처분소득, a는 기초소비, b는 한계소비성향이다.

"소비함수가 안정적이다"라는 것은 무엇을 의미하는가?

① C값이 일정하다는 의미이다.

② a값이 YD와 무관하게 결정된다는 의미이다.

③ b값의 변화가 작다는 의미이다.

④ YD값의 변화가 작다는 의미이다.

13

어느 폐쇄경제의 거시 경제 상황이 다음과 같다고 할 때, 민간저축과 GDP의 크기를 옳게 짝지은 것은?

> • 조세(T) = 10,000
> • 민간투자(I) = 15,000
> • 민간소비(C) = 80,000
> • 재정적자(B) = 2,000

	민간저축	GDP
①	4,000	94,000
②	8,000	98,000
③	9,000	99,000
④	13,000	103,000

14

다음 중 화폐의 기능에 관련한 설명으로 가장 타당한 것은?

① 인플레이션이 진행되는 경우에 화폐의 기능 중 가장 약화되는 것은 거래의 매개수단 기능이다.

② 케인스(J. M. Keynes)가 가장 중시한 화폐의 기능은 거래의 매개수단 기능이다.

③ 이자율과 가장 밀접한 관계가 있는 화폐의 기능은 가치저장수단 기능이다.

④ 화폐가 경제에 도입되면 화폐 사용 비용이 추가되어 거래 비용이 증가한다.

15

외국계 회사인 (주)ST에 근무하고 있는 철수의 월 급여는 3,600달러이다. 철수의 월 급여는 철수의 거래은행으로 자동 이체되며, 철수는 필요한 돈을 일과 후에 1시간을 할애하여 은행에 가서 인출하여 충당하고 있다. 보몰(W. Baumol)의 재고이론에 따른 때 철수의 월 최적 화폐수요의 크기는 얼마인가? (단, 현재 은행이자율은 연 6%이고, 철수에게 1시간은 1달러의 가치가 있다고 가정한다)

① 300달러   ② 400달러

③ 500달러   ④ 600달러

16

W은행의 대차대조표가 아래와 같다고 한다.

자산		부채	
지급준비금	1,000만 원	요구불 예금	5,000만 원
대출	4,000만 원		

법정지급준비율이 8%라면 W은행이 보유하고 있는 초과지급준비금은?

① 250만 원   ② 500만 원

③ 600만 원   ④ 750만 원

17

현재 폐쇄경제인 P국의 IS-LM 모형이 다음과 같다.

- IS곡선: $r = 4 - 0.05\,Y$
- 실질 화폐수요 함수: $\dfrac{M_D}{P} = 0.15\,Y - r$
- 명목 화폐공급량(M_S) $= 4$
- Y는 국민소득, r은 이자율, M_D는 명목 화폐수요량, P는 물가이고 1로 불변이다.

K국 중앙은행은 현재의 경기침체에서 벗어나기 위해 확장적 통화정책을 실시하여 균형이자율을 낮추려고 계획하고 있다. 균형이자율을 현재보다 1만큼 낮추기 위해 필요한 명목 화폐공급량의 증가분을 구하면?

① 2   ② 4

③ 6   ④ 8

18

총수요－총공급 곡선에 관한 다음의 설명 중 가장 타당한 것은?

① 총수요곡선은 모든 상품의 개별적 수요를 가격에 대하여 수평으로 합하여 도출할 수 있다.

② 유동성함정이 존재하는 구간에서 총수요곡선은 수평선이 된다.

③ 피구의 실질잔고효과의 존재는 총수요곡선의 기울기를 더욱 완만하게 한다.

④ 고전학파는 물가의 완전신축성을 가정하기 때문에 총공급곡선은 수평선의 모습을 보인다.

19

인플레이션에 관한 설명으로 옳지 않은 것은?

① 프리드먼(M. Friedman)에 따르면 인플레이션은 언제나 화폐적 현상이다.

② 인플레이션이 예상되는 경우에는 구두창 비용이 발생하지 않는다.

③ 비용 인상 인플레이션은 총수요관리를 통한 단기 경기안정화 정책을 어렵게 만든다.

④ 예상하지 못한 인플레이션은 고정이자를 지급하는 채권 소유자를 불리하게 만든다.

20

다음 표는 L국 노동 시장의 변화와 관련된 통계이다. 표에 대한 해석으로 가장 타당한 것을 고르면? (단, 생산 가능 인구의 크기는 변화가 없다)   (단위: 만 명)

구분	2021년		2022년
취업자 수	850	⇒	800
비경제활동인구 수	300		350

① 경제활동 참가율은 상승하였다.

② 실업자의 수는 증가하였다.

③ 고용률은 변화가 없다.

④ 실업률은 상승하였다.

21

솔로(R. Solow) 경제성장 모형에 관한 다음 진술 중 가장 타당하지 못한 것은?

① 균제상태(steady state)에서 저축률은 외생적으로 주어진다.

② 솔로 경제성장 모형에서 저축률이 상승하면 균제상태에서의 1인당 소득과 1인당 소비는 모두 증가하게 된다.

③ 솔로 모형에서는 기술진보가 균제상태에서 1인당 소득을 지속적으로 증가시킬 수 있는 유일한 원천이다.

④ 솔로 모형은 수확체감의 법칙이 나타나고 대체탄력성이 1인 생산함수를 가정한다.

22

다음은 K국의 산업별 수출액 및 수입액에 관한 자료이다. K국에서 산업 내 무역지수가 가장 높은 산업은?

	자동차	반도체	조선	휴대전화
수출액(억 달러)	200	800	150	400
수입액(억 달러)	100	200	100	200

① 자동차 ② 반도체
③ 조선 ④ 휴대전화

23

다음은 A국의 최근 3년간 국제수지표이다. ⓐ + ⓑ + ⓒ의 값을 구하면?

	2020년	2021년	2022년
경상수지	120	110	ⓒ
자본계정	40	ⓑ	40
금융계정	20	30	40
준비자산 증감	ⓐ	−140	−110
오차 및 누락	0	10	−20

① −140 ② 140
③ −160 ④ 160

24

다음 자료는 A국과 B국 두 나라로 구성된 국제경제에서 교역이 이루어지고 있는 상황에 관한 것이다. 이와 관련된 진술로서 가장 타당하지 못한 것은?

> A국과 B국 두 나라의 교역에는 어떤 규제도 없으며 비용도 발생하지 않는다. A국과 B국의 화폐단위는 각각 '링기'와 '페수'이다. 동일한 햄버거에 대한 두 나라의 수요곡선과 공급곡선은 다음과 같다. 식에서 Q와 P는 각각 햄버거의 수량과 가격을 나타낸다.
>
> | A국 | B국 |
> |---|---|
> | 수요곡선: $Q_{DA} = 100 - P_A$ | 수요곡선: $Q_{DB} = 80 - 2P_B$ |
> | 공급곡선: $Q_{SA} = 40 + P_A$ | 공급곡선: $Q_{SB} = 20 + 2P_B$ |

① 두 나라에서 햄버거 1개의 구입비용이 같도록 환율이 결정되어야 한다면, A국의 화폐 1링기는 B국의 화폐 0.5페수와 교환되어야 한다.

② 현재 A국과 B국 두 나라의 외환시장에서 링기 1단위와 페수 1단위가 교환되는 비율로 환율이 형성되어 있다면, 두 나라 간에 햄버거의 국제교역이 균형을 이루는 가격은 '$P_W = 20$'이 된다.

③ 현재 A국과 B국 두 나라의 외환시장에서 링기 1단위와 페수 1단위가 교환되는 비율로 환율이 형성되어 있다면, 두 나라 간에 햄버거의 국제교역이 균형을 이루는 교역량은 20단위이다.

④ 현재 A국과 B국 두 나라의 외환시장에서 링기 1단위와 페수 1단위가 교환되는 비율로 환율이 형성되어 있다면, A국은 수출국이 되고 B국은 수입국이 된다.

25

다음은 이자율 평형조건(interest rate parity condition) 과 환율(외국화폐 1단위에 대한 자국통화의 교환비율)에 대한 설명이다. 다음 중 괄호 안의 ⊙과 ⓒ을 바르게 채우는 조합은? (단, 변동환율제도를 전제한다)

> 이자율 평형조건이 성립하고 미래의 예상환율과 외국의 이자율이 주어졌다고 가정하자. 가로축을 환율, 세로축을 국내이자율로 하는 그래프를 그리면 (⊙)하는 형태로 그려진다. 만약 국민소득이 증가하면 그래프는 (ⓒ)으로 이동한다.

	⊙	ⓒ
①	우하향	오른쪽
②	우상향	오른쪽
③	우하향	왼쪽
④	우상향	왼쪽

05회 / AK 경제학 실전 동형 모의고사

01

효용함수가 $U=X^aY^b$로 주어져 있다. 소득이 300원이고, 균형수준에서 X재에 대한 소비 지출액이 200원이라고 한다. 이에 관한 설명으로 가장 타당하지 못한 것은?

① 만약 a = 2라면 b = 1이 성립한다.

② a + b의 값은 3b의 값과 동일한 크기를 갖는다.

③ X재의 가격이 Y재 가격의 2배이면 두 재화의 소비량은 동일하다.

④ Y재의 가격이 X재 가격의 2배이면 X재의 소비량은 Y재 소비량의 2배가 된다.

02

치킨(C)과 맥주(B)에 대한 주경(酒鯨)씨의 효용함수는 다음과 같다.

$$U(C, B) = \min[C, 3B]$$

주경씨의 월 소득은 M이고, 소득 모두는 치킨과 맥주를 소비하는 데 사용된다. 한편 치킨과 맥주의 가격은 각각 P_C, P_B로 나타낸다. 주경씨의 맥주에 대한 수요함수를 도출하면?

① $B = \dfrac{2M}{(P_C+3P_B)}$ 　② $B = \dfrac{2M}{(3P_C+P_B)}$

③ $B = \dfrac{M}{(P_C+3P_B)}$ 　④ $B = \dfrac{M}{(3P_C+P_B)}$

03

등량곡선과 등비용선에 관한 다음 그림에 대한 진술 중 가장 타당하지 못한 것은?

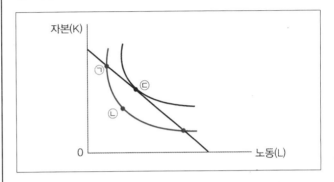

① ㉠과 ㉡은 동일한 생산량을 생산할 수 있는 요소들의 배합점이다.

② ㉠보다 ㉢의 요소배합에서 생산량이 더 많다.

③ ㉠에서는 기술적 한계대체율($MRTS_{LK}$)이 두 요소의 상대가격($\dfrac{P_L}{P_K}$)보다 더 큰 값을 갖는다.

④ 주어진 비용 범위 내에서 ㉠에서보다 더 많은 생산을 위해서는 노동(L)과 자본(K) 투입을 모두 증가시켜야 한다.

04

생산함수와 노동과 자본의 가격이 다음과 같이 주어져 있다.

- $Q = \min[\alpha L, \beta K]$, a와 b는 상수
- 노동의 가격 = $P_L (=w)$
- 자본의 가격 = $P_K (=r)$

이를 전제로 한 평균비용(AC)곡선으로 옳은 것은?

① $AC = \alpha P_L + \beta P_K$ 　② $AC = \beta P_L + \alpha P_K$

③ $AC = \dfrac{P_L}{\alpha} + \dfrac{P_K}{\beta}$ 　④ $AC = \dfrac{P_L}{\beta} + \dfrac{P_K}{\alpha}$

05

X재의 수요함수가 $Q_D = 8P^{-1}$로 주어져 있다. 이러한 수요함수에 대한 설명으로 타당한 것을 〈보기〉에서 모두 고르면?

보기
㉠ 수요곡선 상의 기울기는 모든 점에서 1이다.
㉡ 수요곡선 상의 모든 점에서 수요의 가격탄력성의 크기는 동일하다.
㉢ 수요곡선의 가격절편과 수량절편은 존재하지 않는다.
㉣ X재의 가격이 상승하면 X재의 수요는 반드시 감소한다.
㉤ 소비자의 X재 구입에 따른 지출액 크기는 수요곡선 상의 모든 점에서 동일하다.

① ㉠, ㉡, ㉢, ㉣   ② ㉡, ㉢, ㉣, ㉤
③ ㉡, ㉢, ㉤   ④ ㉡, ㉣

06

어떤 상품의 수요곡선과 공급곡선이 다음과 같다.

- 수요곡선: $Q^D = 150 - P$
- 공급곡선: $Q^S = -100 + 4P$
- Q^D는 수요량, Q^S는 공급량, P는 가격이다.

정부가 상품 1개당 25원의 세금을 생산자에게 부과하는 경우 소비자와 생산자가 부담하는 조세의 크기는?

	소비자 부담	생산자 부담
①	5	20
②	10	15
③	15	10
④	20	5

07

A기업과 B기업으로만 구성된 과점시장에서 다음 조건이 주어져 있다.

- 시장수요곡선: $P = 180 - Q_A - Q_B$
- $Q_{시장} = Q_A + Q_B$
- 한계비용: $MC_A = 40$, $MC_B = 60$
- 고정비용은 존재하지 않는다.

기업 A가 선도기업으로 행동하고 이에 따라 슈타켈버그 균형이 달성되었을 때, 시장가격을 구하면?

① 80   ② 85
③ 90   ④ 95

08

다음 표에 나타난 기업 S의 노동공급시간, 시간당 임금 및 한계수입생산에 관한 설명으로 옳은 것은?

노동공급시간	5	6	7	8	9	10
시간당 임금	6	8	10	12	14	16
한계수입생산	-	50	36	26	14	2

① 노동공급시간이 8시간에서 9시간으로 증가할 때 한계요소비용은 22이다.
② 이윤극대화를 위한 노동공급시간은 9시간이다.
③ 노동공급시간이 8시간에서 9시간으로 증가할 때 임금탄력성은 비탄력적이다.
④ 이윤극대화를 위해 기업 S가 지불해야 할 한계요소비용은 22이다.

09

다음 국민소득결정모형에서 수출 증가분이 200일 경우 소비의 증가분은?

- $Y = C + I + G + NX$
- $C = 10 + 0.75(Y - T)$
- $I = I_0$
- $G = G_0, \quad T = 50 + 0.2Y$
- $NX = NX_0$
- 여기서 Y, C, I, G, T, NX는 각각 국민소득, 소비, 투자, 정부지출, 조세, 순수출이다.

① 150   ② 200

③ 250   ④ 300

10

토빈(J. Tobin)의 자산선택이론에 따를 때 이자율이 상승하면? (단, 대부자 입장을 전제한다)

① 모두 화폐로만 보유하는 것이 유리하다.

② 모두 채권으로만 보유하는 것이 유리하다.

③ 대체효과가 소득효과보다 크면 채권에 대한 수요가 증가한다.

④ 소득효과가 대체효과보다 크면 채권에 대한 수요는 증가한다.

11

외국계 회사인 (주)ST를 다니고 있는 철수의 월 급여는 3,600달러이다. 철수의 월 급여는 철수의 거래은행으로 자동 이체되며, 철수는 필요한 돈을 일과 후에 1시간을 할애하여 은행에 가서 인출하여 충당하고 있다. 보몰(W. Baumol)의 재고이론에 따른 때 철수의 월 최적 은행 방문횟수는 얼마인가? (단, 현재 은행이자율은 연 6%이고, 철수에게 1시간은 1달러의 가치가 있다고 가정한다)

① 1회   ② 3회

③ 6회   ④ 12회

12

다음 그래프에 대한 분석으로 옳은 것은?

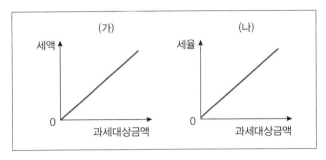

① 재산세 및 소득세는 주로 (가)의 형태를 띤다.

② 조세 제도가 (가)에서 (나)로 변화하면 소득 재분배 효과가 커진다.

③ 조세 제도가 (나)에서 (가)로 변화하면 조세 부담의 역진성이 작아진다.

④ (나)의 조세 제도를 실시하면 과세 전에 비해 과세 후의 소득 격차가 커진다.

13

다음 글의 괄호 안의 내용을 옳게 채우면?

LM곡선이 수직일 때 정부지출이 100조 원 증가하면 IS곡선이 오른쪽으로 이동하는 폭은 (㉠)이고, 이에 따라 소득은 (㉡). 단, 한계소비성향(b)이 0.8, 소득세율(t)이 0.25, 유발투자계수(i)가 0.1이다.

	㉠	㉡
①	0	불변이다
②	100조 원	500조 원 증가한다
③	500조 원	불변이다
④	500조 원	알 수 없다

14

IS곡선과 LM곡선이 다음과 같다.

- IS곡선: $0.4Y + 20r = 600$
- LM곡선: $600 + 0.2Y - 50r = \dfrac{300}{P}$
- Y는 소득, r은 이자율이다.

다음 중 AD곡선으로 옳은 것은?

① $1.2Y = 900 + \dfrac{300}{P}$ ② $1.2Y = 900 + \dfrac{200}{P}$

③ $Y = 600 + \dfrac{300}{P}$ ④ $Y = 600 - \dfrac{300}{P}$

15

진수와 성찬은 자신들이 소유하고 있는 논에서 1년에 쌀 200가마를 생산하고 있었다. 그런데 올 초에 그 동안 서울에서 오랫동안 구직을 위해 노력했던 철수가 진수와 성찬의 쌀농사에 합류했다. 그럼에도 불구하고 이들의 논에서 생산되는 쌀은 여전히 200가마였다. 철수의 생산 활동과 관련된 경제학적 개념으로 가장 타당한 것은?

① 구조적 실업 ② 탐색적 실업
③ 기술적 실업 ④ 잠재적 실업

16

K국 노동시장의 실업률은 자연실업률 5%를 유지하고 있다. 그런데 K국의 노동시장에서는 매월 19%가 새로운 직업을 얻고 있다고 한다. 이 경우에 매월 직장을 잃는 이직률의 크기는?

① 3.8% ② 2.5%
③ 2% ④ 1%

17

다음 〈보기〉의 내용 중 수직의 필립스 곡선과 관계없는 내용은?

보기

ㄱ 인플레이션을 낮추기 위한 정책으로 인한 희생은 존재하지 않는다.
ㄴ 확장적 통화정책은 실제 실업률만 낮출 수 있을 뿐이다.
ㄷ 경제는 완전고용수준에서 생산 활동을 하게 된다.
ㄹ 실제 실업률이 자연실업률에 비해 낮은 수준이다.
ㅁ 총공급 곡선은 수직선의 형태를 취한다.

① ㄱ, ㄷ, ㅁ ② ㄱ, ㄹ, ㅁ
③ ㄴ, ㄹ ④ ㄹ

18

다음의 주어진 상황에서 A국과 B국이 모두 무역의 이익을 얻을 수 있는 쌀과 컴퓨터의 교역조건(쌀 수량/컴퓨터 수량)을 X라고 할 때, 이 X의 범위를 구하면?

A국과 B국 모두는 쌀과 컴퓨터만을 생산하고 있다. 두 나라 모두에서 자원은 노동뿐이고 노동의 질은 각 나라 안에서 동일하다. 기회비용이 일정한 두 나라의 생산가능곡선을 도출하기 위해 자료를 조사한 결과 다음의 표와 같이 각각 생산가능곡선 위의 두 점씩을 확인할 수 있었다. 표의 괄호 속 숫자는 (쌀의 생산량, 컴퓨터의 생산량)을 나타낸다.

나라	생산가능곡선 위의 점	
A국	(480, 100)	(420, 150)
B국	(80, 240)	(40, 320)

① $\dfrac{1}{3} < X < \dfrac{5}{6}$ ② $\dfrac{1}{2} < X < \dfrac{5}{6}$

③ $\dfrac{1}{2} < X < \dfrac{6}{5}$ ④ $\dfrac{1}{4} < X < \dfrac{6}{5}$

19

대국 개방 경제인 K국의 반도체에 대한 국내 시장수요곡선과 시장공급곡선이 다음과 같다.

- 시장수요곡선: $Q_D = 100 - 2P$
- 시장공급곡선: $Q_S = 10 + P$
- 여기서 Q_D는 수요량, Q_S는 공급량, P는 가격이다.

반도체의 단위당 세계시장가격은 40이고, K국은 현재 세계시장가격으로 반도체를 수출하고 있다. K국 정부는 반도체 수출을 장려하기 위하여 수출되는 반도체 1단위당 10만큼의 수출보조금 정책을 도입하고자 한다. 만약 이 정책이 도입되면 반도체의 단위당 세계시장가격은 35로 하락하게 된다. K국의 수출보조금 정책으로 나타나게 되는 변화와 관련된 설명으로 타당하지 못한 것은?

① 수출보조금 지급으로 K국의 반도체 수출량은 15단위만큼 증가한다.

② 수출보조금 지급으로 K국의 소비자는 이전에 비해 75만큼 잉여를 상실하게 된다.

③ 수출보조금 정책 도입으로 K국 정부가 부담해야 할 보조금 총액은 450이다.

④ 수출보조금 정책 도입으로 K국에서는 375만큼의 경제적 순손실(deadweight loss)이 발생한다.

20

우리나라 국채의 명목이자율이 3%이고, 미국 국채의 명목이자율이 2%일 때 A는 미국 국채에 투자하기로 결정하였다. 두 국채 모두 신용위험이 없다면 A는 환율이 어떻게 변화하리라 예상하고 있는가?

① 원화가 달러화에 비해 1% 이상 평가절상할 것으로 예상

② 원화가 달러화에 비해 1% 이상 평가절하할 것으로 예상

③ 원화가 달러화에 비해 0.5% 이상 평가절상할 것으로 예상

④ 원화가 달러화에 비해 0.5% 이상 평가절하할 것으로 예상

06회 / AK 경제학 실전 동형 모의고사

01

소비자 민주는 주어진 소득을 모두 지출하여 구입한 X재와 Y재를 소비하여 효용을 극대화하고자 한다. $A(X=50, Y=75)$와 $E(X=100, Y=50)$는 민주의 예산선 상에 있는 점들이며, E점에서 민주는 효용을 극대화하고 있다. 〈보기〉 중 옳은 진술들을 모두 고른 것은? (단, 무차별곡선은 원점에 대해 볼록하다)

─ 보기 ─

㉠ 현재 민주가 지출할 수 있는 최대금액은 200이다.

㉡ A점을 지나는 무차별곡선에서 접선기울기의 절댓값은 예산선 기울기의 절댓값보다 크다.

㉢ A점에서 E점으로 소비점을 옮기면 민주의 한계대체율(MRS_{XY})은 커진다.

㉣ 점 E에서 한계대체율(MRS_{XY})은 '$\frac{1}{2}$'이다.

① ㉠, ㉡, ㉣   ② ㉠, ㉢, ㉣

③ ㉡, ㉢   ④ ㉡, ㉣

02

어느 소비자는 두 재화를 소비하는 데 소득을 모두 지출한다. X재의 가격은 6, Y재의 가격은 4이다. 현재 이 소비자의 소득은 100이며, $(X, Y)=(10, 10)$을 소비하고 있다. 그런데 X재의 가격이 8로 상승하게 되어 소비조합을 $(X, Y)=(11, 3)$로 바꾸게 되었다. 이에 관한 다음 진술 중 가장 타당하지 못한 것은?

① X재는 열등재이다.

② X재는 기펜(Giffen)재이다.

③ 소득효과에 의하면 X재의 소비가 증가한다.

④ 대체효과에 의하면 X재의 소비가 증가한다.

03

P그룹은 계열사인 기업 M이 16단위의 노동(L)과 4단위의 자본(K)을 모두 투입하여 100단위의 X재를 생산할 것을 희망하고 있다. 다음의 생산함수 중 P그룹의 희망대로 기술적 효율성을 달성하면서 생산할 수 있는 것을 고르면?

① $Q=5L+4K$

② $Q=25\sqrt{LK}$

③ $Q=\min[10L, 25K]$

④ $Q=LK+2L+K$

04

두 생산요소 노동(L)과 자본(K)을 투입하여 반도체를 생산하는 기업 S의 생산함수가 다음과 같이 알려져 있다.

• $Q=\max[2L, 3K]$, 여기서 Q는 생산량이다.

1단위의 노동가격과 1단위의 자본가격이 각각 P_L과 P_K일 때, 기업 S의 비용함수를 구하면?

① $TC=(\frac{P_L}{2}+\frac{P_K}{3})Q$

② $TC=(\frac{P_L}{3}+\frac{P_K}{2})Q$

③ $TC=\min[\frac{P_L}{3}, \frac{P_K}{2}]Q$

④ $TC=\min[\frac{P_L}{2}, \frac{P_K}{3}]Q$

05

콥－더글라스 생산함수가 다음과 같다.

- $Q = L^{0.5} K^{0.5}$
- Q는 생산량, L은 노동이고 K는 자본이며 단기에 고정생산요소이다.

이러한 생산함수를 갖고 있는 기업에서 나타날 수 없는 결과는? (단, 재화 및 생산요소 가격은 일정하다고 가정한다)

① 단기 평균비용(AC)이 체증한다.

② 단기 한계비용(MC)이 체증한다.

③ 장기 평균비용(AC)이 일정하다.

④ 장기 한계비용(MC)이 일정하다.

06

최근 아파트 가격이 폭등하고 있는 A지역 아파트에 대한 공급곡선은 완전비탄력적이고, 수요곡선은 우하향한다. 정부가 아파트의 매도자에게 양도차익의 50%를 양도소득세로 부과하고자 한다. 양도소득세 부과로 인한 조세 부담에 관한 설명으로 옳은 것은? (단, 다른 조건은 고려하지 않는다)

① 매입자와 매도자가 각각 1/2씩 부담한다.

② 매입자가 전액 부담한다.

③ 매도자가 전액 부담한다.

④ 매입자와 매도자 모두 조세부담이 없다.

07

시장 모두가 완전경쟁적인 K국의 대표적인 소비자인 M의 효용함수와 생산가능곡선이 다음과 같다.

- M의 효용함수: $U = x^2 y^3$
- 생산가능곡선: $x^3 + y^3 = 128$
- U는 효용, x는 Y재 수량, y는 Y재 수량이다.

소비와 생산 모두에서 자원 배분이 효율적으로 이루어지기 위해 필요한 Y재의 수량으로 옳은 것은? (단, X재 가격(P_X)은 2이고 Y재 가격(P_Y)은 3이며, 다른 조건들은 고려하지 않는다)

① $\dfrac{3}{2}$ ② 2

③ 3   ④ 4

08

품질이 좋은 중고차(H)와 품질이 나쁜 중고차(L)가 거래되는 시장이 있다. 품질이 좋은 차가 전체 시장에서 차지하는 비중은 50%이며, 이것에 관해서는 시장에 참여하는 모든 거래자가 알고 있다. 거래되는 자동차의 품질에 따라 구매자가 지불하고자 하는 최대금액(willingness to pay)과 판매자가 받고자 하는 최소금액(willingness to accept)이 다음 표와 같다.

	구매자의 최대지불용의 금액	판매자의 최소수용용의 금액
품질이 좋은 차	α	1,500
품질이 나쁜 차	1,200	β

자동차 판매자는 자신이 팔고자 하는 자동차의 품질을 정확하게 알고 있다. 구매자가 자신이 구입하고자 하는 자동차의 품질에 대한 완전한 정보의 유무와 관계없이 모든 자동차가 시장에서 거래될 수 있는 α값과 β값으로 가능한 금액을 고르면? (단, 구매자는 위험중립자이다)

	α	β
①	1,700	1,100
②	1,800	1,200
③	1,800	1,300
④	1,900	1,300

09

다음은 2022년 T국의 국민소득 계정의 일부이다. T국의 명목 국민총소득(GNI)을 구하면?

- 명목 국민총생산(GNP): 2,000억 달러
- 실질 국내총생산(GDP): 1,800억 달러
- 실질 국외 순수취요소소득: 50조 달러
- 교역조건 변화에 따른 실질무역손익: −100억 달러

① 1,700억 달러 　　　② 1,750억 달러

③ 1,850억 달러 　　　④ 2,000억 달러

10

다음의 소비이론에 관한 설명 중 가장 타당한 것은?

① 케인스(J. M. Keynes)의 절대소득 가설에 따르면 소비의 소득탄력성은 $\dfrac{\text{한계소비성향}(MPC)}{\text{평균소비성향}(APC)}$ 이다.

② 쿠즈네츠(S. Kuznets)의 실증 분석에 따르면 장기시계열 소비함수의 평균소비성향(APC)은 한계소비성향(MPC)보다 더 큰 값을 갖는다.

③ 듀젠베리(J. Duesenberry)의 상대소득 가설에 따르면 소비의 상호의존성이라는 특성으로 인해 톱니효과가 나타난다.

④ 피셔(I. Fisher)의 기간 간 선택 모형에 따르면 유동성 제약이 존재하는 경우와 관계없이 미래소득의 증가는 현재 소비를 증가시킨다.

11

K국 경제의 투자함수와 최적 자본량이 다음과 같다.

- $I_n = 0.2(K_P - K_{n-1})$
- $K_P = 1,000$, $K_0 = 500$
- I_n은 n기의 투자, K_P는 최적 자본량, K_n은 n기의 자본량, K_{n-1}는 n기의 전기 자본량, K_0은 최초 자본량이다.

이에 대한 설명으로 옳은 것을 〈보기〉에서 모두 고르면? (단, 감가상각은 없다고 가정한다)

보기
- ㉠ 1기에는 100만큼의 투자가 이루어진다.
- ㉡ 1기의 자본량 수준은 600이다.
- ㉢ 2기의 자본량 수준은 680이다.
- ㉣ 투자는 궁극적으로 0으로 수렴할 것이다.

① ㉠, ㉡ 　　　② ㉠, ㉡, ㉢

③ ㉢, ㉣ 　　　④ ㉠, ㉡, ㉢, ㉣

12

개방 경제인 W국 경제의 국내저축(S_D)과 투자(I) 그리고 순자본유입(K_I)이 다음과 같다.

- $S_D = 1,200 + 1,000r$
- $I = 1,600 - 500r$
- $K_I = -400 + 2,500r$
- r은 이자율이다.

W국의 대부시장이 균형일 때 이자율 수준은? (단, 다른 조건들은 고려하지 않는다)

① 5% 　　　② 10%

③ 15% 　　　④ 20%

13

다음 〈보기〉에서 화폐 주조차익(seigniorage)에 관한 설명으로 옳은 것을 모두 고르면?

─ 보기 ─
- ㉠ 중앙은행이 화폐 공급을 통해 얻게 되는 추가적인 수입을 의미한다.
- ㉡ 인플레이션 조세의 의미가 있다.
- ㉢ 화폐 공급이 민간 보유의 화폐자산의 실질가치를 떨어뜨리는 데서 비롯된다.

① ㉠, ㉡   ② ㉠, ㉡, ㉢
③ ㉠, ㉢   ④ ㉡, ㉢

14

화폐수요에 관한 다음 설명 중 가장 타당한 것은?

① 케인스(J. M. Keynes)의 유동성선호설에 의하면 다른 조건이 일정할 때 소득이 증가하면 채권가격은 상승한다.
② 프리드먼(M. Friedman)의 신화폐수량설에 의하면 인적자산의 비율이 증가할수록 화폐수요는 증가한다.
③ 토빈(J. Tobin)의 자산선택이론에서는 위험중립자인 개인을 가정한다.
④ 마셜(A. Marshall)의 현금잔고수량설에서 화폐의 주요 기능은 교환의 매개수단이다.

15

민주는 그 동안 열심히 모든 10,000,000원을 2년 만기 정기예금에 예치하려고 한다. 만기에 민주가 받게 되는 세전 명목 이자를 구하면? (단, 민주가 예치하려고 하는 정기예금은 '연 단위 복리 상품'이고 정기예금 이자율은 고정금리로 연 10%이다)

① 2,000,000원   ② 2,100,000원
③ 2,200,000원   ④ 2,400,000원

16

다음 중 토빈세(Tobin Tax)에 관한 설명으로 가장 적절한 것은?

① 단기성 외환거래에 부과되는 세금을 말한다.
② 외부효과로 인해 발생하는 비효율적인 자원배분을 해결하기 위해 부과되는 세금을 말한다.
③ 경기가 급격히 과열되는 것을 사전에 예방하기 위해 작동하는 자동안정화 장치의 일부이다.
④ 화폐 당국이 화폐발행을 통해 얻는 이익을 말한다.

17

총공급(AS) 함수와 중앙은행의 정책목표(T_P) 함수가 다음과 같다.

- AS 함수: $Y = Y_F + \alpha(\pi - \pi^e)$
- $T_P = (Y - Y_F) - \dfrac{1}{3}\beta\pi^2$
- Y는 국민소득, Y_F는 잠재 국민소득, π는 인플레이션율, π^e는 예상인플레이션율, α와 β는 각각 양($+$)의 상수이다.

'$\pi^e = 0$'일 때 정책목표(T_P)가 극대화되기 위한 최적 인플레이션율(π^*)을 구하면?

① $\pi^* = \dfrac{3\alpha}{2\beta}$ ② $\pi^* = \dfrac{2\alpha}{3\beta}$

③ $\pi^* = \dfrac{3\beta}{2\alpha}$ ④ $\pi^* = \dfrac{2\beta}{3\alpha}$

18

다음 중 예상치 못한 디플레이션(deflation)이 경제에 미치는 효과로 보기 어려운 것은?

① 이자율 하락으로 투자를 증가시키는 효과가 나타날 수 있다.
② 화폐─금융자산의 실질 가치를 증가시켜 소비 증가를 통한 총수요 증가를 가져올 수 있다.
③ 실물자산의 가치를 증가시켜 소비와 투자 증가를 가져올 수 있다.
④ 금융기관의 채권회수율이 낮아져 금융위기를 초래할 수 있다.

19

K국의 실업률은 10%, 경제활동참가율은 80%, 비경제활동인구는 400만 명이다. K국의 실업자 수를 구하면?

① 100만 명   ② 120만 명
③ 140만 명   ④ 160만 명

20

다음 〈보기〉의 경기변동에 대한 설명 중 타당한 것을 모두 고르면?

┌ 보기 ─────────────────────
│ ㉠ 실업은 경기 역행적이다.
│ ㉡ 경기순환의 국면을 2개 국면으로 양분할 수 있다.
│ ㉢ 기준순환일은 경기가 고점(peak) 또는 저점(trough) 수준에서 결정된다.
└───────────────────────

① ㉠, ㉡, ㉢   ② ㉠, ㉡
③ ㉠, ㉢   ④ ㉡, ㉢

21

다음 중 내생적 성장이론에 관한 설명으로 가장 타당하지 못한 것은?

① 내생적 성장이론에 따르면 인적자본 축적, 연구개발 등이 지속적인 경제성장의 원동력이다.
② 지식자본의 축적은 경제 전체적으로 수확체증을 가져올 수 있다.
③ 내생적 성장이론의 하나인 AK 모형에서는 자본에 대한 수확체감을 가정한다.
④ 내생적 성장이론은 정부의 지적재산권에 대한 적극적 보호가 필요하다고 강조한다.

22

국가 간의 자유로운 교역이 경제적 이득을 가져다주는 이유로서 가장 적절한 설명은?

① 국제교역은 소비자잉여와 생산자잉여의 합을 증가시킨다.
② 국제교역은 수출국의 수출상품의 국내가격을 하락시키는 경향이 있다.
③ 특정 재화의 수출 및 수입에 관계없이 국내생산자의 이득은 국내소비자의 손실을 상회한다.
④ 특정 재화의 수출 및 수입에 관계없이 국내생산자와 국내소비자의 경제적 이득이 모두 증가한다.

23

소규모 개방 경제모형에서 수입관세 부과 정책과 수출보조금 지급 정책 실시에 따른 효과가 서로 반대 방향으로 나타나는 것을 〈보기〉에서 모두 고른 것은? (단, 수요곡선은 우하향하고 공급곡선은 우상향하며, 다른 조건들은 고려하지 않는다)

┌ 보기 ─────────────────────
│ ㉠ 무역량
│ ㉡ 재정수지
│ ㉢ 경제적 순손실(deadweight loss)
│ ㉣ 국내 생산량
│ ㉤ 국내 소비량
└───────────────────────

① ㉠, ㉡   ② ㉠, ㉣
③ ㉡, ㉣, ㉤   ④ ㉣, ㉤

24

다음의 글을 설명할 수 있는 경제모형을 〈보기〉에서 제시하였다. A, B, C, D에 들어갈 내용으로 옳은 것은?

> • 최근 크게 늘어난 미국의 경상수지적자 문제에는 더 큰 이유가 있다. 경기불황과 조지 W. 부시 대통령이 의회에서 밀어붙인 막대한 세금감면정책 탓에 눈덩이처럼 불어난 재정적자가 그 이유다. 1990년대 재정적자는 다소 해소되었지만 2000년대 들어와서 미국은 다시 한 번 많은 채권을 발행하기 시작했다.
> 　　　　　　　　 － 누리엘 루비니 외(2010). 「위기경제학」
> • 미국 경제는 변동환율제를 채택하고 있다.

┌─ 보기 ─

재정적자가 발생하면 대부자금시장에서 국민저축이 (A)하여 이자율이 (B)하고, 이에 의해 순자본유출이 (C)한다. 순자본유출의 (C)는 외환시장에서 달러가치 (D)을 유발하여 경상수지를 악화시킨다.

	(A)	(B)	(C)	(D)
①	감소	상승	감소	상승
②	감소	상승	증가	상승
③	증가	하락	감소	하락
④	증가	상승	증가	하락

25

P국은 자본이동이 불가능한 소국 개방 경제이다. IS-LM-BP 모형에 의할 때, P국 정책당국이 확대 재정정책 또는 확대 금융정책을 시행하는 경우 공통적으로 나타나는 장기적 변화로만 짝지어진 것은? (단, P국은 고정환율제도를 채택하고 있다)

① 국제수지 적자, 이자율 상승

② 통화량 감소, 국민소득 불변

③ 중앙은행 외환보유고 감소, 국제수지 흑자

④ 이자율 상승, 국민소득 불변

01

다음 생산가능곡선에 대한 설명으로 옳은 것은?

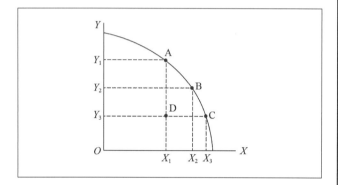

① 점 A에서 점 C로 이동할 때의 기회비용은 X재 X_1X_3이다.

② 점 A에서 점 B로, 점 B에서 점 C로 이동함에 따라 Y재의 생산량 감소분에 비해 X재의 생산량 증가분은 점차 작아지므로 기회비용은 체감하게 된다.

③ 생산점을 점 D에서 점 C로 이동시키는 경우, Y재의 생산량 감소 없이도 X재의 생산량을 증가시킬 수 있으므로 Y재로 평가되는 기회비용은 0이다.

④ 실업이 해소되어 완전고용이 달성되면 생산가능곡선 자체가 밖으로 이동하게 된다.

02

효용에 대한 설명으로 옳은 것은?

① 한 재화의 소비량(Q)이 Q_1 또는 Q_2일 때, 총효용이 동일한 크기라면 한계효용이 음($-$)이든 양($+$)이든 소비량 Q_1과 Q_2는 모두 합리적 소비를 가능하게 한다.

② 한계효용이 음($-$)인 상태이어도 총효용이 양($+$)인 한 합리적 소비에서 벗어나지 않는다.

③ 주어진 소득으로 두 재화 X재와 Y재를 동시에 소비할 때, X재 1원어치당 한계효용이 Y재 1원어치당 한계효용보다 클 때, X재를 더 구매하면 효용이 증가할 것이다.

④ 한 재화의 소비량이 증가함에 따라 총효용이 증가하고 있다는 것은 한계효용 역시 증가하고 있다는 것을 의미한다.

03

주어진 소득으로 X재와 Y재만을 소비하는 소비자 K의 효용함수는 $U = \min[X, Y]$이다. Y재 가격이 일정할 때, 이에 대한 설명으로 옳지 않은 것은?

① 가격－소비곡선은 $45°$선이다.

② 소득－소비곡선은 $45°$선이다.

③ X재의 수요곡선은 우하향한다.

④ X재의 수요의 가격탄력성은 탄력적이다.

04

다음 생산함수에 대한 설명으로 옳은 것을 모두 고르면?

$$Q = A \times L^\alpha \times K^\beta \times N^\gamma$$
(단, $\alpha + \beta + \gamma = 1$, L:노동, K:자본, N:토지)

─ 보기 ─

㉠ 오일러의 정리가 성립한다.

㉡ 규모에 대한 수익이 불변하는 생산함수이다.

㉢ 주어진 생산함수를 선형함수로 나타내는 것은 불가능하다.

㉣ α가 0.2, β가 0.3일 때 노동을 1% 추가 투입하고 자본을 2%만큼 추가 투입하면 생산량은 0.8%만큼 증가한다.

① ㉠, ㉡, ㉢   ② ㉠, ㉡, ㉣

③ ㉠, ㉢, ㉣   ④ ㉡, ㉢, ㉣

05

'쥬신국'의 청동거울에 대한 수요곡선은 $Q_D = 100 - P$, 공급곡선은 $Q_S = P - 2W - 10$으로 알려져 있다. '쥬신국'의 노동시장에서 시간당 임금이 10냥에서 20냥으로 상승하는 경우 청동거울의 시장균형거래량의 변화를 구하면? (단, Q_D는 수요량, Q_S는 공급량, P는 청동거울 가격, W는 시간당 임금이다)

① 8단위 증가한다.

② 10단위 감소한다.

③ 12단위 증가한다.

④ 12단위 감소한다.

06

영화 '노량'의 티켓에 대한 수요함수는 다음과 같이 알려져 있다.

$$Q = 360 - 2P$$

영화 '노량' 상영에 따른 총수입이 극대화되는 티켓가격을 구하면? (단, P는 가격, Q는 수량이다)

① 90   ② 120

③ 150   ④ 180

07

독점기업인 A기업이 직면하는 수요함수와 제1공장과 제2공장의 비용함수가 다음과 같이 주어져 있다.

- 수요함수: $P = 12,000 - 2Q$
- 제1공장 비용함수: $TC_1 = 2Q_1^2$
- 제2공장 비용함수: $TC_2 = \frac{1}{2}Q_2^2$

독점기업 A가 두 공장에서의 생산을 통하여 이윤을 극대화하기 위한 총생산량(Q_A)을 구하면? (단, P는 가격, Q는 시장수요, Q_i는 i공장에서의 생산량, $i = 1, 2$이다)

① 2,500   ② 2,800

③ 3,000   ④ 3,200

08

소주(S)와 맥주(B)를 소비하는 소비자 K와 Y가 존재하는 순수교환경제를 가정하자. 두 소비자의 효용함수와 초기 부존자원(S, B)이 각각 다음과 같다고 알려져 있다.

- $U_K = 2S + B$, $(S, B)_K = (10, 40)$
- $U_Y = \min[S, B]$, $(S, B)_Y = (40, 10)$

소주 한 병당 가격(P_S)이 3,000원일 때, 이 경제의 소비 측면에서 파레토 최적(Pareto optimal)이 달성되기 위한 맥주가격(P_B)을 구하면?

① 1,000원   ② 1,500원

③ 2,000원   ④ 3,000원

09

다음 중 GDP 측정 방식으로 옳은 것은?

① 당해 연도 생산되었으나 당해 연도에 판매되지 않은 상품의 가치는 당해 연도 GDP 측정 대상에서 제외한다.

② 국채에 대한 이자소득은 GDP 측정 대상에 포함되지만, 회사채에 대한 이자소득은 GDP 측정 대상에서 제외한다.

③ 기존 주택 거래를 위해 지급한 중개료는 GDP 측정 대상에서 제외한다.

④ 퇴직연금 생활자에 대한 연금지급은 GDP 측정 대상에서 제외한다.

10

평균소비성향(APC)이 0.6, 한계소비성향(MPC)이 0.9인 경우, 소비의 소득탄력성을 구하면?

① 0.3   ② 0.5

③ 1.5   ④ 2

11

다음 중 정부지출을 증가시키는 확장적 재정정책의 효과에 대한 설명으로 옳은 것은?

① 한계저축성향이 클수록 확장적 재정정책의 효과는 커진다.

② 투자가 이자율에 대해 탄력적일수록 확장적 재정정책의 효과는 커진다.

③ 소득세의 형태가 정액세보다 비례세일 경우 확장적 재정정책의 효과는 커진다.

④ 수입재에 대한 수요가 소득 증가에 영향을 크게 받을수록 확장적 재정정책의 효과는 작아진다.

12

다음은 개인 K와 Y로만 구성된 경제의 화폐수요이다. 이 경제 전체의 마샬의 k(Mashallian k)를 구하면?

- 개인 K의 마샬의 k: 0.3
- 개인 Y의 마샬의 k: 0.4
- 개인 K의 소득: 120
- 개인 Y의 소득: 80

① 0.3
② 0.34
③ 0.35
④ 0.43

13

다음의 총수요곡선에 대한 설명으로 옳은 것은?

① 피구(A. C. Pigou)의 자산효과(wealth effect)의 존재는 총수요곡선의 기울기를 더 가파르게 만든다.

② 투자수요의 이자율탄력성이 크면 클수록 총수요곡선의 기울기는 가팔라진다.

③ 물가의 하락으로 실질통화량이 증가하면 총수요곡선은 오른쪽으로 이동한다.

④ 유동성 함정이 존재하는 구간에서 총수요곡선은 수직의 모습을 보인다.

14

실업에 대한 설명으로 옳은 것을 모두 고르면?

─ 보기 ─
⊙ 내년에 실시되는 공무원 시험을 준비하고 있는 수험생은 실업자가 아니다.
ⓒ 실업률은 15세 이상 인구 중 구직에 실패한 사람의 비율을 의미한다.
ⓒ 가사노동에 전념하는 전업주부는 실업자에 해당한다.
ⓔ 완전고용상태에서도 실업자는 존재할 수 있다.

① ⊙, ⓒ
② ⊙, ⓔ
③ ⓒ, ⓒ
④ ⓒ, ⓔ

15

고통 없는 디스인플레이션(disinflation)과 필립스곡선의 관계에 대한 설명으로 옳은 것은?

① 고통 없는 디스인플레이션은 단기 필립스곡선 상의 움직임을 통해 관찰된다.

② 적응적 기대(adaptive expectation)하에서는 고통 없는 디스인플레이션이 실현될 수 있다.

③ 필립스곡선이 원점에 대해 볼록하면, 필립스곡선 상의 어느 점에서 측정해도 희생률(sacrifice ratio)은 일정하다.

④ 고통 없는 디스인플레이션이 가능하려면 정부의 디스인플레이션정책이 미리 경제주체들에게 알려져야 한다.

16

임금결정이론에 대한 설명으로 옳지 않은 것은?

① 효율성 임금 가설(efficiency wage hypothesis)은 명목임금이 경직적인 이유를 설명한다.

② 효율성 임금 가설에 따르면 높은 실질임금이 기업의 역선택(adverse selection)을 방지하는 데 기여할 수 있다.

③ 내부자 – 외부자 모형에 따르면 내부자의 실질임금이 시장균형임금보다 높게 결정된다.

④ 내부자 – 외부자 모형에서 외부자는 실업 상태에 있는 근로자로서 기업과 임금협상을 할 자격이 없는 사람을 말한다.

17

솔로우(Solow) 성장 모형이 〈보기〉와 같이 주어져 있을 때 균제 상태(steady state)에서 자본 1단위당 산출량은? (단, 기술진보는 없으며 다른 조건은 고려하지 않는다)

보기

- 총생산함수: $Y = 2L^{0.5}K^{0.5}$ (단, Y는 총산출량, K는 총자본량이다)
- 감가상각률 5%, 인구증가율 5%, 저축률 20%
---

① 0.2
② 0.4
③ 0.5
④ 0.8

18

2국 2재화 경제에서, K국과 Y국은 비교우위를 갖는 상품을 생산하여 교역을 한다. K국은 밀 1톤을 생산하기 위해 옥수수 1톤만큼의 대가를 치러야 하고, Y국은 옥수수 1톤을 얻기 위해 밀 2톤만큼의 대가를 치러야 한다. 이에 대한 설명으로 옳은 것을 〈보기〉에서 모두 고른 것은?

보기

㉠ 밀 1톤의 국제가격이 옥수수 $\frac{1}{2}$톤보다 더 높아야 교역이 이루어진다.

㉡ K국이 밀 생산에 특화하여 수출하는 경우, 양국 모두 이익을 얻을 수 있다.

㉢ 양국 사이에 교역이 이루어지기 위해서는 밀 1톤의 국제가격이 옥수수 1톤보다 더 높아야 한다.

㉣ K국이 옥수수를 수출하면서 옥수수 1톤당 밀 2톤 이상을 요구하면, Y국은 스스로 옥수수를 생산하기로 결정할 것이다.
---

① ㉠, ㉡
② ㉠, ㉣
③ ㉡, ㉢
④ ㉢, ㉣

19

각 국가의 빅맥 가격과 현재 시장환율이 다음 표와 같다. 빅맥 가격을 기준으로 구매력 평가설이 성립할 때, 다음 중 현재 외환시장에서 자국 통화가 가장 고평가(overvalued)되고 있는 나라는?

	미국	한국	일본	중국	태국
빅맥가격	3달러	4,500원	450엔	15위안	90바트
현재 시장균형 환율	–	1달러= 1,000원	1달러= 150엔	1달러= 6위안	1달러= 40바트

① 한국
② 일본
③ 중국
④ 태국

20

다음 그림은 변동환율제도를 채택하고 있는 어떤 소규모 개방경제의 IS－LM－BP곡선을 나타낸다. 정부가 긴축 재정정책을 실시할 경우, 환율 및 국민소득 변화로 옳은 것은? (단, 환율은 외국통화 1단위에 대한 자국통화의 교환비율을 의미한다)

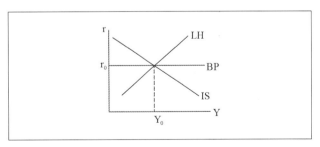

	환율	국민소득
①	상승	불변
②	하락	감소
③	상승	증가
④	하락	불변

01

소비자 민주의 효용함수가 다음과 같다.

• $U(X, Y) = X^{\alpha} \times Y^{\beta}$ $(\alpha + \beta = 1)$

$X=2$, $Y=1$일 때 민주의 한계대체율(MRS_{XY})은 3.5라고 할 때, β의 크기는?

① 0.125   ② 0.375

③ 0.625   ④ 0.775

02

합리적 소비자인 민주는 하루 24시간 중 여가(L)로 l시간을 즐기고 나머지 시간만큼 일한다. 여기서 여가는 식사, 수면, 오락 등 모든 비노동 활동을 포함한다. 시간당 임금이 w일 때 하루 소득 전액을 복합재(Y) 구매에 사용하는 경우 복합재의 소비량은 y이다. 한편 민주의 효용함수는 다음과 같다.

• $U(l, y) = (l-4)y$

민주의 효용극대화와 관련된 다음 설명 중 가장 타당하지 못한 것은? (단, 여가의 가격(P_L)은 w이고 복합재의 가격 (P_Y)은 1이라고 가정한다)

① 민주가 소비하는 여가의 상대가격은 'w'이다.
② 민주의 복합재 크기로 나타낸 여가의 한계대체율은 '$\frac{y}{l-4}$'이다.
③ 민주가 효용을 극대화하기 위해 필요한 최적의 여가시간 (l^*)은 14시간이다.
④ 시간당 임금이 일정수준을 넘게 되면 민주의 노동공급곡선은 후방굴절된다.

03

소득이 500인 소비자 甲은 X재와 Y재만 소비하며 효용함수는 $U=x+y$이다. $P_X=20$, $P_Y=25$이던 두 재화의 가격이 $P_X=25$, $P_Y=20$으로 변할 때 최적 소비에 대한 설명으로 옳은 것은? (단, x는 X재 소비량, y는 Y재 소비량을 나타낸다)

① 가격 변화 전 최적 소비 수준에 비해 X재 소비량은 25단위 증가한다.
② 가격 변화 전 최적 소비 수준에 비해 Y재 소비량은 25단위 감소한다.
③ 가격 변화 전 최적 소비 수준에서 X재 소비량은 25단위이다.
④ 가격 변화 전 최적 소비 수준에서 Y재 소비량은 25단위이다.

04

휴대폰 제조기업의 생산함수가 다음과 같이 알려져 있다.

$$Q = LK$$

노동의 단위당 가격($P_L = w$)은 200이고, 자본의 단위당 가격($P_K = r$)은 100이다. 휴대폰 50대를 생산할 때 비용극소화를 달성하기 위해 필요한 자본 투입량은?

① 10   ② 20

③ 30   ④ 40

05

다음 (가)~(다)의 상황에서 나타날 수 있는 모든 균형가격(P)을 옳게 짝지은 것은?

> 놀이공원 입장권을 거래하기 위해 수요자와 공급자가 만나는 시장이 있다. 각 공급자는 놀이공원 입장권을 1매씩 가지고 있고, 각 수요자도 최대 1매씩만 구입한다. 모든 공급자는 최소한 5만 원은 받아야 한다고 생각하고, 모든 수요자는 최고 10만 원까지 낼 용의가 있다.
> (가) 수요자와 공급자가 각각 1명이다.
> (나) 수요자는 2명이고 공급자는 1명이다.
> (다) 수요자는 1명이고 공급자는 2명이다.

	(가)	(나)	(다)
①	$P=7.5$	$P=10$	$P=5$
②	$5 \leq P \leq 10$	$5 < P < 10$	$5 < P < 10$
③	$5 \leq P \leq 10$	$P=10$	$P=5$
④	$P=7.5$	$7.5 \leq P \leq 10$	$5 \leq P \leq 7.5$

06

X재를 생산하는 기업 K는 국제 원유가 상승으로 인한 원가 상승으로 X재 가격을 인상할 것을 고려하고 있다. 이러한 가격 인상 후 나타날 것으로 예상되는 총수입의 변화로 옳은 것은?

① X재의 수요의 가격탄력성이 비탄력적이라면, X재의 총수입은 감소할 것이다.

② X재의 수요의 가격탄력성이 탄력적이라면, X재의 총수입은 증가할 것이다.

③ X재의 수요의 가격탄력성이 단위탄력적이라면, X재의 총수입은 증가할 것이다.

④ X재의 수요의 가격탄력성이 무한대인 경우, X재의 총수입은 감소할 것이다.

07

쌀의 수요곡선은 $Q_D = 200 - P$, 공급곡선은 $Q_S = P$이다. 정부가 감소하고 있는 쌀의 소비를 장려하기 위하여 쌀 소비자에게 단위당 10만큼의 보조금을 지급하는 경우에 관한 다음 설명 중 가장 타당하지 못한 것은? (단, Q_D는 수요량, Q_S는 공급량, P는 가격이다)

① 정부의 보조금 총액은 1,050이다.

② 보조금 지급으로 인해 발생하는 비효율은 25이다.

③ 보조금 지급으로 쌀의 소비량은 5단위만큼 증가한다.

④ 소비자가 실제로 지불하는 가격은 단위당 105이다.

08

K기업은 현재 국내 피아노 시장을 독점하고 있으며, 국내의 피아노에 대한 수요함수는 $Q = 8 - 2P$이다. 여기서 Q는 피아노의 수요량, P는 피아노의 가격을 나타낸다. 또한 해외 피아노 시장은 완전경쟁적이고, 시장 가격은 20이다. 한편 이 기업의 한계비용은 $\frac{Q}{5}$로 알려져 있다. 만약 K기업이 국내 시장과 해외 시장에서 피아노를 판매하면서 가격차별을 통한 이윤극대화를 추구하고자 할 때, 국내 피아노 가격과 수출 가격과의 차이는?

① 0.5 ② 1

③ 1.5 ④ 2

09

K기업과 Y기업만이 존재하는 과점 시장의 시장수요곡선이 $Q = 100 - 2P$라고 알려져 있다. Bertrand Model의 균형이 달성될 때, 시장 전체의 균형 가격과 균형 산출량은? (단, 두 기업의 한계비용(MC)은 모두 0으로 동일하다)

	균형 가격	균형 산출량
①	0	100
②	5	90
③	10	80
④	20	60

10

생산물 시장은 완전경쟁시장이고, 노동 시장에서 수요독점자로 행동하는 기업 K의 생산함수와 노동 시장에서 직면하게 되는 노동공급곡선이 다음과 같다.

> - 생산함수: $Q = 4L$
> - 노동공급곡선: $w = 100 + L$

이 기업의 제품 가격이 개당 100원이라고 할 때, 기업 K가 이윤을 극대화할 수 있는 균형임금 수준은? (단, Q는 생산량, L은 노동량, w는 임금이다)

① 100원   ② 200원

③ 250원   ④ 300원

11

다음 중 2019년 국내총생산(GDP)에 포함되는 것은?

① 2019년에 지급받은 연금 총액

② 중고제품상점에서 근무하는 노동자의 2019년 급여액

③ 2018년 건축되어 분양받은 아파트 매각을 통해 얻은 차익

④ 2019년에 자동차 대리점에서 출퇴근을 위해 구입한 2018년에 생산된 자동차의 부가가치

12

잔여 생애가 50년인 노동자 P씨는 앞으로 은퇴까지 30년간 매년 4,000만 원의 소득을 얻을 것으로 예상하고 있다. 그런데 현재 P씨가 보유하고 있는 자산은 없으며 2억 원의 부채를 지고 있다. 생애주기가설(MBA가설)을 따를 때 P씨의 잔여 생애 동안의 연간 소비액은 얼마가 되는가? (단, 이자율은 항상 0이고, P씨가 사망하는 시점에서 순자산은 0이라고 가정한다)

① 1,500만 원   ② 2,000만 원

③ 2,500만 원   ④ 3,000만 원

13

다음은 어느 나라의 거시경제 모형이다. 정부는 국민소득을 증가시키기 위하여 정부지출을 늘리거나 조세를 줄이는 방안을 고민하고 있다. 이 모형에서 정부지출을 300만큼 증가시킬 경우 국민소득이 2배가 된다면, 조세는 얼마를 줄여야 국민소득이 2배가 되는가?

> - $Y = C + I + G$
> - $C = 100 + 0.75(Y - T)$
>
> (여기서 Y는 국민소득, C는 소비, I는 투자, G는 정부지출, T는 조세를 나타내며, I, G, T는 외생변수이다)

① 400   ② 500

③ 600   ④ 800

14

다음 중 유동성 함정에 관한 설명으로 가장 타당한 것은?

① 화폐수요의 소득탄력성이 무한대인 경우에 발생한다.

② 확장적 재정정책은 이자율을 상승시켜 총수요 확대효과가 없다.

③ 확장적 통화정책은 이자율을 하락시키지 못하여 총수요 확대효과가 없다.

④ 채권의 가격이 매우 낮아서 추가적인 통화 공급이 투기적 화폐수요로 모두 흡수된다.

15

아래 그림은 A국과 B국의 IS－LM곡선이다. 이에 대한 설명으로 옳은 것은?

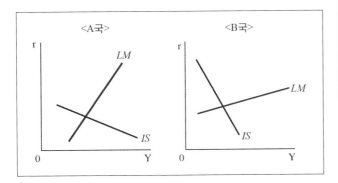

① 확장적 재정정책의 효과는 A국에서 실시할 때보다 B국에서 실시할 때 상대적으로 더 작게 나타난다.
② B국의 IS곡선의 기울기가 A국의 IS곡선의 기울기보다 큰 것은 B국의 투자수요의 이자율탄력성이 A국의 투자수요의 이자율탄력성보다 크기 때문이다.
③ A국의 LM곡선의 기울기가 B국의 LM곡선의 기울기보다 큰 것은 A국의 화폐수요의 소득탄력성이 B국의 화폐수요의 소득탄력성보다 작기 때문이다.
④ A국에서 확대금융정책을 실시할 경우 증가하는 국민소득은 동일한 크기의 확대금융정책을 B국에서 실시하는 경우 증가하는 국민소득에 비해 크게 나타난다.

16

다음 중 총수요(AD)곡선의 기울기를 더욱 완만하게 하는 것이 아닌 것은?

① 정부지출이 증가할수록
② 투자수요의 이자율탄력성이 클수록
③ 피구(A. C. Pigou) 효과가 존재할수록
④ 한계소비성향이 클수록

17

소비자 H가 2018년과 2019년에 소비한 두 재화, 쌀과 고기의 가격(P)과 소비량(Q)이 다음과 같다.

	쌀		고기	
	P	Q	P	Q
2018년	100	12	150	15
2019년	100	10	120	12

파세 수량지수(Q_P)를 이용할 때, 2018년 대비 2019년의 소비자 H의 후생변화는?

① 2018년에 비해 2019년의 후생수준은 개선되었다.
② 2018년에 비해 2019년의 후생수준은 악화되었다.
③ 2018년과 2019년의 후생수준은 변화가 없다.
④ 주어진 자료만으로는 알 수 없다.

18

K국에서 2019년에 실업자가 일자리를 구할 확률은 20%이며, 취업자가 일자리를 잃을 확률은 4%이다. 2019년 초의 실업자 수가 500만 명인 경우 2020년 초의 실업률은? (단, K국 경제의 생산가능인구는 4,000만 명, 경제활동참가율은 75%이다. 또한 생산가능인구와 경제활동참가율은 불변이라고 가정한다)

① 11.1%　　　　② 14.5%
③ 15.5%　　　　④ 16.7%

19

다음 중 새 케인스학파(New Keynesian)의 경직적 가격모형(sticky－price model)에 대한 설명으로 옳은 것은?

① 확장적 재정정책은 단기적으로도 생산량을 증가시키지 못한다.
② 가격을 경직적으로 조정하는 기업은 한계비용이 상승하면 가격을 인상한다.
③ 가격을 신축적으로 조정하는 기업이 많아질수록 총공급곡선의 기울기가 가팔라진다.
④ 가격을 신축적으로 조정하지 않는 기업은 미래의 경제 상황보다는 과거의 경제 상황에 근거하여 가격을 설정한다.

20

최적정책의 동태적 비일관성(time inconsistency of optimal policy)의 문제와 이를 해결하기 위해 제시하는 대안에 대한 설명으로 옳은 것은?

① 통화정책은 재정정책에 비해 내부시차(inside lag)가 짧기 때문에 동태적 비일관성이 발생하지 않는다.

② 경제 상황에 맞는 정책 담당자의 탄력적인 정책결정이 유효하다는 것을 보여준다.

③ 준칙에 의한 정책보다는 재량적 정책을 실시할 때 발생할 소지가 더 높다.

④ 자동안정화 장치의 기능과 정면으로 배치되는 효과를 가져온다.

21

K국의 총생산함수는 다음과 같다.

- $Y = AL^\alpha K^\beta (\alpha + \beta = 1)$
- Y는 총산출량, A는 총요소생산성, L은 노동투입량, K는 자본투입량, $0 < \alpha < 1, 0 < \beta < 1$이다.

K국 경제에 관한 설명으로 가장 타당하지 못한 것은? (단, K국의 모든 시장은 완전경쟁시장이다)

① α가 0.4이고 노동소득이 80이라면 총산출량은 200이다.

② A가 불변이고 α가 0.4인 경우 자본투입량만이 5%만큼 증가하게 되면 총산출량은 3%만큼 증가한다.

③ 노동투입량과 자본투입량이 동일하게 증가하는 경우 노동의 한계생산성은 체감하게 된다.

④ α가 0.5이고, 총요소생산성 증가율이 3%, 노동투입 증가율이 5%, 자본투입 증가율이 6% 증가하면 총산출량은 8.5%만큼 증가한다.

22

국제무역에 대한 설명으로 옳은 것은?

① 산업 내 무역 발생의 가장 중요한 요인은 부존자원의 상대적 풍부성이다.

② 후진국 간에 이루어지는 수평적 분업은 규모의 경제에 의해서 가능해질 수 있다.

③ 완전한 국제 분업의 효과는 상품의 생산에 따른 기회비용이 체증하는 경우보다 일정한 경우에 더욱 커진다.

④ 비교우위를 전제로 하는 무역을 통해 이익을 얻기 위해서는 교역 전 교역당사국의 상품 생산에 따른 기회비용이 동일해야 한다.

23

어떤 재화에 대하여 단위당 1,000원의 관세를 부과하면 수입품의 국내가격은 얼마나 상승하겠는가?

	관세 부과국이 소국인 경우	관세 부과국이 대국인 경우
①	1,000원 상승	1,000원보다 작게 상승
②	1,000원 상승	1,000원보다 크게 상승
③	1,000원보다 크게 상승	1,000원 상승
④	1,000원보다 작게 상승	1,000원보다 크게 상승

24

변동환율제도를 채택하고 있는 소규모 개방경제인 K국은 현재 재정적자가 경상수지 적자를 동반하고 있다. 다음 중 이러한 현상을 초래하는 요인에 대한 설명으로 옳은 것은?

① 재정적자로 해외이자율이 상승한다.

② 재정적자는 자본의 해외유출을 초래한다.

③ 재정적자는 환율의 상승을 가져온다.

④ 재정적자로 인해 순수출이 감소한다.

25

자본이동이 완전히 자유로운 소국 개방경제에서 확장적 재정정책을 실시하고자 한다. 이로 인해 발생하는 결과에 대한 설명으로 옳은 것은? (단, 소국은 고정환율제도를 채택하고 있으며, 정책 실시에 따른 효과는 먼델 – 플레밍 모형(Mundell – Fleming Model)으로 분석한다)

① 중앙은행의 외환보유고가 감소하게 된다.

② 외환시장에서 환율 상승 압력이 존재한다.

③ 자본유출이 발생한다.

④ 국민소득이 증가한다.

01

다음 중 수익은 좋아하지만 위험을 싫어하는 위험기피자인 소비자의 무차별곡선의 형태로서 옳은 것은? (단, 가로축은 기대수익률(π), 세로축은 위험(σ)을 나타낸다)

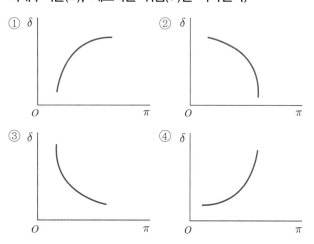

02

생산함수와 노동과 자본의 가격이 다음과 같다.

- $Q = \min[\dfrac{L}{a}, \dfrac{K}{b}]$, a와 b는 상수
- 노동의 가격 $= P_L(=w)$
- 자본의 가격 $= P_K(=r)$

이를 전제로 한 한계비용(MC)으로 옳은 것은?

① $MC = aP_L + bP_K$
② $MC = bP_L + aP_K$
③ $MC = \dfrac{P_L}{a} + \dfrac{P_K}{b}$
④ $MC = \dfrac{P_L}{b} + \dfrac{P_K}{a}$

03

표는 ○○제품에 대한 수요와 공급의 변화에 따른 지난 4개월간의 영업 실적을 나타낸다. 이에 대한 옳은 설명을 〈보기〉에서 고른 것은?

구분＼월	6월	7월	8월	9월
판매 가격(천 원)	4	5	6	7
판매량(천 개)	13	15	15	14

┌─ 보기 ─────────────────────────
- ㉠ 6월부터 7월까지의 변화는 수요가 감소하고 공급이 증가할 경우에 나타날 수 있다.
- ㉡ 7월부터 8월까지의 변화는 대체재의 가격 상승과 생산비 상승이 발생했을 경우에 나타날 수 있다.
- ㉢ 8월에 비해 9월의 판매 수입이 증가하였다.
- ㉣ 8월부터 9월까지의 변화는 제품에 대한 선호도가 낮아지고 생산비가 절감된 경우에 나타날 수 있다.
└───────────────────────────────

① ㉠, ㉡　　　　　　　② ㉠, ㉢
③ ㉡, ㉢　　　　　　　④ ㉢, ㉣

04

A재와 B재의 가격 변화에 따른 매출액 변화에 대한 정보가 다음과 같이 주어졌다.

- A재: 가격이 5% 하락할 때 매출액도 5% 감소한다.
- B재: 가격이 5% 하락할 때 매출액은 불변이다.

다음 중 두 재화의 수요의 가격탄력성으로 옳은 것은?

	A재	B재
①	완전비탄력적	단위탄력적
②	단위탄력적	완전탄력적
③	단위탄력적	완전비탄력적
④	완전비탄력적	완전비탄력적

05

완전경쟁시장에서 X재를 생산하는 기업 K가 생산을 계속하는 경우에는 평균가변비용이 500원이고, 생산을 포기하는 경우에는 100만 원의 손실이 발생한다고 알려져 있다. 기업 K의 생산 수준이 손익분기점에 도달할 때의 생산량은? (단, 시장에서 X재 가격은 1,000원이다)

① 1,000단위   ② 2,000단위

③ 3,000단위   ④ 5,000단위

06

다음 중 독점기업에 관한 설명으로 옳은 것은? (단, 시장수요곡선은 우하향하는 선형함수이다)

① 균형 수준에서 가격은 한계비용과 같다.

② 한계수입곡선은 수요곡선보다 높게 위치한다.

③ 수요곡선의 기울기가 가파를수록 독점도는 커진다.

④ 범위의 경제가 존재하는 산업에서 자연독점이 발생한다.

07

시장수요곡선이 $P=120-Q$이고, 한계비용이 30으로 동일한 기업 A와 기업 B로 구성된 과점시장이 있다. 만약 이 시장에서 기업들이 각자의 생산량을 동시에 결정하는 쿠르노(Cournot) 복점 모형이 성립하는 경우, 균형 수준에서의 시장가격은? (단, P는 가격, Q는 수량이다)

① 20   ② 30

③ 40   ④ 60

08

소득 – 여가 선택 모형에서 소비자 H의 효용함수는 다음과 같다.

- $U=M+L$, U는 효용, M은 소득, L은 $0 \le L \le 24$인 여가시간이다.
- 24시간 중에서 여가시간을 제외한 나머지 시간을 노동에 투입함으로써 소득을 얻는다.

시간당 임금이 '0.8'일 때, 효용극대화를 추구하는 소비자 H의 소득 수준은? (단, 다른 조건들은 고려하지 않는다)

① 0   ② 4

③ 8   ④ 9.6

09

K국의 한계소비성향은 0.75이고, 소득세율이 20%라고 알려져 있다. 만약 K국의 소득이 100쩐만큼 증가하는 경우, 저축의 증가분은? (단, 다른 조건은 고려하지 않는다)

① 10쩐   ② 20쩐

③ 30쩐   ④ 40쩐

10

어떤 나라의 민간 부문의 소비지출(C)과 투자지출(I)이 각각 540과 180이며, 정부지출(G)과 조세수입(T)이 각각 90과 72, 수출(X)과 수입(M)이 각각 360, 270이다. 다음 중 옳지 않은 것은?

① 이 나라의 지출국민소득은 900이다.

② 이 나라의 민간저축은 288이다.

③ 이 나라의 민간저축과 정부저축의 합계는 306이다.

④ 이 나라의 경상수지는 90만큼 흑자이다.

11

화폐수요의 소득탄력도가 0.8이고, 이자율탄력도가 0.2이다. 화폐수요가 10% 증가하기 위해 필요한 소득의 증가분은?

① 6%   ② 8%

③ 10%   ④ 12.5%

12

다음 중 경기부양을 위한 확장적 통화정책의 효과를 크게 하는 요인으로 옳은 것은? (단, 개방경제를 전제로 하는 IS-LM 모형을 근거로 접근한다)

① 수입(import)의 소득에 대한 의존도가 높아야 한다.

② 화폐수요가 이자율에 대해 매우 탄력적이다.

③ 투자가 이자율에 대해 매우 비탄력적이다.

④ 한계소비성향이 1에 가깝다.

13

총공급곡선의 기울기가 완만해지는 이유로서 다음 중 옳은 것은?

① 경제가 불완전고용 상태로 가고 있다.

② 경제가 완전고용 상태로 가고 있다.

③ 물가가 급속히 상승하고 있다.

④ 실업이 감소하고 있다.

14

인플레이션과 이자율에 대한 설명으로 옳은 것은? (단, 피셔효과가 성립한다)

① 실질이자율은 명목이자율에 예상 인플레이션율을 더한 크기이다.

② 예상보다 높은 인플레이션율은 채무자에게 유리하고 채권자에게 불리하다.

③ 예상되는 미래 인플레이션율의 상승은 사전적으로 실질이자율을 상승시킨다.

④ 인플레이션에 대한 예상은 명목이자율의 크기와 아무런 관련이 없다.

15

K국 노동시장에 대한 정보는 다음과 같다.

> • 생산가능인구: 4,000만 명
> • 경제활동참가율: 75%
> • 실업률: 5%

K국의 실업자 수와 고용률은? (단, 다른 조건은 고려하지 않는다)

	실업자 수	고용률
①	150만 명	75.25%
②	200만 명	72.75%
③	150만 명	71.25%
④	200만 명	67.75%

16

필립스(Philips)곡선에 대한 설명으로 옳은 것은?

① 단기 총공급곡선이 우상향하면 필립스곡선도 우상향한다.

② 스태그플레이션을 설명하기 위해서는 단기 필립스곡선 자체의 이동이 필요하다.

③ 프리드먼(M. Friedman)은 합리적 기대를 전제한 자연실업률 가설을 제시하였다.

④ 케인스(J. M. Keynes) 이론을 기초로 할 때 단기 필립스곡선과 장기 필립스곡선은 구분되어야 한다.

17

경기변동이론에 대한 설명으로 옳은 것은?

① 실물적 경기변동이론(real business cycle theory)은 단기에는 임금이 경직적이라고 전제한다.

② 화폐적 균형경기변동이론(monetary business cycle theory)은 경기변동의 근본 원인을 기술충격에서 찾는다.

③ 실물적 경기변동이론(real business cycle theory)에 따르면 불경기에도 가계는 기간별 소비선택의 최적조건에 따라 소비를 결정한다.

④ 화폐적 균형경기변동이론(monetary business cycle theory)은 통화량 변동정책이 장기적으로 실질국민소득에 영향을 준다고 주장한다.

18

오랫동안 폐쇄경제를 유지했던 소국인 K국이 전격적으로 시장을 개방하기로 결정하였다. 이에 따라 국내 시장균형가격보다 국제가격이 낮은 상황에 직면하였다. K국의 시장개방의 결과로 나타나게 될 현상으로 옳은 것은? (단, 수요곡선은 우하향하고, 공급곡선은 우상향한다. 또한 거래비용은 없다고 가정한다)

① K국의 소비자 잉여는 감소한다.

② K국 국민경제 전체의 잉여는 증가한다.

③ K국 국내시장에서는 초과공급이 발생한다.

④ K국의 소비자 잉여의 변화분과 생산자 잉여의 변화분의 절대적 크기는 같아진다.

19

다음 그림은 재정정책 및 금융정책의 정책 혼합에 의해 대내균형과 대외균형을 달성하는 것을 나타낸다. 점 A의 상태는?

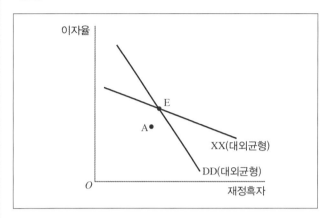

① 실업과 국제수지 적자

② 실업과 국제수지 흑자

③ 인플레이션과 국제수지 적자

④ 인플레이션과 국제수지 흑자

20

변동환율제를 채택하고 있는 소규모 개방경제인 K국에서 해외이자율이 상승할 경우 나타날 수 있는 현상에 대한 설명으로 옳은 것은? (단, 자본이동이 완전히 자유로운 먼델－플레밍 모형을 전제한다)

① 통화량이 증가한다.

② 환율이 하락한다.

③ 자본유입이 이루어진다.

④ 국민소득이 증가한다.

10회 / AK 경제학 실전 동형 모의고사

01

효용함수가 $U = AX^\alpha Y^\beta$ (A는 정수)인 경우 소비자 균형이 달성되는 수준에서 두 재화의 소비량 비율 $\left(\dfrac{Y}{X}\right)$이 $\dfrac{3\beta}{\alpha}$라고 알려져 있다. 두 재화의 가격비는?

① $P_X = P_Y$
② $P_X = 3P_Y$
③ $3P_X = P_Y$
④ $3P_X = 3P_Y$

02

소비자 소영은 다음과 같은 조건 하에서 극대효용을 달성하고자 한다.

- $U(F, C) = F \times C + F$
- $P_F = 100$, $P_C = 200$
- $I = 2,200$

소영이 효용극대화를 달성하기 위한 F와 C의 소비량을 각각 구하면? (단, P_F는 F재의 가격, P_C는 C재의 가격, I는 소득이다)

① $F = 6$, $C = 8$
② $F = 8$, $C = 7$
③ $F = 10$, $C = 6$
④ $F = 12$, $C = 5$

03

19명의 노동자가 생산에 참여할 때 1인당 평균생산량(AP_L)은 30단위였다. 그런데 노동자 1명을 더 고용하여 생산하였더니 1인당 평균생산량(AP_L)은 29단위로 줄어들었다. 이 경우의 한계생산물(MP_L)은?

① 1단위
② 5단위
③ 10단위
④ 29단위

04

생산함수가 다음과 같이 주어져 있다.

- $Q = 5L^{0.4}K^{0.6}$, 여기서 Q는 생산량, L은 노동량, K는 자본량이다.

위 생산함수에 대한 설명으로 옳은 것은?

① 노동과 자본 간의 대체탄력성은 0이다.
② 오일러 정리가 성립하고, 규모에 대한 보수가 체감한다.
③ 노동과 자본 투입량이 2배로 증가하면 기술적 한계대체율($MRTS_{LK}$)은 감소한다.
④ 노동투입이 5%, 자본투입이 3%만큼 각각 증가하면 총생산량은 3.8%만큼 증가한다.

05

기펜재가 아닌 열등재를 생산하는 산업에서 기술진보가 이루어졌다. 이에 대한 설명으로 옳은 것은?

① 열등재에 대한 수요곡선은 왼쪽으로 이동한다.
② 열등재에 대한 공급곡선은 오른쪽으로 이동한다.
③ 열등재를 판매하는 기업의 총수입은 이전에 비해 증가한다.
④ 열등재와 소비측면에서 대체재 관계에 있는 재화의 수요는 증가한다.

06

시장에서 수요의 가격탄력도가 2, 공급의 가격탄력도가 1인 재화에 대해 단위당 30원의 종량세를 소비자에게 부과하고자 한다. 조세부과로 인해 생산자가 부담하게 되는 조세액의 크기는?

① 0
② 10
③ 20
④ 30

07

이윤극대화를 추구하는 독점기업 A가 양(+)의 독점이윤을 실현하고 있다. 이에 대한 설명으로 가장 타당하지 못한 것은? (단, 한계비용(MC) > 0)

① A가 선택한 공급량에서 수요의 가격탄력성은 1보다 작다.
② 가격은 한계수입보다 높다.
③ 가격은 평균비용보다 높다.
④ 한계수입은 반드시 양(+)의 값을 갖는다.

08

독점기업 K가 이윤을 극대화하는 수준에서 생산물 시장의 수요의 가격탄력성은? (단, 독점기업 K의 한계비용은 0으로 알려져 있다)

① 0이다.
② 0과 1 사이에 있다.
③ 1이다.
④ 1보다 크다.

09

A기업과 B기업으로만 구성된 과점시장에서 다음 조건이 주어져 있다.

- $Q_A = 120 - 4P_A + 3P_B$
- $Q_B = 120 - 4P_B + 3P_A$
- $MC_A = MC_B = 20$

베르트랑(Bertrand) 균형가격을 도출하면?

① $P_A = P_B = 20$ ② $P_A = 20, P_B = 40$
③ $P_A = 40, P_B = 20$ ④ $P_A = P_B = 40$

10

〈그림 1〉은 X재와 Y재 생산과 관련한 에지워스 상자이고, 〈그림 2〉는 생산가능곡선을 나타낸 것이다. 이에 대한 설명으로 옳은 것은? (단, X재와 Y재는 모두 노동(L)과 자본(K)을 생산요소로 사용한다)

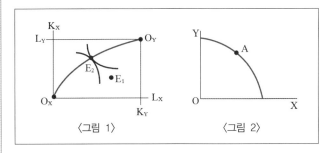

〈그림 1〉   〈그림 2〉

① 〈그림 1〉의 두 원점 O_X와 O_Y는 생산가능곡선 상에 있지 않다.
② 〈그림 1〉의 점 E_1은 〈그림 2〉의 생산가능곡선 상의 한 점과 대응된다.
③ 〈그림 2〉의 점 A에서는 두 재화의 기술적 한계대체율($MRTS_{LK}$)이 동일하다.
④ 〈그림 1〉의 점 E_2는 X재와 Y재의 생산자 균형이 달성되고 있다는 것을 의미한다.

11

2018년에 생산된 승용차 중 판매가 되지 않았었던 승용차 1,234대가 2019년에 모두 판매되었다. 이에 대한 설명으로 옳지 않은 것은?

① 2018년 GDP에는 승용차 1,234대의 가치가 포함된다.
② 2018년 투자항목에는 승용차 1,234대의 가치가 포함된다.
③ 2019년 소비항목에는 승용차 1,234대의 가치가 포함된다.
④ 2019년 GDP에는 승용차 1,234대의 가치가 포함된다.

12

폐쇄경제인 K국 거시경제 모형이 다음과 같다. 이에 대한 설명으로 옳은 것을 〈보기〉에서 모두 고르면? (단, 다른 조건들은 고려하지 않는다)

- 소비함수: $C = 10 + 0.8(Y - T)$
- 투자함수: $I = 20$
- 정상부문: $G = 50$, $T = 0.25Y$
- 상품시장의 균형: $Y = C + I + G$
- 여기서 Y는 소득, C는 소비, I는 투자, T는 조세, G는 정부지출을 의미한다.

― 보기 ―
㉠ 균형국민소득 수준에서 소비는 120이다.
㉡ 균형국민소득 수준에서 재정은 균형을 달성한다.
㉢ 독립투자(I_0)를 1만큼 증가시키면 국민소득은 5보다 작게 증가한다.
㉣ 가처분소득(YD)에 대한 평균소비성향(APC)은 0.8이다.

① ㉠, ㉡　　　　　② ㉠, ㉢
③ ㉡, ㉢　　　　　④ ㉡, ㉣

13

소비이론에 대한 설명으로 옳은 것은?

① 항상소득가설에 따르면 일시적인 확대재정정책은 소비를 증가시키는 데 큰 효과가 있다.
② 항상소득가설에 따르면 저소득층보다 고소득층의 경우에 평균소비성향이 낮다.
③ 절대소득가설에 따르면 평균저축성향(APS)은 가처분소득이 증가함에 따라 감소한다.
④ 상대소득가설에서는 소득의 변화는 즉각적인 소비 변화를 초래한다.

14

K기업의 자본의 한계생산(MP_K)이 다음과 같이 알려져 있다.

- $MP_K = 0.18 + \dfrac{20}{K}$, 여기서 K는 자본량이다.

최종 생산물인 소비재의 수량으로 나타낸 자본재의 상대가격은 언제나 2이고, 실질이자율(r)과 감가상각률(d)은 각각 0.05와 0.05이다. K기업이 적정자본량에 도달하기 위해 필요한 의사결정으로 가장 타당한 것은? (단, 현재 K기업이 보유하고 있는 자본량은 1,000이다)

① 현재 수준을 유지한다.
② 200만큼 줄인다.
③ 200만큼 늘린다.
④ 400만큼 늘린다.

15

K국의 현금통화가 0, 예금통화가 500, 지급준비금이 50이라고 한다. 다른 조건들을 고려하지 않을 경우, K국의 통화승수와 신용승수의 크기는?

	통화승수	신용승수
①	0	5
②	5	0
③	5	5
④	10	10

16

IS − LM 모형에서 경기부양을 위한 확장적 재정정책이 완전히 무력해지는 경우를 고르면?

	IS곡선	LM곡선
①	수직	우상향
②	우하향	우상향
③	우하향	수직
④	우하향	수평

17

다음 〈보기〉 중에서 거시경제의 총수요와 총공급에 대한 설명으로 옳은 것을 모두 고르면?

─ 보기 ─
- ㉠ 단기 경기변동에서 소비변동성은 투자의 변동성보다 크게 나타난다.
- ㉡ 명목임금이 경직적이라면 물가 수준이 상승하는 경우 단기 총공급곡선은 우상향한다.
- ㉢ 공급 중시 경제학에서는 근로소득세율의 인하로 단기 총공급곡선이 우상향한다고 주장한다.
- ㉣ 화폐시장이 유동성 함정 상태에 있는 경우 중앙은행의 추가적인 화폐공급은 거래적 화폐수요로 모두 흡수되어 이자율에 영향을 주지 못한다.

① ㉠
② ㉠, ㉢
③ ㉡
④ ㉡, ㉣

18

K국과 Y국의 명목이자율과 인플레이션율이 다음 표와 같다.

	실질이자율	인플레이션율
K국	2%	6%
Y국	3%	5%

두 나라 모두 명목이자소득에 대해 20%의 세금을 부과하는 경우, K국과 Y국의 세후 실질이자율에 관한 설명으로 가장 타당한 것은? (단, 두 나라 모두에서 피셔효과가 완벽하게 성립하고 있다고 가정한다)

① 두 나라의 세후 실질이자율은 동일하다.
② K국이 Y국보다 1%만큼 높다.
③ K국이 Y국보다 0.4%만큼 높다.
④ Y국이 K국보다 1%만큼 높다.

19

비경제활동인구가 2,000만 명, 경제활동참가율이 80%, 실업률이 20%일 때, 고용률은?

① 16%
② 60%
③ 64%
④ 80%

20

K국의 단기 필립스 곡선이 다음과 같다.

- $\pi = \pi^e - 0.25(u - u_n)$

여기서 π는 실제인플레이션율, π^e는 예상인플레이션율, u는 실제실업률, u_n은 자연실업률이다.

정책당국이 인플레이션율을 2%p만큼 낮추기 위해 감수해야 할 희생률을 GDP 변화를 중심으로 구하면? (단, 다른 조건은 고려하지 않는다. 또한 실업률이 1%p 상승할 때, GDP는 3%p만큼 감소한다고 알려져 있다)

① 6
② 8
③ 10
④ 12

21

모든 시장이 완전경쟁적인 K국의 총생산함수가 다음과 같다. K국 경제에 대한 설명으로 옳은 것은?

- $Y = AL^\alpha K^\beta$

여기서 Y는 총생산량, A는 총요소생산성, L은 노동투입량, K는 자본투입량이고 $\alpha + \beta = 1$이다.

① $\alpha = 0.6$일 경우 노동소득의 크기는 자본소득과 비교할 때 60% 수준에 불과하다.
② 자본투입량은 불변이고 노동투입량이 5%만큼 증가하면, 자본의 한계생산물(MP_K)은 체감한다.
③ 총요소생산성(A)이 10인 경우, 노동과 자본의 투입량이 각각 5%만큼 증가하면, 총생산량은 50%만큼 증가한다.
④ 총요소생산성(A)이 10% 증가하고 노동과 자본의 투입량이 모두 동일하게 5% 증가한다면, α의 크기와 관계없이 총생산량은 반드시 15%만큼 증가한다.

22

다음 중 헥셔-올린(Heckscher-Ohlin)이론의 기본 가정이 아닌 것은?

① 각 제품의 요소집약도는 서로 다르다.
② 두 무역상대국의 생산기술은 동일하다.
③ 상품 생산에 있어 규모에 대한 보수 체감의 법칙이 적용된다.
④ 두 무역상대국의 사회무차별곡선 지도는 동일하다.

23

다음과 같은 수입관세율 체계 중 최종생산물에 대한 보호효과가 가장 높은 경우는?

① 원자재와 부품 및 중간재에 대한 관세율=5%, 최종생산물에 대한 관세율=5%
② 원자재와 부품 및 중간재에 대한 관세율=10%, 최종생산물에 대한 관세율=10%
③ 원자재와 부품 및 중간재에 대한 관세율=5%, 최종생산물에 대한 관세율=15%
④ 원자재와 부품 및 중간재에 대한 관세율=15%, 최종생산물에 대한 관세율=5%

24

K국은 만성적인 경상수지 적자 상태에서 벗어나기 위해서 자국 화폐에 대한 평가절하를 단행하였다. 그럼에도 불구하고 경상수지 개선의 효과가 나타나지 않았다. 그 이유로 옳은 것은?

① 자국의 수입수요탄력도와 외국의 수입수요탄력도의 합이 1보다 작다.
② 무역 상대국의 경기가 호황국면에 들어섰다.
③ 국내이자율이 해외이자율에 비해 낮다.
④ 화폐시장이 유동성 함정 상태에 있다.

25

개방경제의 국민소득계정 항등식을 이용한 설명으로 옳지 않은 것은? (단, '경상수지=상품 및 서비스 수지'인 단순한 경우를 가정한다)

① 저축이 투자를 초과하면 경상수지는 흑자이다.
② 저축이 투자를 초과하면 대부자금시장에서 초과공급이 발생한다.
③ 총지출이 총생산을 초과하면 경상수지는 적자이다.
④ 총지출이 총생산을 초과하면 순해외투자(net foreign investment)는 음(−)이다.

01

다음 중 수요곡선에 관한 설명으로 틀린 것은?

① 대체재의 가격이 변화하면 수요곡선은 이동한다.

② 소비자 기호가 변화하면 수요곡선은 이동한다.

③ 소득이 증가하면 수요곡선은 이동한다.

④ 열등재의 보상수요곡선은 우상향한다.

02

소비자 H는 X재와 Y재만을 소비하고, 우하향하고 원점에 대해 강볼록한 무차별곡선을 가진다. 현재 소비자 H의 효용극대화 소비점은 (X_1, Y_1)이다. 그런데 다른 모든 조건이 일정한 상태에서 X재의 가격만이 하락하는 경우 효용극대화 소비점은 (X_2, Y_2)가 된다고 한다. 만약 $(X_1 = X_2)$ 관계가 성립할 때, X재에 관한 설명으로 옳은 것은?

① X재는 열등재이다.

② X재의 통상수요곡선은 우하향한다.

③ X재의 보상수요곡선은 수직선이다.

④ X재의 대체효과가 소득효과보다 작게 나타난다.

03

완전경쟁시장에서 이윤극대화를 추구하는 기업의 생산함수가 $Q = AL^\alpha K^\beta$일 때, 이에 대한 설명으로 옳지 않은 것은? (단, Q는 생산량, A, α, β는 상수, K는 자본, L은 노동을 나타내고, $\alpha + \beta = 2$이다)

① 오일러의 정리가 성립한다.

② 생산함수는 규모에 대한 수익 증가를 보인다.

③ 노동이 1% 증가할 때 생산량은 α% 증가한다.

④ 생산의 자본탄력성(E_K)은 $\dfrac{\text{자본의 한계생산}(MP_K)}{\text{자본의 평균생산}(AP_K)}$이다.

04

수요의 법칙과 공급의 법칙이 성립하는 선풍기 시장에서 선풍기의 수요변화에 따른 균형가격의 상승을 가져오는 요인으로 옳은 것은? (단, 선풍기는 열등재이며, 다른 조건은 고려하지 않는다)

① 대체재인 에어컨의 생산에서 기술진보가 이루어졌다.

② 에어컨에 대한 생산보조금이 지급되었다.

③ 경기침체로 인해 소득이 감소하였다.

④ 에어컨 가격이 변하지 않고 있다.

05

(주) 맥덕로(麥德勞) 햄버거는 현재 4,000원의 가격에서 30개를 판매하고 있다. 그런데 현재 수준에서 가격을 5,000원으로 올릴 경우, 수요의 가격탄력성은 '$E_P = 0.8$' 이라고 한다. 이를 전제로 한 햄버거의 수요함수에서 폐색가격은? (단, 수요함수는 직선으로 알려져 있다)

① 8,000원   ② 9,000원

③ 10,000원   ④ 11,000원

06

다음 설명 중 옳은 것은?

① 자연독점기업이 가격과 평균비용이 일치하는 곳에서 생산량을 정하도록 정부가 규제하는 경우 비효율적인 자원배분이 나타나게 된다.

② 자연독점(natural monopoly)의 경우 한계수입과 한계비용이 일치하는 곳에서 생산하고 있다면 효율적인 자원배분이 이루어진다.

③ 독점적 경쟁(monopolistic competition)의 경우 각 기업의 가격과 생산량은 그 기업이 직면하고 있는 수요곡선과 그 기업의 한계비용곡선이 접하는 곳에서 결정된다.

④ 자연독점은 독점적 경쟁시장에서 정부규제가 과도할 때 발생한다.

07

과점시장의 굴절수요이론에 대한 설명으로 옳은 것은?

① 기업의 한계수입곡선에는 연속한 모습을 보인다.

② 굴절수요곡선은 원점에 대해 볼록한 모양을 갖는다.

③ 한 기업이 가격을 내리면 나머지 기업들은 현재 가격을 유지하려고 한다.

④ 기업은 자신의 한계비용이 일정 범위 내에서 변화한다면 가격을 조정하지 않는다.

08

K국의 유치원 보육서비스에 대한 수요곡선이 다음과 같이 주어져 있다.

> • $P = 100 - \dfrac{1}{2}Q$, 여기서 P는 보육료이고, Q는 유치원 수이다.

또한 유치원 보육서비스 공급에 따른 유치원의 한계비용 곡선과 유치원 교육서비스 공급에 따른 외부 한계편익 곡선이 다음과 같다고 알려져 있다.

> • $MC = 10 + Q$
> • $EMB = 30$

유치원 보육서비스가 사회적 최적 수준에 도달하기 위해 필요한 총보조금의 크기는?

① 2,000
② 2,400
③ 2,500
④ 2,800

09

GDP에 대한 설명으로 옳은 것은?

① 가계의 교육에 대한 지출은 GDP의 구성요소 중에서 투자지출에 포함된다.

② 신규 아파트를 분양받는 것은 GDP 구성요소 중에서 소비지출에 포함된다.

③ 7급 공무원에 대한 급여는 GDP 구성요소 중에서 이전지출에 포함된다.

④ 기업의 재고 증가분은 GDP 구성요소 중에서 투자지출에 포함된다.

10

현재 K국의 균형국민소득 수준이 1,400조 원이고, 완전고용상태에 도달하게 되면 국민소득은 2,000조 원 수준까지 증가할 수 있다고 알려져 있다. 정액세하에서 K국이 완전고용에 도달하기 위해 필요한 감세 규모는? (단, 한계저축성향은 0.25이며, 다른 조건은 고려하지 않는다)

① 100조 원
② 150조 원
③ 200조 원
④ 300조 원

11

예금은행인 W은행의 대차대조표가 아래와 같다고 하자. W은행이 보유하고 있는 초과지급준비금을 신규로 대출하는 경우 은행제도를 통하여 이루어지는 신용창조를 통해 통화량은 최대 얼마나 증가하는가? (단, 법정지급준비율은 5%이고, 다른 조건은 고려하지 않는다)

자산		부채	
지급준비금	100	예금	1,000
대출	500		
국채	300		
기타	100		

① 500
② 800
③ 1,000
④ 1,500

12

화폐수요함수가 다음과 같이 주어져 있다.

> • $\dfrac{M}{P} = \dfrac{Y}{i}$, 여기서 $\dfrac{M}{P}$는 실질화폐잔고, i는 명목이자율, Y는 실질생산량, P는 물가이다.

피셔(I. Fisher)의 화폐수량설에 의할 때, 이에 대한 설명으로 옳은 것은?

① 화폐유통속도가 일정하면 명목이자율도 일정하다.

② 화폐유통속도가 증가하면 실질산출량이 감소한다.

③ 화폐유통속도가 감소하면 명목이자율은 상승한다.

④ 화폐유통속도는 $\dfrac{Mi}{Y}$이다.

13

리카도 대등정리(Ricardian equivalence theorem)에 대한 설명으로 옳은 것은?

① 국채발행을 통해 재원이 조달된 조세삭감은 소비에 영향을 줄 수 있다.

② 국채발행이 증가하면 이자율이 하락한다.

③ 경기침체 시에는 조세 대신 국채발행을 통한 확대재정정책이 더 효과적이다.

④ 소비자들이 유동성 제약에 직면하고 있는 경우에는 설명력이 떨어진다.

14

총공급곡선의 이동과 관련된 설명으로 옳은 것을 〈보기〉에서 모두 고르면? (단, 단기 총공급곡선은 우상향한다)

┌ 보기 ─────────────────────
ㄱ 자본스톡이 증가하면 장기 총공급곡선은 오른쪽으로 이동한다.

ㄴ 기술진보가 이루어지면 단기 총공급곡선은 오른쪽으로 이동한다.

ㄷ 예상물가 수준이 상승하면 장기 총공급곡선은 왼쪽으로 이동한다.

ㄹ 장기 총공급곡선이 오른쪽으로 이동하면 단기 총공급곡선도 오른쪽으로 이동한다.
└─────────────────────────

① ㄱ, ㄴ, ㄷ   ② ㄱ, ㄴ, ㄹ

③ ㄱ, ㄷ, ㄹ   ④ ㄴ, ㄷ, ㄹ

15

인플레이션율과 실업률의 관계를 나타내는 필립스곡선의 식은 $\pi - \pi^e = -\alpha(u - u^*)$이며, 어떤 경제의 상황을 그림으로 나타내면 다음과 같다. 이에 대한 해석으로 옳은 것을 〈보기〉에서 모두 고른 것은?

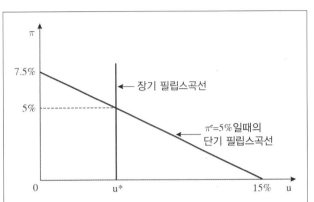

(단, π는 인플레이션율, π^e는 기대 인플레이션, u는 실업률, u^*는 자연실업률을 나타내며 모든 경제 변수들의 단위는 %이다. 그리고 α는 상수이다)

┌ 보기 ─────────────────────
ㄱ π^e가 3%이고 실제 인플레이션율이 4%일 때 실업률은 3%이다.

ㄴ π^e가 5%라면 인플레이션율이 1%만큼 하락할 때 희생률은 6이다.

ㄷ 경제주체들이 합리적 기대를 한다면, 통화정책 당국은 실업률 상승 없이 인플레이션율을 낮출 수 있다.

☑ 오쿤의 법칙: 실업률 1% 상승은 GDP 2%의 하락
☑ 희생률: 인플레이션율 1% 감소에 수반되는 GDP의 감소 %
└─────────────────────────

① ㄱ, ㄴ   ② ㄱ

③ ㄴ, ㄷ   ④ ㄱ, ㄷ

16

경제정책에 대한 각 학파의 주장으로 옳은 것은?

① 케인스학파(Keynesian)는 경기변동의 주요 원인을 총공급의 변동에서 찾는다.

② 통화론자들(Monetarism)은 화폐유통속도가 불안정하여 재량보다는 준칙에 따른 통화정책을 수행해야 한다고 주장한다.

③ 새 케인스학파(New Keynesian)는 메뉴비용이나 명목임금계약 등의 존재로 인하여 총수요관리정책이 효과가 있다고 주장한다.

④ 새 고전학파(New Classical School)에서는 경제주체들이 합리적 기대를 하는 한 예측되지 못한 정책도 효과가 없다고 주장한다.

17

솔로(R. Solow)의 경제성장 모형은 다음과 같다.

> • 1인당 생산함수: $y = 10k^{\frac{1}{2}}$, 여기서 y는 1인당 산출량, k는 1인당 자본량이다.
> • 인구증가율(n): 1%, 감가상각률(d): 2%, 기술진보율(g): 2%

이 경제의 1인당 소비(C)의 황금률 수준(golden rule level)은?

① 300   ② 400

③ 500   ④ 600

18

소규모 개방경제에서 수입량이 동일한 관세정책과 수입할당(import quota) 정책이 존재한다. 이에 대한 설명으로 옳은 것은? (단, 국내 공급곡선은 우상향하고, 국내 수요곡선은 우하향한다. 또한 다른 조건은 고려하지 않는다)

① 수입재의 국내 판매가격은 관세를 부과할 때보다 수입을 할당할 때가 더 높다.

② 생산자 잉여 증가는 관세를 부과할 때보다 수입을 할당할 때가 더 크게 나타난다.

③ 경제적 순손실(deadweight loss)은 관세를 부과할 때보다 수입을 할당할 때가 더 많이 발생한다.

④ 관세부과에 따른 정부의 재정수입의 크기와 수입할당에 따른 수입업자의 할당지대의 크기는 반드시 일치한다.

19

다음 그림은 재정정책 및 금융정책의 정책 혼합에 의해 대내균형과 대외균형을 달성하는 것을 나타낸다. 점 A의 상태는?

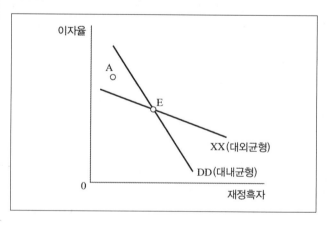

① 실업과 국제수지 적자

② 실업과 국제수지 흑자

③ 인플레이션과 국제수지 적자

④ 인플레이션과 국제수지 흑자

20

국민소득 항등식을 기초로 할 때 경상수지가 악화되는 경우에 해당하는 것을 〈보기〉에서 모두 고르면?

┌─ 보기 ─────────────────────────┐
│ ㉠ 민간소비 감소   ㉡ 민간저축 감소 │
│ ㉢ 민간투자 감소   ㉣ 정부저축 감소 │
└──────────────────────────────┘

① ㉠

② ㉠, ㉢

③ ㉡

④ ㉡, ㉣

01

소비자 H의 효용함수와 예산제약식이 다음과 같이 주어져 있다.

- $U = x + 2y$
- $10x + 5y = 100$

여기서 U는 효용, x는 X재 소비량, y는 Y재 소비량이다.

소비자 H가 효용을 극대화하기 위한 X재와 Y재의 최적 소비량은?

① $(X, Y) = (10, 0)$　② $(X, Y) = (8, 4)$
③ $(X, Y) = (5, 10)$　④ $(X, Y) = (0, 20)$

02

다음의 효용함수 중에서 소비자의 선호체계가 동일한 효용함수를 고르면? (단, U는 효용, x는 X재 소비량, y는 Y재 소비량이다)

보기

ⓐ $U = \sqrt{x \times y}$　　ⓑ $U = \dfrac{1}{x^2 \times y^2}$

ⓒ $U = x^3 + y^3$　　ⓓ $U = x^4 \times y^4$

① ⓐ, ⓑ, ⓓ　　② ⓐ, ⓓ
③ ⓑ, ⓒ　　④ ⓑ, ⓒ, ⓓ

03

분계선(ridge line)에 관한 설명 중 옳지 않은 것은?

① $MRTS_{LK} = 0$인 점들의 궤적이다.
② $MRTS_{LK} = \infty$인 점들의 궤적이다.
③ 등사곡선은 분계선의 일종이다.
④ 분계선은 원점에서 출발한다.

04

생산비용에 대한 설명으로 옳은 것은? (단, 평균비용과 한계비용은 모두 U자형의 모습을 보인다)

① 규모에 대한 보수가 불변이라면 장기 총비용곡선은 원점을 통과하는 직선이다.
② 규모에 대한 보수가 체증한다면 장기 평균비용곡선은 우상향하는 형태를 취한다.
③ 규모에 대한 보수가 불변이라면 장기 평균비용곡선과 장기 한계비용곡선은 우하향한다.
④ 규모에 대한 보수가 체감한다면 장기 평균비용곡선은 단기 평균비용곡선의 최저점을 연결함으로써 얻어진다.

05

소득이 증가함에 따라 원두커피 소비는 늘어나는 반면 인스턴트커피 소비는 줄어든다고 하자. 이에 대한 설명으로 옳은 것은? (단, 두 시장의 공급곡선이 모두 우상향하며, 다른 조건들은 고려하지 않는다)

① 소득이 증가하면 인스턴트커피 가격은 하락하고, 인스턴트커피 거래량은 증가한다.
② 원두커피 가격상승으로 인한 소득효과는 원두커피 거래량을 증가시킨다.
③ 인스턴트커피 가격이 상승할 때 인스턴트커피 수요량은 증가한다.
④ 소득이 증가할 때 원두커피 가격은 상승한다.

06

K기업의 공급곡선은 $Q_S^K = 10P$이고, Y기업의 공급곡선은 $Q_S^Y = 10 + P$이다. 다음 중 가격(P)의 변화에 따른 공급의 가격탄력성에 관한 설명으로 타당한 것은?

① 가격이 상승할수록 K기업의 공급의 가격탄력성은 커진다.
② 가격이 상승할수록 Y기업의 공급의 가격탄력성은 커진다.
③ 가격이 10일 때 K기업의 공급의 가격탄력성과 가격이 20일 때 Y기업의 공급의 가격탄력성은 같아진다.
④ 가격이 20일 때 K기업의 공급의 가격탄력성은 2이다.

07

완전경쟁시장에서 생산자 잉여와 이윤에 대한 설명으로 옳은 것은?

① 단기에 생산자 잉여는 이윤보다 작다.
② 생산자 잉여는 음($-$)의 값을 가질 수도 있다.
③ 생산자 잉여는 생산자가 기대하는 최소한의 수익이다.
④ 단기에 한계비용곡선이 우상향하면 생산자 잉여는 항상 양($+$)의 값을 갖는다.

08

독점기업 K의 수요곡선과 총비용곡선이 다음과 같다.

> • $P = 80 - \dfrac{1}{2}Q$, $TC = Q^2 - 10Q + 50$
> 여기서 P는 가격, Q는 수량, TC는 총비용이다.

이윤극대화 수준에서 독점기업 K의 독점도는? (단, 러너(A. Learner)의 독점도(degree of monopoly)를 따른다)

① $\dfrac{1}{11}$ ② $\dfrac{3}{13}$

③ $\dfrac{7}{17}$ ④ $\dfrac{9}{19}$

09

독점기업 K의 수요함수와 한계비용(MC)이 다음과 같다.

> • $Q = 100P^{-2}$, $MC = 100$
> 여기서 Q는 수량, P는 가격, MC는 한계비용이다.

독점기업 K가 이윤을 극대화할 때 시장가격(P)은?

① 50   ② 100

③ 150   ④ 200

10

기업 K가 직면하는 노동공급곡선과 노동의 한계수입생산물(MRP_L)곡선이 다음과 같다고 하자.

> • 노동공급곡선: $w = 200 + 5L$
> • 한계생산물곡선: $MRP_L = 800 - 5L$
> • w는 임금이고, L은 고용량이다.

기업 K가 이윤극대화를 달성하는 수준에서 균형임금은? (단, 기업 K는 노동시장에서 수요독점자이고, 생산물 시장에서 공급독점자이다. 또한 다른 조건들은 고려하지 않는다)

① 300   ② 400

③ 500   ④ 600

11

폐쇄경제인 K국의 GDP는 1조 5천억 달러, 민간소비는 6,500억 달러이다. 또한 정부지출은 4,500억 달러, 이전지출은 500억 달러, 조세는 5,500억 달러이다. K국의 민간저축(private savings)과 국민저축(national savings)을 각각 구하면?

	민간저축	국민저축
①	2,500억 달러	3,000억 달러
②	3,000억 달러	3,500억 달러
③	3,000억 달러	4,000억 달러
④	3,500억 달러	4,000억 달러

12

케인스 소비함수에 대한 설명으로 옳은 것은?

① 가처분소득이 존재하지 않으면 소비도 존재하지 않는다.

② 가처분소득이 증가할수록 평균소비성향(APC)은 감소한다.

③ 한계소비성향(MPC)은 0보다 크거나 같고 1보다 작거나 같다.

④ 평균소비성향(APC)은 한계소비성향(MPC)에 비해 항상 작은 값을 갖는다.

13

아래 두 그래프는 케인스 단순모형과 IS-LM모형에서 정부지출의 증가($\triangle G$)로 인한 효과를 나타내고 있다. 이에 관한 설명으로 옳은 것을 〈보기〉에서 모두 고른 것은? (단, 그림에서 C는 소비, I는 투자, G는 정부지출이다)

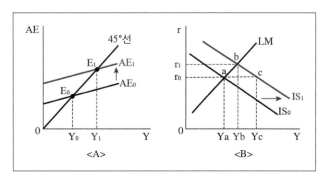

<A>   <B>

보기

㉠ <A>에서 $Y_0 \rightarrow Y_1$의 크기는 한계소비성향의 크기에 따라 달라진다.

㉡ <A>에서 $Y_0 \rightarrow Y_1$의 크기는 <B>의 $Y_a \rightarrow Y_b$의 크기와 같다.

㉢ <B>의 새로운 균형점 b는 구축효과를 반영하고 있다.

㉣ <A>에서 정부지출의 증가는 재고의 예기치 못한 증가를 가져온다.

① ㉠, ㉡   ② ㉠, ㉢

③ ㉡, ㉣   ④ ㉢, ㉣

14

2019년 1월 1일 발행된 1년 만기 국채이자율은 3%이고, 2020년과 2021년의 1년 만기 국채이자율은 각각 2%, 1%로 예상되고 있다. 한편 1년 만기 국채 대비 3년 만기 국채의 유동성 프리미엄은 0.5%로 알려져 있다. 기대이론과 유동성 프리미엄이론에 따를 때, 3년 만기 국채이자율을 각각 구하면?

	기대이론	유동성 프리미엄 이론
①	2%	2.5%
②	2.5%	2%
③	3%	3.5%
④	6%	6.5%

15

K국의 IS-LM 모형이 다음과 같이 주어져 있다.

- $Y = C + I + G$
- $C = 20 + 0.75Y$
- $I = 50 - 25r$
- $G = 30$
- LM곡선: $r = 1 + 0.02Y$

단, Y는 국민소득, C는 소비, I는 투자, G는 정부지출, r은 이자율(%)이다.

K국 정부가 정부지출의 증대를 통하여 균형국민소득을 현재보다 2배만큼 증가시키기 위하여 필요한 이자율의 변화는?

① 불변이다.

② 1%p 상승한다.

③ 1%p 하락한다.

④ 2%p 상승한다.

16

총수요(AD) – 총공급(AS) 모형에서 K국의 총공급곡선이 다음과 같이 주어졌다.

> • $Y = Y_n + \alpha(P - P^e)$
>
> 여기서 Y는 실제산출량, Y_n는 자연산출량, α는 0보다 큰 상수, P는 실제물가, P^e는 예상물가이다.

현재 장기 균형상태에 있는 K국의 중앙은행은 앞으로 예상되는 경기과열에 선제적으로 대응하기 위하여 긴축 통화정책을 실시할 것을 고려하고 있다. 만약 K국 경제주체들의 물가예상이 합리적으로 형성되고 통화량 감소가 미리 예측되는 경우, K국 중앙은행이 실시하고자 하는 긴축 통화정책의 효과로서 옳은 것은?

① 물가는 하락하고 산출량도 감소한다.

② 물가는 불변이고 산출량은 감소한다.

③ 물가는 하락하고 산출량은 불변이다.

④ 물가와 산출량 모두 불변이다.

17

소비자물가지수를 구성하는 소비지출 구성이 다음과 같다.

> • 식료품비: 30%   • 교육비: 30%
> • 주거비: 20%   • 교통비 및 통신비: 10%
> • 문화비: 10%

전년도에 비해 올해에는 식료품비가 10%, 교육비가 10%, 주거비가 5% 상승한 반면, 교통비 및 통신비는 10%, 문화비는 60%만큼 하락하였다. 전년도 대비 올해의 소비자물가상승률은?

① 불변이다.

② 1% 상승했다.

③ 2% 상승했다.

④ 3% 하락했다.

18

다음 주어진 자료를 기초로 생산가능인구를 구하면?

> • 전체인구: 5,000만 명
> • 경제활동참가율: 60%
> • 실업률: 10%
> • 청년실업률: 14%
> • 취업자: 1,890만 명

① 2,500만 명

② 3,000만 명

③ 3,200만 명

④ 3,500만 명

19

K국의 단기 필립스곡선이 다음과 같다.

> • $\pi = \pi^e - 0.4(u - u_n)$, 여기서 u는 실제실업률, u_n은 자연실업률, π는 실제 인플레이션율, π^e는 기대 인플레이션율이고, 자연실업률은 5%이다.

현재 K국 경제는 실제 인플레이션율(π)과 기대 인플레이션율(π^e)이 동일한 수준이다. 만약 경제주체들의 기대 인플레이션율이 불변인 경우, 실제 인플레이션율을 1%p만큼 낮추려고 할 때, 실업률의 변화 추이에 대한 설명으로 옳은 것은?

① 1.5%p만큼 하락해야 한다.

② 2.5%p만큼 상승해야 한다.

③ 3.5%p만큼 하락해야 한다.

④ 4.5%p만큼 상승해야 한다.

20

다음 중 물가안정 목표제(inflation targeting)에 관한 설명으로 가장 타당하지 못한 것은?

① 물가안정 목표제는 자유재량 정책에 비해 중앙은행 정책 수행의 투명성을 높일 수 있다.

② 물가안정 목표제는 자유재량 정책에 비해 최적정책의 동태적 비일관성 문제를 감소시킨다.

③ 물가안정 목표제는 물가안정에 초점을 맞추기 때문에 자유재량 정책에 비해 생산과 고용의 변동에 적절하게 대응하지 못한다.

④ 우리나라 물가안정 목표제의 기준지표는 GDP 디플레이터이다.

21

한국은행이 경기예상에 대한 여론조사를 한 결과, 200개의 전체 응답기업 중에서 130개 업체가 경기가 호전 중이라고 답했고, 나머지 70개 업체가 경기가 악화되고 있다고 답했다. 이를 기초로 한 기업실사지수(B.S.I.: business surveying index)를 구하면?

① 110　　　　　② 120

③ 130　　　　　④ 140

22

K국의 수입수요탄력성이 2.5이고, K국의 교역상대국인 외국의 수입수요탄력성이 5.0인 경우, K국의 사회후생을 극대화하기 위한 관세율 수준은?

① 40%　　　　　② 30%

③ 25%　　　　　④ 20%

23

명목환율과 국내물가가 동일하게 5%만큼 상승하고, 해외물가는 5%만큼 하락하였다고 하자. 이러한 변화에 따른 실질환율의 변화 추이로 옳은 것은? (단, 명목환율은 자국화폐 또는 재화 단위로 표시한 외국화폐 또는 재화 1단위의 가격을 의미하며, 실질환율은 국내상품 수량으로 나타낸 해외상품의 상대가격이다)

① 5%만큼 하락한다.　　② 5%만큼 상승한다.

③ 15%만큼 하락한다.　　④ 15%만큼 상승한다.

24

다음 상황에서 1년 후 100엔당 원화의 환율수준은?

> 일식우동집을 운영하는 갑은 은행에서 운영자금 100만 원을 1년간 빌리기로 했다. 원화로 대출받으면 1년 동안의 대출금리가 21%인 반면, 동일한 금액을 엔화로 대출받으면 대출금리는 10%이지만 대출금은 반드시 엔화로 상환해야 한다. 한편, 일식우동집을 1년 동안 운영할 경우 기대되는 수익은 150만 원이며, 현재 원화와 엔화 사이의 환율은 100엔당 1,000원이다. 단, 갑은 두 대출조건이 동일하다고 생각한다.

① $\dfrac{1{,}000원}{100엔}$　　　　② $\dfrac{1{,}100원}{100엔}$

③ $\dfrac{1{,}200원}{100엔}$　　　　④ $\dfrac{1{,}250원}{100엔}$

25

다음 괄호에 들어갈 알맞은 말을 고르면?

> 자본이동이 불완전하고 변동환율제도를 채택한 소규모 개방경제의 먼델-플레밍 모형(Mundell-Fleming Model)에서 확장적 재정정책을 실시하면 균형국민소득은 (㉠)하고, 균형이자율은 (㉡)한다.

	㉠	㉡
①	증가	상승
②	감소	하락
③	감소	상승
④	불변	불변

01

소비자 H는 X재와 Y재를 소비하며 효용극대화를 달성하고자 한다. 그런데 소비자 H는 현재의 소비점(A)에서 Y재 2단위 대신 X재 1단위를 소비해도 동일한 만족을 갖는 선호체계를 보인다. 한편 현재 X재와 Y재 가격은 모두 100원으로 동일하다. 다음 그림 중 소비자 H의 소비점(A)을 나타내고 있는 것은? (단, 소비자 H의 무차별곡선은 강볼록성과 강단조성을 충족한다)

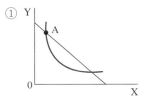
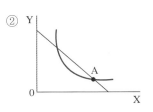
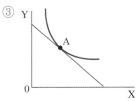
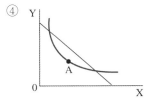

02

두 재화 모두 정상재인 X재와 Y재가 대체재 관계에 있을 때, X재 가격만이 하락하는 경우의 가격 – 소비곡선(PCC)은? (단, 소비자의 한계대체율(MRS_{XY})은 체감하며, 다른 조건을 고려하지 않는다)

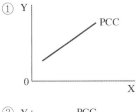
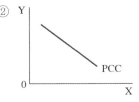
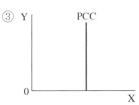
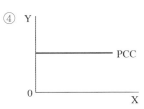

03

X재를 단위당 1,000원에 100단위만큼을 판매하는 기업 A가 있다. 이때 기업 A가 지출하는 총비용(TC)은 80,000원이고 이 중 평균고정비용(AFC)이 300원이라고 알려져 있다. 기업 A의 평균가변비용(AVC)은?

① 300원   ② 400원

③ 500원   ④ 600원

04

수요곡선과 공급곡선이 모두 우상향하고 있는 상황에서 균형(E)이 존재한다. 이 균형(E)의 안정성은? (단, 수요곡선의 기울기가 공급곡선의 기울기보다 크다고 가정한다)

① Walras 기준과 Marshall 기준에서 모두 안정적이다.

② Walras 기준과 Marshall 기준에서 모두 불안정적이다.

③ Walras 기준에서는 안정적이고 Marshall 기준에서는 불안정적이다.

④ Walras 기준에서는 불안정적이고 Marshall 기준에서는 안정적이다.

05

다음은 콜라 수요에 대한 분석 결과이다.

- 사이다 가격 변화에 대한 수요의 교차탄력성: 1.2
- 피자 가격 변화에 대한 수요의 교차탄력성: −1.0
- 수요의 소득탄력성: −1.0

다음 중 콜라의 수요를 가장 크게 감소시키는 경우는?

① 사이다 가격의 1% 상승과 피자 가격의 1% 상승

② 사이다 가격의 1% 하락과 소득의 1% 증가

③ 피자 가격의 1% 상승과 소득의 1% 감소

④ 피자 가격의 1% 하락과 사이다 가격의 1% 하락

06

독점기업 K는 현재 한계비용(MC)이 100원인 X재를 1,000개만큼 생산하여 단위당 500원에 판매하면서 이윤을 극대화하고 있다고 한다. 현재 수준에서 X재의 수요의 가격탄력성(E_P)을 구하면?

① 0.5 ② 1

③ 1.25 ④ 1.5

07

게임 상황에 있는 두 기업 A와 B가 선택할 수 있는 전략과 전략 선택에 따른 보수(payoff)가 다음과 같이 알려져 있다.

		기업 B	
		B_1	B_2
기업 A	A_1	(100, a)	(c, 200)
	A_2	(b, 300)	(400, d)

다음 중 전략 조합 (A_1, B_2)가 우월전략균형이 되기 위해 필요한 조건은? (단, 보수행렬에서 앞의 숫자는 기업 A의 보수, 뒤의 숫자는 기업 B의 보수를 나타낸다)

① a<300, b>100, c>200, d>400

② a>200, b<100, c<400, d>300

③ a<200, b>400, c<100, d<300

④ a<200, b<100, c>400, d>300

08

A와 B의 효용가능곡선이 다음과 같이 주어져 있는 경제가 있다.

- $U_A + 2U_B = 90$, U_A와 U_B는 A와 B의 후생이며 각각 $U_A \geq 0$, $U_B \geq 0$이다.

그런데 현재 시장의 배분상태(D_1)에서 A와 B의 후생은 각각 $U_A = 70$, $U_B = 10$이라고 한다. 만약 정부가 소득재분배정책을 시행하면 새로운 배분상태(D_2)에서 A와 B의 후생은 각각 $U_A = 50$, $U_B = 15$가 된다고 한다. 이러한 변화에 대한 설명으로 옳은 것은?

① 주어진 조건 아래에서 정책당국의 소득재분배정책의 시행으로 파레토 개선이 이루어진다.

② 사회후생함수가 $SW = U_A + U_B$라고 주어지면, 정부의 소득재분배정책의 시행으로 사회후생의 극대화 달성은 불가능해진다.

③ 사회후생함수가 $SW = \min[U_A, U_B]$라고 주어지면, 정부의 소득재분배정책의 시행으로 사회후생은 증가하게 된다.

④ 사회후생함수가 $SW = U_A \times U_B$라고 주어지면, 정부의 소득재분배정책의 시행으로 사회후생에는 변화가 없게 된다.

09

어떤 경제에서 소비(C), 투자(I), 정부지출(G), 순수출(NX)이 다음과 같다. 정부지출이 150으로 증가할 때, 순수출의 변화는?

- $C = 100 + 0.85Y$
- $I = 100$
- $G = 100$
- $NX = 500 - 0.05Y$
- 여기서 Y는 국민소득을 의미한다.

① 불변이다.

② 12만큼 감소한다.

③ 12만큼 증가한다.

④ 12.5만큼 감소한다.

10

토빈(J. Tobin)의 q에 대한 설명으로 옳은 것은?

① q값이 작을수록 투자에 유리한 환경이 조성된다.

② 정부정책의 변화와 긴밀한 상관관계를 보이기도 한다.

③ 투자를 주식시장 상황과 결부시키므로 이자율의 변화와
   는 전혀 무관하다.

④ 기존 자본재를 대체하는 비용을 시장에서 평가된 설치자
   본의 가치로 나눈 값이다.

11

다음의 통화승수에 대한 설명으로 옳은 것은?

① 현금－통화 비율이 100%이면 통화승수는 0이다.

② 현금－예금 비율이 0%이면 통화승수는 0이다.

③ 현금－통화 비율이 0%이면 통화승수는 1이다.

④ 지급준비율이 100%이면 통화승수는 1이다.

12

보몰(W. Baumol)의 재고이론에 따를 때, 소득이 2배가 되
는 경우 화폐수요량의 변화는? (단, 다른 조건들은 고려하
지 않는다)

① $\sqrt{2}$ 배만큼 증가한다.

② 2배만큼 증가한다.

③ 4배만큼 증가한다.

④ 불변이다.

13

IS－LM 모형에서 경기침체 국면을 타개하기 위한 확장적
재정정책을 실시하는 경우, 다음과 같은 관계가 성립한다고
한다.

- 승수효과 > 구축효과 > 0

위의 관계가 성립하기 위한 조건으로 옳은 것은?

	IS곡선	LM곡선
①	수직	수평
②	우하향	우상향
③	우하향	수직
④	우하향	수평

14

다음 중 예상하지 못한 인플레이션이 발생한 경우에 대한
설명으로 옳은 것은?

① 인플레이션으로 인한 비효율에 대한 부담은 모든 사람이
   동일하게 지게 된다.

② 예상하지 못한 인플레이션하에서는 과도한 구두창 비용
   이 발생한다.

③ 예상하지 못한 인플레이션하에서는 피셔가설이 성립한다.

④ 화폐자산 소유자에게 불리한 부의 재분배가 이루어진다.

15

다음은 실업률 통계를 측정하기 위한 인구 분류도이다.

다음 중 노동시장에서 발생한 사례를 연결한 것으로 옳은
것은?

① $D \rightarrow A$: 군에서 제대한 성찬은 구직을 위해 취업박람회
   에 참가하였다.

② $C \rightarrow B$: 고등학생인 수정은 최근 용돈을 벌기 위해 아르
   바이트를 시작했다.

③ $B \rightarrow C$: 직장인이었던 민주는 결혼과 동시에 가사노동에
   전념하기로 하였다.

④ $D \rightarrow C$: 대학생인 성호는 공무원 시험을 치루기 위해 응
   시원서를 제출하였다.

16

고전학파 모형과 케인스 모형에 대한 설명으로 옳은 것은?

① 고전학파 모형과 케인스 모형은 이자율이 저축과 투자가 일치하는 수준에서 결정된다고 동일하게 설명한다.

② 고전학파 모형에서 노동공급은 명목임금의 증가함수이고, 케인스 모형에서는 실질임금의 증가함수이다.

③ 고전학파 모형은 임금의 신축성을 전제하고, 케인스 모형에서는 가격의 신축성을 전제한다.

④ 케인스 모형에서 관찰되는 화폐환상 현상이 고전학파 모형에서는 관찰되지 않는다.

17

솔로(R. Solow) 경제성장 모형이 다음과 같이 주어졌다.

- $Y = L^{0.5} K^{0.5}$, Y는 총산출량, L은 노동량, K는 자본량이다.
- 저축률(s)이 20%, 감가상각률(d)이 3%, 인구증가율(n)이 2%이다.

현재 경제가 균제 상태(steady state)일 때, 이에 대한 설명으로 옳은 것은? (단, 기술진보는 고려하지 않는다)

① 황금률 수준에서 1인당 소득은 100이다.

② 황금률 수준에 도달하기 위해 필요한 저축률은 30%이다.

③ 현재 수준에서 저축률을 증가시키면 1인당 소비는 증가할 수 있다.

④ 현재 균제 상태의 1인당 자본량은 황금률 수준(golden rule level)의 1인당 자본량보다 크다.

18

국제무역에 대한 설명으로 옳은 것은?

① 산업 내 무역은 비교우위가 있는 상품을 수출하는 방향으로 발생한다.

② 비교우위의 존재로 무역이 이루어지는 경우, 교역 당사국은 모두 동일한 무역의 이익을 얻게 된다.

③ 소국에서 수출재 산업 중심으로 경제성장이 이루어지면 오히려 사회후생이 감소할 수 있다는 것이 궁핍화 성장론이다.

④ 상대적으로 풍부한 부존자원이 집약적으로 투입되는 상품이 수입되는 현상을 레온티에프(W. Leontief) 역설이라고 한다.

19

자본이 부족한 기업 K는 외국은행으로부터 3년 거치, 7년 균등분할상환조건으로 1억 달러 규모의 외환을 차입하였다. 이로 인해 외환 차입 후 5년 후에 발생하는 국제수지 항목으로 옳은 것은?

① 소득수지와 경상이전수지

② 자본 – 금융계정

③ 서비스수지와 경상이전수지

④ 소득수지와 금융계정

20

변동환율제도를 채택하고 있는 소규모 개방경제인 K국의 생산물 시장에서 IS_1이 IS_2로 이동하게 되어 현재 B점에 놓여 있다. 이러한 경우에 대한 설명으로 옳은 것은?

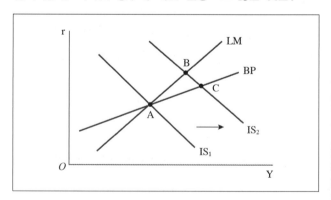

① 순수출이 감소하게 된다.

② 중앙은행의 외환매입이 이루어지게 된다.

③ 국내외환시장으로의 자본유입이 감소하게 된다.

④ 통화량의 증가로 경제는 궁극적으로 C점으로 이동한다.

01

소비자 H의 효용함수가 다음과 같다.

> • $U = XY$, 여기서 X는 x재의 소비량, Y는 y재의 소비
> 량이다.

소비자 H의 소득(I)이 20만원, x재의 가격이 단위당
1,000원, y재의 가격이 2,000원이라고 할 때 소비자 H가
효용극대화를 달성하기 위한 각 재화에 대한 소비지출액은?

	x재에 대한 소비지출액	y재에 대한 소비지출액
①	80,000원	120,000원
②	100,000원	100,000원
③	120,000원	80,000원
④	150,000원	50,000원

02

두 재화만 소비하는 소비자 H의 소득 – 소비곡선이 우하향
한다. 이로부터 추론한 내용으로 옳은 것은?

① 두 재화가 대체재이다.
② 두 재화 중 한 재화는 기펜재이다.
③ 두 재화 중 한 재화는 열등재이다.
④ 두 재화 중 한 재화의 엥겔곡선은 수직이다.

03

다음 중 규모에 대한 보수 감소를 보여주는 등량곡선에 해
당하는 경우는? (단, K는 자본량이고, L은 노동량이다)

① 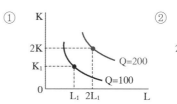 ②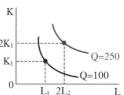

③ 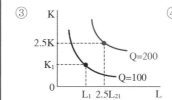 ④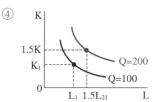

04

고정비용과 가변비용이 존재할 때 한계비용과 평균비용의
관계에 대한 다음 설명 중 가장 타당한 것은?

① 한계비용이 증가하면 평균비용도 증가한다.
② 평균비용이 감소하면 한계비용은 평균비용보다 반드시
작다.
③ 한계비용이 최저가 되는 생산량 수준에서 한계비용은 평
균비용과 일치한다.
④ 한계비용이 생산량과 상관없이 일정하면 평균비용도 일
정하다.

05

수요함수가 $P = 50 - \dfrac{1}{2}Q$로 주어져 있다. 수요의 가격탄력
성은?

① $\dfrac{P}{100 - P}$ ② $\dfrac{2P}{50 - P}$

③ $\dfrac{P}{50 - P}$ ④ $\dfrac{P}{50 - 2P}$

06

소비자잉여에 관한 다음 〈보기〉 진술 중 옳은 것을 모두 고르면?

─ 보기 ─

㉠ 수요곡선의 기울기가 완만할수록 소비자잉여는 커진다.

㉡ 공급곡선의 기울기가 완만할수록 소비자잉여는 작아진다.

㉢ 완전가격차별이 이루어지면 소비자잉여는 극대가 된다.

① ㉠, ㉡, ㉢

② ㉠, ㉡

③ ㉡, ㉢

④ 모두 옳지 않다.

07

정책당국이 암시장을 차단하면서도 실효성 있는 최고가격제를 시행하는 경우 나타나는 현상에 대한 설명으로 옳은 것은? (단, 수요곡선은 우하향하고 공급곡선은 우상향하는 직선이다)

① 시장에서 초과공급이 발생한다.

② 생산자 잉여의 크기는 반드시 증가한다.

③ 소비자 잉여의 크기는 반드시 증가한다.

④ 사회적 총잉여의 크기는 반드시 감소한다.

08

다음 중 가격차별에 해당하는 것을 모두 고르면?

─ 보기 ─

㉠ 영화 관람요금을 성인에게는 10,000원, 청소년에게는 6,000원으로 책정한다.

㉡ 휴대용 선풍기 개당 가격을 여름에는 10,000원, 겨울에는 5,000원으로 책정한다.

㉢ 편의점 근무수당을 주간에는 시간당 10,000원, 야간에는 시간당 12,000원으로 책정한다.

① ㉠   ② ㉡

③ ㉠, ㉡   ④ ㉠, ㉡, ㉢

09

어떤 사회의 사회후생함수가 $SW = \min[U_A, U_B]$로 주어져 있다고 가정하자. 만약 개인 A의 소득이 1,800, 개인 B의 소득이 200이라면 에킨슨 지수의 값은 얼마인가? (단, 각 개인에게 있어서 소득 1원의 효용은 1로 일정하게 주어져 있다고 가정한다)

① 0.5   ② 0.6

③ 0.7   ④ 0.8

10

공공재에 대한 3명의 소비자 A, C, S가 있다. 이들의 공공재에 대한 수요함수가 다음과 같다.

- $P_A = 20 - Q$
- $P_C = 40 - Q$
- $P_S = 60 - Q$

여기서 P는 가격, Q는 수량을 의미한다.

공공재 공급에 따른 한계비용이 40일 때, 공공재의 최적 공급량 수준은?

① 10   ② 20

③ 30   ④ 40

11

경제학자 H가 추론한 소비함수는 다음과 같은 특징을 가진다.

ⓐ 소득이 존재하지 않아도 일정한 크기의 소비는 반드시 필요하다.

ⓑ 소득이 증가해도 기존의 소비크기를 바꾸려 하지 않는다.

ⓒ 평균소비성향(APC)은 소득이 증가함에 따라 감소한다.

다음 중 이러한 특징을 가장 잘 반영하는 소비함수에 해당하는 것은?

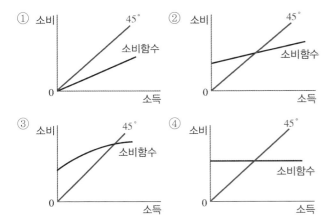

12

다음은 기업 K의 1년간의 기업 활동에 관한 자료들이다.

㉠ 사내유보금 1,000억 원을 사용하여 제2공장을 건설하였다.

㉡ 사내유보금 100억 원을 사용하여 주식시장에서 자사주 매입을 하였다.

㉢ 연말에 재고를 조사한 결과 연초에 비해 50억 원어치의 재고품이 증가하였다.

㉣ 사내 원활한 소통을 위한 시스템 도입을 위해 10억 원을 지출하였다.

㉤ 협소한 기존 사무공간에서 벗어나기 위해 100억 원 상당의 건물을 매입하였다.

기업 K에 의해 이루어진 1년간의 총투자액은?

① 1,260억 원 　　② 1,160억 원

③ 1,110억 원 　　④ 1,060억 원

13

다음은 기존의 투자수준(I_1)에서 새로운 투자(I_2)가 이루어지는 경우에 나타나는 결과에 관한 그림이다.

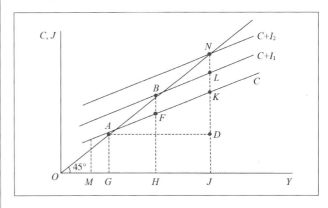

이에 대한 설명으로 옳지 않은 것은?

① 투자승수의 크기는 AD/KD이다.

② 한계소비성향(MPC)은 KD/AD이다.

③ 평균소비성향(APC)이 1일 때의 소득수준은 G이다.

④ 투자가 I_1에서 I_2로 증가하면 균형국민소득은 HJ만큼 증가한다.

14

정부지출과 동일한 규모의 감세를 하는 경우, 정부지출의 경우보다 국민소득 증가 효과가 작게 나타나는 이유로 가장 타당한 것은?

① 감세는 국민소득 순환과정에서 누출에 해당하기 때문이다.

② 감세를 하게 되면 정부의 재정이 악화되기 때문이다.

③ 감세로 증가한 가처분 소득에 대해 한계소비성향만큼만 유효수요를 증가시키기 때문이다.

④ 감세로 인해 이자율이 상승하기 때문이다.

15

1년 만기 채권을 구입하고자 하는 투자자 한길, 영식, 병태는 모두 1,000,000원씩을 가지고 있다. 지금 세 사람의 투자자들은 각각 1년 후의 이자율을 3%, 1%, 4%로 예상하고 있다. 현재의 시장이자율이 2%라고 할 때, 세 사람의 투자자들이 선택할 것이라고 예상되는 것으로 옳은 것은?

① 투자자 한길은 채권을 구입할 것이다.
② 투자자 한길과 병태는 채권을 구입할 것이다.
③ 투자자 영식은 채권을 구입할 것이다.
④ 투자자 영식과 병태는 채권 구입을 포기할 것이다.

16

피셔(I. Fisher)의 화폐수량설이 성립할 때, 명목 GDP에 대한 설명으로 옳은 것은?

① 화폐시장의 균형하에서 화폐유통속도가 일정할 경우, 화폐수요는 실질 GDP에 비례한다.
② 완전고용하에서 화폐유통속도가 일정할 경우 화폐공급이 증가하면 실질 GDP도 증가한다.
③ 명목 GDP가 100,000이고 통화량이 20,000이면 화폐유통속도는 5이다.
④ 투기적 화폐수요를 설명하고자 교환방정식이 도입되었다.

17

K국의 IS-LM 모형은 다음과 같다.

> • IS곡선 : $Y = 100 + 0.75(Y - T_0) + I + G$
>
> 단, Y는 소득, T_0는 정액세인 조세, G는 정부지출, I는 독립투자를 의미하고, 투자는 실질이자율(r)의 함수이다.

또한 다음 그림은 정책당국의 경기안정화정책 시행으로 IS곡선이 IS_1에서 IS_2로 움직였을 때의 나타나는 결과에 관한 것이다.

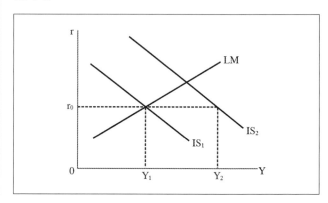

Y_1과 Y_2의 차이의 크기에 대한 설명으로 옳은 것은?

	G를 100만큼 늘렸을 때	T를 100만큼 줄였을 때
①	400	300
②	500	400
③	600	400
④	600	450

18

다음 자료를 전제로 노동가능인구를 구하면?

> • 취업률=90%
> • 실업자=300만 명
> • 경제활동참가율=60%

① 3,000만 명   ② 4,000만 명
③ 5,000만 명   ④ 6,000만 명

19

현재 6명의 노동력을 가진 농가가 쌀 200가마를 생산하고 있다. 만일 4명의 노동력만 가지고도 동일한 토지에서 똑같이 쌀 200가마를 생산할 수 있는 경우 나머지 2명에 해당하는 개념은?

① 자발적 실업
② 비자발적 실업
③ 기술적 실업
④ 잠재적 실업

20

새 고전학파와 새 케인스학파에 대한 설명으로 옳은 것은?

① 새 고전학파는 적응적 기대를 기초로 모든 시장은 항상 청산된다고 가정한다.
② 새 케인스학파는 노동시장이 청산되지 못하는 이유 중의 하나로 효율성임금의 존재를 제시한다.
③ 새 케인스학파는 합리적 기대를 수용하는 한, 경기안정화를 위한 정책당국의 노력은 무력해진다고 한다.
④ 새 고전학파의 주장에 따르면 정부의 예상하지 못한 정책만큼은 장기적으로 정책효과를 나타낼 수 있다고 한다.

21

솔로(R. Solow)의 성장 모형은 다음과 같다.

> • $Y = (E \times L)^{0.5} K^{0.5}$, 여기서 Y는 총산출량, E는 노동효율성, L은 노동투입량, K는 자본투입량이다.
> • 저축률(s): 40%
> • 노동증가율 $\left(\dfrac{\Delta L}{L} = n \right)$: 2.5%
> • 감가상각률(d): 2.5%
> • 노동효율성 증가율 $\left(\dfrac{\Delta E}{E} = g \right)$: 5%

이 경제가 균제상태일 때의 실효노동 1인당 산출량(A)과 자본축적의 황금률 수준에 도달하기 위해 필요한 실효노동 1인당 산출량(B)은?

	(A)	(B)
①	1	3
②	2	5
③	3	3
④	4	5

22

다음 그래프는 국내의 X재 시장 상황을 나타낸다. 자유무역이 실시된다면, 무역이 이루어지지 않은 경우에 비해 생산자 잉여는 얼마만큼 감소하는가? (단, 국내 공급 및 국내 수요곡선은 직선의 형태이며 X재는 국제 가격에서 얼마든지 수출하거나 수입할 수 있다)

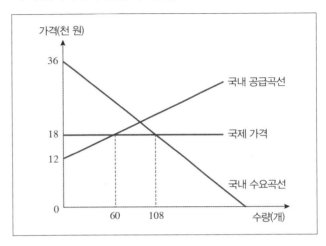

① 195
② 205
③ 215
④ 225

23

자동차 엔진을 수입하여 자동차를 생산하는 K국에서 관련 상품의 관세율은 다음과 같다.

> • 외국산 자동차 엔진 수입 관세율: 20%
> • 외국산 자동차 수입 관세율: 10%

한편, K국에서 생산되는 자동차의 수입엔진 투입계수가 0.2라고 알려져 있다. 이 경우의 실효보호 관세율은?

① 5%
② 7.5%
③ 10%
④ 12.5%

24

어느 개방경제의 국제수지와 관련된 행태방정식이 다음과 같다.

- $X = 200 + 0.5E$
- $M = 300 + 0.2Y - 0.5E$
- $K = 100 + 30r - 10r^*$
- 여기서 X는 수출, M은 수입, E는 현물환율, Y는 소득, K는 자본수지, r은 국내이자율, r^*은 해외이자율이다.

현물환율이 1,050, 해외이자율이 5라고 할 때, 국제수지 균형을 나타내는 BP곡선을 의미하는 식으로 가장 적절한 것은?

① $Y = 5,000 + 100r$ ② $Y = 5,000 + 150r$

③ $Y = 6,000 + 100r$ ④ $Y = 6,000 + 150r$

25

자본이동이 완전히 자유로운 소국인 K국의 금융당국이 확장적 금융정책을 실시하고자 한다. 이로 인한 효과에 대한 설명으로 옳지 않은 것은? (단, K국은 변동환율제도를 채택하고 있다)

① 자본수지는 악화된다.
② 국민소득은 증가한다.
③ 단기적으로 이자율은 하락한다.
④ 환율은 하락한다.

01

두 재화 X, Y를 소비하는 소비자 M의 효용함수와 지역 A와 B에서의 두 재화 가격은 다음과 같다.

> • $U = XY$
> • A지역: $(P_{AX}, P_{AY}) = (200, 200)$
> • B지역: $(P_{BX}, P_{BY}) = (100, 100)$

소비자 M이 A지역과 B지역에서 동일한 효용을 누릴 수 있기 위해 필요한 A지역에서의 소비지출액은? (단, 소비자 M이 B지역에서 지출하는 금액은 100,000원이다)

① 100,000

② 150,000

③ 200,000

④ 400,000

02

가격이 상승하면 수요량이 증가하는 재화에 대한 설명으로 옳은 것은?

① 대체효과는 반드시 음(−)의 값을 갖는다.

② 소득효과는 반드시 음(−)의 값을 갖는다.

③ 가격효과는 반드시 음(−)의 값을 갖는다.

④ 가격효과는 반드시 0의 값을 갖는다.

03

19명의 노동자가 생산에 참여할 때 1인당 평균생산량(AP_L)은 30단위였다. 그런데 노동자 1명을 더 고용하여 생산하였더니 1인당 평균생산량(AP_L)은 29단위로 줄어들었다. 이 경우 한계생산량(MP_L)은?

① 1단위

② 5단위

③ 10단위

④ 29단위

04

피자 시장에서 민주와 경원은 유일한 소비자이다. 다음은 민주와 경원의 피자에 대한 개별 수요곡선이다.

> • $P = 15 - Q_{민주}$
> • $P = 36 - 2Q_{경원}$

시장 가격이 'P = 20'일 때, 시장 수요량(Q_M)은?

① $Q_M = 6$

② $Q_M = 8$

③ $Q_M = 10$

④ $Q_M = 12$

05

X재의 수요함수가 다음과 같이 주어져 있다.

> • $Q_D = 100P^{-1}$

제시된 수요함수에 대한 설명으로 옳은 것은?

① 수요곡선상의 접선의 기울기는 모든 점에서 1이다.

② X재의 가격이 상승하면 X재의 수요는 반드시 감소한다.

③ 수요곡선상의 모든 점에서 서로 상이한 수요의 가격탄력성이 측정된다.

④ 가격 변화와 관계없이 X재에 대한 소비 지출액은 항상 일정한 값을 갖는다.

06

완전경쟁기업인 K기업의 단기 공급함수가 다음과 같다고 한다.

> - $Q_D = P - 20$

K기업의 조업중단가격이 '$P = 30$'인 경우 K기업이 생산 가능한 최소생산량을 구하면?

① $Q = 1$
② $Q = 5$
③ $Q = 10$
④ $Q = 20$

07

독점기업이 직면하는 시장수요곡선과 총비용곡선이 각각 다음과 같이 주어져 있다.

> - 수요곡선 : $Q = 60 - 2P$
> - 총비용곡선 : $TC = 100 + Q^2$

이때 독점기업의 이윤극대화 생산량과 사회적 최적 생산량은? (단, Q_D는 수요량, P는 가격, TC는 총비용, Q는 생산량이다)

	이윤극대화 생산량	사회적 최적 생산량
①	8	10
②	10	12
③	12	14
④	14	16

08

금융산업에 있어서의 도덕적 해이(Moral Hazard)에 대한 설명으로 옳지 않은 것은?

① 금융거래의 쌍방 간에 정보의 비대칭성이 없는 경우에는 발생하지 않는다.
② 금융거래계약 후, 차입자가 자금을 원래의 목적대로 이용하지 않을 경우 발생한다.
③ 금융기관의 경영에 대하여 주주와 경영자가 서로 다른 목적을 가지고 있을 경우에 발생한다.
④ 금융거래가 이루어지기 이전에 대부자가 차입자의 위험 수준을 파악할 수 없기 때문에 발생한다.

09

다음 중 *GDP* 개념에 대한 설명으로 옳은 것은?

① *GDP*와 재산은 동일한 유량변수이다.
② 기말 재고의 크기는 *GDP* 측정에서 포함된다.
③ 국채 보유자에 대한 이자지급은 *GDP* 측정에서 제외된다.
④ 시장에서 거래되지 않은 농부의 자가소비농산물은 *GDP* 측정에서 제외된다.

10

기업 K는 새로운 2년간의 투자 프로젝트 비용으로 필요한 규모가 500억 원에 달할 것으로 예측하고 있다. 또한 이러한 투자를 통해 투자 1년 차에 240억 원, 2년 차에 432억 원의 수익을 각각 얻을 수 있을 것으로 예측하고 있다. 기업 K가 이 투자 프로젝트를 통해 얻을 수 있는 순현재가치(Net Present Value)는? (단, 현재 시장이자율은 20%이며, 이 수준은 앞으로 2년 동안 유지된다고 가정한다)

① 0원
② 20억 원
③ 50억 원
④ 100억 원

11

매년 120만 원의 이자가 영구히 지급되는 채권이 있다. 연이자율이 3%에서 2%로 하락하는 경우, 이 채권의 가격 변화는?

① 500만 원만큼 상승한다.
② 500만 원만큼 하락한다.
③ 1,000만 원만큼 상승한다.
④ 2,000만 원만큼 상승한다.

12

폐쇄경제의 IS-LM 모형에서 화폐공급함수는 다음과 같다.

> • 화폐공급: $\dfrac{M^S}{P} = M_0 + wR$
>
> 단, M^S는 화폐공급량, P는 물가, M_0는 외생적 화폐공급량, w는 양($+$)의 상수, R은 이자율이다.

이에 대한 설명으로 옳은 것은? (단, IS곡선은 우하향하고, LM곡선은 우상향한다)

① '$w=0$'인 경우에 비해, 재정정책의 효과가 커진다.
② '$w=0$'인 경우에 비해, 통화정책의 효과가 커진다.
③ '$w=0$'인 경우에 비해, IS곡선의 기울기가 보다 완만해진다.
④ '$w=0$'인 경우에 비해, 통화공급은 독자적인 중앙은행의 결정에 의해서만 외생적으로 결정된다.

13

케인스의 단순 모형에 기초한 총수요-총공급(AD-AS) 모형에서 경제는 완전고용 상태에 있다고 하자. 심각한 청년 실업문제에 직면한 정부는 공공부문에서 고용을 창출하기 위해 정부지출을 증가시키려고 한다. 동시에 정부는 정부지출로 인해 발생할 수 있는 물가상승을 완전히 억제하려고 한다. 이러한 정부의 정책목표를 실현하기 위한 정책 내용으로 옳은 것은? (단, 단기 총공급곡선은 우상향한다고 가정한다)

① 정부지출과 동일한 규모의 조세를 징수한다.
② 정부지출보다 더 큰 규모의 조세를 징수한다.
③ 정부지출보다 더 작은 규모의 조세를 징수한다.
④ 정부지출과 동일한 규모의 감세를 실시한다.

14

리카도의 등가정리(Ricardian Equivalence Theorem)에 의할 때, 정부지출의 변화 없이 일시적으로 조세를 인하하는 경우 나타나는 현상으로 옳은 것은?

① 민간소비가 증가한다.
② 민간저축이 감소한다.
③ 정부저축이 감소한다.
④ 정부저축이 증가한다.

15

다음 설명 중 옳은 것은?

① 노동시장이 동태적으로 균형 상태에 있을 때의 실업률과 이직률이 각각 5%와 1%이다. 따라서 노동시장에서의 구직률은 19%이다.
② 예상인플레이션율이 상승하면 경제는 단기 필립스곡선을 따라 좌상방으로 이동한다.
③ 단기 총공급곡선이 우상향하면, 단기 필립스곡선도 우상향한다.
④ 임금이 물가와 정확히 연동될수록 경기안정화정책의 효과가 커진다.

16

중앙은행의 통화정책 반응함수는 다음과 같다.

> $r = 0.05 + 1.5 \times (\pi - 0.04) - \dfrac{0.5(Y - Y_P)}{Y_P}$
>
> 여기서 r은 중앙은행의 정책이자율, π는 물가상승률, Y는 실질 GDP, Y_P는 잠재 GDP이다.

전년도에 물가상승률은 5%였고, 실질 GDP와 잠재 GDP는 같았다고 하자. 금년도에 물가상승률이 3%가 되고, 실질 GDP가 잠재 GDP 대비 6%만큼 감소한다면 중앙은행이 취해야 할 행동으로 가장 적절한 것은?

① 정책이자율을 1%p 올린다.
② 정책이자율을 2%p 내린다.
③ 정책이자율을 2%p 올린다.
④ 정책이자율을 그대로 유지한다.

17

Harrod의 경제성장론에 의할 때, 저축률이 20%, 자본계수가 5, 인구증가율이 1%인 경우에 국민경제의 성장률과 1인당 경제성장률을 순서대로 구하면?

① 2%, 1%
② 3%, 2%
③ 4%, 3%
④ 5%, 4%

18

다음은 소국 폐쇄경제였던 K국이 쌀 시장을 개방한 후에 발생한 변화에 관한 그림이다.

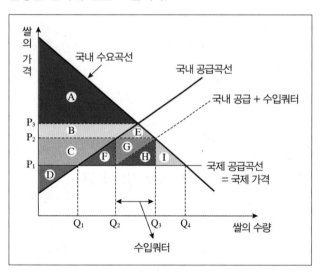

이에 대한 설명으로 옳은 것은?

① P_1P_2만큼 수입관세를 부과하면 국제 가격은 P_2로 상승한다.
② P_1P_2만큼 수입관세를 부과하면 사회적 총잉여는 $(F+I)$만큼 증가한다.
③ Q_2Q_3만큼 수입수량을 할당하면 재정수입은 $(G+H)$만큼 증가한다.
④ Q_2Q_3만큼 수입수량을 할당하면 사회적 총잉여는 $(F+I)$만큼 감소한다.

19

K국의 국제수지표에서 경상수지는 상품수지로 측정한 순수출$(X-M)$과 같고, 준비자산의 증감이 없었다. 경상수지가 적자를 나타내고 있는 경우에 대한 설명으로 옳은 것은? (단, X는 수출이고 M은 수입이며, 오차 및 누락은 0이다)

① 국민소득의 크기는 소비, 투자, 정부지출의 합보다 크다.
② 순자본유출(net capital outflow)은 양의 값을 가진다.
③ 국내저축의 크기는 국내투자의 크기보다 작다.
④ 순수출과 순자본유입의 부호는 같다.

20

자본이동이 자유로운 소규모 개방경제인 K국은 고정환율제도를 시행하고 있다. 먼델–플레밍 모형(Mudell–Fleming Model)에 의할 때, 균형국민소득을 증가시키기 위한 가장 효과적인 정책은?

① 중앙은행에 의한 국공채 매입
② 중앙은행에 의한 재할인율 인하
③ 건전재정을 위한 흑자예산 편성
④ 국공채 발행을 통한 재정지출 확대

01

소비자의 합리적 소비에 대한 설명으로 옳은 것은?

① 합리적 소비자는 주어진 예산으로 각 재화의 한 단위당 한계효용이 같아지도록 구입하면서 효용을 극대화한다.

② 합리적 소비자가 물보다 다이아몬드를 더 비싸게 사는 것은 재화의 가격을 총효용보다 한계효용에 의해 평가하기 때문이다.

③ 합리적 소비자는 열등재인 재화의 가격이 하락하는 경우, 대체효과를 따르면 재화 소비를 줄이고, 소득효과를 따르면 재화 소비를 늘린다.

④ 합리적 소비자가 재화를 구입할 때 얻게 되는 총효용은 맨 마지막에 소비한 재화에서 얻는 한계효용에 그동안 소비한 수량을 곱하면 구할 수 있다.

02

X재와 Y재를 소비하여 효용극대화를 추구하는 소비자 민주의 효용함수가 $Y = \min[2X, Y]$로 알려져 있다. 소득이 10,000이고 Y재 가격이 200인 경우, 효용극대화를 추구하는 민주의 X재 수요함수를 구하면?

① $X = \dfrac{10,000}{P_X + 400}$

② $X = \dfrac{5,000}{P_X + 200}$

③ $X = \dfrac{10,000}{P_X + 200}$

④ $X = \dfrac{5,000}{P_X + 400}$

03

다음과 같은 등량곡선에 대한 설명으로 옳은 것은?

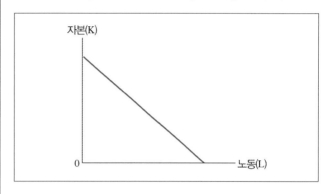

① 모든 등량곡선상에서 자본집약도는 동일하다.

② 동일한 생산량을 생산하는 경우, 생산요소의 결합유형은 두 가지만 존재한다.

③ 다른 조건이 일정할 때 기술진보가 이루어지는 경우, 등량곡선은 원점으로부터 멀리 이동한다.

④ 다른 조건이 일정하고 노동투입량이 일정한 크기만큼 증가될 때, 항상 노동투입량과 일정한 비율만큼의 자본투입 감소가 이루어진다.

04

기업 S의 장기 총비용함수가 다음과 같이 주어져 있다.

$$LTC = Q^3 - 20Q^2 + 1,000Q$$

최소효율규모가 달성되는 생산량 수준에서 장기 한계비용(LMC)의 크기는?

① 900

② 800

③ 700

④ 600

05

탄력성에 대한 설명으로 옳은 것은? (단, 수요의 가격탄력성은 절댓값을 가정할 것)

① 수요의 가격탄력성이 1보다 클 때, 가격이 상승하면 가계의 총지출액은 증가한다.

② 공급의 가격탄력성이 완전탄력적인 경우, 수요 측면의 대체재 가격이 하락하면 그 재화의 균형가격은 상승한다.

③ A재화에 대한 시장가격이 P라고 하고 수요함수가 $Q^D = -2P + 20$, 공급함수가 $Q^S = 10P$라고 할 때 균형점에서 공급의 가격탄력성은 0.5이다.

④ 어떤 상품에 대한 수요의 가격탄력성이 1.5이고 소득탄력성이 0.5인 경우, 그 상품의 가격이 10% 하락했음에도 불구하고 소비량이 변하지 않았다면 소득은 30% 감소하였을 것이다.

06

X재의 수요함수와 공급함수가 다음과 같다.

- $Q_X^D = 100 - \dfrac{1}{2}P$
- $Q_X^S = -50 + 2P$

30만큼의 종량세가 수요자에게 부과될 때, 수요자와 공급자가 각각 부담하게 될 조세의 크기는? (단, Q_X^D는 X재의 수요량, Q_X^S는 X재의 공급량, P는 가격이다)

	수요자	공급자
①	24	6
②	22	8
③	18	12
④	12	18

07

완전경쟁시장에서 이윤극대화를 추구하는 기업들의 장기비용함수와 시장수요함수가 다음과 같이 알려져 있다.

- 장기 평균비용함수: $LAC = \dfrac{3}{2}q^2 - 9q + \dfrac{43}{2}$
- 시장수요함수: $Q_D = 32,000 - 1,000P$

여기서 LAC는 개별기업의 총비용, q는 개별기업의 생산량, Q_D는 시장 수요량, P는 가격이다.

시장이 장기균형에 도달할 때, 이 시장에 참여하는 기업의 수는? (단, 모든 기업들의 비용조건은 동일하다고 가정한다)

① 1,200개   ② 2,400개

③ 6,400개   ④ 8,000개

08

독점에 대한 설명으로 옳지 않은 것은?

① 독점기업도 단기에는 손실을 볼 수 있다.

② 독점기업의 공급곡선의 기울기가 완만할수록 독점기업의 독점도는 작아진다.

③ 독점기업이 목표를 총수입의 극대화로 정할 때, 수요의 가격탄력성은 '1'이 된다.

④ 독점기업이 직면하는 수요곡선은 시장수요곡선과 완전히 일치한다.

09

노동시장에서 노동수요곡선과 노동공급곡선이 다음과 같이 알려져 있다.

- 노동수요곡선: $L_D = 500 - 2W$
- 노동공급곡선: $L^S = W - 100$

최저임금을 225로 설정할 경우, 최저임금 수준에서의 시장 고용량(㉠)과 노동수요의 임금탄력성(㉡)은? (단, L은 노동량, w는 임금이고, 노동수요의 임금탄력성은 절댓값으로 표시한다)

	㉠	㉡
①	50	6
②	50	9
③	100	6
④	100	9

10

소비자 A와 B로 이루어진 교환경제에서 A는 X재만 좋아하고, B는 Y재만 좋아한다고 한다. 이 경우 소비계약곡선의 형태는?

① 에지워스 상자의 직선 형태의 대각선
② 에지워스 상자의 곡선 형태의 대각선
③ 에지워스 상자의 두 변으로 이루어진 L자 형태
④ 에지워스 상자의 꼭짓점 중의 하나

11

A국의 2018년 경상수지는 수출액과 수입액이 각각 100억 달러로 균형을 이루고 있다. 그런데 2019년에는 기준연도인 2018년에 비해 수출입 상품의 가격만 변했을 뿐, 수출입 상품의 품목, 물량, 여타 수출입 여건 등에 아무런 변화가 없었다. 2019년에 수출품의 가격은 일률적으로 10% 하락한 반면, 수입품의 가격은 일률적으로 10% 상승했다. 2019년에 A국에서 나타난 결과로 인한 실질 GNI의 변화에 대한 설명으로 옳지 않은 것은? (단, 다른 조건은 고려하지 않는다)

① 교역조건 변화를 반영한 명목무역손익은 20억 달러 적자이다.
② 교역조건이 불변일 때의 실질무역손익은 '0'이다.
③ 환가지수는 '1'이다.
④ 교역조건의 변화로 A국의 구매력에는 변화가 없다.

12

잔여 생애가 60년인 노동자 P씨는 앞으로 은퇴까지 40년간 매년 5,000만 원의 소득을 얻을 것으로 예상하고 있다. 그런데 현재 P씨가 보유하고 있는 자산은 없으며 5억 원의 부채를 지고 있다. 생애주기가설(MBA가설)을 따를 때 P씨가 은퇴하는 시점에서 순자산(=자산-부채)은 얼마가 되는가? (단, 이자율은 항상 0이고, P씨가 사망하는 시점에서 순자산은 0이라고 가정한다)

① 3억 원
② 4억 원
③ 5억 원
④ 6억 원

13

가계와 기업으로만 구성되어 있는 경제에서 가계의 저축함수가 $S = -200 + 0.25Y$이고, 기업의 독립투자가 100억 원만큼 증가하였다. 기업의 이러한 투자로 인한 국민소득의 변화분은?

① 100억 원
② 200억 원
③ 400억 원
④ 500억 원

14

다음 중 화폐발행액을 구성하고 있는 것은?

① 예금은행 지급준비금 및 예금은행 시재금
② 현금통화 및 예금은행 시재금
③ 예금은행 시재금 및 예금은행 지급준비금
④ 현금통화 및 중앙은행 지준예치금

15

통화량에서 현금통화가 차지하는 비중은 20%인 상태에서 모든 사람들은 현금 이외의 금액은 모두 요구불 예금으로 보유하고 있다. 또한 모든 은행은 법정지급준비율을 5%, 초과지급준비율을 3% 수준으로 유지하고 있다. 은행 조직 전체의 지급준비금이 2조 원이라고 할 때, 통화량의 크기는? (단, 다른 조건은 고려하지 않는다)

① 28.25조 원   ② 30.15조 원
③ 30.75조 원   ④ 31.25조 원

16

폐쇄경제인 K국의 총수요 부문이 다음과 같이 주어져 있다.

> • IS 곡선 : $Y = 1,500 - 100r$
> • LM 곡선 : $Y = 450 + 150i$
> 단, Y, r, i, π^e 는 각각 총수요(가로축), 실질이자율(세로축), 명목이자율, 기대 인플레이션을 나타낸다.

기대 인플레이션율이 0%에서 3%로 상승하는 경우 나타나게 되는 결과에 대한 설명으로 옳은 것은? (단, K국에서는 피셔효과가 완전히 성립하고 있다고 가정한다)

① IS곡선이 위쪽으로 이동하며 실질이자율은 상승한다.
② LM곡선이 위쪽으로 이동하며 실질이자율은 상승한다.
③ IS곡선이 아래쪽으로 이동하며 실질이자율은 하락한다.
④ LM곡선이 아래쪽으로 이동하며 실질이자율은 하락한다.

17

다음 중 총수요(AD)곡선이 오른쪽으로 이동하는 원인으로 가장 적절한 것은?

① 국내 자동차 제조기업들에 의한 수소 전기차 개발에 대한 기술진보가 이루어졌다.
② 외국인들이 국내 주식시장에서 국내 기업의 주식 매입액을 늘렸다.
③ 국내 주식시장에서 전반적인 주가상승이 이루어졌다.
④ 물가가 하락하여 실질통화량이 증가했다.

18

미국의 전설적인 메이저 리그 홈런왕인 베이브 루스는 1930년 당시에 연봉 8만 달러를 받았다. 소비자 물가지수가 1930년에는 80, 2021년에는 12,000이라고 할 때, 베이브 루스의 연봉을 2021년의 가치로 환산하면 얼마인가?

① 800만 달러   ② 1,000만 달러
③ 1,200만 달러   ④ 1,500만 달러

19

우리나라의 실업통계에서 실업률이 상승하는 경우는?

① 대학생이 휴학 후 군에 입대한 경우
② 취업자가 퇴직하여 전업주부가 되는 경우
③ 직장인이 교통사고를 당하여 2주간 병가를 내는 경우
④ 공부만 하던 대학생이 편의점에서 매일 1시간씩 아르바이트를 시작하는 경우

20

어느 경제의 필립스곡선이 다음과 같이 추정되었다고 한다.

> • $\pi = 10\% - 2u + \pi^e$, 단, π는 실제인플레이션율, π^e는 예상인플레이션율, u는 실업률이다.

위 필립스곡선에 대한 설명으로 옳은 것은?

① 자연실업률은 3%이다.

② 고정된 기대를 전제하는 경우, 실제인플레이션율이 4%이면 실제실업률은 3%이다.

③ 인플레이션이 2%만큼 하락할 것이라고 예상한다면, 필립스곡선은 우상방으로 이동한다.

④ 인플레이션을 예상하지 않을 때 완전고용을 달성하기 위해서는 감수해야 할 실제인플레이션율은 10%이다.

21

솔로(R. Solow) 모형에 대한 설명으로 옳은 것은?

① 현재 저축률이 황금률 수준의 저축률보다 낮은 경우에 현재 저축률을 높이면 1인당 소비를 증가시킬 수 있다.

② 인구증가율의 상승은 균제 상태에서의 1인당 소득과 1인당 자본량을 증가시킨다.

③ 1인당 소득이 지속적으로 성장할 수 있는 유일한 요인은 지속적인 저축률 상승이다.

④ 인구증가율의 상승은 균제 상태에서의 총소득증가율을 하락시킨다.

22

다음 그림은 갑국의 개방 전 X재, Y재에 대한 생산가능곡선을 나타낸다.

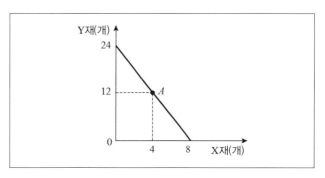

현재 A에서 생산 및 소비를 하고 있는 갑국은 개방하기로 결정하고, 비교우위가 있는 재화에 특화하여 교역에 참여하기로 하였다. 현재 해외시장에서 X재와 Y재는 1:2의 비율로 거래되고 있고, 갑국이 교역에 참여하더라도 해외시장에서 거래 비율은 변하지 않으며 X재와 Y재는 완전경쟁 시장에서 거래된다. 이에 대한 설명 중 가장 타당한 것은?

① 개방 전 갑국에서 X재 1단위 생산에 따른 기회비용은 Y재 $\frac{1}{3}$ 단위이다.

② 개방 후 교역조건($\frac{P_X}{P_Y}$)은 $\frac{1}{2}$ 이다.

③ 갑국의 비교우위 상품은 X재이다.

④ 개방 후 갑국의 X재 최대 소비가능량은 6단위이다.

23

개방경제에서 수입관세를 부과할 경우 나타나는 현상으로 옳은 것은? (단, 국내수요곡선은 우하향하고, 국내공급곡선은 우상향한다)

① 대국의 수입관세는 소비자잉여를 증가시킬 수 있다.

② 대국의 관세 부과로 대국의 사회적 총잉여는 이전보다 증가할 수 있다.

③ 소국의 수입관세 부과에 따른 교역조건은 개선으로 순수출은 증가하게 된다.

④ 수입관세 부과로 인한 소국의 관세수입의 크기는 소비자잉여 감소분보다 클 수 있다.

24

국제거래 중 우리나라의 경상수지를 악화시키는 요인은?

① 삼성이 애플사로부터 기술특허료를 받았다.

② 외국인이 우리나라 기업의 주식매입을 증가시켰다.

③ 미국 기업인 '(주)사괴'가 제주도에 신사옥을 건설하였다.

④ 여름방학이 되어 우리나라 학생들의 해외 어학연수가 증가하였다.

25

원－달러 명목환율, 한국과 미국의 물가지수는 다음과 같다. 2016년을 기준년도로 하였을 때, 2018년 대비 2019년의 원－달러 실질환율의 변화는?

	2018년	2019년
원－달러 명목환율	1,000	1,150
한국의 물가지수	90	108
미국의 물가지수	120	132

① 불변

② 5% 상승

③ 8% 상승

④ 10% 상승

01

합리적 소비자인 H는 X재와 Y재, 두 재화만 소비하면서 효용을 극대화하고 있다. 어느 날 Y재 가격이 상승하였음에도 불구하고, 소비자 H의 X재 소비량에는 변화가 없었다. 이에 대한 설명으로 옳은 것은? (단, 다른 조건은 고려하지 않는다)

① X재는 열등재이다.
② 두 재화는 서로 대체재이다.
③ X재에 대한 소비 지출액은 감소한다.
④ Y재의 소득효과가 대체효과보다 더 크다.

02

소비자 민주의 효용함수와 예산선이 다음과 같다고 알려져 있다.

- $U = -2\sqrt{X} + \frac{1}{2}Y$, $5X + 10Y = 1,000$, 여기서 U는 효용, $X \geq 0$, $Y \geq 0$이다.

이에 대한 설명으로 옳은 것을 〈보기〉에서 모두 고르면?

보기
- ㉠ X재는 비재화(bads)이고, Y재는 재화(goods)이다.
- ㉡ 효용극대화 수준에서 X재 소비량은 200단위이다.
- ㉢ 소비자 민주의 효용함수는 원점에서 멀어질수록 높은 효용 수준에 도달한다.
- ㉣ 효용극대화 수준에서 소비자 민주가 얻는 효용의 크기는 'U = 100'이다.

① ㉠
② ㉠, ㉢
③ ㉡, ㉣
④ ㉡, ㉢, ㉣

03

휴대폰 제조 기업의 생산함수가 다음과 같이 알려져 있다.

$$Q = LK$$

노동의 단위당 가격($P_L = w$)은 100이고, 자본의 단위당 가격($P_K = r$)은 200이다. 휴대폰 200대를 생산할 때 비용극소화를 달성하기 위해 필요한 노동 투입량을 구하면?

① 10
② 20
③ 30
④ 40

04

X재에 대한 수요함수와 공급함수가 다음과 같이 주어졌다.

- $P = 50 - Q^D$
- $P = -100 + \frac{1}{2}Q^S$

시장 균형거래량을 구하면?

① 0
② 50
③ 100
④ 150

05

완전경쟁시장에 참여하고 있는 기업 K의 단기 총비용곡선(STC)이 다음과 같이 주어져 있다.

- $STC = Q^2 - 20Q + 100$, 여기서 Q는 수량이다.

기업 K의 단기 공급곡선(Q_S)으로 옳은 것은?

① $Q = 5 + \frac{1}{2}P$
② $Q = 5 + P$
③ $Q = 10 + \frac{1}{2}P$
④ $Q = 10 + P$

06

이윤극대화를 추구하는 독점기업인 기업 K는 수요의 가격 탄력성(E_P)이 3인 수준에서 가격(P)을 600으로 설정하였다. 이 경우 독점기업 K의 한계비용은?

① 300   ② 400

③ 500   ④ 600

07

다음 〈표〉는 경기에 참여하는 성호와 수정이 얻을 수 있는 보수행렬이다.

		수정		
		가위	바위	보
성호	홀	(300, 240)	(280, 160)	(160, 200)
	짝	(260, 220)	(240, 180)	(100, 280)

이에 대한 설명으로 옳은 것을 〈보기〉에서 모두 고르면? (단, 보수행렬에서 앞의 것은 성호의 보수, 뒤의 것은 수정의 보수이다)

─ 보기 ─
ㄱ 성호에게는 우월전략이 존재한다.
ㄴ 수정에게는 열등전략이 존재한다.
ㄷ 내쉬균형에서 수정은 가능한 최대보수를 얻는다.

① ㄱ   ② ㄱ, ㄴ

③ ㄱ, ㄷ   ④ ㄷ

08

공공재(Public Goods)에 대한 설명으로 가장 적절하지 않은 것은?

① 소비에 비경합성이 존재한다.
② 국방, 치안, 가로등 및 공원이 해당된다.
③ 공공재의 무임승차 문제의 주된 요인은 비배제성이다.
④ 공공재는 개인이 원하는 양을 얼마든지 소비할 수 있다.

09

폐쇄경제인 K국의 소비(C), 투자(I), 정부지출(G)이 다음과 같다.

- $C = 1,000 + 0.8(Y - T)$
- $I = 500$
- $G = 300$
- $T = 300 + 0.25Y$
- 여기서 Y는 국민소득, T는 조세를 의미한다.

정부가 조세를 200만큼 감면할 때, 저축의 변화분은?

① 320 증가   ② 256 증가

③ 80 증가   ④ 60 증가

10

투자자 JB씨는 1억 원을 가지고 '화타제약'과 '신선제약'의 주식에만 투자한다. 다음 표는 '화타제약'의 신약이 FDA의 승인을 받느냐 여부에 따른 두 제약사에 대한 투자수익률이다. 투자자 JB씨는 투자로 인해 발생할 수 있는 위험을 최소화하기 위해 FDA의 승인 여부와 관계없이 동일한 투자 수익을 얻고자 한다. 투자자 JB씨는 '화타제약' 주식에 얼마를 투자해야 하는가?

주식투자 수익률 / FDA 승인 여부	승인	미승인
화타제약	50%	0%
신선제약	−20%	30%

① 4,000만 원   ② 5,000만 원

③ 6,000만 원   ④ 8,000만 원

11

다음은 화폐수량설이 성립하는 K국 경제의 2010년과 2019년 명목 GDP와 GDP 디플레이터 자료이다.

연도	명목 GDP	GDP 디플레이터
2010	1,500조 원	80
2019	1,800조 원	110

2010년의 화폐유통속도는 3이었으며 그동안 항상 일정한 값을 유지했다. 2010년 대비 2019년의 통화량 변화 추이로 옳은 것은?

① 50조 원 증가
② 100조 원 증가
③ 150조 원 증가
④ 200조 원 증가

12

다음 중 IS-LM 모형에서 정부지출증가에 따른 구축효과 (crowding out effect)에 대한 설명으로 옳은 것은?

① LM곡선이 수평인 경우 100%의 구축효과가 나타난다.
② 화폐수요의 소득탄력성에 관계없이 구축효과는 일정하게 나타난다.
③ 화폐수요가 이자율에 대해 비탄력적일수록 구축효과는 크게 나타난다.
④ 투자의 이자율 탄력성이 완전비탄력적일 때 100%의 구축효과가 나타난다.

13

다음 중 근로장려세제(EITC: Earned Income Tax Credit) 에 대한 설명으로 옳은 것은?

① EITC는 최저임금제와 같이 고용주들에게 저임금 근로자를 해고할 유인을 제공한다.
② EITC는 저소득 근로자에게 추가적 소득을 제공한다.
③ EITC를 확대 실시하면 정부의 재정수입이 증가한다.
④ 실업자도 EITC의 수혜대상이 될 수 있다.

14

총수요곡선과 총공급곡선에 대한 설명으로 옳지 않은 것은? (단, 총수요곡선은 우하향하며 단기 총공급곡선은 우상향한다)

① 기업의 투자 심리의 호전은 총수요곡선을 오른쪽으로 이동시킨다.
② 수입 원자재 가격의 상승은 단기 총공급곡선을 왼쪽으로 이동시킨다.
③ 예상 물가 수준의 상승은 단기 총공급곡선을 왼쪽으로 이동시킨다.
④ 명목임금이 경직적인 경우 물가 수준이 상승하면 실질임금이 하락하여 단기 총공급곡선이 오른쪽으로 이동한다.

15

실질이자율과 명목이자율에 대한 다음 설명 중 옳지 않은 것은? (단, 피셔효과가 완전히 성립한다고 가정한다)

① 실질이자율은 음(−)의 값이 될 수 있다.
② 명목이자율이 실질이자율보다 높다면, 예상인플레이션은 양(+)의 값을 가진다.
③ 실질이자율이 명목이자율보다 낮다면, 구매력은 채권자에서 채무자에게로 이전된다.
④ 실질이자율은 명목이자율에서 금융거래에 따른 제 비용을 차감한 값이다.

16

올해 대학을 졸업한 병태는 졸업과 동시에 구직을 위해 노력하였으나 번번이 구직에 실패하고 있다. 올 초와 비교할 때 이러한 상황 변화가 국내 실업률과 경제활동참가율에 주는 영향으로 옳은 것은? (단, 다른 조건은 고려하지 않는다)

	실업률	경제활동참가율
①	상승	불변
②	상승	상승
③	불변	불변
④	하락	상승

17

K국의 총생산함수는 $Y = AL^\alpha K^\beta$이다. 만약 K국의 총소득 증가율이 5%, 총요소생산성 증가율이 1%, 노동증가율이 3%, 자본증가율이 6%인 경우 자본소득 분배율은? (단, Y는 총생산, A는 총요소생산성, L은 노동, K는 자본, $\alpha + \beta = 1$이다)

① $\dfrac{1}{2}$ ② $\dfrac{1}{3}$

③ $\dfrac{2}{3}$ ④ $\dfrac{3}{4}$

18

산업 내 무역이론에 대한 설명으로 옳지 않은 것은?

① 상품 차별화 개념이 무역 발생의 주요 요인이다.
② 규모의 경제 개념이 무역 발생의 주요 요인이다.
③ 국가 간 요소부존도의 차이가 클수록 산업 내 무역이 활성화된다.
④ 후진국 간보다 선진국 간 무역에서 산업 내 무역이 더 활발하게 이루어진다.

19

전년도에 비해 명목환율이 3% 상승하고, 한국과 미국의 인플레이션율은 각각 6%와 2%라고 가정하자. 이에 따른 금년도의 실질환율의 변화와 한국의 수입량의 변화로 옳은 것은? (단, 명목환율은 1달러와 교환되는 원화의 크기이고, 실질환율은 미국 상품 1단위와 교환되는 한국 상품의 수량으로 정의한다)

	실질환율	수입량
①	1% 하락	감소
②	1% 하락	증가
③	1% 상승	감소
④	1% 상승	증가

20

K국은 자본이동이 완전히 자유로운 소규모 개방경제이다. 먼델 – 플레밍 모형(Mundell – Fleming Model)을 따를 때, K국 정부의 확장적 재정정책 실시에 따른 변화로 옳은 것은? (단, 환율은 외국 통화 1단위에 대한 K국 통화의 교환비율로 정의한다)

① 변동환율제도하에서 확장적 재정정책을 실시하면 환율이 상승한다.
② 변동환율제도하에서 확장적 재정정책을 실시하면 통화량이 증가한다.
③ 고정환율제도하에서 확장적 재정정책을 실시하면 통화량이 감소한다.
④ 고정환율제도하에서 확장적 재정정책을 실시하면 국민소득이 증가한다.

01

다음 〈표〉는 X재와 Y재만의 소비를 통해 효용극대화를 추구하는 합리적 소비자인 한길의 Y재 소비량에 따른 총 효용의 변화를 보여주고 있다.

Y재 수량	1	2	3	4
총효용	1,500	2,800	3,900	4,800

Y재의 가격이 100원인 경우, 주어진 소득으로 효용극대화가 달성되는 수준에서 한길의 Y재 소비량은? (단, X재의 가격은 300원이고, 한길은 X재 소비를 통해 얻은 한계효용이 3,900이 되는 수량까지만 X재를 소비한다고 알려져 있다)

① 1   ② 2

③ 3   ④ 4

02

X재와 Y재를 소비하며 효용극대화를 추구하는 민주의 효용함수는 '$U = 10X + 5Y$'로 알려져 있다. 현재 민주의 지출가능예산은 2,000이고, X재 가격이 10일 때 효용극대화를 위해 민주는 오직 X재만을 소비한다. 그런데 만약 민주가 Y재를 공동으로 구매하는 유료밴드에 가입하면 Y재를 단위당 4에 구매할 수 있다. 민주가 이 밴드에 가입하기 위해 가입비로 지불할 용의가 있는 최대금액은?

① 200   ② 300

③ 400   ④ 600

03

기업 S의 생산함수가 다음과 같다.

- $Q = AL^{\alpha}K^{\beta}$, 단, Q는 생산량, A는 기술 수준, L은 노동투입량, K는 자본투입량, $\alpha > 0$, $\beta > 0$이다.

총비용(TC)이 10,000이고 노동과 자본의 가격이 각각 $P_L = 100$, $P_K = 100$일 때, 이에 대한 설명으로 옳은 것은?

① 노동과 자본의 가격이 동일하므로 기업 S는 노동과 자본을 동일한 크기만큼 투입하여 생산한다.

② 노동과 자본 중에서 한 생산요소만을 투입하여 생산하는 것은 절대 불가능하다.

③ $\alpha = \beta = 1$인 경우 생산함수는 규모에 대한 수확불변의 특성을 갖는다.

④ 단기에는 수확체감, 장기에는 규모에 대한 수확체증이 나타난다.

04

기업 A의 단기 생산함수가 다음과 같다.

- $Q = \sqrt{L}$, 여기서 Q는 생산량이고 L은 노동량이다.

고정비용이 10,000이고, 노동가격(P_L)이 단위당 200이라고 할 때, 기업 A의 단기 총비용함수는?

① $10,000 + 100Q^2$

② $10,000 + 200\sqrt{Q}$

③ $10,000 + 100\sqrt{Q}$

④ $10,000 + 200Q^2$

05

주유소에서 주유원의 "얼마 넣어드릴까요?"라는 질문에 대해 '진수'는 휘발유 가격과 관계없이 항상 "50ℓ 넣어 주세요!"라고 말한다. 반면에 '성찬'은 "10만 원어치만 넣어 주세요!"라고 한다. 다음 중 '진수'와 '성찬'의 수요의 가격탄력성의 유형으로 옳은 것은? (단, 다른 조건은 고려하지 않는다)

	진수	성찬
①	완전탄력적	단위탄력적
②	완전비탄력적	완전탄력적
③	완전탄력적	완전비탄력적
④	완전비탄력적	단위탄력적

06

K기업의 공급함수는 $Q_S = 100 + 5P$이다. '$P > 0$'인 경우 공급의 가격탄력성(E_P)으로 가장 적절한 것은?

① $0 < E_P < 1$ ② $E_P = 1$
③ $1 < E_P$ ④ $E_P = \infty$

07

경수는 신문기사 (가)를 읽고 (나)와 같은 이론적 결과를 추론하였다. ㉠, ㉡에 들어갈 용어로 옳은 것은?

> (가) P제철은 준공 후 계속 놀리고 있는 강판 생산시설을 조만간 가동하기로 했다. 회사 측 관계자는, "이 시설을 놀리면 한 달에 10억 원의 손실이 발생하지만, 가동하면 손실을 3억 원으로 줄일 수 있다."라고 설명했다. P제철이 생산하는 강판은 국내외적으로 경쟁시장을 형성하고 있다.
> (나) 현재 강판의 시장가격은 P제철의 강판 생산 수준에서의 (㉠) 비용보다는 높지만, (㉡) 비용보다는 낮은 수준에 있는 것으로 추정할 수 있다.

	㉠	㉡
①	평균	한계
②	평균가변	평균
③	평균고정	평균
④	한계	평균가변

08

시장에서 우하향하는 직선의 수요곡선에 직면하는 기업 S가 있다. 기업 S는 현재 가격을 5% 올리면, 총수입은 3% 증가할 것으로 판단하고 있다. 이에 대한 설명으로 옳은 것은?

① 기업 S는 완전경쟁기업이다.
② 현재 가격에서 기업 S의 수요의 가격탄력성은 탄력적이다.
③ 기업 S의 수입극대화는 지금보다 가격을 인상할 때 가능하다.
④ 기업 S가 가격을 올릴수록 수요의 가격탄력성은 비탄력적이 된다.

09

게임이론에서 우월전략균형(dominant strategy equilibrium)과 내쉬균형(Nash equilibrium)에 대한 설명 중 옳은 것을 〈보기〉에서 모두 고르면?

보기
㉠ 우월전략균형은 파레토 최적을 보장한다.
㉡ 게임의 보수를 모두 2배만큼 늘려도 우월전략균형의 조합은 불변이다.
㉢ 모든 우월전략균형은 내쉬균형이 된다.

① ㉠   ② ㉠, ㉢
③ ㉡   ④ ㉡, ㉢

10

다음은 생산요소 F의 시장수요함수와 시장공급함수이다.

- 시장수요함수 : $F_D = 110 - 10p$
- 시장공급함수 : $F_S = -100 + 20p$

시장 균형 수준에서 경제지대(economic rent)와 이전수입 (transfer earning)은? (단, F_D는 F의 수요량, F_S는 F의 공급량, p는 F의 가격이다)

	이전수입	경제지대
①	0	280
②	240	40
③	280	240
④	280	40

11

다음 자료를 기초로 한 2019년도의 실질 GDP는? (단, 기준연도는 2017년이며, 다른 조건을 고려하지 않는다)

연도		2016년	2017년	2018년	2019년
X재	가격	100	200	250	350
	생산량	100	110	160	200
Y재	가격	100	150	200	250
	생산량	100	120	150	200

① 40,000
② 70,000
③ 90,000
④ 120,000

12

케인스 단순 모형에서 현재의 균형국민소득이 200이며, 완전고용국민소득이 350이라고 한다. 한계소비성향이 0.75, 소득세율이 20%인 경우, 완전고용에 도달하기 위해 필요한 정부지출은? 또한 이러한 정부지출로 인한 재정의 변화는? (단, 다른 조건은 고려하지 않는다)

	정부지출	재정
①	50	20 적자
②	50	30 적자
③	60	20 적자
④	60	30 적자

13

다음은 현금잔고수량설에 따른 화폐수요함수이다.

- $M_D = kPY$, 여기서 M_D는 화폐수요량, k는 마샬의 k, P는 물가수준, Y는 실질산출량이다.

인플레이션율이 3%, 실질경제성장률이 2%일 때 화폐수요 증가율은? (단, k는 3으로 일정하다고 가정한다)

① 2%
② 3%
③ 5%
④ 10%

14

다음 중 고성능화폐(High - Powered Money)인 본원통화에 해당하는 것은?

① 화폐발행액 및 예금은행 시재금
② 현금통화 및 예금은행 지급준비금
③ 화폐발행액 및 예금은행 지급준비금
④ 현금통화 및 중앙은행 지준예치금

15

화폐수요와 화폐공급에 대한 설명으로 옳은 것은?

① 본원통화는 현금통화와 중앙은행에 예치한 지급준비금의 합계이다.
② 마샬의 k와 화폐유통속도는 정(+)의 관계를 갖는다.
③ 전액지급준비제도하에서 통화승수는 1보다 크다.
④ 화폐공급이 이자율의 증가함수라면 화폐공급의 내생성이 존재한다.

16

먼델 – 토빈(Mundell – Tobin)효과에 따를 때, 기대 인플레이션율의 하락으로 나타날 수 있는 현상으로 가장 적절한 것은?

① 투자가 증가한다.

② 화폐수요가 감소한다.

③ 명목이자율이 상승한다.

④ 실질이자율이 상승한다.

17

다음 조건을 충족하는 총수요곡선의 형태는?

- A: 화폐시장이 유동성 함정에 놓이고 피구효과가 존재하는 경우
- B: 생산물시장에서 투자수요가 이자율에 대하여 완전 비탄력적인 경우

① A: 수직,   B: 우하향

② A: 우하향,   B: 우하향

③ A: 수평,   B: 수평

④ A: 우하향,   B: 수직

18

W국의 총수요(AD)곡선과 총공급(AS)곡선이 다음과 같다.

- 총수요곡선: $P = 100 - Y$
- 총공급곡선: $P = P^e + (Y - 50)$
- P는 물가수준, P^e는 기대물가, Y는 산출량이다.

기대물가(P^e)가 10인 경우, 다음 진술 중 타당하지 못한 것은?

① 현재의 실제물가수준은 30이다.

② 현재의 국민소득은 자연산출량 수준에 미달하고 있는 상태이다.

③ 장기국민소득은 50이다.

④ 기대물가의 상향 조정으로 장기균형 상태에 도달하게 된다.

19

어느 나라의 총 인구가 4,500만 명, 15세 이상의 인구가 2,500만 명, 비경제활동인구가 1,000만 명, 실업자가 250만 명이다. 이에 대한 설명으로 가장 타당하지 못한 것은?

① 실업률은 약 16.7%이다.

② 경제활동참가율은 60%이다.

③ 고용률은 약 83%이다.

④ 취업자는 1,250만 명이다.

20

다음 괄호에 들어갈 용어를 옳게 고른 것은?

고전학파는 생산물시장의 불균형이 (㉠)의 조정에 의하여 해소되는 반면 케인스학파는 (㉡)의 조정에 의하여 생산물시장의 불균형이 해소되는 것으로 보고 있다.

	㉠	㉡
①	이자율	물가
②	물가	이자율
③	국민소득	물가
④	이자율	국민소득

21

솔로(R. Solow)의 경제성장 모형에서 균제 상태(steady state)의 1인당 실질국민소득 수준을 변화시키는 외생적 요인에 해당하는 것을 〈보기〉에서 모두 고르면?

보기

㉠ 저축률   ㉡ 기술진보율

㉢ 인구증가율   ㉣ 감가상각률

㉤ 1인당 자본량

① ㉠, ㉡, ㉢, ㉣   ② ㉠, ㉢, ㉣

③ ㉡   ④ ㉤

22

다음의 헥셔 – 올린(Heckscher – Ohlin) 모형에 대한 설명 중 가장 옳은 것은?

① 생산요소의 부존량이 각국의 생산가능곡선 형태를 결정한다.

② 각 국가는 절대적으로 풍부한 생산요소를 집약적으로 사용하여 생산한 상품을 수입한다.

③ 양국이 무역을 하게 되는 경우, 풍부한 부존자원 소유자는 손해를 보고 부족한 부존자원 소유자는 이익을 보게 된다.

④ 양국이 무역을 하게 되는 경우, 양국에게는 특화의 이익이 무역의 이익의 전부를 차지한다.

23

소국 개방경제인 K국에서 X재의 국내수요함수는 $Q_D = 2,000 - P$, 국내기업들의 공급함수는 $Q_S = P$ 이다. 현재 X재의 국제가격이 $P = 1,200$일 때, 국내 X재 시장에 대한 설명으로 타당하지 못한 것은?

① K국은 현재 X재를 400단위만큼 수출하고 있다.

② 개방으로 K국의 사회적 순잉여는 40,000만큼 증가하게 된다.

③ 개방으로 인해 K국의 X재 국내시장에서는 초과공급이 발생하게 된다.

④ K국이 대외무역을 중지하게 되면 X재의 국내생산은 증가하고 국내소비는 감소하게 된다.

24

국제수지표의 경상수지에 포함되는 거래가 아닌 것은?

① 중국인의 국내 관광 지출

② 해외 빈국에 대한 무상원조

③ 외국인 근로자의 본국으로 송금

④ 내국인의 해외주식 구입

25

자본이동이 자유로운 소국인 K국 중앙은행은 지속되는 경기침체를 해소하기 위한 방법으로 확장적 금융정책을 실시하기로 결정하였다. 먼델 – 플레밍(Mundell – Fleming) 모형을 따를 때, 이러한 정책 변화로 나타나게 될 것이라고 예상되는 단기적 결과로 가장 옳은 것은? (단, K국은 고정환율제도를 채택하고 있다)

① 외환시장에서 자본유입이 이루어진다.

② 자국 화폐의 평가절하가 발생할 것이다.

③ 중앙은행의 외환보유고가 증가할 것이다.

④ 통화량이 감소할 것이다.

01

다음 〈보기〉 중 비용에 관한 설명으로 옳은 것만으로 묶인 것은?

보기

㉠ 모든 고정비용은 매몰비용이다.

㉡ 동일한 이윤이 기대되는 경우의 합리적 선택은 대안을 선택할 때 발생하는 기회비용이 가장 작은 대안을 선택하는 것이다.

㉢ 기회비용은 어떤 선택을 하는 경우 포기해야 하는 다른 대안들을 의미한다.

㉣ 한 재화의 생산량이 증가할수록 기회비용이 체감하는 경우, 두 재화의 생산가능곡선은 원점에 대해 오목한 형태를 보인다.

㉤ 어떤 선택을 하는 경우 기회비용이 발생하는 것은 자원의 희소성에서 비롯된다.

① ㉠, ㉢, ㉣
② ㉡, ㉢, ㉣, ㉤
③ ㉡, ㉢, ㉤
④ ㉡, ㉤

02

주어진 소득 범위 내에서 효용극대화를 추구하는 소비자 우혁의 효용함수는 다음과 같다.

- $U(x, y) = \min[x, y]$, 단 x는 X재 소비량, y는 Y재 소비량을 나타낸다.

이에 대한 설명으로 가장 옳은 것은?

① X재와 Y재는 서로 대체재이다.

② 수요의 교차탄력성이 1이다.

③ 수요의 가격탄력성이 1이다.

④ 수요의 소득탄력성이 1이다.

03

합리적 소비자인 종화는 지난 한 달 동안 9만 원의 소득으로 X재 450단위와 Y재 450단위를 소비하면서 효용을 극대화하였다. 그런데 이번 달 들어 지난달에 단위당 100원이었던 X재가 150원으로 상승하였고, Y재는 지난달에 비해 오히려 50원 하락하였다. 이번 달 종화의 소비와 관련한 설명으로 옳지 않은 것은? (단, 이번 달 종화의 소득은 변화가 없으며, 종화의 선호체계는 단조성과 이행성, 그리고 강볼록성을 특징으로 한다)

① 종화의 이번 달 효용은 지난 달 효용에 비해 증가한다.

② 종화의 이번 달 X재 소비량은 450단위보다 증가한다.

③ 종화의 이번 달 Y재 소비량은 450단위보다 증가한다.

④ 종화가 이번 달에 Y재만을 소비하는 것은 불가능하다.

04

기업의 생산에 대한 설명으로 옳은 것은?

① 노동의 한계생산과 노동의 평균생산의 차이를 알고 있으면, 노동투입량 증가에 따라 노동의 한계생산이 증감하는지 여부를 알 수 있다.

② 생산함수에서 규모에 대한 보수가 체증(increasing returns of scale)이면, 단기에서도 수확체증의 모습을 보인다.

③ 원점으로부터 등량곡선의 거리가 2배가 된다는 것은 생산량도 2배가 됨을 의미한다.

④ 기술진보가 이루어지면 등량곡선은 기존의 위치에서 원점에 보다 가깝게 이동한다.

05

단기의 생산함수와 비용함수에 대한 설명으로 옳은 것은?

① 평균생산이 감소하면 한계비용은 평균가변비용보다 항상 높다.

② 평균가변비용이 상승하면 평균생산은 한계생산보다 항상 작다.

③ 한계비용이 상승하면 평균생산은 한계생산보다 항상 크다.

④ 한계생산이 감소하면 평균생산은 항상 증가한다.

06

독점기업 A가 직면하고 있는 X재에 대한 수요곡선은 $Q=96-2P$이고, 총비용함수는 $TC=100+48Q-3Q^2+\frac{1}{3}Q^3$이다. 만약 A 기업의 이윤에 대하여 10%만큼의 조세를 부과할 경우, X재 시장균형가격과 시장균형거래량의 변화 추이로 옳은 것은? (단, Q는 수량, P는 가격이다)

	시장균형가격	시장균형거래량
①	상승한다.	증가한다.
②	상승한다.	감소한다.
③	하락한다.	감소한다.
④	불변이다.	불변이다.

07

독점적 경쟁시장에 대한 설명으로 옳은 것은?

① 기업의 단기 균형이 달성되는 수준에서 가격과 한계수입의 크기는 같다.

② 기업이 직면하는 수요곡선은 우하향하는 형태이다.

③ 신규기업의 진입을 막을 수 있는 장벽이 존재하지 않기 때문에 단기 균형 수준에서 기업은 정상이윤을 얻지 못한다.

④ 장기 평균비용곡선이 U자형인 경우, 기업의 장기 균형 수준에서 수요곡선은 장기 평균비용의 극솟값과 접한다.

08

소비자 진수와 성찬으로 구성된 경제에서 공공재 W에 대한 수요함수와 공공재 생산에 따른 한계비용이 다음과 같다.

- 진수의 수요함수: $Q=300-2P_{진수}$
- 성찬의 수요함수: $Q=300-3P_{성찬}$
- 한계비용: $MC=100+\frac{1}{6}Q$
- Q는 수요량 또는 생산량, P는 가격, MC는 한계비용이다.

사회적으로 바람직한 W의 공급량은? (단, 다른 조건은 고려하지 않는다)

① 100   ② 120   ③ 150   ④ 200

09

다양한 국민소득 지표에 대한 설명으로 옳은 것은?

① 실질 GNI와 실질 GNP의 크기는 항상 같다.

② 명목 GNI와 명목 GNP의 크기는 항상 같다.

③ 국외 순수취 요소소득이 양(+)의 값을 가질 경우, 실질 GNI는 실질 GDP보다 항상 크다.

④ 교역조건 변화에 따른 실질무역손익이 0의 값을 가질 경우, 실질 GDI는 실질 GDP보다 항상 크다.

10

시점 간 선택(intertemporal choice) 모형에서 효용 극대화를 추구하는 소비자 H의 효용함수는 다음과 같다.

- $U=C_1^3 \times C_2$, 여기서 U는 효용, C_1은 현재소비, C_2는 미래소비이다.

H의 현재소득은 5,000만 원, 미래소득은 7,500만 원으로 알려져 있다. 또한 H는 주어진 소득에 따른 소비를 하기 위해서 이자율 50%로 대부를 하거나 차입을 할 수 있다. 다음 중 H가 현재시점에서 최적 소비를 위해 필요한 선택으로 옳은 것은? (단, 다른 조건은 고려하지 않는다)

① 2,500만 원을 차입한다.

② 3,750만 원을 차입한다.

③ 2,500만 원을 저축한다.

④ 3,750만 원을 저축한다.

11

중앙은행의 통화량 증가가 이자율에 미치는 영향에 대한 설명으로 옳은 것은?

① 피셔(I. Fisher)는 인플레이션율이 1%p 상승할 경우, 실질이자율이 1%p 상승한다고 주장한다.

② 단기적으로 명목이자율이 하락하는 예상인플레이션 효과가 발생한다.

③ 명목이자율과 실질이자율이 모두 상승하는 유동성 효과가 발생한다.

④ 피셔 효과와 화폐수량설이 성립하면 명목이자율은 상승한다.

12

K국에서 이루어진 지금까지의 금융 개혁에 따라 순수출이 이자율 변동에 대하여 이전에 비해 보다 탄력적이 되었다고 한다. IS-LM 모형을 전제로 할 때, K국에서 실시되는 경기안정화를 위한 재정정책과 금융정책 효과는 어떻게 변화하는가?

① 재정정책은 이전보다 효과가 감소하나, 금융정책은 이전보다 효과가 증가한다.

② 금융정책은 이전보다 효과가 감소하나, 재정정책은 이전보다 효과가 증가한다.

③ 재정정책의 효과는 이전과 차이가 없으며, 금융정책은 이전보다 효과가 증가한다.

④ 금융정책의 효과는 이전과 차이가 없으며, 재정정책은 이전보다 효과가 증가한다.

13

폐쇄경제에서 정부지출이 증가하는 경우, 거시경제균형의 단기 변화에 대한 설명으로 옳은 것은? (단, LM곡선과 단기 총공급(SAS)곡선은 우상향하고, IS곡선과 총수요(AD)곡선은 우하향한다고 가정한다)

① 이자율이 하락하여 민간투자가 증가한다.

② 가격이 신축적일수록 물가 수준의 상승폭이 커진다.

③ 명목임금이 경직적일수록 경기확장 효과가 작아진다.

④ 화폐수요의 소득탄력성이 클수록 총수요 증가폭이 커진다.

14

다음은 K국의 명목 GDP와 실질 GDP에 대한 자료이다. 2018년 대비 2019년도의 실질 경제성장률과 물가상승률을 각각 구하면?

	2018년	2019년
명목 GDP	100	144
실질 GDP	80	120

	경제성장률	물가상승률
①	44%	4%
②	44%	20%
③	50%	-4%
④	50%	20%

15

K국의 생산가능인구는 600만 명, 실업률은 5%, 취업자 수는 380만 명이라고 한다. K국의 실업자 수는?

① 20만 명 　　　　② 25만 명

③ 30만 명 　　　　④ 50만 명

16

A국 경제의 필립스곡선(Philips curve)이 다음과 같다.

> • $\pi = \pi^e - \alpha(u - u_n)$
> • $\pi^e = \pi_{-1}$
> 여기서 π^e는 기대물가상승률, π_{-1}는 전기의 물가상승률, u_n는 자연실업률, α는 양(+)의 상수이다.

이에 대한 설명으로 옳은 것은?

① 가격이 신축적일수록 α값은 작아진다.

② 기대물가상승률의 형성은 고정적 기대에 따라 이루어진다.

③ 물가상승률이 예상보다 낮으면 실업률은 자연실업률보다 낮다.

④ 물가상승률을 낮추기 위해 감수해야 할 실업률의 증가폭은 α에 반비례한다.

17

솔로(Solow) 성장 모형에서 1인당 생산함수가 다음과 같다.

> • $y = k^{0.5}$, 여기서 y는 1인당 생산, k는 1인당 자본스톡
> 이다.

저축률이 20%, 인구증가율이 5%, 감가상각률이 5%일 때, 균제 상태(steady state)에서 1인당 소비의 크기는? (단, 기술진보는 없다고 가정한다)

① 0.4

② 1.2

③ 1.6

④ 2

18

다음 그림의 OK, OA는 각각 쌀과 밀에 대한 한국과 미국의 오퍼곡선이고, OS는 쌀과 밀의 국제상대가격선이다.

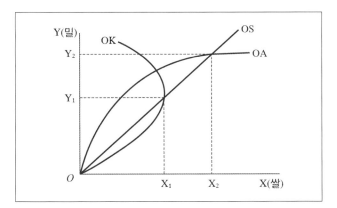

양국이 계속 교역을 하고자 할 때 국제시장에서 나타날 수 있는 현상에 대한 설명으로 옳은 것은?

① 국제시장에서 쌀은 초과공급 상태에 있다.

② 국제시장에서 밀의 가격은 상승하게 된다.

③ 한국의 교역조건은 개선된다.

④ 미국의 오퍼곡선은 아래쪽으로 이동한다.

19

고정환율제도를 채택하고 있는 K국 중앙은행이 보유하던 미국 달러를 외환시장에서 매각하고 자국 통화를 매입하였다. 이로 인해 발생하는 단기 경로에 대한 설명으로 옳지 않은 것은?

① K국 외환보유고가 감소한다.

② K국 통화공급량이 감소한다.

③ K국 실질 GDP가 증가한다.

④ K국 물가가 하락한다.

20

개방경제인 K국의 국민소득 균형식이 다음과 같이 주어졌다.

> • $Y = C + I + G + (X - M)$
>
> 여기서 Y는 국민소득, C는 소비, I는 투자, G는 정부
> 지출, X는 수출, M은 수입이다.

또한 재정수지와 순수출에 대한 자료는 다음과 같다.

> • 재정수지: 2018년 적자 폭 > 2019년 적자 폭
> • 순수출: 2018년 흑자 폭 > 2019년 흑자 폭

2018년 상황과 비교할 때 2019년에 나타날 수 있는 상황으로 옳은 것은? (단, 다른 조건은 고려하지 않는다)

① 국내투자는 민간저축에 비해 더 컸을 것이다.

② 경상수지의 누적적 흑자 크기는 감소할 것이다.

③ 민간저축과 국내투자의 차이는 2018년보다 그 절대크기가 감소하였다.

④ 국내투자와 민간저축의 차이는, 재정수지의 절대치와 순수출의 절대치의 차이와 같았을 것이다.

01

X재와 Y재를 소비하고 있는 A의 효용함수는 다음과 같다.

$$U = \min[3x + y, \ x + 3y]$$

다음 중 소비점 '(x, y) = (1, 1)'을 지나는 무차별곡선의 모습으로 옳은 것은? (단, x는 X재의 소비량, y는 Y재의 소비량을 의미한다)

① 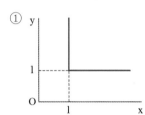 ②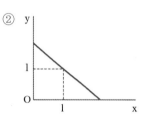

③ 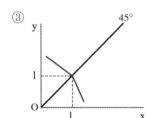 ④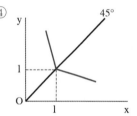

02

주어진 소득 100,000원으로 X재와 Y재를 소비하면서 효용극대화를 추구하는 소비자 H가 있다. X재 가격이 5,000원일 때, 소비자 H는 X재 10단위와 Y재 20단위를 소비하여 효용극대화를 달성한다고 한다. 이 경우 X재 수량으로 표시한 Y재의 한계대체율(MRS_{YX})은? (단, 소비자 H의 무차별곡선은 강볼록성을 충족한다고 한다)

① $\dfrac{1}{2}$ ② 1

③ 1.5   ④ 2

03

다음 소비자이론에 관한 설명 중 가장 타당하지 못한 것은?

① 효용함수가 $U = 10X^2 Y^2$인 경우, 한계대체율(MRS_{XY})은 체감한다.

② 효용함수가 $U = 10\sqrt{XY}$인 경우, Y재의 한계효용(MU_Y)은 체감한다.

③ 효용함수가 $U = \min[X, 2Y]$인 경우, 소득-소비곡선(ICC)의 기울기는 2이다.

④ 효용함수가 $U = \min[2X, Y]$인 경우, 수요의 교차탄력성은 0이다.

04

생산함수가 다음과 같이 주어졌다.

• $Q = 100L^{0.4}K^{0.6}$, 여기서 Q, L, K는 각각 생산량, 노동투입량, 자본투입량, Q>0, L>0, K>0이다.

이 생산함수에 대한 설명으로 옳은 것은?

① 규모에 대한 보수가 체증한다.

② 노동소득은 자본소득에 비해 1.5배이다.

③ 노동과 자본 간의 대체탄력성은 노동투입을 증가시킬수록 체감한다.

④ 노동투입이 20, 자본투입이 30인 경우 기술적 한계대체율($MRTS_{LK}$)은 1이다.

05

생산함수가 다음과 같이 주어져 있을 때, ' $\dfrac{MP_L}{AP_L}$ '을 구하면?

- $Q = AL^{\frac{1}{3}}K^{\frac{2}{3}}$
- Q는 산출량, A는 기술수준, L은 노동투입량, K는 자본투입량이다.

① $\dfrac{1}{3}$ ② $\dfrac{1}{2}$

③ $\dfrac{2}{3}$ ④ 1

06

평균비용곡선이 U자형인 기업 S가 10,000단위를 생산할 때 한계비용(MC)은 200, 평균비용(AC)은 250이라 한다. 이에 대한 설명으로 옳은 것은?

① 평균비용곡선의 최저점에서 생산량은 10,000보다 작다.
② 기업 S가 생산량을 10,000단위보다 증가시키면 평균비용은 증가한다.
③ 기업 S의 한계수입(MR)이 200으로 일정하다면, 10,000단위를 판매할 때 손실을 보게 된다.
④ 기업 S의 생산량이 10,000일 때 총고정비용(TFC)이 200,000이라면, 평균가변비용(AVC)은 200이 된다.

07

X재는 가격이 5% 상승할 때 X재에 대한 소비지출액이 변하지 않는 재화이다. 반면에 Y재는 가격이 5% 상승할 때 Y재에 대한 소비지출액 역시 5% 증가하는 재화이다. 두 재화에 대한 수요의 가격탄력성으로 옳게 연결한 것은?

	X재	Y재
①	완전비탄력적	단위탄력적
②	단위탄력적	완전탄력적
③	단위탄력적	완전비탄력적
④	완전비탄력적	비탄력적

08

마늘 시장의 시장수요함수와 시장공급함수가 다음과 같다.

- $Q^D = 500 - 2P$
- $Q^S = -100 + 2P$

여기서 Q^D는 시장수요량, Q^S는 시장공급량, P는 가격이다.

정부가 마늘생산 장려를 위해 생산자에게 단위당 10만큼의 생산보조금을 지급하기로 결정했다. 이러한 정부의 보조금 정책으로 예상되는 시장의 경제적 순손실(deadweight loss)은?

① 50   ② 60

③ 70   ④ 80

09

동일한 상품을 생산하는 A공장과 B공장을 보유하고 있는 기업 P는 국내에서 철강을 독점적으로 생산하고 있다. 그리고 기업 P가 보유하고 있는 두 공장의 총비용함수와 철강에 대한 시장수요곡선이 다음과 같다.

- A공장의 총비용함수: $TC_A = 2Q_A + Q_A^2$
- B공장의 총비용함수: $TC_B = 3Q_B^2$
- 시장수요곡선: $P = 99 - \dfrac{1}{2}Q$, $Q = Q_A + Q_B$이다.

기업 P가 이윤극대화를 달성할 때, 두 공장의 생산량(Q_A, Q_B)은?

	Q_A	Q_B
①	10	29
②	15	25
③	25	15
④	29	10

10

기업 S의 생산함수가 $Q = 200L - L^2$이고(Q는 생산량, L은 노동시간), 근로자의 여가 1시간당 가치가 40이다. 상품시장과 생산요소시장이 완전경쟁시장이고, 생산물의 가격은 100이다. 기업 S의 노동수요곡선을 그림으로 그릴 때, 그 기울기의 크기는? (단, 기울기는 절댓값으로 나타낸다)

① 2
② 10
③ 20
④ 40

11

개방경제인 K국의 국민소득 결정 모형이 다음과 같이 주어져 있다.

- $Y = C + I_0 + G_0 + X_0 - M$
- $C = 100 + 0.8(Y - T)$
- $I_0 = 80$, $G_0 = 40$, $T = 60 + 0.25Y$, $X_0 = 100$
- $M = 80 + 0.1Y$

단, Y는 국민소득, C는 소비지출, I_0는 투자지출, G_0는 정부지출, X_0는 수출, M은 수입이다.

경기부양을 위해 K국 정책당국이 정부지출을 90으로 증가시킬 경우, 균형국민소득과 순수출의 변화분은?

	균형국민소득	순수출
①	180만큼 증가	18만큼 악화
②	180만큼 증가	98만큼 악화
③	100만큼 증가	90만큼 악화
④	100만큼 증가	10만큼 악화

12

소비함수가 다음과 같이 주어졌다.

- $C = 1,000 + 0.8Y$, 여기서 C는 소비, Y는 가처분소득이다.

이 소비함수에 대한 설명으로 옳은 것은?

① 평균소비성향이 0.6인 경우, 소비의 소득탄력성은 $\frac{4}{3}$이다.
② 소득이 증가할수록 평균소비성향은 항상 한계소비성향보다 작다.
③ 소득이 증가할수록 평균저축성향은 점점 작아진다.
④ 소득이 증가할수록 한계소비성향은 점점 작아진다.

13

어느 분기의 실질 GDP는 2.8%, 통화량은 15.9%, GDP 디플레이터는 3.2% 증가하였다면 이 분기의 명목 GDP증가율은?

① 9.9%
② 6.0%
③ 3.2%
④ 2.1%

14

일정기간 동안 재화 1개당 3,000원씩 받고 100개가 판매되었고, 이때 사용된 화폐는 1만 원권 4장, 5천 원권 10장, 1천 원권 10장이 사용되었다. 거래유통속도를 구하면?

① 2
② 3
③ 4
④ 5

15

이표채에 대한 설명으로 옳은 것을 〈보기〉에서 모두 고르면?

─ 보기 ─
- ㉠ 이표채가격과 만기수익률은 서로 역(-)의 관계를 갖는다.
- ㉡ 이표채가격이 액면가와 같은 경우 만기수익률은 표면이자율과 같다.
- ㉢ 이표채가격이 액면가보다 작은 경우, 만기수익률은 표면이자율보다 크다.
- ㉣ 이미 발행된 이표채권의 이표이자액은 매년 시장수익률에 따라 다르게 지급된다.

① ㉠, ㉡
② ㉠, ㉡, ㉢
③ ㉡, ㉢, ㉣
④ ㉢, ㉣

16

중앙은행이 긴축통화정책을 실시하고 순차적으로 재정당국이 이자율 수준이 일정하게 유지되도록 재정정책을 실시한다고 하자. 이러한 두 정책이 동시에 실시되는 경우 나타나게 될 현상에 대한 설명으로 옳은 것은? (단, 폐쇄경제 IS-LM 모형을 이용하여 분석하되, IS곡선은 우하향하며 LM곡선은 우상향한다고 가정한다)

① 환율이 하락한다.
② 물가가 상승한다.
③ 재정적자가 감소한다.
④ 국민소득이 증가한다.

17

단기 총공급(SAS)곡선과 관련한 노동자 오인 모형을 전제하자. 명목임금과 물가가 동일한 수준으로 증가하는 경우 나타나는 현상에 대한 설명으로 옳은 것은?

① 노동자는 실질임금이 상승하는 것으로 인식하여 노동공급을 감소시킨다.
② 노동자의 실질임금에 대한 착각으로 단기 총공급(SAS)곡선이 우상향하게 된다.
③ 노동자의 명목임금에 대한 착각으로 단기 총공급(SAS)곡선이 우상향하게 된다.
④ 노동자에게 화폐환상이 생기게 되어 단기 총공급(SAS)곡선은 수직의 모습을 보인다.

18

2001년에 공무원이 된 M씨의 2021년 연봉은 5,000만 원이다. M씨의 2021년 연봉을 2001년 기준으로 환산하면? (단, 2001년 물가지수는 40이고, 2021년 물가지수는 160이다)

① 1,000만 원
② 1,250만 원
③ 1,500만 원
④ 1,800만 원

19

경제 내의 생산가능인구가 5,000만 명이다. 이 중 취업자 수는 3,500만 명, 실업자 수는 500만 명이다. 이 경제의 비경제활동인구, 실업률, 고용률은 각각 얼마인가?

	비경제활동인구	실업률	고용률
①	1,000만 명	10%	80%
②	1,000만 명	12.5%	70%
③	1,500만 명	10%	70%
④	1,500만 명	12.5%	80%

20

다음의 괄호에 들어갈 말로 옳은 것은?

고전학파는 정부지출을 위한 재원조달을 국공채 발행에 의하든 조세징수에 의하든 정부지출의 증가가 국민소득에 미치는 효과는 (㉠)고 보는 반면, 케인스학파는 국공채 발행을 통한 정부지출이 조세징수를 통한 정부지출보다 국민소득에 미치는 효과가 (㉡)고 본다.

	㉠	㉡
①	같다	작다
②	없다	크다
③	없다	작다
④	있다	크다

21

K국의 총생산함수가 다음과 같이 주어져 있다.

- $Y_t = A_t L_t^{0.5} K_t^{.05}$

2019년에 발생한 대형 산불과 같은 자연재해로 인해 자본량이 2018년에 비해 36%만큼 감소하였다. 2018년에 비해 K국의 2019년 총생산량 증가율은? (단, 다른 조건들은 고려하지 않는다)

① -6% ② -12% ③ -20% ④ -36%

22

X재와 Y재만을 생산하는 A국과 B국의 생산가능곡선은 다음과 같다.

- A국 : $Y = -X + 100$
- B국 : $Y = -3X + 450$

리카도 모형에 따른 교역이 이루어질 때, 나타나게 되는 현상에 대한 설명으로 옳은 것은? (다른 조건은 고려하지 않는다)

① A국은 Y재 생산에 비교우위가 있다.
② B국은 두 재화 생산에 모두 비교우위가 있다.
③ A국은 X재 50단위와 Y재 100단위를 동시에 소비할 수 있다.
④ 교역을 통해 양국 모두가 이익을 얻을 수 있는 교역조건은 $1 < \dfrac{X}{Y} < 3$이다.

23

현재 1달러당 환율이 1,100원, 1년 후의 1달러당 예상환율이 1,078원이라고 가정하자. 만약 미국의 1년 만기 채권 수익률이 5%라 할 때, 한국 채권에 투자하는 것이 유리한 경우를 모두 고르면?

대안	A	B	C	D
한국 채권 연수익률	1.5%	2.5%	3.5%	4%

① A, B ② A, C ③ B, D ④ C, D

24

다음 표는 K국과 A국의 2021년과 2022년의 물가지수를 나타낸다.

	2021년	2022년
K국 물가지수	100	121
A국 물가지수	110	121

K국과 A국 사이에 절대적 구매력 평가설이 성립한다고 할 때, 2021년을 기준으로 한 2022년의 명목환율 변동률은? (단, 환율은 A국 통화 1단위와 교환되는 A국 통화의 양으로 정의한다)

① 0%   ② 5%
③ 6%   ④ 11%

25

자본이동이 불가능한 소규모 개방경제인 K국에서 확대재정정책을 실시한다고 하자. 이 정책의 시행으로 나타나게 되는 최종적인 결과에 대한 설명으로 옳은 것은? (단, K국은 고정환율제도를 채택하고 있다고 가정한다)

① 통화량이 증가한다.
② 자본유입이 이루어진다.
③ 이자율이 상승한다.
④ 국민소득이 증가한다.

01

효용극대화를 추구하는 소비자 H의 효용함수가 다음과 같다.

> • $U = \min\left[\dfrac{X}{2}, \dfrac{Y}{3}\right]$

X재 가격이 P_X, Y재 가격이 P_Y일 때 소비자 H의 Y재에 대한 엥겔곡선(Engel curve)의 기울기는? (단, 기울기 = $\dfrac{\text{소득 변화}}{\text{소비량 변화}}$)

① $\dfrac{2}{3}P_X$

② $\dfrac{3}{2}P_Y$

③ $\dfrac{3}{2}P_X + \dfrac{2}{3}P_Y$

④ $\dfrac{2}{3}P_X + P_Y$

02

두 재화 X와 Y만을 소비하면서 효용극대화를 추구하는 소비자 H가 소비조합 $(x, y) = (3, 6)$을 선택하였다. 이후에 X재 가격은 하락하고 Y재 가격은 상승했음에도 불구하고 새로운 예산선은 소비자 H가 선택한 기존의 소비조합을 여전히 지나고 있다. 소비자 H의 무차별곡선이 원점에 대해 강볼록(strictly convex)하다고 할 때, 다음 설명 중 옳지 않은 것은? (단, x는 X재 소비량, y는 Y재 소비량이다)

① X재 소비량은 반드시 증가한다.

② Y재 소비량은 반드시 증가한다.

③ 가격변화 이후 소비자 H의 효용 수준은 증가한다.

④ 새로운 최적 소비조합에서 이 소비자의 한계대체율은 $(x, y) = (3, 6)$에서의 한계대체율보다 작아진다.

03

생산함수가 다음과 같이 주어져 있다.

> • $K = \dfrac{1}{2}Q - \dfrac{3}{2}L$
>
> 단, Q, L, K는 각각 생산량, 노동투입량, 자본투입량, Q > 0, L > 0, K > 0이다.

노동과 자본 간의 대체탄력성(elasticity of substitution)은?

① 0

② 1

③ $\dfrac{2}{3}$

④ ∞

04

평균비용(AC)이 'U자형'인 기업 S의 단기비용곡선에 대한 설명으로 옳은 것은? (단, 생산요소가격은 불변이며, 고정생산요소가 존재한다)

① 한계비용이 평균비용보다 큰 경우, 생산량이 감소함에 따라 평균비용은 반드시 증가한다.

② 한계비용이 평균가변비용보다 큰 경우, 생산량이 증가함에 따라 평균비용은 반드시 증가한다.

③ 평균비용곡선 최저점에서의 생산량 수준은 평균가변비용곡선 최저점에서의 생산량 수준보다 반드시 크다.

④ 생산량이 감소함에 따라 평균비용과 평균가변비용의 차이는 점점 작아진다.

05

정상재인 X재의 공급곡선은 원점을 지나는 직선이라고 알려져 있다. 그런데 소득이 증가함에 따라 가격이 이전에 비해 3%만큼 변화하였다. 이 경우 X재의 총수입의 변화율은? (단, 다른 조건은 고려하지 않는다)

① 0%　　　　　　　② 3%

③ 6%　　　　　　　④ 9%

06

A재의 시장수요곡선은 $Q^D = 900 - 2P$이고, 시장공급곡선은 $Q^S = P$이다. 이 수요곡선과 공급곡선이 일치하는 균형 상태에서 정부가 단위당 120의 물품세를 소비자에게 부과할 때, 시장균형가격은? (단, Q^D는 수요량, Q^S는 공급량, P는 가격이다)

① 200　　　　　　　② 220

③ 240　　　　　　　④ 260

07

시장수요함수가 $Q = 1,200 - \frac{1}{2}P$이고, 총비용이 $TC = 10,000 + Q^2$인 독점기업 K가 있다. 독점기업 K의 단기균형 상태에서 이윤과 생산자 잉여는? (단, 다른 조건은 고려하지 않는다)

	이윤	생산자 잉여
①	440,000	450,000
②	450,000	440,000
③	460,000	490,000
④	470,000	480,000

08

외부효과가 존재하는 M시장의 수요곡선과 사적한계비용곡선이 다음과 같이 주어져 있다.

> - 시장수요곡선: $P = 200 - Q$
> - 사적한계비용곡선(PMC): $PMC = 40 + Q$
> - 단, P는 가격, Q는 수량이다.

그런데 M시장에서는 생산량 한 단위를 추가적으로 생산할 때마다 20만큼의 추가적인 비용이 발생하는 것으로 알려져 있다. M시장과 관련한 설명으로 옳지 않은 것은?

① 정부개입이 없는 경우 균형생산량은 80이다.

② 사회적 후생을 극대화하는 생산량은 70이다.

③ 생산량 수준을 70으로 규제함으로써 사회적 후생을 높일 수 있다.

④ 생산량 수준을 70으로 규제하는 것보다 단위당 20만큼의 조세를 부과하는 것이 사회후생을 크게 할 수 있다.

09

K국 경제는 밀 농사를 하는 농부, 밀가루를 제조하는 제분공장, 그리고 빵을 만드는 제과점으로 구성되어 있다. 2019년에 농부는 3억 원어치의 밀을 생산하여 공장에 이를 전부 팔았고, 제분공장은 이를 가지고 6억 원어치의 밀가루를 생산했다. 이 중 가계가 직접 2억 원어치를 사서 소비했고, 제과점이 4억 원어치의 밀가루를 사서 8억 원어치의 빵을 만들었다. 이에 대한 설명으로 옳은 것은?

① 2019년 K국의 GDP(국내총생산)는 최종생산물을 기준으로 할 때 8억 원이다.

② 2019년 K국의 GDP를 부가가치의 총합으로 계산하면 GDP는 8억 원이 된다.

③ 가계의 직접 소비 없이 제과점이 6억 원어치의 밀가루를 전부 사서 8억 원어치의 빵을 만들었다면, GDP는 여전히 10억 원이다.

④ 모든 생산물을 일일이 최종생산물인지 중간투입물인지 확인하기 어렵기 때문에, 실제로는 최종생산물의 합 대신 부가가치의 합을 계산하는 방법이 더 자주 이용된다.

10

K국의 개방거시경제 모형이 다음과 같다.

> - $Y = C + I + G + EX - IM$
> - $C = 100 + 0.8(Y - T)$
> - $I = 100$
> - $G = 50$, $T = 50$
> - $EX = 70$, $IM = 20 + 0.05Y$
> - 여기서 Y, C, I, G, EX, IM, T는 각각 국민소득, 소비, 투자, 정부지출, 수출, 수입, 조세이다.

정부가 정부지출을 100만큼 증가시키고자 할 때, 저축은 얼마나 증가하겠는가?

① 500 증가
② 400 증가
③ 100 증가
④ 80 증가

11

K국에서 중앙은행이 공개시장을 통해 1억 원어치의 국채를 매입하였다. 이러한 K국 중앙은행의 국채매입으로 증가하게 되는 통화량의 크기는? (단, 민간의 현금 – 예금 비율이 0.2이고, 은행의 지급준비율이 0.1이라고 가정하자)

① 1억 원
② 4억 원
③ 8억 원
④ 10억 원

12

기업이 자금을 조달하는 방법 중 직접금융방식이 아닌 것은?

① 융통어음을 발행하는 경우
② 회사채를 발행하는 경우
③ 주식을 발행하는 경우
④ 은행으로부터 자금을 차입하는 경우

13

K국의 거시경제 모형이 다음과 같을 때, 균형이자율과 균형국민소득을 구하면?

> - 민간소비 : $C = 2 + 0.5Y$
> - 투자 : $I = 2 - r$
> - 정부지출 : $G = 3$
> - 실질화폐수요 : $\dfrac{M^D}{P} = 4 + 0.5Y - r$
> - 명목화폐공급 : $M^S = 3$
> - 단, r은 이자율, Y는 국민소득, P는 물가수준이고, $P = 1$이다.

	균형이자율	균형국민소득
①	4	6
②	6	4
③	6	6
④	8	4

14

1995년 (주) CNC에 입사한 K는 1995년에 연봉으로 2,000만 원을 받았고, 임원으로 승진한 2019년에는 연봉 1억 원을 받았다. 1995년 물가지수가 50이고, 2019년의 물가지수가 125라면 1995년 물가로 환산한 K의 2019년 연봉은 얼마인가?

① 2,000만 원
② 3,000만 원
③ 4,000만 원
④ 5,000만 원

15

자연실업률에 대한 설명으로 옳은 것은?

① 현재 진행되는 인플레이션을 가속시키지 않는 수준의 실업률을 의미한다.
② 모든 노동시장에 걸쳐 취업자 수와 실업자 수가 같은 수준에서 형성되는 실업률이다.
③ 합리적 기대론자들은 정부의 예상된 경기안정화정책은 장기는 물론 단기에서조차 효과가 없다고 본다.
④ 적응적 기대를 전제로 하면 확장적 금융정책은 단기에서만큼은 자연실업률 수준을 낮출 수 있다고 본다.

16

총공급(AS)곡선은 단기에는 우상향하고 장기에는 자연산출량 수준에서 수직이다. 반면에 필립스곡선은 단기에는 우하향하고 장기에는 자연실업률 수준에서 수직이다. 이에 대한 설명으로 옳은 것은?

① 단기 총공급(SAS)곡선에서는 화폐의 중립성이 설명된다.
② 합리적 기대를 가정하면 단기 총공급(SAS)곡선이 우상향하는 이유를 설명할 수 있다.
③ 단기 필립스곡선을 전제로 인플레이션율을 하락시킬수록 국민소득 감소분으로 표현되는 희생비율이 작아진다.
④ 우상향하는 총공급곡선과 우하향하는 필립스곡선은 모두 총수요관리정책을 통하여 국민소득 안정화 정책이 가능함을 의미한다.

17

내생적 성장이론(endogenous growth theory)의 특징에 대한 설명으로 옳지 않은 것은?

① 수렴현상(convergence)을 비판하기 위한 이론이다.
② 자본에 대한 재해석을 통하여 지속적인 성장이 가능함을 보이려는 이론이다.
③ 교육과 연구-개발의 중요성을 제시하며, 이를 위한 정부 역할을 강조한다.
④ 외생적으로 주어지는 기술진보가 있는 한, 정체되지 않고 지속적인 성장이 가능하다고 주장한다.

18

완전경쟁상태인 세계시장에서 소규모 개방경제인 한국이 수소 전기차를 수출할 수 있게 되는 것에 대한 설명으로 옳은 것은? (단, 리카도 모형을 이용하고, 다른 조건은 고려하지 않는다)

① 한국이 수출국이 되기 전 수소 전기차의 국제상대가격은 국내의 수소 전기차 생산의 기회비용보다 낮았다.
② 수소 전기차 수출로 인해 한국의 소비자 잉여는 증가하게 된다.
③ 수소 전기차 수출은 국내 물가안정에 기여한다.
④ 수소 전기차 수출이 이루어지면 국내의 수소 전기차 가격은 국제가격 수준으로 상승한다.

19

현재 자유롭게 수입되던 수입품 X에 대해 대국인 K국이 단위당 2달러만큼의 수입관세를 부과한다고 하자. K국의 수입관세 후 수입품의 국내판매가격이 될 수 없는 것은? (단, 수입품 X의 국제가격은 현재 10달러 수준이며, 다른 조건은 고려하지 않는다)

① 12달러   ② 11.8달러
③ 11달러   ④ 10.5달러

20

자본이동이 완전히 자유로운 소규모 개방경제의 IS-LM-BP 모형에서 대체지급수단의 개발로 화폐수요가 감소할 때, 고정환율제와 변동환율제하에서 균형국민소득의 변화로 옳은 것은? (단, IS곡선은 우하향하고 LM곡선은 우상향한다고 가정한다)

	고정환율제	변동환율제
①	증가	증가
②	불변	증가
③	불변	감소
④	감소	감소

01

X재가 재화(goods)이고 Y재가 중립재인 경우의 무차별 곡선은?

① $X+Y=100$
② $\min[X, Y]=100$
③ $X=100$
④ $Y=200$

02

소비자 민주의 효용함수가 다음과 같다.

- $U=10\sqrt{Y}$, 여기서 U는 효용이고 Y는 소득이다.

현재 민주는 $\frac{1}{10}$의 확률로 3,600원을 당첨금으로 지급하고, $\frac{9}{10}$의 확률로 100원을 당첨금으로 지급하는 복권을 보유하고 있다. 민주가 보유하고 있는 복권의 확실성 등가(certainty equivalent)와 위험 프리미엄(risk premium)을 순서대로 구하면?

	확실성 등가	위험 프리미엄
①	225	150
②	450	225
③	150	450
④	225	225

03

자본투입량이 고정된 상태에서 현재 10명의 노동자가 인형을 생산하고 있으며 평균생산량은 21개이고, 10명째 투입된 노동자의 생산량이 16이라고 한다. 이에 대한 설명으로 옳은 것은? (단, 다른 요인들은 고려하지 않는다)

① 평균생산은 증가하고 있다.
② 한계생산은 감소하고 있다.
③ 총생산은 감소하고 있다.
④ 노동투입을 늘릴수록 평균생산과 한계생산의 크기는 같아지게 된다.

04

생산함수가 다음과 같이 주어져 있을 때 기술적 한계대체율($MRTS_{LK}$)을 나타내는 식으로 타당한 것은?

- $Q=AL^{\frac{1}{3}}K^{\frac{2}{3}}$
- Q는 산출량, A는 기술수준, L은 노동투입량, K는 자본투입량이다.

① $\dfrac{1}{2}\dfrac{K}{L}$
② $\dfrac{2}{3}\dfrac{K}{L}$
③ $\dfrac{3}{2}\dfrac{K}{L}$
④ $\dfrac{3}{2}\dfrac{L}{K}$

05

생산함수가 다음과 같이 주어졌다.

- $Q = L^{0.5}K^{0.5}$, 여기서 Q는 생산량, L은 노동투입량, K 는 단기에 고정된 자본투입량이다.

임금이 100인 경우, 한계비용(MC)과 평균가변비용(AVC)은?

	한계비용	평균가변비용
①	$100(\frac{L}{K})^{0.5}$	$100(\frac{K}{L})^{0.5}$
②	$200(\frac{L}{K})^{0.5}$	$100(\frac{K}{L})^{0.5}$
③	$200(\frac{L}{K})^{0.5}$	$100(\frac{L}{K})^{0.5}$
④	$200(\frac{L}{K})^{0.5}$	$200(\frac{K}{L})^{0.5}$

06

X재의 수요함수와 공급함수가 각각 다음과 같이 주어졌다.

- 수요함수 : $Q^D = 1,000 - 2P$
- 공급함수 : $Q^S = 100 + P$

단, Q^D는 수요량, Q^S는 공급량, P는 가격이다.

시장균형 수준에서 X재에 대한 공급의 가격탄력성(E_P^S)은?

① 0.5 ② 0.75
③ 1 ④ 1.33

07

X재의 시장수요함수와 시장공급함수가 각각 다음과 같이 주어졌다.

- 시장수요함수: $P = 200 - Q$,
- 시장공급함수: $P = -40 + 2Q$

단, P는 가격, Q는 수량이다.

정부가 X재의 최저가격을 150으로 설정하고자 할 때, 이 수준에서 발생할 수 있는 불균형을 해소하기 위해 정부가 수요자에게 지급해야 하는 X재 1단위당 보조금은?

① 40 ② 45
③ 50 ④ 60

08

완전경쟁기업인 S의 비용함수가 다음과 같다.

- $TC = Q^3 - 20Q^2 + 1,000Q + 12,000$

여기서 TC는 총비용, Q는 생산량이다.

기업 S가 조업을 중단하게 되는 생산량 수준은?

① 10 ② 20 ③ 25 ④ 30

09

시장수요곡선이 우하향하는 X재 시장에서 생산자는 오직 기업 K만이 존재한다. 이제 X재에 대해 종량세가 부과된다고 가정하자. 이로 인해 X재 시장과 노동시장에서 발생하는 현상으로 옳은 것을 모두 고르면? (단, 노동시장은 완전경쟁시장이며, X재 생산에 투입되는 자본은 일정 수준에서 고정되어 있다. 또한 다른 조건들은 고려하지 않는다)

보기
ㄱ X재 구매자가 지불하는 상품가격은 상승한다.
ㄴ X재 시장에서 기업 K의 총수입은 이전에 비해 감소한다.
ㄷ 노동시장에서 고용량이 감소한다.
ㄹ 노동시장에서 임금이 하락한다.

① ㄱ, ㄴ, ㄷ ② ㄱ, ㄷ
③ ㄴ, ㄹ ④ ㄱ, ㄴ, ㄷ, ㄹ

10

5가구만 살고 있는 마을에서 가로등을 설치하려고 한다. 한편 가로등에 대한 마을의 개별가구의 수요함수와 가로등 생산에 따른 한계비용(MC)은 다음과 같다고 알려져 있다.

- 개별 가구의 수요함수: $Q = 10 - 5P$
- 한계비용: $MC = 5$

단, Q는 수요량, P는 가격이다.

마을의 후생을 극대화시킬 수 있는 가로등의 최적 생산량은? (단, 가로등에 대한 개별수요함수는 모두 동일하며, 가로등은 비경합성과 비배제성이라는 특성을 갖고 있다)

① 2 ② 3 ③ 4 ④ 5

11

거시경제 변수에 대한 설명으로 옳지 않은 것은?

① GDP는 유량(flow)변수이다.

② 기준년도의 명목 GDP와 실질 GDP의 크기는 같다.

③ GDP 디플레이터는 명목 GDP를 실질 GDP로 나누어 구한 것으로 물가 수준의 일종이다.

④ 소비, 투자, 정부지출(구매), 수출이 GDP의 크기를 구성하는 네 가지 항목이다.

12

소비자 P의 효용함수가 다음과 같다.

> • $U(C_1, C_2) = C_1^2 \times C_2$, C_1은 현재소비, C_2는 미래소비이다.

P의 현재소득은 4,000만 원, 미래소득은 3,000만 원이고, 이자율은 50% 수준으로 변화가 없다고 알려져 있다. 기간 간 소비선택 모형에서 소비자 P의 최적 선택을 위한 의사결정으로 가장 타당한 것은? (단, 소비자 P에게는 유동성 제약이 존재하지 않으며, 물가는 고정되어 있다고 가정한다)

① 1,000만 원을 차입한다.

② 1,000만 원을 대부한다.

③ 1,500만 원을 차입한다.

④ 차입과 저축 중 어느 것도 하지 않는다.

13

연초에 동일한 투자비용이 소요되는 투자계획 A와 B가 있다. A는 금년 말에 20억 원, 내년 말에 30억 원의 수익을 내고, B는 내년 말에만 52억 원의 수익을 낸다. 수익성 측면에서 A와 B를 동일하게 만드는 이자율 수준은?

① 1%   ② 5%

③ 10%   ④ 15%

14

한계소비성향이 0.75, 소득세율이 20%인 경우를 상정하자. 정부지출이 100만큼 증가할 때 케인스 국민소득결정론에서의 저축의 변화는? (단, 다른 조건은 고려하지 않는다)

① 50만큼 증가   ② 100만큼 증가

③ 150만큼 증가   ④ 200만큼 증가

15

K국 경제에서 통화승수가 5, 민간보유 현금이 100, 예금은행의 지불준비금이 50이라고 알려져 있다. 이때 예금통화의 크기는? (단, 예금은 요구불 예금만 존재하고, 통화량은 M_1으로 정의한다)

① 650   ② 550

③ 450   ④ 400

16

구축효과(crowding out effect)에 대해 옳게 말하고 있는 사람들로만 짝지은 것은?

> ┌ 보기 ─
>
> 진수: 구축효과는 긴축적 통화정책이 이자율을 상승시키기 때문에 발생하는 현상이야.
>
> 성찬: 구축효과는 투자 감소 이외에 추가적으로 유발된 소비감소에 따른 소득감소로도 설명할 수 있는 부분이 있어.
>
> 철수: 확장적 재정정책을 국채발행으로 하는 경우, 채권시장의 이자율이 상승해서 투자가 감소하는 거지.
>
> 영희: IS곡선이 수직이라면 구축효과의 크기와 승수효과의 크기가 같아져서 확장적 재정정책을 시행해도 총수요에는 변화가 없게 되는 거야.

① 진수, 철수   ② 진수, 영희

③ 성찬, 철수   ④ 성찬, 영희

17

K국의 총수요곡선과 총공급곡선이 다음과 같이 알려져 있다.

- 총수요(AD)곡선: $P = -Y^D + 100$
- 총공급(AS)곡선: $P = P^e + (Y^S - 50)$

단, P는 물가수준, Y^D는 총수요, Y^S는 총공급, P^e는 기대물가수준이다.

기대물가수준(P^e)이 10일 때, 〈보기〉에서 옳은 것을 모두 고르면?

─ 보기 ─

㉠ 균형물가 수준은 30이다.
㉡ 균형국민소득(Y) 수준은 70이다.
㉢ 이 경제는 장기균형상태이다.
㉣ 장기균형상태에서 물가수준은 $P = 60$이다.

① ㉠, ㉡
② ㉠, ㉡, ㉣
③ ㉠, ㉡, ㉢
④ ㉢, ㉣

18

2021년을 기준년도로 2022년의 물가지수를 Paasche지수로 구할 때 그 크기로 가장 가까운 것은?

구분	2021년		2022년	
	가격	수량	가격	수량
식품	10	8	15	10
의류	20	6	25	10

① 123
② 128
③ 133
④ 136

19

실업률, 경제활동참가율, 고용률에 대한 설명으로 옳은 것은?

① 경제활동인구 증가율이 생산가능인구 증가율보다 크다면 경제활동참가율은 하락한다.
② 경제활동인구 증가율이 실업자 수 증가율보다 크다면 실업률은 상승한다.
③ 실업자 중 일부가 구직행위를 포기하면 실업률은 하락한다.
④ 인구증가율이 하락하면 경제활동참가율 역시 하락한다.

20

다음 〈보기〉 중 케인스학파와 통화주의에 대한 설명으로 옳은 것은?

─ 보기 ─

㉠ 케인스학파는 경제 자체가 내재적으로 불안정하므로 정부는 단기적으로 총공급능력을 변화시킬 수 있는 경기안정화정책을 적극적으로 실시해야 한다고 주장하였다.
㉡ 통화주의자들은 장기적으로 화폐가 중립적이라면 인플레이션과 실업률 간에 역(−)의 관계가 성립할 수 없다고 주장하였다.
㉢ 케인스학파는 생산능력의 부족은 낮은 소득과 높은 실업의 원인이라고 주장하였다.
㉣ 통화주의자들은 중앙은행이 통화를 공급할 때에 사전에 명시되고 공표된 준칙을 따라야 한다고 주장하였다.

① ㉠, ㉡
② ㉠, ㉢
③ ㉡, ㉣
④ ㉢, ㉣

21

루카스(R. Lucas)의 경기변동이론에 대한 설명으로 옳지 않은 것은?

① 민간이 예상하지 못한 통화량의 변화가 경기변동을 일으킨다.
② 단기에는 화폐중립성이 성립하지 않는다.
③ 생산함수를 이동시키는 기술적 충격만이 경기변동을 일으킨다.
④ 경기변동과정에서 실제산출량이 자연산출량으로부터 이탈한다고 본다.

22

컴퓨터의 국제가격이 2일 때, 소규모 개방경제인 K국의 국내 컴퓨터 수요곡선과 공급곡선은 다음과 같다.

> - $Q^D = 30 - 4P$
> - $Q^S = 6 + 2P$
>
> 여기서 Q^D는 수요량, Q^S는 공급량, P는 가격이다.

K국 정부가 국내 컴퓨터 생산자를 보호하기 위해 단위당 1의 수입관세를 부과한다면, 관세 부과로 인한 경제적 순손실 (deadweight loss)은? (단, 관세 이외의 무역장벽은 없다고 가정한다)

① 1   ② 2

③ 3   ④ 5

23

소국 개방경제인 K국의 반도체에 대한 국내 시장수요곡선과 시장공급곡선이 다음과 같다.

> - 시장수요곡선: $Q_D = 100 - 2P$
> - 시장공급곡선: $Q_S = 10 + P$
> - 여기서 Q_D는 수요량, Q_S는 공급량, P는 가격이다.

반도체의 단위당 세계시장가격은 40이고, K국은 현재 세계시장가격으로 반도체를 수출하고 있다. K국 정부는 반도체 수출을 장려하기 위하여 수출되는 반도체 1단위당 5만큼의 수출보조금 정책을 도입하고자 한다. K국의 수출보조금 정책으로 나타나게 되는 변화와 관련된 설명으로 타당하지 못한 것은?

① 수출보조금 지급으로 K국의 반도체 수출량은 15단위만큼 증가한다.

② 수출보조금 지급으로 K국의 소비자는 이전에 비해 75만큼의 잉여를 상실하게 된다.

③ 수출보조금 정책 도입으로 K국 정부가 부담해야 할 보조금 총액은 225이다.

④ 수출보조금 정책 도입으로 K국에서는 125만큼의 경제적 순손실(deadweight loss)이 발생한다.

24

다음 ㉠, ㉡에 들어갈 내용으로 옳은 것은? (단, 'η(자국의 수입수요 탄력도)$+ \eta^*$(해외의 수입수요 탄력도)< 1'이 성립하고 있다)

> 자유변동환율제도를 실시하는 소규모 개방경제 K국에서 대규모의 자본도피가 발생하면 K국의 화폐가치가 (㉠)하여 순수출(net export)이 (㉡)한다.

	㉠	㉡
①	하락	감소
②	하락	증가
③	상승	감소
④	상승	증가

25

다음 중 고정환율제도를 채택한 경제에서 나타나는 현상으로 옳은 것은?

① 국제수지가 적자인 경우 중앙은행은 외환을 매입한다.

② 국제수지 흑자가 발생할 경우 국내 통화 공급이 감소한다.

③ 국내 정책목표를 달성하기 위한 독자적인 재정정책이 제약을 받는다.

④ 해외요인으로 인해 외환시장에서 발생한 충격은 통화량의 변화를 통해 흡수한다.

01

채식주의자(vegetarian)인 '채 만식'씨에게 브로콜리(B)의 소비는 효용을 증가시키지만, 고기(M)의 소비는 효용을 감소시킨다. '채 만식'씨의 무차별곡선으로 옳은 것은? (단, 브로콜리 소비량은 가로축, 소고기 소비량은 세로축에 나타낸다)

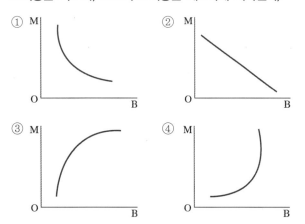

02

주어진 소득으로 X재와 Y재만 소비하면서 효용극대화를 추구하는 소비자 H의 효용함수가 다음과 같다.

- $U(x, y) = \min[x, 2y]$ 여기서 x는 X재 소비량, y는 Y재 소비량을 나타낸다.

주어진 효용함수에 대한 설명으로 옳은 것을 〈보기〉에서 모두 고르면?

┌─ 보기 ──────────────────────
│ ㉠ 소득이 증가해도 두 재화의 소비량은 변화가 없다.
│ ㉡ 한 재화의 가격변화에 따른 대체효과와 소득효과의
│   크기는 서로 상쇄된다.
│ ㉢ 소득−소비곡선(ICC)은 기울기가 $\frac{1}{2}$인 직선이다.
│ ㉣ X재와 Y재 소비량이 2배가 되면 효용도 2배가 된다.
└──────────────────────────

① ㉠, ㉡   ② ㉠, ㉣   ③ ㉡, ㉢   ④ ㉢, ㉣

03

K기업의 생산함수는 $Q = 12L^{\frac{2}{3}}K^{\frac{1}{3}}$이다. K기업의 노동(L)과 자본(K)의 투입량이 각각 8, 27일 때, 노동의 한계생산(MP_L)과 노동의 평균생산(AP_L)은?

	노동의 한계생산(MP_L)	노동의 평균생산(AP_L)
①	10	12
②	12	18
③	18	14
④	14	16

04

기업 S의 단기 총비용함수가 다음과 같이 주어졌다.

- $TC = 1,000 + 50Q$, 여기서 TC는 총비용, Q는 양(+)의 생산량이다.

이 비용함수에 대한 설명으로 옳은 것은?

① 한계비용곡선은 우상향하는 직선이다.
② 평균고정비용은 1,000으로 항상 일정하다.
③ 모든 생산량 수준에서 평균비용은 한계비용보다 크다.
④ 생산량이 증가함에 따라 평균가변비용곡선은 우하향한다.

05

공급곡선이 다음과 같이 주어져 있다고 하자.

> • $Q^S = aP + b$, 여기서 Q^S는 공급량, P는 가격이며, $a > 0$, $b > 0$이 성립한다.

이에 대한 설명으로 옳은 것은?

① 공급의 가격탄력성은 항상 1보다 크며 원점에서 멀어질수록 커진다.

② 공급의 가격탄력성은 항상 1보다 크며 원점에서 멀어질수록 작아진다.

③ 공급의 가격탄력성은 항상 1보다 작으며 원점에서 멀어질수록 커진다.

④ 공급의 가격탄력성은 항상 1보다 작으며 원점에서 멀어질수록 작아진다.

06

시장을 독점하고 있는 기업 A의 한계비용은 생산량에 상관없이 8로 일정하며, 시장수요는 $Q = 50 - P$이다. 이 기업은 매출액의 20%를 세금으로 부담하여야 한다. 독점이윤을 극대화하기 위해 이 기업은 가격을 얼마로 책정해야 하는가?

① 10   ② 20

③ 25   ④ 30

07

완전경쟁시장에서 조업하고 있는 기업 S의 생산함수가 다음과 같이 주어졌다.

> • $Q = L^{0.5}K^{0.5}$, 여기서 Q는 생산량, L은 노동투입량, K는 자본투입량이다.

단기적으로 자본이 4단위만큼 투입된다고 할 때, 기업 S의 손익분기점에서 시장가격은? (단, 노동과 자본의 가격은 각각 100이라고 가정한다)

① 100   ② 200

③ 300   ④ 400

08

오염자 A는 공해를 발생시켜 피해자 B의 생산에 영향을 주고 있고, 이를 고려한 오염자의 A의 사회적 한계비용(SMC_A)과 사적 한계비용(PMC_A)이 각각 다음과 같다고 하자.

> • $SMC_A = 100Q$ • $PMC_A = 50Q$

코즈(R. Coase) 정리에 따라 상호 협상을 통하여 사회적 최적생산량을 달성할 수 있는 협상 금액을 X라 할 때, 그 범위는? (단, 오염자 A가 생산하는 제품의 시장 가격은 100원으로 일정하다고 가정한다)

① $0 < X < 25$ ② $25 < X < 50$

③ $25 < X < 75$ ④ $50 < X < 75$

09

K국의 올해 민간소비지출이 800조 원, 정부지출이 500조 원, 투자가 100조 원, 수출이 1,500조 원, 수입이 1,600조 원, 대외순수취요소소득이 100조 원이라고 할 때, K국의 국민총생산(GNP)은?

① 1,200조 원   ② 1,300조 원

③ 1,400조 원   ④ 1,500조 원

10

1기와 2기를 사는 소비자 H의 효용함수는 다음과 같다.

> • $U = \sqrt{C_1} + \sqrt{C_2}$, 여기서 U는 총효용, C_1는 1기의 소비, C_2는 2기의 소비이다.

만약 1기와 2기의 소득이 각각 100이고 실질이자율이 0%일 경우, 이 소비자의 행동으로 옳은 것은?

① 1기와 2기 모두 저축을 한다.

② 1기에 저축을 하고 2기에 차입을 한다.

③ 1기에 차입을 하고 2기에 저축을 한다.

④ 1기와 2기 모두 저축과 차입 어느 것도 하지 않는다.

11

다음에 제시된 자료를 전제로 통화승수를 구하면?

- $M_1 = C + D$
- $H = C + R$
- $c = \dfrac{C}{M_1} = \dfrac{1}{4}$
- $z = \dfrac{R}{D} = \dfrac{1}{5}$

단, C는 현금통화, D는 요구불 예금, H는 본원통화, R은 지급준비금, c는 현금－통화비율, z는 지급준비율이다.

① 2.5
② 3
③ 4.5
④ 5

12

다음은 단순한 폐쇄경제의 IS－LM모형이다.

- 소비(C) $= 100 + 0.8 Y$
- 투자(I) $= 20 - 10r$
- 정부지출(G) $= 40$
- 통화공급(M^S) $= 50$
- 화폐수요(M^D) $= 10 + 0.2 Y - 10r$

단, 여기서 Y는 국민소득, r은 이자율이다.

정부지출이 10만큼 증가하는 경우, 구축효과(crowding－out effect)에 의한 소득의 감소 크기는?

① 25
② 30
③ 35
④ 45

13

루카스 총공급(AS)함수는 다음과 같다.

$$Y = Y_N + \alpha(P - P^e), \ \alpha > 0$$

이 함수가 가지는 특징에 대한 각 학파의 입장으로 옳은 것은?

① Keynes학파의 경우 단기에 P^e가 불변이므로, AS곡선은 수평이 된다.
② 합리적 기대학파의 경우 단기와 장기에 모두 AS곡선은 항상 우상향한다.
③ 합리적 기대학파의 경우 예상하지 못한 인플레이션이 일어나면, 단기와 장기에 모두 AS곡선이 Y_N 수준에서 수직선이 된다.
④ 통화주의의 경우 단기에는 AS곡선이 우상향하지만, 장기에는 자연산출량 수준 Y_N 수준에서 수직선이 된다.

14

피셔효과가 완벽히 성립하는 경제에서 실질이자율이 2%, 기대인플레이션율이 4%이다. 이자소득세율이 20%인 경우 세후 명목이자율과 세후 기대실질이자율은?

	세후 명목이자율	세후 기대실질이자율
①	6%	-2.4%
②	4.8%	0.8%
③	8%	-2.4%
④	4.8%	1.2%

15

다음 중 실업자로 분류되는 경우는?

① 주중 내내 부모님의 식당일을 돕고 있는 M씨
② 내년에 있을 공무원 시험에 응시하기 위해 공부하고 있는 L씨
③ 서류 전형에서 거듭 탈락한 후, 산 속에 들어가 양봉업을 시작한 J씨
④ 다니던 직장에 만족하지 못해 사직한 후, 외국계 회사에 면접을 보러 다니는 K씨

16

다음 중 화폐의 중립성에 대한 설명으로 옳은 것은?

① 케인스학파는 화폐의 중립성이 단기에 성립한다고 주장한다.

② 임금을 비롯한 가격변수가 신축적인 경우에는 성립하지 않는다.

③ 통화공급이 변화할 때 명목변수가 영향을 받지 않는 경우를 말한다.

④ 고전학파는 화폐의 중립성이 장기에서는 물론 단기에서도 성립한다고 주장한다.

17

생산함수가 다음과 같이 주어져 있다.

> • $Y = AL^{0.5}K^{0.5}$, 여기서 Y는 총산출량, A는 총요소생산성, L은 노동투입량, K는 자본투입량이다.

이 경제에서 총요소생산성(A)이 3%, 노동투입량(L)이 2%, 자본투입량(K)이 6% 증가한다면 1인당 산출량 증가율은?

① 3%   ② 4%

③ 5%   ④ 6%

18

다음 그림은 K국의 생산가능곡선, 국제가격선, 사회무차별곡선을 나타낸 것이다. 헥셔 – 올린(Heckscher – Ohlin) 정리에 대한 설명으로 옳은 것은?

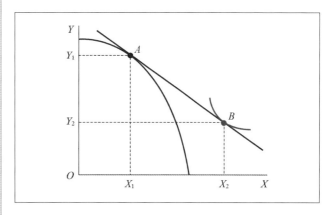

① K국에서 X재 수량으로 나타낸 Y재의 상대가격이 무역 이전보다 무역 이후에 상승한다.

② X재가 노동집약재, Y재가 자본집약재라면 K국은 노동풍부국이다.

③ K국은 X재를 OX_2만큼 수출한다.

④ K국은 Y재를 OY_2만큼 수입한다.

19

한국과 미국의 내년도 예상물가상승률이 각각 5%와 3%라고 가정하자. 현재 환율은 1,100원/달러이다. 구매력 평가설을 적용할 때, 내년도 원/달러 환율의 예측치는?

① 1,078원/$ ② 1,122원/$

③ 1,133원/$ ④ 1,155원/$

20

자본이동이 불가능한 소규모 개방경제인 K국에서 확대통화정책을 실시한다고 하자. 이 정책의 시행으로 나타나게 되는 최종적인 결과에 대한 설명으로 옳은 것은? (단, K국은 변동환율제도를 채택하고 있다고 가정한다)

① 통화량이 증가한다.

② 자본유입이 이루어진다.

③ IS곡선은 왼쪽으로 이동한다.

④ 국민소득이 증가한다.

01

상업자본주의에 대한 설명으로 옳은 것은?

① 무역에서는 수출을 장려하고 수입을 억제하기 위한 정부의 역할을 강조하였다.

② 기업 간 경쟁을 자제하고 기업 연합 등을 통한 시장 지배 시도가 강화되었다.

③ 정부의 간섭을 최소화하는 자유방임주의를 환영하였다.

④ 시장 기능의 한계를 인식하고 이를 해결하기 위한 정부의 조정 기능을 강조하였다.

02

소비자이론에 대한 설명으로 옳은 것은?

① 효용함수 $U = (X+Y)^2$는 1차 동차 함수이다.

② 직각쌍곡선 형태의 수요곡선상에서 수요량이 증가할수록 가격탄력성은 작아진다.

③ 효용함수 $U = \min[X, Y]$에서 X재 가격이 하락하는 경우, 대체효과에 따라 X재 수요량은 증가한다.

④ 소비자가 기펜재와 정상재에 모든 소득을 지출하는 경우, 기펜재의 가격 하락은 정상재의 수요를 증가시킨다.

03

A국과 B국의 생산함수가 다음과 같다.

- A국 생산함수: $Y_A = A_A L^{0.2} K^{0.8}$, $L_A = 100$, $K_A = 100$
- B국 생산함수: $Y_B = A_B L^{0.8} K^{0.2}$, $L_B = 200$, $K_B = 200$
- Y는 총산출량, A는 기술수준, L은 노동투입량, K는 자본투입량이다.

두 나라의 노동의 한계생산성(MP_L)의 크기를 올바르게 비교한 것은? (단, 두 나라의 기술수준은 동일하며, 모든 시장은 완전경쟁적이라고 가정한다)

① $MP_L^A > MP_L^B$

② $MP_L^A < MP_L^B$

③ $MP_L^A = MP_L^B$

④ 주어진 조건만으로는 비교할 수 없다.

04

다음 그림은 Q_1, Q_2, Q_3가 1차 동차 생산함수의 등량곡선이다. 이에 대한 설명으로 옳은 것은? (단, Q_i, L_i, K_i ($i = 1, 2, 3$)는 등량곡선에서 생산하는 생산량, 노동량, 자본량을 의미하고, OE는 직선이다)

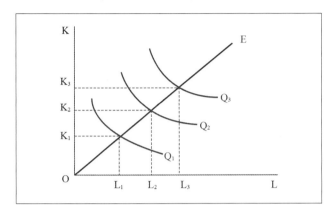

① L_2가 L_1의 2배이면, K_2가 K_1의 2배보다 크다.

② L_3가 L_1의 2배이면, Q_3는 Q_1의 2배보다 크다.

③ 노동투입량이 L_3로 고정되었을 때, 자본투입량이 2배로 증가하면 생산량은 2배보다 작게 증가한다.

④ 자본투입량이 K_2로 고정되었을 때, 노동투입량이 2배로 증가하면 생산량은 2배보다 크게 증가한다.

05

기업 S의 단기 총비용함수가 다음과 같이 주어졌다.

• $TC = 10,000 + 25Q$, 여기서 TC는 총비용, Q는 생산량이다.

이 비용함수에 대한 설명으로 옳은 것은?

① 모든 생산량 수준에서 평균가변비용은 감소하다가 증가한다.

② 모든 생산량 수준에서 평균고정비용은 일정하다.

③ 모든 생산량 수준에서 한계비용은 평균비용보다 항상 작다.

④ 생산량이 증가함에 따라 한계비용은 감소하다가 증가한다.

06

수요의 가격탄력성에 대한 설명으로 옳은 것은?

① 수요곡선이 직선이면 모든 점에서 수요의 가격탄력성은 일정하다.

② 재화가격이 1% 상승할 때 그 재화 수요량의 변화 크기를 나타낸다.

③ 가격-소비곡선이 수평이면 수요의 가격탄력성은 항상 1의 값을 갖는다.

④ 가격탄력성이 1보다 큰 재화의 가격이 상승하면 이 재화의 판매수입액은 증가한다.

07

X재의 시장수요함수와 시장공급함수가 각각 다음과 같이 주어져 있다.

• 시장수요함수: $Q^D = 100 - 5P$
• 시장공급함수: $Q^S = 50$
단, Q^D는 수요량, Q^S는 공급량, P는 가격이다.

정부가 X재 한 단위당 10원의 세금을 소비자에게 부과할 때, 경제적 순손실(deadweight loss)의 크기는?

① 0   ② 25원

③ 50원   ④ 60원

08

X재 한 단위의 가격은 P, 노동의 단위당 가격이 5라고 할 때, X재에 대한 생산함수가 다음과 같이 알려져 있다.

• $Q = 10\sqrt{L}$, 단, Q는 생산량, L은 노동투입량이다.

X재 시장에서 X재의 공급의 가격탄력성은? (단, X재 시장은 완전경쟁시장이다)

① 항상 0이다.

② 항상 1보다 작다.

③ 항상 1이다.

④ 항상 1보다 크다.

09

기업 A와 기업 B의 선택 전략에 따른 보수행렬이 다음과 같이 주어져 있다고 가정하자.

기업 A \ 기업 B	B_1	B_2
A_1	(1, -1)	(-1, 1)
A_2	(-1, 1)	(1, -1)

다음 중 기업 A와 기업 B 사이에 내쉬균형이 달성되는 혼합전략 조합으로 가장 타당한 것은?

① [(기업 A), (기업 B)] = [$(\frac{1}{2}, \frac{1}{2})$, $(\frac{1}{2}, \frac{1}{2})$]

② [(기업 A), (기업 B)] = [$(\frac{1}{2}, \frac{1}{2})$, $(\frac{1}{3}, \frac{2}{3})$]

③ [(기업 A), (기업 B)] = [$(\frac{1}{3}, \frac{2}{3})$, $(\frac{1}{2}, \frac{1}{2})$]

④ [(기업 A), (기업 B)] = [$(\frac{1}{3}, \frac{2}{3})$, $(\frac{2}{3}, \frac{1}{3})$]

10

개인 A와 B만으로 구성된 사회의 사회후생함수는 다음과 같다.

- $SW = \min[U_A, U_B]$, 여기서 SW는 사회후생, U_A는 개인 A의 효용, U_B는 개인 B의 효용이다.

개인 A의 소득이 8,000만 원, 개인 B의 소득이 2,000만 원인 경우, 에킨슨 지수는? (단, 각 개인에게 있어서 소득 1원의 효용은 1로 일정하게 주어져 있다고 가정한다)

① 0.5   ② 0.6
③ 0.7   ④ 0.8

11

다음 중 국민소득 계산에 포함되는 것은?

① 은퇴자에게 지급된 국민연금
② 국공채 보유에 대해 지급된 이자
③ 회사채 보유에 대해 지급된 이자
④ 주식매매를 통해 얻게 된 매매차익

12

소비자 P의 효용함수가 다음과 같다.

- $U(C_1, C_2) = C_1 \times C_2^2$, C_1은 현재소비, C_2는 미래소비이다.

P의 현재소득은 4,000만 원, 미래소득은 3,000만 원이고, 이자율은 50% 수준으로 변화가 없다고 알려져 있다. 기간 간 소비선택 모형에서 소비자 P의 최적 선택을 위한 의사결정으로 가장 타당한 것은? (단, 소비자 P에게는 유동성 제약이 존재하지 않으며, 물가는 고정되어 있다고 가정한다)

① 2,000만 원을 차입한다.
② 2,000만 원을 대부한다.
③ 1,500만 원을 차입한다.
④ 차입과 저축 중 어느 것도 하지 않는다.

13

투자이론에 대한 설명으로 옳은 것은?

① 케인스의 투자이론에서는 내부수익률이 투자의 한계효율보다 클 경우 투자가 이루어진다고 한다.
② 고전학파에서 투자는 현재가치와 역(-)의 관계에 있다고 한다.
③ 토빈의 q이론에 의하면 q > 1인 경우 이루어지는 투자를 유발투자라고 한다.
④ 신고전학파 투자이론에 따르면 인플레이션율이 높을수록 투자가 이루어진다.

14

만기가 1년이고, 이자는 만기에 한 번 5만 원을 지급하는 액면가 100만 원인 이표채권이 있다고 가정하자. 현재 이표채권의 가격이 95만 원이라고 할 때, 이에 관련된 설명으로 가장 타당하지 못한 것을 고르면?

① 채권의 만기수익률은 약 10.5%이다.
② 채권의 표면이자율은 경상수익률보다 더 높다.
③ 채권의 표면이자율은 5%이다.
④ 채권의 만기수익률과 채권의 가격은 역(-)의 관계에 있다.

15

정부가 민간의 소비를 증가시키고자 국채발행을 통해 마련한 재원으로 재정지출을 확대한다고 가정해 보자. 그럼에도 불구하고 민간소비지출이 오히려 감소할 수 있다. 그 이유로 옳은 것은? (단, 민간의 합리적 기대를 전제한다)

① 민간이 유동성 제약에 직면해 있기 때문이다.

② 민간이 보유하고 있는 국채를 자산으로 인식하고 있기 때문이다.

③ 민간이 근시안적 의사결정을 내리기 때문이다.

④ 정부가 국채상환을 위해 미래조세를 증가시킬 것이라 이해하기 때문이다.

16

다음 두 그래프는 케인스 모형과 IS－LM 모형에서 정부지출의 증가(ΔG)로 인한 효과를 나타내고 있다. 이에 대한 설명으로 옳은 것은? (단, 그림에서 C는 소비, I는 투자, G는 정부지출이다)

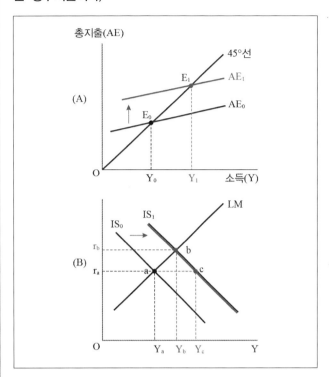

① 그림 (A)에서 AE_0와 AE_1의 기울기는 한계저축성향의 역수와 같다.

② 그림 (A)에서 $Y_0 Y_1$을 ΔG로 나누면 한계소비성향의 역수가 된다.

③ 그림 (A)의 Y_1은 그림 (B)의 Y_c와 대응된다.

④ 그림 (B)에서 구축효과의 크기는 $Y_a Y_b$이다.

17

장기 총공급(LAS)곡선에 대한 설명으로 옳은 것은?

① 실제실업률이 하락하면 왼쪽으로 이동한다.

② 예상물가수준이 상승하면 왼쪽으로 이동한다.

③ 새로운 자원이 발견되면 오른쪽으로 이동한다.

④ 기술진보가 이루어지면 우상향한다.

18

경제활동참가율이 70%인 K국의 노동시장에서 취업자 수가 900, 실업자 수가 100이라고 한다. K국의 고용률은?

① 48%

② 54%

③ 58%

④ 63%

19

필립스곡선에 대한 설명으로 옳은 것은?

① 국제 원자재 가격의 상승은 단기 필립스곡선 자체를 우상방으로 이동시킨다.

② 기대 인플레이션율의 하락은 경제 상태를 단기 필립스곡선상에서 우하방으로 이동시킨다.

③ 적응적 기대하에서 통화정책은 경제 상태를 장기 필립스곡선상에서 이동시킨다.

④ 합리적 기대하에서 예상치 못한 통화정책은 단기 필립스곡선 자체를 좌하방으로 이동시킨다.

20

K국 경제의 거시경제 변수들이 다음과 같다.

- $C = 120 + 0.8Y$
- $I_0 = 50$
- $Y = C + I$
- $Y_F = 1,000$
- C는 소비, Y는 소득, I_0는 독립투자, Y_F는 완전고용 국민소득이다.

K국 경제에서 존재하는 GDP 갭과 디플레이션 갭을 구하면?

	GDP 갭	디플레이션 갭
①	150	30
②	150	40
③	200	30
④	200	40

21

솔로(Solow)의 경제성장 모형에서 인구증가율이 높아질 때, 새로운 균제 상태(steady state)에서 나타나는 현상에 대한 설명으로 옳은 것은?

① 이전의 균제 상태(steady state)와 비교할 때 1인당 소득은 증가한다.

② 이전의 균제 상태(steady state)와 비교할 때 1인당 자본량은 불변이다.

③ 새로운 균제 상태(steady state)에서 1인당 소득증가율은 0이 된다.

④ 새로운 균제 상태(steady state)에서 경제성장률은 인구증가율에 비해 낮다.

22

소규모 개방경제에서 수입소비재 Y재에 종량세 형태의 수입관세를 부과할 때, 이 시장에서 나타나게 될 경제적 효과에 대한 설명으로 옳지 않은 것은? (단, 국내 수요곡선은 우하향, 국내 공급곡선은 우상향하며, Y재의 국제가격은 교역 이전의 국내가격보다 낮다)

① 재정수지는 개선된다.

② 국내 생산은 감소한다.

③ 국내 소비자 잉여는 감소한다.

④ 국내 사회적 총잉여는 감소한다.

23

다음 표는 일정 시점에 5개 국가의 빅맥(Big Mac) 가격과 실제 환율을 기록한 것이다. 당시 미국에서 빅맥은 3달러에 판매되었다고 하자. 빅맥에 대해 구매력 평가설이 성립한다고 가정할 때, 장기적으로 실제 환율이 오를 것으로 예상되는 국가를 모두 고르면?

	국가	빅맥 가격	실제 환율
㉠	일본	270엔	100엔/달러
㉡	중국	30위안	12위안/달러
㉢	태국	40바트	10바트/달러
㉣	베트남	60,000동	15,000동/달러

① ㉠, ㉡

② ㉠, ㉡, ㉢

③ ㉡, ㉢, ㉣

④ ㉢, ㉣

24

현재 미국의 인플레이션율은 3%로 앞으로도 이 수준을 유지할 것으로 예상되고 있으며, 명목이자율은 1% 수준을 유지하고 있다. 또한 현재 미국과 한국의 실질이자율은 동일하다. 한편 미 달러화 대비 원화의 현물환율은 1,100(₩/$)이며, 1년 선물환율은 1,121(₩/$)이라고 한다. 이에 관련한 다음 진술 중 옳지 않은 것은? (단, 양국 모두에서 이자율 평가설(interest rate parity theory), 피셔효과, 화폐수량설이 성립하고 있다고 가정한다)

① 한국의 명목이자율은 3%이다.

② 미국의 실질이자율은 −2%이다.

③ 한국의 인플레이션율은 1%이다.

④ 한국의 실질 GDP 증가율이 2%, 통화량 증가율이 3%라면 유통속도 증가율은 3%이다.

25

자본이동성이 완전히 자유로운 소국 개방경제 K국의 국내이자율이 세계이자율에 비해 낮은 수준이다. 먼델−플레밍 모형(Mundell−Fleming Model)에 따른 K국의 경제상황의 변화로 옳은 것은? (단, 소국은 고정환율제를 채택하고 있다)

① 이자율은 불변이다.

② 국민소득이 증가한다.

③ 순자본유입이 이루어진다.

④ 외환시장에서 환율상승 압력이 존재하게 된다.

01

X재와 Y재에 대한 선호체계를 $X-Y$ 평면에서 무차별곡선으로 나타낸다고 하자. 이때 동일한 Y재 소비량 수준에서 진수의 무차별곡선의 기울기가 성찬의 무차별곡선의 기울기보다 더 가파르다고 한다. 진수와 성찬의 선호체계에 대한 설명으로 옳은 것은? (단, X재의 소비량은 가로축이며, Y재의 소비량은 세로축이다)

① 진수는 성찬보다 X재를 상대적으로 더 선호한다.
② 진수는 성찬보다 Y재를 상대적으로 더 선호한다.
③ 진수는 성찬보다 가격효과가 더 크다.
④ 진수는 성찬보다 가격효과가 더 작다.

02

기대효용을 극대화하는 운전자 H에게는 1%의 확률로 발생하는 교통사고로 1,000만 원의 손실을 입을 가능성이 있다고 한다. 이에 대한 설명으로 옳은 것은?

① 운전자 H가 위험기피자라면 교통사고로 발생할 수 있는 손실에 대비하기 위하여 20만 원의 보험료는 기꺼이 지불할 것이다.
② 교통사고가 발생하면 1,000만 원을 지급하겠다고 할 때의 공정한 보험료는 20만 원일 것이다.
③ 운전자 H가 위험선호자라면 완전한 보험이 제공될 때 기꺼이 공정한 보험료를 지불할 것이다.
④ 운전자 H가 위험중립자라면 완전한 보험이 제공될 때 공정한 보험료를 지불하지 않을 수 있다.

03

모든 시장이 완전경쟁적인 K국의 총생산량이 다음과 같이 결정된다.

> • $Y = AL^{\alpha}K^{1-\alpha}$
>
> 여기서 Y는 총생산량, A는 총요소생산성, L은 노동투입량, K는 자본투입량, $0 < \alpha < 1$이다.

다음 설명 중 옳은 것은?

① 노동소득분배율과 자본소득분배율의 합은 1이다.
② 총생산함수는 수확체증의 특성을 보인다.
③ 총생산함수는 규모에 대한 보수체증의 특성을 보인다.
④ 기술진보에 따른 총요소생산성이 증가하면, 노동소득분배율 대비 자본소득분배율의 상대적 비율이 증가한다.

04

단기에 총생산비용(TC)의 생산량 탄력성에 대한 설명으로 옳은 것은? (단, 시장의 형태는 완전경쟁시장이다)

① 일정 수준의 생산량을 넘게 되면 총생산비용의 생산량 탄력성은 음(−)의 값을 가질 수도 있다.
② 총생산비용(TC)의 생산량 탄력성은 한계비용(MC)과 평균비용(AC)으로 구성된다.
③ 초과이윤이 존재하는 생산량 수준에서 총생산비용(TC)의 생산량 탄력성은 1보다 작아진다.
④ 한계비용(MC)이 평균비용(AC)보다 큰 경우 총생산비용(TC)의 생산량 탄력성은 1보다 작아진다.

05

수요의 가격 탄력성에 대한 설명으로 옳은 것은?

① 수요의 가격탄력성이 클수록 기업의 독점도는 커진다.
② 완전경쟁시장에서 개별기업이 직면하는 수요곡선은 완전 비탄력적이다.
③ 독점기업의 이윤극대화 생산량에서 수요의 가격탄력성은 반드시 탄력적이다.
④ 가격변화에 대한 적응기간이 길어질수록 수요의 가격탄력성은 비탄력적이 된다.

06

노트북의 시장수요곡선과 시장공급곡선이 다음과 같다.

- 시장수요곡선: $Q = 300 - P$
- 시장공급곡선: $Q = -100 + 2P$

여기서 P는 가격, Q는 수량, $P > 0$, $Q > 0$이다.

정부가 노트북 1대당 30만큼의 조세를 수요자에게 부과하고자 한다. 노트북 공급자가 부담하게 될 것으로 예상되는 노트북 1대당 조세의 크기는?

① 0   ② 10
③ 20   ④ 30

07

완전경쟁시장에서 시장수요함수가 다음과 같이 주어져 있다.

- $Q = 1,200 - 5P$, 여기서 Q는 수요량, P는 가격이다.

한편 개별기업들의 장기평균비용 곡선은 U자형의 모습을 가지며, 생산량이 50단위일 때 장기평균비용은 40원으로 최소화된다. 이때 장기균형 상태에 대한 설명으로 옳지 않은 것은? (단, 모든 기업들의 비용조건은 동일하다고 가정한다)

① 개별기업의 정상이윤은 양(+)의 값이다.
② 시장에 참여하는 개별기업의 수는 20개이다.
③ 시장균형가격은 40원이다.
④ 시장에는 1,200개의 수요량이 존재한다.

08

공공재에 대한 3명의 소비자 A, C, S가 있다. 이들의 공공재에 대한 수요함수가 다음과 같이 알려져 있다.

- $P_A = 20 - Q$
- $P_C = 40 - Q$
- $P_S = 60 - Q$
- 여기서 P는 가격, Q는 수량을 의미한다.

공공재 공급에 따른 한계비용이 90일 때, 공공재의 최적 공급량 수준은?

① 5   ② 10   ③ 15   ④ 20

09

다음의 폐쇄 거시경제 모형에서 이자율이 5%로 유지될 경우, 총생산이 잠재 총생산을 달성하기 위해 필요한 정부지출 규모는?

- $\dfrac{C}{Y} = 0.8 - 0.3(r - 0.03)$
- $\dfrac{I}{Y} = 0.2 - 0.7(r - 0.03)$
- $Y_F = 1$조 달러

여기서 C는 소비, Y는 총생산, r은 이자율, I는 투자, Y_F는 잠재 총생산이다.

① 100억 달러   ② 200억 달러
③ 300억 달러   ④ 400억 달러

10

소비이론에 대한 설명으로 옳은 것은?

① 케인스(J. M. Keynes)의 절대소득가설에 따르면 소비의 이자율탄력성이 매우 높다.
② 항상소득가설에 따르면 소비자는 소득의 일시적인 변동에 맞게 소비 조정을 신속하게 한다.
③ 생애주기가설에 의하면 소비자는 소득이 높을 때 소비도 높은 수준으로 유지한다.
④ 피셔(I. Fisher)의 2기간 소비선택 모형에 의하면 가계에 유동성 제약이 존재하면 현재소득을 초과하는 현재소비는 불가능하다.

11

화폐수량설이 성립하고 있는 경제에서 통화량이 증가했음에도 불구하고 실질산출량과 물가에는 전혀 변화가 없었다. 그 이유로 옳은 것은?

① 유휴생산설비가 존재하고 있기 때문이다.

② 화폐의 중립성이 성립하고 있기 때문이다.

③ 화폐의 소득유통속도가 감소했기 때문이다.

④ 경제가 불완전 고용상태에 있음을 의미한다.

12

폐쇄경제인 K국의 거시경제 모형이 다음과 같다.

- $C = 180 + 0.8(Y - T)$, $I = 100 - 20r$, $G = T = 100$
- $Md = 7,000 + 2Y - 300r$, $Ms = 8,000$
- 여기서 Y는 국민소득, C는 소비, I는 투자, r은 이자율, G는 정부지출, T는 조세, Md는 화폐수요, Ms는 화폐공급이다.

생산물시장과 화폐시장이 동시에 균형에 도달할 때, 균형이자율과 균형국민소득의 크기는?

	균형이자율	균형국민소득
①	3	1,000
②	4	1,000
③	3	1,100
④	4	1,100

13

다음 중 물가 수준이 하락할 때 총수요곡선이 우하향하는 이유로 옳지 않은 것은?

① 실질화폐공급이 증가하여 실질이자율이 하락하고 이에 따라 투자가 증가하기 때문이다.

② 수입품 가격에 비해 수출품 가격이 상대적으로 하락하여 순수출이 증가하기 때문이다.

③ 가계의 실질자산가치가 상승하여 소비가 증가하는 피구(A. Pigou)효과 때문이다.

④ 환율이 하락하여 순수출이 증가하기 때문이다.

14

어떤 나라의 단기 총수요(AD)곡선과 단기 총공급(SAS)곡선이 다음과 같이 주어져 있다.

- AD곡선: $Y = 60 - P$
- SAS곡선: $Y = 20 + P$
- 여기서 Y는 국민소득, P는 물가이다.

이에 대한 설명으로 옳은 것은? (단, 잠재GDP(Y_P)는 50이다)

① 단기 균형물가 수준은 50이다.

② 경기침체 갭(recessionary gap)은 20이다.

③ 정부가 단기적으로 잠재 GDP를 달성하기 위해 필요한 총수요의 크기는 20이다.

④ 노동시장에서는 장기적으로 임금이 상승할 것이다.

15

주식시장을 분석하고 투자자문을 해주는 인공지능(AI)의 등장으로 기존의 증권 애널리스트들이 일자리를 잃을 때 발생하는 실업은?

① 마찰적 실업　　　② 구조적 실업

③ 계절적 실업　　　④ 경기적 실업

16

고전학파의 이자율에 대한 설명으로 옳은 것은?

① IS - LM 모형에 의해 균형이자율이 결정된다.

② 화폐시장에서 화폐에 대한 수요와 공급이 일치하는 수준에서 균형이자율이 결정된다.

③ 화폐 부문과 실물 부문의 연결고리 역할을 한다.

④ 신축적인 특성으로 총공급과 총수요를 항상 일치시켜 준다.

17

기술진보가 없는 솔로(R. Solow) 경제성장 모형에서 1인당 생산함수가 다음과 같이 주어졌다.

> - $y = 6k^{\frac{1}{2}}$, 여기서 y는 1인당 생산량, k는 1인당 자본량이다.

저축률(s)이 0.25, 감가상각률(d)이 2%, 인구증가율이 3%일 때, 1인당 생산량의 황금률(golden rule) 수준은?

① 250
② 360
③ 380
④ 420

18

소규모 개방경제 모형에서 수입관세 부과와 수출보조금 지급의 무역정책 효과에 대한 설명으로 옳은 것은? (단, 국내 수요곡선은 우하향, 국내 공급곡선은 우상향한다)

① 수입관세 부과와 수출보조금 지급은 모두 국내생산량을 증가시킨다.
② 수입관세 부과와 수출보조금 지급은 모두 국내소비량을 증가시킨다.
③ 수입관세 부과와 수출보조금 지급은 모두 국내 소비자잉여를 증가시킨다.
④ 수입관세 부과와 수출보조금 지급은 모두 국내 생산자잉여를 감소시킨다.

19

달러화에 대한 원화의 명목환율과 실질환율에 대한 설명으로 옳은 것은??

① 명목환율이 상승하면 장기적으로 우리나라의 순수출은 감소한다.
② 양국의 물가수준이 일정할 때 명목환율이 상승하면 실질환율은 하락한다.
③ 명목환율이 일정할 때 실질환율이 상승하면 우리나라의 교역조건이 악화된다.
④ 구매력 평가설이 성립할 때, 미국의 물가수준이 상승하고 우리나라 물가수준이 하락할 때 명목환율이 상승한다.

20

자본이동이 완전히 자유롭고 변동환율제도를 채택한 소규모 개방경제의 IS－LM－BP 모형을 고려할 때, 다음 중 국민소득을 증가시키는 것은? (단, IS곡선은 우하향하고, LM곡선은 우상향한다)

① 조세감면 대상의 확대
② 기업의 법인세율 인하
③ 중앙은행의 보유채권 매각
④ 신용거래 확대에 따른 화폐수요 감소

01

준서가 오렌지 3개를 소비할 때와 귤 3개를 소비할 때의 총효용이 동일하다. 이에 대한 설명으로 옳은 것은?

① 오렌지와 귤의 가격이 동일하다.
② 준서가 오렌지 2개를 소비할 때의 총효용과 귤 2개를 소비할 때의 총효용도 같다.
③ 3번째 오렌지를 소비할 때와 3번째 귤을 소비할 때의 한계효용이 동일하다.
④ 귤 2개를 소비할 때의 총효용이 오렌지 2개를 소비할 때의 총효용보다 크다면 3번째 단위 귤의 한계효용은 3번째 단위의 오렌지의 한계효용보다 작다.

02

주어진 소득으로 X재와 Y재만을 소비하면서 효용극대화를 추구하는 소비자 H가 2018년에 선택한 소비조합은 E_{2018}이다. 2019년에 X재와 Y재의 상대가격은 변화하였지만 기존의 소비조합 E_{2018}은 여전히 소비할 수 있다. 이에 대한 설명으로 옳은 것은? (단, 소비자 H의 무차별곡선은 단조성과 이행성 및 강볼록성을 충족하고 있으며, 다른 조건은 고려하지 않는다)

① 2019년에는 2018년에 비해 두 재화의 소비량은 모두 증가하게 된다.
② 소비자 H의 효용은 2018년도에 비하여 2019년도에 증가한다.
③ 주어진 자료만으로는 소비자 H의 효용 변화를 알 수 없다.
④ 2019년도에 소비자 H는 여전히 E_{2018}을 선택한다.

03

현재 10,000원에 해당하는 재산을 소유하고 있는 진수의 효용함수가 다음과 같다.

- $U = \sqrt{X}$, 여기서 U는 효용, X는 재산의 크기이다.

그런데 만약 10%의 확률로 화재가 발생하게 되면 진수가 소유한 재산의 크기는 0이 된다. 현재 상황에 대한 설명으로 옳은 것은?

① 진수가 공정한 보험에 가입할 때 납입하게 되는 보험료는 1,900원이다.
② 진수가 보험에 가입하고자 할 때 보험료로 납부할 용의가 있는 최대금액은 1,000원이다.
③ 진수가 9,000원의 현금과 현재의 재산 중에 현금 9,000원을 선택한다면, 진수는 위험선호자이다.
④ 성찬이 진수에게 진수의 재산을 8,200원에 구입하겠다고 제의하면, 진수는 성찬의 제의에 응하게 된다.

04

노동(L)과 자본(K)을 생산요소로 투입하여 비용을 최소화하는 기업 S의 생산함수가 다음과 같이 주어졌다.

- $Q = LK^2$, 여기서 Q는 생산량, L은 노동투입량, K는 자본투입량이다.

생산함수에 대한 설명으로 옳은 것은?

① 규모에 대한 보수가 불변인 특성을 갖는다.
② 자본투입량이 일정할 때, 노동투입량이 증가할수록 노동의 한계생산은 체감한다.
③ 노동투입량이 일정할 때, 자본투입량이 증가할수록 자본의 한계생산은 체감한다.
④ 노동과 자본의 단위당 가격이 동일할 때, 노동투입량은 자본투입량의 $\frac{1}{2}$ 배이다.

05

단기에 기업 S가 노동 투입만을 증가시키는 경우, 노동의 한계생산(MP_L)은 증가하다가 감소하는 모습을 보인다. 기업 S의 단기 비용함수에 대한 설명으로 옳은 것은?

① 평균가변비용곡선은 한계비용곡선의 최저점을 통과한다.
② 평균가변비용곡선의 최저점은 한계비용곡선의 최저점보다 왼쪽에 위치한다.
③ 평균가변비용곡선, 평균비용곡선, 한계비용곡선은 모두 U자의 모양을 갖는다.
④ 평균비용곡선과 한계비용곡선 간의 수직거리는 평균고정비용의 크기를 나타낸다.

06

X재 시장에 소비자는 A와 B만이 존재하고, X재에 대한 A와 B의 개별수요함수가 각각 다음과 같이 주어졌다.

• A의 수요함수: $Q^D = 10 - 2P$
• B의 수요함수: $Q^D = 9 - 3P$
여기서, Q는 수량, P는 가격이다.

X재의 시장가격이 4일 때, 시장수요의 가격탄력성은?

① 4   ② 3
③ 2   ④ 1

07

정부가 상품 1단위당 100원만큼의 종량세를 부과할 때 나타나는 결과에 대한 설명으로 가장 타당한 것은? (단, 우하향하는 수요곡선과 우상향하는 공급곡선은 모두 직선이다)

① 종량세가 수요자에게 부과되면 시장균형가격은 상승한다.
② 종량세를 수요자에게 부과하는 것이 공급자에게 부과하는 것보다 소비량 감소를 크게 한다.
③ 종량세를 공급자에게 부과하는 것이 수요자에게 부과하는 것보다 생산량 감소를 크게 한다.
④ 수요의 가격탄력성이 공급의 가격탄력보다 클 경우 종량세 부과에 따른 조세부담은 수요자보다 공급자가 더 크다.

08

보수행렬(payoff matrix)을 갖는 게임에 대한 설명으로 옳은 것은? (단, α와 β는 경기자 A와 B의 전략이며, 괄호 안의 앞의 숫자는 경기자 A의 보수, 뒤의 숫자는 경기자 B의 보수를 나타낸다)

		경기자 B	
		α	β
경기자 A	α	(5, 5)	(1, 8)
	β	(8, 1)	(2, 2)

① 두 경기자 모두에게 우월전략(dominant strategy)은 서로 상이한 전략이다.
② 두 개의 내쉬균형(Nash equilibrium)이 존재한다.
③ 우월전략균형이면서 내쉬균형인 전략배합은 파레토 효율성(Pareto efficiency)을 달성한다.
④ 명시적 담합의 불안정성을 설명할 수 있다.

09

단기적으로 자본량이 100으로 고정되어 있는 K국의 대표적인 기업 S의 생산함수가 다음과 같다.

• $Q = 10L^{\frac{1}{2}}K^{\frac{1}{2}}$
• Q는 산출량, A는 기술수준, L은 노동투입량, K는 자본투입량이다.

생산물 가격이 4이고 명목임금이 8인 경우, 이윤극대화를 위한 기업 S의 단기 생산량은? (단, K국의 모든 시장은 완전경쟁적이고, 모든 상품은 동질적이다)

① 1,000   ② 1,500
③ 2,000   ④ 2,500

10

에지워드 상자도 내의 소비계약곡선에 대한 설명으로 옳은 것은?

① 두 소비자의 무차별곡선이 서로 교차하는 점의 궤적이다.
② 소비계약곡선상에서는 모든 점들은 파레토 효율적이다.
③ 소비계약곡선상에서 두 소비자의 기술적 한계대체율은 같다.
④ 소비계약곡선상에서 두 소비자의 예산선의 기울기는 다르다.

11

국민소득에 대한 설명으로 옳은 것을 〈보기〉에서 모두 고르면?

┌─ 보기 ─────────────────────────┐
│ ㉠ 생산국민소득, 분배국민소득, 지출국민소득이 사후적 │
│   으로 모두 같다는 것을 국민소득 3면 등가의 법칙이 │
│   라고 한다. │
│ ㉡ 국민소득 순환에서 투자와 정부지출은 주입(injection) │
│   에 해당하고, 저축과 조세는 누출(leakage)에 해당 │
│   한다. │
│ ㉢ GDP란 일정기간 동안 한 국가 내에서 생산된 모든 │
│   재화와 서비스의 시장가치이다. │
└──────────────────────────────┘

① ㉠, ㉡
② ㉡, ㉢
③ ㉠, ㉢
④ ㉠, ㉡, ㉢

12

폐쇄경제인 K국의 거시경제지표가 다음과 같다.

┌──────────────────────────────┐
│ • 국민소득(Y) = 10,000 │
│ • 정부지출(G) = 2,000 │
│ • 소비함수: $C = 3,000 - 200r$ │
│ • 투자함수: $I = 6,000 - 300r$ │
└──────────────────────────────┘

국민경제가 균형 상태에 있을 때, 총저축의 크기는? (단, 총저축은 민간저축과 정부저축의 합이다)

① 2,400
② 3,400
③ 4,400
④ 5,400

13

일반적으로 이자율이 상승하면 단기에 통화공급량이 증가하는 경향이 있다. 다음 중 이러한 경향을 발생시키는 원인으로 옳은 것은?

① 은행의 대출 감소
② 화폐유통속도의 증가
③ 민간의 현금 – 통화비율 증가
④ 은행의 초과지급준비율 증가

14

고전학파 경제모형에서 '세(J. B. Say)의 법칙'이 항상 성립하기 위해 필요한 전제조건은?

① 광범위한 유휴생산 설비가 존재해야 한다.
② 대부시장에서 이자율이 신축적으로 조정되어야 한다.
③ 노동시장에서 완전고용이 달성되어야 한다.
④ 화폐의 중립성이 성립해야 한다.

15

시중금리가 연 4%에서 연 3%로 하락하는 경우, 매년 120만 원씩 영원히 지급받을 수 있는 채권의 현재가치의 변화로 옳은 것은?

① 960만 원 증가
② 1,000만 원 증가
③ 1,200만 원 증가
④ 1,440만 원 증가

16

유동성 함정과 부(富: wealth)의 효과에 대한 설명으로 옳은 것은?

① 유동성 함정은 IS곡선의 수평구간에 존재한다.
② 케인스의 유동성 함정에 대한 반론으로서 고전학파는 통화공급에 따른 유동성 효과를 주장하였다.
③ 유동성 함정은 화폐수요의 이자율 탄력성이 영(0)일 때 발생한다.
④ 유동성 함정에 빠진 경제라도 부(富: wealth)의 효과가 존재하면, 정부의 개입 없이 유동성 함정에서 빠져 나올 수 있다.

17

단기 총공급곡선에 대한 설명으로 옳은 것을 〈보기〉에서 모두 고르면?

보기
- ㉠ 불완전정보 모형에서 기대물가 수준이 상승하면 단기 총공급곡선은 상방으로 이동한다.
- ㉡ 가격경직성 모형(sticky－price model)에서 물가 수준이 기대물가 수준보다 낮다면 실제산출량은 자연산출량 수준보다 높다.
- ㉢ 불완전정보 모형(imperfect information model)에서 가격에 대한 불완전한 정보로 인하여 단기 총공급곡선은 자연산출량 수준에서 수직이 된다.
- ㉣ 케인스(J. M. Keynes)에 따르면 명목임금이 고정되어 있는 단기에서 물가가 상승하면 고용량이 증가하여 산출량이 증가한다.

① ㉠, ㉡
② ㉠, ㉣
③ ㉡, ㉢
④ ㉢, ㉣

18

2020년을 기준년도로 하였을 때 2021년의 물가지수가 80이었다. 이 기간 동안 화폐구매력의 변화는?

① 20% 하락하였다.
② 20% 상승하였다.
③ 25% 하락하였다.
④ 25% 상승하였다.

19

K국의 필립스곡선이 아래와 같이 추정되었을 때 이에 대한 설명으로 옳은 것은?

- $\pi = \pi^e + 2.4 - 0.6u$, 여기서 π는 실제인플레이션율, π^e는 기대인플레이션율, u는 실제실업률이다.

① 단기에 기대인플레이션이 상승하면 필립스곡선의 기울기는 가팔라진다.
② 장기 필립스곡선은 2.4%인 자연실업률 수준에서 수직인 형태를 취한다.
③ 기대인플레이션이 상승하면 장기 필립스곡선이 오른쪽으로 이동한다.
④ 3%의 인플레이션이 예상되는 상황에서 정부가 실업률을 5%에서 3%로 낮추고자 한다면 인플레이션율이 1.2%p 상승하는 것을 감수하여야 한다.

20

실물적 경기변동이론(RBC: real business cycle theory)에 대한 설명으로 옳지 않은 것은?

① 노동시장과 생산물시장의 가격은 신축적이다.
② 화폐는 장기는 물론이고 단기에도 중립적이다.
③ 실제산출량이 자연산출량으로부터 이탈하는 것을 경기변동으로 본다.
④ 기술혁신과 같은 생산함수에 영향을 주는 요인으로 인하여 경기변동이 발생한다.

21

K국의 총생산함수가 다음과 같다.

- $Y = A\sqrt{LK}$
- 여기서 Y는 총생산, A는 기술, L은 노동, K는 자본이다.

노동자 1인당 소득증가율은 5%이고, 노동자 1인당 자본증가율은 3%이다. 총요소생산성 증가율은 얼마인가?

① 2%
② 2.5%
③ 3%
④ 3.5%

22

현재 소규모 개방경제인 K국의 X재의 국내 수요곡선과 공급곡선이 다음과 같다.

- 국내수요곡선: $P = 100 - Q$
- 국내공급곡선: $P = -20 + Q$

여기서, P는 가격, Q는 수량이다.

K국 당국은 수입품인 X재의 빠른 보급을 위해 수입 X재에 대하여 단위당 10만큼의 수입보조금을 지급하기로 결정하였다. 이러한 정부당국의 조치로 인해 발생할 수 있는 영향에 대한 설명으로 옳은 것은? (단, 수입보조금 지급 전 X재의 국제가격은 30이었다)

① 수입보조금정책으로 인한 국내생산량 감소분보다 수입량 증가분이 더 작다.

② 수입보조금정책으로 발생하는 자중손실(deadweight loss)은 100이다.

③ 수입보조금정책으로 정부가 부담해야 하는 보조금의 액수는 500이다.

④ 수입보조금정책으로 수입량은 정책 이전에 비해 1.5배가 된다.

23

고정환율제하의 균형 상태에 있던 외환시장에서 자국화폐의 가치상승이 예상되는 경우, 외환시장에서 나타나는 현상에 대한 설명으로 옳은 것을 〈보기〉에서 모두 고르면?

― 보기 ―

㉠ 외환수요곡선과 외환공급곡선이 모두 이동하지 않는다.

㉡ 외환수요곡선이 오른쪽으로 이동하고, 외환공급곡선은 왼쪽으로 이동한다.

㉢ 환율하락 압력이 존재하게 된다.

㉣ 중앙은행의 외환보유고가 증가한다.

① ㉠, ㉡
② ㉠, ㉢
③ ㉡, ㉣
④ ㉢, ㉣

24

현재 K국은 kg당 10달러에 땅콩을 수입하며, 세계 가격에는 영향을 미칠 수 없다. K국의 땅콩에 대한 수요곡선과 공급곡선은 각각 다음과 같다.

- 수요곡선: $Q_D = 4,000 - 100P$
- 공급곡선: $Q_S = 500 + 50P$
- Q_D는 수요량, Q_S는 공급량, P는 가격이다.

K국에서 수입을 500kg으로 제한하는 수입할당제를 시행하는 경우와 동일한 결과를 가져오는 관세의 크기는?

① 5달러
② 10달러
③ 12달러
④ 15달러

25

고정환율제도하에 놓인 개방경제가 IS_1에서 IS_2가 되어 현재 B점에 놓여 있다. 이러한 경우에 대한 설명으로 옳은 것은?

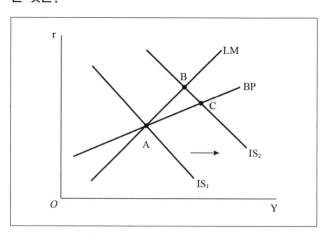

① 국제수지가 흑자가 된다.

② 통화량이 감소하게 된다.

③ 정부당국이 확대금융정책을 실시하고 있다.

④ 궁극적으로 경제는 A점으로 복귀한다.

01

주어진 소득으로 X재와 Y재만 소비하면 효용을 극대화하는 소비자 H의 효용함수가 다음과 같이 주어져 있다.

- $U = \min[X, Y]$, 여기서 U는 효용, X와 Y는 각각 두 재화의 소비량이다.

소비자 H의 소득이 10,000이고 Y재의 가격(P_Y)이 100인 경우, X재의 수요함수는? (단, P_X는 X재의 가격이다)

① $X = 100 + \dfrac{10,000}{P_X}$

② $X = \dfrac{10,000}{P_X + 100}$

③ $X = \dfrac{100}{P_X + 100}$

④ $X = 10,000 + \dfrac{100}{P_X}$

02

영화배우 S씨의 기대효용함수는 다음과 같다.

- $U(M) = \sqrt{M}$, 여기서 M은 소득의 크기이다.

영화배우 S씨는 영화제작사 MGM과 성공할 확률이 0.5인 새 영화에 출연하는 대가로 1,600만 달러의 기본 출연료와 영화가 성공할 경우 추가로 2,000만 달러, 실패할 경우 0달러를 받는 런닝 개런티 계약을 맺었다. 그런데 이 영화 출연을 강하게 희망하고 있는 또 다른 영화배우 R씨가 S씨에게 만족할 만한 대가를 지불할 것이니 자신에게 영화출연 기회를 넘겨줄 것을 요청하였다. R씨가 최소한 얼마의 대가를 지불해야 S씨는 R씨의 요청을 받아들이겠는가?

① 2,000만 달러

② 2,500만 달러

③ 3,200만 달러

④ $(4,000 + 0.5\sqrt{2,400})$만 달러

03

기업 S의 생산함수는 다음과 같다.

- $Q = 3L + 2K$, 여기서 Q는 생산량, L은 노동, K는 자본이다.

노동과 자본의 단위당 가격이 모두 1이라고 할 때, 12단위를 생산할 수 있는 최소 비용을 구하면?

① 4　　　　　　　② 6

③ 8　　　　　　　④ 12

04

휴대폰 제조 기업의 생산함수가 다음과 같이 알려져 있다.

$$Q = L + K$$

노동의 단위당 가격($P_L = w$)은 100이라고 할 때, 휴대폰 200대를 생산하기 위한 자본(K)에 대한 수요곡선의 형태로 올바른 것은?

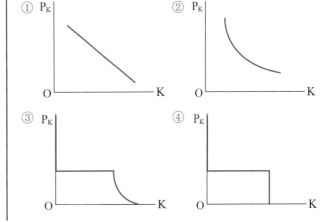

05

곡물가게에서 쌀을 구입하는 모든 소비자들은 항상 "20kg 만큼 주세요"라고 하는 반면, 잡곡을 구입하는 모든 소비자들은 항상 "3만 원어치 주세요"라고 한다고 가정하자. 현재 쌀시장과 잡곡시장이 균형인 상태에서 쌀 공급은 증가하고 잡곡 공급은 감소한다면, 가계가 쌀과 잡곡 구매에 지출하는 금액의 변화로 옳은 것은? (단, 두 시장은 모두 완전경쟁시장이고, 각 시장의 공급곡선은 우상향한다. 또한 다른 조건들은 고려하지 않는다)

	쌀 구매지출액	잡곡 구매지출액
①	감소	증가
②	감소	불변
③	불변	증가
④	감소	증가

06

완전경쟁기업에 대한 설명으로 옳은 것은?

① 완전경쟁기업의 이윤극대화점은 기업의 한계비용곡선이 하락하는 부분에서 한계수입과 교차하는 점이다.

② 완전경쟁기업의 단기 공급곡선은 단기 한계비용곡선 중 단기 평균비용곡선을 상회하는 부분이다.

③ 생산요소의 공급이 비탄력적일수록 완전경쟁기업의 단기 공급곡선은 기울기가 가파르게 된다.

④ 장기 평균비용곡선의 최저점과 접하는 단기 평균비용곡선에 상응하는 시설규모를 최소효율규모라고 한다.

07

독점기업 K의 수요곡선과 총비용곡선이 다음과 같이 주어져 있다.

- $P = 70 - \frac{1}{3}Q$, $TC = Q^2 - 10Q + 50$, 여기서 P는 가격, Q는 수량, TC는 총비용이다.

이윤극대화 수준에서 독점기업 K의 독점도는? (단, 힉스(J. R. Hicks)의 독점도(degree of monopoly)를 따른다)

① $\frac{1}{2}$ ② $\frac{1}{3}$ ③ $\frac{1}{4}$ ④ $\frac{1}{6}$

08

과수원 주인인 A와 양봉업자인 B가 인근 지역에서 경제활동을 하고 있는데, A가 과실나무를 더 많이 심자 B의 꿀 생산이 증가하고, B가 꿀벌의 수를 증가시키자 과수원 수확이 늘어나는 것을 확인할 수 있다. A와 B에게 발생하는 외부성에 대한 설명으로 옳지 않은 것은?

① A와 B 사이에는 서로에게 경제적 이익을 주고 있는 양(+)의 외부성이 존재한다.

② A가 양봉장을 인수하거나, B가 과수원을 인수하게 된다면 사회적 최적생산이 가능해진다.

③ A와 B 사이에 서로 양(+)의 외부성을 주고받는 경우이므로, 시장실패에 대한 교정은 불필요하다.

④ 거래비용이 존재하지 않는다면, A와 B 간의 협상을 통해 사회적 최적생산이 가능해진다.

09

쌀과 고기, 두 재화만 생산하는 K국의 경제 데이터가 아래 표와 같다고 하자. 이 표에 대한 설명으로 옳은 것은?

구분	쌀		고기	
	가격(원)	생산량(병)	가격(원)	생산량(개)
2018년 (기준년도)	10	150	12	50
2019년	20	200	15	100

① 2018년의 명목 GDP는 2,200원이다.

② 2018년의 GDP 디플레이터는 105이다.

③ 2019년의 실질 GDP는 5,500원이다.

④ 2019년의 실질 경제성장률은 약 52.4%이다.

10

현재 K국에서는 주식가격의 급락이 이루어지는 경제상황 속에서 미래에 대한 불확실성이 가속화되고 있다. 이러한 상황에서 K국 거시경제의 변화로 옳지 않은 것은?

① 예비적 저축가설에 의하면 현재저축이 증가한다.

② 토빈(J. Tobin)의 q가 감소하여 투자가 감소한다.

③ 불확실성의 증가에 따라 환율이 급락하게 된다.

④ 투자옵션 모형에 의하면 비가역적인 투자의 크기는 감소한다.

11

화폐수요와 화폐공급이 다음과 같이 주어졌을 때의 설명으로 옳은 것은?

> • 화폐수요곡선: $\dfrac{M^D}{P} = aY + bR + c$
>
> • 화폐공급곡선: $\dfrac{M^S}{P} = M_0 + dR$
>
> • 단, a, b, c, d는 상수, M^D는 화폐수요량, P는 물가, M^S는 화폐공급량, Y는 실질소득, R은 이자율, M_0는 외생적 화폐공급량이다.

① 거래적 동기에 의한 화폐수요가 존재할 경우, a는 음수 ($-$)이다.

② 투기적 동기에 의한 화폐수요가 존재할 경우, b는 0이다.

③ 화폐시장의 균형에서 외생적 화폐공급량이 물가를 결정한다.

④ 화폐공급에 예금화폐 공급을 포함할 경우, 일반적으로 d는 양수이다.

12

민간봉쇄경제인 K국의 IS곡선과 LM곡선이 다음과 같다.

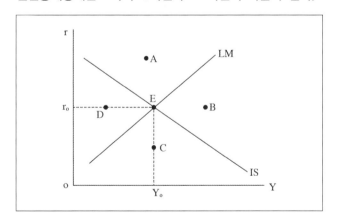

이에 대한 설명으로 옳은 것은?

① A점과 B점에서는 투자가 저축을 초과한다.

② D점에서는 화폐수요가 화폐공급을 초과한다.

③ 현재 균형 상태에서 정부지출이 증가하면 새로운 균형 수준에서 화폐시장은 초과수요 상태에 놓이게 된다.

④ C점에서 국민소득은 변하지 않고 이자율만 상승한다면 화폐시장과 생산물시장의 불균형은 모두 축소된다.

13

거시경제의 총공급곡선에 대한 설명으로 옳은 것은?

① 장기 총공급곡선은 실제산출량 수준에서 수직이다.

② 임금경직성으로 단기 총공급곡선은 수직의 모습을 보인다.

③ 중동지역의 정치적 불안은 단기 총공급곡선을 왼쪽으로 이동시킬 수 있다.

④ 상대가격 변화에 대한 일시적 착각은 단기 총공급곡선을 상방으로 이동시킨다.

14

인플레이션에 대한 설명으로 옳지 않은 것은? (단, 다른 조건은 고려하지 않는다)

① 예상치 못한 인플레이션이 발생하면 실제실업률이 하락한다.

② 인플레이션을 완전히 예상한다고 하더라도 구두창비용은 발생한다.

③ 인플레이션율이 예상보다 높으면 고정된 연금으로 생활하는 사람들은 유리해진다.

④ 예상 인플레이션율이 상승할 경우 실제 인플레이션도 상승하게 된다.

15

일부 사람들이 실업급여를 계속 받기 위해 형식적으로만 일자리를 탐색하고, 실제로는 실업상태를 계속 유지하고자 하는 것이 현실에서 종종 관찰된다. 만약 이들을 실업자가 아니라 일할 의사가 없다는 이유로 비경제활동인구로 분류하는 경우에 발생하게 되는 결과로 옳은 것은? (단, 다른 조건은 고려하지 않는다)

① 취업률과 경제활동참가율 모두 상승한다.

② 취업률과 경제활동참가율 모두 하락한다.

③ 취업률은 하락하는 반면, 경제활동참가율은 상승한다.

④ 취업률은 상승하는 반면, 경제활동참가율은 하락한다.

16

통화주의에 대한 설명으로 옳은 것은?

① 화폐수요함수는 매우 불안정적이다.

② 통화정책의 중간목표로는 통화량이 적절하다.

③ 통화주의학파는 풍부한 유휴자원의 존재를 전제로 한다.

④ 통화공급은 경제상황에 맞추어 재량적으로 증감시켜야 한다.

17

K국의 총생산함수가 다음과 같이 주어졌다.

- $Y = A\sqrt{LK}$, 여기서 Y는 총생산, A는 기술, L은 노동, K는 자본이다.

K국의 노동자 1인당 소득증가율은 2%이고, 노동자 1인당 자본증가율은 1%인 경우, 기술증가율은?

① 0.5%   ② 1%

③ 1.5%   ④ 2%

18

다음 그림의 직선은 양국의 생산가능곡선을 나타내고 있다. 이 중, 양국 사이에서 무역이 발생할 수 없는 경우에 해당하는 경우로 옳은 것은?

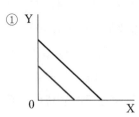
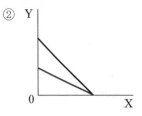
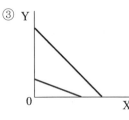
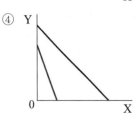

19

개방경제체제인 K국 중앙은행이 공개시장에서 채권을 매입하였다. 이에 대한 효과로 옳은 것은? (단, K국은 변동환율제도를 채택하고 있으며, 외환시장에서는 달러만이 거래되고 있다)

① 이자율 하락, 원/달러 환율 상승, 순수출 증가

② 이자율 하락, 원/달러 환율 하락, 순수출 감소

③ 이자율 상승, 원/달러 환율 상승, 순수출 증가

④ 이자율 상승, 원/달러 환율 하락, 순수출 감소

20

개방경제의 IS곡선과 LM곡선에 대한 설명으로 옳은 것은?

① 변동환율제도하에서 IS곡선은 폐쇄경제의 IS곡선에 비해 기울기가 더 가파르다.

② 변동환율제도하에서 IS곡선은 폐쇄경제에 비해 실질환율 변화에 의해 영향을 덜 받는다.

③ 고정환율제도하에서 국제수지 적자가 발생하면 LM곡선이 오른쪽으로 이동한다.

④ 변동환율제도하에서는 개방경제하에서의 LM곡선과 폐쇄경제하에서의 LM곡선이 동일하다.

01

소비자이론에 대한 설명으로 옳은 것은? (단, 소비자는 X 재와 Y재만 소비한다)

① 소비자의 효용함수가 $U = 2XY$일 때, 한계대체율은 일정하다.

② 소비자의 효용함수가 $U = \sqrt{XY}$일 때, Y재의 한계효용은 체감한다.

③ 소비자의 효용함수가 $U = \min[X, Y]$일 때, 소득-소비곡선의 기울기는 음(−)이다.

④ 소비자의 효용함수가 $U = X + Y$일 때, X재의 가격이 Y재의 가격보다 작으면 X재 소비량은 0이다.

02

기대효용이론에 대한 설명으로 옳은 것은? (단, U는 효용수준, M은 자산액)

① 폰 노이만−모겐스턴(Von Neumann-Morgenstern) 효용함수에서 효용은 서수적 의미만 갖는다.

② 성호가 가지고 있는 복권의 기대상금의 크기가 10,000원일 때 8,800원이면 이 복권을 팔 의사가 있다면, 1,200원만큼을 성호의 확실성 등가라고 할 수 있다.

③ 위험기피자는 순기대가치가 0인 복권을 반드시 구입한다.

④ 수정의 폰 노이만−모겐스턴 효용함수가 $U = M^{1.5}$로 주어졌다면, 수정은 위험선호자이다.

03

A국과 B국의 생산함수가 다음과 같다.

- A국 생산함수: $Y_A = A_A L^{0.2} K^{0.8}$, $L_A = 100$, $K_A = 100$
- B국 생산함수: $Y_B = A_B L^{0.8} K^{0.2}$, $L_B = 200$, $K_B = 200$
- Y는 총산출량, A는 기술수준, L은 노동투입량, K는 자본투입량이다.

두 나라의 노동소득분배율(T_L)의 크기를 올바르게 비교한 것은? (단, 두 나라의 모든 시장은 완전경쟁적이라고 가정한다)

① $T_L^A > T_L^B$

② $T_L^A < T_L^B$

③ $T_L^A = T_L^B$

④ 주어진 조건만으로는 비교할 수 없다.

04

이윤극대화를 추구하는 기업 S의 생산함수와 노동과 자본의 가격이 다음과 같이 주어져 있다.

- $Q = 5L^{0.5} K^{0.5}$, 여기서 Q는 생산량, L은 노동투입량, K는 자본투입량이다.
- 노동의 가격: $P_L = 20$, 자본의 가격: $P_K = 10$

기업 S가 노동과 자본투입에 사용할 수 있는 총비용(TC)이 1,000일 때, 최적 노동투입량과 생산량은?

	노동투입량	생산량
①	25	$125\sqrt{2}$
②	50	$125\sqrt{2}$
③	25	$25\sqrt{2}$
④	50	$25\sqrt{2}$

05

노량진에서 판매되고 있는 컵밥의 수요의 가격탄력성이 1.5, 공급의 가격탄력성이 1이라고 하자. 컵밥의 수요 증가로 컵밥의 가격이 1%만큼 상승할 때, 컵밥 판매에 따른 매출액의 변화율은?

① 0%
② 약 1% 증가
③ 약 1.5% 증가
④ 약 2% 증가

06

소비자 민주가 X재와 Y재를 소비함으로써 얻을 수 있는 한계효용이 다음 〈표〉와 같다. 효용극대화를 추구하는 민주가 14의 예산으로 두 재화를 소비할 때 얻을 수 있는 소비자 잉여의 크기는? (단, 화폐 1단위와 효용 1단위의 가치는 동일하며, X재와 Y재의 가격은 각각 3과 1이라고 가정한다)

소비량	1	2	3	4	5	6
X재 한계효용	18	12	6	3	1	0
Y재 한계효용	10	8	6	4	2	1

① 42
② 52
③ 62
④ 66

07

X재에 부과되던 종량세가 기존보다 단위당 2배로 상향 조정되었다. 이러한 조세의 변화에 따른 결과로 가장 타당한 것은? (단, X재의 수요곡선은 우하향하는 직선이고 공급곡선은 수평이다)

① 정부의 재정수입은 2배만큼 증가한다.
② 경제적 순손실(deadweight loss)은 2배보다 더 크게 증가한다.
③ 새로운 균형점에서 수요의 가격탄력성은 불변이다.
④ 부과된 조세는 모두 공급자가 부담한다.

08

완전경쟁시장에서 모자를 생산하는 개별기업의 장기총비용(LTC)곡선과 모자의 시장수요곡선이 각각 다음과 같다.

- $LTC = Q^3 - 10Q^2 + 35Q$, 여기서 Q는 수량이다.
- $Q = 500 - 10P$, 여기서 P는 가격, Q는 수량이다.

개별기업의 비용조건이 모두 동일할 때, 장기균형 상태에서 모자시장에 존재하는 기업의 수는?

① 100개
② 90개
③ 80개
④ 60개

09

시장을 독점하고 있는 기업 S가 직면하는 시장수요함수가 다음과 같다.

- $Q = 40 - P$, 여기서 Q는 수량, P는 가격이다.

그런데 기업 S는 매출액의 25%를 조세로 납부해야 한다. 기업 S가 이윤극대화를 달성할 때 판매가격은? (단, 기업 S의 한계비용은 생산량과 관계없이 3으로 일정하다)

① 16
② 18
③ 20
④ 22

10

소득분배에 대한 설명으로 옳은 것은?

① 누진세제를 강화하면 5분위 분배율은 커진다.
② 10분위 분배율의 크기는 0와 0.5 사이에 있다.
③ 지니(Gini) 계수는 로렌츠곡선으로부터 도출된다.
④ 직접제 비중이 상승하면 로렌츠곡선은 대각선에서 멀어진다.

11

투자가 독립투자로만 이루어지는 K국의 한계소비성향이 0.8이다. 만약 K국 정부가 정부지출을 100만큼 증가시키는 경우와 조세를 100만큼 감면하는 경우에 나타나는 국민소득의 변화로 옳게 짝지어진 것은? (단, 소비는 현재소득의 절대적인 크기에 의해서만 영향을 받으며, 다른 조건들은 고려하지 않는다)

	정부지출 증가의 경우	조세감면의 경우
①	500	500
②	500	400
③	400	400
④	400	300

12

상대소득가설에 대한 설명으로 옳은 것은?

① 이전에 비해 소득이 감소하면 단기에 평균소비성향이 낮아진다.

② 장기 한계소비성향과 장기 평균소비성향이 동일하다.

③ 단기 한계소비성향과 단기 평균소비성향이 동일하다.

④ 소비행위의 비가역성 때문에 전시효과가 생긴다.

13

T국에서는 1년 동안 오직 쌀만 100톤이 생산되어 거래되었다. 거래기간 동안 쌀 가격은 톤당 1만 달러였으며 그 가격은 1년 내내 유지되었다. 한편 1년 동안 공급된 화폐량은 50만 달러였다. 화폐의 거래유통속도를 구하면? (단, T국에서는 화폐수량설이 완벽하게 성립한다)

① 1   ② 2

③ 3   ④ 4

14

은행이 대출의 형태로만 자금을 운용하고 초과지급준비금을 보유하지 않는다. 또한 요구불예금만 존재하고 은행조직 밖으로의 현금누출은 없다고 가정하자. 만약 본원적 예금이 1억 원이고 법정지급준비율이 5%라면, 은행조직 전체의 대출가능총액은?

① 20억 원   ② 19억 원

③ 18억 원   ④ 10억 원

15

신용등급이 낮은 기업 B가 1년 후 105만 원을 상환하는 회사채를 100만 원에 발행하였다. 다음 중 1년 후 105만 원을 상환하는 국채가격으로 추론할 수 있는 것은?

① 95만 원   ② 100만 원 미만

③ 100만 원   ④ 100만 원 초과

16

다음은 A국의 2021년 GDP와 재정에 관한 통계자료이다.

GDP	세출(정부지출)	세입(조세)
8,000억 달러	1,400억 달러	1,300억 달러

다른 조건이 일정할 때 2020년 GDP 대비 2021년 말의 정부부채 비율을 구하면? (단, 2020년 말 A국의 정부부채는 900억 달러였다)

① 10%   ② 11.5%

③ 12%   ④ 12.5%

17

현재 자본시장은 균형 상태에 있으며, K씨는 A주식에 투자하여 수익을 얻고자 하고 있다. 그런데 A주식과 시장포트폴리오의 공분산은 10%이고, 시장포트폴리오 분산은 2%이다. 또한 A주식의 기대수익률은 4%이고, 시장포트폴리오 기대수익률은 8%로 알려져 있다. 자산가격 결정모형(CAPM)에 따를 때 무위험수익률을 구하면?

① 3%   ② 5%

③ 7%   ④ 9%

18

IS-LM 모형 및 AD-AS 모형에 대한 설명으로 옳은 것은?

① IS곡선은 재화시장을 균형시키는 총공급과 이자율의 조합을 나타낸다.

② LM곡선은 화폐시장을 균형시키는 통화량과 이자율의 조합을 나타낸다.

③ IS곡선과 LM곡선의 교차점에서 총수요(AD)의 크기가 결정된다.

④ 정부지출과 통화량은 IS곡선과 AD곡선을 이동시키는 변수이다.

19

노동시장과 실업에 대한 설명으로 옳은 것은?

① 완전고용은 자발적 실업이 없는 경우이다.

② 실업보험이 확대되면 자연실업률은 높아진다.

③ 최저임금제 도입은 비자발적 실업 발생과 무관하다.

④ 실망노동자(discouraged worker)는 자발적 실업자에 해당한다.

20

K국의 필립스곡선은 다음과 같다.

> • $\pi = 7.5 - 2.5u + \pi^e$, 여기서 π는 실제 인플레이션율, u는 실제실업률, π^e는 예상 인플레이션율이다.

예상 인플레이션율(π^e)이 0%인 경우와 5%인 경우, K국의 정책당국이 실업률(u)을 자연실업률 수준보다 1%p 더 낮추려고 할 때 감수해야 할 각각의 인플레이션율(π)은? (단, 현재 K국 경제는 자연실업률 수준에 있다고 한다)

	π^e가 0%인 경우	π^e가 5%인 경우
①	2.5%	5%
②	2.5%	7.5%
③	3%	7.5%
④	3%	8%

21

솔로(Solow)의 경제성장 모형에 대한 설명으로 옳은 것은?

① 자본과 노동의 투입량을 모두 k배 늘리면 생산량은 k배보다 작게 증가한다.

② 저축률의 상승은 균제 상태(steady state)에서의 1인당 소득증가율을 높여준다.

③ 감가상각률이 상승하면 새로운 균제 상태에서 1인당 자본과 1인당 소득은 감소한다.

④ 균제 상태의 1인당 소득을 극대화하는 1인당 자본량을 황금률(golden rule) 자본량이라고 한다.

22

대국(large country)이 수입재에 대하여 종량세 형태의 관세를 부과하고자 한다. 이로 인해 발생하는 현상에 대한 설명으로 옳은 것은? (단, 국내수요곡선은 우하향하고 국내공급곡선은 우상향한다)

① 대국의 수입재 소비량은 불변이다.

② 세계시장에서 수입재가격은 상승하게 된다.

③ 대국의 사회후생은 증가할 수도 있고, 감소할 수도 있다.

④ 관세부과 후 수입재의 국내 판매가격은 관세부과 이전 국제가격에 관세를 더한 금액보다 높아진다.

23

다음 중 외환시장에서 외부충격이 발생했을 때, 환율 수준이 장기 균형환율 수준에서 크게 이탈한 후 시간이 경과함에 따라 점차 장기 균형환율 수준을 회복하는 것을 의미하는 것은?

① 오버슈팅(overshooting) 현상

② J 곡선(curve) 효과

③ 교두보(beach head) 효과

④ 환율전가(exchange rate pass-through)효과

24

변동환율제도를 채택하고 있는 자본이동이 완전한 소규모 개방경제에서 이자율 평형조건이 성립하는 경우, 환율과 국내이자율의 관계를 그림으로 나타내면? (단, 환율을 가로축에, 국내이자율을 세로축에 표시한다)

① 우하향(좌상향)이다.
② 우상향(좌하향)이다.
③ 수직이다.
④ 수평이다.

25

다음 그림은 자본이동이 자유로운 소규모 개방경제를 나타낸다. IS_0, LM_0, BP_0 곡선이 만나는 점 E에서 균형이 이루어졌을 때, 이에 대한 설명으로 옳은 것은?

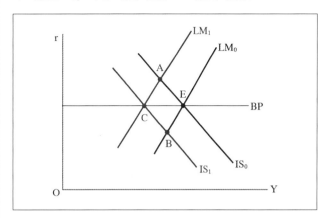

① 고정환율제하에서 긴축적 통화정책의 최종 균형점은 E 이다.
② 고정환율제하에서 긴축적 재정정책의 최종 균형점은 A 이다.
③ 변동환율제하에서 긴축적 통화정책의 최종 균형점은 B 이다.
④ 변동환율제하에서 긴축적 재정정책의 최종 균형점은 C 이다.

01

소비자 H는 항상 X재와 Y재, 두 재화를 2:1 비율로 묶어서 소비한다. 소비자 H의 소득이 1,000이고 X재 가격이 100이라고 할 때, 소비자 H의 Y재 수요함수로 옳은 것은? (단, 소비자 H는 효용을 극대화하기 위해 소득을 X재와 Y재 소비에 모두 지출하며, X재의 가격과 수요량은 각각 P_X와 Q_X이다)

① $Q_Y = \dfrac{1,000}{(200 + P_Y)}$ ② $Q_Y = \dfrac{1,000}{(100 + P_Y)}$

③ $Q_Y = \dfrac{500}{(200 + P_Y)}$ ④ $Q_Y = \dfrac{500}{(100 + P_Y)}$

02

규모에 대한 보수(returns of scale)에 대한 설명으로 가장 옳은 것은?

① 생산함수가 Q = LK이면 규모에 대한 보수는 불변이다.
② 생산함수가 $Q = \sqrt{LK}$이면 규모에 대한 보수는 체감한다.
③ 생산함수가 Q = min[L, K]이면 규모에 대한 보수는 체감한다.
④ 어떤 산업에서의 생산기술이 규모에 대한 보수체증의 성격을 가지는 경우에 자연독점이 발생할 수 있다.

03

기업 S의 생산함수는 다음과 같다.

- $Q = 16\sqrt{LK}$, 여기서 Q는 생산량, L은 노동투입량, K는 자본투입량이다.

기업 S의 노동(L)과 자본(K)의 투입량이 각각 16, 25일 때, 노동의 평균생산(AP_L)과 노동의 한계생산(MP_L)은?

	노동의 평균생산(AP_L)	노동의 한계생산(MP_L)
①	5	10
②	10	5
③	15	5
④	20	10

04

GGV 시네마가 극장 입장료를 5,000원에서 9,000원으로 인상하였더니 매출액이 1,500,000원에서 1,800,000원으로 증가하였다. 이러한 입장료 인상에 따른 수요의 가격탄력성을 구하면? (단, 반올림하여 소수점 둘째 자리까지 구한다)

① 0.42 ② 0.71
③ 1.23 ④ 1.56

05

수요곡선이 우하향하고 공급곡선이 우상향하는 X재 시장을 가정하자. 조세 당국은 X재 1단위당 종량세 형태의 조세를 소비자에게 10만큼 부과하였다. 그 결과 균형거래량이 10,000단위에서 8,000단위로 감소하였다. 이러한 조세 부과 결과 나타나는 경제적 순손실(deadweight loss)의 크기는?

① 5,000

② 10,000

③ 15,000

④ 주어진 자료만으로는 구할 수 없다.

06

이윤극대화를 추구하는 철강 산업에서 독점기업인 P기업의 제1 공장과 제2 공장의 비용함수가 각각 다음과 같다.

- $TC_1 = 20Q_1 + 2Q_1^2$
- $TC_2 = 20Q_2 + Q_2^2$

P기업의 제1 공장에서 생산하는 산출량이 20단위인 경우 제2 공장에서의 산출량은 얼마인가?

① 20   ② 30

③ 40   ④ 50

07

과점시장에 참여하고 있는 기업 S가 직면하고 있는 수요곡선이 다음과 같이 알려져 있다.

- $P_1 = 70 - Q(P \geq 60)$, $P_2 = 100 - 4Q(P \leq 60)$

기업 S의 한계비용(MC)은 생산량과 관계없이 일정하다고 한다. 가격이 60에서 경직적이기 위한 한계비용(MC)의 범위는?

① $10 \leq MC \leq 30$ ② $10 \leq MC \leq 40$

③ $20 \leq MC \leq 40$ ④ $20 \leq MC \leq 50$

08

K국 경제에서 각 개인은 공공재 X에 대한 가치를 모두 동일하게 $P = 0.05 - 0.002Q$ 만큼으로 평가하고 있다고 알려져 있다. 한편 K국 경제에서 공공재 생산에 따른 총비용함수는 $TC = Q^2 + 10Q$ 라고 한다. K국 경제에 최적의 공공재 생산량은? (단, Q는 공공재 수량이며, K국의 인구는 1,000명이라고 가정한다)

① 5   ② 10   ③ 20   ④ 30

09

생수와 반도체만 생산하는 K국의 생산량과 가격이 다음과 같다. 2018년을 기준연도로 할 때, 2019년의 물가상승률은? (단, 물가 수준은 GDP 디플레이터로 측정한다)

	생수		반도체	
	가격(원)	생산량(개)	가격(원)	생산량(개)
2018년	10	50	30	100
2019년	15	100	45	200

① 25%   ② 50%   ③ 75%   ④ 100%

10

K국의 2018년 처분가능소득(YD: disposable income)과 소비가 각각 100만 달러와 80만 달러였다. 그런데 2019년에 K국의 처분가능소득과 소비(C)가 각각 120만 달러와 96만 달러로 증가하였다. 다음 중 K국의 소비함수의 모습으로 옳게 추론한 것은? (단, 다른 조건은 고려하지 않는다)

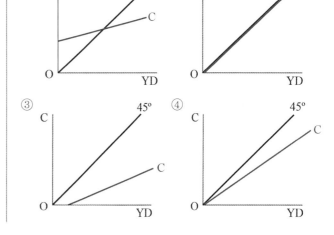

11

다음은 신고전학파의 투자 모형이 적용되는 K국 경제에 대한 자료이다.

- 생산물 시장에서의 상품가격: $P = 10$
- 생산함수: $Y = K^{0.5}(\overline{L})^{0.5}$
- 자본재 구입비용: $P_K = 100$
- 실질 이자율: $r = 2\%$
- 고정된 노동량(L): $\overline{L} = 100$, 감가상각률(δ): $\delta = 3\%$
- 여기서 Y는 산출량, K는 자본량, $\overline{L}$는 고정된 노동량이다.

K국 경제의 정상 상태(steady state)에서 적정 자본량은?

① 100
② 125
③ 225
④ 400

12

화폐는 종종 실제 시장에서 퇴장하기도 한다. 이와 관련한 화폐의 기능과 관련 있는 것은?

① 교환의 매개수단
② 가치척도의 수단
③ 가치저장수단
④ 거래비용 절감수단

13

한 경제의 실물시장균형을 나타내는 IS곡선에 대한 설명으로 옳은 것은? (단, IS곡선의 기울기는 세로축을 이자율, 가로축을 소득으로 하는 그래프 상의 기울기를 말한다)

① 한계소비성향이 작아지면 IS곡선의 기울기는 완만해진다.
② 교역상대국의 한계수입성향이 커질수록 IS곡선의 기울기는 가팔라진다.
③ 유발투자가 존재하면, 존재하지 않을 때에 비하여 IS곡선의 기울기는 가팔라진다.
④ 정액세만 존재하는 경우, 비례세가 존재하는 경우에 비해 IS곡선의 기울기는 완만해진다.

14

어떤 경제가 장기 균형 상태(a)에 있다. 중앙은행이 확장적 통화정책을 시행할 때, IS-LM곡선과 AD-AS곡선의 이동으로 인한 균형점의 변화를 나타낸 것으로 옳은 것은? (단, r은 이자율, Y는 총생산량, $\overline{Y}$는 장기균형 총생산량, P는 물가, LAS는 장기 총공급곡선, SAS는 단기 총공급곡선을 나타낸다)

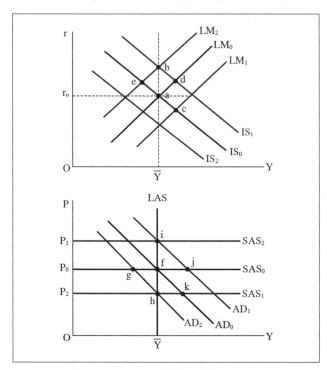

	IS−LM 모형	AD−AS 모형
①	a → d → b	f → g → i
②	a → b → e	f → I → f
③	a → c → a	f → j → i
④	a → c → b	f → g → h

15

실업률을 하락시키는 변화로 옳은 것을 〈보기〉에서 모두 고른 것은? (단, 취업자 수와 실업자 수는 모두 0보다 크다)

― 보기 ―

㉠ 취업자가 비경제활동인구로 전환
㉡ 실업자가 비경제활동인구로 전환
㉢ 비경제활동인구가 취업자로 전환
㉣ 비경제활동인구가 실업자로 전환

① ㉠, ㉡
② ㉠, ㉣
③ ㉡, ㉢
④ ㉡, ㉣

16

K국의 통화당국의 손실함수와 필립스곡선이 다음과 같이 주어져 있다.

- K국 통화당국의 손실함수: $L = \pi + 2u^2$
- 필립스곡선: $\pi = \pi^e - 2.5(u - u_n)$

현재 K국의 통화당국은 통화정책을 시행할 때 발생할 수 있는 손실을 극소화하려고 한다. 이를 가능하게 하는 실업률은? (단, L은 통화당국의 손실, π는 실제 인플레이션율, π^e는 기대 인플레이션율, u는 실제실업률, u_n은 자연실업률이다. 또한 가로축 변수는 u, 세로축 변수는 π이며, 모든 변수의 측정단위는 %이다)

① 0.425   ② 0.475

③ 0.5   ④ 0.625

17

실물적 균형경기변동론에 대한 설명으로 옳은 것은?

① 경기침체기에는 균형산출량이 완전고용산출량보다 작다.

② 화폐적 균형경기변동론과 달리 경기변동의 지속성에 대한 설명이 가능하다.

③ 경기변동이 주로 민간저축의 변화 등의 화폐적 충격으로 발생한다고 설명한다.

④ 예상치 못한 통화량 증가는 유리한 공급충격을 가져와 경기를 호황으로 이끌게 된다.

18

노동(L)과 자본(K)을 사용하여 X재와 Y재를 생산하는 헥셔－올린(Heckscher－Ohlin) 모형을 고려하자. 아래 그래프에 대한 설명에서 ㉠과 ㉡을 바르게 짝지은 것은? (단, IQ_X와 IQ_Y는 X재와 Y재의 등량곡선(IQ: Iso－Quant)을 나타내며, 상대임금은 '노동가격/자본임대료'를 의미한다. 등비용선은 각 등량곡선과 한 점에서 접한다)

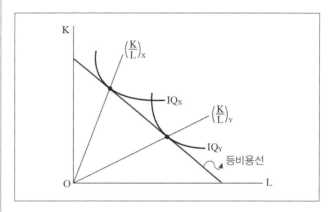

- X재 가격이 상승하면, 상대임금은 (㉠).
- Y재 가격이 상승하면, 상대임금은 (㉡).

	㉠	㉡
①	하락한다	하락한다
②	상승한다	하락한다
③	하락한다	상승한다
④	상승한다	상승한다

19

구매력 평가설과 이자율 평가설, 그리고 피셔 방정식이 완벽하게 성립한다고 하자. 한국의 명목이자율은 연 5%, 미국의 명목이자율은 연 3%이며, 한국의 물가상승률은 연 3%로 예상될 경우, 이에 대한 설명으로 옳은 것은?

① 한국의 실질이자율은 연 －1%이다.

② 한국과 미국의 실질이자율은 동일하다.

③ 미국의 물가상승률은 연 2%일 것으로 예상된다.

④ 1년 후 원/달러 환율은 3% 상승할 것으로 예상된다.

20

자본이동이 완전히 자유로운 소국 개방경제를 가정하자. 먼델 – 플레밍의 IS – LM – BP 모형에 대한 설명으로 옳은 것을 〈보기〉에서 모두 고르면?

─ 보기 ─

　㉠ BP곡선은 '국민소득, 이자율' 평면에서 완만하게 우상향하는 모습을 보인다.

　㉡ 고정환율제 하에서 통화정책은 국민소득에 영향을 미치지 못한다.

　㉢ 변동환율제하에서 통화정책은 통화량의 내생적 변화를 가져온다.

　㉣ 재정정책의 국민소득에 대한 효과는 변동환율제보다 고정환율제하에서 더욱 커진다.

① ㉠, ㉡　　　　　　　② ㉠, ㉡, ㉢

③ ㉡, ㉢, ㉣　　　　　④ ㉡, ㉣

01

소비자 H는 주어진 소득으로 기펜재(Giffen good)인 X재와 정상재인 Y재만 소비하면서 효용극대화를 추구하고 있다. 이에 대한 설명으로 옳은 것은?

① X재 가격이 상승하면 소비자 H의 효용은 증가하게 된다.
② Y재 가격이 하락하면 Y재 소비량은 반드시 증가하게 된다.
③ X재 가격이 상승하면 Y재 소비량은 반드시 증가하게 된다.
④ X재 가격이 상승하면 이에 따른 대체효과가 소득효과보다 크게 나타난다.

02

두 재화 X와 Y만을 소비하는 M의 효용함수가 다음과 같이 주어져 있다.

- $U = X^{0.5} + 2Y^{0.5}$, 여기서 U는 효용이고 X와 Y는 각 재화의 소비량이다.

X재와 Y재의 가격이 각각 $P_X = 4$, $P_Y = 1$일 때, 소비자 M이 효용을 극대화하기 위한 X와 Y재의 최적소비량은? (단, 소비자 M의 가처분 소득은 680이라고 가정하자)

	X재 소비량	Y재 소비량
①	10	640
②	20	600
③	30	560
④	40	520

03

모든 시장이 완전경쟁적인 K국의 대표적 기업인 A의 생산함수가 다음과 같이 주어져 있다.

- $Q = AL^{\alpha}K^{\beta}$ $(\alpha + \beta = 1)$
- Q는 산출량, A는 기술수준, L은 노동투입량, K는 자본투입량이다.

$L = 10$, $MP_L = 5$, $AP_L = 8$인 경우 α와 β 값으로 옳게 묶인 것은? (단, 모든 시장은 완전경쟁적이라고 가정한다)

	α	β
①	$\frac{1}{2}$	$\frac{1}{2}$
②	$\frac{1}{3}$	$\frac{2}{3}$
③	$\frac{3}{5}$	$\frac{2}{5}$
④	$\frac{5}{8}$	$\frac{3}{8}$

04

비용극소화를 추구하는 기업 S는 현재 노동 30단위와 자본 10단위를 사용하여 100단위의 제품을 생산하고 있다. 노동의 단위당 임금과 자본의 단위당 임대료는 각각 10, 10으로 일정하다고 할 때, 기업 S에게 나타나는 현상에 대한 설명으로 옳은 것은? (단, 기업 S에게 노동과 자본은 완전대체관계가 성립하고, 다른 조건은 고려하지 않는다)

① 앞으로도 노동과 자본의 가격이 변화하지 않는다면, 노동 5단위와 자본 35단위를 사용해도 동일한 생산비용으로 100단위를 생산할 수 있다.
② 현재보다 자본의 단위당 가격이 상승하면, 노동 12단위, 자본 16단위를 사용하는 것이 최적이 될 수 있다.
③ 현재보다 노동의 단위당 가격이 상승하면 노동 7단위, 자본 25단위를 사용하는 것이 최적이 될 수 있다.
④ 현재 노동의 한계생산은 자본의 한계생산의 3배이다.

05

K기업의 공급함수는 $Q_S = 5P - 100$이다. '$P > 20$'인 경우 공급의 가격탄력성(E_P)으로 가장 적절한 것은?

① $0 < E_P < 1$ ② $E_P = 1$

③ $1 < E_P$ ④ $E_P = \infty$

06

어느 상품의 수요와 공급은 다음 표와 같다고 가정하자. 정부가 상품 1단위당 30원의 소비세를 공급자에게 부과할 경우, 이에 대한 설명으로 옳은 것은? (단, 수요곡선은 우하향하는 직선이고, 공급곡선은 우상향하는 직선이다)

가격(원)	10	20	30	40	50	60	70
수요량(개)	130	110	90	70	50	30	10
공급량(개)	40	50	60	70	80	90	100

① 과세 후에 정부의 조세수입은 1,200원이다.

② 과세 후에 후생 순손실(deadweight loss)은 300원이다.

③ 과세 후에 수요자가 공급자에게 지불하는 가격은 20원이다.

④ 과세 후에 조세의 공급자부담은 상품 한 단위당 10원이 된다.

07

독점기업인 K 기업이 직면하는 시장수요곡선이 다음과 같다.

- 수요곡선: $P = 100Q^{-\frac{1}{2}}$

시장가격이 '$P = 100$'인 수준에서 이윤극대화가 달성된다고 할 때, 한계비용(MC)의 크기는?

① 50   ② 100

③ 150   ④ 200

08

기업 S는 두 개의 공장을 운영하여 단일 시장에 공급하고 있는 다공장 독점기업이다. 기업 S의 1공장과 2공장의 비용함수는 각각 다음과 같다.

- $TC_1 = 1.5Q_1^2$, $TC_2 = 0.5Q_2^2$

여기서 TC_i와 Q_i는 각각 i공장의 총비용과 생산량이고, $Q(= Q_1 + Q_2)$는 기업의 생산량이다.

기업 S의 비용함수에 대한 설명으로 옳은 것은?

① 기업 S의 총비용함수는 $TC = \frac{3}{4}Q^2$이다.

② 1공장은 2공장에 비해 효율적인 생산이 가능하다.

③ 기업 S가 80단위를 생산하는 데 필요한 총비용은 2,400이다.

④ 기업 S가 이윤극대화를 달성할 때, 1공장의 생산량은 2공장의 생산량의 $\frac{1}{2}$ 수준이다.

09

완전경쟁적인 생산물시장과 생산요소시장을 상정하자. 노동의 한계생산물이 100, 생산물가격이 120원이고, 노동의 임금이 10,000원일 때, 이윤극대화를 위한 기업 B의 최선의 선택은 무엇인가?

① 임금을 상승시킨다.

② 현 상태를 유지한다.

③ 노동고용량을 증가시킨다.

④ 현 상태에서 자본투입량을 증가시킨다.

10

다음 ㉠~㉢에 들어갈 용어로 옳은 것은?

> 음(−)의 외부성(negative externality)으로 인한 (㉠) 소비 문제는 (㉡)을 통해 (㉢)시킴으로써 해결할 수 있다.

	㉠	㉡	㉢
①	과소	보조금	외부화
②	과잉	범칙금	내부화
③	과잉	범칙금	외부화
④	과소	보조금	내부화

11

소비이론에 대한 설명으로 옳은 것은?

① 절대소득가설에 의하면 소비의 소득탄력성은 0이다.

② 항상소득가설에 의하면 임시소득은 대부분 소비로 처분된다.

③ 생애주기가설에 의하면 소득 수준이 낮아지는 시기에는 소비 수준도 낮아진다.

④ 상대소득가설에 의하면 장기에는 한계소비성향과 평균소비성향의 크기가 일치한다.

12

K국의 거시경제모형은 다음과 같다.

> - $Y = C + I + G + X - M$
> - $C = 0.75Y + 100$
> - $I = 0.15Y + 100$
> - $M = 0.1Y + 100$
>
> 단, Y는 국민소득, C는 소비지출, I는 투자지출, G는 정부지출, X는 수출, M은 수입이며 수출은 외생적으로 주어진다고 가정한다.

K국 정부가 정부지출을 100만큼 증가시키는 경우, 균형수준에서의 소비지출(C)의 증가분은?

① 350
② 375
③ 400
④ 425

13

통화량에 대한 설명으로 옳은 것은?

① 은행들이 지급준비율을 낮게 유지할수록 통화승수는 감소한다.

② 한국은행이 공개시장을 통하여 채권을 매입하였다면 본원통화가 감소한다.

③ 중앙은행이 법정지급준비율을 100%로 설정하게 되면 본원통화와 통화량의 크기는 같아진다.

④ 지급준비금이 부족한 시중은행이 한국은행으로부터 긴급 대출지원을 받을 때 적용되는 금리를 콜금리라고 한다.

14

현재 자본시장은 균형 상태에 있으며, K씨는 A주식에 투자하여 수익을 얻고자 하고 있다. 그런데 A주식과 시장포트폴리오의 공분산은 12%이고, 시장포트폴리오 분산은 3%이다. 또한 A주식의 기대수익률은 16%이고, 시장포트폴리오 기대수익률은 7%로 알려져 있다. 자산가격결정 모형(CAPM)에 따를 때 무위험수익률은?

① 3%
② 4%
③ 5%
④ 6%

15

다음 중 정부지출이 증가할 때 완전한 구축효과(crowding out effect)가 나타나는 경우는? (단, IS-LM 모형을 전제한다)

① 투자의 이자율 탄력성이 탄력적이고 화폐수요의 이자율 탄력성이 비탄력적인 경우

② 투자의 이자율 탄력성이 비탄력적이고 화폐수요의 이자율 탄력성이 탄력적인 경우

③ 투자의 이자율 탄력성이 완전비탄력적이고 화폐수요의 이자율 탄력성이 완전탄력적인 경우

④ 투자의 이자율 탄력성이 비탄력적이고 화폐수요의 이자율 탄력성이 완전비탄력적인 경우

16

총수요 – 총공급 모형의 단기 균형분석에 대한 설명으로 옳지 않은 것을 〈보기〉에서 모두 고르면? (단, 총수요곡선은 우하향하고, 총공급곡선은 우상향한다)

── 보기 ──

㉠ 중앙은행이 재할인율을 인하하면 총생산은 증가한다.

㉡ 국제 원유가 상승은 총수요곡선을 왼쪽으로 이동시켜 총생산이 감소한다.

㉢ 정부지출이 증가하면 총공급곡선이 오른쪽으로 이동하여 물가가 하락한다.

㉣ 물가 수준이 하락하면 총수요곡선이 오른쪽으로 이동하여 총생산이 증가한다.

① ㉠, ㉡, ㉢

② ㉠, ㉡, ㉣

③ ㉠, ㉢, ㉣

④ ㉡, ㉢, ㉣

17

K국은 X재와 Y재 두 재화만을 생산하고 있다. 다음 표에 대한 설명으로 옳지 않은 것은?

구분	X재		Y재	
	가격	수량	가격	수량
2018년(기준년도)	10	300	15	400
2019년	20	200	10	500

① 2018년의 GDP 디플레이터는 100이다.

② 2019년의 라스파이레스 수량지수에 따르면 2019년은 2018년에 비해 생활수준이 개선되었다고 평가된다.

③ 2019년의 파쉐 수량지수에 따르면 2019년은 2018년에 비해 생활수준이 개선되었다고 평가된다.

④ 2019년의 실질소득은 2018년에 비해 증가하였다.

18

최저임금제가 실시되고 있는 노동시장에서 노동수요곡선과 노동공급곡선이 다음과 같이 주어져 있다.

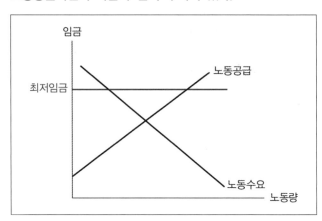

노동시장에서 노동수요곡선과 노동공급곡선이 동일한 크기만큼 우측으로 평행하게 이동할 경우 취업자 수와 실업자 수의 변화로 옳은 것은?

	취업자 수	실업자 수
①	증가	감소
②	불변	불변
③	불변	증가
④	증가	불변

19

기술진보가 단기 총공급(SAS)곡선과 장기 총공급(LAS)곡선, 그리고 단기 필립스(SPC)곡선과 장기 필립스(LPC)곡선에 미치는 영향으로 옳은 것은?

	SAS곡선	LAS곡선	SPC곡선	LPC곡선
①	오른쪽 이동	오른쪽 이동	오른쪽 이동	오른쪽 이동
②	오른쪽 이동	불변	오른쪽 이동	불변
③	오른쪽 이동	오른쪽 이동	왼쪽 이동	왼쪽 이동
④	불변	오른쪽 이동	불변	왼쪽 이동

20

K국의 중앙은행이 장래의 소비지출 계획이나 경기 전망에 대해 소비자들에게 설문조사한 결과가 다음 표와 같이 나타났다.

구분	매우 좋아짐	약간 좋아짐	약간 나빠짐	매우 나빠짐	합계
응답 가구 수	10	20	30	40	100

K국의 소비자 동향지수(Consumer Survey Index)를 구하면?

① 30　　　　　　　② 65

③ 75　　　　　　　④ 80

21

다음과 같은 Cobb-Douglas 생산함수를 가진 경제가 완전경쟁하에 있으며, 노동소득이 전체 소득의 40%를 차지한다고 가정한다.

- $Y = AL^{\alpha}K^{1-\alpha}$, 여기서 Y는 총생산, A는 기술, L은 노동량, K는 자본량이다.

노동자 1인당 소득증가율은 3%이고, 노동자 1인당 자본량 증가율은 3%이다. 이때 성장회계에 의한 총요소생산성(A) 증가율은?

① 0.8%　　　　　　② 1%

③ 1.2%　　　　　　④ 1.8%

22

다음 그림은 소국인 K국이 수입 개방 후 Q_2Q_3만큼 수입쿼터를 허용하는 경우 나타나게 되는 변화와 관련한 그림이다.

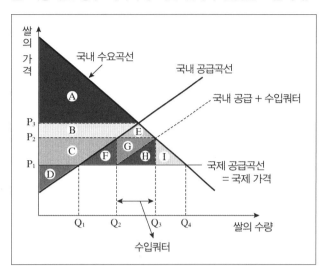

이에 대한 설명으로 옳은 것은?

① 수입쿼터 도입 전 생산자잉여의 크기는 'C+D'이다.

② 수입쿼터 도입 후 K국의 정부수지는 'G+H'만큼 개선된다.

③ 동등수입관세(equivalent import tariff)의 크기는 P_1P_2이다.

④ 수입쿼터 도입 후 발생하는 경제적 순손실은 'E+F+G+H+I'이다.

23

다음 중 외환시장에서 원-달러 환율을 하락시키는 요인을 〈보기〉에서 모두 고른 것은? (단, 변동환율제도를 전제한다)

┌ 보기 ┐
　㉠ 국내 체류 외국인들이 자신들의 본국으로 송금하는 급여의 크기가 증가하였다.
　㉡ 한국은행이 기준금리를 1.75%에서 1.5%로 인하하였다.
　㉢ 세계경기의 호전으로 국내 수출기업들의 수출액이 증가하고 있다.
└────┘

① ㉠, ㉡　　　　　② ㉠, ㉢

③ ㉡　　　　　　　④ ㉢

24

다음 표에 기초한 설명으로 가장 타당한 것은? (단, 다른 요소들은 고려하지 않는다)

나라	빅 맥 가격 (각국 통화)		대미 명목환율 (각국 통화/달러)	
	2021년	2022년	2021년	2022년
미국	3	4	-	-
갑국	300	400	150	200
을국	60	80	20	10
병국	6.6	4.4	2.0	1.1

① 빅 맥 지수에 따르면 2021년 갑국의 통화는 저평가되어 있다.

② 빅 맥 지수에 따르면 2022년 병국의 통화는 저평가되어 있다.

③ 명목 환율이 구매력 평가설에 가장 근접한 시기와 나라는 2021년의 갑국이다.

④ 빅 맥으로 구매력 평가가 성립한다면 2021년 병국의 구매력 평가환율은 달러당 3.3이 되어야 한다.

25

명목 GDP 증가율이 매년 3%로 동일하다고 알려진 소규모 개방국가인 K국과 Y국의 통화량 증가율이 매년 각각 2%와 5% 수준이라고 한다. 화폐수량설을 전제로 할 때, K국과 Y국의 국민경제에 대한 설명으로 옳은 것은? (단, 양국의 명목환율은 Y국 통화 1단위와 교환되는 K국 통화의 수량으로 정의하며, 다른 모든 조건들은 동일하다고 가정한다)

① 명목환율은 하락할 것이다.

② K국의 물가상승률이 Y국보다 더 높을 것이다.

③ K국의 실질 GDP 성장률이 Y국보다 더 낮을 것이다.

④ K국의 명목이자율은 Y국보다 더 높을 것이다.

memo

AK 경제학

실전 동형 모의고사

Answer
&
Explanation

01	④	02	④	03	②	04	①	05	③
06	④	07	③	08	④	09	②	10	①
11	②	12	①	13	①	14	④	15	④
16	②	17	①	18	③	19	①	20	②

01 소비자 민주의 효용함수가 다음과 같다.

- $U(X, Y) = X^\alpha \times Y^\beta \ (\alpha + \beta = 1)$

$X = 3$, $Y = 6$일 때 민주의 한계대체율(MRS_{XY})은 3이라고 알려져 있다. α의 크기를 구하면?

① $\frac{1}{3}$　　　　　② $\frac{2}{3}$

③ $\frac{3}{4}$　　　　　④ $\frac{3}{5}$

해설

주어진 효용함수는 다음과 같이 나타낼 수 있다.

- $U(X, Y) = X^\alpha \times Y^{1-\alpha} \ (\because \alpha + \beta = 1$에서 $\beta = 1 - \alpha)$

- 이에 따라 한계대체율(MRS_{XY})을 다음과 같이 도출할 수 있다.

- $MRS_{XY} = \dfrac{MU_X}{MU_Y} = \dfrac{\alpha \times X^{\alpha-1} \times Y^{1-\alpha}}{(1-\alpha) \times X^\alpha \times Y^{-\alpha}} = \dfrac{\alpha \times Y}{(1-\alpha) \times X}$
  $(\because \beta = 1 - \alpha)$

- $\dfrac{\alpha \times 6}{(1-\alpha) \times 3} = 3 \ \Rightarrow \ 2\alpha = 3(1-\alpha) \ \Rightarrow \ 5\alpha = 3 \ \Rightarrow \ \alpha = \dfrac{3}{5}$

정답 ④

02 민주의 효용함수는 $U(M, L) = M \times L$이고, 예산제약식은 $w(24-L) + A = M$이다. 민주가 효용을 극대화할 때와 관련된 설명으로 가장 타당한 것은? (단, M은 소득, L은 여가, $(24-L) \geq 0$은 노동시간, A는 보조금, w는 시간당 임금이다)

① 민주가 보조금을 받지 못한 경우, 노동시간은 시간당 임금에 비례하여 증가하게 된다.
② 시간당 임금이 일정할 경우 보조금이 증가하면 노동시간도 함께 증가한다.
③ 민주가 일정액만큼 보조금을 받을 때, 시간당 임금이 상승하면 여가도 증가하게 된다.
④ 보조금이 시간당 임금의 4배인 경우, 효용극대화를 위한 민주의 노동시간은 10시간이다.

해설

예산제약식에서 시간당 임금인 w는 여가의 상대가격이다. 이를 전제로 민주가 효용극대화를 달성하기 위해 필요한 여가시간을 도출하면 다음과 같다.

- 효용극대화 조건: 여가의 한계대체율($= MRS_{LM}$) = 여가의 상대가격 $\Rightarrow MRS_{LM}\left(= \dfrac{MU_L}{MU_M} = \dfrac{M}{L}\right) = w \Rightarrow M = wL$

- $w(24-L) + A = M \Rightarrow w(24-L) + A = wL \Rightarrow$
  $24w + A = 2wL \Rightarrow L = 12 + \dfrac{A}{2w}$

- 민주가 보조금을 받지 못한 경우($A = 0$), 민주의 여가시간(L)과 노동시간($24-L$)은 다음과 같이 도출된다.

- $L = 12 + \dfrac{A}{2w} \Rightarrow L = 12(\because A = 0) \Rightarrow$
  노동시간 $= 24 - L = 24 - 12 = 12$

이 결과는 민주가 보조금을 받지 못한 경우, 노동시간은 시간당 임금(w)과 관계없이 항상 12시간으로 일정하다는 것을 보여준다(①).

- 민주가 보조금을 받을 때($A \neq 0$) 민주의 여가시간(L)은 다음과 같다.

- $L = 12 + \dfrac{A}{2w}$

이 결과는 시간당 임금(w)이 일정할 경우, 민주가 보조금을 받을 때 민주의 여가시간(L)은 12시간보다 계속해서 증가한다는 것을 보여준다. 이것은 민주의 노동시간은 계속해서 감소한다는 의미이기도 하다(②). 또한 민주가 일정액만큼 보조금을 받을 때, 시간당 임금(w)이 상승하면 여가는 계속해서 감소한다는 것을 보여준다(③).

- 보조금(A)이 시간당 임금(w)의 4배인 경우 민주의 노동시간은 다음과 같이 도출된다.

> - $L = 12 + \dfrac{A}{2w}$ ⇒ $L = 12 + \dfrac{4w}{2w} = 12 + 2 = 14$ ⇒ 노동시간 = $24 - L = 24 - 14 = 10$(시간)

정답 ④

03 10명의 노동자가 생산에 참여할 때 1인당 평균생산량은 19단위였다. 그런데 노동자 1명을 더 고용하여 생산하였더니 1인당 평균생산량은 18단위로 줄어들었다. 이 경우의 한계생산물은 얼마인가?

① 1단위   ② 8단위

③ 9단위   ④ 11단위

| 해설 |

노동자가 10명일 때 총생산량은 190단위, 11명일 때 총생산량은 198단위이다. 따라서 한계생산물은 8단위가 된다.

정답 ②

04 다음 표는 여객과 화물운송 서비스를 제공하고 있는 A기업과 B기업의 단위당 여객운송 서비스와 화물운송 서비스 제공에 따른 비용을 보여 준다.

A기업	여객운송(명)			B기업	여객운송(명)		
		0	400			0	50
화물운송	0	0	400	화물운송	0	0	45
(톤)	100	500	800	(톤)	15	60	120

두 기업 중 범위의 경제가 존재하는 기업은?

① A기업에게만 해당한다.

② B기업에게만 해당한다.

③ 두 기업 모두에 해당한다.

④ 어느 기업에도 해당되지 않는다.

| 해설 |

범위의 경제란 X재와 Y재를 생산할 때, 다음 조건을 충족할 때 성립한다.

> - $TC(X+Y) < TC(X) + TC(Y)$

- 여객운송을 'X', 화물운송을 'Y'라고 하면, 주어진 A기업과 B기업의 자료를 통해 다음 결과가 도출된다.

- A기업: $TC(X+Y) = 800$, $TC(X) + TC(Y) = 400 + 500 = 900$
  ⇒ $TC(X+Y) < TC(X) + TC(Y)$
- B기업: $TC(X+Y) = 120$, $TC(X) + TC(Y) = 45 + 60 = 105$
  ⇒ $TC(X+Y) > TC(X) + TC(Y)$

이에 따라 A기업에서는 범위의 경제가 존재하지만, B기업에서는 범위의 경제가 존재하지 않는다.

정답 ①

05 K기업의 공급함수가 다음과 같다.

> - $Q_S = a + bP$, 여기서 Q_S는 공급량, P는 가격, a와 b는 모두 0보다 큰 상수이다.

다음 중 K기업의 공급의 가격탄력성과 관련된 진술 중 가장 타당한 것은?

① 공급의 가격탄력성은 항상 1보다 크며, 가격이 상승할수록 더 커진다.

② 공급의 가격탄력성은 항상 1보다 크며, 가격이 상승할수록 더 작아진다.

③ 공급의 가격탄력성은 항상 1보다 작으며, 가격이 상승할수록 더 커진다.

④ 공급의 가격탄력성은 항상 1보다 작으며, 가격이 상승할수록 더 작아진다.

| 해설 |

공급곡선이 선형일 때 공급의 가격탄력성은 다음과 같이 정리할 수 있다.

> - 공급곡선이 가격 축을 통과 ⇒ 곡선 상의 모든 점에서 '$1 < E_P$'이 성립 ⇒ 가격이 상승할수록 공급의 가격탄력성은 더 작아진다.
> - 공급곡선이 수량 축을 통과 ⇒ 곡선 상의 모든 점에서 '$0 < E_P < 1$'이 성립 ⇒ 가격이 상승할수록 공급의 가격탄력성은 더 커진다.

- 주어진 공급곡선은 '$P = 0$'일 때, '$Q_S = a$'임을 보여준다. 즉 수량 절편이 양($+$)임을 보여 준다($\because a > 0$). 따라서 공급곡선은 양($+$)의 수량 축을 통과하고 있음을 알 수 있다. 따라서 공급의 가격탄력성은 기울기와 관계없이 항상 1보다 작은 값을 갖게 되며, 가격이 상승할수록 더 커지게 된다.

정답 ③

06 다음 그림은 종량세가 부과되기 전의 배추 시장과 콜라 시장을 나타낸 것이다. 이제 두 시장에서 각각 단위당 2원만큼의 종량세가 수요자에게 부과된다고 한다. 이러한 종량세 부과에 따른 변화에 대한 설명으로 가장 타당한 것은?

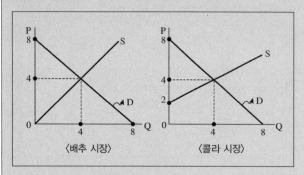

〈배추 시장〉　〈콜라 시장〉

① 종량세 부과에 따른 정부의 재정수입은 콜라 시장에서 더 크다.

② 종량세 부과에 따른 경제적 순손실(deadweight loss)은 배추 시장이 더 크다.

③ 종량세 부과에 따른 수요자와 공급자의 조세부담 크기는 두 시장에서 동일하다..

④ 종량세 부과에 따른 소비자잉여는 배추 시장에서 더 크다.

| 해설 |

종량세가 수요자에게 부과되면 수요곡선은 부과된 종량세 크기만큼 아래로 평행이동하게 된다. 이에 따라 시장균형가격은 하락하고 시장균형거래량은 감소한다.

• 그런데 배추 시장의 공급곡선은 원점을 지나는 직선이므로 공급의 가격탄력성은 모든 점에서 항상 '1'이고, 콜라 시장의 공급곡선은 가격 축을 지나므로 공급의 가격탄력성은 '탄력적'이다. 따라서 배추 시장의 공급곡선보다 콜라 시장의 공급곡선이 더 탄력적이므로 가격은 배추 시장에서 더 크게 하락하고, 거래량은 콜라 시장에서 더 크게 감소하게 된다.

• 주어진 조건에서 두 시장에서 수요곡선은 모두 '$P = 8 - Q_D$'이고, 배추 시장에서 공급곡선은 '$P = Q_S$', 콜라 시장에서 공급곡선은 '$P = 2 + \frac{1}{2} Q_S$'이다. 이제 두 시장에서 모두 수요자에게 단위당 2원만큼의 종량세가 부과되면 두 시장에서 수요곡선은 모두 '$P = 6 - Q_D$'가 된다. 이러한 결과들을 그림으로 나타내면 다음과 같다.

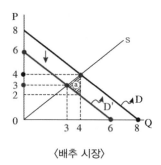

〈배추 시장〉

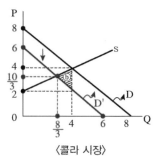

〈콜라 시장〉

• 종량세 부과 후 거래량은 배추 시장(= 3)보다 콜라 시장(= $\frac{8}{3}$)에서 더 작아지므로 정부의 재정수입 역시 배추 시장(= 6)보다 콜라 시장(= $\frac{16}{3}$)에서 더 작아지게 된다(①).

• 종량세 부과 후 거래량 감소는 배추 시장(= 1)보다 콜라 시장(= $\frac{4}{3}$)에서 더 크게 감소하므로 경제적 순손실(deadweight loss)은 콜라 시장이 더 크다. 그림에서 배추 시장에서 발생한 경제적 순손실(= ⓐ)은 '1'이고, 콜라 시장에서 발생한 경제적 순손실(= ⓑ)은 '$\frac{4}{3}$'이다.

• 종량세 부과에 따른 조세부담의 크기에는 다음과 같은 관계가 성립한다.

> • $\dfrac{수요의\ 가격탄력성}{공급의\ 가격탄력성} = \dfrac{공급자의\ 조세부담\ 크기}{수요자의\ 조세부담\ 크기}$
>
> • 배추 시장에서는 '수요의 가격탄력성($E_d = 1$)=공급의 가격탄력성($E_s = 1$)' 성립 ⇒ '수요자의 조세부담=공급자의 조세부담' 조세부담 크기 동일
>
> • 콜라 시장에서는 '수요의 가격탄력성($E_d = 1$)<공급의 가격탄력성($E_s > 1$)' 성립 ⇒ '수요자의 조세부담>공급자의 조세부담'

• 종량세 부과 후 소비자잉여는 배추 시장에서는 $\frac{9}{2}$($= 3 \times 3 \times \frac{1}{2}$)이고 콜라 시장에서는 $\frac{32}{9}$($= \frac{8}{3} \times \frac{8}{3} \times \frac{1}{2}$)이 된다(④).

(정답) ④

07 'SS 설렁탕'은 전단지에 인쇄된 할인쿠폰을 오려 온 고객들에게는 일반 고객들보다 설렁탕을 한 그릇당 10%만큼 저렴하게 판매하고 있다. 다음 중 'SS 설렁탕'의 판매 전략과 가장 가까운 것으로 판단되는 것은?

① 'S 전자' 대리점에서는 전시상품에 대해서는 신상품에 비해서 50%만큼 할인하여 판매하고 있다.

② 남성 전문 이발소인 '파란 클럽'에서는 10번 이발을 한 고객에게 11번째에는 무료로 이발을 해 주고 있다.

③ 독점 사업자인 'K 통신사'는 개인보다 기업에 대해 높은 시간당 통신요금을 부과하고 있다.

④ '네고비아 기타'는 연주가용 고급 원목 기타는 1,000만 원에, 보급형 일반 목재 기타는 50만 원에 판매하고 있다.

| 해설 |

설렁탕을 먹기 위해 쿠폰까지 오려서 온다는 것은 가격 변화에 상당히 예민하다는 것을 의미한다. 이는 고객의 수요의 가격탄력성이 대단히 크다는 것과 동일한 의미이다. 따라서 'SS 설렁탕'에서는 수요의 가격탄력성을 기준으로 동일한 설렁탕을 '3급 가격차별' 하고 있다고 볼 수 있다.

• 기업이 업무를 수행하는 데 있어 통신 서비스라는 것은 필수불가결한 요소이기 때문에 통신요금이 높다고 하더라도 통신서비스를 이용할 수밖에 없다. 즉 수요의 가격탄력성이 개인에 비해 상대적으로 작다고 볼 수 있다. 이에 따라 개인보다 높은 통신요금을 기꺼이 부담하고자 한다. 결국 수요의 가격탄력성의 차이를 이용하는 '3급 가격차별'에 해당한다고 볼 수 있다.

• 가격차별은 '동일한 상품을 상이한 가격으로 판매'하는 것을 의미한다. 그런데 전시상품과 신상품, 연주가용 기타와 보급형 기타는 서로 상이한 상품에 해당하므로 가격차별 판매 전략으로 볼 수 없다(①, ④).

• '파란 클럽'에서 제공하는 혜택은 상품 구입량에 따라 가격차별을 하는 2급 가격차별 판매 전략에 해당한다(②).

정답 ③

08 공공재(Public Goods)에 대한 설명으로서 가장 적절치 않은 것은?

① 소비에 비경합성이 존재한다.

② 국방, 치안, 가로등 및 공원이 해당된다.

③ 공공재의 무임승차문제의 주된 요인은 비배제성이다.

④ 공공재는 개인이 원하는 양을 얼마든지 소비할 수 있다.

| 해설 |

공공재는 소비에 있어 비경합성의 특성을 갖는다. 이에 따라 공공재는 모든 소비자가 동일한 양을 소비할 수 있는 재화를 의미한다.

• 주의할 것은 '비경합성'의 의미가 개인이 원하는 양을 얼마든지 소비한다는 것을 의미하는 것은 아니라는 것이다. 소비할 수 있는 동일한 양도 결국 '생산된' 공공재의 양의 범위 내에서 제한을 받게 되는 것이다.

정답 ④

09 다음은 개방 국민경제의 사후적 균형에 관한 설명이다. 이에 대한 분석과 추론으로 옳은 것을 〈보기〉에서 모두 고르면?

경제는 사후적으로 보면 언제나 균형을 이룬다. 개방 국민경제에서의 주입은 투자지출, 정부지출 및 수출이며 누출은 민간저축, 조세 및 수입이다. 민간저축과 투자지출의 차이는 민간 잉여, 조세와 정부지출의 차이는 정부 잉여, 수출과 수입의 차이는 순수출로 정의된다. 2국으로 구성되는 국제경제를 상정하자. 그리고 한 나라의 수입의 크기는 그 나라 국민소득의 크기와 비례적인 관계가 있다고 한다.

┌ 보기 ───

㉠ 국내의 투자지출이 클수록 순수출의 크기는 작다.

㉡ 민간 잉여의 크기가 일정하다면, 정부 잉여가 작을수록 순수출의 크기는 크다.

㉢ 민간 잉여와 정부 잉여의 합이 양(+)이라면 순수출의 크기는 반드시 양(+)이다.

㉣ 상대국 정부가 정부지출을 확대하면 자국의 순수출은 줄어든다.

① ㉠, ㉡　　　　　② ㉠, ㉢

③ ㉡, ㉣　　　　　④ ㉢, ㉣

| 해설 |

국민경제 균형식은 다음과 같다.

• 민간 잉여(민간저축-투자지출)+정부 잉여(조세-정부지출=정부저축)=순수출(수출-수입)

• 민간저축+정부 잉여(정부저축)=투자지출+순수출

㉠ 국내의 투자지출이 이루어지면 국민소득이 증가한다. 한 나라의 수입의 크기가 그 나라 국민소득의 크기에 비례적인 관계에 있으므로 수입 증가로 순수출의 크기는 작아지게 된다.

㉡ 민간 잉여의 크기가 일정하다면, 정부 잉여가 작을수록 순수출의 크기도 작아야만 균형식이 계속 유지될 수 있다.

㉢ 민간 잉여와 정부 잉여의 합이 양(+)이라면 순수출의 크기는 반드시 양(+)이어야만 균형식이 계속 유지될 수 있다.

ㄹ 상대국 정부가 정부지출을 확대하면 상대국의 국민소득이 증가하게 된다. 한 나라의 수입의 크기가 그 나라 국민소득의 크기와 비례적인 관계에 있으므로 상대국의 수입이 증가하게 되고, 이것은 곧 자국의 순수출이 증가한다는 것을 의미한다.

정답 ②

---

10 장기 소비함수에서 평균소비성향(APC)이 0.75, 단기 소비함수에서 평균소비성향(APC)이 0.65로 알려져 있다. 만약 항상소득 가설에 따른다면 임시소득의 값은? (단, 소비의 크기는 일정불변이라고 가정한다)

① 양(+)의 값이다.

② 음(−)의 값이다.

③ 0(零)이다.

④ 양(+)일 수도 있고, 음(−)일 수도 있다.

| 해설 |

항상소득가설에서 실제소득(Y) = 항상소득(Y_P) + 임시소득(Y_T)이다.

• 단기의 평균소비성향(APC)은 $\dfrac{C}{Y_P + Y_T}$가 되고, 장기에는 임시소득의 평균값이 0이 되므로 장기의 평균소비성향(APC)은 $\dfrac{C}{Y_P}$가 된다.

• 장기의 APC가 0.75이고, 단기의 APC는 0.65이므로 '$\dfrac{C}{Y_P + Y_T}$($= 0.65$) $< \dfrac{C}{Y_P}$($= 0.75$)'가 성립하게 된다. 따라서 임시소득(Y_T)은 양(+)의 값을 갖게 된다.

정답 ①

---

11 투자가 독립투자로만 이루어지는 민간 봉쇄경제인 K국의 소득과 저축의 관계가 다음과 같이 주어져 있다. 아래 진술 중 가장 타당하지 못한 것은? (단, 저축은 소득의 크기에만 영향을 받는다고 가정한다)

소득(Y)	300	320	340	360
저축(S)	44	48	52	56

① K국의 소비함수에서 기초소비는 16이다.

② 만약 200만큼의 디플레이션 갭이 존재한다면 완전고용에 도달하기 위해 필요한 정부지출은 40이다.

③ 소득이 증가할수록 평균저축성향은 지속적으로 증가한다.

④ 소득이 증가한다고 하더라도 한계소비성향은 일정하다.

| 해설 |

주어진 표를 전제로 저축함수를 도출하면 다음과 같다.

- $S = g + sY \Rightarrow 44 = g + 0.2 \times 300 \Rightarrow g = -16$
  $\Rightarrow S = -16 + 0.2Y$
- $C = -g + (1-s)Y \Rightarrow C = 16 + 0.8Y$
- S는 저축, g는 기초저축, s는 한계저축성향, Y는 소득, C는 소비이다.

• 소비함수가 절편을 갖는 우상향의 케인스 소비함수의 특성을 갖고 있으므로 소득이 증가함에 따라 평균소비성향은 감소하고 평균저축성향은 증가한다.

• 소비함수가 선형함수이므로 소득이 증가한다고 하더라도 소비함수의 접선의 기울기인 한계소비성향은 0.8로 불변이다.

• 정부지출승수가 $5 \left(= \dfrac{1}{1-0.8} \right)$가 되어 정부지출이 40만큼 증가하면 200만큼의 디플레이션 갭이 아닌 GDP 갭을 채울 수 있게 되어 완전고용에 도달할 수 있게 된다.

정답 ②

---

12 민주는 H은행에 거주자 외화예금 형태로 예치되었던 1,000만 원 전액을 인출하여 500만 원은 현금으로 보유하고, 나머지 500만 원은 요구불 예금 형태로 다시 K은행에 예치하였다. 이 경우에 협의통화(M_1)와 광의통화(M_2)의 변화는? (단, 다른 조건들은 고려하지 않는다)

① 협의통화는 증가하고 광의통화는 불변이다.

② 협의통화는 증가하고 광의통화는 감소한다.

③ 협의통화는 감소하고 광의통화는 증가한다.

④ 협의통화는 감소하고 광의통화는 불변이다.

| 해설 |

거주자 외화예금은 광의통화(M_2)에 해당하고, 현금과 요구불 예금은 모두 협의통화(M_1)에 해당한다.

• 광의통화(M_2)는 협의통화(M_1)를 모두 포함한다.

• 따라서 현금 보유와 요구불 예금으로 협의통화(M_1)는 증가하고, 협의통화를 포함하고 있는 광의통화는 변화가 없게 된다.

정답 ①

13 '투자는 이자율의 감소함수'라는 가정에 가속도원리를 도입하여, '투자는 이자율의 감소함수일 뿐 아니라 소득의 증가함수'라는 가정으로 바꾸면 어떠한 변화가 나타나는가?

① IS곡선의 기울기가 더욱 완만해진다.
② IS곡선의 기울기가 더욱 급해진다.
③ 재정정책의 효과가 더 커진다.
④ 금융정책의 효과가 더 작아진다.

| 해설 |

'투자는 이자율의 감소함수일 뿐 아니라 소득의 증가함수'라는 가정 하에서 폐쇄경제를 전제하고 소비지출, 투자지출, 정부지출이 다음과 같이 주어질 때, IS곡선은 다음과 같이 도출할 수 있다.

- 소비지출: $C = a - b(Y - T_0)$
- 투자지출: $I = I_0 - dr + wY$
- 정부지출: $G = G_0$
- IS곡선: $r = \dfrac{a - b \times T_0 + c + G_0}{d} - \dfrac{1 - b - w}{d} \times Y$
- C는 소비, a는 절대소비, b는 한계소비성향, Y는 국민소득, T_0은 정액세, I는 투자, r은 이자율, w는 유발투자 계수, G는 정부지출이다.

- 앞의 IS곡선에서 IS곡선의 기울기는 $\dfrac{1 - b - w}{d}$이며, '$\dfrac{1 - b}{d} > \dfrac{1 - b - w}{d}$'이 성립하므로 IS곡선의 기울기는 더욱 완만해진다. 이에 따라 재정정책의 효과는 작아지고, 금융정책의 효과는 커지게 된다.

정답 ①

14 루카스 공급함수가 다음과 같다.

$$Y = Y_N + \alpha(P - P^e), \ \alpha > 0$$

각 학파에 적용할 때, 이 함수가 가지는 특징에 대한 서술로서 옳지 않은 것은?

┌ 보기 ─

㉠ Keynes 학파의 경우 단기에 P^e가 불변이므로, 우상향하는 AS곡선이 된다.
㉡ 통화주의의 경우 단기에 P^e가 불변이므로 우상향하는 AS곡선이 되지만, 장기에는 $P = P^e$가 되어 자연산출량 수준 Y_N 수준에서 수직선이 된다.

㉢ 합리적 기대학파의 경우 단기와 장기에 모두 $P = P^e$가 되어 AS곡선이 Y_N 수준에서 수직선이 된다.
㉣ 합리적 기대학파의 경우 예상하지 못한 인플레이션이 발생하더라도 단기와 장기에 모두 $P = P^e$가 되어 AS곡선이 Y_N 수준에서 수직선이 된다.

① ㉠, ㉣   ② ㉡
③ ㉡, ㉢   ④ ㉣

| 해설 |

합리적 기대학파의 경우에도 예상하지 못한 인플레이션이 일어난다면 단기에서만큼은 P^e가 불변이 되어 AS곡선이 우상향하게 된다.

정답 ④

15 이자소득세율(t)이 25%이고, 명목이자율(i)이 4%, 예상인플레이션(π^e)이 3%라고 가정하자. 만약 예상인플레이션이 6%로 상승하였을 때, 세후 실질이자율(r_t)이 이전과 같은 수준이 되기 위해서 필요한 명목이자율 수준은?

① 5%   ② 6%
③ 7%   ④ 8%

| 해설 |

예상인플레이션(π^e)이 상승하기 전, 세후 실질이자율(r_t)은 다음과 같다.

- $r_t = i(1 - t) - \pi^e = 4(1 - 0.25) - 3 = 3 - 3 = 0(\%)$
- t는 이자소득세율이다.

- 만약 예상인플레이션(π^e)이 6%로 상승할 때 세후 실질이자율(r_t)이 이전과 같은 0% 수준을 유지하기 위해서는 다음 식을 충족해야 한다.

- $r_t = i(1 - t) - \pi^e = i(1 - 0.25) - 6 = 0(\%) \ \Rightarrow \ 0.75i = 6(\%)$
  $\Rightarrow \ i = 8(\%)$

- 이자소득세는 실질이자가 아닌 명목이자에 부과된다는 것을 반드시 기억해야 한다.

정답 ④

16 J. R. Hicks가 승수효과와 가속도 원리를 결합하여 순환적 성장을 설명하면서 가능성이 높은 경우라고 한 것은?

① 단순 진동형
② 단순 발산형
③ 수렴 진동형
④ 발산 진동형

| 해설 |

순환제약이론(당구대 이론)을 주장한 J. R. Hicks는 경기변동을 투자승수와 가속도 원리의 상호작용으로 설명하는 P. A. Samuelson의 경기변동모형 중에서 단순 발산형을 수용하여, 경기순환을 하면서 경제성장이 이루어진다고 하였다.

• 이러한 단순 발산형은 한계소비성향과 가속도 계수가 모두 큰 경우에 나타나는 모형이다.

정답 ②

17 다음과 같은 Cobb–Douglas 생산함수를 가진 경제가 완전경쟁 하에 있다.

• $Y = AL^\alpha K^{1-\alpha}$

2021년에 GDP 성장률은 5%, 노동(L)과 자본(K)의 투입증가율은 각각 5%와 3%라고 할 때, 2021년의 총요소생산성 증가율이 1%라고 한다. 이 경제의 노동소득분배율을 구하면?

① $\dfrac{1}{2}$
② $\dfrac{1}{3}$
③ $\dfrac{2}{3}$
④ $\dfrac{3}{4}$

| 해설 |

생산함수에서 노동소득분배율은 α이다.

• 주어진 조건 하에서 노동소득분배율(α)은 다음과 같은 성장회계를 통해 도출할 수 있다.

• $\dfrac{\Delta Y}{Y} = \dfrac{\Delta A}{A} + \alpha \times \dfrac{\Delta L}{L} + (1-\alpha) \times \dfrac{\Delta K}{K}$

$\Rightarrow 5\% = 1\% + \alpha \times 5\% + (1-\alpha) \times 3\%$

$\Rightarrow 1\% = \alpha \times 2\%$

$\Rightarrow \alpha = \dfrac{1}{2}$

정답 ①

18 갑국과 을국에서 A재, B재 각 1단위를 생산하는 데 필요한 노동 투입 시간은 다음 표와 같다.

구분	A재	B재
갑국	100시간	50시간
을국	20시간	40시간

양국은 노동만을 투입하여 생산하며, 가용 노동시간은 1,000시간으로 동일하다. 무역은 양국 사이에서만 자유롭게 이루어지며 거래비용은 없다. 자유무역 후 A재와 B재는 1:1로 교환되고 갑국이 소비하는 A재와 B재의 소비량은 동일하다. 비교우위론에 따른 자유무역 후 을국이 소비하는 A재와 B재는 각각 몇 단위인가?

	A재	B재
①	10	10
②	10	40
③	40	10
④	40	40

| 해설 |

주어진 표를 전제로 한 각 국의 비교우위 상품은 다음과 같다.

구분	B재 수량으로 나타낸 A재 1단위당 기회비용	A재 수량으로 나타낸 B재 1단위당 기회비용
갑국	$\dfrac{100시간}{50시간} = 2$	$\dfrac{50시간}{100시간} = 0.5$
을국	$\dfrac{20시간}{40시간} = 0.5$	$\dfrac{40시간}{20시간} = 2$

이에 따라 갑국은 B재, 을국은 A재에 비교우위를 갖게 된다.

• 양국이 비교우위 상품에 대해 완전특화한 후 생산량과 '1:1'의 교역조건으로 자유무역을 한 후 양국의 소비량을 정리하면 다음과 같다.

구분	무역 전 A재 생산량	무역 전 B재 생산량	무역 후 A재 소비량	무역 후 B재 소비량
갑국	0	$\dfrac{1,000}{50} = 20$	10	10
을국	$\dfrac{1,000}{20} = 50$	0	40	10

앞의 표에서 나타난 결과처럼 A재와 B재의 '1:1' 교역 후 갑국은 A재와 B재를 각각 10단위씩 동일하게 소비하게 되고, 을국은 A재와 B재를 각각 40단위와 10단위를 소비하게 된다.

정답 ③

19 소규모 개방 경제모형에서 수입관세 부과 정책과 수출보조금 지급 정책 실시에 따른 공통적인 효과에 관한 설명으로 가장 타당한 것은? (단, 수요곡선은 우하향하고 공급곡선은 우상향하며, 다른 조건들은 고려하지 않는다)

① 정책 실시 전에 비해 두 정책 모두 생산자잉여를 증가시킨다.

② 정책 실시 전에 비해 두 정책 모두 소비자잉여를 증가시킨다.

③ 정책 실시 전에 비해 두 정책 모두 재정수지가 개선된다.

④ 정책 실시 전에 비해 두 정책 모두 무역량을 증가시킨다.

| 해설 |

수입관세의 부과와 수출보조금의 지급은 모두 생산자잉여를 이전에 비해 증가시키는 효과를 가져 온다.

② 정책 실시 전에 비해 두 정책 모두 소비자잉여를 감소시킨다.

③ 정책 실시 전에 비해 수입관세 부과 정책은 재정수지를 개선시키지만, 수출보조금 지급 정책은 재정수지를 악화시킨다.

④ 정책 실시 전에 비해 수입관세 부과 정책은 무역량을 감소시키고, 수출보조금 지급 정책은 무역량을 증가시킨다.

정답 ①

---

20 다음 표는 일정 시점에 각국의 빅 맥(Big Mac) 가격과 현물 환율에 관한 자료이다. 빅 맥에 대해 구매력 평가설이 성립한다고 가정할 때, 장기적으로 환율이 오를 것으로 예상되는 국가를 모두 고르면? (단, 동일한 시점에서 미국에서는 빅 맥이 3달러에 판매되고 있었다)

	국가	빅 맥 가격	현물 환율
㉠	일본	220엔	110엔/달러
㉡	중국	20위안	5위안/달러
㉢	태국	330바트	100바트/달러
㉣	베트남	16,000동	8,000동/달러

① ㉠, ㉡   ② ㉠, ㉣

③ ㉡, ㉢   ④ ㉢, ㉣

| 해설 |

각국에서 판매되는 빅 맥 가격을 현물환율로 적용하여 달러로 환산한 값을 빅 맥 지수라고 한다. 구매력 평가설에서는 이러한 빅 맥 지수와 미국에서 판매되는 가격을 비교하여 환율의 장기적인 변동 방향을 예측할 수 있다.

• 각국의 빅 맥 지수와 미국에서 판매되는 빅 맥 가격을 정리하면 표와 같다.

국가	빅 맥 지수	미국 빅 맥 가격
㉠ 일본	$\left(\dfrac{220엔}{110엔/달러}\right)=2달러$	3달러
㉡ 중국	$\left(\dfrac{20위안}{5위안/달러}\right)=4달러$	3달러
㉢ 태국	$\left(\dfrac{330바트}{100바트/달러}\right)=3.3달러$	3달러
㉣ 베트남	$\left(\dfrac{16,000동}{8,000동/달러}\right)=2달러$	3달러

• 구매력 평가설은 현물 환율이 장기적으로 구매력 평가환율에 수렴한다는 것을 내용으로 한다. 이에 따르면 각 국의 빅 맥 지수가 미국에서 판매되는 빅 맥 가격보다 낮으면(높으면) 장기적으로 환율이 하락(상승)하게 된다.

• 따라서 빅 맥 지수가 미국의 빅 맥 가격보다 낮은 일본과 베트남에서는 장기적으로 환율이 하락할 것으로 예상할 수 있으며, 빅 맥 지수가 미국의 빅 맥 가격보다 높은 중국과 태국에서는 장기적으로 환율이 상승할 것으로 예상할 수 있다.

정답 ②

01	①	02	③	03	④	04	④	05	②
06	④	07	③	08	④	09	④	10	③
11	③	12	②	13	③	14	③	15	②
16	④	17	③	18	④	19	③	20	①
21	②	22	④	23	④	24	④	25	①

01 소비자 B는 항상 야채(X) 2단위와 과일(Y) 3단위를 서로 대체하여 소비한다고 한다. B가 야채와 과일에 소비할 수 있는 예산은 12,000원이고, 야채와 과일 1단위의 값이 각각 1,000원이라고 한다. 이에 대한 설명으로 옳지 못한 것은?

① B의 효용함수를 구하면 $U=2X+3Y$로 나타낼 수 있다.

② B의 야채 소비에 따른 주관적 교환비율은 야채의 상대가격보다 항상 큰 값을 갖는다.

③ B의 합리적 선택의 결과 야채만을 소비하게 된다.

④ 야채의 소득−소비 곡선(ICC)은 원점을 지나는 직선이다.

| 해설 |

항상 야채(X) 2단위와 과일(Y) 3단위를 서로 대체하여 소비하므로 효용함수는 다음과 같은 선형함수의 모습을 보인다.

- $U=3X+2Y \Rightarrow Y=-\dfrac{3}{2}X+\dfrac{U}{2}$
- 여기서 U는 효용, X는 야채 소비량, Y는 과일 소비량이다.

② 야채 소비에 따른 주관적 교환비율이란 효용함수의 기울기인 한계대체율(MRS_{XY})을 의미한다. 앞의 효용함수에서 한계대체율은 $\dfrac{3}{2}$으로 항상 일정한 값을 갖는다. 한편 주어진 조건에 따른 야채의 상대가격($\dfrac{P_X}{P_Y}$)은 '$\dfrac{P_X}{P_Y}=\dfrac{1,000}{1,000}=1$'이 되어 '$MRS_{XY}>\dfrac{P_X}{P_Y}$'이 성립하게 된다.

③ 만약 '$MRS_{XY}>\dfrac{P_X}{P_Y}$'가 성립하게 되면 오직 야채($X$)만을 소비하게 되는 구석해가 존재하게 된다.

④ 소득이 증가해도 야채(X)만을 소비하는 구석해는 변화가 없으므로 소득−소비 곡선(ICC)은 야채의 소비량 축과 겹쳐지게 되어 원점을 지나는 직선이 된다. 만약 야채 소비량이 가로축에 표시되면 소득−소비 곡선(ICC)은 원점에서 출발하는 직선인 가로축과 겹치는 모습을 보인다.

정답 ①

02 위험기피자인 갑의 효용함수가 다음과 같다.

- $U=W^{0.5}$, U는 효용이고 W는 재산이다.

갑이 질병에 걸릴 확률이 10%라고 하자. 현재 갑의 재산(W)은 8,100이며, 질병에 걸릴 경우 갑의 재산은 2,500으로 감소한다고 한다. 다음 설명 중 타당한 것은? (단, 다른 조건들을 고려하지 않는다)

① 공정한 보험료는 250이다.

② 갑의 기대재산은 7,850이다.

③ 주어진 조건에서 도출되는 최대보험료는 704이다.

④ 갑은 공정한 보험 상품을 구입하지 않는다.

| 해설 |

주어진 조건들을 전제로 다음과 같은 자료들을 도출할 수 있다.

- 기대손실액: 질병에 걸릴 확률×손실액=$0.1×5,600=560$
- 공정한 보험료=기대손실액 $\Rightarrow$ 공정한 보험료=560
- 기대재산(EW): $EW=0.1×2,500+0.9×8,100$ $=250+7,290=7,540$
- 기대효용(EU): $EU=0.1×\sqrt{2,500}+0.9×\sqrt{8,100}$ $=0.1×50+0.9×90=5+81=86$
- 확실성 등가(CE): $EU=U(=\sqrt{CE}) \Rightarrow 86=\sqrt{CE}$ $\Rightarrow CE=7,396$
- 위험프리미엄(RP): 기대재산−확실성 등가 $=7,540-7396=144$
- 최대보험료: 공정한 보험료+위험프리미엄=$560+144=704$

- 위험기피자는 불확실성을 제거하기 위해서 공정한 보험 가입의 기회가 주어지면 반드시 보험 상품을 구입한다.

정답 ③

03 A기업의 생산함수가 다음과 같다.

- $Q=10K^{0.6}L^{0.4}$
- 여기서, Q는 생산량, L은 노동량, K는 자본량이다.

생산함수에 관한 다음 설명 중 가장 타당한 것은?

① 단기에 규모에 대한 수익 불변의 특성을 갖는다.

② 노동투입량과 자본투입량이 모두 2배로 증가하면 기술적 한계대체율($MRTS_{LK}$)도 2배가 된다.

③ 각 생산요소의 평균생산력을 기준으로 분배할 때 자본소득 분배율은 40%이다.

④ 자본투입량과 노동투입량이 모두 2배가 되더라도 노동의 한계생산물은 불변이다.

| 해설 |

노동의 한계생산물은 다음과 같이 도출된다.

$$MP_L = \frac{dQ}{dL} = 0.4 \times 10 K^{0.6} L^{-0.6} = 4\left(\frac{K}{L}\right)^{0.6}$$

이때 자본과 노동투입량이 2배가 될 때 노동의 한계생산물은 다음과 같다.

$$MP_L = 4\left(\frac{2K}{2L}\right)^{0.6} = 4\left(\frac{K}{L}\right)^{0.6}$$

따라서 자본투입량과 노동투입량이 모두 2배가 되더라도 노동의 한계생산물은 불변이다.

① 주어진 생산함수는 1차 동차인 콥－더글라스 생산함수이다. 따라서 단기에는 수확체감의 법칙, 장기에는 규모에 대한 보수 불변의 특성을 갖는다.

② 기술적 한계대체율($MRTS_{LK}$)은 다음과 같이 도출된다.

$$MRTS_{LK} = \frac{MP_L}{MP_K} = \frac{0.4 \times 10 K^{0.6} L^{-0.6}}{0.6 \times 10 K^{-0.4} L^{0.4}} = \frac{2}{3} \times \frac{K}{L}$$

이때 노동과 자본의 투입량이 2배 증가할 때 기술적 한계대체율은 다음과 같다.

$$MRTS_{LK} = \frac{2}{3} \times \frac{2K}{2L} = \frac{2}{3} \times \frac{K}{L}$$

따라서 노동과 자본의 투입량이 모두 2배가 되더라도 기술적 한계대체율은 불변이다.

③ 주어진 생산함수가 1차 동차 생산함수이므로 각 생산요소의 한계생산력을 기준으로 분배하면 오일러의 정리가 성립하고, 이때의 자본소득 분배율과 노동소득 분배율은 각각 $0.6(=60\%)$과 $0.4(=40\%)$이다.

정답 ④

04 생산함수와 노동과 자본의 가격이 다음과 같이 주어져 있다.

- $Q = \min[aL, bK]$, a와 b는 상수
- 노동의 가격 $= P_L(=w)$
- 자본의 가격 $= P_K(=r)$

이를 전제로 한 평균비용(AC)곡선으로 옳은 것은?

① $AC = aP_L + bP_K$

② $AC = bP_L + aP_K$

③ $AC = \dfrac{P_L}{a} + \dfrac{P_K}{b}$

④ $AC = \dfrac{P_L}{b} + \dfrac{P_K}{a}$

| 해설 |

주어진 생산함수는 노동(L)과 자본(K)이 항상 '$\dfrac{1}{a} : \dfrac{1}{b} = b : a$'로 결합되어 투입되는 고정투입비율 생산함수인 Leontief 생산함수이다. 따라서 비용극소화를 위해서는 다음 조건이 충족되어야 한다.

$$Q = aL = bK \Rightarrow L = \frac{Q}{a}, \; K = \frac{Q}{b}$$

- 이 결과를 총비용(TC) 식에 대입하여 정리하면 다음과 같이 나타낼 수 있다.

$$TC = P_L \times L + P_K \times K = P_L \times \frac{Q}{a} + P_K \times \frac{Q}{b} = \left(\frac{P_L}{a} + \frac{P_K}{b}\right) \times Q$$

- 이에 따라 평균비용(AC)은 다음과 같이 도출할 수 있다.

$$AC = \frac{TC}{Q} = \frac{P_L}{a} + \frac{P_K}{b}$$

- 앞의 결과는 노동가격인 P_L과 자본가격인 P_K는 주어지는 값이므로, 평균비용(AC) 역시 생산량(Q)과 무관한 상수이고, 이에 따라 평균비용곡선은 수평의 모습을 보인다는 것을 시사해준다.

정답 ④

05 미국과의 자유무역협정 체결로 소고기의 국내 공급이 대폭 증가하였다. 이러한 변화가 국내시장에 미치는 영향에 대한 〈보기〉의 진술 중에서 옳은 것을 모두 고르면? (단, 소고기와 닭고기의 수요곡선은 모두 우하향하고 공급곡선은 우상향한다)

─ 보기 ─
ㄱ. 소고기와 닭고기가 대체재라면 닭고기 가격이 하락하고 거래량 역시 감소한다.
ㄴ. 소고기와 닭고기가 보완재라면 닭고기 시장의 생산자 잉여는 감소한다.
ㄷ. 소고기와 닭고기가 대체재라면 닭고기 시장의 소비자 잉여는 감소한다.
ㄹ. 협정 체결 후 소비자들의 소고기에 대한 선호도도 함께 높아졌다면 소고기 가격은 상승하고 거래량 역시 증가한다.

① ㄱ, ㄴ   ② ㄱ, ㄷ
③ ㄴ, ㄷ   ④ ㄷ, ㄹ

| 해설 |
미국과의 자유무역협정 체결로 소고기의 국내 공급이 대폭 증가하게 되면 소고기 가격은 하락하고 소비량은 증가하게 된다.
ㄱ. 소고기와 닭고기가 대체재라면, 소고기 가격의 하락으로 닭고기에 대한 수요가 감소하여 닭고기 가격이 하락하고 거래량 역시 감소한다.
ㄴ. 소고기와 닭고기가 보완재라면, 소고기 가격의 하락으로 닭고기에 대한 수요가 증가하여 닭고기 가격은 상승하고 거래량 역시 증가하게 된다. 이에 따라 닭고기 시장의 생산자 잉여와 소비자 잉여는 모두 증가하게 된다.
ㄷ. 소고기와 닭고기가 대체재라면, 소고기 가격의 하락으로 닭고기에 대한 수요가 감소하여 닭고기 가격이 하락하고 거래량 역시 감소한다. 이에 따라 닭고기 시장의 생산자 잉여와 소비자 잉여는 모두 감소하게 된다.
ㄹ. 협정 체결 후 소고기의 국내 공급 증가로 소고기 가격은 하락한다. 한편 소비자들의 소고기에 대한 선호도가 높아지면 소고기에 대한 수요 증가로 소고기 가격은 상승한다. 따라서 전자와 후자의 요인 중에서 어느 것이 가격 변화에 더 크게 영향을 주느냐에 따라 가격은 상승할 수도, 하락할 수도, 불변일 수도 있게 된다.

정답 ②

06 독점기업이 당면하고 있는 시장수요곡선은 $P = 12 - \frac{1}{2}Q$이고, 한계비용은 항상 2로 일정하다. 만약 정부가 기업에게 단위당 2만큼의 종량세(quantity tax)를 부과하는 경우, 소비자 잉여는 조세부과 전에 비해 어떻게 변하겠는가?

① 1만큼 감소한다.
② 3만큼 감소한다.
③ 6만큼 감소한다.
④ 9만큼 감소한다.

| 해설 |
주어진 시장수요곡선이 선형함수이므로 독점기업의 한계수입곡선은 수요곡선과 절편은 같고 기울기는 2배가 되어 한계수입인 '$MR = 12 - Q$'가 된다.
• 정부가 개당 2의 종량세를 부과하면 독점기업의 한계비용은 4로 상승한다.
• 이윤극대화 조건($MR = MC$)을 만족하는 수준에서 종량세 부과에 따른 변화를 그림으로 나타내면 다음과 같다.

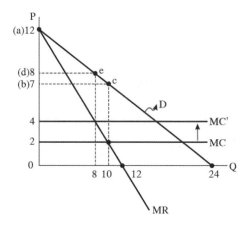

이에 따라 거래량은 10에서 8로 2만큼 감소하고, 시장가격은 7에서 8로 1만큼 상승하게 된다.
• 소비자 잉여는 삼각형 abc에서 삼각형 ade로 작아지게 된다. 이에 따라 소비자 잉여는 사다리꼴 $bced$($= \frac{10+8}{2} \times 1 = 9$)만큼 감소하게 된다.

정답 ④

07 기업 A의 조업중단점이 되는 무선 마우스의 가격은?

> 무선 마우스를 생산하는 기업 A의 생산 능력은 월 2,000개이고, 고정비용은 월 5,000,000원이다. 한 개당 생산에 소요되는 가변비용은 20,000원이다. 그런데 생산량이 800개일 때 기업 A는 조업을 중단한다고 한다.

① 10,000원   ② 15,000원

③ 20,000원   ④ 25,000원

| 해설 |

조업중단점에서 기업의 총수입($TR = P \times Q$)은 총가변비용($TVC = AVC \times Q$)과 일치하게 된다.

- 주어진 자료를 전제로 총수입과 총가변비용을 이용하여 조업중단점 수준에서 생산량을 구하면 다음과 같다.

> - $TR = P \times Q = P \times 800$
> - $TVC = AVC \times Q = 20,000 \times 800$
> - $TR = TVC \Rightarrow P \times 800 = 20,000 \times 800 \Rightarrow P = 20,000$

- 조업중단점은 '$P = AVC$'가 성립하는 수준에서 달성된다는 것을 알면 쉽게 결과를 도출할 수 있는 문제이다.

(정답) ③

08 K국의 국내 자동차 시장은 시장점유율이 60%인 H기업과 40%인 S기업에 의해 양분되고 있다. 허쉬만-허핀달(Hirschman-Herfindahl) 지수로 측정한 K국 자동차 시장의 독점도(degree of monopoly)를 구하면?

① 100   ② 2,400

③ 4,200   ④ 5,200

| 해설 |

시장 독점도(degree of monopoly)를 측정하는 지표 중의 하나인 허쉬만-허핀달(Hirschman-Herfindahl) 지수는 다음과 같이 측정된다.

> - 독점도$(d.o.m) = \sum_{i=1}^{k} S_i^2$
> - 여기서 S_i는 각 기업의 시장점유율이다.
> - $dom = (H \text{ 기업의 시장점유율})^2 + (S \text{ 기업의 시장점유율})^2 =$ $60^2 + 40^2 = 3,600 + 1,600 = 5,200$

(정답) ④

09 독점적 경쟁시장에 참여하고 있는 K기업은 현재 장기균형 조건에서 생산을 하고 있다. K기업의 현재 생산수준에 대한 설명으로 가장 타당한 것은?

① K기업은 현재 초과이윤을 얻고 있다.

② 가격이 평균비용보다 높다.

③ 가격이 한계비용보다 낮다.

④ K기업은 과잉설비를 보유하고 있다.

| 해설 |

독점적 경쟁기업은 상품차별화로 인해 어느 정도의 시장 지배력을 갖게 되고, 이로 인해 우하향하는 시장수요곡선에 직면하게 된다. 이에 따라 장기균형에 도달한다고 하더라도 최적생산규모 이하에서 생산하게 되어 과잉설비(초과설비)를 보유하게 된다.

- 독점적 경쟁기업의 장기균형에서는 다음과 같은 관계가 성립한다.

> - $P = SAC = LAC > MR = SMC = LMC$

- 장기균형에서는 '$P = SAC = LAC$'가 성립되어 K기업은 정상이윤만 얻게 될 뿐 초과이윤은 얻을 수 없게 된다(①, ②).
- 장기균형에서는 '$P > SMC = LMC$'가 성립되어 가격(P)이 한계비용(MC)보다 높다(③).

(정답) ④

10 K국의 직업훈련 교육서비스에 대한 수요곡선이 다음과 같이 주어져 있다.

> - $P = 100 - \frac{1}{2} Q$, 여기서 P는 수강료이고, Q는 교육 시간이다.

또한 직업훈련 교육서비스 공급에 따른 훈련원의 한계비용곡선과 훈련원 교육서비스 공급에 따른 외부 한계편익곡선이 다음과 같다고 알려져 있다.

> - $MC = 10 + Q$
> - $EMB = 30$

직업훈련 교육서비스가 사회적 최적 수준에 도달하기 위해 필요한 보조금 총액 크기를 구하면?

① 1,600   ② 2,000   ③ 2,400   ④ 2,800

| 해설 |

주어진 내용을 그림으로 나타내면 다음과 같다. 여기서 수요곡선은 곧 사적 한계편익(PMB)곡선이며, 사회적 한계편익(SMB)곡선은 여기에 외부 한계편익(EMB)곡선을 수직으로 더한 곡선이다.

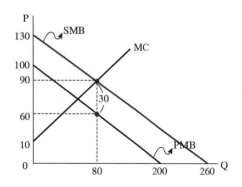

- 직업훈련 교육서비스의 사회적 최적 수준은 다음과 같다.

$$
\begin{aligned}
& \bullet \; SMB = PMB + EMB = 130 - \frac{1}{2}Q \;\Rightarrow\; SMB = MC \\
& \Rightarrow\; 130 - \frac{1}{2}Q = 10 + Q \;\Rightarrow\; \frac{3}{2}Q = 120 \;\Rightarrow\; Q = 80
\end{aligned}
$$

따라서 직업훈련 교육서비스가 사회적 최적 수준에 도달하기 위해 필요한 보조금 총액의 크기는 사회적 최적 수량 수준인 '$Q=80$'에서 사회적 한계편익(SMB)과 사적 한계편익(PMB)의 차이인 30을 곱한 '2,400'이 된다. 이때 단위당 보조금의 크기는 30으로 EMB의 크기와 같다.

정답 ③

---

11 다음 유량과 저량에 대한 진술 중 옳은 것은?

① 소득과 재산은 모두 유량이다.
② 소득과 재산은 모두 저량이다.
③ 소득은 유량이고 재산은 저량이다.
④ 소득은 저량이고 재산은 유량이다.

| 해설 |

유량(flow)은 일정 '기간'을 전제로 측정되는 변수로 소득, 소비, 저축, 투자, 국내총생산, 국제수지 등이 여기에 해당한다.

- 저량(stock)은 일정 '시점'을 전제로 측정되는 변수로 재산, 부채, 인구, 자본량, 통화량, 실업자의 수, 외환보유고, 예금잔고 등이 여기에 해당한다.

정답 ③

---

12 케인스(J. M. Keynes)가 제시한 자본의 한계효율에 대한 정의로 옳은 것은?

① 미래 기대수익을 자본재 구입비용으로 나눈 값
② 미래 기대수익의 현재가치와 자본재 구입비용을 같게 하는 할인율
③ 자본재 구입비용을 미래 기대수익의 현재가치로 나눈 값
④ 자본재 구입비용을 시장이자율로 할인한 값

| 해설 |

자본의 한계효율은 기업가가 동물적 직감(animal spirit)으로 예상한 미래의 모든 기대수익의 현재가치와 이를 위해 필요한 자본재 구입비용의 크기를 동일하게 하는 할인율을 의미한다. 일반적으로 내부수익률이라고도 부른다.

- 기업가는 이렇게 도출된 한계효율이 이자율보다 큰 경우 투자를 하게 된다는 것이 케인스의 주장이다.

정답 ②

---

13 다음은 개방경제 거시모형이다. 이에 대한 설명으로 가장 적절하지 않은 것은?

- $C = 100 + 0.8Y$
- $I = 100, \; G = 100$
- $X = 350, \; M = 150 + 0.2Y$
- C는 소비, Y는 소득, I는 투자, G는 정부지출, X는 수출, M은 수입이다.

① 균형국민소득은 1,250이다.
② 균형국민소득에서 경상수지는 50만큼 적자이다.
③ 정부지출이 10만큼 증가하는 경우, 폐쇄경제 하에서의 국민소득 증가분과 개방경제 하에서의 국민소득 증가분의 차이는 50이다.
④ 정부지출이 10만큼 증가하면 폐쇄경제 하에서의 균형 국민소득은 1,550이 된다.

| 해설 |

균형국민소득은 다음과 같이 도출된다.

$$
\begin{aligned}
& \bullet \; Y = C + I + G + (X - M) \\
& \Rightarrow\; Y = 100 + 0.8Y + 100 + 100 + 350 - 150 - 0.2Y \\
& \Rightarrow\; 0.4Y = 500 \quad Y = 1,250 \;\; \cdots\cdots \; ①
\end{aligned}
$$

- 앞에서 도출한 균형국민소득을 전제로 경상수지(=순수출)를 도출하면 다음과 같다.

$$
\begin{aligned}
& \bullet \; X = 350, \; M = 150 + 0.2 \times 1,250 = 150 + 250 = 400 \\
& \bullet \; 경상수지(순수출) = X - M = 350 - 400 = -50 \;\cdots\cdots\cdots \; ②
\end{aligned}
$$

- 정부지출 증가분(ΔG)이 10만큼 증가할 때 폐쇄경제와 개방경제에서의 균형국민소득의 증가분(ΔY)은 다음과 같다.

	정부지출 승수(m)	국민소득 증가분(ΔY)
폐쇄 경제	$\dfrac{1}{1-한계소비성향}=$ $\dfrac{1}{1-0.8}=\dfrac{1}{0.2}=5$	$\Delta Y = \Delta G \times m = 10 \times 5 = 50$
개방 경제	$\dfrac{1}{1-한계소비성향+한계수입성향}=$ $\dfrac{1}{1-0.8+0.2}=\dfrac{1}{0.4}=2.5$	$\Delta Y = \Delta G \times m = 10 \times 2.5 = 25$

- 따라서 양자의 차이는 25가 된다(③).
- 폐쇄경제 하에서 정부지출이 10만큼 증가하는 경우 균형국민소득은 다음과 같이 도출된다.

> - $Y = C + I + G \Rightarrow Y = 100 + 0.8Y + 100 + 110 \Rightarrow 0.2Y = 3100$
> $Y = 1,550$ ·· ④

정답 ③

14
다음은 W국의 경제 상황과 관련된 표이다. 이 표와 관련된 설명으로 옳은 것을 〈보기〉에서 모두 고르면? (단, 2019년도의 GDP 디플레이터 증가율, 실질 GDP 증가율, 인구 증가율은 각각 4%, 2%, 1%였다)

구분＼연도	2020년	2021년	2022년
GDP 디플레이터 증가율	4%p	4%p	4%p
실질 GDP 증가율	2%p	3%p	4%p
인구 증가율	1%p	2%p	3%p

─ 보기 ─
- ㉠ 2022년에는 명목 GDP와 실질 GDP는 동일한 비율로 증가했다.
- ㉡ 1인당 실질 GDP는 매년 증가하고 있다.
- ㉢ GDP 디플레이터의 크기는 매년 동일하다.
- ㉣ 명목 GDP의 크기는 매년 증가하고 있다.

① ㉠, ㉡, ㉢, ㉣ 　② ㉠, ㉡, ㉢
③ ㉡, ㉣ 　④ ㉢, ㉣

| 해설 |
GDP 디플레이터와 각 변수 관계를 변화율로 나타내면 다음과 같다.

> - GDP 디플레이터 $= \dfrac{명목\ GDP}{실질\ GDP} \times 100$
> - GDP 디플레이터 변화율(%)
> $= 명목\ GDP$ 변화율(%) $-$ 실질 GDP 변화율(%)

> - 명목 GDP 증가율(%)
> $= GDP$ 디플레이터 증가율(%) $+$ 실질 GDP 증가율(%)
> - %p : %의 증가분

- 앞의 자료들을 전제로 문제에서 주어진 표를 다시 구성하면 다음과 같다.

구분＼연도	2019년	2020년	2021년	2022년
GDP 디플레이터 증가율(a)	4%	8%	12%	16%
실질 GDP 증가율(b)	2%	4%	7%	11%
인구 증가율(c)	1%	2%	4%	7%
1인당 실질 GDP 증가율(b - c)	1%	2%	3%	4%
명목 GDP 증가율(a + b)	6%	12%	19%	27%

- ㉠ 2022년에는 명목 GDP 증가율(= 27%)은 실질 GDP 증가율(= 11%)보다 크게 증가했다.
- ㉡ 1인당 실질 GDP 증가율은 항상 양수(＋)였으므로 1인당 실질 GDP는 매년 증가하고 있다.
- ㉢ GDP 디플레이터 증가율이 양(＋)의 값으로 체증하고 있으므로 GDP 디플레이터의 크기는 계속해서 커지고 있다.
- ㉣ 명목 GDP 증가율이 양(＋)의 값으로 체증하고 있으므로 명목 GDP의 크기는 계속해서 커지고 있다.

정답 ③

15
만기가 1년이고, 이자는 만기에 한 번 8만 원을 지급하는 액면가 100만 원인 이표채권이 있다고 가정하자. 현재 이표채권의 가격이 90만 원이라고 할 때, 이에 관련된 설명으로 가장 타당하지 못한 것을 고르면?

① 채권의 만기수익률은 20%이다.
② 채권의 표면이자율은 경상수익률보다 더 높다.
③ 채권의 경상수익률은 약 8.9%이다.
④ 채권의 만기수익률과 채권의 가격은 역(－)의 관계에 있다.

| 해설 |
만기수익률(m)과 경상수익률, 그리고 표면(이표)이자율을 구하면 다음과 같다.

> - 채권가격$(P_B) = \dfrac{액면가(F) + 쿠폰이자(C)}{1 + 만기수익률(m)}$
> $\Rightarrow 1 + m = \dfrac{F + C}{P_B}$
> $\Rightarrow m = \dfrac{100 + 8}{90} - 1 = \dfrac{108}{90} - 1 = 1.2 - 1 = 0.2 = 20\%$

- 경상수익률 $= \dfrac{\text{쿠폰이자}(C)}{\text{채권가격}(P_B)} = \dfrac{8}{90} \fallingdotseq 0.089 \fallingdotseq 8.9\%$

- 표면(이표)이자율 $= \dfrac{\text{쿠폰이자}(C)}{\text{액면가}(F)} = \dfrac{8}{100} = 0.08 = 8\%$

정답 ②

16 고전학파의 화폐수량설에 관한 설명으로 가장 타당하지 못한 것은?

① 피셔(I. Fisher)의 거래수량설에서 화폐의 기능은 교환의 매개수단이고, 마셜(A. Marshall)의 현금잔고수량설에서 화폐의 기능은 가치저장수단이다.

② 피셔(I. Fisher)의 거래수량설은 묵시적으로 화폐수요를 설명하고, 마셜(A. Marshall)의 현금잔고수량설은 명시적으로 화폐수요를 설명한다.

③ 피셔(I. Fisher)의 거래수량설에서 화폐수요는 유량(flow)이고, 마셜(A. Marshall)의 현금잔고수량설에서 화폐수요는 저량(stock)이다.

④ 피셔(I. Fisher)의 거래수량설과 마셜(A. Marshall)의 현금잔고수량설 모두에서 화폐수요의 이자율 탄력성은 '1'이다.

| 해설 |

피셔(I. Fisher)의 거래수량설과 마셜(A. Marshall)의 현금잔고수량설은 모두 화폐수요가 이자율과 무관하게 결정된다고 본다. 따라서 화폐수요의 이자율 탄력성은 '0'이 된다.

- 두 이론의 특성을 비교하면 다음 표와 같다.

거래수량설	현금잔고수량설
㉠ 교환수단으로서의 화폐의 기능을 중시한다.	㉠ 가치저장수단으로서의 화폐기능을 중시한다.
㉡ 경제 전체의 통화량과 거래규모 간의 거시적 관계를 분석한다.	㉡ 개별 경제주체의 화폐수요 결정을 미시적 선택에서 출발한다.
㉢ 화폐가 지출되는 유량(flow) 측면을 강조한다.	㉢ 화폐가 보유되는 저량(stock) 측면을 강조한다.
㉣ 화폐수요를 묵시적으로 표현한다.	㉣ 화폐수요를 명시적으로 표현한다.
㉤ 유통속도가 일정하기 때문에 화폐수요는 안정적이다.	㉤ 현금보유비율이 일정하기 때문에 화폐수요는 안정적이다.

정답 ④

17 케인스 학파의 일반적인 경제관에 관한 설명으로 옳지 않은 것은?

① 물가에 대한 적응적 기대를 전제한다.

② 외적 충격에 대한 비수용적(non-accommodative) 정책을 주장한다.

③ 장기분석보다는 단기분석의 설명력이 높다.

④ LM곡선의 기울기보다 상대적으로 가파른 IS곡선을 전제한다.

| 해설 |

비수용적 정책(non-accommodative policy)이란 유가 급등과 같은 불리한 공급충격이 발생한다고 하더라도 정책당국이 개입하지 않고 시장 기구에 맡기는 것을 말한다.

- 이에 반해 수용적 정책(accommodative policy)이란 어떤 외생적인 충격이 발생할 때 정책당국이 그 충격이 경제에 미치는 영향을 완화하기 위해 사용하는 정책을 말한다. 예컨대 유가급등과 같은 불리한 공급충격이 발생하여 경기침체가 예상될 때 정책당국이 총수요를 증가시켜 경기침체를 방지하는 것이 이에 해당된다. 따라서 개입주의를 표방하는 케인스 학파(Keynesian)는 외적 충격에 대한 수용적인 정책을 주장한다(②).

- 케인스 학파는 물가에 대한 정태적(고정적) 기대를 전제로 하는 케인스(J. M. Keynes)와 달리 적응적 기대를 전제하며, 케인스와 마찬가지로 경기 변동에 대한 장기처방보다는 가격경직성이 전제된 단기처방에 역점을 둔다(①, ③).

- 케인스 학파는 투자의 이자율 탄력성이 비탄력적이고 화폐수요의 이자율 탄력성이 탄력적이라고 가정하여 LM곡선의 기울기보다 상대적으로 가파른 IS곡선을 전제한다. 이에 따라 경기안정화를 위한 금융정책보다는 재정정책의 상대적 유용성을 강조한다.

정답 ②

18 고전학파의 총공급곡선을 가정할 때, 총수요의 감소가 물가와 실질 산출량에 미치는 영향으로 가장 타당한 것은?

① 물가 상승, 실질 산출량 감소

② 물가 하락, 실질 산출량 증가

③ 물가 상승, 실질 산출량 불변

④ 물가 하락, 실질 산출량 불변

| 해설 |

고전학파의 총공급곡선은 완전고용수준에서 수직이다. 이에 따라 총수요가 감소하면 물가는 하락하지만, 실질 산출량은 완전고용수준에서 여전히 불변이다.

정답 ④

19 다음은 K국의 노동시장에 대한 자료이다.

- 전체 인구: 1억 명
- 노동(생산)가능인구: 8,000만 명
- 비경제활동인구: 3,000만 명
- 취업자: 4,000만 명

K국 경제의 고용률과 실업률은?

	고용률	실업률
①	80%	10%
②	60%	15%
③	50%	20%
④	50%	25%

| 해설 |

주어진 조건을 통해 다음과 같은 자료를 얻을 수 있다.

- 경제활동인구＝노동(생산)가능인구－비경제활동인구＝8,000만 명－3,000만 명＝5,000만 명
- 실업자＝경제활동인구－취업자＝5,000만 명－4,000만 명＝1,000만 명

- 고용률과 취업률은 다음과 같이 측정된다.

- 고용률 $= \dfrac{취업자}{노동(생산)가능인구} \times 100$

$\Rightarrow \dfrac{4,000만 명}{8,000만 명} \times 100 = 50(\%)$

- 실업률 $= \dfrac{실업자}{경제활동인구} \times 100 \Rightarrow \dfrac{1,000만 명}{5,000만 명} \times 100 = 20(\%)$

정답 ③

20 총공급곡선의 모양이 수평일 때, 단기 필립스곡선의 모양은?

① 수평
② 수직
③ 우하향
④ 우상향

| 해설 |

총공급곡선이 수평이라면 물가수준의 변동 없이도 생산량을 증대시킬 수 있다. 따라서 물가상승률은 0이고, 생산량 변화에 따라 실업률은 변동될 수 있으므로 필립스곡선 역시 수평의 모양을 갖는다.

정답 ①

21 다음 실물적 경기변동이론(real business cycle theory)에 관한 설명으로 옳은 것은?

① 상품시장은 과점시장의 형태이다.
② 불경기에도 기업은 이윤을 극대화한다.
③ 임금은 신축적이지만 상품가격은 경직적이다.
④ 예상하지 못한 통화량의 변화가 경기변동의 주요인이다.

| 해설 |

실물적 경기변동이론(real business cycle theory)에서 경기변동은 외부적 충격에 대한 경제주체들의 최적화 과정에 발생하는 국민소득의 변화이다. 따라서 불경기에도 주어진 상황 속에서 가계는 효용을 극대화하고, 기업은 이윤을 극대화한다.

① 실물적 경기변동이론에서 모든 상품시장은 완전경쟁시장이다. 이에 따라 가격 신축성의 가정으로 모든 시장에서의 불균형은 즉각적으로 청산되어 항상 균형을 유지하게 된다. '균형적' 경기변동이론이라고도 불리는 이유이다.

③ 실물적 경기변동이론에는 임금은 물론 상품가격 모두 완전 신축적이라고 가정한다.

④ 예상하지 못한 통화량의 변화가 경기변동의 주요인이라고 보는 견해는 화폐적 균형경기변동론(monetary business cycle theory)이다.

정답 ②

22 다음은 A국과 B국의 노동자 1인당 1일 평균 생산량을 나타내는 표이다. 리카도(D. Ricardo)의 비교우위론에 따를 때, 다음 중 A, B 양국이 교역을 통하여 모두 이익을 얻을 수 있는 교역조건에 해당하는 것은?

	X재	Y재
A국	8	10
B국	1	4

① A국의 X재 1단위가 B국의 Y재 1단위와 교환될 때
② A국의 Y재 1단위가 B국의 X재 0.5단위와 교환될 때
③ B국의 X재 1단위가 A국의 Y재 2단위와 교환될 때
④ B국의 Y재 1단위가 A국의 X재 0.3단위와 교환될 때

| 해설 |

양국의 X재와 Y재의 상대가격(＝기회비용)을 구하여 표로 정리하면 다음과 같다.

	Y재 수량으로 나타낸 X재 상대가격($=\frac{Y}{X}$)	X재 수량으로 나타낸 Y재 상대가격($=\frac{X}{Y}$)
A국	1.25	0.8
B국	4	0.25

이에 따라 A국은 X재, B국은 Y재에 대해 비교우위를 갖고 무역에 참여하게 된다.

• 양국 모두가 무역을 통해 이익을 얻을 수 있는 교역조건(TOT)은 다음과 같다.

> • $1.25 < \frac{Y}{X} < 4$ 또는 $0.25 < \frac{X}{Y} < 0.8$

정답 ④

---

23 다음은 대국인 갑국의 X재 중심의 경제성장에 따른 국제상대가격의 변화($P_1 \Rightarrow P_2$)로 인한 갑국의 소비수준의 변화를 보여주는 그림이다. 다음 중 그림에 대한 설명으로 옳은 것을 〈보기〉에서 모두 고르면?

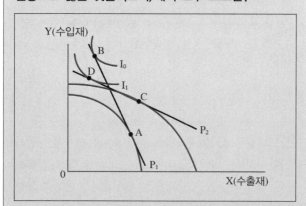

— 보기 —

가. 교역 전의 생산점과 소비점은 각각 A와 B이다.
나. 국제상대가격이 변화하면 생산점과 소비점이 분리된다.
다. 국제상대가격의 변화로 갑국의 교역조건은 개선되었다.
라. X재가 자본집약재라면 갑국에서 자본의 증가로 나타날 수 있는 현상이다.

① 가
② 나
③ 다, 라
④ 라

│해설│

경제성장은 기술진보, 노동과 자본과 같은 부존자원이 증가하는 경우에 이루어지며, 이러한 경제성장이 이루어지면 생산가능곡선은 바깥으로 이동하게 된다. 이때 생산가능곡선은 기술진보가 일

어난 상품 생산량 방향 또는 증가한 부존자원을 집약적으로 투입해서 생산하는 상품 생산량 방향으로 더 많이 이동하게 된다. 그림에서 수출재인 X재가 자본집약재라면 위와 같은 생산가능가능곡선의 이동은 자본이 증가하는 경우 나타나는 경우이다(라).

• 교역 전이라면 자급자족 경제이므로 이 경우에는 생산점과 소비점이 분리되지 않고 일치하게 된다(가).
• 국제상대가격의 변화 전에도 기존의 국제상대가격 수준에서 교역을 한다면 생산점과 소비점은 분리된다. 그림에서 국제상대가격의 변화 전 생산점은 A, 소비점은 B가 된다(나).
• 대국에서 수출재 중심의 경제성장은 수출재의 국제상대가격을 하락시켜 교역조건을 악화시킨다. 그림에서 국제상대가격($=$교역조건)이 P_1에서 P_2로 변화하는 것으로 교역조건이 악화되고 있음을 보여주고 있다(다).

정답 ④

---

24 관세에 관한 다음의 설명 중 가장 타당하지 못한 것은?

① 소국이 수입관세를 부과하는 경우, 수입관세가 없는 경우에 비해 소비자 후생이 감소한다.
② 대국이 수입관세를 부과하면 교역조건을 개선시킨다.
③ 소국이 수입관세를 부과하게 되면 국제 상대가격에는 변화가 없다.
④ 관세를 이전에 비해 높이면 정부의 관세수입은 증가한다.

│해설│

관세를 이전에 비해 높이면 수입품의 국내가격이 상승하게 되어 수입량이 줄어든다. 만약에 관세부과로 인한 수입품의 국내가격 상승률에 비해 수입량의 감소비율이 더 크게 나타나면 정부의 관세수입은 오히려 감소하게 된다. 따라서 관세부과가 반드시 정부관세수입을 증가시킨다고 할 수 없다.

① 소국이 수입관세를 부과하게 되면 소비자잉여의 감소와 경제적 순손실 발생을 수반하기 때문에 수입관세가 없는 경우에 비해 소비자 후생은 반드시 감소한다.
② 대국이 수입관세를 부과하면 대국의 수입 감소로 국제시장에서 수입품에 대한 수요가 감소하고 이로 인해 수입재의 국제가격이 하락한다. 이에 따라 대국의 관세부과는 대국의 교역조건 ($\frac{P_{수출재}}{P_{수입재}}$)을 개선시킨다.
③ 소국이 수입관세를 부과한다고 하더라도 이로 인한 소국의 수입 감소 크기가 국제시장에서 차지하는 비중이 미미한 수준이어서 수입품의 국제가격에 영향을 줄 수 없다. 이에 따라 국제상대가격에도 영향을 줄 수 없다.

정답 ④

25 다음 글에 대한 설명으로 옳지 않은 것은?

> 한국과 미국 사이에 자본이동이 자유롭다고 가정하자. 현재 한국의 연 이자율은 8%, 미국의 연 이자율은 5%이고, 현재 달러에 대한 원화의 환율은 1,000원이라고 한다.

① 1년 뒤 환율이 1,050원으로 예상되면 한국 예금의 기대수익률보다 미국 예금의 연 기대수익률이 더 낮다.

② 커버된 이자율 평가설에 따른 균형선물환율은 1,030원이다.

③ 선물환 시장에서 1년 만기 달러의 선물환율이 1,020원이라면 미국 예금 연 기대수익률은 7.1%가 된다.

④ 선물환 시장에서 1년 만기 달러의 선물환율이 1,020원이라면 한국의 투자자는 한국에 예금한다.

| 해설 |

투자자가 1,000원으로 1달러를 환전하여 미국에 예금하면 1년 후에 1.05달러를 얻게 된다. 이때 예상환율(원/달러)로 다시 환전하게 되면 1,102.5원을 얻게 되어 연 기대수익률은 10.25%가 된다. 따라서 미국 예금의 기대수익률은 한국 예금의 기대수익률(=8%)보다 더 높게 된다(①).

- 반면에 선물환율(원/달러)로 다시 환전하게 되면 1,071원을 얻게 되어 연 기대수익률은 7.1%가 된다(③).
- 이것은 한국 예금의 기대수익률보다 더 낮은 수준이므로 이 경우에는 한국에 예금하는 것이 유리해진다(④).
- 커버된 이자율 평가설에 따르면 환율 변동률은 국내외 금리차(=3%)이다. 따라서 균형선물환율은 1,030원/달러가 된다(②).

정답 ①

01	④	02	①	03	①	04	④	05	④
06	③	07	④	08	③	09	②	10	③
11	②	12	③	13	③	14	②	15	④
16	②	17	③	18	③	19	②	20	④

01 효용함수가 다음과 같이 주어져 있다.

- $U = (X + Y)^2$
- U는 효용이고 X는 X재 소비량이고 Y는 Y재 소비량이다.

X재 가격은 2원, Y재 가격은 1원이라고 할 때, 주어진 효용함수에 관한 설명으로 가장 적절하지 못한 것은?

① X재와 Y재의 소비량을 모두 2배 증가시키면 효용은 4배만큼 증가한다.
② X재와 Y재의 한계대체율(MRS_{XY})은 항상 일정하다.
③ 소득−소비 곡선(ICC)은 Y재 축과 겹쳐진다.
④ 소비자의 최적소비는 주어진 소득으로 X재만 소비하는 것이다.

| 해설 |

주어진 효용함수는 다음과 같이 나타낼 수 있다.

- $U = (X + Y)^2 \Rightarrow \sqrt{U} = X + Y = U_0$

따라서 효용함수의 기울기인 한계대체율(MRS_{XY})은 항상 1임을 알 수 있다(②).

- 한계대체율(MRS_{XY})과 상대가격($\frac{P_X}{P_Y}$)을 도출하여 비교하면 다음과 같다.

- $MRS_{XY} = 1, \frac{P_X}{P_Y} = 2 \Rightarrow MRS_{XY}(=1) < \frac{P_X}{P_Y}(=2)$

이에 따라 오직 Y재만 소비하는 구석해가 성립하게 된다.
① X재와 Y재의 소비량을 모두 2배 증가시키는 경우 효용은 다음과 같이 측정된다.

- $U = (X + Y)^2$
  $\Rightarrow (2X + 2Y)^2 = [2(X + Y)]^2 = 4(X + Y)^2 = 4U$

따라서 X재와 Y재의 소비량을 모두 2배 증가시키는 경우 효용은 기존의 효용보다 4배만큼 증가한다는 것을 알 수 있다.

③ 오직 Y재만 소비하는 구석해가 성립하므로, 두 재화의 상대가격이 일정하고 소득만이 증가하는 경우의 소득−소비 곡선(ICC)은 Y재 축과 겹쳐지게 된다.

정답 ④

02 다음 글에서 괄호 안의 ㉠, ㉡, ㉢에 들어갈 숫자를 순서대로 채우면?

소비자 갑은 두 재화 A와 B만을 소비하여 효용을 얻고 있으며, A재 2단위는 B재 3단위와 완전히 대체될 수 있다. 갑의 소득은 12원, A재 가격은 2원, B재의 가격은 1원이다. 만약 A재의 가격이 1원으로 하락한다면 효용을 극대화하는 (㉠)재의 소비량은 (㉡)단위만큼 늘어나고, 이 중에서 소득효과는 (㉢)단위이다.

	㉠	㉡	㉢
①	A	12	4
②	A	12	8
③	A	8	4
④	B	12	8

| 해설 |

글에서 제시된 내용을 그림으로 나타내면 다음과 같다.

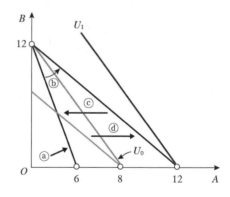

- A재 2단위는 B재 3단위와 완전히 대체 ⇒ 소비자 갑의 효용함수(= 무차별곡선)는 A재와 B재의 한계대체율(MRS_{AB})이 '$\frac{3}{2}$'인 선형함수임을 의미한다. 이에 따라 효용함수는 기울기가 '$\frac{3}{2}$'인 우하향하는 모습을 보인다(그림에서 U_0).
- 갑의 소득은 12원, A재 가격은 2원, B재의 가격은 1원 ⇒ 소비자 갑의 예산선은 다음과 같다.

- $I = P_A \times A + P_B \times B \Rightarrow B = \dfrac{I}{P_B} - \dfrac{P_A}{P_B} \times A \Rightarrow B = 12 - 2A$

  (여기서 I는 소득, P_A와 P_B는 각각 A재와 B재의 가격, A와 B는 A재와 B재의 수량이다)

이에 따라 소비자 갑의 예산선은 기울기(= 상대가격)가 '2'인 우하향하는 직선의 모습을 보인다(그림에서 ⓐ).

- 소비자 갑의 효용함수가 선형함수이고, '$MRS_{AB}(=\frac{3}{2})$<상대가격(= 2)'인 관계가 성립하므로 오직 B재 12단위만 소비하는 '구석해'가 성립하게 된다.

- 만약 A재의 가격이 1원으로 하락한다면, 새로운 예산선은 그림에서 ⓑ와 같이 바깥으로 회전이동을 하게 된다. 이때 예산선의 기울기는 '1'이 되어 '$MRS_{AB}(=\frac{3}{2})$>상대가격(= 1)'인 관계가 성립하므로, 이번에는 효용함수 U_1을 전제로 오직 A재 12단위만 소비하는 '구석해'가 성립하게 된다.

- 이제 A재 가격 하락에 따른 대체효과만을 구하기 위해서 '보상 변화'를 분석해야 한다. 여기서 '보상 변화'란 상대가격이 '1'인 새로운 가격체계 하에서 이전의 효용수준을 유지하기 위해 필요한 실질 소득의 변화를 의미한다. 이를 구하기 위해서는 A재 가격 하락에 따른 새로운 예산선을 평행이동시켜 기존의 효용(U_0)을 누릴 수 있는 균형점을 찾아야 한다. 이것이 그림에서 ⓒ의 변화이다. 이에 따라 기존의 상대가격(= 2) 하에서 소비량이 0단위였던 A재 소비량이 8단위로 증가하게 된다. 이 크기가 A재 가격 하락에 따른 대체효과의 크기이다.

- 한편 A재 가격 하락에 따른 소득효과를 구하기 위해서 실질소득의 변화에 따른 A재 소비량의 변화를 분석해야 한다. 새로운 가격 체계 하에서의 실질소득이 증가하면, 예산선은 ⓓ와 같이 바깥으로 평행이동하게 되고, 이에 따라 새로운 균형점에서의 A재 소비량은 12단위가 되고, 이 중에서 대체효과의 크기인 8단위를 뺀 나머지 4단위가 소득효과가 된다.

(정답) ①

03 기술적 한계대체율($MRTS_{LK}$)이 체감한다는 것은?

① 기술이 노동과 자본을 대체하는 것이 점점 어려워진다는 것을 의미한다.

② 기술이 노동과 자본을 대체하는 것이 점점 쉬워진다는 것을 의미한다.

③ 임금이 자본 임대료보다 점점 더 높아진다는 것을 의미한다.

④ 자본 임대료가 임금보다 점점 더 높아진다는 것을 의미한다.

| 해설 |

기술적 한계대체율($MRTS_{LK}$)이 체감하는 것을 다음과 같이 표현할 수 있다.

- $\dfrac{\Delta K}{\Delta L} = 5\left(\dfrac{\Delta L}{\Delta K} = \dfrac{1}{5}\right) \Rightarrow \dfrac{\Delta K}{\Delta L} = 4\left(\dfrac{\Delta L}{\Delta K} = \dfrac{1}{4}\right) \Rightarrow \dfrac{\Delta K}{\Delta L} = 3$
  $\left(\dfrac{\Delta L}{\Delta K} = \dfrac{1}{3}\right) \Rightarrow \dfrac{\Delta K}{\Delta L} = 2\left(\dfrac{\Delta L}{\Delta K} = \dfrac{1}{2}\right)$

- 이러한 추이의 의미는 자본 1단위를 감소시키는 경우, 이전과 동일한 생산량을 유지하기 위해 필요한 노동의 크기가 점점 더 많아진다는 것으로도 볼 수 있다. 이것은 자본을 노동으로 대체하는 것이 점점 더 어려워진다는 것을 의미한다고 볼 수 있는 것이다.

(정답) ①

04 K기업의 장기총비용곡선이 다음과 같다.

- $LTC(Q) = 20Q - 12Q^2 + Q^3$
- LTC는 장기총비용, Q는 생산량이다.

규모의 경제가 나타나는 생산량 Q의 범위는?

① $0 \leq Q \leq 3$
② $0 \leq Q \leq 4$
③ $0 \leq Q \leq 5$
④ $0 \leq Q \leq 6$

| 해설 |

규모의 경제는 장기평균비용(LAC)이 지속적으로 하락하는 구간에서 나타난다. 따라서 생산하지 않을 때부터 장기평균비용의 극솟값 범위에서 규모의 경제는 나타나게 되는 것이다.

- 주어진 장기총비용곡선을 전제로 장기평균비용의 극솟값을 구하면 다음과 같다.

- $LTC(Q) = 20Q - 12Q^2 + Q^3$
- $LAC(Q) = \dfrac{LTC(Q)}{Q} = 20 - 12Q + Q^2$
  $\Rightarrow \dfrac{dLAC}{dQ} = -12 + 2Q = 0 \Rightarrow Q = 6$

- 따라서 규모의 경제가 나타나는 생산량 Q의 범위는 '$0 \leq Q \leq 6$'이 된다.

(정답) ④

05 시장 수요함수가 다음과 같다. 폐색가격의 크기로 옳은 것은?

$$Q_D = 100,000 - 0.5P$$

① $P = 0$ ② $P = 50,000$

③ $P = 100,000$ ④ $P = 200,000$

| 해설 |

폐색가격이란 수요량이 더 이상 존재하지 않는 '$Q = 0$'일 때의 가격을 의미한다. 결국 수요함수에서 수요의 가격탄력성이 무한대가 되는 가격 절편을 의미한다. 따라서 주어진 수요함수는 $P = 200,000 - 2Q_D$와 동일하므로 폐색가격은 '$P = 200,000$'이 된다.

(정답) ④

06 다음 표는 소주의 가격 변화에 따른 1일 수요량과 공급량을 나타낸 것이다.

가격(원)	2,000	2,100	2,200	2,300	2,400	2,500	2,600	2,700	2,800
수요량(병)	110	100	90	80	70	60	50	40	30
공급량(병)	20	40	60	80	100	120	140	160	180

만약 정부가 소주 구매자에게 구매 후 소주 한 병당 300원만큼의 종량세를 부과할 때, 소주가격과 소주 거래량의 변화로 옳은 것은?

	소주가격	소주 거래량
①	100원 상승	20병 감소
②	100원 상승	20병 증가
③	100원 하락	20병 감소
④	100원 하락	20병 증가

| 해설 |

정부가 소주 구매자에게 구매 후 소주 한 병당 300원만큼 종량세를 부과할 때의 수요량과 공급량을 정리하면 다음 표와 같다.

가격(원)	2,000	2,100	2,200	2,300	2,400	2,500	2,600	2,700	2,800
수요량(병)	110	100	90	80	70	60	50	40	30
조세부과 후 수요량(병)	80	70	60	50	40	-	-	-	-
공급량(병)	20	40	60	80	100	120	140	160	180

소주 구매자는 조세부과 전에는 소주가격이 한 병당 2,200원인 경우 90병을 구입하고자 했지만, 이제 한 병당 300원의 조세까지 부담하기 위해서는 2,200원을 2,500원으로 인식해야 하므로 수요량이 90병에서 60병으로 감소하게 된다. 이에 따라 소주가격은 2,300원에서 2,200원으로 100원만큼 하락하고, 소주 거래량은 80병에서 60병으로 20병만큼 감소하게 된다.

(정답) ③

07 완전경쟁시장의 단기균형 상태에서 반드시 성립하는 것은?

① 한계비용(MC) = 평균가변비용(AVC)

② 한계수입(MR) = 평균비용(AC)

③ 한계비용(MC) = 평균비용(AC)

④ 가격(P) = 한계비용(MC)

| 해설 |

완전경쟁시장에 참여하고 있는 개별 기업이 직면하게 되는 수요곡선은 수평선이다. 이것은 개별 기업이 가격수용자여서 시장에서 결정된 가격을 주어진 것으로 보고 이 가격수준에서 원하는 만큼을 판매할 수 있다는 것을 의미한다. 또한 기업의 수요곡선이 수평이라는 것은 가격과 평균수입 및 한계수입이 모두 같다($P = AR = MR$)는 것을 의미한다.

• 완전경쟁시장의 단기균형 조건은 다음과 같다.

> • $MR = MC \Rightarrow MR(= P = AR) = MC \Rightarrow MR = P = AR = MC$

(정답) ④

08 독점기업 J의 수요함수가 다음과 같다.

> • $Q = P^{-2}$, P는 가격이고 Q는 수요량이다.

정부가 독점기업 J에게 단위당 10원의 조세를 부과하는 경우 이윤극대화 수준에서 가격의 상승분은? (단, 한계비용은 20원으로 일정하다고 가정한다)

① 10원   ② 15원

③ 20원   ④ 25원

| 해설 |

주어진 수요함수에서 수요의 가격탄력성(E_P)은 2이다. 수요함수가 지수함수로 주어지는 경우, P의 지수값의 절대치가 수요의 가격탄력성이기 때문이다.

• 이윤극대화 조건이 '$MR = MC$'이므로 다음과 같은 Amoroso - Robinson 정리가 성립한다.

> • $MR = P\left(1 - \dfrac{1}{E_P}\right) \Rightarrow MC = P\left(1 - \dfrac{1}{E_P}\right)$

• 단위당 부과되는 조세는 종량세이므로, 조세 부과는 기업의 한계비용의 상승을 가져온다.

- 조세(T) 부과 이전과 이후의 가격은 각각 다음과 같이 도출된다.

- $MC = P(1 - \frac{1}{E_P}) \Rightarrow 20 = P(1 - \frac{1}{2}) \Rightarrow P = 40$

- $MC + T = P(1 - \frac{1}{E_P}) \Rightarrow 20 + 10 = P(1 - \frac{1}{2}) \Rightarrow P = 60$

- 따라서 조세 부과로 가격은 20원만큼 상승하게 된다.

정답 ③

---

09 다음 사례의 경우 국내 총생산(GDP)의 합은 얼마인가?

어부가 미끼와 그물 등의 원료구입비 10만 원을 들여 참치를 잡았다. 이를 중간 도매상에게 100만 원을 받고 팔았다. 중간 도매상은 참치의 일부를 횟집에 80만 원에 팔았고, 나머지는 통조림 공장에 90만 원에 팔았다. 횟집은 참치를 회로 150만 원에 판매하였고, 통조림 공장은 130만 원어치의 참치 통조림을 생산하여 일본으로 수출하였다.

① 260만원   ② 280만원
③ 380만원   ④ 560만원

| 해설 |

국내 총생산(GDP)을 계산하는 문제이다. 이렇게 경제 활동의 구체적 상황이 주어지면 가장 편하게 계산할 수 있는 방법은 최종생산물의 가치를 파악하는 것이다.

- 주어진 사례에서는 최종생산물이 참치 회(150만 원)와 참치 통조림(130만 원)이므로 이 두 상품의 시장가치의 합인 280만 원이 국내 총생산이 된다.

정답 ②

---

10 케인스의 거시경제 이론체계에 대한 다음 설명 중 가장 적절하지 못한 것은?

① 고용 수준은 유효 수요의 크기에 의해 결정된다.
② 노동 시장의 불균형은 명목 임금의 하방 경직성에서 비롯된다.
③ 생산물 시장에서의 불균형 해소는 이자율의 조정을 통해 이루어진다.
④ 저축과 투자는 항상 일치할 수는 없으며 사후적으로 균형 상태에서만 일치한다.

| 해설 |

생산물 시장에서 발생한 불균형 해소를 이자율의 조정을 통해 시도하는 경제 체계는 고전학파에 해당한다. 케인스의 거시경제 이론체계에 따르면 그 불균형 해소는 산출량의 조정, 즉 수량 조정을 통해 달성하게 된다.

정답 ③

---

11 케인스 단순모형에서 한계소비성향이 0.75, 소득세율이 20%이다. 현재 정부는 심각한 경기침체에서 벗어나기 위해 10조 원 규모의 재정지출을 계획하고 있는 것으로 알려져 있다. 만약 정부가 이러한 계획을 실행하게 되는 경우 예상되는 재정수지의 변화는?

① 4조 원만큼 악화된다.
② 5조 원만큼 악화된다.
③ 8조 원만큼 악화된다.
④ 10조 원만큼 악화된다.

| 해설 |

주어진 조건을 전제로 하는 정부(재정)지출승수와 정부(재정)지출로 인한 국민소득 증가분은 다음과 같이 도출할 수 있다.

- 정부지출승수: $\dfrac{1}{1 - b(1 - t)} = \dfrac{1}{1 - 0.75(1 - 0.2)}$
  $= \dfrac{1}{1 - 0.75 \times 0.8} = \dfrac{1}{1 - 0.6} = \dfrac{1}{0.4} = 2.5$
- 국민소득 증가분: 정부지출×승수 = $10 \times 2.5 = 25$(조 원)
- b는 한계소비성향이고 t는 비례세율(소득세율)이다.

- 소득세율이 20%이므로 25조 원의 국민소득 증가는 조세수입을 5조 원만큼 증가시킨다.
- 재정지출이 10조 원이고 이로 인한 조세수입은 5조 원에 그치므로 재정수지는 재정지출 이전에 비해 5조 원만큼 악화된다.

정답 ②

---

12 통화량(M)이 현금통화(C)와 예금통화(D)의 합계로 정의되고, 본원통화(H)는 현금통화와 은행의 지급준비금(R)으로 구성된다고 한다. 또한 민간의 현금-통화 비율($c = \frac{C}{M}$)이 0.2이고, 총지급준비율($z = \frac{R}{D}$)이 0.25라고 한다. 중앙은행이 10조 원의 본원통화를 증가시킬 때, 통화량 증가의 크기는 얼마인가?

① 15조 원   ② 20조 원
③ 25조 원   ④ 30조 원

| 해설 |

통화승수$(m) = \dfrac{1}{c+z-c\times z} = \dfrac{1}{0.2+0.25-0.05} = \dfrac{1}{0.4} = 2.5$이다.

따라서 중앙은행이 10조 원의 본원통화를 증가시킬 때, 통화량 증가의 크기는 25조 원만큼 증가한다.

정답 ③

---

13 폐쇄경제인 K국의 IS−LM 모형이 다음과 같이 주어졌다.

- IS곡선: $r = 5 - 0.1\,Y$
- LM곡선: $r = 0.1\,Y$

현재 경제상태에서 국민소득은 25이고 이자율이 3이라고 한다면 상품시장은 (㉠)이고, 화폐시장은 (㉡)이다.

괄호에 들어갈 용어로 옳게 묶은 것은?

	㉠	㉡
①	초과공급	초과수요
②	초과수요	초과수요
③	초과공급	초과공급
④	초과수요	초과공급

| 해설 |

주어진 식을 연립해서 풀면 $r = 2.5$, $Y = 25$가 도출된다. 이를 주어진 조건과 함께 그림으로 나타내면 다음과 같다.

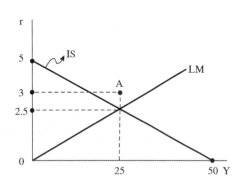

이에 따라 국민소득은 25이고 이자율이 3인 상태는 그림의 A점에 위치하게 되며, 이것은 상품시장과 화폐시장 모두에서 초과공급 상태임을 알 수 있다.

정답 ③

---

14 다음 표를 기초로 하여 2020년을 기준년도로 할 때 2022년의 물가지수를 Laspeyres 지수로 구하면?

구분	2020		2022	
	가격(P)	수량(Q)	가격(P)	수량(Q)
쌀	100	500	80	600
면화	250	40	500	50

① 90
② 100
③ 110
④ 120

| 해설 |

Laspeyres 물가지수는 다음과 같이 도출된다.

- $P_L = \dfrac{\sum P_{비교년도}\,Q_{기준년도}}{\sum P_{기준년도}\,Q_{기준년도}} = \dfrac{\sum P_{2022}\,Q_{2020}}{\sum P_{2020}\,Q_{2020}}$

  $= \dfrac{80\times500+500\times40}{100\times500+250\times40}\times100 = \dfrac{60,000}{60,000}\times100 = 100$

정답 ②

---

15 K국의 생산가능인구는 3,000만 명, 취업률이 96%, 실업자가 100만 명이다. K국의 비경제활동인구를 구하면?

① 200만 명
② 300만 명
③ 400만 명
④ 500만 명

| 해설 |

주어진 조건을 이용하여 다음과 같이 취업자 수를 구한다.

- 취업률$= \dfrac{취업자\ 수(E)}{경제활동인구} = \dfrac{취업자\ 수(E)}{취업자\ 수(E)+실업자\ 수(UE)}$

  $\Rightarrow 0.96 = \dfrac{E}{E+100} \Rightarrow 0.96E+96 = E$

  $\Rightarrow 0.04E = 96 \Rightarrow E = \dfrac{96}{0.04} = 2,400(만\ 명)$

- 앞의 결과를 전제로 경제활동인구와 비경제활동인구는 다음과 같이 도출된다.

- 경제활동인구$=$취업자 수$+$실업자 수$=2,400+100=2,500$(만 명)
- 비경제활동인구$=$생산가능인구$-$경제활동인구$=3,000-2,500=500$(만 명)

정답 ④

16 K국의 필립스 곡선이 다음과 같이 알려져 있다.

- $\pi = \pi^e + 7.5\% - 2.5u$
- π는 실제 인플레이션율, π^e는 예상 인플레이션율, u는 실제실업률이다.

위 식과 관련된 진술로 가장 타당한 것은?

① K국의 자연실업률은 5%이다.

② K국의 정책당국이 실업률을 1%p 낮추기 위해서는 2.5%의 인플레이션을 희생해야 한다.

③ 예상 인플레이션율이 상승하면 경제는 필립스 곡선을 따라 좌상방으로 이동한다.

④ 실제 GDP가 잠재 GDP보다 크다면 실제 인플레이션율은 예상 인플레이션율보다 반드시 낮다.

| 해설 |

기대부가 필립스 곡선의 원형과 주어진 필립스 곡선을 정리하면 다음과 같다.

- $\pi = \pi^e - \alpha(u - u_N) \Rightarrow \pi - \pi^e = -\alpha(u - u_N)$
- $\pi = \pi^e + 7.5\% - 2.5u \Rightarrow \pi = \pi^e - 2.5(u - 3\%)$
- π는 실제 인플레이션율, π^e는 예상 인플레이션율, u는 실제실업률, u_N은 자연실업률, α는 양(+)의 상수이다.

이에 따라 실업률(u)이 1%p 하락하기 위해서는 인플레인션율은 2.5%p($= -2.5 \times (-1\%p)$)만큼 상승하게 된다.

① K국의 자연실업률(u_N)은 3%이다.

③ 예상 인플레이션율이 상승하면 필립스 곡선 자체가 상방으로 이동하게 된다.

④ 실제 GDP가 잠재 GDP보다 크다는 것은 실제실업률(u)이 자연실업률(u_N)보다 낮다는 것을 의미한다. 이에 따라 '$-\alpha(u - u_N) > 0$'이 성립한다. 따라서 '$\pi - \pi^e > 0$' 역시 성립하므로 결국 실제 인플레이션율(π)은 예상 인플레이션율(π^e)보다 반드시 높아야 한다.

(정답) ②

17 솔로(R. Solow) 성장모형에서 생산함수가 $Y = L^{0.5}K^{0.5}$이고, 인구증가율이 0%, 감가상각률이 5%, 저축률이 20%인 경우, 이에 대한 설명 중 옳은 것을 모두 고르면? (단, Y는 총소득, L은 노동량, K는 자본량이다. 또한 다른 조건은 고려하지 않는다)

--- 보기 ---
⊙ 정상상태(steady state)에서 1인당 자본량(k)의 증가율은 0이다.

ⓒ 감가상각률이 10%로 증가할 경우 정상상태에서 1인당 자본량은 증가한다.

ⓒ 현재의 저축률은 정상상태에서 황금률 수준의 1인당 자본량을 달성하기 위해 필요한 저축률 수준에 미달하고 있다.
---

① ⊙

② ⊙, ⓒ, ⓒ

③ ⊙, ⓒ

④ ⓒ, ⓒ

| 해설 |

정상상태에서 1인당 변수의 변화율은 '0'이다(⊙).

- 주어진 조건을 전제로 정상상태에서의 1인당 자본량과 1인당 소득을 도출하면 다음과 같다.

- $Y = L^{0.5}K^{0.5} \Rightarrow \dfrac{Y}{L} = L^{-0.5}K^{0.5} \Rightarrow \dfrac{Y}{L} = (\dfrac{K}{L})^{0.5} \Rightarrow y = k^{0.5}$
- $s \times y = (n+d) \times k \Rightarrow 0.2 \times k^{0.5} = (0 + 0.05) \times k \Rightarrow 4 = k^{0.5}$
  $\Rightarrow k = 16, \ y = 4$
- k는 1인당 자본량, s는 저축률, y는 1인당 소득, n은 인구증가율, d는 감가상각률이다.

- 감가상각률이 10%로 증가하는 경우 정상상태에서 1인당 자본량은 다음과 같이 도출된다.

- $s \times y = (n+d) \times k \Rightarrow 0.2 \times k^{0.5} = (0 + 0.1) \times k \Rightarrow 2 = k^{0.5}$
  $\Rightarrow k = 4$ ·· ⓒ

따라서 1인당 자본량은 이전에 비해 감소한다.

- 정상상태에서 황금률 수준의 1인당 자본량을 달성하려면 저축률은 자본소득분배율과 같아져야 한다. 주어진 생산함수에서 자본소득분배율이 50%이므로 현재의 저축률인 20%는 이에 미달하고 있다. 따라서 저축률을 증가시켜야 한다(ⓒ).

(정답) ③

18 우리나라에서 최근 몇 달간 발생한 국제거래가 다음과 같다고 가정했을 때, 우리나라의 국제수지에 대한 설명으로 옳은 것은?

> ㉠ 미국으로부터 차관 5억 달러를 도입하였다.
> ㉡ 중국에 휴대폰 10억 달러어치를 수출하였다.
> ㉢ 태국으로부터 과일 2억 달러어치를 수입하였다.
> ㉣ 인도에 4억 달러를 투자하여 자동차 공장을 지었다.
> ㉤ 외국인 관광객 수입이 3억 달러에 달하였다.

① 상품수지는 8억 달러 적자이다.
② 금융계정은 3억 달러 적자이다.
③ 경상수지는 11억 달러 흑자이다.
④ 이전소득수지는 3억 달러 흑자이다.

| 해설 |

문제에서 주어진 각 사례들을 분류하면 다음과 같다.

> • ㉠ ⇒ 자본-금융계정 중 금융계정 +5억 달러
> • ㉡ ⇒ 경상수지 중 상품수지 +10억 달러
> • ㉢ ⇒ 경상수지 중 상품수지 -2억 달러
> • ㉣ ⇒ 자본-금융계정 중 금융계정 -4억 달러
> • ㉤ ⇒ 경상수지 중 서비스수지 +3억 달러

① 상품수지는 8억 달러 흑자(=㉡+㉢)이다.
② 금융계정은 1억 달러 흑자(=㉠+㉣)이다.
③ 경상수지는 11억 달러 흑자(=㉡+㉢+㉤)이다.
④ 이전소득수지는 본 항목에 제시되지 않았다. 관광 수입은 서비스수지에 해당한다.

정답 ③

19 다음 표와 같이 환율 변동이 발생했다면, 이에 따른 효과 중에서 옳은 내용을 〈보기〉에서 있는 대로 고른 것은?

구분	원/달러	엔/달러
과거	1,050	100
현재	1,100	110

┌ 보기 ─────────────
> ㉠ 달러 표시 외채를 가진 한국 기업의 상환 부담이 감소하였다.
> ㉡ 부품을 한국에서 수입하는 일본 기업의 생산비가 상승하였다.
> ㉢ 한국에 수출하는 미국 제품의 가격 경쟁력이 하락하였다.
> ㉣ 미국에 수출하는 일본 제품의 달러 표시 가격이 상승하였다.

① ㉠, ㉣   ② ㉡, ㉢
③ ㉡, ㉣   ④ ㉢, ㉣

| 해설 |

주어진 자료를 전제로 교차환율 개념을 이용하면 다음과 같이 원/엔 환율의 변화 추이까지도 구할 수 있다.

구분	원/달러	엔/달러	$\frac{원}{달러} \times \frac{달러}{엔} = \frac{원}{엔}$
과거	1,050	100	$1,050 \times \frac{1}{100} = 10.5$
현재	1,100	110	$1,100 \times \frac{1}{110} = 10$

㉠ 달러의 강세, 원화의 약세 추세이므로 달러 표시 외채를 가진 한국 기업의 상환 부담은 커진다.
㉡ 원화의 강세, 엔화의 약세 추세이므로 부품을 한국에서 수입하는 일본 기업의 생산비의 부담은 상승한다.
㉢ 달러의 강세, 원화의 약세 추세이므로 한국에 수출하는 미국 제품의 가격 경쟁력은 하락한다.
㉣ 달러의 강세, 엔화의 약세 추세이므로 미국에 수출하는 일본 제품의 달러 표시 가격이 하락하여 수출에 유리하게 작용한다.

정답 ②

20 자본이동이 불가능한 소국 모형에 관한 다음 진술 중 가장 타당한 것은? (단, 변동환율제도를 가정한다)

① 총수요 관리정책으로서 재정정책은 무력하다.

② 총수요 관리정책으로서 통화정책은 무력하다.

③ 확장적 재정정책으로 이자율이 상승하여 순자본유입이 이루어진다.

④ 확장적 통화정책으로 환율은 상승한다.

| 해설 |

확장적 재정정책과 확장적 통화정책의 전달경로를 정리하면 다음 과 같다.

- 정부지출 증가 ⇒ 이자율 상승, 국민소득 증가 ⇒ 국제수지 적자 ⇒ 환율 상승 ⇒ 순수출 증가 ⇒ 국민소득 증가(재정정책 유력)
- 통화량 증가 ⇒ 이자율 하락, 국민소득 증가 ⇒ 국제수지 적자 ⇒ 환율 상승 ⇒ 순수출 증가 ⇒ 국민소득 증가(통화정책 유력)
- 자본이동이 불가능하므로 이자율의 변화는 자본 유출입을 초래하지 않는다.

정답 ④

01	②	02	②	03	④	04	③	05	③
06	④	07	④	08	④	09	②	10	①
11	②	12	③	13	④	14	③	15	④
16	③	17	②	18	③	19	④	20	④
21	②	22	③	23	①	24	④	25	①

01 효용함수가 $U(X, Y) = X^{0.2}Y^{0.8}$인 소비자가 효용 극대화를 실현하는 X재와 Y재의 구매량의 합은? (명목소득: 100만 원, X가격: 10만 원, Y가격: 5만 원)

① 19
② 18
③ 17
④ 16

| 해설 |

소비자 효용함수가 $U = X^\alpha Y^\beta (\alpha + \beta = 1)$의 형태로 주어지면 효용 극대화를 실현할 수 있는 X재와 Y재의 구매량은 다음과 같이 도출할 수 있다.

- $X = \dfrac{\alpha M}{P_X} = \dfrac{0.2 \times 100}{10} = 2$
- $Y = \dfrac{\beta M}{P_Y} = \dfrac{0.8 \times 100}{5} = 16$
- M은 소비 지출액을 의미한다.

이에 따라 X재와 Y재 구매량의 합은 18이 된다.

(정답) ②

02 소비자 A는 두 재화 모두 정상재인 X재와 Y재만을 소비하고 있다. 그런데 X재 가격만이 하락할 때 소비자 A의 X재에 대한 소비 지출액은 불변이라고 한다. 다음 중 소비자 A의 가격-소비 곡선(PCC)으로 가장 적절한 그림은? (단, 소비자 A의 한계대체율(MRS_{XY})은 체감하며 다른 조건을 고려하지 않는다)

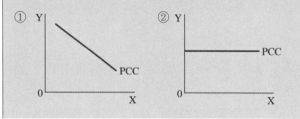

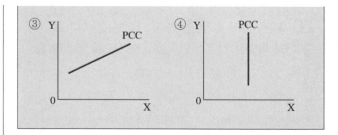

| 해설 |

소득과 Y재 가격이 일정할 때, X재 가격만이 하락하는 경우 예산선은 Y축 절편을 축으로 하여 밖으로 회전이동을 하게 된다. 이에 따라 소비자 균형점 역시 새로운 예산선 상의 한 점으로 이동하게 된다.

- 그런데 소득이 일정하므로 새로운 소비자 균형점에서도 X재 가격 하락에 따른 X재에 대한 소비 지출액이 불변이라는 것은 Y재에 대한 소비 지출액 역시 불변이라는 것을 의미한다.
- 더 나아가 소득과 Y재 가격이 일정한 상태에서 Y재에 대한 소비 지출액이 불변이라는 것은 예산선이 바깥으로 회전이동을 했음에도 불구하고 Y 소비량은 여전히 불변이라는 의미이기도 하다.
- 이에 따라 가격-소비 곡선(PCC)은 수평의 모습을 보이게 된다.

(정답) ②

03 소비자 민주는 X재보다 Y재를 훨씬 더 선호하는 소비자이다. 이제 정부가 민주에게 생활 향상을 위해서 X재에 대한 현금보조, 현물보조, 가격보조 등의 다양한 보조제도 실시를 검토하고 있다고 한다. 이러한 보조제도 실시에 따른 다음 설명 중 가장 옳지 않은 것은?

① 현금보조를 실시할 때 민주의 효용은 가장 크게 증가한다.
② 현물보조는 민주의 다양한 상품조합 선택을 제약할 수 있다.
③ 정부의 목적이 Y재 소비 억제와 X재 소비 장려에 있다면 가격보조가 가장 효과적이다.
④ 정부가 가격보조를 하는 경우, 민주에게는 소득효과만 발생하고 대체효과는 발생하지 않는다.

| 해설 |

정부의 가격보조는 X재의 가격 인하와 동일한 효과를 가져와 소비자 민주의 예산선 기울기의 변화를 가져온다. 이러한 기울기의 변화는 곧 두 재화의 상대가격의 변화를 의미하므로 이에 따른 대체 효과도 당연히 발생하게 된다.

- 특정재화를 훨씬 더 선호하는 소비자에 대한 보조제도의 효과를 정리하면 다음과 같다.

- 소비자 효용이 증가하는 효과: 현금보조 > 현물보조 > 가격
  보조 ·· ①
- 특정재화 소비를 장려하고자 하는 정책 효과: 가격보조 > 현
  물보조 > 현금보조 ·································· ③

- 현물보조는 특정재화 소비를 지정하는 효과가 있으므로 소비자
  는 그 범위 내에서 다양한 소비 선택을 하는 데 제약을 받게 된
  다(②).

정답 ④

04 어떤 기업의 평균비용이 100으로 일정하다고 알려져 있다. 다음 〈보기〉에서 이 기업의 생산조건에 대한 설명으로 옳은 것을 모두 고르면?

┌─ 보기 ─────────────────────────┐
ⓐ 고정비용의 크기는 존재하지만 그 크기는 알 수 없다.
ⓑ 평균비용과 한계비용의 크기는 같다.
ⓒ 총가변비용 곡선은 원점을 통과하는 직선이다.
ⓓ 한계비용 곡선은 우상향한다.
└──────────────────────────────┘

① ㉠, ㉢   ② ㉠, ㉡, ㉢
③ ㉡, ㉢   ④ ㉢, ㉣

| 해설 |

평균비용이 일정하다는 것은 총비용이 원점을 지나는 직선이라는
것을 의미한다. 따라서 고정비용은 존재하지 않게 된다(㉠).
- 총비용 곡선과 총가변비용 곡선이 모두 원점을 통과하는 직선
  으로 겹치게 되므로 평균비용과 한계비용 그리고 평균가변비용
  의 크기는 모두 같게 된다(㉡).
- 고정비용이 존재하지 않으므로 총비용과 총가변비용은 일치하
  게 된다. 따라서 총가변비용 곡선 역시 원점을 통과하는 직선이
  다(㉢).
- 한계비용은 총비용 또는 총가변비용의 접선의 기울기이다. 그런
  데 두 곡선 모두 직선이므로 접선의 기울기는 모든 점에서 일정
  한 값으로 동일하다. 따라서 한계비용 곡선은 모든 생산량 수준
  에서 수평의 모습을 보인다(㉣).

정답 ③

05 생산함수가 $Q(L, K) = \sqrt{LK}$ 이고 단기적으로 K가 100으로 고정된 기업이 있다. 단위당 임금과 단위당 자본비용이 각각 1원 및 9원으로 주어져 있다. 단기적으로 이 기업에서 규모의 경제와 규모의 비경제가 구분되는 생산규모는? (단, Q는 생산량, L은 노동투입량, K는 자본투입량이다)

① 100   ② 200
③ 300   ④ 400

| 해설 |

주어진 조건에 따른 총비용함수는 다음과 같다.

- $TC = w \times L + r \times K = L + 9K = L + 900$
- w는 임금, L은 노동투입량, r은 자본비용(=실질임대료), K는
  자본투입량이다.
- 단기적으로 '$K = 100$'으로 고정되어 있다.

- 단기적으로 K가 100으로 고정되어 있으므로 생산함수는 다음
  과 같다.

- $Q(L, K) = \sqrt{LK} \Rightarrow Q = \sqrt{100L} = 10\sqrt{L} \Rightarrow \sqrt{L} = \dfrac{Q}{10}$
  $\Rightarrow L = \dfrac{Q^2}{100}$

- 앞의 결과를 총비용함수에 대입하게 되면 생산량과 총비용과의
  관계를 도출할 수 있다.

- $TC = \dfrac{Q^2}{100} + 900$

- 문제에서 요구하는 규모의 경제와 규모의 비경제가 구분되는 생
  산규모는 평균비용이 최솟값을 갖는 생산규모이다.
- 주어진 총비용함수의 양 변을 Q로 나누면 다음과 같은 평균비
  용을 구할 수 있다.

- $AC = \dfrac{TC}{Q} = \dfrac{Q}{100} + \dfrac{900}{Q} = \dfrac{Q}{100} + 900Q^{-1}$

- 평균비용의 최솟값은 평균비용을 Q로 미분하여 도출된 도함수
  의 값이 0이 될 때이다. 이를 통하여 평균비용의 최솟값 수준에
  서의 생산량(Q)을 구하면 다음과 같다.

- $\dfrac{dAC}{dQ} = \dfrac{1}{100} - 900Q^{-2} = \dfrac{1}{100} - \dfrac{900}{Q^2} = 0 \Rightarrow \dfrac{900}{Q^2} = \dfrac{1}{100}$
  $\Rightarrow Q^2 = 90,000 \Rightarrow Q = 300$

- 여기서 규모의 경제는 장기에서와 같이 생산규모 확대로 인해
  나타나는 결과가 아니라, 고정된 생산규모를 전제로 대량 생산
  을 하는 과정에서 나타나는 결과로 이해한다.

정답 ③

06 '33 아이스크림' 가게를 운영하고 있는 K씨는 판매수입을 늘리기 위해서 아이스크림 가격을 개당 1,100원에서 900원으로 인하하였다. 그 결과 아이스크림의 1일 판매수입이 990,000원에서 1,350,000원으로 증가하였다. 아이스크림의 수요의 가격탄력성을 구하면? (단, 가격탄력성을 중간점 공식(호탄력도)을 이용하여 도출한다)

① 0.8 　　　　② 1

③ 1.8 　　　　④ 2.5

| 해설 |

아이스크림 가격의 중간값은 '$\frac{1,100+900}{2}=1,000$'이 된다. 따라서 가격 변화율은 '$\frac{200}{1,000}=0.2=20\%$'가 된다.

- 아이스크림 가격이 1,100원일 때 판매수입이 990,000원이므로 수요량(= 판매량)은 900개이고, 아이스크림 가격이 900원일 때 판매수입이 1,350,000원이므로 수요량은 1,500개이다. 이에 따라 아이스크림 수량의 중간값은 '$\frac{900+1,500}{2}=1,200$'이 된다. 따라서 수요량 변화율은 '$\frac{600}{1,200}=0.5=50\%$'가 된다.

- 아이스크림의 수요의 가격탄력성은 다음과 같이 도출된다.

> - 수요의 가격탄력성 $= \frac{\text{수요량 변화율}}{\text{가격 변화율}} = \frac{50\%}{20\%} = 2.5$

(정답) ④

07 독점기업이 당면하고 있는 시장수요곡선은 $P=12-\frac{1}{2}Q$이고, 한계비용은 항상 2로 일정하다. 만약 정부가 기업에게 단위당 2만큼의 종량세(quantity tax)를 부과하는 경우, 조세 부과 전에 비해 나타나는 생산자 잉여의 변화는?

① 8만큼 증가한다.

② 10만큼 감소한다.

③ 12만큼 감소한다.

④ 18만큼 감소한다.

| 해설 |

주어진 시장수요곡선이 선형함수이므로 독점기업의 한계수입곡선은 수요곡선과 절편은 같고 기울기는 2배가 되어 한계수입인 '$MR=12-Q$'가 된다.

- 정부가 개당 2의 종량세를 부과하면 독점기업의 한계비용은 4로 상승한다.

- 이윤극대화 조건($MR=MC$)을 만족하는 수준에서 종량세 부과에 따른 변화를 그림으로 나타내면 다음과 같다.

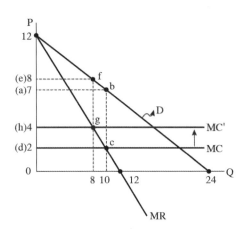

이에 따라 거래량은 10에서 8로 2만큼 감소하고, 시장가격은 7에서 8로 1만큼 상승하게 된다.

- 생산자 잉여는 사각형 $abcd(=10\times5=50)$에서 사각형 $efgh$ $(=8\times4=32)$가 된다. 이에 따라 조세 부과로 인해 생산자 잉여는 18만큼 감소하게 된다.

(정답) ④

08 다음 가격정책에 대한 설명 중 가장 타당한 것은?

① 최고가격을 균형가격보다 높게 설정할수록 소비자 보호효과가 커진다.

② 최저가격을 균형가격보다 낮게 설정하면 시장에서는 초과수요가 발생한다.

③ 최저가격을 균형가격보다 높게 설정하면 실효성 있는 규제가 되어 자원이 효율적으로 배분된다.

④ 실효성 있는 최고가격을 설정하면 암시장 발생 유무와 관계없이 소비자 잉여와 생산자 잉여의 총합은 동일하다.

| 해설 |

시장균형가격보다 낮은 최고가격은 실효성이 있게 된다. 이러한 실효성 있는 최고가격을 설정하는 경우 나타나는 현상을 그림으로 나타내면 다음과 같다.

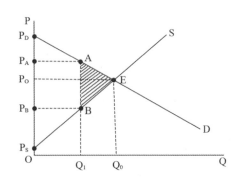

실효성 있는 최고가격(P_B) 하에서 암시장이 발생하면 소비자 잉여의 일부($P_A ABP_B$)가 생산자 잉여로 전용되고, 암시장을 완전히 차단하게 되면 같은 크기만큼($P_A ABP_B$)이 다시 소비자 잉여로 환원된다. 결국 암시장 발생 유무와 관계없이 소비자 잉여와 생산자 잉여의 총합($P_D ABP_S$)은 동일하다.

① 최고가격을 균형가격보다 더 낮게 설정하여 소비자의 지불가격을 떨어뜨릴 수 있어야 소비자 보호효과가 커진다.

② 최저가격을 균형가격보다 낮게 설정하면, 이 가격규제는 실효성을 상실하게 되어 시장에는 아무런 영향이 미치지 않는다. 즉 기존 균형이 계속해서 유지된다.

③ 최저가격을 균형가격보다 높게 설정하면 실효성 있는 규제가 되기는 하지만, 최저가격 수준에서 사회적 총잉여는 감소하게 되어 자원이 비효율적으로 배분된다. 만약 앞의 그림에서 최저가격을 P_A 수준으로 설정할 때 발생하는 사회적 총잉여의 감소분(경제적 순손실: deadweight loss)은 $\triangle AEB$만큼이 된다.

정답 ④

---

09 생산요소에 대한 수요가 파생적 수요(derived demand)인 이유는?

① 생산요소에 대한 수요가 기술 수준에 의해 결정되기 때문이다.

② 생산요소에 대한 수요가 생산물에 대한 수요에 의존하기 때문이다.

③ 생산요소에 대한 수요가 생산함수로부터 파생되기 때문이다.

④ 생산요소에 대한 수요가 비용함수로부터 파생되기 때문이다.

| 해설 |

생산요소에 대한 수요는 그 생산요소를 투입해서 생산하는 생산물에 대한 시장 수요에 달려 있다.

• 만약 생산물 시장에서 수요가 증가하게 되면 생산물에 대한 생산을 증가시켜야 하고, 이를 위해 생산 과정에 투입되는 생산요소에 대한 수요 증가로 연결된다. 이러한 이유로 생산요소에 대한 수요를 파생적 수요라고 한다.

정답 ②

---

10 다음 중 "질문지를 어떻게 구성하느냐에 따라 다른 응답이 나올 수 있다"는 것을 설명하는 행동경제학 개념은?

① 틀 짜기 효과(framing effect)

② 닻 내림 효과(anchoring effect)

③ 현상 유지 편향(status quo bias)

④ 부존 효과(endowment effect)

| 해설 |

틀 짜기 효과(framing effect)란 행동경제학자인 다니엘 카너먼(D. Kahneman)과 아모스 트버스키(A. Tversky)가 1981년 발표한 공동논문에서 제시한 개념으로, 의사 전달을 어떤 틀(방법) 안에서 상대방에게 제시하느냐에 따라 전달받은 사람의 태도나 행동이 달라지는 효과를 말한다. 어떤 사안이 본질적으로 동일함에도 불구하고 그 사안을 바라보는 사람들의 해석이나 의사결정이 상황에 따라 달라지는 현상을 일컫는다. '구조화 효과'라고도 한다.

② 닻 내림 효과(anchoring effect): 처음에 인상적으로 각인된 정보를 기준으로 특정 사안에 대한 판단을 하는 경향을 의미한다. 인간의 사고가 처음에 제시된 하나의 이미지나 기억에 사로잡혀 어떤 판단도 거기에 영향을 받아 새로운 정보를 수용하지 않거나 이를 부분적으로만 수용하는 행동 특성을 말한다. '기준점과 조정(anchoring and adjustment) 휴리스틱' 또는 '정박 효과'라고도 한다.

③ 현상 유지 편향(status quo bias): "사람들은 지금의 조건에서 벗어나는 것을 아주, 아주 싫어한다."는 성향을 의미한다. 이에 따라 사람들은 외부에서 의미 있는 충격을 받지 않는 한 현재의 판단을 바꾸지 않으려고 한다는 것이다. '기정편향(default bias)'이라고도 한다.

④ 부존 효과(endowment effect): 일단 어떤 대상을 소유하게 되면, 그 이후에는 그 대상에 대한 애착이 생겨 이전에 비해 객관적인 가치 이상을 부여하려는 경향을 의미한다.

정답 ①

11 다음은 2022년 T국의 국민소득 계정의 일부이다. T국의 실질 국내총소득(GDI)과 실질 국민총소득(GNI)을 각각 구하면?

- 실질 국내총생산(GDP): 1,800억 달러
- 실질 국외 순수취요소소득: 50억 달러
- 교역조건 변화에 따른 실질무역손익: −100억 달러

	실질 GDI	실질 GNI
①	1,700억 달러	1,850억 달러
②	1,700억 달러	1,750억 달러
③	1,750억 달러	1,700억 달러
④	1,850억 달러	1,700억 달러

| 해설 |

실질 국내총소득(GDI)과 실질 국민총소득(GNI)은 다음과 같이 도출된다.

- 실질 GDI = 실질 GDP + 교역조건 변화에 따른 실질무역손익
- 실질 GDI = 1,800 − 100 = 1,700(억 달러)
- 실질 GNI = 실질 GDP + 실질 국외 순수취 요소소득 + 교역조건 변화에 따른 실질무역손익
  = 실질 GNP + 교역조건 변화에 따른 실질무역손익
  = 실질 GDI + 실질 국외 순수취 요소소득
- 실질 GNI = 1,800 + 50 − 100 = 1,750(억 달러)

정답 ②

12 소비함수가 다음과 같이 주어졌다.

- $C = a + bYD$
- C는 소비, YD는 가처분소득, a는 기초소비, b는 한계소비성향이다.

"소비함수가 안정적이다"라는 것은 무엇을 의미하는가?

① C값이 일정하다는 의미이다.
② a값이 YD와 무관하게 결정된다는 의미이다.
③ b값의 변화가 작다는 의미이다.
④ YD값의 변화가 작다는 의미이다.

| 해설 |

"소비함수가 안정적이다"라는 것은 가처분소득(독립변수)이 변할 때 이에 따른 한계소비성향의 변화가 크지 않아 소비(종속변수)의 변화도 크게 나타나지 않는다는 의미이다.

① 소비는 가처분소득이 증가함에 따라 증가하기 때문에 일정할 수 없다.
② 가처분소득이 변화한다고 하더라도 기초소비의 변화는 크지 않다는 의미이다.
④ 가처분소득의 크기는 작게 변한다고 하더라도 이에 따른 소비 변화가 크게 나타나면 소비함수는 불안정하게 된다.

정답 ③

13 어느 폐쇄경제의 거시 경제 상황이 다음과 같다고 할 때, 민간저축과 GDP의 크기를 옳게 짝지은 것은?

- 조세(T) = 10,000
- 민간투자(I) = 15,000
- 민간소비(C) = 80,000
- 재정적자(B) = 2,000

	민간저축	GDP
①	4,000	94,000
②	8,000	98,000
③	9,000	99,000
④	13,000	103,000

| 해설 |

재정적자(B)와 조세(T)의 크기를 이용하여 정부지출(G)의 크기를 구할 수 있다.

- $B = T - G \Rightarrow 2,000 = 10,000 - G \Rightarrow G = 8,000$

- 국민소득 균형식을 이용하여 국민소득(GDP)의 크기를 구할 수 있다.

- $Y = C + I + G \Rightarrow Y = 80,000 + 15,000 + 8,000 = 103,000$

- 민간저축(S_P)의 정의를 이용하여 다음과 같은 결론을 도출할 수 있다.

- 민간저축(S_G) = 국민소득(Y) − 조세(T) − 소비(C)
  $\Rightarrow S_G = 103,000 - 10,000 - 80,000 = 13,000$

정답 ④

14 다음 중 화폐의 기능에 관련한 설명으로 가장 타당한 것은?

① 인플레이션이 진행되는 경우에 화폐의 기능 중 가장 약화되는 것은 거래의 매개수단 기능이다.

② 케인스(J. M. Keynes)가 가장 중시한 화폐의 기능은 거래의 매개수단 기능이다.

③ 이자율과 가장 밀접한 관계가 있는 화폐의 기능은 가치저장수단 기능이다.

④ 화폐가 경제에 도입되면 화폐 사용 비용이 추가되어 거래비용이 증가한다.

| 해설 |

경제주체는 화폐를 하나의 자산으로 간주하여 채권 매매를 통해 수익을 올리기 위해 화폐를 보유한다. 이러한 기능을 가치저장수 단이라고 한다. 경제주체들이 채권의 가격에 따라 채권을 구입하 게 되는데, 이때 채권가격에 영향을 주는 것이 바로 이자율이다.

① 인플레이션이 진행되어도 거래를 위한 화폐는 필요하므로 화 폐는 여전히 거래의 매개수단 기능을 수행한다.

② 케인스(J. M. Keynes)가 가장 중시한 화폐의 기능은 화폐를 자산의 일종으로 이해하는 가치저장수단이다.

④ 화폐가 경제에 도입되면 하나의 거래를 하기 위해 감수해야 할 시간과 노력인 거래비용을 줄일 수 있게 해 준다.

정답 ③

---

15 외국계 회사인 (주)ST에 근무하고 있는 철수의 월 급여는 3,600달러이다. 철수의 월 급여는 철수의 거래 은행으로 자동 이체되며, 철수는 필요한 돈을 일과 후에 1시간을 할애하여 은행에 가서 인출하여 충당하고 있다. 보 몰(W. Baumol)의 재고이론에 따른 때 철수의 월 최적 화폐 수요의 크기는 얼마인가? (단, 현재 은행이자율은 연 6%이 고, 철수에게 1시간은 1달러의 가치가 있다고 가정한다)

① 300달러
② 400달러
③ 500달러
④ 600달러

| 해설 |

보몰(W. Baumol)의 재고이론에 따른 때 철수의 월 최적 화폐수 요(M_D)는 다음과 같이 도출된다.

$$\bullet\ M^D = \sqrt{\frac{bY}{2r}}$$

$$\Rightarrow M^D = \sqrt{\frac{1 \times 3{,}600}{2 \times 0.005}} = \sqrt{\frac{3{,}600}{0.01}} = \sqrt{360{,}000} = 600\,(달러)$$

• b는 거래비용, Y는 소득, r은 이자율이다.

• 문제에서 묻고 있는 것은 '월' 최적 화폐수요이다. 이에 따라 앞 의 결과를 도출할 때 사용된 이자율은 월 이자율이다. 연 이자 율이 6%이므로 월 이자율은 0.5%가 된다.

정답 ④

---

16 W은행의 대차대조표가 아래와 같다고 한다.

자산		부채	
지급준비금	1,000만 원	요구불 예금	5,000만 원
대출	4,000만 원		

법정지급준비율이 8%라면 W은행이 보유하고 있는 초과 지급준비금은?

① 250만 원
② 500만 원
③ 600만 원
④ 750만 원

| 해설 |

법정지급준비율이 8%이고 요구불 예금이 5,000만 원인 경우 법정 지급준비금은 400만 원이다. 그런데 대차대조표 상 실제지급준비 금은 1,000만 원이다. 따라서 W은행이 보유하고 있는 초과지급준 비금은 600만 원이 된다.

정답 ③

---

17 현재 폐쇄경제인 P국의 IS-LM 모형이 다음과 같다.

• IS곡선: $r = 4 - 0.05Y$

• 실질 화폐수요 함수: $\dfrac{M_D}{P} = 0.15Y - r$

• 명목 화폐공급량(M_S) = 4

• Y는 국민소득, r은 이자율, M_D는 명목 화폐수요량, P는 물가이고 1로 불변이다.

K국 중앙은행은 현재의 경기침체에서 벗어나기 위해 확 장적 통화정책을 실시하여 균형이자율을 낮추려고 계획 하고 있다. 균형이자율을 현재보다 1만큼 낮추기 위해 필요한 명목 화폐공급량의 증가분을 구하면?

① 2
② 4
③ 6
④ 8

| 해설 |

주어진 조건을 이용하여 LM곡선을 도출하고 이를 전제로 현재의 균형이자율(r)을 구하면 다음과 같다.

- 실질 화폐수요($\frac{M_D}{P}$) = 실질 화폐공급량($\frac{M_S}{P}$)

  $\Rightarrow 0.15Y - r = 4 \Rightarrow r = 0.15Y - 4 (\Rightarrow$ LM곡선) ·········· ㉠
- IS곡선: $r = 4 - 0.05Y$ ······ ㉡
- ㉠ - ㉡ $\Rightarrow 0 = 0.2Y - 8 \Rightarrow Y = 40, \ r = 2$

- 현재 이자율이 '$r = 2$'이므로 이보다 1만큼 낮추게 되면 새로운 균형수준에서 이자율은 '$r = 1$'이 되어야 한다. 이 결과를 IS곡선과 화폐시장 균형 조건식에 대입하면 필요한 명목 화폐공급량을 구할 수 있다.

- IS곡선: $r = 4 - 0.05Y \Rightarrow 1 = 4 - 0.05Y \Rightarrow 0.05Y = 3$

  $\Rightarrow Y = 60$
- 실질 화폐수요($\frac{M_D}{P}$) = 실질 화폐공급량($\frac{M_S}{P}$)

  $\Rightarrow 0.15Y - r = M_S \Rightarrow M_S = 0.15 \times 60 - 1 = 9 - 1 = 8$

- 따라서 K국 중앙은행이 정책 목표를 달성하기 위해서는 명목 화폐공급량을 현재 수준인 '4'에서 '8'로 증가시켜야 함을 알 수 있다. 결국 필요한 명목 화폐공급량의 증가분은 '4'가 된다.

정답 ②

---

18 총수요-총공급 곡선에 관한 다음의 설명 중 가장 타당한 것은?

① 총수요곡선은 모든 상품의 개별적 수요를 가격에 대하여 수평으로 합하여 도출할 수 있다.

② 유동성함정이 존재하는 구간에서 총수요곡선은 수평선이 된다.

③ 피구의 실질잔고효과의 존재는 총수요곡선의 기울기를 더욱 완만하게 한다.

④ 고전학파는 물가의 완전신축성을 가정하기 때문에 총공급곡선은 수평선의 모습을 보인다.

| 해설 |

피구(A. C. Pigou)의 실질잔고효과는 물가의 하락으로 실질자산이 증가하고, 이에 따라 소비가 증가한다는 것을 내용으로 한다. 이러한 실질잔고효과가 존재하면 물가의 하락은 LM곡선만이 아니라 IS곡선까지도 우측으로 이동시켜 총수요를 더 크게 증가시킨다. 따라서 피구의 실질잔고효과가 존재하면 총수요곡선의 기울기는 더욱 완만해진다.

① 총수요곡선은 물가와 총수요량과의 관계를 나타내는 것이다. 그런데 물가는 개별상품가격을 가중평균하여 도출된다. 즉 개별상품가격을 단순하게 수평으로 합해서 물가가 도출되는 것이 아닌 것이다.

② 유동성함정이 존재하는 구간에서는 물가가 하락한다고 하더라도 기존의 균형수준에는 변화가 없다. 이에 따라 총수요곡선은 수직선의 모습을 보이게 된다.

④ 고전학파는 물가의 완전신축성을 가정하기 때문에 총공급곡선은 완전고용산출량 수준에서 수직의 모습을 보인다. 총공급곡선이 수평선이라는 것은 물가가 완전경직적인 경우에 나타나는 모습이다.

정답 ③

---

19 인플레이션에 관한 설명으로 옳지 않은 것은?

① 프리드먼(M. Friedman)에 따르면 인플레이션은 언제나 화폐적 현상이다.

② 인플레이션이 예상되는 경우에는 구두창 비용이 발생하지 않는다.

③ 비용 인상 인플레이션은 총수요관리를 통한 단기 경기 안정화 정책을 어렵게 만든다.

④ 예상하지 못한 인플레이션은 고정이자를 지급하는 채권 소유자를 불리하게 만든다.

| 해설 |

인플레이션이 예상되는 경우 사람들은 화폐보유를 줄이고, 이를 은행에 예치하여 필요할 때마다 은행을 방문하여 인출하여 지출하고자 한다. 이때 은행을 방문하기 위해 지불하게 되는 시간과 노력을 '구두창 비용'이라 한다. 즉 인플레이션이 예상되는 경우에도 사회적 비용은 발생하게 된다.

① 프리드먼(M. Friedman)은 인플레이션을 항상 실물부분과 관계없이 화폐부분의 충격으로 인해 발생하는 현상이라고 주장한다.

③ 비용 인상 인플레이션은 부정적인 공급 충격으로 발생한다. 그 결과 물가는 상승하고 경기는 침체된다. 이때 확장적인 총수요 정책을 사용하면 물가는 더욱 빠르게 상승하고, 긴축적인 총수요 정책을 사용하면 경기는 더욱 더 침체된다. 이에 따라 총수요 관리를 통한 단기 경기안정화 정책은 어려워진다.

④ 인플레이션은 화폐의 구매력을 약화시킨다. 이에 따라 예상하지 못한 인플레이션은 고정이자의 가치를 떨어뜨려 채권 소유자를 불리하게 만들게 된다.

정답 ②

20 다음 표는 L국 노동 시장의 변화와 관련된 통계이다. 표에 대한 해석으로 가장 타당한 것을 고르면? (단, 생산 가능 인구의 크기는 변화가 없다) (단위: 만 명)

구분	2021년		2022년
취업자 수	850	⇒	800
비경제활동인구 수	300		350

① 경제활동 참가율은 상승하였다.
② 실업자의 수는 증가하였다.
③ 고용률은 변화가 없다.
④ 실업률은 상승하였다.

| 해설 |

주어진 표에서는 취업자 수의 감소 크기(= 50)만큼 비경제활동인구 수가 증가(= 50)하고 있다. 이것은 생산가능인구의 변화가 없다면 경제활동인구가 감소했다는 의미이고, 실업자 수는 불변이라는 것을 보여준다(②).

• 생산가능인구가 1,200으로 변화가 없다는 전제 하에 다음과 같은 가상 자료를 생각해보자.

구분	2021년		2022년
생산가능인구	1,200		1,200
취업자 수	850	⇒	800
실업자 수	50		50
비경제활동인구 수	300		350

• 경제활동인구는 취업자 수와 실업자 수의 합이므로 경제활동참가율$\left(= \dfrac{경제활동인구}{생산가능인구}\right)$은 $\dfrac{900}{1,200}(= 75\%)$에서 $\dfrac{850}{1,200}(≒ 70.83\%)$으로 하락한다(①).

• 고용률$\left(= \dfrac{취업자 수}{생산가능인구}\right)$은 $\dfrac{850}{1,200}(≒ 70.83\%)$에서 $\dfrac{800}{1,200}(≒ 66.67\%)$으로 하락한다(③).

• 실업률$\left(= \dfrac{실업자 수}{경제활동인구}\right)$은 $\dfrac{50}{900}(≒ 5.56\%)$에서 $\dfrac{50}{850}(≒ 5.88\%)$으로 상승한다(④).

정답 ④

21 솔로(R. Solow) 경제성장 모형에 관한 다음 진술 중 가장 타당하지 못한 것은?

① 균제상태(steady state)에서 저축률은 외생적으로 주어진다.
② 솔로 경제성장 모형에서 저축률이 상승하면 균제상태에서의 1인당 소득과 1인당 소비는 모두 증가하게 된다.
③ 솔로 모형에서는 기술진보가 균제상태에서 1인당 소득을 지속적으로 증가시킬 수 있는 유일한 원천이다.
④ 솔로 모형은 수확체감의 법칙이 나타나고 대체탄력성이 1인 생산함수를 가정한다.

| 해설 |

솔로 경제성장 모형에서 저축률이 상승하면 1인당 자본량 증가에 따라 1인당 소득이 증가하게 된다. 그러나 만약 상승한 저축률 수준이 황금률 수준의 저축률을 초과하게 되면 1인당 소비는 오히려 감소하게 된다. 황금률 수준의 저축률 수준에서 소비는 극대가 되기 때문이다. 따라서 저축률의 상승은 1인당 소득을 증가시키지만, 1인당 소비의 증감 여부는 황금률 수준의 저축률과 실제저축률의 크기를 비교해야 알 수 있다.

① 솔로 경제성장 모형에서 저축률, 인구증가율, 감가상각률, 기술진보율은 모두 외생적으로 주어진다.
③ 솔로 모형에서는 외생적으로 주어지는 기술진보에 의해서만 지속적인 1인당 소득 증가가 가능해진다. 이에 따라 '기술진보율 = 1인당 소득 증가율' 관계가 성립한다.
④ 솔로 모형은 노동과 자본의 대체가 가능한 1차 동차 생산함수인 콥-더글라스 생산함수를 가정한다. 이에 따라 수확체감의 법칙이 나타나고 대체탄력성은 항상 1이 된다.

정답 ②

22 다음은 K국의 산업별 수출액 및 수입액에 관한 자료이다. K국에서 산업 내 무역지수가 가장 높은 산업은?

	자동차	반도체	조선	휴대전화
수출액(억 달러)	200	800	150	400
수입액(억 달러)	100	200	100	200

① 자동차
② 반도체
③ 조선
④ 휴대전화

| 해설 |

현재 가장 일반적으로 사용되고 있는 산업 내 무역지수는 Grubel-Lloyd 지수(G-L 지수)로 다음과 같이 산업 내 무역지수를 측정한다.

- $G-L$ 지수: $1-\dfrac{특정산업의\ 수출-특정산업의\ 수입}{특정산업의\ 수출+특정산업의\ 수입}$

이렇게 측정된 $G-L$ 지수가 1에 가까울수록 산업 내 무역이 높다고 평가된다.

- 문제에서 주어진 자료를 이용하여 산업별 $G-L$ 지수를 구하면 다음과 같다.

- $(G-L)_{자동차}=1-\dfrac{200-100}{200+100}=1-\dfrac{100}{300}=1-\dfrac{1}{3}=\dfrac{2}{3}\fallingdotseq 0.67$
- $(G-L)_{반도체}=1-\dfrac{800-200}{800+200}=1-\dfrac{600}{1,000}=1-\dfrac{6}{10}=\dfrac{4}{10}=0.4$
- $(G-L)_{조선}=1-\dfrac{150-100}{150+100}=1-\dfrac{50}{250}=1-\dfrac{1}{5}=\dfrac{4}{5}=0.8$
- $(G-L)_{휴대전화}=1-\dfrac{400-200}{400+200}=1-\dfrac{200}{600}=1-\dfrac{1}{3}=\dfrac{2}{3}\fallingdotseq 0.67$

따라서 산업 내 무역지수가 가장 높은 산업은 '조선업'이 된다.

정답 ③

23 다음은 A국의 최근 3년간 국제수지표이다. ⓐ+ⓑ+ⓒ의 값을 구하면?

	2020년	2021년	2022년
경상수지	120	110	ⓒ
자본계정	40	ⓑ	40
금융계정	20	30	40
준비자산 증감	ⓐ	−140	−110
오차 및 누락	0	10	−20

① −140
② 140
③ −160
④ 160

| 해설 |

국제수지 항등식은 다음과 같다.

- 경상수지+자본계정+금융계정+준비자산 증감+오차 및 누락=0

- 주의할 것은 준비자산이 증가(감소)하는 경우 준비자산의 부호는 '−(+)'가 된다는 것이다. 국제수지 항등식의 모든 항목의 합을 '0'으로 만들어주기 위한 기술적 방법이다. 예컨대 준비자산이 '−100'이라는 것은 준비자산이 오히려 100만큼 증가했다는 의미이다. 여기서 준비자산은 외환보유고로 이해하면 무난하다.
- 주어진 표를 전제로 'ⓐ+ⓑ+ⓒ'의 값을 구하면 다음과 같다.

- 경상수지+자본계정+금융계정+준비자산 증감+오차 및 누락=0
- 2020년: $120+40+20+ⓐ+0=0\ \Rightarrow\ ⓐ=-180$
- 2021년: $110+ⓑ+30-140+10=0\ \Rightarrow\ ⓑ=-10$
- 2022년: $ⓒ+40+40-110-20=0\ \Rightarrow\ ⓒ=50$
- $ⓐ+ⓑ+ⓒ=-180-10+50=-140$

정답 ①

24 다음 자료는 A국과 B국 두 나라로 구성된 국제경제에서 교역이 이루어지고 있는 상황에 관한 것이다. 이와 관련된 진술로서 가장 타당하지 못한 것은?

A국과 B국 두 나라의 교역에는 어떤 규제도 없으며 비용도 발생하지 않는다. A국과 B국의 화폐단위는 각각 '링기'와 '페수'이다. 동일한 햄버거에 대한 두 나라의 수요곡선과 공급곡선은 다음과 같다. 식에서 Q와 P는 각각 햄버거의 수량과 가격을 나타낸다.

A국	B국
수요곡선: $Q_{DA}=100-P_A$	수요곡선: $Q_{DB}=80-2P_B$
공급곡선: $Q_{SA}=40+P_A$	공급곡선: $Q_{SB}=20+2P_B$

① 두 나라에서 햄버거 1개의 구입비용이 같도록 환율이 결정되어야 한다면, A국의 화폐 1링기는 B국의 화폐 0.5페수와 교환되어야 한다.
② 현재 A국과 B국 두 나라의 외환시장에서 링기 1단위와 페수 1단위가 교환되는 비율로 환율이 형성되어 있다면, 두 나라 간에 햄버거의 국제교역이 균형을 이루는 가격은 '$P_W=20$'이 된다.
③ 현재 A국과 B국 두 나라의 외환시장에서 링기 1단위와 페수 1단위가 교환되는 비율로 환율이 형성되어 있다면, 두 나라 간에 햄버거의 국제교역이 균형을 이루는 교역량은 20단위이다.
④ 현재 A국과 B국 두 나라의 외환시장에서 링기 1단위와 페수 1단위가 교환되는 비율로 환율이 형성되어 있다면, A국은 수출국이 되고 B국은 수입국이 된다.

| 해설 |

주어진 A국과 B국의 수요곡선과 공급곡선을 연립하여 풀면 A국과 B국의 국내가격을 각각 다음과 같이 구할 수 있다.

- A국: $P_A=30$(링기)
- B국: $P_B=15$(페수)

- 구매력 평가설에 의해 두 나라에서 햄버거 1개의 구입비용이 같도록 환율이 결정되기 위해서는 A국의 화폐 1링기는 B국의 화폐 0.5페수와 교환되어야 한다(①).
- 현재 A국과 B국 두 나라의 외환시장에서 링기 1단위와 페수 1단위가 교환되는 비율로 환율이 형성되어 있다는 것은 두 나라의 화폐단위가 동일하다는 것과 같은 의미이다. 이에 따라 A국과 B국의 수요곡선과 공급곡선을 각각 수평으로 합하면 국제 시장에서의 햄버거 수요곡선(Q_{DW})과 공급곡선(Q_{SW})을 도출할 수 있다.

- $Q_{DW} = Q_{DA} + Q_{DB} = 180 - 3P$
- $Q_{SW} = Q_{SA} + Q_{SB} = 60 + 3P$

앞에서 도출한 국제 시장에서의 햄버거 수요곡선(Q_{DW})과 공급곡선(Q_{SW})을 연립해서 풀면 햄버거 국제 가격(P_W)은 $P_W = 20$이 된다(②).
- 햄버거 국제 가격 '$P_W = 20$'을 A국과 B국의 수요곡선과 공급곡선에 각각 대입하면 다음과 같은 결과를 얻을 수 있다.

- A국: $Q_{DA} = 80$, $Q_{SA} = 60$ ⇒ 초과수요량 = 20 ⇒ 수입 ····· ④
- B국: $Q_{DB} = 40$, $Q_{SB} = 60$ ⇒ 초과공급량 = 20 ⇒ 수출 ···· ④
- 균형 교역량: 20 ······ ③

정답 ④

---

25 다음은 이자율 평형조건(interest rate parity condition)과 환율(외국화폐 1단위에 대한 자국통화의 교환비율)에 대한 설명이다. 다음 중 괄호 안의 ㉠과 ㉡을 바르게 채우는 조합은? (단, 변동환율제도를 전제한다)

이자율 평형조건이 성립하고 미래의 예상환율과 외국의 이자율이 주어졌다고 가정하자. 가로축을 환율, 세로축을 국내이자율로 하는 그래프를 그리면 (㉠)하는 형태로 그려진다. 만약 국민소득이 증가하면 그래프는 (㉡)으로 이동한다.

	㉠	㉡
①	우하향	오른쪽
②	우상향	오른쪽
③	우하향	왼쪽
④	우상향	왼쪽

| 해설 |

이자율 평형조건식을 다음과 같이 나타낼 수 있다.

- $K(1+r) = \dfrac{K}{E}(1+r^f)E_e$
- K는 투자금액, r은 국내이자율, E는 현물환율, r^f는 해외이자율, E_e는 미래 예상환율이다.

이자율 평형조건식에 따르면 국내이자율(r)과 (현물)환율(E) 사이에는 역(−)의 관계가 성립함을 알 수 있다.
- 국내이자율이 환율에 미치는 경로는 다음과 같다.

- 이자율 하락 ⇒ 자본 유출 ⇒ 환율 상승 ······ (그림의 ⓐ ⇒ ⓑ)

이에 따라 가로축을 환율, 세로축을 국내이자율로 하는 그래프를 그리면 우하향하는 형태로 그려진다.
- 국민소득이 증가하면 수입이 증가하게 된다. 이에 따라 외환시장에서 외화에 대한 수요가 증가하여 환율이 상승하게 된다. 주어진 이자율 수준에서 환율이 상승하게 되므로 그래프는 오른쪽으로 이동하게 된다(그림의 ⓑ ⇒ ⓒ).
- 앞의 내용들을 그림으로 나타내면 다음과 같다.

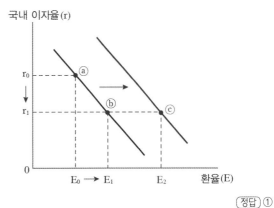

정답 ①

01	④	02	④	03	④	04	③	05	③
06	④	07	②	08	③	09	④	10	③
11	②	12	②	13	③	14	①	15	④
16	④	17	③	18	③	19	④	20	②

01 효용함수가 $U = X^a Y^b$로 주어져 있다. 소득이 300원이고, 균형수준에서 X재에 대한 소비 지출액이 200원이라고 한다. 이에 관한 설명으로 가장 타당하지 못한 것은?

① 만약 a＝2라면 b＝1이 성립한다.

② a＋b의 값은 3b의 값과 동일한 크기를 갖는다.

③ X재의 가격이 Y재 가격의 2배이면 두 재화의 소비량은 동일하다.

④ Y재의 가격이 X재 가격의 2배이면 X재의 소비량은 Y재 소비량의 2배가 된다.

| 해설 |

소득이 300원이고, X재에 대한 소비 지출액($= P_X \times X$)이 200원이므로, Y재에 대한 소비 지출액($= P_Y \times Y$)은 100원이다. 이를 전제로 주어진 효용함수에 따른 X재와 Y재의 균형소비량을 구하면 다음과 같다.

$$• X = \frac{a \times I}{(a+b) \times P_X} = \frac{a \times 300}{(a+b) \times P_X} \Rightarrow P_X \times X = \frac{a}{a+b} \times 300$$

$$\Rightarrow 200 = \frac{a}{a+b} \times 300 \Rightarrow \frac{a}{a+b} = \frac{2}{3}$$

$$\Rightarrow 3a = 2a + 2b \Rightarrow a = 2b \cdots\cdots ①$$

$$• Y = \frac{b \times I}{(a+b) \times P_Y} = \frac{b \times 300}{(a+b) \times P_Y} \Rightarrow P_Y \times Y = \frac{b}{a+b} \times 300$$

$$\Rightarrow 100 = \frac{b}{a+b} \times 300 \Rightarrow \frac{b}{a+b} = \frac{1}{3}$$

$$\Rightarrow 3b = a + b \cdots\cdots ②$$

• X재의 가격이 Y재 가격의 2배이면 다음 관계가 성립한다.

$$• X = \frac{a \times I}{(a+b) \times P_X} = \frac{a \times 300}{(a+b) \times P_X} \Rightarrow X = \frac{2 \times 300}{3 \times P_X} = \frac{200}{P_X}$$

$$\left(\because \frac{a}{a+b} = \frac{2}{3} \right)$$

$$• Y = \frac{b \times I}{(a+b) \times P_Y} = \frac{b \times 300}{(a+b) \times P_Y} \Rightarrow Y = \frac{1 \times 300}{3 \times P_Y} = \frac{100}{P_Y}$$

$$\left(\because \frac{b}{a+b} = \frac{1}{3} \right)$$

$$• X = \frac{200}{P_X} \Rightarrow X = \frac{200}{2P_Y} = \frac{100}{P_Y} = Y \cdots\cdots ③$$

• Y재의 가격이 X재 가격의 2배이면 다음 관계가 성립한다.

$$• Y = \frac{100}{P_Y} \Rightarrow Y = \frac{100}{2P_X} = \frac{200}{P_X} \times \frac{1}{4} \Rightarrow Y = X \times \frac{1}{4}$$

$$\Rightarrow X = 4Y \cdots\cdots ④$$

(정답) ④

02 치킨(C)과 맥주(B)에 대한 주경(酒鯨)씨의 효용함수는 다음과 같다.

$$U(C, B) = \min[C, 3B]$$

주경씨의 월 소득은 M이고, 소득 모두는 치킨과 맥주를 소비하는 데 사용된다. 한편 치킨과 맥주의 가격은 각각 P_C, P_B로 나타낸다. 주경씨의 맥주에 대한 수요함수를 도출하면?

① $B = \dfrac{2M}{(P_C + 3P_B)}$ ② $B = \dfrac{2M}{(3P_C + P_B)}$

③ $B = \dfrac{M}{(P_C + 3P_B)}$ ④ $B = \dfrac{M}{(3P_C + P_B)}$

| 해설 |

주경씨의 효용함수에서 치킨과 맥주는 완전보완재임을 알 수 있다. 따라서 주경씨가 효용극대화에 도달하기 위해서는 항상 다음과 같은 관계를 유지하면서 소비를 해야 한다.

$$• C = 3B \cdots\cdots ㉠$$

• 한편 주경씨의 예산제약식은 다음과 같다.

$$• M = P_C \times C + P_B \times B \cdots\cdots ㉡$$

• ㉠식을 ㉡식에 대입하여 정리하면 다음과 같은 주경씨의 맥주에 대한 수요함수가 도출된다.

$$• M = P_C \times 3B + P_B \times B \Rightarrow B(3P_C + P_B) = M$$

$$\Rightarrow B = \frac{M}{(3P_C + P_B)}$$

이 식에 따르면 소득(M)이 증가하거나, 치킨가격(P_C) 또는 맥주가격(P_B)이 하락하면 맥주소비량이 증가한다는 것을 확인할 수 있다.

(정답) ④

03 등량곡선과 등비용선에 관한 다음 그림에 대한 진술 중 가장 타당하지 못한 것은?

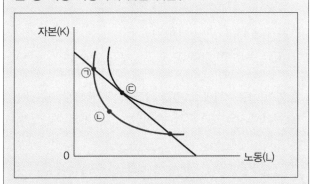

① ㉠과 ㉡은 동일한 생산량을 생산할 수 있는 요소들의 배합점이다.

② ㉠보다 ㉢의 요소배합에서 생산량이 더 많다.

③ ㉠에서는 기술적 한계대체율($MRTS_{LK}$)이 두 요소의 상대가격($\frac{P_L}{P_K}$)보다 더 큰 값을 갖는다.

④ 주어진 비용 범위 내에서 ㉠에서보다 더 많은 생산을 위해서는 노동(L)과 자본(K) 투입을 모두 증가시켜야 한다.

| 해설 |

그림에서 원점에 대해 볼록한 것이 등량곡선이고, 우하향하는 직선이 등비용선이다.

• 등량곡선은 동일한 수량을 생산할 수 있는 노동(L)과 자본(K)의 무수한 배합점을 연결한 궤적이고, 등비용선은 주어진 생산비용과 요소가격을 전제로 구입할 수 있는 노동(L)과 자본(K)의 최대량의 배합점을 연결한 궤적이다.

① ㉠과 ㉡은 동일한 등량곡선 상의 점이므로 동일한 생산량을 생산할 수 있는 요소들의 배합점이다.

② 등량곡선은 원점에서 멀어질수록 더 많은 생산량에 도달한다. 따라서 안쪽 등량곡선 상의 ㉠점보다 바깥쪽 등량곡선 상의 ㉢점의 요소배합에서 더 많은 생산이 가능해진다.

③ 기술적 한계대체율($MRTS_{LK}$)은 등량곡선의 접선 기울기이고, 두 요소의 상대가격($\frac{P_L}{P_K}$)은 등비용선의 기울기이다. 따라서 ㉠에서는 등량곡선의 접선 기울기인 기술적 한계대체율($MRTS_{LK}$)이 등비용선의 기울기인 두 요소의 상대가격($\frac{P_L}{P_K}$)보다 더 큰 값을 갖는다.

④ 주어진 비용 범위 내에서 ㉠에서보다 더 많은 생산을 위해서는 ㉢으로 옮기면 가능해진다. 이를 위해서는 자본 투입량을 줄이고 노동 투입량을 늘려야 한다.

정답 ④

04 생산함수와 노동과 자본의 가격이 다음과 같이 주어져 있다.

• $Q = \min[\alpha L, \beta K]$, a와 b는 상수
• 노동의 가격 $= P_L(= w)$
• 자본의 가격 $= P_K(= r)$

이를 전제로 한 평균비용(AC)곡선으로 옳은 것은?

① $AC = \alpha P_L + \beta P_K$ ② $AC = \beta P_L + \alpha P_K$

③ $AC = \dfrac{P_L}{\alpha} + \dfrac{P_K}{\beta}$ ④ $AC = \dfrac{P_L}{\beta} + \dfrac{P_K}{\alpha}$

| 해설 |

주어진 생산함수는 노동(L)과 자본(K)이 항상 '$\dfrac{1}{\alpha} : \dfrac{1}{\beta} = \beta : \alpha$'로 결합되어 투입되는 고정투입비율 생산함수인 Leontief 생산함수이다. 따라서 비용극소화를 위해서는 다음 조건이 충족되어야 한다.

• $Q = \alpha L = \beta K \Rightarrow L = \dfrac{Q}{\alpha}$, $K = \dfrac{Q}{\beta}$

• 이 결과를 총비용(TC) 식에 대입하여 정리하면 다음과 같이 나타낼 수 있다.

• $TC = P_L \times L + P_K \times K$
 $= P_L \times \dfrac{Q}{\alpha} + P_K \times \dfrac{Q}{\beta} = \left(\dfrac{P_L}{\alpha} + \dfrac{P_K}{\beta}\right) \times Q$

• 따라서 평균비용(AC)은 다음과 같이 도출할 수 있다.

• $AC = \dfrac{TC}{Q} = \dfrac{P_L}{\alpha} + \dfrac{P_K}{\beta}$

• 앞의 결과는 노동가격인 P_L과 자본가격인 P_K는 주어지는 값이므로, 평균비용(AC) 역시 생산량(Q)과 무관한 상수이고, 이에 따라 평균비용곡선은 수평의 모습을 보인다는 것을 시사해준다.

정답 ③

05 X재의 수요함수가 $Q_D = 8P^{-1}$로 주어져 있다. 이러한 수요함수에 대한 설명으로 타당한 것을 〈보기〉에서 모두 고르면?

┌─ 보기 ─────────────────────────────┐
⊙ 수요곡선 상의 기울기는 모든 점에서 1이다.
ⓛ 수요곡선 상의 모든 점에서 수요의 가격탄력성의 크기는 동일하다.
ⓒ 수요곡선의 가격절편과 수량절편은 존재하지 않는다.
ⓔ X재의 가격이 상승하면 X재의 수요는 반드시 감소한다.
ⓜ 소비자의 X재 구입에 따른 지출액 크기는 수요곡선 상의 모든 점에서 동일하다.
└───────────────────────────────────┘

① ㉠, ㉡, ㉢, ㉣   ② ㉡, ㉢, ㉣, ㉤

③ ㉡, ㉢, ㉤   ④ ㉡, ㉣

| 해설 |

주어진 수요함수는 선형함수가 아닌 직각 쌍곡선이므로 수요곡선 상의 모든 점에서 기울기는 서로 다른 값을 가진다(㉠).

• 수요곡선이 '$Q_D = AP^{-\alpha}$'의 형태인 경우 모든 점에서 수요의 가격탄력성은 '$E_P = \alpha$'이다. 따라서 주어진 수요곡선 상의 모든 점에서 수요의 가격탄력성은 '1'로 동일하다(㉡).

• 직각 쌍곡선의 형태의 함수에서는 각 축의 절편은 존재하지 않는다(㉢).

• X재의 가격의 상승은 X재의 '수요'가 아닌 '수요량'의 감소를 가져온다(㉣). '수요의 변화'와 '수요량의 변화'를 구분하여 정리해 둔다.

• 수요의 가격탄력성이 '1'인 단위탄력적이라면 가격의 변화와 관계없이 소비자의 지출액은 동일하다(㉤).

정답 ③

06 어떤 상품의 수요곡선과 공급곡선이 다음과 같다.

┌───────────────────────────────────┐
• 수요곡선: $Q^D = 150 - P$
• 공급곡선: $Q^S = -100 + 4P$
• Q^D는 수요량, Q^S는 공급량, P는 가격이다.
└───────────────────────────────────┘

정부가 상품 1개당 25원의 세금을 생산자에게 부과하는 경우 소비자와 생산자가 부담하는 조세의 크기는?

	소비자 부담	생산자 부담
①	5	20
②	10	15
③	15	10
④	20	5

| 해설 |

수요곡선과 공급곡선이 다음과 같을 때 조세(T) 부과에 따른 소비자와 생산자의 조세 부담의 크기는 다음과 같이 도출된다.

┌───────────────────────────────────┐
• 수요곡선: $Q^D = a - bP$
• 공급곡선: $Q^S = c + dP$
• 소비자 부담 $= \dfrac{d}{b+d} \times T$
• 생산자 부담 $= \dfrac{b}{b+d} \times T$
└───────────────────────────────────┘

• 주어진 수요곡선과 공급곡선에서 '$b = 1$', '$d = 4$'이므로 조세 부과에 따른 소비자와 생산자의 조세 부담의 크기는 다음과 같이 도출된다.

┌───────────────────────────────────┐
• 소비자 부담 $= \dfrac{d}{b+d} \times T = \dfrac{4}{1+4} \times 25 = \dfrac{4}{5} \times 25 = 20$
• 생산자 부담 $= \dfrac{b}{b+d} \times T = \dfrac{1}{1+4} \times 25 = \dfrac{1}{5} \times 25 = 5$
└───────────────────────────────────┘

정답 ④

07 A기업과 B기업으로만 구성된 과점시장에서 다음 조건이 주어져 있다.

- 시장수요곡선: $P = 180 - Q_A - Q_B$
- $Q_{시장} = Q_A + Q_B$
- 한계비용: $MC_A = 40$, $MC_B = 60$
- 고정비용은 존재하지 않는다.

기업 A가 선도기업으로 행동하고 이에 따라 슈타켈버그 균형이 달성되었을 때, 시장가격을 구하면?

① 80   ② 85
③ 90   ④ 95

| 해설 |

먼저 선도기업인 기업 A는 독점기업처럼 행동하게 되므로 기업 A가 직면하는 시장수요곡선은 다음과 같아진다.

- $P = 180 - Q_A$

- 이에 따라 다음 과정을 통해 선도기업인 A의 생산량이 결정된다.

- $MR_A = 180 - 2Q_A$ (∵ 한계수입곡선은 수요곡선과 절편은 같고, 기울기는 2배)
- $MC_A = 40$
- $MR_A = MC_A$ (이윤극대화 조건) $\Rightarrow Q_A = 70$

- 한편 기업 B는 추종기업으로 행동하게 되므로 기업 B가 직면하는 시장수요곡선과 생산량은 다음과 같이 도출된다.

- $P = 180 - Q_A - Q_B = 180 - 70 - Q_B = 110 - Q_B$
- $MR_B = 110 - 2Q_B$, $MC_B = 60 \Rightarrow MR_B = MC_B \Rightarrow Q_B = 25$

- 결국 시장 전체 생산량($Q_{시장} = Q_A + Q_B$)은 '$Q_A + Q_B = 70 + 25 = 95$'가 되고, 이에 따라 시장가격은 '$P = 85$'가 된다.

(정답) ②

08 다음 표에 나타난 기업 S의 노동공급시간, 시간당 임금 및 한계수입생산에 관한 설명으로 옳은 것은?

노동공급시간	5	6	7	8	9	10
시간당 임금	6	8	10	12	14	16
한계수입생산	-	50	36	26	14	2

① 노동공급시간이 8시간에서 9시간으로 증가할 때 한계요소비용은 22이다.
② 이윤극대화를 위한 노동공급시간은 9시간이다.
③ 노동공급시간이 8시간에서 9시간으로 증가할 때 임금탄력성은 비탄력적이다.
④ 이윤극대화를 위해 기업 S가 지불해야 할 한계요소비용은 22이다.

| 해설 |

주어진 표를 이용하여 기업 S의 총요소비용과 한계요소비용을 구하면 다음과 같다.

노동공급시간	5	6	7	8	9	10
시간당 임금	6	8	10	12	14	16
한계수입생산	-	50	36	26	14	2
총요소비용 (=시간×임금)	30	48	70	96	126	160
한계요소비용	-	18	22	26	30	34

이윤극대화를 달성하기 위한 조건은 '한계수입생산(MRP) = 한계요소비용(MFC)'이다. 따라서 노동공급시간이 8시간인 경우 이윤극대화를 달성할 수 있다.

- 노동공급시간이 8시간에서 9시간으로 증가할 때, 임금 상승률과 노동공급시간 변화율을 각각 구하면 다음과 같다.

- 임금 상승률 $= \dfrac{14 - 12}{12} = \dfrac{2}{12} = \dfrac{1}{6}$
- 노동공급시간 변화율 $= \dfrac{9 - 8}{8} = \dfrac{1}{8}$

- 노동공급시간의 임금탄력성(E_W)은 다음과 같이 도출된다.

- $E_W = \dfrac{\text{노동공급시간 변화율}}{\text{임금 상승률}} = \dfrac{1}{8} / \dfrac{1}{6} = \dfrac{6}{8} = \dfrac{3}{4} = 0.75$

이에 따라 노동공급시간의 임금탄력성은 비탄력적임을 알 수 있다.

(정답) ③

09 다음 국민소득결정모형에서 수출 증가분이 200일 경우 소비의 증가분은?

- $Y = C + I + G + NX$
- $C = 10 + 0.75(Y - T)$
- $I = I_0$
- $G = G_0$, $T = 50 + 0.2Y$
- $NX = NX_0$
- 여기서 Y, C, I, G, T, NX는 각각 국민소득, 소비, 투자, 정부지출, 조세, 순수출이다.

① 150   ② 200

③ 250   ④ 300

| 해설 |

주어진 조건을 전제로 수출승수를 구하고, 수출 증가분이 200일 때 국민소득 증가분(ΔY)을 도출하면 다음과 같다.

- 수출승수
$$= \frac{1}{1 - b(1-t)} = \frac{1}{1 - 0.75(1 - 0.2)} = \frac{1}{1 - 0.6} = \frac{1}{0.4} = 2.5$$
- 국민소득 증가분 = 수출 증가분 × 수출승수
$$\Rightarrow \Delta Y = 200 \times 2.5 = 500$$
- b는 한계소비성향, t는 소득세율이다.

- 소득 증가(ΔY)에 따른 소비 증가(ΔC)는 다음과 같이 나타낼 수 있다.

- $\Delta C = b \times \Delta YD = b \times \Delta(Y - T)$
$$\Rightarrow \Delta C = 0.75 \times \Delta(Y - 0.2Y) = 0.75 \times \Delta(0.8Y) = 0.6 \times \Delta Y$$
$$= 0.6 \times 500 = 300$$
- YD는 가처분소득이다.

정답 ④

10 토빈(J. Tobin)의 자산선택이론에 따를 때 이자율이 상승하면? (단, 대부자 입장을 전제한다)

① 모두 화폐로만 보유하는 것이 유리하다.

② 모두 채권으로만 보유하는 것이 유리하다.

③ 대체효과가 소득효과보다 크면 채권에 대한 수요가 증가한다.

④ 소득효과가 대체효과보다 크면 채권에 대한 수요는 증가한다.

| 해설 |

이자율이 상승(하락)할 때 대부자에게는 상대가격이 상승(하락)하는 자산인 화폐에 대한 수요를 감소(증가)시키고, 상대가격이 하락(상승)하는 자산인 채권에 대한 수요를 증가(감소)시키고자 하는 대체효과가 나타난다.

- 이자율이 상승(하락)할 때 대부자에게는 실질소득의 증가(감소)에 따라 상대적으로 안전한 자산인 화폐에 대한 수요를 증가(감소)시키고, 상대적으로 불안한 자산인 채권에 대한 수요를 감소(증가)시키고자 하는 소득효과가 나타난다.

- 대부자 입장에서 이자율이 상승하는 경우 화폐와 채권 사이에 나타나는 대체효과와 소득효과를 정리하면 다음과 같다.

- 대체효과: 이자율 상승 ⇒ 화폐의 상대가격 상승 ⇒ 화폐수요↓, 채권수요↑
- 소득효과: 이자율 상승 ⇒ 실질소득 증가 ⇒ 화폐수요↑, 채권수요↓

- 이에 따라 대체효과가 소득효과보다 더 크게 나타나면 화폐수요는 감소하고 채권수요는 증가하게 되고, 그 반대인 경우에는 화폐수요는 증가하고 채권수요는 감소하게 된다.

정답 ③

11 외국계 회사인 (주)ST를 다니고 있는 철수의 월 급여는 3,600달러이다. 철수의 월 급여는 철수의 거래은행으로 자동 이체되며, 철수는 필요한 돈을 일과 후에 1시간을 할애하여 은행에 가서 인출하여 충당하고 있다. 보몰(W. Baumol)의 재고이론에 따른 때 철수의 월 최적 은행 방문횟수는 얼마인가? (단, 현재 은행이자율은 연 6%이고, 철수에게 1시간은 1달러의 가치가 있다고 가정한다)

① 1회   ② 3회

③ 6회   ④ 12회

| 해설 |

보몰(W. Baumol)의 재고이론에 따른 때 최적 화폐수요(M_D)는 다음과 같이 도출된다.

- $N = \sqrt{\dfrac{rY}{2b}}$
$$\Rightarrow N = \sqrt{\frac{0.005 \times 3,600}{2 \times 1}} = \sqrt{\frac{18}{2}} = \sqrt{9} = 3$$
- b는 거래비용, Y는 소득, r은 이자율, N은 은행 방문횟수이다.

이에 따라 철수는 은행에 월 3회 방문하여, 방문할 때마다 1,200달러를 인출하고 월 평균 600달러를 보유하게 된다.

- 문제에서 묻고 있는 것은 '월' 최적 화폐수요이다. 이에 따라 앞의 결과를 도출할 때 사용된 이자율은 월 이자율이다. 연 이자율이 6%이므로 월 이자율은 0.5%가 된다.

정답 ②

12 다음 그래프에 대한 분석으로 옳은 것은?

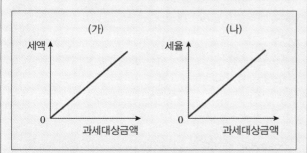

① 재산세 및 소득세는 주로 (가)의 형태를 띤다.
② 조세 제도가 (가)에서 (나)로 변화하면 소득 재분배 효과가 커진다.
③ 조세 제도가 (나)에서 (가)로 변화하면 조세 부담의 역진성이 작아진다.
④ (나)의 조세 제도를 실시하면 과세 전에 비해 과세 후의 소득 격차가 커진다.

| 해설 |

그림 (가)는 과세대상금액과 세액 사이에 일정한 비율이 성립하는 비례세의 예이다. 그림 (나)는 과세대상금액이 커질수록 높은 세율이 부과되는 누진세의 예이다.

- 비례세는 주로 소비세, 개별소비세, 부가가치세 등과 같은 간접세에 적용되는 조세 구조이다. 이러한 비례세는 상대적으로 저소득층에게 불리한 역진적인 특성을 가진다.
- 누진세는 주로 재산세, 소득세, 상속세 증여세 등과 같은 직접세에 적용되는 조세 구조이다. 이러한 누진세는 상대적으로 고소득층에게 불리하여 소득의 재분배에 기여할 수 있다는 평가를 받는다.

(정답) ②

13 다음 글의 괄호 안의 내용을 옳게 채우면?

LM곡선이 수직일 때 정부지출이 100조 원 증가하면 IS곡선이 오른쪽으로 이동하는 폭은 (㉠)이고, 이에 따라 소득은 (㉡). 단, 한계소비성향(b)이 0.8, 소득세율(t)이 0.25, 유발투자계수(i)가 0.1이다.

	㉠	㉡
①	0	불변이다
②	100조 원	500조 원 증가한다
③	500조 원	불변이다
④	500조 원	알 수 없다

| 해설 |

정부지출 승수와 정부지출로 인한 총수요 증가분을 구하면 다음과 같다.

- 정부지출 승수: $\dfrac{1}{1-b(1-t)-i}=\dfrac{1}{1-0.8(1-0.25)-0.2}$

$=\dfrac{1}{1-0.6-0.2}=\dfrac{1}{0.2}=5$

- 총수요 증가분: 정부지출 증가분×정부지출 승수
  $=100\times5=500$(조 원)

- 이에 따라 IS곡선은 주어진 이자율 수준에서 500조 원만큼 오른쪽으로 이동하게 된다. 그러나 LM곡선이 수직이므로 100%의 구축효과가 나타나게 되어 소득은 변함이 없다.

(정답) ③

14 IS곡선과 LM곡선이 다음과 같다.

- IS곡선: $0.4Y+20r=600$
- LM곡선: $600+0.2Y-50r=\dfrac{300}{P}$
- Y는 소득, r은 이자율이다.

다음 중 AD곡선으로 옳은 것은?

① $1.2Y=900+\dfrac{300}{P}$

② $1.2Y=900+\dfrac{200}{P}$

③ $Y=600+\dfrac{300}{P}$

④ $Y=600-\dfrac{300}{P}$

| 해설 |

다음과 같은 경로로 AD곡선을 도출할 수 있다.

- IS곡선: $0.4Y+20r=600 \Rightarrow r=30-0.02Y$ ...... ㉠

- ㉠식을 LM곡선의 식에 대입하여 정리한다.

- LM곡선: $600+0.2Y-50r=\dfrac{300}{P}$

$\Rightarrow 600+0.2Y-50(30-0.02Y)=\dfrac{300}{P}$

$\Rightarrow 1.2Y=900+\dfrac{300}{P}$ (AD곡선)

(정답) ①

15 진수와 성찬은 자신들이 소유하고 있는 논에서 1년에 쌀 200가마를 생산하고 있었다. 그런데 올 초에 그동안 서울에서 오랫동안 구직을 위해 노력했던 철수가 진수와 성찬의 쌀농사에 합류했다. 그럼에도 불구하고 이들의 논에서 생산되는 쌀은 여전히 200가마였다. 철수의 생산 활동과 관련된 경제학적 개념으로 가장 타당한 것은?

① 구조적 실업　　　　② 탐색적 실업

③ 기술적 실업　　　　④ 잠재적 실업

| 해설 |

철수가 생산 활동에 참여했음에도 불구하고 쌀 생산량에 변화가 없다는 것은 철수 노동의 한계생산성(MP_L)이 '0'이라는 의미이다.

• 형식적으로는 생산 활동에 종사하지만 한계생산성이 0에 해당하는 경우를 '잠재적 실업'이라고 한다.

정답 ④

---

16 K국 노동시장의 실업률은 자연실업률 5%를 유지하고 있다. 그런데 K국의 노동시장에서는 매월 19%가 새로운 직업을 얻고 있다고 한다. 이 경우에 매월 직장을 잃는 이직률의 크기는?

① 3.8%　　　　② 2.5%

③ 2%　　　　④ 1%

| 해설 |

자연실업률은 다음과 같이 측정된다.

• 자연실업률 $=\dfrac{s}{s+f}$, s는 이직률이고 f는 구직률이다.

• 따라서 주어진 조건에 따른 이직률은 다음과 같이 도출된다.

• $0.05=\dfrac{s}{0.19+s}$ ⇒ $0.0095+0.05\times s = s$ ⇒ $0.0095=0.95\times s$

⇒ $s=\dfrac{0.0095}{0.95}=0.01=1\%$

정답 ④

---

17 다음 〈보기〉의 내용 중 수직의 필립스 곡선과 관계없는 내용은?

┌─ 보기 ─

㉠ 인플레이션을 낮추기 위한 정책으로 인한 희생은 존재하지 않는다.

㉡ 확장적 통화정책은 실제 실업률만 낮출 수 있을 뿐이다.

㉢ 경제는 완전고용수준에서 생산 활동을 하게 된다.

㉣ 실제 실업률이 자연실업률에 비해 낮은 수준이다.

㉤ 총공급 곡선은 수직선의 형태를 취한다.

① ㉠, ㉢, ㉤　　　　② ㉠, ㉣, ㉤

③ ㉡, ㉣　　　　④ ㉣

| 해설 |

필립스 곡선이 수직이라는 것은 경제가 장기균형에 도달하여 실제 실업률이 자연실업률과 같은 수준에서 유지되고 있다는 것을 의미한다(㉣). 이것은 또한 산출량 수준이 완전고용수준의 자연산출량이라는 의미이기도 하다(㉢).

• 총공급 곡선이 우상향이면 필립스 곡선은 우하향하게 되고, 총공급 곡선이 수직이면 필립스 곡선 역시 수직의 모습을 보인다(㉤).

• 필립스 곡선이 수직인 경우에는 인플레이션율과 실업률 간의 상충관계가 존재하지 않게 된다. 이에 따라 인플레이션을 낮추는 긴축정책을 시행한다고 하더라도 실제 실업률은 여전히 자연실업률 수준을 유지하기 때문에 긴축정책으로 인한 희생은 존재하지 않게 된다(㉠).

• 필립스 곡선이 수직인 경우에는 확장적 통화정책은 물가만 상승시킬 뿐, 실제 실업률이나 자연실업률 모두에 영향을 주지 못한다(㉡).

정답 ③

18 다음의 주어진 상황에서 A국과 B국이 모두 무역의 이익을 얻을 수 있는 쌀과 컴퓨터의 교역조건(쌀 수량/컴퓨터 수량)을 X라고 할 때, 이 X의 범위를 구하면?

> A국과 B국 모두는 쌀과 컴퓨터만을 생산하고 있다. 두 나라 모두에서 자원은 노동뿐이고 노동의 질은 각 나라 안에서 동일하다. 기회비용이 일정한 두 나라의 생산가능곡선을 도출하기 위해 자료를 조사한 결과 다음의 표와 같이 각각 생산가능곡선 위의 두 점씩을 확인할 수 있었다. 표의 괄호 속 숫자는 (쌀의 생산량, 컴퓨터의 생산량)을 나타낸다.
>
> | 나라 | 생산가능곡선 위의 점 | |
> |---|---|---|
> | A국 | (480, 100) | (420, 150) |
> | B국 | (80, 240) | (40, 320) |

① $\dfrac{1}{3} < X < \dfrac{5}{6}$ ② $\dfrac{1}{2} < X < \dfrac{5}{6}$

③ $\dfrac{1}{2} < X < \dfrac{6}{5}$ ④ $\dfrac{1}{4} < X < \dfrac{6}{5}$

| 해설 |

기회비용(= 상대가격)이 일정하다고 하였으므로 생산가능곡선의 형태는 직선의 형태이다.

- 컴퓨터 수량이 가로축, 쌀 수량이 세로축이라면 생산가능곡선 기울기의 절댓값이 쌀의 수량으로 나타낸 컴퓨터의 기회비용이다. 양국의 생산가능곡선 기울기를 도출하면 다음과 같다.

> - A국: $\dfrac{\text{쌀 변화량}}{\text{컴퓨터 변화량}}(=X) = \dfrac{-60}{50} = -\dfrac{6}{5}$
> - B국: $\dfrac{\text{쌀 변화량}}{\text{컴퓨터 변화량}}(=X) = \dfrac{-40}{80} = -\dfrac{1}{2}$

- 두 나라 모두가 무역을 얻을 수 있는 교역조건인 X의 범위는 '$\dfrac{1}{2} < X < \dfrac{6}{5}$'이 된다.

정답 ③

---

19 대국 개방 경제인 K국의 반도체에 대한 국내 시장 수요곡선과 시장공급곡선이 다음과 같다.

> - 시장수요곡선: $Q_D = 100 - 2P$
> - 시장공급곡선: $Q_S = 10 + P$
> - 여기서 Q_D는 수요량, Q_S는 공급량, P는 가격이다.

반도체의 단위당 세계시장가격은 40이고, K국은 현재 세계시장가격으로 반도체를 수출하고 있다. K국 정부는 반도체 수출을 장려하기 위하여 수출되는 반도체 1단위당 10만큼의 수출보조금 정책을 도입하고자 한다. 만약 이 정책이 도입되면 반도체의 단위당 세계시장가격은 35로 하락하게 된다. K국의 수출보조금 정책으로 나타나게 되는 변화와 관련된 설명으로 타당하지 못한 것은?

① 수출보조금 지급으로 K국의 반도체 수출량은 15단위만큼 증가한다.

② 수출보조금 지급으로 K국의 소비자는 이전에 비해 75만큼 잉여를 상실하게 된다.

③ 수출보조금 정책 도입으로 K국 정부가 부담해야 할 보조금 총액은 450이다.

④ 수출보조금 정책 도입으로 K국에서는 375만큼의 경제적 순손실(deadweight loss)이 발생한다.

| 해설 |

대국 개방 경제인 K국이 수출보조금 정책을 도입하기 전·후의 K국 국내시장을 그림으로 나타내면 다음과 같다.

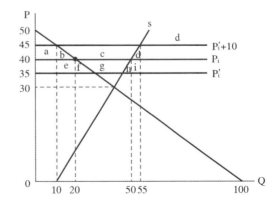

① 수출보조금 정책 도입 전 수출량은 세계시장가격(P_i) 40 수준에서 30(= 50 − 20)단위이고, 정책 도입 후 수출량은 가격 45 [= 새로운 세계시장가격(P_i') + 수출보조금] 수준에서 45(= 55 − 10)단위가 된다. 이에 따라 수출보조금 정책으로 수출량은 15단위만큼 증가하게 된다.

② 수출보조금 정책 도입으로 소비자잉여는 $(a+b)$만큼 감소하게 되며, 그 크기는 75가 된다.

③ 수출보조금 정책 도입으로 K국 정부가 부담해야 할 보조금 총액은 $(b+c+d+e+f+g+h+i)$가 되며, 그 크기는 450[= 수출량(45단위)×단위당 보조금(10)]이다.

④ 수출보조금 정책 도입으로 소비자잉여는 75($=a+b$)만큼 감소하고, 생산자잉여는 262.5($=a+b+c$)만큼 증가하고, 정부의 보조금 지급으로 재정수지가 450만큼 악화된다. 이에 따라 수출보조금 정책 도입으로 인해 발생하는 경제적 순손실(deadweight loss)은 262.5($=262.5-75-450$)가 된다.

- 대국의 수출보조금 지급으로 세계시장에서는 대국의 수출 공급의 증가로 국제가격이 이전에 비해 하락한다는 것을 유의한다. 이처럼 대국은 국제가격에 영향을 줄 수 있는 나라임을 의미한다.

정답 ④

---

20 우리나라 국채의 명목이자율이 3%이고, 미국 국채의 명목이자율이 2%일 때 A는 미국 국채에 투자하기로 결정하였다. 두 국채 모두 신용위험이 없다면 A는 환율이 어떻게 변화하리라 예상하고 있는가?

① 원화가 달러화에 비해 1% 이상 평가절상할 것으로 예상

② 원화가 달러화에 비해 1% 이상 평가절하할 것으로 예상

③ 원화가 달러화에 비해 0.5% 이상 평가절상할 것으로 예상

④ 원화가 달러화에 비해 0.5% 이상 평가절하할 것으로 예상

| 해설 |

우리나라의 국채의 명목이자율이 미국 국채의 명목이자율에 비해 1%가 높음에도 불구하고 A가 미국 국채에 투자하기로 한 것은 국채 만기가 도래할 때, 환율(달러화의 가치)이 지금보다 1% 이상 상승할 것으로 예상하고 있기 때문이다.

- 이것은 곧 원화가 달러화에 비해 1% 이상 평가절하될 것이라고 예상하고 있는 것과 같은 의미이다.

정답 ②

AK 경제학 실전 동형 모의고사 06								p. 34 - 39	
01	④	02	④	03	④	04	④	05	①
06	③	07	④	08	②	09	④	10	①
11	④	12	④	13	②	14	②	15	②
16	①	17	④	18	③	19	④	20	①
21	③	22	①	23	①	24	①	25	②

01 소비자 민주는 주어진 소득을 모두 지출하여 구입한 X재와 Y재를 소비하여 효용을 극대화하고자 한다. $A(X=50, Y=75)$와 $E(X=100, Y=50)$는 민주의 예산선 상에 있는 점들이며, E점에서 민주는 효용을 극대화하고 있다. 〈보기〉 중 옳은 진술들을 모두 고른 것은? (단, 무차별곡선은 원점에 대해 볼록하다)

─ 보기 ─
㉠ 현재 민주가 지출할 수 있는 최대금액은 200이다.
㉡ A점을 지나는 무차별곡선에서 접선기울기의 절댓값은 예산선 기울기의 절댓값보다 크다.
㉢ A점에서 E점으로 소비점을 옮기면 민주의 한계대체율(MRS_{XY})은 커진다.
㉣ 점 E에서 한계대체율(MRS_{XY})은 '$\frac{1}{2}$'이다.

① ㉠, ㉡, ㉣
② ㉠, ㉢, ㉣
③ ㉡, ㉢
④ ㉡, ㉣

| 해설 |

점 A와 점 B의 조합을 이용하여 다음과 같이 예산제약식(예산선)을 도출할 수 있다.

$$\bullet\ Y-75 = \frac{50-75}{100-50}(X-50) \Rightarrow Y = -\frac{1}{2}X+100$$
$$\Rightarrow 2Y = -X+200 \Rightarrow 200 = X+2Y$$

• 앞에서 도출된 식인 예산선의 기울기는 '$\frac{1}{2}$'이다. 그런데 예산선의 기울기는 곧 두 재화의 상대가격($\frac{P_X}{P_Y}$)이므로 그 값도 역시 '$\frac{1}{2}$'임을 알 수 있다. 주의할 것은 상대가격이 '$\frac{1}{2}$'라는 것이 X재 가격(P_X)이 1이고 Y재 가격(P_Y)이 2라는 것을 의미하지는 않는다. 따라서 현재 민주가 지출할 수 있는 최대금액이 200이라는 보장이 없다. 만약 X재 가격(P_X)이 10이고 Y재 가격(P_Y)이 20이고 예산이 2,000인 경우에도 앞에서 도출된 예산제약식과 동일해질 수 있기 때문이다. 따라서 민주가 지출할 수 있는 최대금액의 크기는 주어진 조건만으로는 알 수 없다(㉠).

• 주어진 조건들과 앞에서 도출한 예산선을 그림으로 나타내면 다음과 같다.

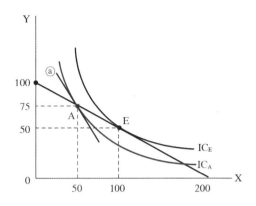

• 주어진 $A(X=50, Y=75)$와 $E(X=100, Y=50)$을 지나는 예산선의 기울기는 두 재화의 상대가격($\frac{P_X}{P_Y}$)인 $\frac{1}{2}$이다. 또한 $E(X=100, Y=50)$에서 소비자균형이 이루어지므로 무차별곡선(I_E)은 E점에서 예산선과 접하게 된다. 따라서 E점에서의 한계대체율(MRS_{XY})은 역시 $\frac{1}{2}$임을 알 수 있다(㉣).

• A점에서 무차별곡선(I_A)과 접하는 접선(ⓐ)의 기울기는 그림에서 보는 바와 같이 예산선의 기울기보다 가파르다(㉡).

• A점의 한계대체율(MRS_{XY})은 상대가격보다 크고, B점에서의 한계대체율은 상대가격과 같다. 따라서 A점에서 E점으로 소비점을 옮기면 한계대체율은 작아짐을 알 수 있다(㉢).

〔정답〕 ④

02 어느 소비자는 두 재화를 소비하는 데 소득을 모두 지출한다. X재의 가격은 6, Y재의 가격은 4이다. 현재 이 소비자의 소득은 100이며, $(X, Y) = (10, 10)$을 소비하고 있다. 그런데 X재의 가격이 8로 상승하게 되어 소비조합을 $(X, Y) = (11, 3)$로 바꾸게 되었다. 이에 관한 다음 진술 중 가장 타당하지 못한 것은?

① X재는 열등재이다.
② X재는 기펜(Giffen)재이다.
③ 소득효과에 의하면 X재의 소비가 증가한다.
④ 대체효과에 의하면 X재의 소비가 증가한다.

| 해설 |

수요의 법칙이 적용되는 재화는 가격이 상승(하락)할 때 소비량은 감소(증가)하게 된다. 그런데 주어진 조건에 따르면 X재 가격이 6에서 8로 상승했음에도 불구하고 X재 소비량은 오히려 증가($10 \rightarrow 11$)했다. 따라서 X재는 수요의 법칙이 적용되지 않는 기펜재임을 알 수 있다(②).

- 소득효과에 의하면 기펜(Giffen)재는 실질소득이 감소(증가)할 때 소비량은 오히려 증가(감소)하는 열등재이기도 하다(①).
- 주어진 조건에 따라 Y재 수량으로 나타낸 X재의 상대가격 $(\frac{P_X}{P_Y})$은 상승$(\frac{6}{4} \rightarrow \frac{8}{4})$하고 있다. 그런데 모든 재화는 대체효과에 의해 상대가격이 상승(하락)하면 소비량은 반드시 감소(증가)하게 된다. 따라서 상대가격이 상승한 X재는 대체효과에 의하면 소비가 반드시 감소해야 한다(④).
- 주어진 조건에 따라 X재 가격의 상승은 Y재 수량으로 나타낸 X재의 상대가격을 상승시켜 소비량을 감소시키는 대체효과가 나타나게 되고, X재 가격 상승으로 실질소득이 감소하여 X재 소비량은 오히려 증가시키는 소득효과가 동시에 나타나야 한다(③). 그런데 X재 가격이 상승했음에 불구하고 소비량이 오히려 증가했다는 것은 X재 가격 상승에 따라 소비량을 감소시키는 대체효과에 비해, 소비량을 증가시키는 소득효과가 더 큰 힘으로 작용했음을 알 수 있다.
- 결국 X재는 대체효과에 비해 소득효과가 더 크게 나타나는 열등재이면서 기펜재이다.

정답 ④

03 P그룹은 계열사인 기업 M이 16단위의 노동(L)과 4단위의 자본(K)을 모두 투입하여 100단위의 X재를 생산할 것을 희망하고 있다. 다음의 생산함수 중 P그룹의 희망대로 기술적 효율성을 달성하면서 생산할 수 있는 것을 고르면?

① $Q = 5L + 4K$

② $Q = 25\sqrt{LK}$

③ $Q = \min[10L, 25K]$

④ $Q = LK + 2L + K$

| 해설 |

① P그룹이 희망하고 있는 생산요소를 투입하는 경우 생산량은 100단위에 미치지 못한다.

- $Q = 5L + 4K = 5 \times 16 + 4 \times 4 = 80 + 16 = 96$

② P그룹이 희망하고 있는 생산요소를 투입하는 경우 생산량은 100단위를 초과한다.

- $Q = 25\sqrt{LK} = 25\sqrt{16 \times 4} = 25\sqrt{64} = 25 \times 8 = 200$

이것은 생산은 가능하지만 노동과 자본이 과잉 투입되고 있음을 의미하므로 기술적으로 비효율적인 생산방법이 된다. 왜냐하면 주어진 생산함수에서는 노동과 자본을 각각 4단위씩만 투입해도 100단위를 생산할 수 있기 때문이다.

- $Q = 25\sqrt{LK} = 25\sqrt{4 \times 4} = 25 \times 4 = 100$

③ P그룹이 희망하고 있는 생산요소를 투입하는 경우 100단위 생산은 가능하다.

- $Q = \min[10L, 25K] = \min[10 \times 16, 25 \times 4]$
  $= \min[160, 100] = 100$

그러나 이것은 노동이 과잉 투입된 비효율적인 생산방법이 된다. 왜냐하면 주어진 생산함수에서는 노동 10단위와 자본 4단위만 투입해도 100단위를 생산할 수 있기 때문이다.

④ P그룹이 희망하고 있는 생산요소를 투입하는 경우 100단위를 효율적으로 생산할 수 있다.

- $Q = LK + 2L + K = 16 \times 4 + 2 \times 16 + 4 = 64 + 32 + 4 = 100$

앞의 결과는 희망하고 있는 노동과 자본이 모두 투입되어 과잉 투입되지 않으면서 100단위를 생산할 수 있음을 보여주고 있다.

정답 ④

04 두 생산요소 노동(L)과 자본(K)을 투입하여 반도체를 생산하는 기업 S의 생산함수가 다음과 같이 알려져 있다.

- $Q = \max[2L, 3K]$, 여기서 Q는 생산량이다.

1단위의 노동가격과 1단위의 자본가격이 각각 P_L과 P_K일 때, 기업 S의 비용함수를 구하면?

① $TC = (\frac{P_L}{2} + \frac{P_K}{3})Q$

② $TC = (\frac{P_L}{3} + \frac{P_K}{2})Q$

③ $TC = \min[\frac{P_L}{3}, \frac{P_K}{2}]Q$

④ $TC = \min[\frac{P_L}{2}, \frac{P_K}{3}]Q$

| 해설 |

주어진 생산함수 '$Q = \max[2L, 3K]$'는 '$2L$과 $3K$' 중 큰 값에 의해 생산량이 결정된다는 것을 의미한다. 한편 총비용함수는 다음과 같이 나타낼 수 있다.

- $TC = P_L \times L + P_K \times K$

- 만약, '$2L > 3K$'가 성립하면 생산함수는 '$Q = 2L$'이 된다. 이것은 노동(L)만을 투입해서 생산이 이루어진다는 것을 의미한다. 이에 따라 비용함수는 '$TC = P_L \times L$'이 된다. 그런데 생산함수가 '$Q = 2L$'이므로 '$L = \frac{1}{2}Q$'가 성립한다. 이를 비용함수에 대입하면 '$TC = P_L \times \frac{1}{2}Q$'를 도출할 수 있다.

- 만약, '$2L < 3K$'가 성립하면 생산함수는 '$Q = 3K$'가 된다. 이것은 자본(K)만을 투입해서 생산이 이루어진다는 것을 의미한다. 이에 따라 비용함수는 '$TC = P_K \times K$'가 된다. 그런데 생산함수가 '$Q = 3K$'이므로 '$K = \frac{1}{3}Q$'가 성립한다. 이를 비용함수에 대입하면 '$TC = P_K \times \frac{1}{3}Q$'를 도출할 수 있다.

- 기업 S는 비용극소화를 달성하기 위해 노동만이 투입될 때의 비용함수 '$TC = P_L \times \frac{1}{2}Q$'와 자본만이 투입될 때의 비용함수 '$TC = P_K \times \frac{1}{3}Q$' 중에서 비용이 적게 투입되는 비용함수를 선택할 것이다. 결국 기업 S의 비용함수는 다음과 같이 나타내어진다.

> - $TC = \min[P_L \times \frac{1}{2}Q, \ P_K \times \frac{1}{3}Q] = \min[\frac{P_L}{2}, \ \frac{P_K}{3}]Q$

정답 ④

05 콥–더글라스 생산함수가 다음과 같다.

> - $Q = L^{0.5}K^{0.5}$
> - Q는 생산량, L은 노동이고 K는 자본이며 단기에 고정생산요소이다.

이러한 생산함수를 갖고 있는 기업에서 나타날 수 없는 결과는? (단, 재화 및 생산요소 가격은 일정하다고 가정한다)

① 단기 평균비용(AC)이 체증한다.
② 단기 한계비용(MC)이 체증한다.
③ 장기 평균비용(AC)이 일정하다.
④ 장기 한계비용(MC)이 일정하다.

| 해설 |

주어진 콥–더글라스 생산함수는 1차 동차 생산함수이다. 이에 따라 단기에는 수확체감의 법칙이 나타나고, 장기에는 규모에 대한 보수 불변인 특성을 갖는다.

- 단기에 생산과 비용과의 관계를 그림으로 나타내면 다음과 같다.

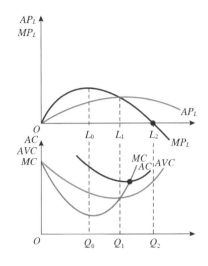

- 앞 그림에서 단기에 생산의 2단계인 경제적 영역($L_1 \sim L_2$)에서는 단기 평균비용(SAC)이 체감하다가 체증하는 모습을 확인할 수 있다. 또한 단기 한계비용(SMC)이 체증하고 있는 것도 확인할 수 있다. 그림을 통해 정리해 두어야 할 내용이다.

- 주어진 콥–더글라스 생산함수는 1차 동차 생산함수이므로 장기에는 규모에 대한 보수가 불변인 특성을 갖는다. 이것은 장기 총비용(LTC) 곡선이 원점을 통과하는 직선이라는 것을 의미한다.

- 이에 따라 원점에서 장기 총비용(LTC) 곡선 상의 한 점까지 그은 장기 평균비용(LAC)이나, 장기 총비용(LTC) 곡선 상의 한 점에서의 접선 기울기인 장기 한계비용(LMC)은 모두 장기 총비용(LTC) 곡선의 기울기와 동일해진다. 장기 총비용(LTC) 곡선이 직선이므로 그 기울기는 모든 점에서 일정한 값을 갖는다.

정답 ①

06 최근 아파트 가격이 폭등하고 있는 A지역 아파트에 대한 공급곡선은 완전비탄력적이고, 수요곡선은 우하향한다. 정부가 아파트의 매도자에게 양도차익의 50%를 양도소득세로 부과하고자 한다. 양도소득세 부과로 인한 조세 부담에 관한 설명으로 옳은 것은? (단, 다른 조건은 고려하지 않는다)

① 매입자와 매도자가 각각 1/2씩 부담한다.
② 매입자가 전액 부담한다.
③ 매도자가 전액 부담한다.
④ 매입자와 매도자 모두 조세부담이 없다.

| 해설 |

탄력성과 조세 부담과의 관계를 다음 식으로 나타낼 수 있다.

> - $\dfrac{\text{수요의 가격탄력성}}{\text{공급의 가격탄력성}} = \dfrac{\text{생산자(매도자) 조세 부담}}{\text{소비자(매입자) 조세 부담}}$

- 공급의 가격탄력성이 완전비탄력적이므로 부과된 양도소득세는 100% 매도자가 부담하게 된다.

③

---

07 시장 모두가 완전경쟁적인 K국의 대표적인 소비자인 M의 효용함수와 생산가능곡선이 다음과 같다.

- M의 효용함수: $U = x^2 y^3$
- 생산가능곡선: $x^3 + y^3 = 128$
- U는 효용, x는 Y재 수량, y는 Y재 수량이다.

소비와 생산 모두에서 자원 배분이 효율적으로 이루어지기 위해 필요한 Y재의 수량으로 옳은 것은? (단, X재 가격(P_X)은 2이고 Y재 가격(P_Y)은 3이며, 다른 조건들은 고려하지 않는다)

① $\dfrac{3}{2}$ ② 2
③ 3 ④ 4

| 해설 |

효율적인 자원배분이 이루어지기 위해서는 다음과 같은 조건들을 충족해야 한다.

- $MRS_{XY} = \dfrac{MU_X}{MU_Y} = \dfrac{2xy^3}{3x^2y^2} = \dfrac{2}{3}\dfrac{y}{x}$
- $MRT_{XY} = \dfrac{MC_X}{MC_Y} = \dfrac{P_X}{P_Y} = \dfrac{2}{3}$
- $MRS_{XY} = MRT_{XY} \Rightarrow \dfrac{2}{3}\dfrac{y}{x} = \dfrac{2}{3} \Rightarrow x = y$ ·········· ㉠

- ㉠식을 생산가능곡선에 대입하여 정리하면 효율적인 자원배분을 위해 필요한 두 재화의 수량을 도출할 수 있다.

- $x^3 + y^3 = 128 \Rightarrow y^3 + y^3 = 128(\because x = y) \Rightarrow 2y^3 = 128$
  $\Rightarrow y^3 = 64 \Rightarrow y = 4, \ x = 4$

④

---

08 품질이 좋은 중고차(H)와 품질이 나쁜 중고차(L)가 거래되는 시장이 있다. 품질이 좋은 차가 전체 시장에서 차지하는 비중은 50%이며, 이것에 관해서는 시장에 참여하는 모든 거래자가 알고 있다. 거래되는 자동차의 품질에 따라 구매자가 지불하고자 하는 최대금액(willingness to pay)과 판매자가 받고자 하는 최소금액(willingness to accept)이 다음 표와 같다.

	구매자의 최대지불용의 금액	판매자의 최소수용용의 금액
품질이 좋은 차	α	1,500
품질이 나쁜 차	1,200	β

자동차 판매자는 자신이 팔고자 하는 자동차의 품질을 정확하게 알고 있다. 구매자가 자신이 구입하고자 하는 자동차의 품질에 대한 완전한 정보의 유무와 관계없이 모든 자동차가 시장에서 거래될 수 있는 α값과 β값으로 가능한 금액을 고르면? (단, 구매자는 위험중립자이다)

	α	β
①	1,700	1,100
②	1,800	1,200
③	1,800	1,300
④	1,900	1,300

| 해설 |

구매자가 자신이 구입하고자 하는 자동차의 품질에 대한 정보를 전혀 갖고 있지 못한 경우 구매자의 최대지불용의 금액(A)은 다음과 같다.

- $A = 0.5 \times \alpha + 0.5 \times 1,200 = 0.5\alpha + 600$

그런데 모든 자동차가 시장에서 거래되기 위해서는 구매자의 최대지불용의 금액이 판매자의 최소수용용의 금액 중 큰 금액 이상이어야 한다. 이에 따라 구매자의 α 값은 다음과 같이 도출된다. 이 금액 수준에서 모든 자동차는 동일한 금액으로 거래된다.

- $0.5\alpha + 600 \geq 1,500 \Rightarrow 0.5\alpha \geq 900 \Rightarrow \alpha \geq 1,800$

- 구매자가 자신이 구입하고자 하는 자동차의 품질에 대한 완전한 정보를 갖고 있다면 두 유형의 자동차는 서로 다른 가격에서 거래된다. 이러한 거래가 이루어지기 위해 필요한 조건은 다음과 같다.

- 품질이 좋은 차가 거래되기 위한 조건: $\alpha \geq 1,500$
- 품질이 나쁜 차가 거래되기 위한 조건: $1,200 \geq \beta$

- 결국 어떠한 조건에서도 모든 중고차가 거래되기 위해서는 다음 조건을 충족해야 한다.

- $\alpha \geq 1,800$인 동시에 $\alpha \geq 1,500 \Rightarrow \alpha \geq 1,800$
- $1,200 \geq \beta$

(정답) ②

---

09 다음은 2022년 T국의 국민소득 계정의 일부이다. T국의 명목 국민총소득(GNI)을 구하면?

- 명목 국민총생산(GNP): 2,000억 달러
- 실질 국내총생산(GDP): 1,800억 달러
- 실질 국외 순수취요소소득: 50조 달러
- 교역조건 변화에 따른 실질무역손익: −100억 달러

① 1,700억 달러   ② 1,750억 달러
③ 1,850억 달러   ④ 2,000억 달러

| 해설 |
명목 GNI는 명목 GNP와 항상 일치한다.

(정답) ④

---

10 다음의 소비이론에 관한 설명 중 가장 타당한 것은?

① 케인스(J. M. Keynes)의 절대소득 가설에 따르면 소비의 소득탄력성은 $\dfrac{\text{한계소비성향}(MPC)}{\text{평균소비성향}(APC)}$이다.

② 쿠즈네츠(S. Kuznets)의 실증 분석에 따르면 장기시계열 소비함수의 평균소비성향(APC)은 한계소비성향(MPC)보다 더 큰 값을 갖는다.

③ 듀젠베리(J. Duesenberry)의 상대소득 가설에 따르면 소비의 상호의존성이라는 특성으로 인해 톱니효과가 나타난다.

④ 피셔(I. Fisher)의 기간 간 선택 모형에 따르면 유동성 제약이 존재하는 경우와 관계없이 미래소득의 증가는 현재소비를 증가시킨다.

| 해설 |
소비의 소득탄력성(E_I^C)은 다음과 같이 나타낼 수 있다.

- $E_I^C = \dfrac{\Delta C/C}{\Delta Y/Y} = \dfrac{\Delta C}{\Delta Y} \times \dfrac{Y}{C} = \dfrac{\Delta C}{\Delta Y} \Big/ \dfrac{C}{Y} = \dfrac{MPC}{APC}$

② 쿠즈네츠(S. Kuznets)의 실증 분석에 따르면 장기시계열 소비함수는 원점을 지나는 직선으로 도출된다. 이에 따라 평균소비성향(APC)은 한계소비성향(MPC)과 같아진다.

③ 듀젠베리(J. Duesenberry)의 상대소득 가설에 따르면 소비의 상호의존성이라는 특성으로 인해 전시효과가 나타나고, 소비의 비가역성이라는 특성으로 인해 톱니효과가 나타난다.

④ 피셔(I. Fisher)의 기간 간 선택 모형에 따르면 유동성 제약(= 차입 제약)이 존재하는 경우의 현재소비는 현재소득보다 커질 수 없다. 따라서 미래소득이 증가한다고 하더라도 현재소비에는 영향을 줄 수 없다.

(정답) ①

---

11 K국 경제의 투자함수와 최적 자본량이 다음과 같다.

- $I_n = 0.2(K_P - K_{n-1})$
- $K_P = 1,000,\ K_0 = 500$
- I_n은 n기의 투자, K_P는 최적 자본량, K_n은 n기의 자본량, K_{n-1}는 n기의 전기 자본량, K_0은 최초 자본량이다.

이에 대한 설명으로 옳은 것을 〈보기〉에서 모두 고르면? (단, 감가상각은 없다고 가정한다)

— 보기 —
㉠ 1기에는 100만큼의 투자가 이루어진다.
㉡ 1기의 자본량 수준은 600이다.
㉢ 2기의 자본량 수준은 680이다.
㉣ 투자는 궁극적으로 0으로 수렴할 것이다.

① ㉠, ㉡   ② ㉠, ㉡, ㉢
③ ㉢, ㉣   ④ ㉠, ㉡, ㉢, ㉣

| 해설 |
주어진 조건들을 전제로 각 기의 투자 크기와 자본량을 구하면 다음과 같다.

- 1기 투자: $I_1 = 0.2(K_P - K_{1-1}) = 0.2(K_P - K_0)$
  $= 0.2(1,000 - 500) = 0.2 \times 500 = 100$
- 1기 자본량: $K_1 = K_0 + I_1 = 500 + 100 = 600$
- 2기 투자: $I_2 = 0.2(K_P - K_{2-1}) = 0.2(K_P - K_1)$
  $= 0.2(1,000 - 600) = 0.2 \times 400 = 80$
- 2기 자본량: $K_2 = K_1 + I_2 = 600 + 80 = 680$
- 3기 투자: $I_3 = 0.2(K_P - K_{3-1}) = 0.2(K_P - K_2)$
  $= 0.2(1,000 - 680) = 0.2 \times 320 = 64 \ldots\ldots$

- 매기당 투자는 이전 투자 수준의 20%씩 계속 감소($100 \to 80 \to 64 \to \ldots\ldots$)하게 되고, 이에 따라 궁극적으로는 '0'에 수렴하게 된다.

(정답) ④

12 개방 경제인 W국 경제의 국내저축(S_D)과 투자(I) 그리고 순자본유입(K_I)이 다음과 같다.

- $S_D = 1,200 + 1,000\,r$
- $I = 1,600 - 500\,r$
- $K_I = -400 + 2,500\,r$
- r은 이자율이다.

W국의 대부시장이 균형일 때 이자율 수준은? (단, 다른 조건들은 고려하지 않는다)

① 5%   ② 10%
③ 15%   ④ 20%

| 해설 |

대부시장의 균형은 대부자금에 대한 수요인 투자(I)와 대부자금의 공급인 총저축(S_N)이 일치하는 수준에서 이루어진다. 그런데 대부시장에서 공급인 총저축(S_N)에는 국내저축(S_D)으로 한정되는 폐쇄 경제와 다르게 개방 경제에서는 순자본유입(K_I)이 추가되어야 한다.

- 대부시장에서 균형이자율은 다음과 같이 도출할 수 있다.

- 대부자금 수요: $I = 1,600 - 500\,r$
- 대부자금 공급: $S_N = S_D + K_I = 800 + 3,500\,r$
- $I = S_N \Rightarrow 1,600 - 500\,r = 800 + 3,500\,r \Rightarrow 800 = 4,000\,r$
  $\Rightarrow r = 0.2 = 20\%$

정답 ④

---

13 다음 〈보기〉에서 화폐 주조차익(seigniorage)에 관한 설명으로 옳은 것을 모두 고르면?

보기

㉠ 중앙은행이 화폐 공급을 통해 얻게 되는 추가적인 수입을 의미한다.
㉡ 인플레이션 조세의 의미가 있다.
㉢ 화폐 공급이 민간 보유의 화폐자산의 실질가치를 떨어뜨리는 데서 비롯된다.

① ㉠, ㉡   ② ㉠, ㉡, ㉢
③ ㉠, ㉢   ④ ㉡, ㉢

| 해설 |

화폐 주조차익은 화폐의 액면가에서 화폐 제조비용 및 화폐 유통비용 등을 차감한 이익으로, 이것은 중앙은행이 갖는 독점적 발권력에 의해 발생한다(㉠).

- 중앙은행의 화폐 공급으로 인플레이션이 유발되고 이로 인해 민간이 보유하고 있는 화폐자산의 실질가치는 하락하게 된다(㉢). 결국 민간의 실질화폐자산을 감소시키는 효과가 발생하게 된다. 이에 따라 실질화폐자산의 크기를 감소시키는 조세와 동일한 의미가 있어 화폐 발행에 따른 인플레이션으로 인한 조세의 성격을 갖게 된다(㉡).

정답 ②

---

14 화폐수요에 관한 다음 설명 중 가장 타당한 것은?

① 케인스(J. M. Keynes)의 유동성선호설에 의하면 다른 조건이 일정할 때 소득이 증가하면 채권가격은 상승한다.
② 프리드먼(M. Friedman)의 신화폐수량설에 의하면 인적 자산의 비율이 증가할수록 화폐수요는 증가한다.
③ 토빈(J. Tobin)의 자산선택이론에서는 위험중립자인 개인을 가정한다.
④ 마셜(A. Marshall)의 현금잔고수량설에서 화폐의 주요 기능은 교환의 매개수단이다.

| 해설 |

인적 자산은 다른 자산에 비해 상대적으로 유동성이 떨어지는 자산이다. 이에 따라 프리드먼(M. Friedman)의 신화폐수량설에서는 보유 자산 중 인적 자산의 비율이 높아질수록 적정 수준의 화폐를 보유하기 위해서 화폐수요를 증가시키게 된다.

① 케인스(J. M. Keynes)의 유동성선호설에 의하면 다른 조건이 일정할 때 소득 증가로 거래적 화폐수요가 증가하여 이자율이 상승하게 된다. 이자율이 상승한다는 것은 곧 채권가격이 하락한다는 의미이기도 하다.
③ 위험중립자인 개인을 가정하는 케인스(J. M. Keynes)의 유동성 선호설과 달리, 토빈(J. Tobin)의 자산선택이론에서는 위험 기피자인 개인을 가정한다.
④ 마셜(A. Marshall)의 현금잔고수량설에서 화폐의 주요 기능은 가치저장수단이다. 교환의 매개수단을 강조하는 이론은 피셔(I. Fisher)의 거래수량설이다.

정답 ②

15 민주는 그 동안 열심히 모든 10,000,000원을 2년 만기 정기예금에 예치하려고 한다. 만기에 민주가 받게 되는 세전 명목 이자를 구하면? (단, 민주가 예치하려고 하는 정기예금은 '연 단위 복리 상품'이고 정기예금 이자율은 고정금리로 연 10%이다)

① 2,000,000원 ② 2,100,000원

③ 2,200,000원 ④ 2,400,000원

| 해설 |

복리는 원금뿐만 아니라 이자에도 이자를 받을 수 있는 방식이다. 우선 1년 예금에 따른 이자는 10%인 100만 원이다. 그리고 다음 2년차의 이자는 원금 1,000만 원에 이자 100만원을 합한 것의 10%인 110만 원이 된다. 따라서 만기에 예상되는 이자액은 1년차 이자 100만 원과 2년차 이자 110만 원을 합쳐 210만 원이 된다.

• 원금을 A, 예금 이자율을 r, 예치 기간을 n이라고 할 때, 복리로 계산된 원리금(X)은 다음과 같다.

> • $X = A(1+r)^n$
> $\Rightarrow X = 1,000(1+0.1)^2 = 1,000 \times 1.21 = 1,210$(만 원)

정답 ②

16 다음 중 토빈세(Tobin Tax)에 관한 설명으로 가장 적절한 것은?

① 단기성 외환거래에 부과되는 세금을 말한다.

② 외부효과로 인해 발생하는 비효율적인 자원배분을 해결하기 위해 부과되는 세금을 말한다.

③ 경기가 급격히 과열되는 것을 사전에 예방하기 위해 작동하는 자동안정화 장치의 일부이다.

④ 화폐 당국이 화폐발행을 통해 얻는 이익을 말한다.

| 해설 |

자본의 무분별한 유출입으로 환율이 급등락하게 되어 발생할 수 있는 외환위기를 사전에 방지하기 위해 부과되는 조세를 토빈세 (Tobin Tax)라고 한다. 주로 외환시장을 불안하게 만들 수 있는 단기적 자금이동에 대해 부과되며, 이를 통해 외환거래비용이 상승하여 외환의 투기적 거래를 억제하고자 하는 것이 토빈세 부과의 목적이다.

② 피구세(Pigouvian Tax)에 관한 내용이다.

③ 누진세제에 관한 내용이다.

④ 인플레이션 조세(inflation tax)에 관한 내용이다.

정답 ①

17 총공급(AS) 함수와 중앙은행의 정책목표(T_P) 함수가 다음과 같다.

> • AS 함수: $Y = Y_F + \alpha(\pi - \pi^e)$
>
> • $T_P = (Y - Y_F) - \frac{1}{3}\beta\pi^2$
>
> • Y는 국민소득, Y_P는 잠재 국민소득, π는 인플레이션율, π^e는 예상인플레이션율, α와 β는 각각 양(+)의 상수이다.

'$\pi^e = 0$'일 때 정책목표(T_P)가 극대화되기 위한 최적 인플레이션율(π^*)을 구하면?

① $\pi^* = \frac{3\alpha}{2\beta}$ ② $\pi^* = \frac{2\alpha}{3\beta}$

③ $\pi^* = \frac{3\beta}{2\alpha}$ ④ $\pi^* = \frac{2\beta}{3\alpha}$

| 해설 |

주어진 AS 함수를 정책목표(T_P) 함수에 대입하여 정리하면 다음과 같다.

> • $Y = Y_F + \alpha(\pi - \pi^e) \Rightarrow Y - Y_F = \alpha(\pi - \pi^e)$
>
> • $T_P = (Y - Y_F) - \frac{1}{3}\beta\pi^2$
>
> $\Rightarrow T_P = \alpha(\pi - \pi^e) - \frac{1}{3}\beta\pi^2 = \alpha\pi - \frac{1}{3}\beta\pi^2 (\because \pi^e = 0)$

• 앞에서 도출한 결과를 미분하여 최적 인플레이션율(π^*)을 구할 수 있다.

> • $T_P = \alpha\pi - \frac{1}{3}\beta\pi^2 \Rightarrow \frac{dT_P}{d\pi} = \alpha - \frac{2}{3}\beta\pi = 0 \Rightarrow \frac{2}{3}\beta\pi = \alpha$
>
> $\pi = \frac{3\alpha}{2\beta}$

정답 ①

18 다음 중 예상치 못한 디플레이션(deflation)이 경제에 미치는 효과로 보기 어려운 것은?

① 이자율 하락으로 투자를 증가시키는 효과가 나타날 수 있다.

② 화폐-금융자산의 실질 가치를 증가시켜 소비 증가를 통한 총수요 증가를 가져올 수 있다.

③ 실물자산의 가치를 증가시켜 소비와 투자 증가를 가져올 수 있다.

④ 금융기관의 채권회수율이 낮아져 금융위기를 초래할 수 있다.

| 해설 |

예상치 못한 디플레이션은 실물자산의 가치를 떨어뜨린다. 이에 가계의 소비와 기업의 투자가 위축될 수 있다. 전자는 '생애주기가설'로 설명할 수 있고, 후자는 '토빈의 q(Tobin's q)' 이론으로 설명할 수 있다. 이러한 내용을 자산-디플레이션 효과(asset deflation effect)라고 한다.

① 디플레이션으로 인한 물가 하락은 실질통화량을 증가시켜 이자율을 떨어뜨릴 수 있다. 이에 따라 투자 증가를 통한 총수요 증가가 나타날 수 있다.

② 디플레이션으로 인한 물가 하락으로 화폐-금융자산의 실질 가치가 증가하고, 이로 인해 소비 증가가 총수요 증가를 가져온다는 것이 피구 효과(Pigou effect)의 내용이다.

④ 예상치 못한 디플레이션은 채무자에 불리하게, 채권자에 유리하게 부를 재분배한다. 이에 따라 금융기관으로부터 대출을 받기 위해 제공한 담보가치가 하락하여 금융기관의 채권회수율이 낮아져 금융위기를 초래할 수 있다. 이를 부채-디플레이션 효과(debt deflation effect)라고 한다.

정답 ③

19 K국의 실업률은 10%, 경제활동참가율은 80%, 비경제활동인구는 400만 명이다. K국의 실업자 수를 구하면?

① 100만 명 ② 120만 명

③ 140만 명 ④ 160만 명

| 해설 |

노동(생산)가능인구를 A, 경제활동인구를 B, 비경제활동인구를 C라고 하면 경제활동참가율을 통하여 경제활동인구를 구할 수 있다.

• 경제활동참가율 $= \dfrac{B}{A} = \dfrac{B}{B+C} \Rightarrow 80\% = \dfrac{B}{B+400\text{만 명}}$

$\Rightarrow 0.8B + 320\text{만 명} = B$

$\Rightarrow 0.2B = 320\text{만 명} \Rightarrow B = 1{,}600\text{만 명}$

실업자 수를 UE라고 하면, 다음과 같이 실업자 수를 도출할 수 있다.

• 실업률 $= \dfrac{UE}{B} \Rightarrow 10\% = \dfrac{UE}{1{,}600\text{만 명}} \Rightarrow UE = 160\text{만 명}$

정답 ④

20 다음 〈보기〉의 경기변동에 대한 설명 중 타당한 것을 모두 고르면?

— 보기 —

㉠ 실업은 경기 역행적이다.

㉡ 경기순환의 국면을 2개 국면으로 양분할 수 있다.

㉢ 기준순환일은 경기가 고점(peak) 또는 저점(trough) 수준에서 결정된다.

① ㉠, ㉡, ㉢ ② ㉠, ㉡

③ ㉠, ㉢ ④ ㉡, ㉢

| 해설 |

경기변수가 실질 GDP와 같은 방향으로 변하는 경우를 '경기 순응적'이라고 하고, 반대 방향으로 변화는 경우를 '경기 역행적'이라고 한다. GDP가 감소하는 경기 침체기에는 실업은 반대로 증가하게 되므로 실업은 '경기 역행적' 변수이다(㉠).

㉡ 경기순환의 국면은 '호경기-후퇴기-침체기-회복기'로 구분하는 4분법과 '확장기-수축기'로 구분하는 2분법으로 나눌 수 있다(㉡). 특히 2분법에서 확장기는 경기 저점에서 경기 고점에 이르는 시기를 말하며, 수축기는 경기 고점에서 경기 저점에 이르는 시기를 말한다.

㉢ 기준순환일이란 경기순환에서 국면이 전환되는 시점을 의미한다. 즉 확장기에서 수축기로 전환되는 경기 고점과(peak) 수축기에서 확장기로 전환되는 경기 저점(trough)이 나타나는 시기를 말한다.

정답 ①

21 다음 중 내생적 성장이론에 관한 설명으로 가장 타당하지 못한 것은?

① 내생적 성장이론에 따르면 인적자본 축적, 연구개발 등이 지속적인 경제성장의 원동력이다.

② 지식자본의 축적은 경제 전체적으로 수확체증을 가져올 수 있다.

③ 내생적 성장이론의 하나인 AK 모형에서는 자본에 대한 수확체감을 가정한다.

④ 내생적 성장이론은 정부의 지적재산권에 대한 적극적 보호가 필요하다고 강조한다.

| 해설 |

AK 모형에서 가정하는 생산함수와 자본의 한계생산은 다음과 같다.

- $Y = AK$ (Y는 산출량, K는 자본투입량, A는 기술수준을 의미하는 상수이다)
- $MP_K = \dfrac{dY}{dK} = A$

따라서 AK 모형에서는 자본의 한계생산성이 일정하다고 가정한다.

① 자본(K)을 이전의 이론과 같이 실물자본만으로 이해하면 내생적 성장이론에서도 여전히 지속적인 경제성장은 불가능하다. 이에 따라 내생적 성장이론에서는 지속적인 성장을 위해 필요한 자본의 범주를 실물자본 이외에도 인적자본 및 지식자본까지 확대하여 설명한다.

② 축적된 지식자본으로 인해 외부효과가 발생하게 되면 개별 기업이 아닌 경제 전체 수준에서 수확체증이 나타날 수 있다.

④ 내생적 성장이론은 지식 공유에 따른 무임승차 문제를 방지하기 위해 정부의 지적재산권에 대한 적극적 보호 노력을 요구한다.

(정답) ③

22 국가 간의 자유로운 교역이 경제적 이득을 가져다주는 이유로서 가장 적절한 설명은?

① 국제교역은 소비자잉여와 생산자잉여의 합을 증가시킨다.

② 국제교역은 수출국의 수출상품의 국내가격을 하락시키는 경향이 있다.

③ 특정 재화의 수출 및 수입에 관계없이 국내생산자의 이득은 국내소비자의 손실을 상회한다.

④ 특정 재화의 수출 및 수입에 관계없이 국내생산자와 국내소비자의 경제적 이득이 모두 증가한다.

| 해설 |

자유무역으로 수입이 이루어지면 소비자잉여는 증가하고 생산자잉여는 감소한다. 이때 증가하는 소비자잉여의 크기는 감소하는 생산자잉여보다 커져 그 합인 사회적 총잉여는 이전에 비해 증가하게 된다(①, ③, ④).

- 자유무역으로 수출이 이루어지면 소비자잉여는 감소하고 생산자잉여는 증가한다. 이때 감소하는 소비자잉여의 크기는 증가하는 생산자잉여보다 작아져 그 합인 사회적 총잉여는 이전에 비해 증가하게 된다(①, ③, ④).

- 자유무역으로 수출이 이루어지면 국내시장에서는 가격이 무역 이전에 비해 상승하게 되어(②), 국내시장에서는 초과공급이 발생한다. 이러한 초과공급량은 수출로 해소된다.

(정답) ①

23 소규모 개방 경제모형에서 수입관세 부과 정책과 수출보조금 지급 정책 실시에 따른 효과가 서로 반대 방향으로 나타나는 것을 〈보기〉에서 모두 고른 것은? (단, 수요곡선은 우하향하고 공급곡선은 우상향하며, 다른 조건들은 고려하지 않는다)

┌─ 보기 ─────────────────────
ⓐ 무역량
ⓑ 재정수지
ⓒ 경제적 순손실(deadweight loss)
ⓓ 국내 생산량
ⓔ 국내 소비량
└────────────────────────

① ㉠, ㉡   ② ㉠, ㉣
③ ㉡, ㉣, ㉤   ④ ㉣, ㉤

| 해설 |

수입관세 부과 정책과 수출보조금 지급 정책 실시에 따른 효과를 표로 정리하면 다음과 같다.

구분	무역량	재정수지	경제적 순손실	국내 생산량	국내 소비량
수입관세 부과	감소	개선	증가	증가	감소
수출보조금 지급	증가	악화	증가	증가	감소

(정답) ①

24 다음의 글을 설명할 수 있는 경제모형을 〈보기〉에서 제시하였다. A, B, C, D에 들어갈 내용으로 옳은 것은?

> • 최근 크게 늘어난 미국의 경상수지적자 문제에는 더 큰 이유가 있다. 경기불황과 조지 W. 부시 대통령이 의회에서 밀어붙인 막대한 세금감면정책 탓에 눈덩이처럼 불어난 재정적자가 그 이유다. 1990년대 재정적자는 다소 해소되었지만 2000년대 들어와서 미국은 다시 한 번 많은 채권을 발행하기 시작했다.
> 　　　　　　　　 −누리엘 루비니 외(2010). 「위기경제학」
> • 미국 경제는 변동환율제를 채택하고 있다.

─ 보기 ─
재정적자가 발생하면 대부자금시장에서 국민저축이 (A)하여 이자율이 (B)하고, 이에 의해 순자본유출이 (C)한다. 순자본유출의 (C)는 외환시장에서 달러가치 (D)을 유발하여 경상수지를 악화시킨다.

	(A)	(B)	(C)	(D)
①	감소	상승	감소	상승
②	감소	상승	증가	상승
③	증가	하락	감소	하락
④	증가	상승	증가	하락

| 해설 |

재정적자가 경상수지에 영향을 미치는 경로를 정리하면 다음과 같다.

> • 재정적자 ⇒ 국민저축 감소 ⇒ 이자율 상승 ⇒ 순자본유출 감소 ⇒ 달러가치 상승 ⇒ 경상수지 악화

정답 ①

25 P국은 자본이동이 불가능한 소국 개방 경제이다. IS−LM−BP 모형에 의할 때, P국 정책당국이 확대 재정정책 또는 확대 금융정책을 시행하는 경우 공통적으로 나타나는 장기적 변화로만 짝지어진 것은? (단, P국은 고정환율제도를 채택하고 있다)

① 국제수지 적자, 이자율 상승
② 통화량 감소, 국민소득 불변
③ 중앙은행 외환보유고 감소, 국제수지 흑자
④ 이자율 상승, 국민소득 불변

| 해설 |

확장적 재정정책의 전달경로를 정리하면 다음과 같다.

> • 정부지출 증가 ⇒ 이자율 상승, 국민소득 증가 ⇒ 국제수지 적자 ⇒ 환율 상승 압력 발생
> ⇒ 중앙은행 보유 외환 매각 ⇒ 통화량의 내생적 감소 ⇒ 국민소득 이전 수준으로 복귀, 이자율 추가적 상승

• 확장적 통화정책의 전달경로를 정리하면 다음과 같다.

> • 통화량 증가 ⇒ 이자율 하락, 국민소득 증가 ⇒ 국제수지 적자 ⇒ 환율 상승 압력 발생
> ⇒ 중앙은행 보유 외환 매각 ⇒ 통화량의 내생적 감소 ⇒ 국민소득 이전 수준으로 복귀, 이자율 이전 수준으로 복귀

• 자본이동이 불가능하므로 어떠한 정책을 시행한다고 하더라도 이자율의 변화는 자본 유출입을 초래하지 않는다.

정답 ②

01 다음 생산가능곡선에 대한 설명으로 옳은 것은?

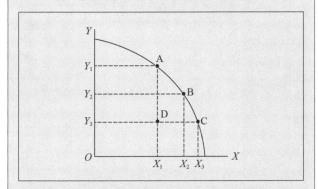

① 점 *A*에서 점 *C*로 이동할 때의 기회비용은 *X*재 X_1X_3 이다.
② 점 *A*에서 점 *B*로, 점 *B*에서 점 *C*로 이동함에 따라 *Y*재의 생산량 감소분에 비해 *X*재의 생산량 증가분은 점차 작아지므로 기회비용은 체감하게 된다.
③ 생산점을 점 *D*에서 점 *C*로 이동시키는 경우, *Y*재의 생산량 감소 없이도 *X*재의 생산량을 증가시킬 수 있으므로 *Y*재로 평가되는 기회비용은 0이다.
④ 실업이 해소되어 완전고용이 달성되면 생산가능곡선 자체가 밖으로 이동하게 된다.

| 해설 |

생산점을 점 *D*에서 점 *C*로 이동시키는 경우, *Y*재의 생산량 감소 없이도 *X*재의 생산량을 X_1에서 X_3로 증가시킬 수 있다. 이것은 *X*재 생산량을 증가시키기 위해 포기해야 하는 대가가 없다는 것을 의미한다. 즉, *Y*재로 평가되는 기회비용이 0이 되는 것이다. 이처럼 *Y*재 생산량을 줄이지 않아도 *X*재 생산량을 증가시킬 수 있다는 것은, 기존의 생산점인 점 *D*는 생산에서의 파레토 최적(Pareto optimal) 상태가 아님을 알 수 있다.
① 점 *A*에서 점 *C*로 이동할 때의 기회비용은 이에 따른 Y재 생산량의 감소분인 Y_1Y_3이다.
② 점 *A*에서 점 *B*로, 점 *B*에서 점 *C*로 이동함에 따라 *X*재의 생산량 증가분에 비해 *Y*재의 생산량 감소분은 점차 커지므로 기회비용은 체증하게 된다. 한편, 생산가능곡선의 접선의 기울기는 *X*재 생산량을 증가시키기 위해 포기해야 하는 *Y*재 생산량의 감소분이다. 즉, 기회비용인 것이다. 이에 따라 *X*재 생산량

증가에 따른 생산가능곡선의 접선의 기울기가 점점 더 커지는 것으로도 기회비용 체증을 설명할 수 있다.
④ 실업이 존재한다는 것은 주어진 자원이 효율적으로 사용되지 못하는 상태임을 의미한다. 이때 생산점은 점 *D*와 같이 생산가능곡선 내부에 위치하게 된다. 따라서 실업이 해소되어 완전고용이 달성되면 생산가능곡선 자체는 이동하지 않고, 점 *D*에서 점 *A*, *B*, *C*와 같은 생산가능곡선 상의 한 점으로 이동하게 될 뿐이다.

(정답) ③

02 효용에 대한 설명으로 옳은 것은?

① 한 재화의 소비량(*Q*)이 Q_1 또는 Q_2일 때, 총효용이 동일한 크기라면 한계효용이 음(−)이든 양(+)이든 소비량 Q_1과 Q_2는 모두 합리적 소비를 가능하게 한다.
② 한계효용이 음(−)인 상태이어도 총효용이 양(+)인 한 합리적 소비에서 벗어나지 않는다.
③ 주어진 소득으로 두 재화 *X*재와 *Y*재를 동시에 소비할 때, *X*재 1원어치당 한계효용이 *Y*재 1원어치당 한계효용보다 클 때, *X*재를 더 구매하면 효용이 증가할 것이다.
④ 한 재화의 소비량이 증가함에 따라 총효용이 증가하고 있다는 것은 한계효용 역시 증가하고 있다는 것을 의미한다.

| 해설 |

주어진 소득으로 두 재화 *X*재와 *Y*재를 동시에 소비할 때 효용극대화를 위한 합리적 소비조건은 다음과 같다.

> • $\dfrac{MU_X}{P_X} = \dfrac{MU_Y}{P_Y}$ ⇔ *X*재 1원어치당 한계효용= *Y*재 1원어치당 한계효용
> 여기서 MU_X는 *X*재 한계효용, MU_Y는 *Y*재 한계효용, P_X는 *X*재 가격, P_Y는 *Y*재 가격이다.

이를 '한계효용 균등의 법칙' 또는 'Gossen의 제 2법칙'이라고 한다. 만약 이 조건이 충족되지 못하면, 다음과 같이 *X*재와 *Y*재 소비량 조정을 통해 합리적 소비를 달성할 수 있다.

> • $\dfrac{MU_X}{P_X} > \dfrac{MU_Y}{P_Y}$ ⇒ *X*재 소비량↑, *Y*재 소비량↓ ⇒ 총효용↑
> • $\dfrac{MU_X}{P_X} < \dfrac{MU_Y}{P_Y}$ ⇒ *X*재 소비량↓, *Y*재 소비량↑ ⇒ 총효용↑

①② 합리적 소비는 한계효용이 양(+)인 범위에서 달성된다. 설령 총효용이 양(+)의 값으로 동일한 크기라고 하더라도 한계효용이 음(−)이라면 합리적 소비를 위한 선택에서 제외해야 한다.

④ 한계효용이 체감한다고 하더라도 그 값이 양(+)인 한 총효용의 크기는 증가하게 된다.

(정답) ③

03 주어진 소득으로 X재와 Y재만을 소비하는 소비자 K의 효용함수는 $U=\min[X, Y]$이다. Y재 가격이 일정할 때, 이에 대한 설명으로 옳지 않은 것은?

① 가격－소비곡선은 45°선이다.

② 소득－소비곡선은 45°선이다.

③ X재의 수요곡선은 우하향한다.

④ X재의 수요의 가격탄력성은 탄력적이다.

| 해설 |

주어진 효용함수는 두 재화 X재와 Y재의 효용함수의 모습이 'L' 형태인 완전보완재임을 보여준다. 따라서 두 재화의 최적소비조건은 'X= Y'이다. 따라서 소득이 변하는 경우이든, X재 가격이 변하는 경우이든, 두 재화의 소비량은 항상 같게 된다. 이것은 소득－소비곡선과 가격－소비곡선 모두가 45°와 일치한다는 것을 의미한다(①, ②). 이를 그림으로 나타내면 다음과 같다.

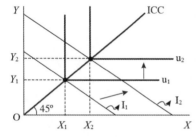

〈소득이 증가($I_1 \rightarrow I_2$)할 때 소득－소비곡선(ICC)〉

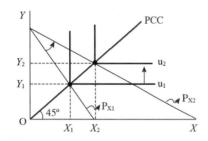

〈가격이 하락($P_{X1} \rightarrow P_{X2}$)할 때 가격－소비곡선(PCC)〉

③ 가격－소비곡선이 우상향하므로, X재 가격이 하락할 때 X재 소비량은 증가한다. 이에 따라 X재 수요곡선은 우하향하게 된다.

④ 가격－소비곡선이 우상향하므로 X재의 수요의 가격탄력성은 비탄력적이다.

- 가격－소비곡선(PCC)이 우상향 ⇒ 수요의 가격탄력성은 비탄력적
- 가격－소비곡선(PCC)이 우하향 ⇒ 수요의 가격탄력성은 탄력적

(정답) ④

04 다음 생산함수에 대한 설명으로 옳은 것을 모두 고르면?

$$Q=A \times L^{\alpha} \times K^{\beta} \times N^{\gamma}$$
(단, $\alpha + \beta + \gamma = 1$, L:노동, K:자본, N:토지)

━ 보기 ━

㉠ 오일러의 정리가 성립한다.

㉡ 규모에 대한 수익이 불변하는 생산함수이다.

㉢ 주어진 생산함수를 선형함수로 나타내는 것은 불가능하다.

㉣ α가 0.2, β가 0.3일 때 노동을 1% 추가 투입하고 자본을 2%만큼 추가 투입하면 생산량은 0.8%만큼 증가한다.

① ㉠, ㉡, ㉢   ② ㉠, ㉡, ㉣

③ ㉠, ㉢, ㉣   ④ ㉡, ㉢, ㉣

| 해설 |

주어진 생산함수는 지수함수 형태이다. 이러한 지수함수의 양변에 대수(로그)를 취하면 선형함수로의 변화가 가능해진다(㉢).

㉠ '$\alpha + \beta + \gamma = 1$'이므로 주어진 생산함수는 1차 동차 생산함수이다. 따라서 각 생산요소에게 한계생산성 크기만큼 분배가 이루어지면, 생산량이 완전히 분배되는 '오일러의 정리'가 성립하게 된다.

㉡ 주어진 생산함수가 1차 동차 생산함수이므로 각 생산요소를 t배만큼 투입하면 생산량도 t배만큼 증가한다. 이에 따라 규모에 대한 수익이 불변하게 된다.

㉣ 각 생산요소의 지수는 생산탄력성의 의미를 갖는다. 즉, α, β, γ는 각각 생산의 노동탄력성, 자본탄력성, 토지탄력성이다. 따라서 α가 0.2일 때 노동을 1% 추가 투입하면 생산량은 0.2%만큼 증가하고, β가 0.3일 때 자본을 2%만큼 추가 투입하면 생산량은 0.6%만큼 증가하게 된다. 결국 전체 생산량은 이전에 비해 0.8%만큼 증가하게 된다.

(정답) ②

05
'쥬신국'의 청동거울에 대한 수요곡선은 $Q_D = 100 - P$, 공급곡선은 $Q_S = P - 2W - 10$으로 알려져 있다. '쥬신국'의 노동시장에서 시간당 임금이 10냥에서 20냥으로 상승하는 경우 청동거울의 시장균형거래량의 변화를 구하면? (단, Q_D는 수요량, Q_S는 공급량, P는 청동거울 가격, W는 시간당 임금이다)

① 8단위 증가한다.

② 10단위 감소한다.

③ 12단위 증가한다.

④ 12단위 감소한다.

| 해설 |

시간당 임금이 10냥인 경우 청동거울의 시장균형거래량은 다음과 같이 도출된다.

> • $Q_D = Q_S$ ⇒ $100 - P = P - 30$ ⇒ $2P = 130$ ⇒ $P = 65$ ⇒
> $Q = 100 - 65 = 35$

• 시간당 임금이 20냥으로 상승하는 경우 청동거울의 시장균형거래량은 다음과 같이 도출된다.

> • $Q_D = Q_S$ ⇒ $100 - P = P - 50$ ⇒ $2P = 150$ ⇒ $P = 75$ ⇒
> $Q = 100 - 75 = 25$

• 이에 따라 시간당 임금이 10냥에서 20냥으로 상승하는 경우 청동거울의 시장균형가격은 10냥만큼 상승하고, 시장균형거래량은 10단위만큼 감소하게 된다.

(정답) ②

06
영화 '노량'의 티켓에 대한 수요함수는 다음과 같이 알려져 있다.

$$Q = 360 - 2P$$

영화 '노량' 상영에 따른 총수입이 극대화되는 티켓가격을 구하면? (단, P는 가격, Q는 수량이다)

① 90

② 120

③ 150

④ 180

| 해설 |

총수입(TR) 극대화는 한계수입(MR)이 '0'일 때 달성된다. 한편 주어진 수요함수가 선형함수이므로 한계수입 함수는 수요함수와 가격절편은 같고, 기울기는 2배가 된다. 따라서 한계수입 함수는 다음과 같이 도출된다. 물론 총수입(TR)을 구한 후, 이를 Q로 미분하여 구할 수도 있다.

> • $Q = 360 - 2P$ ⇒ $P = 180 - \frac{1}{2}Q$ ⇒ $MR = 180 - Q$
>
> • $TR = P \times Q = (180 - \frac{1}{2}Q) \times Q = 180Q - \frac{1}{2}Q^2$
>   ⇒ $MR = \frac{dTR}{dQ} = 180 - Q$

이에 따라 판매수입(TR)이 극대화되는 수량은 '$Q = 180$'임을 알 수 있다. 이 결과를 주어진 수요함수에 대입하면 판매수입(TR)이 극대화되는 가격인 '$P = 90$'을 구할 수 있다.

(정답) ①

07
독점기업인 A기업이 직면하는 수요함수와 제1공장과 제2공장의 비용함수가 다음과 같이 주어져 있다.

> • 수요함수: $P = 12,000 - 2Q$
>
> • 제1공장 비용함수: $TC_1 = 2Q_1^2$
>
> • 제2공장 비용함수: $TC_2 = \frac{1}{2}Q_2^2$

독점기업 A가 두 공장에서의 생산을 통하여 이윤을 극대화하기 위한 총생산량(Q_A)을 구하면? (단, P는 가격, Q는 시장수요, Q_i는 i공장에서의 생산량, $i = 1, 2$이다)

① 2,500

② 2,800

③ 3,000

④ 3,200

| 해설 |

주어진 문제는 다공장 독점에 해당한다. 다공장 독점기업의 이윤 극대화는 다음과 같은 조건을 충족할 때 달성된다.

> • $MR = MC_1$, $MR = MC_2$ ⇒ $MC_1 = MC_2$
>
> • 기업 총생산량(Q) = $Q_1 + Q_2$

• 주어진 수요함수가 선형함수이므로 한계수입 함수는 수요함수와 가격절편은 같고, 기울기는 2배가 된다. 따라서 한계수입 함수는 다음과 같이 도출된다. 물론 총수입(TR)을 구한 후, 이를 Q로 미분하여 구할 수도 있다.

> • $P = 12,000 - 2Q$ ⇒ $MR = 12,000 - 4Q = 12,000 - 4(Q_1 + Q_2)$
>
> • $TR = P \times Q = (12,000 - 2Q) \times Q = 12,000Q - 2Q^2$
>   ⇒ $MR = \frac{dTR}{dQ} = 12,000 - 4Q = 12,000 - 4(Q_1 + Q_2)$

• 각 공장의 한계비용함수는 다음과 같이 도출된다.

> • 제1공장 한계비용: $TC_1 = 2Q_1^2$ ⇒ $MC_1 = \frac{dTC_1}{dQ_1} = 4Q_1$

- 제2공장 한계비용: $TC_2 = \frac{1}{2}Q_2^2 \Rightarrow MC_2 = \frac{dTC_2}{dQ_2} = Q_2$

- 독점기업이 이윤을 극대화하기 위해 필요한 각 공장의 생산량은 다음과 같다.

- 제1공장 생산량:
  $MR = MC_1 \Rightarrow 12,000 - 4Q_1 - 4Q_2 = 4Q_1 \cdots$ ㉠
- 제2공장 생산량:
  $MR = MC_2 \Rightarrow 12,000 - 4Q_1 - 4Q_2 = Q_2 \cdots$ ㉡
- 기업 총생산량$(Q) = Q_1 + Q_2 \cdots$ ㉢
- $MC_1 = MC_2 \Rightarrow 4Q_1 = Q_2 \cdots$ ㉣

- ㉠, ㉡, ㉢, ㉣을 이용하여 풀면 독점기업 A가 이윤극대화를 달성하기 위해 필요한 총생산량(Q_A)은 다음과 같다.

- $Q_1 = 500, \quad Q_2 = 2,000$
- $Q_A = Q_1 + Q_2 = 500 + 2,000 = 2,500$

정답 ①

---

08 소주(S)와 맥주(B)를 소비하는 소비자 K와 Y가 존재하는 순수교환경제를 가정하자. 두 소비자의 효용함수와 초기 부존자원(S, B)이 각각 다음과 같다고 알려져 있다.

- $U_K = 2S + B, \quad (S, B)_K = (10, 40)$
- $U_Y = \min[S, B], \quad (S, B)_Y = (40, 10)$

소주 한 병당 가격(P_S)이 3,000원일 때, 이 경제의 소비 측면에서 파레토 최적(Pareto optimal)이 달성되기 위한 맥주가격(P_B)을 구하면?

① 1,000원   ② 1,500원

③ 2,000원   ④ 3,000원

| 해설 |

소비자 Y의 효용함수를 통해 Y에게는 소주와 맥주가 완전보완재임을 알 수 있다. 이에 따라 소비자 Y에게 소주와 맥주의 최적 소비배합은 'S=B'가 되어, 항상 소주와 맥주를 동일한 수량으로 소비해야 한다는 것을 알 수 있다.

- 경제 전체의 소주와 맥주의 초기 부존량은 모두 50으로 동일하다. 따라서 소비자 Y가 소주와 맥주를 동일하게 소비한다면, 소비자 K 역시 동일한 수량의 소주와 맥주를 소비할 수밖에 없게 된다. 예컨대 소비자 Y가 소주 10병과 맥주 10병을 소비한다면, 소비자 K는 소주 40병과 맥주 40병을 소비하게 되는 것이다.
- 소비자 K의 효용함수는 한계대체율(MRS_{SB}^K)이 2인 선형함수이

다. 단, 이 경우 가로축이 소주(S) 소비량, 세로축이 맥주(B) 소비량이다. 이에 따라 한계대체율(MRS_{SB}^K)인 2와 맥주 수량으로 나타낸 소주의 상대가격$(\frac{P_S}{P_B})$이 서로 다르면 오직 소주만 소비하거나$(2 > \frac{P_S}{P_B}$인 경우), 오직 맥주만 소비하게 되는$(2 < \frac{P_S}{P_B}$인 경우) 경우에 해당하는 이른바 '구석해'가 존재하게 된다. 따라서 소주와 맥주를 동일한 수량만큼 소비하기 위해서는 한계대체율(MRS_{SB}^K)과 상대가격$(\frac{P_S}{P_B})$이 일치해야 한다.

- $MRS_{SB}^K(=2) > \frac{P_S}{P_B} \Rightarrow$ 오직 소주(S)만 소비
- $MRS_{SB}^K(=2) < \frac{P_S}{P_B} \Rightarrow$ 오직 맥주(B)만 소비
- $MRS_{SB}^K(=2) = \frac{P_S}{P_B} \Rightarrow$ 예산선 상의 모든 소주와 맥주의 배합 점의 소비가 가능

결국 소주 한 병당 가격(P_S)이 3,000원일 때, 이러한 조건을 만족하기 위한 맥주 가격(P_B)은 1,500원이 되어야 하는 것이다.

정답 ②

---

09 다음 중 GDP 측정 방식으로 옳은 것은?

① 당해 연도 생산되었으나 당해 연도에 판매되지 않은 상품의 가치는 당해 연도 GDP 측정 대상에서 제외한다.

② 국채에 대한 이자소득은 GDP 측정 대상에 포함되지만, 회사채에 대한 이자소득은 GDP 측정 대상에서 제외한다.

③ 기존 주택 거래를 위해 지급한 중개료는 GDP 측정 대상에서 제외한다.

④ 퇴직연금 생활자에 대한 연금지급은 GDP 측정 대상에서 제외한다.

| 해설 |

연금지급은 이전지출에 해당하여 GDP 측정 대상에서 제외한다.

① 당해 연도 생산되었으나 당해 연도에 판매되지 않은 상품의 가치는 당해 연도에 발생한 '재고투자'로 간주하여 당해 연도 GDP 측정 대상에 포함된다.

② 국채에 대한 이자소득은 이전지출에 해당하여 GDP 측정 대상에서 제외되지만, 회사채에 대한 이자소득은 요소소득의 증가로 (분배)GDP 측정 대상에 포함된다.

③ 기존 주택 거래 금액 자체는 GDP 측정 대상에서 제외되지만, 주택거래를 도와준 중개서비스는 당해 연도에 생산된 '서비스'에 해당되어, 이에 대해 지급한 중개료는 GDP 측정 대상에 포함된다.

정답 ④

10 평균소비성향(APC)이 0.6, 한계소비성향(MPC)이 0.9인 경우, 소비의 소득탄력성을 구하면?

① 0.3
② 0.5
③ 1.5
④ 2

| 해설 |

소비의 소득탄력성은 다음과 같이 정의된다.

$$\bullet\ E_Y^C = \frac{\text{소비 증가율}(\%)}{\text{소득 증가율}(\%)} = \frac{\frac{\Delta C}{C}}{\frac{\Delta Y}{Y}} = \frac{\Delta C}{\Delta Y} \times \frac{Y}{C} = \frac{\frac{\Delta C}{\Delta Y}}{\frac{C}{Y}} = \frac{MPC}{APC}$$

단, Y는 소득, ΔY는 소득증가분, C는 소비, ΔC는 소비증가분이다.

따라서 소비의 소득탄력성은 다음과 같이 도출된다.

$$\bullet\ E_Y^C = \frac{MPC}{APC} = \frac{0.9}{0.6} = \frac{3}{2} = 1.5$$

(정답) ③

11 다음 중 정부지출을 증가시키는 확장적 재정정책의 효과에 대한 설명으로 옳은 것은?

① 한계저축성향이 클수록 확장적 재정정책의 효과는 커진다.
② 투자가 이자율에 대해 탄력적일수록 확장적 재정정책의 효과는 커진다.
③ 소득세의 형태가 정액세보다 비례세일 경우 확장적 재정정책의 효과는 커진다.
④ 수입재에 대한 수요가 소득 증가에 영향을 크게 받을수록 확장적 재정정책의 효과는 작아진다.

| 해설 |

확장적 재정정책의 효과는 정부지출 승수의 크기에 달려있다. 정부지출 승수는 다음과 같다.

$$\bullet\ \text{정부지출 승수} = \frac{1}{1-b(1-t)-i+m}$$

여기서 b는 한계소비성향, t는 소득세율(비례세율), I는 유발투자계수, m은 한계수입성향이다.

• 수입재에 대한 수요가 소득 증가에 영향을 크게 받는다는 것은 한계수입성향(m)이 크다는 것을 의미한다. 그런데 한계수입성향이 클수록 정부지출 승수는 작아진다. 따라서 확장적 재정정책의 효과는 작아지게 된다.
① '한계소비성향 + 한계저축성향 = 1'이므로 한계저축성향이 크다는 것은 한계소비성향이 작다는 것을 의미한다. 따라서 정부지출 승수는 작아지고, 확장적 재정정책의 효과도 역시 작아진다.
② 정부지출의 증가는 화폐시장에서 이자율의 상승을 가져온다. 그런데 투자가 이자율에 대해 탄력적이라면 투자가 크게 감소하게 되는 구축효과가 발생하게 된다. 이러한 구축효과의 존재는 확장적 재정정책의 효과를 무력하게 하는 요인으로 작용한다.
③ 소득세 형태가 비례세일 경우에는 정액세일 경우에 비해 정부지출 승수가 작아진다. 따라서 소득세 형태가 정액세보다 비례세일 경우 확장적 재정정책의 효과는 작아지게 된다.

(정답) ④

12 다음은 개인 K와 Y로만 구성된 경제의 화폐수요이다. 이 경제 전체의 마샬의 k(Mashallian k)를 구하면?

• 개인 K의 마샬의 k: 0.3
• 개인 Y의 마샬의 k: 0.4
• 개인 K의 소득: 120
• 개인 Y의 소득: 80

① 0.3
② 0.34
③ 0.35
④ 0.43

| 해설 |

마샬(A. Mashall)의 화폐수요함수는 다음과 같이 나타낼 수 있다.

$$\bullet\ M^D = k \times Y$$
• 여기서 M^D는 화폐수요, k는 마샬의 k, Y는 소득이다.

• 개인 K의 마샬의 k가 0.3이고, 소득이 120이므로 개인 K의 화폐수요는 36이다. 또한 개인 Y의 마샬의 k가 0.4이고, 소득이 80이므로 개인 Y의 화폐수요는 32이다. 따라서 경제 전체의 소득은 200, 화폐수요는 68이 된다. 이 결과를 전제로 경제 전체의 마샬의 k를 구하면 다음과 같다.

$$\bullet\ M^D = k \times Y \Rightarrow k = \frac{M^D}{Y} = \frac{68}{200} = \frac{34}{100} = 0.34$$

(정답) ②

13 다음의 총수요곡선에 대한 설명으로 옳은 것은?

① 피구(A. C. Pigou)의 자산효과(wealth effect)의 존재
는 총수요곡선의 기울기를 더 가파르게 만든다.

② 투자수요의 이자율탄력성이 크면 클수록 총수요곡선의
기울기는 가팔라진다.

③ 물가의 하락으로 실질통화량이 증가하면 총수요곡선은
오른쪽으로 이동한다.

④ 유동성 함정이 존재하는 구간에서 총수요곡선은 수직
의 모습을 보인다.

| 해설 |

화폐시장이 유동성 함정 상태인 경우 LM곡선은 수평이 되고, 물가
하락에 따른 실질통화량이 증가한다고 하더라도 균형 상태에서의
총수요의 크기는 변하지 않는다. 이에 따라 총수요곡선은 수직의
모습을 보이게 된다.

①② 자산효과가 존재할수록, 투자의 이자율탄력성이 클수록 총수
요곡선의 기울기는 완만해진다.

③ '물가의 하락'으로 실질통화량이 증가하는 경우, 총수요곡선은
이동하지 않는다. 다만 총수요곡선을 따라 우하향하는 '총수요
량의 변화'만이 나타날 뿐이다.

(정답) ④

14 실업에 대한 설명으로 옳은 것을 모두 고르면?

┌─ 보기 ─
○ 내년에 실시되는 공무원 시험을 준비하고 있는 수험
생은 실업자가 아니다.

○ 실업률은 15세 이상 인구 중 구직에 실패한 사람의
비율을 의미한다.

○ 가사노동에 전념하는 전업주부는 실업자에 해당한다.

○ 완전고용상태에서도 실업자는 존재할 수 있다.

① ○, ○   ② ○, ○

③ ○, ○   ④ ○, ○

| 해설 |

내년에 실시되는 공무원 시험을 준비하고 있는 수험생은 비경제활
동인구로 분류되어, 실업률 통계작성 대상에서 제외된다(○). 또
한 완전고용상태란 비자발적 실업이 없는 상태를 의미하므로 자발
적 실업자는 존재할 수 있다(○).

○ 실업률은 15세 이상 인구 중 '경제활동인구에 포함되는 사람들
중에서' 구직에 실패한 사람의 비율을 의미한다.

○ 가사노동에 전념하는 전업주부는 비경제활동인구로 분류되어
실업률 통계작성 대상에서 제외된다.

(정답) ②

15 고통 없는 디스인플레이션(disinflation)과 필립스곡선의 관계에 대한 설명으로 옳은 것은?

① 고통 없는 디스인플레이션은 단기 필립스곡선 상의 움
직임을 통해 관찰된다.

② 적응적 기대(adaptive expectation)하에서는 고통 없
는 디스인플레이션이 실현될 수 있다.

③ 필립스곡선이 원점에 대해 볼록하면, 필립스곡선 상의 어
느 점에서 측정해도 희생률(sacrifice ratio)은 일정하다.

④ 고통 없는 디스인플레이션이 가능하려면 정부의 디스인
플레이션정책이 미리 경제주체들에게 알려져야 한다.

| 해설 |

'고통 없는 디스인플레이션(disinflation)'이란 인플레이션율을 낮
출 때, 실업률 상승이 나타나지 않는 것을 의미한다. 이를 위해서
는 필립스곡선이 수직의 모습을 보여야 한다. 만약 경제주체들이
정부정책을 신뢰하고 합리적 기대를 통하여 정부정책의 내용을 인
식하고, 이에 대해 즉각적으로 대응한다면 필립스곡선은 수직의
모습을 보이게 되고, '고통 없는 디스인플레이션(disinflation)'이
가능해진다.

①② 적응적 기대를 전제하는 경우, 단기 필립스곡선은 우하향하
는 모습을 보이게 된다. 이에 따라 인플레이션율을 낮추는 정
책은 필연적으로 실업률 상승을 수반할 수 밖에 없다. 따라서
고통 없는 디스인플레이션은 실현될 수 없다.

③ 필립스곡선이 원점에 대해 볼록하면, 필립스곡선의 기울기는
인플레이션율이 낮아질수록 완만해진다. 이에 따라 인플레이션
율을 낮출수록 실업률은 빠르게 상승하게 된다. 결국 인플레이션
율을 낮출수록 희생률($=\frac{\text{실업률 상승분}}{\text{인플레이션 하락분}}$)은 커지게 된다.

(정답) ④

16 임금결정이론에 대한 설명으로 옳지 않은 것은?

① 효율성 임금 가설(efficiency wage hypothesis)은 명
목임금이 경직적인 이유를 설명한다.

② 효율성 임금 가설에 따르면 높은 실질임금이 기업의
역선택(adverse selection)을 방지하는 데 기여할 수
있다.

③ 내부자-외부자 모형에 따르면 내부자의 실질임금이
시장균형임금보다 높게 결정된다.

④ 내부자-외부자 모형에서 외부자는 실업 상태에 있는
근로자로서 기업과 임금협상을 할 자격이 없는 사람을
말한다.

| 해설 |

효율성 임금은 노동의 평균 생산성이 극대화되는 '실질임금'을 말한다. 따라서 효율성 임금 가설에서 보이고자 하는 것은 '실질임금'의 경직성으로 인한 비자발적 실업의 존재이다.

② 효율성 임금 가설에 따르면 높은 실질임금을 제공하면 숙련도가 높은 근로자 채용을 가능하게 해주어, 낮은 실질임금을 제공할 때 숙련도가 낮은 근로자가 채용되는 상황에서 직면할 수 있는 기업의 역선택을 방지할 수 있다는 것을 보여준다.

③ 내부자-외부자 모형에 따르면 기업 스스로가 높은 임금 제공을 요구하는 내부자의 주장을 받아들이게 된다. 그 결과 내부자들이 받게 되는 실질임금은 시장균형임금보다 높은 수준에서 결정된다.

④ 내부자-외부자 모형에서 내부자는 현재 채용되어 있는 근로자를 말하며, 외부자는 현재 실업 상태에 있는 근로자를 말한다. 따라서 실업 상태에 있는 근로자가 기업과 임금협상을 할 수 없는 것은 당연한 결과이다.

정답 ①

---

17 솔로우(Solow) 성장 모형이 〈보기〉와 같이 주어져 있을 때 균제 상태(steady state)에서 자본 1단위당 산출량은? (단, 기술진보는 없으며 다른 조건은 고려하지 않는다)

— 보기 —
- 총생산함수: $Y = 2L^{0.5}K^{0.5}$(단, Y는 총산출량, K는 총자본량이다)
- 감가상각률 5%, 인구증가율 5%, 저축률 20%

① 0.2
② 0.4
③ 0.5
④ 0.8

| 해설 |

솔로우(Solow) 성장 모형에서 균제균형식은 다음과 같다.

$$s \cdot f(k) = (n + g + d) \cdot k$$

(단, s: 저축률, k: 1인당 자본량, f(k): 1인당 산출량(y), n: 인구증가율, g: 기술진보율, d: 감가상각률)

- 주어진 총생산함수의 양 변을 노동(L)으로 나누어 정리하면 다음과 같이 1인당 생산함수를 도출할 수 있다.

- $Y = 2L^{0.5}K^{0.5} \Rightarrow \dfrac{Y}{L} = 2L^{-0.5}K^{0.5}$
  $\Rightarrow y = f(k) = 2\sqrt{\dfrac{K}{L}} \Rightarrow y = f(k) = 2\sqrt{k}$
- 여기서 y는 1인당 산출량, k는 1인당 자본량이다.

이제 주어진 조건들을 균제균형식에 대입하면 다음과 같은 결과가 도출된다.

- $sf(k) = (n + d + g)k$
  $\Rightarrow 0.2 \times 2\sqrt{k} = (0.05 + 0 + 0.05)k \Rightarrow 0.4\sqrt{k} = 0.1k$
  $\Rightarrow 4\sqrt{k} = k \Rightarrow 16k = k^2 \Rightarrow k^2 - 16k = 0 \Rightarrow k(k - 16) = 0$

이에 따라 'k = 0'은 무의하므로 1인당 자본량은 'k = 16'이 되고, 이때 1인당 산출량은 'y = 8'이 된다.

- 앞의 결과들을 이용하면 자본 1단위당 산출량(y_k)을 다음과 같이 도출할 수 있다.

- $y_k = \dfrac{Y}{K} = \dfrac{Y/L}{K/L} = \dfrac{y}{k} = \dfrac{8}{16} = 0.5$

정답 ③

---

18 2국 2재화 경제에서, K국과 Y국은 비교우위를 갖는 상품을 생산하여 교역을 한다. K국은 밀 1톤을 생산하기 위해 옥수수 1톤만큼의 대가를 치러야 하고, Y국은 옥수수 1톤을 얻기 위해 밀 2톤만큼의 대가를 치러야 한다. 이에 대한 설명으로 옳은 것을 〈보기〉에서 모두 고른 것은?

— 보기 —
ⓐ 밀 1톤의 국제가격이 옥수수 $\dfrac{1}{2}$톤보다 더 높아야 교역이 이루어진다.
ⓑ K국이 밀 생산에 특화하여 수출하는 경우, 양국 모두 이익을 얻을 수 있다.
ⓒ 양국 사이에 교역이 이루어지기 위해서는 밀 1톤의 국제가격이 옥수수 1톤보다 더 높아야 한다.
ⓓ K국이 옥수수를 수출하면서 옥수수 1톤당 밀 2톤 이상을 요구하면, Y국은 스스로 옥수수를 생산하기로 결정할 것이다.

① ⓐ, ⓑ
② ⓐ, ⓓ
③ ⓑ, ⓒ
④ ⓒ, ⓓ

| 해설 |

주어진 조건들을 표로 정리하면 다음과 같다.

	밀 1톤 생산에 따른 기회비용($= \dfrac{Q_{옥수수}}{Q_밀}$)	옥수수 1톤 생산에 따른 기회비용($= \dfrac{Q_밀}{Q_{옥수수}}$)
K국	1	1
Y국	$\dfrac{1}{2}$	2

- 밀 1톤 생산에 따른 기회비용(=상대가격)은 K국에 비해 Y국이 낮다. 따라서 Y국은 밀 생산에, K국은 옥수수 생산에 대해 비교우위를 갖는다. 이것은 Y국은 밀 생산에 특화하고, K국은 옥수수 생산에 특화해야 한다는 것을 보여준다(ⓒ).
- K국과 Y국 모두에게 이익을 줄 수 있는 교역조건(TOT)은 다음과 같다.

$$\frac{1}{2} < \frac{Q_{옥수수}}{Q_{밀}} < 1 \quad 또는 \quad 1 < \frac{Q_{밀}}{Q_{옥수수}} < 2$$

따라서 밀 1톤의 국제가격이 옥수수 $\frac{1}{2}$톤보다 더 높고, 옥수수 1톤보다 작아야 교역이 이루어질 수 있음을 알 수 있다(㉠, ㉢).
- 한편 Y국은 자국에서 옥수수 1톤을 밀 2톤과 교환할 수 있다. 따라서 K국이 옥수수 1톤에 대한 대가로 밀 2톤을 요구하면 이를 거절하고, 스스로 생산하는 것이 유리해진다(㉣).

정답 ②

19 각 국가의 빅맥 가격과 현재 시장환율이 다음 표와 같다. 빅맥 가격을 기준으로 구매력 평가설이 성립할 때, 다음 중 현재 외환시장에서 자국 통화가 가장 고평가 (overvalued)되고 있는 나라는?

	미국	한국	일본	중국	태국
빅맥 가격	3달러	4,500원	450엔	15위안	90바트
현재 시장균형 환율	–	1달러= 1,000원	1달러= 150엔	1달러= 6위안	1달러= 40바트

① 한국   ② 일본
③ 중국   ④ 태국

| 해설 |

주어진 조건을 이용하여 구매력 평가환율을 구하면 다음 표와 같다.

	미국	한국	일본	중국	태국
빅맥가격	3달러	4,500원	450엔	15위안	90바트
현재 시장균형 환율	–	1달러= 1,000원	1달러= 150엔	1달러= 6위안	1달러= 40바트
구매력 평가환율		1달러= 1,500원	1달러= 150엔	1달러= 5위안	1달러= 30바트

- 현재 외환시장의 시장균형환율에 비해 구매력 평가환율이 높다는 것은 자국 통화가 고평가되고 있다는 의미이다. 또한 이것은 외국 통화가 저평가되고 있다는 의미이기도 하다. 따라서 주어진 조건에서 자국 통화가 가장 고평가되어 있는 나라는 한국이고, 중국과 태국은 오히려 자국 통화가 저평가되고 있는 상태이다.

정답 ①

20 다음 그림은 변동환율제도를 채택하고 있는 어떤 소규모 개방경제의 IS-LM-BP곡선을 나타낸다. 정부가 긴축 재정정책을 실시할 경우, 환율 및 국민소득 변화로 옳은 것은? (단, 환율은 외국 통화 1단위에 대한 자국 통화의 교환비율을 의미한다)

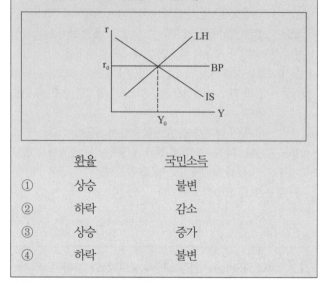

	환율	국민소득
①	상승	불변
②	하락	감소
③	상승	증가
④	하락	불변

| 해설 |

정부가 긴축 재정정책을 실시할 경우, 파급경로를 그림과 함께 정리하면 다음과 같다.

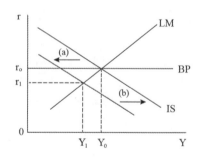

- $G\downarrow$ ⇒ IS곡선 왼쪽 이동(a) ⇒ 이자율 하락, 국민소득 감소 ⇒ 국제수지 적자 ⇒ 환율 상승 ⇒ 순수출 증가 ⇒ IS곡선 오른쪽 이동(b) ⇒ 최초 균형점으로 복귀
- 변동환율제하에서 정부가 긴축 재정정책을 실시하면, 환율은 상승하고 국민소득은 불변이 된다.

정답 ①

01	①	02	④	03	③	04	①	05	③
06	④	07	④	08	②	09	①	10	③
11	②	12	②	13	①	14	③	15	④
16	①	17	②	18	④	19	③	20	③
21	③	22	③	23	①	24	④	25	④

01 소비자 민주의 효용함수가 다음과 같다.

- $U(X, Y) = X^\alpha \times Y^\beta$ $(\alpha + \beta = 1)$

$X=2$, $Y=1$일 때 민주의 한계대체율(MRS_{XY})은 3.5라고 할 때, β의 크기는?

① 0.125
② 0.375
③ 0.625
④ 0.775

| 해설 |

주어진 효용함수는 다음과 같이 나타낼 수 있다.

$U(X, Y) = X^\alpha \times Y^{1-\alpha}$ $(\because \alpha + \beta = 1$에서 $\beta = 1 - \alpha)$

• 주어진 효용함수를 전제로 한계대체율(MRS_{XY})과 α 및 β를 다음과 같이 도출할 수 있다.

- $MRS_{XY} = \dfrac{MU_X}{MU_Y} = \dfrac{\alpha \times X^{\alpha-1} \times Y^{1-\alpha}}{(1-\alpha) \times X^\alpha \times Y^{-\alpha}} = \dfrac{\alpha \times Y}{(1-\alpha) \times X}$

- $\dfrac{\alpha \times 1}{(1-\alpha) \times 2} = 3.5 \Rightarrow \alpha = 7(1-\alpha) \Rightarrow 8\alpha = 7 \Rightarrow \alpha = \dfrac{7}{8}$
  $\Rightarrow \beta = 1 - \dfrac{7}{8} = \dfrac{1}{8}$

• 효용함수가 '$U(X, Y) = AX^\alpha \times Y^\beta$' 형태인 경우 한계대체율($MRS_{XY}$)은 다음과 같이 직접 도출하면 된다.

- $MRS_{XY} = \dfrac{\alpha}{\beta} \times \dfrac{Y}{X}$

(정답) ①

02 합리적 소비자인 민주는 하루 24시간 중 여가(L)로 l시간을 즐기고 나머지 시간만큼 일한다. 여기서 여가는 식사, 수면, 오락 등 모든 비노동 활동을 포함한다. 시간당 임금이 w일 때 하루 소득 전액을 복합재(Y) 구매에 사용하는 경우 복합재의 소비량은 y이다. 한편 민주의 효용함수는 다음과 같다.

- $U(l, y) = (l-4)y$

민주의 효용극대화와 관련된 다음 설명 중 가장 타당하지 못한 것은? (단, 여가의 가격(P_L)은 w이고 복합재의 가격(P_Y)은 1이라고 가정한다)

① 민주가 소비하는 여가의 상대가격은 'w'이다.
② 민주의 복합재 크기로 나타낸 여가의 한계대체율은 '$\dfrac{y}{l-4}$'이다.
③ 민주가 효용을 극대화하기 위해 필요한 최적의 여가시간(l^*)은 14시간이다.
④ 시간당 임금이 일정수준을 넘게 되면 민주의 노동공급곡선은 후방굴절된다.

| 해설 |

주어진 조건에 따른 민주의 예산제약식은 다음과 같이 나타낼 수 있다.

- $y = w(24-l)$

이때 예산제약식의 기울기인 'w'가 곧 여가의 상대가격이다(①).

• 여가(L)와 복합재(Y)의 한계효용은 각각 다음과 같다.

- 여가의 한계 효용: $MU_L = y$
- 복합재의 한계 효용: $MU_Y = l-4$

따라서 민주의 복합재(Y) 크기로 나타낸 여가(Y)의 한계대체율($MRS_{L, y}$)은 다음과 같이 도출된다(②).

- $MRS_{L, Y} = \dfrac{MU_L}{MU_Y} = \dfrac{y}{l-4}$

• 효용극대화는 한계대체율($MRS_{L, y}$)과 상대가격(P_L/P_Y)이 일치하는 수준에서 달성된다.

- $MRS_{L, Y} = P_L/P_Y \Rightarrow \dfrac{MU_L}{MU_Y} = P_L/P_Y \Rightarrow$
  $\dfrac{y}{l-4} = w \Rightarrow y = w(l-4)$ ⋯⋯⋯⋯⋯⋯ ⓐ
- 예산제약식: $y = w(24-l)$ ⋯⋯⋯⋯⋯⋯ ⓑ

ⓐ식과 ⓑ식을 연립하여 풀면 다음과 같은 경로를 통해 민주가 효용극대화를 달성하기 위해 필요한 최적의 여가시간(l^*)을 도출할 수 있다(③).

- $w(l-4) = w(24-l) \Rightarrow l-4 = 24-l \Rightarrow 2l = 28 \Rightarrow l^* = 14$

• 한편 최적의 여가시간을 도출하는 계산과정에서 나타나 있는 것처럼, 임금(w)의 크기가 얼마인가와 관계없이 계산과정 속에서

항상 소거되므로 최적의 하루 여가시간(l^*)은 임금(w)의 크기와 무관하여 항상 '14시간'이 된다. 이에 따라 노동공급곡선은 10시간($=24-$여가시간)의 노동시간 수준에서 수직의 모습을 보이며, 임금이 상승한다고 하더라도 후방굴절하지 않는다(④).

정답 ④

---

03 소득이 500인 소비자 甲은 X재와 Y재만 소비하며 효용함수는 $U=x+y$이다. $P_X=20$, $P_Y=25$이던 두 재화의 가격이 $P_X=25$, $P_Y=20$으로 변할 때 최적 소비에 대한 설명으로 옳은 것은? (단, x는 X재 소비량, y는 Y재 소비량을 나타낸다)

① 가격 변화 전 최적 소비 수준에 비해 X재 소비량은 25단위 증가한다.
② 가격 변화 전 최적 소비 수준에 비해 Y재 소비량은 25단위 감소한다.
③ 가격 변화 전 최적 소비 수준에서 X재 소비량은 25단위이다.
④ 가격 변화 전 최적 소비 수준에서 Y재 소비량은 25단위이다.

│해설│

주어진 효용함수가 기울기가 '1'인 선형함수이므로 항상 1인 값을 갖게 되는 한계대체율(MRS_{xy})과 상대가격$\left(\dfrac{P_X}{P_Y}\right)$의 크기에 따라 소비자 균형 상태가 달라진다.

> • $MRS_{xy} > \dfrac{P_X}{P_Y}$ $\Rightarrow$ 오직 X재 소비하는 구석해 존재
>
> • $MRS_{xy} < \dfrac{P_X}{P_Y}$ $\Rightarrow$ 오직 Y재 소비하는 구석해 존재
>
> • $MRS_{xy} = \dfrac{P_X}{P_Y}$ $\Rightarrow$ 예산선 상의 모든 점이 소비자 균형점이 될 수 있음

• 주어진 효용함수에서 한계대체율은 $MRS_{xy}=1$이고, $P_X=20$, $P_Y=25$인 경우 상대가격은 $\dfrac{P_X}{P_Y}=\dfrac{20}{25}=\dfrac{4}{5}$가 된다.

> $MRS_{xy} > \dfrac{P_X}{P_Y}$ $\Rightarrow$ 오직 X재 소비하는 구석해 존재
>
> $\Rightarrow$ X재만 25단위를 소비

• 두 재화의 가격이 $P_X=25$, $P_Y=20$으로 변하게 되면 상대가격은 $\dfrac{P_X}{P_Y}=\dfrac{25}{20}=\dfrac{5}{4}$가 된다.

> $MRS_{xy} < \dfrac{P_X}{P_Y}$ $\Rightarrow$ 오직 Y재 소비하는 구석해 존재
>
> $\Rightarrow$ Y재만 25단위를 소비

정답 ③

---

04 휴대폰 제조기업의 생산함수가 다음과 같이 알려져 있다.

$$Q = LK$$

노동의 단위당 가격($P_L=w$)은 200이고, 자본의 단위당 가격($P_K=r$)은 100이다. 휴대폰 50대를 생산할 때 비용 극소화를 달성하기 위해 필요한 자본 투입량은?

① 10   ② 20
③ 30   ④ 40

│해설│

생산함수가 '$Q=AL^{\alpha}K^{\beta}$'로 주어지는 경우, 기술적 한계대체율은 다음과 같이 도출된다.

> $$MRTS_{LK} = \frac{MP_L}{MP_K} = \frac{\alpha}{\beta}\frac{K}{L}$$

• 비용극소화가 달성되는 생산자 균형은 다음과 같은 조건하에서 달성된다.

> $$MRTS_{LK} = \frac{P_L(=w)}{P_K(=r)} \Rightarrow \frac{K}{L} = \frac{200}{100}(=2) \Rightarrow K=2L$$

이 결과를 휴대폰 100대를 생산하는 경우의 생산함수에 대입하면 다음과 같은 결과가 도출된다.

> $Q=LK \Rightarrow Q=L(2L) \Rightarrow 50=2L^2 \Rightarrow 25=L^2 \Rightarrow 5=L$
> $\Rightarrow K=10$

• 생산함수가 콥-더글라스 생산함수 형태로 주어지면, 다소 복잡하지만(?) 다음 공식을 통해서도 도출이 가능하다.

> • $Q=AL^{\alpha}K^{\beta}$
>
> • $L=Q^{\frac{1}{\alpha+\beta}}\cdot\left(\dfrac{r}{w}\cdot\dfrac{\alpha}{\beta}\right)^{\frac{\beta}{\alpha+\beta}} \Rightarrow L=Q^{\frac{1}{2}}\left(\dfrac{r}{w}\cdot\dfrac{1}{1}\right)^{\frac{1}{2}} \Rightarrow$
> $L=50^{\frac{1}{2}}\left(\dfrac{100}{200}\right)^{\frac{1}{2}} \Rightarrow L=(25)^{\frac{1}{2}}=5$
>
> • $K=Q^{\frac{1}{\alpha+\beta}}\cdot\left(\dfrac{w}{r}\cdot\dfrac{\beta}{\alpha}\right)^{\frac{\alpha}{\alpha+\beta}} \Rightarrow K=Q^{\frac{1}{2}}\left(\dfrac{w}{r}\cdot\dfrac{1}{1}\right)^{\frac{1}{2}} \Rightarrow$
> $K=50^{\frac{1}{2}}\left(\dfrac{200}{100}\right)^{\frac{1}{2}} \Rightarrow K=(100)^{\frac{1}{2}}=10$

정답 ①

05 다음 (가)~(다)의 상황에서 나타날 수 있는 모든 균형가격(P)을 옳게 짝지은 것은?

> 놀이공원 입장권을 거래하기 위해 수요자와 공급자가 만나는 시장이 있다. 각 공급자는 놀이공원 입장권을 1매씩 가지고 있고, 각 수요자도 최대 1매씩만 구입한다. 모든 공급자는 최소한 5만 원은 받아야 한다고 생각하고, 모든 수요자는 최고 10만 원까지 낼 용의가 있다.
> (가) 수요자와 공급자가 각각 1명이다.
> (나) 수요자는 2명이고 공급자는 1명이다.
> (다) 수요자는 1명이고 공급자는 2명이다.

	(가)	(나)	(다)
①	$P = 7.5$	$P = 10$	$P = 5$
②	$5 \leq P \leq 10$	$5 < P < 10$	$5 < P < 10$
③	$5 \leq P \leq 10$	$P = 10$	$P = 5$
④	$P = 7.5$	$7.5 \leq P \leq 10$	$5 \leq P \leq 7.5$

| 해설 |

(가)의 경우에는 수요자와 공급자의 협상능력에 따라 가격이 결정된다. (나)의 경우에는 초과수요 상태이므로 수요자 사이에 구매 경쟁이 발생하여 가격이 상승하여 수요자가 낼 용의가 있는 최고 10만 원에서 가격이 결정된다. (다)의 경우에는 초과공급 상태이므로 공급자 사이에 판매 경쟁이 발생하여 가격이 하락하여 공급자가 받고자 하는 최소 5만 원에서 가격이 결정된다.

정답 ③

06 X재를 생산하는 기업 K는 국제 원유가 상승으로 인한 원가 상승으로 X재 가격을 인상할 것을 고려하고 있다. 이러한 가격 인상 후 나타날 것으로 예상되는 총수입의 변화로 옳은 것은?

① X재의 수요의 가격탄력성이 비탄력적이라면, X재의 총수입은 감소할 것이다.

② X재의 수요의 가격탄력성이 탄력적이라면, X재의 총수입은 증가할 것이다.

③ X재의 수요의 가격탄력성이 단위탄력적이라면, X재의 총수입은 증가할 것이다.

④ X재의 수요의 가격탄력성이 무한대인 경우, X재의 총수입은 감소할 것이다.

| 해설 |

가격의 변화에 따른 수요의 가격탄력성(ε)과 총수입(TR)과의 관계를 그림으로 나타내면 다음과 같다.

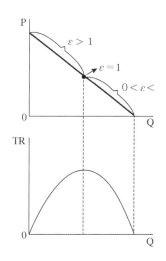

이에 따라 상품가격이 상승하는 경우에, X재의 수요의 가격탄력성이 비탄력적이라면 X재의 총수입은 증가하게 된다(①). 반면에 X재의 수요의 가격탄력성이 탄력적이라면 X재의 총수입은 감소하게 된다(②).

③ X재의 수요의 가격탄력성이 단위탄력적인 경우, 가격의 증감과 관계없이 총수입의 크기는 변하지 않는다.

④ X재의 수요의 가격탄력성이 무한대인 경우, 가격이 상승하게 되면 판매량은 '0'이 되어 총수입 역시 '0'이 된다.

정답 ④

07 쌀의 수요곡선은 $Q_D = 200 - P$, 공급곡선은 $Q_S = P$이다. 정부가 감소하고 있는 쌀의 소비를 장려하기 위하여 쌀 소비자에게 단위당 10만큼의 보조금을 지급하는 경우에 관한 다음 설명 중 가장 타당하지 못한 것은? (단, Q_D는 수요량, Q_S는 공급량, P는 가격이다)

① 정부의 보조금 총액은 1,050이다.

② 보조금 지급으로 인해 발생하는 비효율은 25이다.

③ 보조금 지급으로 쌀의 소비량은 5단위만큼 증가한다.

④ 소비자가 실제로 지불하는 가격은 단위당 105이다.

| 해설 |

소비자에게 단위당 10만큼의 보조금을 지급하는 경우 수요곡선은 지급된 보조금만큼 상방으로 이동하게 된다. 이에 따라 보조금 지급 후의 수요곡선은 다음과 같이 도출된다.

> • $P \Rightarrow P - 10$
> • $Q_D = 200 - P \Rightarrow Q_D = 200 - (P - 10) \Rightarrow Q_D = 210 - P$

- 보조금 지급 후의 수요곡선과 기존의 공급곡선을 연립하여 풀면 다음과 같은 결과를 도출할 수 있다.

> - $Q_D = Q_S \Rightarrow 210 - P = P \Rightarrow 2P = 210 \Rightarrow P = 105, \ Q = 105$

- 앞의 결과를 그림으로 나타내면 다음과 같다.

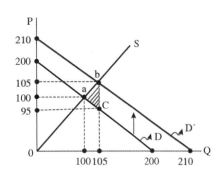

① 시장 거래량이 105이고 단위당 보조금이 10이므로 정부가 소비자에게 지불해야 할 보조금 총액은 1,050이다.

② 앞의 그림에서 보조금 지급으로 인해 발생하는 비효율(deadweight loss)은 $\triangle abc$이다. 이에 따라 비효율의 크기는 $25 (= 10 \times 5 \times \frac{1}{2})$이다.

③ 보조금 지급으로 쌀의 소비량은 100단위에서 105단위로 5단위만큼 증가한다.

④ 시장균형가격이 단위당 105이고 보조금이 단위당 10이므로 소비자가 실제로 지불하는 가격은 단위당 95가 된다.

정답 ④

---

08 K기업은 현재 국내 피아노 시장을 독점하고 있으며, 국내의 피아노에 대한 수요함수는 $Q = 8 - 2P$이다. 여기서 Q는 피아노의 수요량, P는 피아노의 가격을 나타낸다. 또한 해외 피아노 시장은 완전경쟁적이고, 시장가격은 2이다. 한편 이 기업의 한계비용은 $\frac{Q}{5}$로 알려져 있다. 만약 K기업이 국내 시장과 해외 시장에서 피아노를 판매하면서 가격차별을 통한 이윤극대화를 추구하고자 할 때, 국내 피아노 가격과 수출 가격과의 차이는?

① 0.5　　　　　　② 1
③ 1.5　　　　　　④ 2

| 해설 |

국내 시장과 국제 시장의 한계수입을 각각 MR_D와 MR_F라고 하면 가격차별을 통한 이윤극대화 조건은 $MR_D = MR_F = MC$가 된다. 주어진 조건들을 그림으로 나타내면 다음과 같다.

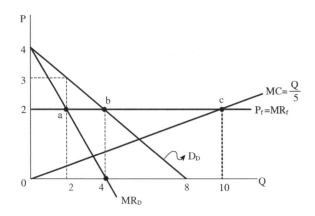

국내 시장의 피아노 수요함수(D_D)는 $P = 4 - \frac{1}{2}Q_D$로 선형함수이므로 국내 시장의 한계수입은 수요함수와 절편이 같고 기울기가 2배인 $MR_D = 4 - Q_D$가 된다. 한편 해외 피아노 시장은 완전경쟁적이므로 이 기업이 직면하는 해외 시장에서의 수요곡선은 해외 시장 가격 2인 수준에서 수평의 수요곡선에 직면하게 된다. 이것은 곧 해외 수출 가격이 2라는 의미이다. 따라서 K기업의 실효MR은 $4abc$를 잇는 선이 된다.

한편 $MR_D = MR_F$인 조건을 충족하는 국내 수요량은 $4 - Q_D = 2 \Rightarrow Q_D = 2$가 된다. 이 결과를 국내 시장의 피아노 수요함수 $P = 4 - \frac{1}{2}Q_D$에 대입하면, $P = 3$이다. 따라서 결국 국내 피아노 가격과 수출 가격과의 차이는 '1'이 된다는 것을 알 수 있다.

정답 ②

---

09 K기업과 Y기업만이 존재하는 과점 시장의 시장수요곡선이 $Q = 100 - 2P$라고 알려져 있다. Bertrand Model의 균형이 달성될 때, 시장 전체의 균형 가격과 균형 산출량은? (단, 두 기업의 한계비용(MC)은 모두 0으로 동일하다)

	균형 가격	균형 산출량
①	0	100
②	5	90
③	10	80
④	20	60

| 해설 |

순수과점 Bertrand Model의 균형은 'P = MC'를 만족하는 수준에서 달성된다. 주어진 한계비용이 '0'이므로 시장 균형 생산량은 100이 된다. 여기서 순수과점이란 동일한 품질의 상품을 생산하고, 모든 조건이 동일한 경우를 의미한다.

정답 ①

10 생산물 시장은 완전경쟁시장이고, 노동 시장에서 수요독점자로 행동하는 기업 K의 생산함수와 노동 시장에서 직면하게 되는 노동공급곡선이 다음과 같다.

- 생산함수: $Q = 4L$
- 노동공급곡선: $w = 100 + L$

이 기업의 제품 가격이 개당 100원이라고 할 때, 기업 K가 이윤을 극대화할 수 있는 균형임금 수준은? (단, Q는 생산량, L은 노동량, w는 임금이다)

① 100원   ② 200원
③ 250원   ④ 300원

| 해설 |

기업 K가 직면하게 되는 노동공급곡선은 평균요소비용(AFC)곡선과 같고, 평균요소비용이 곧 균형 수준에서의 임금이다. 이러한 평균요소비용이 선형함수로 주어지면 한계요소비용(MFC)곡선은 AFC와 임금절편은 같고 기울기는 2배가 된다. 이에 따라 다음과 같은 결과가 도출된다.

- $AFC = 100 + L \Rightarrow MFC = 100 + 2L$
- $TFC = AFC \times L = 100L + L^2 \Rightarrow MFC = \dfrac{dTFC}{dL} = 100 + 2L$

- 노동 시장에서 이윤극대화를 달성하기 위한 조건은 다음과 같다.

- $MRP_L = MFC \Rightarrow MR \times MP_L = MFC \Rightarrow P \times MP_L = MFC$
  ($\because$ 생산물 시장이 완전경쟁시장이므로 $P = MR$)
- $MP_L = \dfrac{dQ}{dL} = 4$
- $P \times MP_L = MFC \Rightarrow 100 \times 4 = 100 + 2L \Rightarrow 2L = 300 \Rightarrow L = 150$
- $AFC = w = 100 + L = 100 + 150 = 250$(원)

정답 ③

11 다음 중 2019년 국내총생산(GDP)에 포함되는 것은?

① 2019년에 지급받은 연금 총액
② 중고제품상점에서 근무하는 노동자의 2019년 급여액
③ 2018년 건축되어 분양받은 아파트 매각을 통해 얻은 차익
④ 2019년에 자동차 대리점에서 출퇴근을 위해 구입한 2018년에 생산된 자동차의 부가가치

| 해설 |

중고품 거래 자체에서 생기는 차액은 GDP 측정에서 제외되지만, 중고품 거래를 위해 2019년에 제공한 노동에 대한 대가인 임금은 당해 연도인 2019년의 분배국민소득에 해당되므로 GDP 측정에 포함된다.

① 연금은 생산 활동과 무관하게 지급되는 이전지출에 해당한다.
③ 아파트가 2018년에 건축되었으므로 2019년 생산 활동의 결과물이 아니다. 이에 따라 그 거래금액은 2019년 GDP 측정에서 제외된다.
④ 자동차가 2018년에 생산되었으므로 2019년 생산 활동의 결과물이 아니다. 2019년에는 자동차 구입에 따른 소비가 증가하지만, 동일한 크기만큼의 재고(투자)의 감소를 수반하여 양자가 서로 상쇄되면서 2019년의 GDP에는 변화가 없다.

정답 ②

12 잔여 생애가 50년인 노동자 P씨는 앞으로 은퇴까지 30년간 매년 4,000만 원의 소득을 얻을 것으로 예상하고 있다. 그런데 현재 P씨가 보유하고 있는 자산은 없으며 2억 원의 부채를 지고 있다. 생애주기가설(MBA가설)을 따를 때 P씨의 잔여 생애 동안의 연간 소비액은 얼마가 되는가? (단, 이자율은 항상 0이고, P씨가 사망하는 시점에서 순자산은 0이라고 가정한다)

① 1,500만 원   ② 2,000만 원
③ 2,500만 원   ④ 3,000만 원

| 해설 |

생애주기가설에서는 예상 총소득을 전제로 잔여 생애 동안 일정한 크기의 소비를 하여 사망 시점에서 순자산은 0이 된다고 가정한다.

- 30년간 매년 4,000만 원의 소득을 얻을 것이라고 예상하고 있으므로 같은 기간 동안 P씨의 예상 총소득은 12억 원이 된다. 한편 부채가 2억 원이 있다고 했으므로 현재 P씨의 예상 순자산은 10억 원이라고 할 수 있다. 따라서 P씨의 잔여 생애 동안의 연간 소비액은 다음과 같이 도출된다.

- 연간 소비액 $= \dfrac{\text{예상 총소득}}{\text{잔여 생애}} = \dfrac{10억\ 원}{50년} = 2,000만\ 원$

정답 ②

13 다음은 어느 나라의 거시경제 모형이다. 정부는 국민소득을 증가시키기 위하여 정부지출을 늘리거나 조세를 줄이는 방안을 고민하고 있다. 이 모형에서 정부지출을 300만큼 증가시킬 경우 국민소득이 2배가 된다면, 조세는 얼마를 줄여야 국민소득이 2배가 되는가?

> • $Y = C + I + G$
> • $C = 100 + 0.75(Y - T)$
> (여기서 Y는 국민소득, C는 소비, I는 투자, G는 정부지출, T는 조세를 나타내며, I, G, T는 외생변수이다)

① 400
② 500
③ 600
④ 800

| 해설 |

주어진 거시경제 모형에서 정부지출승수는 다음과 같다.

> • 정부지출승수 $= \dfrac{1}{1 - MPC} = \dfrac{1}{1 - 0.75} = 4$

따라서 정부지출을 300만큼 증가시키는 경우 증가하는 국민소득은 1,200이 된다.

• 한편 주어진 거시경제 모형에서 감세승수는 다음과 같다.

> • 감세승수 $= \dfrac{MPC}{1 - MPC} = \dfrac{0.75}{1 - 0.75} = 3$

따라서 300만큼의 정부지출을 증가시킬 때 증가하는 국민소득인 1,200과 동일한 크기의 국민소득을 증가시키기 위해 필요한 감세규모는 400이 된다.

정답 ①

---

14 다음 중 유동성 함정에 관한 설명으로 가장 타당한 것은?

① 화폐수요의 소득탄력성이 무한대인 경우에 발생한다.
② 확장적 재정정책은 이자율을 상승시켜 총수요 확대효과가 없다.
③ 확장적 통화정책은 이자율을 하락시키지 못하여 총수요 확대효과가 없다.
④ 채권의 가격이 매우 낮아서 추가적인 통화 공급이 투기적 화폐수요로 모두 흡수된다.

| 해설 |

화폐시장이 유동성 함정 상태인 경우, 중앙은행의 경기부양을 위해 증가시킨 통화량은 모두 투기적 화폐수요로 흡수되어, 이자율

에 전혀 영향을 주지 못한다. 따라서 이자율 하락을 통해 총수요를 증가시키고자 하는 목적은 달성할 수 없다.

① 유동성 함정은 화폐수요의 이자율탄력성이 무한대인 경우에 발생한다. 이에 따라 화폐수요곡선은 수평의 모습을 보인다.
② 확장적 재정정책은 이자율이 상승할 때 나타나는 구축효과 없이 완벽한 총수요 증대를 가져온다.
④ 유동성 함정이란 이자율이 매우 낮아서 더 이상 하락하지 않을 것이라 예상되는 상태이다. 이에 따라 채권의 가격은 매우 높아서 더 이상 상승하지 않은 것이라고 예상되는 경우이다. 이에 따라 추가적인 통화 공급은 모두 투기적 화폐수요로 흡수된다.

정답 ③

---

15 아래 그림은 A국과 B국의 IS-LM곡선이다. 이에 대한 설명으로 옳은 것은?

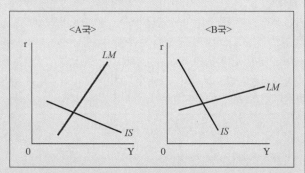

① 확장적 재정정책의 효과는 A국에서 실시할 때보다 B국에서 실시할 때 상대적으로 더 작게 나타난다.
② B국의 IS곡선의 기울기가 A국의 IS곡선의 기울기보다 큰 것은 B국의 투자수요의 이자율탄력성이 A국의 투자수요의 이자율탄력성보다 크기 때문이다.
③ A국의 LM곡선의 기울기가 B국의 LM곡선의 기울기보다 큰 것은 A국의 화폐수요의 소득탄력성이 B국의 화폐수요의 소득탄력성보다 작기 때문이다.
④ A국에서 확대금융정책을 실시할 경우 증가하는 국민소득은 동일한 크기의 확대금융정책을 B국에서 실시하는 경우 증가하는 국민소득에 비해 크게 나타난다.

| 해설 |

동일한 크기의 확대금융정책에 따른 효과는 IS곡선의 기울기가 완만할수록 크게 나타난다.

① 동일한 크기의 확장적 재정정책의 효과는 LM곡선의 기울기가 완만할수록 크게 나타난다. LM곡선의 기울기가 가파를수록 확장적 재정정책으로 인한 이자율 상승이 민간투자를 구축하기 때문이다.
② 투자수요의 이자율탄력성이 클수록(작을수록) IS곡선의 기울기는 완만해진다(가팔라진다).

③ 화폐수요의 소득탄력성이 클수록(작을수록), 화폐수요의 이자율탄력성이 작을수록(클수록) LM곡선의 기울기는 가팔라진다.

(정답) ④

16 다음 중 총수요(AD)곡선의 기울기를 더욱 완만하게 하는 것이 아닌 것은?

① 정부지출이 증가할수록
② 투자수요의 이자율탄력성이 클수록
③ 피구(A. C. Pigou) 효과가 존재할수록
④ 한계소비성향이 클수록

| 해설 |

정부지출이 증가하게 되면 IS곡선이 오른쪽으로 이동하게 되고, 이에 따라 총수요(AD)곡선 역시 오른쪽으로 이동하게 된다.

• 투자수요의 이자율탄력성이 클수록, 한계소비성향이 클수록 IS곡선의 기울기는 완만하고, 이에 따라 총수요(AD)곡선의 기울기도 완만해진다.

• 물가가 하락하게 되면 화폐시장에서 실질 통화량이 증가하게 되어 이자율이 하락하게 된다. 이에 따라 투자수요의 증가로 총수요(AD)가 증가하게 된다. 그런데 피구 효과까지 존재하게 되면 물가의 하락이 실질자산 가치를 증가시키게 되고, 이에 따라 소비까지 증가시킬 수 있어 총수요는 더욱 크게 증가하게 된다. 그 결과 피구 효과가 존재하지 않을 때에 비해 총수요(AD)곡선의 기울기는 더욱 완만해지게 된다.

(정답) ①

17 소비자 H가 2018년과 2019년에 소비한 두 재화, 쌀과 고기의 가격(P)과 소비량(Q)이 다음과 같다.

	쌀		고기	
	P	Q	P	Q
2018년	100	12	150	15
2019년	100	10	120	12

파세 수량지수(Q_P)를 이용할 때, 2018년 대비 2019년의 소비자 H의 후생변화는?

① 2018년에 비해 2019년의 후생수준은 개선되었다.
② 2018년에 비해 2019년의 후생수준은 악화되었다.
③ 2018년과 2019년의 후생수준은 변화가 없다.
④ 주어진 자료만으로는 알 수 없다.

| 해설 |

파세 수량지수는 비교년도(2019년) 수량을 가중치로 삼아 다음과 같이 측정한다.

$$Q_P = \frac{\sum Q_{2019} \times P_{2019}}{\sum Q_{2018} \times P_{2019}} = \frac{(10 \times 100) + (12 \times 120)}{(12 \times 100) + (15 \times 120)}$$
$$= \frac{1,000 + 1,440}{1,200 + 1,800} = \frac{2,440}{3,000} < 1$$

• 파세 수량지수가 1보다 클 때 후생수준은 개선되었다고 평가되고, 1보다 작을 때 후생수준이 악화되었다고 평가한다.

(정답) ②

18 K국에서 2019년에 실업자가 일자리를 구할 확률은 20%이며, 취업자가 일자리를 잃을 확률은 4%이다. 2019년 초의 실업자 수가 500만 명인 경우 2020년 초의 실업률은? (단, K국 경제의 생산가능인구는 4,000만 명, 경제활동참가율은 75%이다. 또한 생산가능인구와 경제활동참가율은 불변이라고 가정한다)

① 11.1%
② 14.5%
③ 15.5%
④ 16.7%

| 해설 |

생산가능인구는 4,000만 명, 경제활동참가율이 75%이므로 경제활동인구는 3,000만 명이다. 또한 2019년 초의 실업자 수가 500만 명이라 했으므로 2019년 초의 취업자 수는 2,500만 명이 된다. 따라서 실업률은 약 16.7%이다.

• 2019년에 500만 명의 실업자 중에서 일자리를 구할 확률이 20%이므로 100만 명의 실업자가 감소하게 된다. 또한 2,500만 명의 취업자 중에서 일자리를 잃을 확률은 4%이므로, 새로이 100만 명의 실업자가 증가하게 된다. 결국 실업자 수가 불변이므로, 실업률 역시 불변이 된다.

(정답) ④

19 다음 중 새 케인스학파(New Keynesian)의 경직적 가격 모형(sticky-price model)에 대한 설명으로 옳은 것은?

① 확장적 재정정책은 단기적으로도 생산량을 증가시키지 못한다.
② 가격을 경직적으로 조정하는 기업은 한계비용이 상승하면 가격을 인상한다.
③ 가격을 신축적으로 조정하는 기업이 많아질수록 총공급곡선의 기울기가 가팔라진다.
④ 가격을 신축적으로 조정하지 않는 기업은 미래의 경제 상황보다는 과거의 경제 상황에 근거하여 가격을 설정한다.

| 해설 |

가격이 신축적일수록 고전학파 모형에 가까워진다. 고전학파 모형에서 총공급곡선은 자연산출량 수준에서 수직의 모습을 보인다. 반대로 가격이 경직적일수록 케인스 대공황 모형에 가까워진다. 케인스는 대공황 당시의 상황을 전제로 직관적으로 완전고용 수준에 도달할 때까지는 수평인 총공급곡선을 제시하였다.

① 새 케인스학파는 단기에는 가격이 경직적이어서 총공급곡선은 우상향한다고 한다. 따라서 확장적 재정정책과 같은 총수요 확대정책은 단기적으로 생산량을 증가시킬 수 있다고 주장한다.

② 메뉴비용의 존재로 가격을 경직적으로 조정하는 기업은 한계비용이 상승한다고 하더라도 이를 가격에 정확하게 반영하지 못한다.

④ 새 케인스학파는 합리적 기대를 전제로 한다. 따라서 기업들은 과거와 현재와 관련된 변수는 물론, 예측할 수 있는 미래변수까지도 고려하면서 가격을 결정하게 된다.

(정답) ③

---

20 최적정책의 동태적 비일관성(time inconsistency of optimal policy)의 문제와 이를 해결하기 위해 제시하는 대안에 대한 설명으로 옳은 것은?

① 통화정책은 재정정책에 비해 내부시차(inside lag)가 짧기 때문에 동태적 비일관성이 발생하지 않는다.

② 경제 상황에 맞는 정책 담당자의 탄력적인 정책 결정이 유효하다는 것을 보여준다.

③ 준칙에 의한 정책보다는 재량적 정책을 실시할 때 발생할 소지가 더 높다.

④ 자동안정화 장치의 기능과 정면으로 배치되는 효과를 가져온다.

| 해설 |

정책에 대한 재량적 결정을 허용한다면, 정책 발표 시점과 정책 시행 시점에서의 정책 내용이 변할 수 있는 이른바 '최적정책의 동태적 비일관성'의 문제가 나타날 수 있다. 이러한 최적정책의 동태적 비일관성은 장기적으로 경제정책에 대한 경제주체들의 신뢰를 잃게 함으로써 경제정책의 효과를 기대할 수 없게 된다. 이를 방지하기 위해서는 정책 결정에 있어 재량을 억제하고, 일정한 준칙에 의해서만 정책 결정을 하도록 하는 장치가 필요하다.

① 통화정책과 재정정책은 모두 재량정책에 해당하므로 최적정책의 동태적 비일관성 문제가 발생할 수 있다.

② 경제 상황에 맞는 정책 담당자의 탄력적인 정책 결정이 재량정책의 범주에 포함된다.

④ 자동안정화 장치는 경제 상황의 변화에 따라 자동적으로 작동하게 되어, 재량을 발휘할 여지가 없다. 이것은 최적정책의 동태적 비일관성의 문제를 해결하기 위해 제시한 준칙주의와 유사한 기능을 수행한다.

(정답) ③

---

21 K국의 총생산함수는 다음과 같다.

- $Y = AL^{\alpha}K^{\beta}(\alpha + \beta = 1)$
- Y는 총산출량, A는 총요소생산성, L은 노동투입량, K는 자본투입량, $0 < \alpha < 1$, $0 < \beta < 1$이다.

K국 경제에 관한 설명으로 가장 타당하지 못한 것은? (단, K국의 모든 시장은 완전경쟁시장이다)

① α가 0.4이고 노동소득이 80이라면 총산출량은 200이다.

② A가 불변이고 α가 0.4인 경우 자본투입량만이 5%만큼 증가하게 되면 총산출량은 3%만큼 증가한다.

③ 노동투입량과 자본투입량이 동일하게 증가하는 경우 노동의 한계생산성은 체감하게 된다.

④ α가 0.5이고, 총요소생산성 증가율이 3%, 노동투입 증가율이 5%, 자본투입 증가율이 6% 증가하면 총산출량은 8.5%만큼 증가한다.

| 해설 |

주어진 총생산함수를 전제로 노동의 한계생산성(MP_L)을 도출하면 다음과 같다.

- $MP_L = \dfrac{dY}{dL} = \alpha AL^{\alpha-1}K^{\beta} = \alpha AL^{\alpha-1}K^{1-\alpha}(\because \beta = 1 - \alpha)$

  $\Rightarrow MP_L = \alpha A(\dfrac{K}{L})^{1-\alpha}$

따라서 노동투입량과 자본투입량이 동일하게 증가하게 된다면 노동의 한계생산성(MP_L)은 불변이 된다.

① 모든 시장이 완전경쟁적이고 총생산함수가 1차 동차 생산함수이므로 오일러의 정리가 성립한다. 따라서 α가 0.4인 경우 β는 0.6이 되므로 총산출량 중 40%는 노동소득으로, 60%는 자본소득으로 분배된다. 따라서 α가 0.4이고 노동소득이 80이라면 총산출량은 200이고, 이때 자본소득은 120이 된다.

② 주어진 총생산함수에서 α는 생산의 노동탄력성, β는 생산의 자본탄력성을 의미한다. 또한 α가 0.4이므로 β는 0.6이 된다. 이에 따라 자본투입량만이 5%만큼 증가하게 되면 총산출량은 3%만큼 증가하게 된다.

④ α가 0.4이고, 총요소생산성 증가율이 3%, 노동투입 증가율이 5%, 자본투입 증가율이 6% 증가할 때, 총산출량 증가율은 다음과 같은 성장회계를 통해 도출할 수 있다.

- $\dfrac{\Delta Y}{Y} = \dfrac{\Delta A}{A} + \alpha \times \dfrac{\Delta L}{L} + \beta \times \dfrac{\Delta K}{K}$

  $\Rightarrow \dfrac{\Delta Y}{Y} = 3\% + 0.5 \times 5\% + 0.5 \times 6\% = 3\% + 2.5\% + 3\% = 8.5\%$

(정답) ③

22 국제무역에 대한 설명으로 옳은 것은?

① 산업 내 무역 발생의 가장 중요한 요인은 부존자원의 상대적 풍부성이다.

② 후진국 간에 이루어지는 수평적 분업은 규모의 경제에 의해서 가능해질 수 있다.

③ 완전한 국제 분업의 효과는 상품의 생산에 따른 기회비용이 체증하는 경우보다 일정한 경우에 더욱 커진다.

④ 비교우위를 전제로 하는 무역을 통해 이익을 얻기 위해서는 교역 전 교역당사국의 상품 생산에 따른 기회비용이 동일해야 한다.

| 해설 |

완전특화는 생산에 따른 기회비용이 일정하여 생산가능곡선이 직선인 경우에 이루어진다. 만약 생산가능곡선이 원점에 대해 오목하여 기회비용이 체증하게 되면 불완전한 특화가 이루어진다.

① 부존자원의 상대적 풍부성으로 인해 발생하는 무역의 형태는 헥셔–올린의 정리로 설명할 수 있는 산업 간 무역이다.

② 규모의 경제로 인한 수평적 분업은 주로 선진국 사이에서 이루어진다.

④ 비교우위를 전제로 하는 무역은 교역 전 교역당사국의 상품 생산에 따른 기회비용이 서로 상이해야 가능해진다.

정답 ③

---

23 어떤 재화에 대하여 단위당 1,000원의 관세를 부과하면 수입품의 국내가격은 얼마나 상승하겠는가?

	관세 부과국이 소국인 경우	관세 부과국이 대국인 경우
①	1,000원 상승	1,000원보다 작게 상승
②	1,000원 상승	1,000원보다 크게 상승
③	1,000원보다 크게 상승	1,000원 상승
④	1,000원보다 작게 상승	1,000원보다 크게 상승

| 해설 |

관세 부과를 했을 경우 국가의 크기에 따라 관세 부과의 효과가 다르게 나타나게 된다. 우선 소국인 경우에는 수입품의 국내가격이 관세로 부과한 금액 그대로 상승하게 된다.

• 그러나 대국인 경우 수입품의 수요 감소와 함께 국제가격이 하락하여 수입품의 국내가격은 관세로 부과한 금액보다 작게 상승한다.

정답 ①

---

24 변동환율제도를 채택하고 있는 소규모 개방경제인 K국은 현재 재정적자가 경상수지 적자를 동반하고 있다. 다음 중 이러한 현상을 초래하는 요인에 대한 설명으로 옳은 것은?

① 재정적자로 해외이자율이 상승한다.

② 재정적자는 자본의 해외유출을 초래한다.

③ 재정적자는 환율의 상승을 가져온다.

④ 재정적자로 인해 순수출이 감소한다.

| 해설 |

재정적자는 정부지출의 증가가 조세 증가보다 더 커서 정부저축이 감소하는 것을 의미한다. 이러한 재정적자는 이자율의 상승을 가져오고, 이로 인한 해외로부터의 자본유입으로 외환시장에서는 환율이 하락한다. 이러한 환율 하락으로 순수출이 감소하여 재정적자와 경상수지 적자가 동시에 발생하는 이른바 '쌍둥이 적자(twin deficit)'가 나타날 수 있다.

① 소규모 개방경제의 재정적자는 해외이자율에 영향을 미칠 수 없다. 소규모 개방경제에게 해외이자율은 외생적으로 주어진다.

② 재정적자로 인한 정부저축의 감소는 이자율 상승을 초래하여 해외자본의 유입을 가져온다.

③ 해외자본의 유입은 외환시장에서의 환율 하락을 초래한다.

정답 ④

---

25 자본이동이 완전히 자유로운 소국 개방경제에서 확장적 재정정책을 실시하고자 한다. 이로 인해 발생하는 결과에 대한 설명으로 옳은 것은? (단, 소국은 고정환율제도를 채택하고 있으며, 정책 실시에 따른 효과는 먼델–플레밍 모형(Mundell–Fleming Model)으로 분석한다)

① 중앙은행의 외환보유고가 감소하게 된다.

② 외환시장에서 환율 상승 압력이 존재한다.

③ 자본유출이 발생한다.

④ 국민소득이 증가한다.

| 해설 |

확장적 재정정책의 효과를 그림으로 나타내면 다음과 같다.

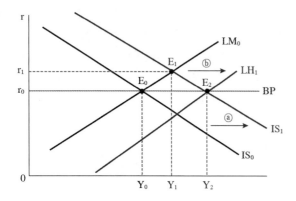

- 확장적 재정정책은 IS곡선을 오른쪽으로 이동시켜 단기 균형점(E_1)에서 이자율은 상승하고 국제수지는 흑자가 된다(ⓐ).
- 이자율의 상승은 해외자본의 유입을 가져와, 외환시장에서는 환율 하락 '압력'이 존재하게 된다. 중앙은행은 이러한 환율 하락 '압력'을 해소하기 위해 외환시장에서 외환을 매입하게 되고, 중앙은행의 외환보유고는 증가하게 된다. 이에 따라 외환매입 대금만큼 통화량이 증가하게 되고, 이로 인해 LM곡선은 오른쪽으로 이동하게 된다(ⓑ).
- 결국 장기 균형점(E_2)에서의 국민소득(Y_2)은 최초 균형점(E_0)일 때의 국민소득(Y_0)에 비해 크게 증가하게 된다.
① 중앙은행의 외환보유고가 증가하게 된다.
② 외환시장에서 환율 하락 압력이 존재한다.
③ 자본유입이 발생한다.

정답 ④

01	①	02	①	03	③	04	①	05	②
06	③	07	④	08	①	09	②	10	③
11	④	12	④	13	①	14	②	15	③
16	②	17	③	18	②	19	③	20	④

01
다음 중 수익은 좋아하지만 위험을 싫어하는 위험 기피자인 소비자의 무차별곡선의 형태로서 옳은 것은? (단, 가로축은 기대수익률(π), 세로축은 위험(σ)을 나타낸다)

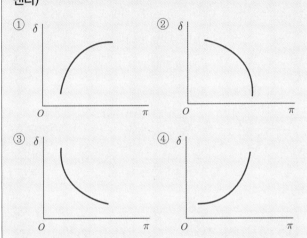

| 해설 |

소비자가 수익을 좋아한다는 것은 '수익'은 '재화(goods)'라는 의미이고, 위험을 싫어한다는 것은 '위험'은 '비재화(bads)'라는 의미이다.

- 가로축에 표시된 기대수익률은 재화로서 소비량이 증가할수록 효용이 증가하고(ⓐ), 세로축에 표시된 위험은 비재화로서 소비량이 감소할수록 효용이 증가한다(ⓑ). 따라서 무차별곡선은 볼록성을 만족하면서 우상향하는 곡선이 되며, 무차별곡선이 우하방으로 이동할수록 효용은 증가하게 된다. 이를 그림으로 나타내면 다음과 같다.

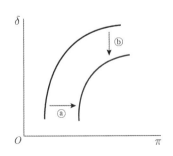

정답 ①

02
생산함수와 노동과 자본의 가격이 다음과 같다.

- $Q = \min[\frac{L}{a}, \frac{K}{b}]$ a와 b는 상수
- 노동의 가격 $= P_L (= w)$
- 자본의 가격 $= P_K (= r)$

이를 전제로 한 한계비용(MC)으로 옳은 것은?

① $MC = aP_L + bP_K$ ② $MC = bP_L + aP_K$

③ $MC = \frac{P_L}{a} + \frac{P_K}{b}$ ④ $MC = \frac{P_L}{b} + \frac{P_K}{a}$

| 해설 |

주어진 생산함수는 노동(L)과 자본(K)이 항상 '$a:b$'로 결합되어 투입되는 고정투입비율 생산함수인 Leontief 생산함수이다. 따라서 비용극소화를 위해서는 다음 조건이 충족되어야 한다.

- $Q = \frac{L}{a} = \frac{K}{b} \Rightarrow L = aQ, \ K = bQ$

- 이 결과를 총비용(TC) 식에 대입하여 정리하면 다음과 같이 나타낼 수 있다.

- $TC = P_L \times L + P_K \times K$
  $= P_L \times aQ + P_K \times bQ = (aP_L + bP_K) \times Q$

이에 따라 한계비용(MC)은 다음과 같이 도출할 수 있다.

- $MC = \frac{dTC}{dQ} = aP_L + bP_K$

앞의 결과는 노동가격인 P_L과 자본가격인 P_K는 주어지는 값이므로 한계비용(MC) 역시 생산량(Q)과 무관한 상수이고, 따라서 한계비용곡선은 수평의 모습을 보일 것이다.

정답 ①

03
표는 ○○제품에 대한 수요와 공급의 변화에 따른 지난 4개월간의 영업 실적을 나타낸다. 이에 대한 옳은 설명을 〈보기〉에서 고른 것은?

구분 \ 월	6월	7월	8월	9월
판매 가격(천 원)	4	5	6	7
판매량(천 개)	13	15	15	14

① ㉠, ㉡   ② ㉠, ㉢

③ ㉡, ㉢   ④ ㉢, ㉣

| 해설 |

7월부터 8월 사이의 변화는 가격은 상승했지만, 거래량은 불변이다. 이것은 수요 증가와 공급 감소가 동일한 크기만큼 변화하는 경우에 발생하게 되는 결과이다(㉡). 한편 8월의 판매수입은 9,000만 원이고, 9월의 판매수입은 9,800만 원이다. 따라서 9월의 판매 수입은 8월에 비해 증가했음을 알 수 있다(㉢).

㉠ 수요가 감소하고 공급이 증가하면 거래량의 증감은 알 수 없지만 가격은 확실히 하락한다.

㉣ 제품에 대한 선호도가 낮아지고 생산비가 절감되면 수요가 감소하고 공급이 증가하게 된다. 이에 따라 거래량의 증감은 알 수 없지만 가격은 확실히 하락하게 된다.

정답 ③

---

04 A재와 B재의 가격 변화에 따른 매출액 변화에 대한 정보가 다음과 같이 주어졌다.

> - A재: 가격이 5% 하락할 때 매출액도 5% 감소한다.
> - B재: 가격이 5% 하락할 때 매출액은 불변이다.

다음 중 두 재화의 수요의 가격탄력성으로 옳은 것은?

	A재	B재
①	완전비탄력적	단위탄력적
②	단위탄력적	완전탄력적
③	단위탄력적	완전비탄력적
④	완전비탄력적	완전비탄력적

| 해설 |

재화의 매출액(TR)과 수요의 가격탄력성(E_P)은 다음과 같이 도출된다.

- $TR = P \times Q$
- $E_P = -\dfrac{\text{수요량 변화율}}{\text{가격 변화율}}$

- 매출액이 도출되는 식의 양 변에 대수(자연로그)를 취하고 각각 시간변수로 미분하면 각 변수의 변화율 식으로 변환시킬 수 있다.

- $\dfrac{\Delta TR}{TR}$(매출액 변화율) =

$\dfrac{\Delta P}{P}$(가격 변화율)$\times\dfrac{\Delta Q}{Q}$(수요량 변화율)

- 주어진 정보를 이용하여 각 재화의 수요의 가격탄력성을 구하면 다음과 같다.

- A재: 매출액 변화율(-5%)

= 가격 변화율(-5%) × 수요량 변화율(0%)

$\Rightarrow E_P = -\dfrac{0\%}{-5\%} = 0$ (완전비탄력적)

- B재: 매출액 변화율(0%)

= 가격 변화율(-5%) × 수요량 변화율(5%)

$\Rightarrow E_P = -\dfrac{5\%}{-5\%} = 1$ (단위비탄력적)

정답 ①

---

05 완전경쟁시장에서 X재를 생산하는 기업 K가 생산을 계속하는 경우에는 평균가변비용이 500원이고, 생산을 포기하는 경우에는 100만 원의 손실이 발생한다고 알려져 있다. 기업 K의 생산 수준이 손익분기점에 도달할 때의 생산량은? (단, 시장에서 X재 가격은 1,000원이다)

① 1,000단위   ② 2,000단위

③ 3,000단위   ④ 5,000단위

| 해설 |

생산을 중단하는 경우 발생하는 100만 원의 손실은 총고정비용에 해당한다. 한편 손익분기점에서는 '총수입(TR) = 총비용(TC)'가 충족된다. 이에 따라 다음 식이 충족된다.

- 총수입(TR) = $P \times Q = 1,000 \times Q$(원)
- 총비용(TC) = 총고정비용(TFC) + 총가변비용(TVC) = 1,000,000(원) + 500 × Q(원)
- $TR = TC \Rightarrow 1,000 \times Q$(원) = 1,000,000(원) + 500 × Q(원)

$\Rightarrow 500Q = 1,000,000 \Rightarrow Q = 2,000$

정답 ②

06 다음 중 독점기업에 관한 설명으로 옳은 것은? (단, 시장수요곡선은 우하향하는 선형함수이다)

① 균형 수준에서 가격은 한계비용과 같다.
② 한계수입곡선은 수요곡선보다 높게 위치한다.
③ 수요곡선의 기울기가 가파를수록 독점도는 커진다.
④ 범위의 경제가 존재하는 산업에서 자연독점이 발생한다.

| 해설 |

러너(Learner)의 독점도(degree of monopoly)는 다음과 같이 측정된다.

- $dom = \dfrac{P-MR}{P} = \dfrac{P-MC}{P}$

• 수요곡선의 기울기가 가파를수록 균형수준(MR=MC)에서 가격(P)과 한계수입(한계비용)과의 차이가 커진다. 이에 따라 독점도 역시 크게 나타나게 된다.
① 균형 수준에서는 'P > MR = MC' 관계가 성립한다.
② 시장수요곡선이 선형함수인 경우 수요곡선과 비교한 한계수입곡선은 절편은 동일하고 기울기는 2배가 되는 모습을 보인다.
④ 자연독점이 발생하는 것은 '규모의 경제'가 존재하는 경우이다.

(정답) ③

07 시장수요곡선이 $P=120-Q$이고, 한계비용이 30으로 동일한 기업 A와 기업 B로 구성된 과점시장이 있다. 만약 이 시장에서 기업들이 각자의 생산량을 동시에 결정하는 쿠르노(Cournot) 복점 모형이 성립하는 경우, 균형 수준에서의 시장가격은? (단, P는 가격, Q는 수량이다)

① 20   ② 30
③ 40   ④ 60

| 해설 |

완전경쟁시장에서의 생산량 수준과 동일한 비용조건을 갖고 있는 기업들로 구성된 시장에서의 생산량 사이에는 다음과 같은 관계가 성립한다.

- 시장 전체의 생산량 = 완전경쟁시장에서의 생산량 $\times \dfrac{n}{n+1}$, n은 기업의 수이다.

• 완전경쟁시장에서는 'P=MC' 조건이 충족되는 수준에서 균형이 달성된다. 따라서 주어진 시장수요곡선을 전제로 하는 경우 완전경쟁시장에서는 다음과 같이 시장 생산량이 도출된다.

- $P=MC \Rightarrow 120-Q=30 \Rightarrow Q=90$

• 따라서 2개 기업으로 구성된 복점시장에서의 시장 전체의 생산량은 다음과 같이 도출된다.

- 복점시장에서의 생산량 $= 90 \times \dfrac{2}{3} = 60$

이 결과를 시장수요곡선에 대입하면 'P=60'인 시장가격을 얻을 수 있다.

(정답) ④

08 소득-여가 선택 모형에서 소비자 H의 효용함수는 다음과 같다.

- $U=M+L$, U는 효용, M은 소득, L은 $0 \leq L \leq 24$인 여가시간이다.
- 24시간 중에서 여가시간을 제외한 나머지 시간을 노동에 투입함으로써 소득을 얻는다.

시간당 임금이 '0.8'일 때, 효용극대화를 추구하는 소비자 H의 소득 수준은? (단, 다른 조건들은 고려하지 않는다)

① 0   ② 4
③ 8   ④ 9.6

| 해설 |

주어진 효용함수가 선형함수이므로 여가의 한계대체율(MRS_{LM})과 여가의 상대가격(=임금: w)과의 관계에 따라 다음과 같은 소비자 균형이 결정된다.

- $MRS_{LM} > w \Rightarrow$ 오직 여가만을 선택한다.
- $MRS_{LM} < w \Rightarrow$ 여가를 전혀 선택하지 않는다. 즉 24시간 모두를 노동에 투입한다.
- $MRS_{LM} = w \Rightarrow$ 24시간 범위 내에서 자유롭게 여가와 노동을 선택할 수 있다.

• 주어진 효용함수를 전제로 하는 소비자 H의 여가의 한계대체율(MRS_{LM})은 다음과 같다.

- $MRS_{LM} = \dfrac{MU_L}{MU_M} = \dfrac{1}{1} = 1$

이에 따라 주어진 시간당 임금 수준에서 소비자 H의 선택은 다음과 같다.

- $MRS_{LM}(=1) > w(=0.8) \Rightarrow$ 오직 여가만을 선택한다.

결국 소비자 H의 노동시간은 0이 되며, 이에 따라 소득 또한 0이 된다.

(정답) ①

09 K국의 한계소비성향은 0.75이고, 소득세율이 20%라고 알려져 있다. 만약 K국의 소득이 100쩐만큼 증가하는 경우, 저축의 증가분은? (단, 다른 조건은 고려하지 않는다)

① 10쩐　　　　　② 20쩐

③ 30쩐　　　　　④ 40쩐

| 해설 |

국민소득이 100쩐이 증가하는 경우, 가처분소득(YD)의 증가분은 다음과 같다.

> • $YD = Y - T = Y - t Y = 100 - 0.2 \times 100 = 80$, Y는 소득, T는 조세, t는 소득세율이다.

• 한계소비성향이 0.75이므로 한계저축성향은 0.25이다($\because$ 한계저축성향 = 1 - 한계소비성향). 따라서 80의 소득 증가분 중에서 저축은 20만큼 증가하게 된다.

정답 ②

---

10 어떤 나라의 민간 부문의 소비지출(C)과 투자지출(I)이 각각 540과 180이며, 정부지출(G)과 조세수입(T)이 각각 90과 72, 수출(X)과 수입(M)이 각각 360, 270이다. 다음 중 옳지 않은 것은?

① 이 나라의 지출국민소득은 900이다.

② 이 나라의 민간저축은 288이다.

③ 이 나라의 민간저축과 정부저축의 합계는 306이다.

④ 이 나라의 경상수지는 90만큼 흑자이다.

| 해설 |

지출국민소득(Y)은 다음과 같다.

> • $Y = C + I + G + (X - M) = 540 + 180 + 90 + (360 - 270) = 900$

• 민간저축은 다음과 같다.

> • $Y - T - C = 900 - 72 - 540 = 288$

• 정부저축은 다음과 같다.

> • $T - G = 72 - 90 = -18$

따라서 민간저축과 정부저축의 합계는 '$288 - 18 = 270$'이 된다.

• 경상수지(= 순수출)은 다음과 같다.

> • $X - M = 360 - 270 = 90$

정답 ③

---

11 화폐수요의 소득탄력도가 0.8이고, 이자율탄력도가 0.2이다. 화폐수요가 10% 증가하기 위해 필요한 소득의 증가분은?

① 6%　　　　　② 8%

③ 10%　　　　　④ 12.5%

| 해설 |

화폐수요의 소득탄력도가 0.8이므로 소득이 12.5%만큼 증가할 때 화폐수요가 10% 증가하게 된다. 여기서 이자율탄력도는 이 문제를 해결하는 데 필요하지 않은 자료이다.

정답 ④

---

12 다음 중 경기부양을 위한 확장적 통화정책의 효과를 크게 하는 요인으로 옳은 것은? (단, 개방경제를 전제로 하는 IS-LM 모형을 근거로 접근한다)

① 수입(import)의 소득에 대한 의존도가 높아야 한다.

② 화폐수요가 이자율에 대해 매우 탄력적이다.

③ 투자가 이자율에 대해 매우 비탄력적이다.

④ 한계소비성향이 1에 가깝다.

| 해설 |

경기부양을 위한 확장적 통화정책은 IS곡선의 기울기가 완만할수록, LM곡선의 기울기가 가파를수록 효과적이다. 그런데 IS곡선의 기울기는 다음과 같다.

> • IS 곡선 기울기 $= \dfrac{1 - b(1-t) - i + m}{d}$, 여기서 b는 한계소비성향, t는 비례세율, I는 유발투자계수, m은 한계수입성향, d는 투자의 이자율탄력도이다.

• IS곡선의 기울기는 한계소비성향(b)이 클수록, 비례세율(t)이 작을수록, 유발투자계수(i)가 클수록, 한계수입성향(m)이 작을수록, 투자의 이자율탄력도(d)가 클수록 완만해진다. 따라서 한계소비성향(b)이 1에 가까울수록 IS곡선의 기울기는 완만해지므로, 확장적 통화정책의 효과는 크게 나타난다.

① 수입(import)의 소득에 대한 의존도가 높다는 것은 한계수입성향은 크다는 것이다.

② 화폐수요가 이자율에 대해 매우 탄력적이면, LM곡선의 기울기가 매우 완만해진다.

③ 투자가 이자율에 대해 매우 비탄력적이면, IS곡선의 기울기가 매우 가팔라진다.

정답 ④

13 총공급곡선의 기울기가 완만해지는 이유로서 다음 중 옳은 것은?

① 경제가 불완전고용 상태로 가고 있다.
② 경제가 완전고용 상태로 가고 있다.
③ 물가가 급속히 상승하고 있다.
④ 실업이 감소하고 있다.

| 해설 |

경제가 완전고용 수준에 도달하고 잉여생산설비가 존재하지 않을 경우에는 물가 수준이 급격히 상승한다고 하더라도 더 이상의 생산능력이 없게 된다. 이에 따라 총공급곡선은 완전고용 수준에서 수직의 모습을 보인다. ⇒ 고전학파 총공급곡선

• 대공황 상황과 같은 대량실업이 존재하고 잉여생산설비가 광범위하게 존재하게 될 경우에는 현재의 물가 수준에서도 공급할 수 있는 생산능력이 있게 된다. 이에 따라 총공급곡선은 현재의 물가 수준에서 수평의 모습을 보이게 된다. ⇒ 케인스 고정물가 총공급곡선

정답 ①

14 인플레이션과 이자율에 대한 설명으로 옳은 것은? (단, 피셔효과가 성립한다)

① 실질이자율은 명목이자율에 예상 인플레이션율을 더한 크기이다.
② 예상보다 높은 인플레이션율은 채무자에게 유리하고 채권자에게 불리하다.
③ 예상되는 미래 인플레이션율의 상승은 사전적으로 실질이자율을 상승시킨다.
④ 인플레이션에 대한 예상은 명목이자율의 크기와 아무런 관련이 없다.

| 해설 |

피셔효과에 따르면 '명목이자율＝실질이자율＋'예상' 인플레이션율'이 성립한다. 그런데 예상보다 높은 인플레이션율이라는 의미는 경제주체들이 인플레이션을 정확히 예측하지 못했다는 의미이기도 하다. 이러한 예상치 못한 인플레이션은 사후적으로 실질이자율을 하락시킨다. 따라서 채무자에게 유리하고, 채권자에게 불리한 부(富)의 재분배가 이루어진다.

① 실질이자율은 명목이자율에서 예상 인플레이션율을 차감한 크기이다.
③ 예상되는 미래 인플레이션율의 상승은 사전적으로 실질이자율을 하락시킨다.
④ 예상 인플레이션과 명목이자율 사이에는 정(＋)의 관계가 존재한다는 것이 피셔효과이다.

정답 ②

15 K국 노동시장에 대한 정보는 다음과 같다.

• 생산가능인구: 4,000만 명
• 경제활동참가율: 75%
• 실업률: 5%

K국의 실업자 수와 고용률은? (단, 다른 조건은 고려하지 않는다)

	실업자 수	고용률
①	150만 명	75.25%
②	200만 명	72.75%
③	150만 명	71.25%
④	200만 명	67.75%

| 해설 |

다음과 같은 경제활동참가율과 실업률 공식을 통하여 경제활동인구와 실업자의 수를 도출할 수 있다.

• 경제활동참가율 $= \dfrac{\text{경제활동인구}}{\text{생산가능인구}} \Rightarrow 75\% = \dfrac{\text{경제활동인구}}{4,000\text{만 명}} \Rightarrow$ 경제활동인구＝3,000만 명

• 실업률 $= \dfrac{\text{실업자 수}}{\text{경제활동인구}} \Rightarrow 5\% = \dfrac{\text{실업자 수}}{3,000\text{만 명}}$

⇒ 실업자 수＝150만 명

• 고용률은 다음과 같이 도출된다.

• 고용률 $= \dfrac{\text{취업자 수}}{\text{생산가능인구}} = \dfrac{\text{경제활동인구} - \text{실업자 수}}{\text{생산가능인구}}$

$= \dfrac{2,850\text{만 명}}{4,000\text{만 명}} = 71.25\%$

정답 ③

16 필립스(Philips)곡선에 대한 설명으로 옳은 것은?

① 단기 총공급곡선이 우상향하면 필립스곡선도 우상향한다.
② 스태그플레이션을 설명하기 위해서는 단기 필립스곡선 자체의 이동이 필요하다.
③ 프리드먼(M. Friedman)은 합리적 기대를 전제한 자연실업률 가설을 제시하였다.
④ 케인스(J. M. Keynes) 이론을 기초로 할 때 단기 필립스곡선과 장기 필립스곡선은 구분되어야 한다.

| 해설 |

인플레이션율과 실업률 간에 정(＋)의 관계가 나타나는 스태그플

레이션이 발생하는 원인을 설명하기 위해서는 우하향하는 단기 필립스 곡선 자체가 우상방으로 이동하는 근거를 제시해야 한다. 이를 위해 프리드먼(M. Friedman)을 비롯한 학자들에 의해 주장된 자연실업률 가설에서는 적응적 기대를 전제로 하는 경제주체들의 기대 인플레이션을 도입하여 단기 필립스 곡선이 우상방으로 이동할 수 있음을 보였다.

① 단기 총공급곡선이 우상향하면 필립스곡선은 우하향하고, 단기 총공급곡선이 수직이면 필립스곡선도 수직인 모습을 보인다.
③ 프리드먼(M. Friedman)의 자연실업률 가설에서는 적응적 기대가 전제된다.
④ 케인스(J. M. Keynes) 이론은 정태적(고정적) 기대만을 전제하는 단기 이론이다. 따라서 단기 분석을 위해서는 장기 필립스 곡선의 존재는 불필요하다.

정답 ②

17 경기변동이론에 대한 설명으로 옳은 것은?

① 실물적 경기변동이론(real business cycle theory)은 단기에는 임금이 경직적이라고 전제한다.
② 화폐적 균형경기변동이론(monetary business cycle theory)은 경기변동의 근본 원인을 기술충격에서 찾는다.
③ 실물적 경기변동이론(real business cycle theory)에 따르면 불경기에도 가계는 기간별 소비선택의 최적조건에 따라 소비를 결정한다.
④ 화폐적 균형경기변동이론(monetary business cycle theory)은 통화량 변동정책이 장기적으로 실질국민소득에 영향을 준다고 주장한다.

해설

실물적 경기변동이론(RBC)에서는 주어진 경제상황에 대하여 외부적인 충격이 존재할 때, 경제주체들이 자신의 목표를 달성하기 위한 최선의 대응을 하는 과정에서 경기변동이 일어난다고 본다. 따라서 불경기에도 가계는 최적화 행동을 하게 된다.
① 실물적 경기변동이론(real business cycle theory)은 임금의 신축성을 전제로 하는 새 고전학파(new classical school)이론이다.
② 화폐적 균형경기변동이론(monetary business cycle theory)은 경기변동의 근본 원인을 예상하지 못한 통화량의 변화에서 찾는다.
④ 화폐적 균형경기변동이론(monetary business cycle theory)은 예상하지 못한 통화량 변동정책이 단기에서만큼은 산출량에 영향을 주어 실제산출량이 자연산출량에서 이탈한다고 한다. 그러나 결국 장기에는 다시 자연산출량 수준으로 복귀하게 되어 화폐중립성이 성립한다고 본다.

정답 ③

18 오랫동안 폐쇄경제를 유지했던 소국인 K국이 전격적으로 시장을 개방하기로 결정하였다. 이에 따라 국내 시장균형가격보다 국제가격이 낮은 상황에 직면하였다. K국의 시장개방의 결과로 나타나게 될 현상으로 옳은 것은? (단, 수요곡선은 우하향하고, 공급곡선은 우상향한다. 또한 거래비용은 없다고 가정한다)

① K국의 소비자 잉여는 감소한다.
② K국 국민경제 전체의 잉여는 증가한다.
③ K국 국내시장에서는 초과공급이 발생한다.
④ K국의 소비자 잉여의 변화분과 생산자 잉여의 변화분의 절대적 크기는 같아진다.

해설

국내 시장균형가격보다 국제가격이 낮은 상황에서는 수입이 이루어지게 된다. 이 결과 수입품의 국내 판매가격이 국내 균형가격보다 낮아져 소비자 잉여는 증가하고, 생산자 잉여는 감소하게 된다. 또한 추가적인 소비자 잉여의 증가로 사회적 총잉여는 개방 전에 비해 증가하게 된다.
① K국의 소비자 잉여는 개방 전에 비해 증가한다.
③ 국내 시장가격에 비해 수입품의 국내 판매가격이 낮아 K국 국내시장에서는 초과수요가 발생한다.
④ K국의 소비자 잉여는 증가하고, 생산자 잉여는 감소한다. 이때 감소한 생산자 잉여에 비해 증가한 소비자 잉여가 더 크다. 이에 따라 국민 전체의 잉여는 증가하게 된다.

정답 ②

19 다음 그림은 재정정책 및 금융정책의 정책 혼합에 의해 대내균형과 대외균형을 달성하는 것을 나타낸다. 점 A의 상태는?

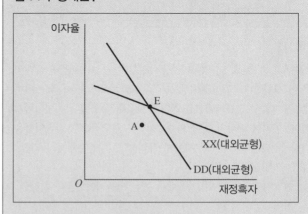

① 실업과 국제수지 적자
② 실업과 국제수지 흑자
③ 인플레이션과 국제수지 적자
④ 인플레이션과 국제수지 흑자

| 해설 |

점 A는 대내균형 수준에 비해 이자율이 낮은 경우이므로 총수요가 균형 수준에 비해 큰 경우이고 이에 따라 인플레이션이 나타난다. 또한 점 A는 대외균형 수준에 비해 이자율이 낮은 경우이므로 자본유출에 따른 자본수지의 적자로 국제수지가 적자 상태임을 보여준다.

(정답) ③

---

20 변동환율제를 채택하고 있는 소규모 개방경제인 K국에서 해외이자율이 상승할 경우 나타날 수 있는 현상에 대한 설명으로 옳은 것은? (단, 자본이동이 완전히 자유로운 먼델-플레밍 모형을 전제한다)

① 통화량이 증가한다.

② 환율이 하락한다.

③ 자본유입이 이루어진다.

④ 국민소득이 증가한다.

| 해설 |

주어진 조건에 맞는 상황의 변화를 그림으로 나타내면 다음과 같다.

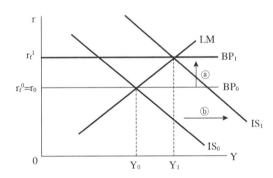

- 해외이자율이 상승하면, 수평인 BP곡선이 상방으로 이동하게 된다(ⓐ). 이에 따라 국내이자율은 해외이자율에 비해 낮아지게 된다. 이로 인해 해외로 자본유출이 이루어져 외환시장에서 환율이 상승하게 된다.
- 환율의 상승은 순수출의 증가를 가져와 IS곡선을 오른쪽으로 이동시킨다(ⓑ). 그 결과 국민소득은 이전에 비해 증가하게 된다 ($Y_0 \rightarrow Y_1$).

(정답) ④

01	②	02	④	03	③	04	④	05	②
06	③	07	①	08	③	09	④	10	③
11	④	12	③	13	②	14	①	15	④
16	③	17	③	18	④	19	③	20	④
21	④	22	③	23	③	24	①	25	②

01
효용함수가 $U = AX^\alpha Y^\beta$(A는 정수)인 경우 소비자 균형이 달성되는 수준에서 두 재화의 소비량 비율 $\left(\dfrac{Y}{X}\right)$이 $\dfrac{3\beta}{\alpha}$라고 알려져 있다. 두 재화의 가격비는?

① $P_X = P_Y$　　　　　② $P_X = 3P_Y$

③ $3P_X = P_Y$　　　　④ $3P_X = 3P_Y$

| 해설 |

두 재화의 소비량 비율($\dfrac{Y}{X}$)이 $\dfrac{3\alpha}{\beta}$이므로 다음과 같은 관계가 성립한다.

* $\dfrac{Y}{X} = \dfrac{3\alpha}{\beta}$

* 소비자 균형조건을 이용하여 두 재화의 가격비를 구하면 다음과 같다.

> * 소비자 균형조건: $MRS_{XY} = \dfrac{P_X}{P_Y}$
> * $MRS_{XY} = \dfrac{MU_X}{MU_Y} = \dfrac{\alpha A X^{\alpha-1} Y}{\beta A X^\alpha Y^{\beta-1}} = \dfrac{\alpha}{\beta}\dfrac{Y}{X} = \dfrac{\alpha}{\beta}\dfrac{3\beta}{\alpha} = 3$
> 　$\left(\because \dfrac{Y}{X} = \dfrac{3\beta}{\alpha}\right)$
> * $MRS_{XY} = \dfrac{P_X}{P_Y} \Rightarrow 3 = \dfrac{P_X}{P_Y} \Rightarrow P_X = 3P_Y$

（정답）②

02
소비자 소영은 다음과 같은 조건 하에서 극대효용을 달성하고자 한다.

> * $U(F, C) = F \times C + F$
> * $P_F = 100$, $P_C = 200$
> * $I = 2,200$

소영이 효용극대화를 달성하기 위한 F와 C의 소비량을 각각 구하면? (단, P_F는 F재의 가격, P_C는 C재의 가격, I는 소득이다)

① $F = 6$, $C = 8$　　　② $F = 8$, $C = 7$

③ $F = 10$, $C = 6$　　④ $F = 12$, $C = 5$

| 해설 |

효용극대화는 한계대체율($MRS_{FC} = \dfrac{MU_F}{MU_C}$)과 상대가격($\dfrac{P_F}{P_C}$)이 일치하는 수준에서 달성된다. 따라서 다음 식이 성립해야 한다.

> $\left(\dfrac{MU_F}{MU_C} = \dfrac{C+1}{F}\right) = \left(\dfrac{P_F}{P_C} = \dfrac{100}{200}\right) \Rightarrow F = 2C + 2$ ·············· ㉠

* 한편 이러한 결과는 예산제약을 만족시켜야 한다. 주어진 조건에 따른 예산제약식은 다음과 같다.

> $I = P_F \times F + P_C \times C \Rightarrow 2,200 = 100 \times F + 200 \times C$ ············· ㉡

㉠식을 ㉡식에 대입하여 풀면 '$F = 12$, $C = 5$'라는 결과를 얻을 수 있다.

（정답）④

03
19명의 노동자가 생산에 참여할 때 1인당 평균생산량(AP_L)은 30단위였다. 그런데 노동자 1명을 더 고용하여 생산하였더니 1인당 평균생산량(AP_L)은 29단위로 줄어들었다. 이 경우의 한계생산물(MP_L)은?

① 1단위　　② 5단위　　③ 10단위　　④ 29단위

| 해설 |

노동자를 19명 고용하는 경우 총생산량($Q = L \times AP_L$)은 570단위($= 19 \times 30$), 노동자를 1명 더 고용하여 20명을 고용하는 경우의 총생산량($Q = L \times AP_L$)은 580단위($= 20 \times 29$)이다. 따라서 한계생산물은 10단위가 된다.

* $MP_L = \dfrac{\Delta Q}{\Delta L} = \dfrac{10}{1} = 10$

（정답）③

04
생산함수가 다음과 같이 주어져 있다.

> * $Q = 5L^{0.4}K^{0.6}$, 여기서 Q는 생산량, L은 노동량, K는 자본량이다.

위 생산함수에 대한 설명으로 옳은 것은?

① 노동과 자본 간의 대체탄력성은 0이다.

② 오일러 정리가 성립하고, 규모에 대한 보수가 체감한다.

③ 노동과 자본 투입량이 2배로 증가하면 기술적 한계대체율($MRTS_{LK}$)은 감소한다.

④ 노동투입이 5%, 자본투입이 3%만큼 각각 증가하면 총생산량은 3.8%만큼 증가한다.

| 해설 |

콥－더글라스 생산함수의 일반적인 형태는 다음과 같다.

> - $Q = AL^\alpha K^\beta$, 여기서 Q는 생산량, A는 기술수준, L은 노동량, K는 자본량이다.

이때 '$\alpha + \beta = k$'인 경우 이 생산함수는 'k차 동차 생산함수'가 된다. 또한 α는 노동소득 분배율이면서 생산의 노동탄력성이며, β는 자본소득 분배율이면서 생산의 자본탄력성이다.

- 생산의 노동탄력성에 해당하는 α값이 0.4이므로 노동투입이 5%만큼 증가하면, 생산량은 2%만큼 증가하게 된다. 또한 생산의 자본탄력성에 해당하는 β값이 0.6이므로 자본투입이 3%만큼 증가하면, 생산량은 1.8%만큼 증가하게 된다. 결국 전체 생산량은 3.8%만큼 증가하게 된다.

① 콥－더글라스 생산함수는 생산함수의 모든 점에서 대체탄력성은 항상 '1'인 생산함수이다.

② 주어진 생산함수는 1차 동차 생산함수이다. 따라서 오일러 정리가 성립하며, 규모에 대한 보수는 불변이 된다.

③ 기술적 한계대체율($MRTS_{LK}$)은 다음과 같이 도출된다.

> - $MRTS_{LK} = \dfrac{MP_L}{MP_K} = \dfrac{0.4 \times 5L^{-0.6}K^{0.6}}{0.6 \times 5L^{0.4}K^{-0.4}} = \dfrac{2}{3}\dfrac{K}{L}$

따라서 노동과 자본 투입량이 2배로 증가하면 기술적 한계대체율($MRTS_{LK}$)은 불변이다.

정답 ④

---

05 기펜재가 아닌 열등재를 생산하는 산업에서 기술진보가 이루어졌다. 이에 대한 설명으로 옳은 것은?

① 열등재에 대한 수요곡선은 왼쪽으로 이동한다.

② 열등재에 대한 공급곡선은 오른쪽으로 이동한다.

③ 열등재를 판매하는 기업의 총수입은 이전에 비해 증가한다.

④ 열등재와 소비측면에서 대체재 관계에 있는 재화의 수요는 증가한다.

| 해설 |

기술진보가 이루어지면 그 재화가 정상재이든 열등재이든 관계없이 공급을 증가시키게 되어 공급곡선은 오른쪽으로 이동하게 된다.

① 재화의 기술진보는 공급곡선을 오른쪽으로 이동시킬 뿐, 수요곡선 이동과는 관계없다.

③ 열등재의 기술진보는 공급 증가를 가져와 이전에 비해 가격은 하락하고, 거래량은 증가한다. 이때 기업의 총수입은 수요의 가격탄력성에 따라 달라진다. 가격 하락에 따른 기업의 총수입의 증가는 수요의 가격탄력성이 탄력적인 경우에만 나타날 수 있다.

④ 기술진보로 열등재 가격은 하락하고, 이에 따라 열등재와 소비측면에서 대체재 관계에 있는 재화의 수요는 감소하게 된다.

정답 ②

---

06 시장에서 수요의 가격탄력도가 2, 공급의 가격탄력도가 1인 재화에 대해 단위당 30원의 종량세를 소비자에게 부과하고자 한다. 조세부과로 인해 생산자가 부담하게 되는 조세액의 크기는?

① 0   ② 10

③ 20   ④ 30

| 해설 |

종량세를 소비자에게 부과하든 생산자에게 부과하든 자원배분의 효과는 동일하게 나타난다. 이 경우 조세부과에 따른 소비자와 생산자의 부담의 크기는 다음과 같다.

> - $\dfrac{\text{수요의 가격탄력성}}{\text{공급의 가격탄력성}} = \dfrac{\text{생산자의 조세부담액}}{\text{소비자의 조세부담액}}$

- 생산자의 조세부담액을 α, 소비자의 조세부담액을 β라고 할 때 주어진 조건들을 이용하여 다음과 같이 각각의 조세부담액을 도출할 수 있다.

> - $\alpha + \beta = 30$
> - $\dfrac{\text{수요의 가격탄력성}}{\text{공급의 가격탄력성}} = \dfrac{\text{생산자의 조세부담액}}{\text{소비자의 조세부담액}} \Rightarrow \dfrac{2}{1} = \dfrac{\alpha}{\beta} \Rightarrow \alpha = 2\beta$
> - $2\beta + \beta = 30 \Rightarrow 3\beta = 30 \Rightarrow \beta = 10 \Rightarrow \alpha = 20$

정답 ③

---

07 이윤극대화를 추구하는 독점기업 A가 양(＋)의 독점이윤을 실현하고 있다. 이에 대한 설명으로 가장 타당하지 못한 것은? (단, 한계비용(MC) > 0)

① A가 선택한 공급량에서 수요의 가격탄력성은 1보다 작다.

② 가격은 한계수입보다 높다.

③ 가격은 평균비용보다 높다.

④ 한계수입은 반드시 양(＋)의 값을 갖는다.

| 해설 |

독점기업이 양(＋)의 독점이윤을 실현하고 있는 경우를 그림으로 나타내면 다음과 같다.

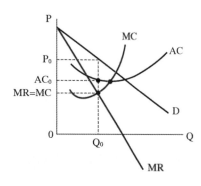

이에 따라 '가격(P) > 한계수입(MR)'과 '가격(P) > 평균비용(AC)'이 성립한다(②, ③). 한편 '한계수입(MR) = 한계비용(MC) > 0'이 성립하는 이윤극대화 수준에서는 $MR = P(1 - \frac{1}{E_P})$이라는 Amorozo-Robinson 공식에 따라, '$MR > 0$'이 성립하는 수준에서 수요의 가격탄력성(E_P)은 반드시 1보다 큰 값을 갖는다(①, ④).

정답 ①

08 독점기업 K가 이윤을 극대화하는 수준에서 생산물 시장의 수요의 가격탄력성은? (단, 독점기업 K의 한계비용은 0으로 알려져 있다)

① 0이다.
② 0과 1 사이에 있다.
③ 1이다.
④ 1보다 크다.

| 해설 |

이윤극대화 달성조건은 다음과 같다.

- $MR = MC \Rightarrow MR = 0$

- Amorozo-Robinson 공식에 따른 한계수입과 수요의 가격탄력성 사이에는 다음과 같은 관계가 성립한다.

- $MR = P(1 - \frac{1}{E_P})$, 여기서 MR은 한계수입, P는 가격, E_P는 수요의 가격탄력성이다.

- $0 = P(1 - \frac{1}{E_P}) \Rightarrow E_P = 1$ ($\because P \fallingdotseq 0$)

정답 ③

09 A기업과 B기업으로만 구성된 과점시장에서 다음 조건이 주어져 있다.

- $Q_A = 120 - 4P_A + 3P_B$
- $Q_B = 120 - 4P_B + 3P_A$
- $MC_A = MC_B = 20$

베르트랑(Bertrand) 균형가격을 도출하면?

① $P_A = P_B = 20$
② $P_A = 20, P_B = 40$
③ $P_A = 40, P_B = 20$
④ $P_A = P_B = 40$

| 해설 |

기업 A의 이윤극대화를 위한 반응곡선은 다음과 같은 과정을 통해 도출된다.

- $Q_A = 120 - 4P_A + 3P_B \Rightarrow P_A = 30 + \frac{3}{4}P_B - \frac{1}{4}Q_A$ ......㉠

- $MR_A = 30 + \frac{3}{4}P_B - \frac{1}{2}Q_A$ ($\because$ 한계수입곡선은 수요곡선과 절편은 같고, 기울기는 2배)

- $MR_A = MC_A$ (이윤극대화 조건) $\Rightarrow 30 + \frac{3}{4}P_B - \frac{1}{2}Q_A = 20$

$\Rightarrow Q_A = 20 + \frac{3}{2}P_B$

이 결과를 ㉠식에 대입하여 정리하면 다음 결과를 얻는다.

- $P_A = 30 + \frac{3}{4}P_B - \frac{1}{4}Q_A \Rightarrow P_A = 30 + \frac{3}{4}P_B - 5 - \frac{3}{8}P_B \Rightarrow$

$P_A = 25 + \frac{3}{8}P_B$

- B의 반응곡선 또한 동일한 과정을 통해 다음 결과가 도출된다.

- $P_B = 25 + \frac{3}{8}P_A$

- 한편 베르트랑 균형은 '$P_A = P_B$'에서 달성되므로 '$P_A = 25 + \frac{3}{8}P_A$' 또는 '$P_B = 25 + \frac{3}{8}P_B$'가 성립한다. 이를 풀면 '$P_A = P_B = 40$'이라는 결과가 도출된다.

정답 ④

10 〈그림 1〉은 X재와 Y재 생산과 관련한 에지워스 상자이고, 〈그림 2〉는 생산가능곡선을 나타낸 것이다. 이에 대한 설명으로 옳은 것은? (단, X재와 Y재는 모두 노동(L)과 자본(K)을 생산요소로 사용한다)

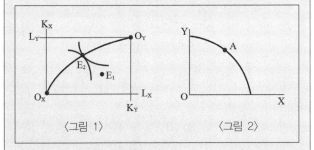

〈그림 1〉 〈그림 2〉

① 〈그림 1〉의 두 원점 O_X와 O_Y는 생산가능곡선 상에 있지 않다.

② 〈그림 1〉의 점 E_1은 〈그림 2〉의 생산가능곡선 상의 한 점과 대응된다.

③ 〈그림 2〉의 점 A에서는 두 재화의 기술적 한계대체율($MRTS_{LK}$)이 동일하다.

④ 〈그림 1〉의 점 E_2는 X재와 Y재의 생산자 균형이 달성되고 있다는 것을 의미한다.

| 해설 |

〈그림 2〉의 점 A와 같이 생산가능곡선 상의 점들은 〈그림 1〉에서 두 재화의 등량곡선이 서로 접하여 이때의 접선의 기울기인 기술적 한계대체율($MRTS_{LK}$)이 일치하여 생산의 파레토 최적이 달성되는 점들과 각각 대응된다. 〈그림 1〉에서 두 재화의 등량곡선이 서로 접하고 있는 점들을 연결한 것을 생산계약곡선(contract curve)라고 한다.

① 〈그림 1〉의 두 원점 O_X와 O_Y도 파레토 최적이 달성되고 있는 점들이다. 따라서 두 점 모두 〈그림 2〉의 생산가능곡선 상에 존재하게 된다. 예컨대 O_X점은 오직 Y재만 생산되고 있는 점으로서 〈그림 2〉에서 Y축 절편과 대응되고, O_Y점은 오직 X재만 생산되고 있는 점으로서 〈그림 2〉의 X축 절편과 대응하게 된다.

② 〈그림 1〉의 점 E_1은 파레토 최적이 달성되는 생산계약곡선에서 벗어나 있다. 이것은 점 E_1에서는 비효율적인 생산이 이루어지고 있다는 것을 의미하며, 〈그림 2〉의 생산가능곡선 안쪽에 한 점과 대응된다.

④ 생산자 균형은 등량곡선의 기울기인 기술적 한계대체율($MRTS_{LK}$)과 노동(L)과 자본(K)의 상대가격이 일치할 때 달성된다. 〈그림 1〉의 점 E_2는 두 재화의 기술적 한계대체율($MRTS_{LK}$)이 일치하고 있을 뿐이다.

정답 ③

---

11 2018년에 생산된 승용차 중 판매가 되지 않았었던 승용차 1,234대가 2019년에 모두 판매되었다. 이에 대한 설명으로 옳지 않은 것은?

① 2018년 GDP에는 승용차 1,234대의 가치가 포함된다.

② 2018년 투자항목에는 승용차 1,234대의 가치가 포함된다.

③ 2019년 소비항목에는 승용차 1,234대의 가치가 포함된다.

④ 2019년 GDP에는 승용차 1,234대의 가치가 포함된다.

| 해설 |

비록 2019년에 거래되었지만, 그 상품은 2018년에 생산되었기 때문에 2018년의 GDP 측정에는 포함되고 2019년의 GDP 측정에서는 제외된다.

① 2018년에 판매되지 않았지만, 재고증가로 인한 재고투자로 간주되면서 승용차 1,234대의 가치는 2018년 GDP 측정에 포함된다.

② 2018년 투자항목에는 승용차 1,234대의 가치가 재고투자로 분류되어 포함된다.

③ 2019년에 거래되었으므로 소비항목에는 승용차 1,234대의 가치가 포함된다. 참고로 이러한 판매로 인해 2019년의 재고 감소를 가져와 두 항목이 서로 상쇄되면서 2019년 GDP 계산에는 반영되지 않는다.

정답 ④

---

12 폐쇄경제인 K국 거시경제 모형이 다음과 같다. 이에 대한 설명으로 옳은 것을 〈보기〉에서 모두 고르면? (단, 다른 조건들은 고려하지 않는다)

- 소비함수: $C = 10 + 0.8(Y - T)$
- 투자함수: $I = 20$
- 정상부문: $G = 50$, $T = 0.25Y$
- 상품시장의 균형: $Y = C + I + G$
- 여기서 Y는 소득, C는 소비, I는 투자, T는 조세, G는 정부지출을 의미한다.

― 보기 ―

㉠ 균형국민소득 수준에서 소비는 120이다.

㉡ 균형국민소득 수준에서 재정은 균형을 달성한다.

㉢ 독립투자(I_0)를 1만큼 증가시키면 국민소득은 5보다 작게 증가한다.

㉣ 가처분소득(YD)에 대한 평균소비성향(APC)은 0.8이다.

① ㉠, ㉡   ② ㉠, ㉢

③ ㉡, ㉢   ④ ㉡, ㉣

주어진 조건을 전제로 균형국민소득과 조세 및 소비의 크기는 다음과 같이 도출된다.

> - $Y = 10 + 0.8(Y - 0.25Y) + 20 + 50 \Rightarrow Y = 80 + 0.6Y$
> $\Rightarrow 0.4Y = 80 \Rightarrow Y = 200$
> - $T = 0.25 \times 200 \Rightarrow T = 50$
> - $C = 10 + 0.8(200 - 0.25 \times 200) \Rightarrow C = 10 + 0.8 \times 150$
> $\Rightarrow C = 10 + 120 \Rightarrow C = 130$

㉠ 균형국민소득 수준에서 소비는 130이다.

㉡ 균형국민소득 수준에서 정부지출(G)과 조세(Y)는 모두 50이므로 재정은 균형을 달성한다.

㉢ 주어진 조건에 따른 독립투자승수는 다음과 같다.

> - 독립투자승수 $= \dfrac{1}{1 - 한계소비성향(1 - 소득세율)}$
> $= \dfrac{1}{1 - 0.8(1 - 0.25)} = \dfrac{1}{1 - 0.8 \times 0.75} = \dfrac{1}{1 - 0.6} = \dfrac{1}{0.4} = 2.5$

따라서 독립투자를 1만큼 증가시키면 국민소득은 2.5만큼 증가하게 되어 5보다 작게 증가한다.

㉣ 가처분소득(YD)에 대한 평균소비성향(APC)은 다음과 같다.

> - $YD = Y - T = Y - 0.25Y = 0.75Y = 0.75 \times 200 = 150$
> - $APC = \dfrac{C}{YD} = \dfrac{130}{150} \doteqdot 0.87$

0.8은 한계소비성향의 크기이다.

<정답> ③

---

13 소비이론에 대한 설명으로 옳은 것은?

① 항상소득가설에 따르면 일시적인 확대재정정책은 소비를 증가시키는 데 큰 효과가 있다.

② 항상소득가설에 따르면 저소득층보다 고소득층의 경우에 평균소비성향이 낮다.

③ 절대소득가설에 따르면 평균저축성향(APS)은 가처분소득이 증가함에 따라 감소한다.

④ 상대소득가설에서는 소득의 변화는 즉각적인 소비 변화를 초래한다.

항상소득가설에서는 실제소득(Y_A)을 항상소득(Y_P)과 임시소득(Y_T)으로 구분하고, 소비는 항상소득의 크기에 의해서만 결정되고 임시소득은 대부분 저축된다고 한다.

> - $Y_A = Y_P + Y_T \Rightarrow Y_P = Y_A - Y_T$
> - $C = m Y_P = m(Y_A - Y_T)$
> - $APC = \dfrac{C}{Y_A} = \dfrac{m Y_P}{Y_A} = \dfrac{m(Y_A - Y_T)}{Y_A} = m\left(1 - \dfrac{Y_T}{Y_A}\right)$

① 항상소득가설에 따르면 일시적인 확대재정정책은 일시적인 경기호전으로 임시소득만을 증가시키므로 항상소득에 변화가 없다. 따라서 소비는 거의 변하지 않게 된다.

② 고소득층은 저소득층에 비해 자본이득과 같은 임시소득을 많이 얻게 된다. 이에 따라 저소득층에 비해 고소득층의 평균소비성향은 낮게 된다.

- 절대소득가설에 따른 소비함수와 저축함수를 이용하면 가처분소득(YD) 증가에 따른 평균저축성향(APS)의 추이를 다음과 같이 알 수 있다.

> - $C = a + b YD \Rightarrow S = -a + (1 - b) YD$
> - $APS = \dfrac{S}{YD} = -\dfrac{a}{YD} + (1 - b)$
> - 여기서 C는 소비, a는 절대소비(a > 0, 상수), b는 한계소비성향(0 < b < 0, 상수), (1 - b)는 한계저축성향[0 < (1 - b) < 1, 상수]이다.

③ 가처분소득이 증가함에 따라 다음과 같은 변화가 나타난다.

> - $YD \uparrow = \dfrac{a}{YD} \downarrow = -\dfrac{a}{YD} \uparrow$, $(1 - b) = 일정 \Rightarrow$
> $YD \uparrow \Rightarrow APS \uparrow$

따라서 절대소득가설에 따르면 가처분소득의 증가에 따라 평균저축성향은 증가하게 된다.

④ 소득의 변화에 따라 소비가 즉각적으로 변한다는 것은 절대소득가설의 내용이다. 상대소득가설에서는 소득이 변한다고 하더라도 '소비의 비가역성'의 특징으로 인해 소비는 즉각적으로 변하지 않고, 상당기간 동안 기존의 소득 수준에 맞는 소비를 유지하게 된다.

<정답> ②

14 K기업의 자본의 한계생산(MP_K)이 다음과 같이 알려져 있다.

- $MP_K = 0.18 + \dfrac{20}{K}$, 여기서 K는 자본량이다.

최종 생산물인 소비재의 수량으로 나타낸 자본재의 상대가격은 언제나 2이고, 실질이자율(r)과 감가상각률(d)은 각각 0.05와 0.05이다. K기업이 적정자본량에 도달하기 위해 필요한 의사결정으로 가장 타당한 것은? (단, 현재 K기업이 보유하고 있는 자본량은 1,000이다)

① 현재 수준을 유지한다.
② 200만큼 줄인다.
③ 200만큼 늘린다.
④ 400만큼 늘린다.

| 해설 |

적정자본량은 다음과 같은 조건을 충족할 때 달성된다.

- $MP_K = \dfrac{\text{자본재 가격}}{\text{소비재 가격}} \times (\text{실질이자율} + \text{감가상각률})$

• 주어진 조건들을 고려하여 적정자본량을 도출하면 다음과 같다.

- $MP_K = \dfrac{\text{자본재 가격}}{\text{소비재 가격}} \times (\text{실질이자율} + \text{감가상각률})$

  $\Rightarrow 0.18 + \dfrac{20}{K} = 2 \times (0.05 + 0.05)$

  $\Rightarrow 0.18 + \dfrac{20}{K} = 0.2 \Rightarrow \dfrac{20}{K} = 0.02 \Rightarrow K = 1,000$

정답 ①

15 K국의 현금통화가 0, 예금통화가 500, 지급준비금이 500이라고 한다. 다른 조건들을 고려하지 않을 경우, K국의 통화승수와 신용승수의 크기는?

	통화승수	신용승수
①	0	5
②	5	0
③	5	5
④	10	10

| 해설 |

현금－예금비율$\left(\dfrac{\text{현금통화}}{\text{예금통화}}\right)$을 'k', 지급준비율$\left(\dfrac{\text{지급준비금}}{\text{예금통화}}\right)$을 'z'라고 할 때, 주어진 조건을 이용한 통화승수와 신용승수의 크기는

각각 다음과 같다.

- $k = \dfrac{0}{500} = 0, \quad z = \dfrac{50}{500} = 0.1$
- 통화승수 $= \dfrac{k+1}{k+z} = \dfrac{1}{z} = \dfrac{1}{0.1} = 10$, 신용승수 $= \dfrac{1}{z} = \dfrac{1}{0.1} = 10$

• 현금－예금비율$\left(\dfrac{\text{현금통화}}{\text{예금통화}}\right)$이 'k = 0'인 경우, 통화승수와 신용승수의 크기는 같게 된다는 것을 알 수 있다

정답 ④

16 IS－LM 모형에서 경기부양을 위한 확장적 재정정책이 완전히 무력해지는 경우를 고르면?

	IS곡선	LM곡선
①	수직	우상향
②	우하향	우상향
③	우하향	수직
④	우하향	수평

| 해설 |

경기부양을 위한 확장적 재정정책이 완전히 무력해진다는 것은 완전한 구축효과(crowding out effect)로 인해 확장적 재정정책으로 인한 총수요 증가가 상쇄되어 버린다는 의미이다. 이러한 현상은 IS곡선은 우하향하지만 LM곡선은 수직인 경우에 나타난다.

정답 ③

17 다음 〈보기〉 중에서 거시경제의 총수요와 총공급에 대한 설명으로 옳은 것을 모두 고르면?

보기

ㄱ. 단기 경기변동에서 소비변동성은 투자의 변동성보다 크게 나타난다.
ㄴ. 명목임금이 경직적이라면 물가 수준이 상승하는 경우 단기 총공급곡선은 우상향한다.
ㄷ. 공급 중시 경제학에서는 근로소득세율의 인하로 단기 총공급곡선이 우상향한다고 주장한다.
ㄹ. 화폐시장이 유동성 함정 상태에 있는 경우 중앙은행의 추가적인 화폐공급은 거래적 화폐수요로 모두 흡수되어 이자율에 영향을 주지 못한다.

① ㄱ
② ㄱ, ㄷ
③ ㄴ
④ ㄴ, ㄹ

| 해설 |

명목임금이 경직적인 경우 물가의 상승은 실질임금의 하락을 가져와 기업은 노동고용량을 늘리게 된다. 이에 따라 산출량이 증가하여 단기 총공급곡선은 우상향한다.

㉠ 소비는 총수요에서 가장 큰 비중을 차지하고 있음에도 불구하고 안정적인 크기를 유지하기 때문에 경기변동에 큰 영향을 받지 않는다. 반면에 투자는 총수요에서 차지하는 비중이 소비보다 매우 작은 비중을 차지함에도 불구하고 경기변동에 따라 매우 크게 변하는 특성을 가지고 있는 거시경제변수이다.

㉢ 공급 중시 경제학에서는 근로소득세율의 인하는 근로자의 생산의욕을 자극하여 노동공급을 증가시키고 생산성을 상승시킨다고 본다. 따라서 근로소득세율의 인하는 단기 총공급곡선 자체를 오른쪽으로 이동시킨다고 주장한다.

㉣ 화폐시장이 유동성 함정 상태에 있는 경우 중앙은행의 추가적인 화폐공급은 거래적 화폐수요가 아니라 투기적 화폐수요로 모두 흡수되어 이자율에 영향을 주지 못한다.

정답 ③

---

18 K국과 Y국의 명목이자율과 인플레이션율이 다음 표와 같다.

	실질이자율	인플레이션율
K국	2%	6%
Y국	3%	5%

두 나라 모두 명목이자소득에 대해 20%의 세금을 부과하는 경우, K국과 Y국의 세후 실질이자율에 관한 설명으로 가장 타당한 것은? (단, 두 나라 모두에서 피셔효과가 완벽하게 성립하고 있다고 가정한다)

① 두 나라의 세후 실질이자율은 동일하다.
② K국이 Y국보다 1%만큼 높다.
③ K국이 Y국보다 0.4%만큼 높다.
④ Y국이 K국보다 1%만큼 높다.

| 해설 |

피셔효과를 통하여 두 나라의 명목이자율을 다음과 같이 도출할 수 있다.

- 피셔효과: $i = r + \pi$, i는 명목이자율, r은 실질이자율, π는 인플레이션율이다.
- $i_K = 2\% + 6\% = 8\%$
- $i_Y = 3\% + 5\% = 8\%$

- 앞의 결과를 기초로 두 나라의 세후 명목이자율을 다음과 같이 도출할 수 있다.

- K국의 세후 명목이자율 = 명목이자율(1 − 세율) = 8%(1 − 0.2) = 8% × 0.8 = 6.4%
- Y국의 세후 명목이자율 = 명목이자율(1 − 세율) = 8%(1 − 0.2) = 8% × 0.8 = 6.4%

- 이제 두 나라의 세후 실질이자율은 다음과 같이 도출된다.

- 세후 실질이자율 = 세후 명목이자율 − 인플레이션율
- K국의 세후 실질이자율 = 6.4% − 6% = 0.4%
- Y국의 세후 명목이자율 = 6.4% − 5% = 1.4%

정답 ④

---

19 비경제활동인구가 2,000만 명, 경제활동참가율이 80%, 실업률이 20%일 때, 고용률은?

① 16%   ② 60%   ③ 64%   ④ 80%

| 해설 |

고용률은 다음과 같이 도출된다.

- 고용률 $= \dfrac{\text{취업자 수}}{\text{생산가능인구}} = \dfrac{\text{경제활동인구} - \text{실업자 수}}{\text{경제활동인구} + \text{비경제활동 인구}}$
$= \dfrac{8{,}000\text{만 명} - 1{,}600\text{만명}}{8{,}000\text{만 명} + 2{,}000\text{만 명}} = \dfrac{6{,}400\text{만 명}}{1\text{억 명}} = 64\%$

- 고용률 = 경제활동참가율 × 취업률 = 경제활동참가율 × (1 − 실업률) = 0.8 × 0.8 = 0.64 = 64%

정답 ③

---

20 K국의 단기 필립스 곡선이 다음과 같다.

- $\pi = \pi^e - 0.25(u - u_n)$

여기서 π는 실제인플레이션율, π^e는 예상인플레이션율, u는 실제실업률, u_n은 자연실업률이다.

정책당국이 인플레이션율을 2%p만큼 낮추기 위해 감수해야 할 희생률을 GDP 변화를 중심으로 구하면? (단, 다른 조건은 고려하지 않는다. 또한 실업률이 1%p 상승할 때, GDP는 3%p만큼 감소한다고 알려져 있다)

① 6   ② 8
③ 10   ④ 12

| 해설 |

인플레이션율(π)을 2%p만큼 낮출 때, 실제실업률(u)은 8%p만큼 상승해야 한다. 또한 이러한 실제실업률의 상승은 GDP를 24%p만큼 감소시킨다. 따라서 희생률은 다음과 같이 도출된다.

$$\text{• 희생률} = \frac{GDP \text{ 감소율}}{\text{인플레이션 하락률}} = \frac{24\%}{2\%} = 12$$

정답 ④

---

21 모든 시장이 완전경쟁적인 K국의 총생산함수가 다음과 같다. K국 경제에 대한 설명으로 옳은 것은?

$$\text{• } Y = AL^\alpha K^\beta$$

여기서 Y는 총생산량, A는 총요소생산성, L은 노동투입량, K는 자본투입량이고 $\alpha + \beta = 1$이다.

① $\alpha = 0.6$일 경우 노동소득의 크기는 자본소득과 비교할 때 60% 수준에 불과하다.

② 자본투입량은 불변이고 노동투입량이 5%만큼 증가하면, 자본의 한계생산물(MP_K)은 체감한다.

③ 총요소생산성(A)이 10인 경우, 노동과 자본의 투입량이 각각 5% 증가하면, 총생산량은 50%만큼 증가한다.

④ 총요소생산성(A)이 10% 증가하고 노동과 자본의 투입량이 모두 동일하게 5% 증가한다면, α의 크기와 관계없이 총생산량은 반드시 15%만큼 증가한다.

| 해설 |

총요소생산성(A)이 10% 증가하고 노동과 자본의 투입량이 모두 동일하게 5% 증가하는 경우, 성장회계를 하게 되면 다음과 같다.

$$\text{• } \frac{\Delta Y}{Y} = \frac{\Delta A}{A} + \alpha \times \frac{\Delta L}{L} + (1-\alpha) \times \frac{\Delta K}{K} (\because \beta = 1-\alpha) \Rightarrow$$
$$\frac{\Delta Y}{Y} = 10\% + \alpha \times 5\% + (1-\alpha) \times 5\%$$
$$= 10\% + \alpha \times 5\% + 5\% - \alpha \times 5\% = 10\% + 5\% = 15\%$$

결국 α의 크기와 관계없이 총생산량증가율은 15%로 일정하다.

① $\alpha = 0.6$이면 $\beta = 0.4$이다. 즉 노동소득분배율은 60%, 자본소득 분배율은 40%이다. 따라서 노동소득의 크기는 자본소득의 크기에 비해 1.5배에 해당한다.

② 자본의 한계생산물은 다음과 같이 도출된다.

$$\text{• } MP_K = \frac{dY}{dK} = \beta AL^\alpha K^{\beta-1} = (1-\alpha)AL^\alpha K^{(1-\alpha)-1}$$
$$= (1-\alpha)AL^\alpha K^{-\alpha} = (1-\alpha)A\left(\frac{L}{K}\right)^\alpha$$

따라서 자본투입량은 불변인 상태에서 노동투입량만 증가하는 경우, 자본의 한계생산성(MP_P)은 체증(증가)하게 된다.

③ 주어진 총생산함수는 '$\alpha + \beta = 1$'이므로 1차 동차 생산함수이다. 1차 동차 생산함수는 규모에 대한 보수가 불변인 특성을 가진다. 따라서 총요소생산성(A)의 크기와 관계없이 노동과 자본

의 투입량이 각각 5% 증가하면, 총생산량은 역시 5% 증가하게 된다.

정답 ④

---

22 다음 중 헥셔 – 올린(Heckscher – Ohlin)이론의 기본 가정이 아닌 것은?

① 각 제품의 요소집약도는 서로 다르다.

② 두 무역상대국의 생산기술은 동일하다.

③ 상품 생산에 있어 규모에 대한 보수 체감의 법칙이 적용된다.

④ 두 무역상대국의 사회무차별곡선 지도는 동일하다.

| 해설 |

헥셔 – 올린이론에서는 규모에 대한 보수 불변을 전제한다.

① 각 제품의 요소집약도, 즉 요소투입비율이 다르다고 전제한다. 따라서 개별상품은 상대적으로 노동(자본)을 더 투입하여 생산하는 노동(자본)집약적 상품이 된다.

② 두 무역상대국의 생산함수가 동일하여 생산에 사용되는 생산기술 역시 동일하다.

④ 두 무역상대국의 기호가 유사하여 사회무차별곡선 지도는 동일한 모습을 한다고 전제한다. 이것은 소득과 상대가격이 같다면, 상품소비 역시 동일한 비율로 소비한다는 의미이다.

정답 ③

---

23 다음과 같은 수입관세율 체계 중 최종생산물에 대한 보호효과가 가장 높은 경우는?

① 원자재와 부품 및 중간재에 대한 관세율=5%, 최종생산물에 대한 관세율=5%

② 원자재와 부품 및 중간재에 대한 관세율=10%, 최종생산물에 대한 관세율=10%

③ 원자재와 부품 및 중간재에 대한 관세율=5%, 최종생산물에 대한 관세율=15%

④ 원자재와 부품 및 중간재에 대한 관세율=15%, 최종생산물에 대한 관세율=5%

| 해설 |

최종생산물에 대한 관세율이 높다고 하더라도 원자재와 부품 및 중간재에 대한 관세율이 높으면 원자재와 부품 및 중간재의 국내가격이 높아지고, 최종생산물의 생산비가 높아지므로 보호효과가 떨어진다.

• 원자재와 부품 및 중간재에 대한 관세율이 낮고 최종생산물에 대한 관세율이 높을수록 최종생산물에 대한 보호효과가 높다. 즉 실효보호율이 높다.

정답 ③

24 K국은 만성적인 경상수지 적자 상태에서 벗어나기 위해서 자국 화폐에 대한 평가절하를 단행하였다. 그럼에도 불구하고 경상수지 개선의 효과가 나타나지 않았다. 그 이유로 옳은 것은?

① 자국의 수입수요탄력도와 외국의 수입수요탄력도의 합이 1보다 작다.

② 무역 상대국의 경기가 호황국면에 들어섰다.

③ 국내이자율이 해외이자율에 비해 낮다.

④ 화폐시장이 유동성 함정 상태에 있다.

| 해설 |

자국 화폐에 대한 평가절하를 단행한다는 것은 곧 환율인상을 결정한다는 의미이다. 이러한 환율인상이 경상수지를 개선시키기 위해서는 외국 상품에 대한 자국의 수입수요탄력도와 자국 상품에 대한 외국의 수입수요탄력도의 합이 1보다 커야 한다는 'Marshall – Learner' 조건이 충족되어야 한다.

② 무역 상대국의 경기가 호황이면 상대국의 총수요의 증가로 인한 자국의 순수출을 증가시켜 경상수지는 개선된다.

③ 국내이자율이 해외이자율에 비해 낮으면, 해외로의 자본유출을 가져와 경상수지와 관계없이 '자본수지'를 악화시킨다.

④ 화폐시장이 유동성 함정 상태에 있는 것은 자국이 경기불황 상태라는 의미이다. 따라서 국내 소비 감소에 따른 수입 감소로 경상수지는 개선의 효과가 나타난다.

(정답) ①

25 개방경제의 국민소득계정 항등식을 이용한 설명으로 옳지 않은 것은? (단, '경상수지＝상품 및 서비스 수지'인 단순한 경우를 가정한다)

① 저축이 투자를 초과하면 경상수지는 흑자이다.

② 저축이 투자를 초과하면 대부자금시장에서 초과공급이 발생한다.

③ 총지출이 총생산을 초과하면 경상수지는 적자이다.

④ 총지출이 총생산을 초과하면 순해외투자(net foreign investment)는 음($-$)이다.

| 해설 |

개방경제의 국민소득계정 항등식은 다음과 같다.

- $S_P + S_G + (M - X) = I \Rightarrow S_N + (M - X) = I$
  $\Rightarrow S_N - I = (X - M)$
- S_P는 민간저축, S_G는 정부저축, $S_P + S_G$는 국민저축(S_N), $(M - X)$는 해외저축, $(X - M)$은 경상수지(순수출), I는 투자이다.

① 저축이 투자를 초과하여 $S_N > I$가 성립하면, $(X - M) > 0$이 되어 경상수지는 흑자가 된다.

② 저축이 투자를 초과하여 $S_N > I$가 성립하면, $(X - M) > 0$에서 비롯된 순해외투자가 양($+$)이 되어 대부자금시장은 균형을 유지할 수 있게 된다.

- 경상수지와 국민소득(총생산) 및 총지출(압솝션) 사이에는 다음 관계가 성립한다.

- $Y = C + I + G + (X - M) \Rightarrow (X - M) = Y - (C + I + G)$
  $\Rightarrow (X - M) = Y - A$
- Y는 국민소득(총생산), C는 소비, I는 투자, G는 정부지출, $(X - M)$은 경상수지(순수출), A는 총지출(압솝션: absorption)이다.

③ 총지출이 총생산을 초과하여 $Y < A$가 성립하면, $(X - M) < 0$이 되어 경상수지는 적자이다.

④ 총지출이 총생산을 초과하여 $Y < A$가 성립하면, 경상수지가 적자가 되고, 이로 인해 순해외저축($M - X$)이 양($+$)이 된다. 이것은 곧 순해외투자(net foreign investment)가 음($-$)이 된다는 의미이다.

(정답) ②

01	④	02	①	03	①	04	③	05	②
06	①	07	④	08	②	09	④	10	③
11	③	12	①	13	④	14	②	15	④
16	③	17	③	18	④	19	④	20	④

01 다음 중 수요곡선에 관한 설명으로 틀린 것은?

① 대체재의 가격이 변화하면 수요곡선은 이동한다.

② 소비자 기호가 변화하면 수요곡선은 이동한다.

③ 소득이 증가하면 수요곡선은 이동한다.

④ 열등재의 보상수요곡선은 우상향한다.

| 해설 |

대체효과는 정상재와 열등재인 모든 재화에 대해 가격과 수요량을 역(−)의 관계에 있다. 따라서 대체효과만을 가지고 도출되는 보상수요곡선은 우하향하게 된다.

① 대체재의 가격이 상승(하락)하면 수요가 증가(감소)하여, 수요곡선은 오른쪽(왼쪽)으로 이동한다.

② 소비자 기호가 증가(감소)하면 수요곡선은 오른쪽(왼쪽)으로 이동한다.

③ 소득이 증가하면 정상재(열등재)는 수요가 증가(감소)하여 수요곡선은 오른쪽(왼쪽)으로 이동한다.

정답 ④

02 소비자 H는 X재와 Y재만을 소비하고, 우하향하고 원점에 대해 강볼록한 무차별곡선을 가진다. 현재 소비자 H의 효용극대화 소비점은 (X_1, Y_1)이다. 그런데 다른 모든 조건이 일정한 상태에서 X재의 가격만이 하락하는 경우 효용극대화 소비점은 (X_2, Y_2)가 된다고 한다. 만약 $(X_1 = X_2)$ 관계가 성립할 때, X재에 관한 설명으로 옳은 것은?

① X재는 열등재이다.

② X재의 통상수요곡선은 우하향한다.

③ X재의 보상수요곡선은 수직선이다.

④ X재의 대체효과가 소득효과보다 작게 나타난다.

| 해설 |

주어진 상황을 그림으로 나타내면 다음과 같다.

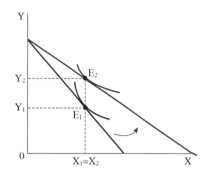

- 소비자 균형점이 E_1에서 E_2로 이동했음에도 불구하고 X재 소비량에는 변화가 없다. 즉 대체효과와 소득효과의 합으로 이루어진 가격효과는 0이다. 또한 모든 재화에 대해 대체효과는 항상 (−)이다. 따라서 소득효과는 (+)이 되어야 한다. 이것은 가격하락에 따른 실질소득이 증가할 때 소비량이 감소했다는 의미이며, X재가 열등재라는 것을 보여준다.

② 가격효과가 0이므로 X재의 통상수요곡선은 수직선의 모습을 보인다.

③ 모든 재화의 대체효과는 (−)이므로 X재의 보상수요곡선은 우하향하는 모습을 보여 준다.

④ 대체효과는 (−)이고 소득효과는 (+)이며, 가격효과는 0이므로 X재의 대체효과와 소득효과의 크기는 동일하다는 것을 알 수 있다.

정답 ①

03 완전경쟁시장에서 이윤극대화를 추구하는 기업의 생산함수가 $Q = AL^{\alpha}K^{\beta}$일 때, 이에 대한 설명으로 옳지 않은 것은? (단, Q는 생산량, A, α, β는 상수, K는 자본, L은 노동을 나타내고, $\alpha + \beta = 2$이다)

① 오일러의 정리가 성립한다.

② 생산함수는 규모에 대한 수익 증가를 보인다.

③ 노동이 1% 증가할 때 생산량은 α% 증가한다.

④ 생산의 자본탄력성(E_K)은 $\dfrac{\text{자본의 한계생산}(MP_K)}{\text{자본의 평균생산}(AP_K)}$이다.

| 해설 |

오일러의 정리는 노동과 자본에 대하여 한계생산만큼 분배하면, 생산량은 모두 분배가 이루어진다는 의미이다. 이러한 오일러의 정리는 완전경쟁시장에서 1차 동차 생산함수인 경우 성립한다. 주어진 생산함수는 2차 동차 생산함수이므로 오일러의 정리는 성립하지 않는다.

② 주어진 생산함수에서 $\alpha + \beta = 2$이므로 생산함수는 규모에 대한 수익 증가를 보인다.

③ 생산의 노동탄력성 값이 α이다. 따라서 노동이 1% 증가할 때 생산량은 α% 증가한다.

④ 생산의 자본탄력성은 다음과 같이 도출된다.

$$\cdot\ E_K = \frac{\Delta Q}{Q} \Big/ \frac{\Delta K}{K} = \frac{\Delta Q}{\Delta K} \times \frac{K}{Q} = MP_K \Big/ \frac{Q}{K} = \frac{MP_K}{AP_K} = \beta$$

정답 ①

---

04 수요의 법칙과 공급의 법칙이 성립하는 선풍기 시장에서 선풍기의 수요변화에 따른 균형가격의 상승을 가져오는 요인으로 옳은 것은? (단, 선풍기는 열등재이며, 다른 조건은 고려하지 않는다)

① 대체재인 에어컨의 생산에서 기술진보가 이루어졌다.
② 에어컨에 대한 생산보조금이 지급되었다.
③ 경기침체로 인해 소득이 감소하였다.
④ 에어컨 가격이 변하지 않고 있다.

| 해설 |

경기침체로 소득이 감소하게 되면, 열등재인 선풍기에 대한 수요는 증가하게 되고, 그 결과 선풍기 가격은 상승하게 된다.
① 대체재인 에어컨의 생산에서 기술진보가 이루어지면 에어컨 공급의 증가로 에어컨 가격이 하락한다. 따라서 선풍기에 대한 수요가 감소하면서 선풍기 가격은 하락하게 된다.
② 에어컨에 대한 생산보조금이 지급되면, 에어컨 시장에서 에어컨 공급의 증가로 에어컨 가격이 하락한다. 따라서 선풍기에 대한 수요가 감소하면서 선풍기 가격은 하락하게 된다.
④ 대체재인 에어컨 가격이 불변이면, 선풍기에 대한 수요도 불변이 되어, 선풍기 가격 역시 불변이다.

정답 ③

---

05 (주) 맥덕로(麥德勞) 햄버거는 현재 4,000원의 가격에서 30개를 판매하고 있다. 그런데 현재 수준에서 가격을 5,000원으로 올릴 경우, 수요의 가격탄력성은 '$E_P = 0.8$'이라고 한다. 이를 전제로 한 햄버거의 수요함수에서 폐색가격은? (단, 수요함수는 직선으로 알려져 있다)

① 8,000원　　　　② 9,000원
③ 10,000원　　　④ 11,000원

| 해설 |

폐색가격이란 '$Q=0$'일 때의 가격을 의미한다. 결국 수요함수에서 가격절편을 의미한다. 한편 수요의 가격탄력성 공식을 이용하여 햄버거 가격이 5,000원인 경우 판매량을 구하면 다음과 같다. 단, 여기서 수요의 가격탄력성은 호탄력성이다.

$$\cdot\ E_P = \frac{\Delta Q}{\Delta P} \times \frac{P}{Q} = \frac{\Delta Q}{1,000} \times \frac{4,000}{30} = 0.8 \ \Rightarrow\ \Delta Q = 0.8 \times \frac{30}{4} = 6$$

따라서 $\frac{\Delta Q}{\Delta P} = \frac{6}{1,000} = \frac{3}{500}$임을 알 수 있다. 그런데 $\frac{\Delta Q}{\Delta P}$은 수요함수 기울기의 역수이다. 이를 전제로 햄버거 수요함수는 다음과 같이 나타낼 수 있다.

$$\cdot\ P = A - \frac{500}{3} \times Q_D$$

· 가격이 4,000원일 때 판매량이 30개이므로 다음 식이 성립한다.

$$\cdot\ 4,000 = A - \frac{500}{3} \times 30 \ \Rightarrow\ A = 9,000$$

이에 따라 수요함수는 다음과 같다.

$$\cdot\ P = 9,000 - \frac{500}{3} \times Q_D$$
$$\cdot\ Q_D = 54 - \frac{3}{500} \times P$$

결국 '$Q_D = 0$'인 수준의 폐색가격은 'P = 9,000(원)'이 된다.

정답 ②

---

06 다음 설명 중 옳은 것은?

① 자연독점기업이 가격과 평균비용이 일치하는 곳에서 생산량을 정하도록 정부가 규제하는 경우 비효율적인 자원배분이 나타나게 된다.
② 자연독점(natural monopoly)의 경우 한계수입과 한계비용이 일치하는 곳에서 생산하고 있다면 효율적인 자원배분이 이루어진다.
③ 독점적 경쟁(monopolistic competition)의 경우 각 기업의 가격과 생산량은 그 기업이 직면하고 있는 수요곡선과 그 기업의 한계비용곡선이 접하는 곳에서 결정된다.
④ 자연독점은 독점적 경쟁시장에서 정부규제가 과도할 때 발생한다.

| 해설 |

자연독점기업이 가격과 평균비용이 일치하는 곳에서 생산량을 정하도록 정부가 규제하게 되면, '$P_0 = AC_0 > MC_0$'가 성립하게 되어 비효율적 자원배분이 나타나게 된다. 이를 그림으로 나타내면 다음과 같다.

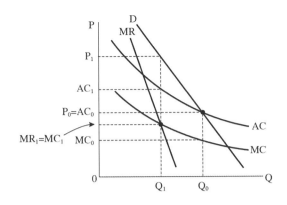

② 위의 그림처럼 자연독점(natural monopoly)의 경우 한계수입과 한계비용이 일치하는 곳에서 생산하게 되면 $P_1 > AC_1 > MR_1 = MC_1$가 성립하게 되어 비효율적인 자원배분이 이루어진다.

③ 독점적 경쟁(monopolistic competition)의 경우 각 기업의 가격과 생산량은 한계수입곡선과 그 기업의 한계비용곡선이 만나는 곳에서 결정된다.

④ 자연독점은 산업에서 규모의 경제가 존재할 때 발생하게 된다.

정답 ①

---

07 과점시장의 굴절수요이론에 대한 설명으로 옳은 것은?

① 기업의 한계수입곡선에는 연속한 모습을 보인다.
② 굴절수요곡선은 원점에 대해 볼록한 모양을 갖는다.
③ 한 기업이 가격을 내리면 나머지 기업들은 현재 가격을 유지하려고 한다.
④ 기업은 자신의 한계비용이 일정 범위 내에서 변화한다면 가격을 조정하지 않는다.

| 해설 |
굴절수요곡선이 존재하는 경우를 그림으로 나타내면 다음과 같다.

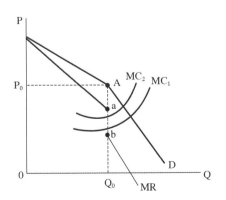

이에 따르면 한계비용(MC_1, MC_2)이 ($a \sim b$) 구간에서 변화하게 되는 경우 가격은 P_0 수준에서 변화가 없게 된다.

① 기업의 한계수입곡선에는 ($a \sim b$) 구간에서 불연속한 모습을 보인다.
② 굴절수요곡선은 A점에서 꺾이면서 원점에 대해 오목한 모양을 갖는다.
③ 한 기업이 가격을 올리면 나머지 기업들은 현재 가격을 유지하려고 하고, 한 기업이 가격을 내리면 나머지 기업들도 가격을 내리려고 한다. 이에 따라 점 A을 중심으로 가격을 올리는 경우에는 완만한(탄력적인) 수요곡선에 직면하고, 가격을 내리는 경우에는 가파른(비탄력적인) 수요곡선에 직면하게 된다.

정답 ④

---

08 K국의 유치원 보육서비스에 대한 수요곡선이 다음과 같이 주어져 있다.

- $P = 100 - \dfrac{1}{2}Q$, 여기서 P는 보육료이고, Q는 유치원 수이다.

또한 유치원 보육서비스 공급에 따른 유치원의 한계비용곡선과 유치원 교육서비스 공급에 따른 외부 한계편익곡선이 다음과 같다고 알려져 있다.

- $MC = 10 + Q$
- $EMB = 30$

유치원 보육서비스가 사회적 최적 수준에 도달하기 위해 필요한 총보조금의 크기는?

① 2,000
② 2,400
③ 2,500
④ 2,800

| 해설 |
주어진 내용을 그림으로 나타내면 다음과 같다. 여기서 수요곡선은 곧 사적 한계편익(PMB)곡선이며, 사회적 한계편익(SMB)곡선은 여기에 외부 한계편익(EMB)곡선을 수직으로 더한 곡선이다.

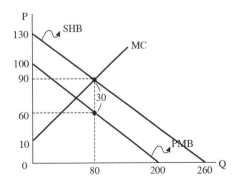

• 유치원 보육서비스의 사회적 최적 수준은 다음과 같다.

$$SMB = PMB + EMB = 130 - \frac{1}{2}Q \Rightarrow SMB = MC \Rightarrow$$

$$130 - \frac{1}{2}Q = 10 + Q \quad \frac{3}{2}Q = 120 \Rightarrow Q = 80$$

따라서 유치원 보육서비스가 사회적 최적 수준에 도달하기 위해 필요한 보조금의 크기는 사회적 최적 수량 수준인 '$Q = 80$'에서 사회적 한계편익(SMB)과 사적 한계편익(PMB)의 차이이다. 그 크기는 30이 된다. 따라서 보조금의 총크기는 2,400이다.

정답 ②

---

09 GDP에 대한 설명으로 옳은 것은?

① 가계의 교육에 대한 지출은 GDP의 구성요소 중에서 투자지출에 포함된다.

② 신규 아파트를 분양받는 것은 GDP 구성요소 중에서 소비지출에 포함된다.

③ 7급 공무원에 대한 급여는 GDP 구성요소 중에서 이전지출에 포함된다.

④ 기업의 재고 증가분은 GDP 구성요소 중에서 투자지출에 포함된다.

│해설│

기업의 재고 증가분은 재고의 변화를 가져온다. 국민소득계정에서는 이를 재고투자로 간주하여 투자지출 항목에 포함시킨다.

① 가계의 교육에 대한 지출은 GDP의 구성요소 중에서 소비지출에 포함된다.

② 신규 아파트 분양을 국민소득계정에서는 주거용 건물에 대한 투자로 간주하여 투자지출로 분류한다.

③ 7급 공무원에 대한 급여는 공공 서비스 생산활동에 대한 대가로 지급한 것이므로 GDP 구성요소 중에서 정부지출에 포함된다. 이전지출은 생활보조금지급이나 연금지급과 같이 생산활동과 무관하게 지급하는 것을 의미한다.

정답 ④

---

10 현재 K국의 균형국민소득 수준이 1,400조 원이고, 완전고용상태에 도달하게 되면 국민소득은 2,000조 원 수준까지 증가할 수 있다고 알려져 있다. 정액세하에서 K국이 완전고용에 도달하기 위해 필요한 감세 규모는? (단, 한계저축성향은 0.25이며, 다른 조건은 고려하지 않는다)

① 100조 원   ② 150조 원

③ 200조 원   ④ 300조 원

│해설│

현재 K국의 GDP 갭은 600조 원 규모이다. 또한 감세승수는 다음과 같다.

$$감세승수 = \frac{한계소비성향(MPC)}{1 - 한계소비성향(MPC)} = \frac{0.75}{1 - 0.75} = \frac{0.75}{0.25} = 3$$

따라서 200조 원 규모의 감세를 실시하게 되면, 600조 원만큼 국민소득을 증가시켜 완전고용에 도달할 수 있게 된다.

정답 ③

---

11 예금은행인 W은행의 대차대조표가 아래와 같다고 하자. W은행이 보유하고 있는 초과지급준비금을 신규로 대출하는 경우 은행제도를 통하여 이루어지는 신용창조를 통해 통화량은 최대 얼마나 증가하는가? (단, 법정지급준비율은 5%이고, 다른 조건은 고려하지 않는다)

자산		부채	
지급준비금	100	예금	1,000
대출	500		
국채	300		
기타	100		

① 500   ② 800

③ 1,000   ④ 1,500

│해설│

법정지급준비율이 5%인 경우, 예금 1,000에 대한 법정지급준비금은 50이다. 따라서 W은행은 50만큼의 초과지급준비금을 보유하고 있다. 이제 초과지급준비금을 대출하게 되면 신용승수 배만큼의 새로운 통화를 만들어낼 수 있다. 그 크기는 다음과 같다.

• 신용승수 $= \dfrac{1}{지급준비율} = \dfrac{1}{0.05} = 20$

• 통화량 증가분 $=$ 신규 대출액 $\times$ 신용승수 $= 50 \times 20 = 1,000$

정답 ③

12 화폐수요함수가 다음과 같이 주어져 있다.

> $\cdot \dfrac{M}{P} = \dfrac{Y}{i}$, 여기서 $\dfrac{M}{P}$ 는 실질화폐잔고, i는 명목이
> 자율, Y는 실질생산량, P는 물가이다.

피셔(I. Fisher)의 화폐수량설에 의할 때, 이에 대한 설명으로 옳은 것은?

① 화폐유통속도가 일정하면 명목이자율도 일정하다.
② 화폐유통속도가 증가하면 실질산출량이 감소한다.
③ 화폐유통속도가 감소하면 명목이자율은 상승한다.
④ 화폐유통속도는 $\dfrac{Mi}{Y}$ 이다.

| 해설 |

피셔(I. Fisher)의 화폐수량설에 따른 교환방정식은 다음과 같다.

> • $MV = PY$, 여기서 M은 통화량, V는 화폐유통속도, P는 물가
> 수준, Y는 실질산출량이다.
> • $V = \dfrac{PY}{M}$

• 주어진 화폐수요함수를 이용하여 화폐유통속도를 구하면 다음
과 같다.

> • $\dfrac{M}{P} = \dfrac{Y}{i} \Rightarrow PY = iM$
> • $V = \dfrac{PY}{M} \Rightarrow V = \dfrac{iM}{M} = i$

화폐유통속도(V)와 명목이자율(i) 사이에는 비례적 관계가 성립하
므로, 화폐유통속도가 일정하면 명목이자율 역시 일정하게 된다.

② '$V = \dfrac{iM}{M} = i$'이므로 화폐유통속도의 변화는 실질산출량의 변화
와 무관하다.

③ 화폐유통속도(V)와 명목이자율(i) 사이에는 비례적 관계가 성립
하므로, 명목이자율이 상승하면 화폐유통속도는 증가하게 된다.

④ 화폐유통속도(V)는 'i'이다.

정답 ①

---

13 리카도 대등정리(Ricardian equivalence theorem)
에 대한 설명으로 옳은 것은?

① 국채발행을 통해 재원이 조달된 조세삭감은 소비에 영
향을 줄 수 있다.
② 국채발행이 증가하면 이자율이 하락한다.
③ 경기침체 시에는 조세 대신 국채발행을 통한 확대재정
정책이 더 효과적이다.

④ 소비자들이 유동성 제약에 직면하고 있는 경우에는 설
명력이 떨어진다.

| 해설 |

리카도 대등정리(Ricardian equivalence theorem)는 정책에 대
한 대응으로 미래소득을 고려하면서 현재소비를 조정하는 것을 보
여준다. 따라서 소비자들에게 유동성 제약이 없는 것을 전제로 해
야만 성립할 수 있다.

① 리카도 대등정리는 정부지출에 필요한 재원을 국채를 통해 조
달하든, 조세를 통해 조달하든 총수요에 영향을 줄 수 없다는
것을 내용으로 한다.

② 국채발행이 증가하면 채권 공급의 증가로 채권가격이 하락하
고, 이로 인해 이자율은 상승하게 된다.

③ 확대재정정책을 위한 재원을 조세로 조달하든 국채발행을 통
해 조달하든 동일하게 총수요를 증가시키지 못한다는 것이 리
카도 대등정리이다.

정답 ④

---

14 총공급곡선의 이동과 관련된 설명으로 옳은 것을
〈보기〉에서 모두 고르면? (단, 단기 총공급곡선은 우상
향한다)

┌─ 보기 ─────────────────────
│ ⊙ 자본스톡이 증가하면 장기 총공급곡선은 오른쪽으
│   로 이동한다.
│ ⓒ 기술진보가 이루어지면 단기 총공급곡선은 오른쪽
│   으로 이동한다.
│ ⓒ 예상물가 수준이 상승하면 장기 총공급곡선은 왼쪽
│   으로 이동한다.
│ ⓔ 장기 총공급곡선이 오른쪽으로 이동하면 단기 총공
│   급곡선도 오른쪽으로 이동한다.
└──────────────────────────

① ⊙, ⓒ, ⓒ   ② ⊙, ⓒ, ⓔ
③ ⊙, ⓒ, ⓔ   ④ ⓒ, ⓒ, ⓔ

| 해설 |

자본스톡의 증가, 기술진보는 장기 총공급곡선 자체를 오른쪽으로
이동시킨다. 이러한 요인은 단기 총공급곡선 자체도 오른쪽으로
이동시킨다. 즉, 장기 총공급곡선의 이동요인이 발생하면 단기 총
공급곡선도 이동시킨다(⊙, ⓒ, ⓔ). 그러나 그 역은 성립하지 않
는다.

ⓒ 예상물가 수준의 상승은 단기 총공급곡선을 왼쪽으로 이동시킨
다. 그러나 예상물가 수준의 변화는 장기 총공급곡선을 이동시키
는 요인이 아니다. 따라서 장기 총공급곡선은 이동하지 않는다.

정답 ②

15 인플레이션율과 실업률의 관계를 나타내는 필립스 곡선의 식은 $\pi - \pi^e = -\alpha(u - u^*)$이며, 어떤 경제의 상황을 그림으로 나타내면 다음과 같다. 이에 대한 해석으로 옳은 것을 〈보기〉에서 모두 고른 것은?

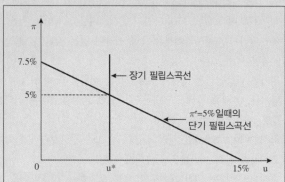

(단, π는 인플레이션율, π^e는 기대 인플레이션, u는 실업률, u^*는 자연실업률을 나타내며 모든 경제 변수들의 단위는 %이다. 그리고 α는 상수이다)

─ 보기 ─

㉠ π^e가 3%이고 실제 인플레이션율이 4%일 때 실업률은 3%이다.

㉡ π^e가 5%라면 인플레이션율이 1%만큼 하락할 때 희생률은 6이다.

㉢ 경제주체들이 합리적 기대를 한다면, 통화정책 당국은 실업률 상승 없이 인플레이션율을 낮출 수 있다.

☑ 오쿤의 법칙: 실업률 1% 상승은 GDP 2%의 하락

☑ 희생률: 인플레이션율 1% 감소에 수반되는 GDP의 감소 %

① ㉠, ㉡   ② ㉠

③ ㉡, ㉢   ④ ㉠, ㉢

| 해설 |

주어진 그림에서 단기 필립스곡선의 기울기는 0.5, 자연실업률(U^*)은 5%이다. 이에 따라 필립스곡선은 다음과 같다.

$$\pi = \pi^e - 0.5(U - 5\%)$$

따라서 π^e가 3%이고 실제 인플레이션율이 4%일 때 실업률은 3%이다(㉠). π^e가 5%라면 인플레이션율이 1%만큼 하락하기 위해서는 실업률이 2%만큼 상승해야 한다. 오쿤의 법칙에 따라 2%만큼의 실업률 상승은 4%의 GDP를 하락시키게 된다. 따라서 인플레이션을 1%만큼 하락시킬 때의 희생률은 4가 된다(㉡). 경제주체들이 합리적 기대를 한다면, $\pi = \pi^e$가 성립하여 필립스곡선은 자연실업률 수준에서 수직의 모습을 보인다. 이에 따라 통화정책 당국이 인플레이션을 낮출 때 실업률은 불변이 된다(㉢).

정답 ④

16 경제정책에 대한 각 학파의 주장으로 옳은 것은?

① 케인스학파(Keynesian)는 경기변동의 주요 원인을 총공급의 변동에서 찾는다.

② 통화론자들(Monetarism)은 화폐유통속도가 불안정하여 재량보다는 준칙에 따른 통화정책을 수행해야 한다고 주장한다.

③ 새 케인스학파(New Keynesian)는 메뉴비용이나 명목임금계약 등의 존재로 인하여 총수요관리정책이 효과가 있다고 주장한다.

④ 새 고전학파(New Classical School)에서는 경제주체들이 합리적 기대를 하는 한 예측되지 못한 정책도 효과가 없다고 주장한다.

| 해설 |

총수요관리정책은 가격변수가 신축적인 경우에는 불필요하다. 그러나 가격변수가 경직적이라면 시장에 의한 청산을 기대할 수 없어 경기안정화를 위한 총수요관리정책은 효과적이다. 새 케인스학파(New Keynesian)는 메뉴비용이나 명목임금계약 등의 존재로 여전히 가격변수가 경직적이어서 총수요관리정책은 효과가 있다고 주장한다.

① 케인스학파(Keynesian)는 경기변동의 주요 원인을 총공급의 변동이 아닌 총수요의 변동에서 찾는다.

② 통화론자들(Monetarism)은 화폐유통속도는 안정적이고, 이에 따라 화폐수요함수 역시 안정적이라고 본다. 따라서 경기안정화를 위한 통화정책으로서는 재량보다는 준칙이 우월하다는 입장이다.

④ 새 고전학파(New Classical School)에서는 경제주체들이 합리적 기대를 한다고 하더라도 예측되지 못한 정책만큼은 단기에는 효과가 있다고 본다.

정답 ③

17 솔로(R. Solow)의 경제성장 모형은 다음과 같다.

- 1인당 생산함수: $y = 10k^{\frac{1}{2}}$, 여기서 y는 1인당 산출량, k는 1인당 자본량이다.
- 인구증가율(n): 1%, 감가상각률(d): 2%, 기술진보율(g): 2%

이 경제의 1인당 소비(C)의 황금률 수준(golden rule level)은?

① 300   ② 400
③ 500   ④ 600

| 해설 |

자본축적의 황금률 수준은 다음 조건을 충족할 때 달성된다.

- $MP_k = n + d + g$
  여기서 MP_k는 1인당 자본의 한계생산성, n은 인구증가율, d는 감가상각률, g는 기술진보율이다.
- $MP_k = \dfrac{dy}{dk} = 5k^{-\frac{1}{2}}$
- $MP_k = n + d + g = 0.01 + 0.02 + 0.02 = 0.05$

  $\Rightarrow 5k^{-\frac{1}{2}} = 0.05 \Rightarrow \dfrac{1}{\sqrt{k}} = 0.01 \Rightarrow \sqrt{k} = 100$

  $\Rightarrow k = 10,000$
- $y = 10k^{\frac{1}{2}} \Rightarrow y = 10 \times 10,000^{\frac{1}{2}} = 10 \times 100 = 1,000$

- 한편 균제균형식에 따르면 실제저축액(sy)은 필요투자액과 동일하므로 다음 과정을 통해 1인당 소비(C)의 황금률 수준을 도출할 수 있다.

- 균제균형식 : $sy = (n+d+g)k \Rightarrow$
  $sy = (0.01 + 0.02 + 0.02)10,000 = 0.05 \times 10,000 = 500$
- $C = y - sy = 1,000 - 500 = 500$

정답 ③

18 소규모 개방경제에서 수입량이 동일한 관세정책과 수입할당(import quota) 정책이 존재한다. 이에 대한 설명으로 옳은 것은? (단, 국내 공급곡선은 우상향하고, 국내 수요곡선은 우하향한다. 또한 다른 조건은 고려하지 않는다)

① 수입재의 국내 판매가격은 관세를 부과할 때보다 수입을 할당할 때가 더 높다.
② 생산자 잉여 증가는 관세를 부과할 때보다 수입을 할당할 때가 더 크게 나타난다.
③ 경제적 순손실(deadweight loss)은 관세를 부과할 때보다 수입을 할당할 때가 더 많이 발생한다.
④ 관세부과에 따른 정부의 재정수입의 크기와 수입할당에 따른 수입업자의 할당지대의 크기는 반드시 일치한다.

| 해설 |

관세부과에서 수입할당으로 정책이 전환되면, 정부의 재정수입은 사라지고 수입업자는 동일한 크기의 할당지대를 얻게 된다. 이외의 경우에서는 수입량이 동일한 경우, 수입관세부과와 수입할당의 효과는 동일하다. 따라서 수입재의 국내 판매가격, 생산자 잉여와 소비자 잉여의 변화분, 그리고 경제적 순손실(deadweight loss)의 크기는 모두 동일하다.

정답 ④

19 다음 그림은 재정정책 및 금융정책의 정책 혼합에 의해 대내균형과 대외균형을 달성하는 것을 나타낸다. 점 A의 상태는?

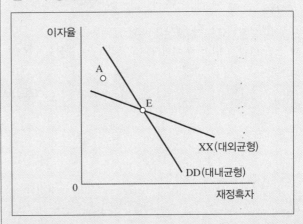

① 실업과 국제수지 적자
② 실업과 국제수지 흑자
③ 인플레이션과 국제수지 적자
④ 인플레이션과 국제수지 흑자

| 해설 |

점 A는 대내균형 수준에 비해 이자율이 낮은 경우이므로 총수요가 균형 수준에 비해 큰 경우이고 이에 따라 인플레이션이 나타난다. 또한 점 A는 대외균형 수준에 비해 이자율이 높은 경우이므로 자본수지가 개선되어 국제수지가 흑자 상태임을 의미한다.

정답 ④

20 국민소득 항등식을 기초로 할 때 경상수지가 악화되는 경우에 해당하는 것을 〈보기〉에서 모두 고르면?

┌─ 보기 ─────────────────────────────┐
│ ㉠ 민간소비 감소   ㉡ 민간저축 감소 │
│ ㉢ 민간투자 감소   ㉣ 정부저축 감소 │
└──────────────────────────────────┘

① ㉠   ② ㉠, ㉢

③ ㉡   ④ ㉡, ㉣

| 해설 |

국민소득 항등식은 다음과 같다.

- $(Y - T + TR - C) + (T - TR - G) + (M - X) = I$
  $\Rightarrow S_P + S_G + (M - X) = I \Rightarrow S_N + (M - X) = I$
  $\Rightarrow S_N - I = (X - M)$
- S_P는 민간저축, S_G는 정부저축, $S_P + S_G$는 국민저축(S_N), $(M - X)$는 해외저축, $(X - M)$은 경상수지(순수출), Y는 국민소득, C는 소비, I는 투자, G는 정부지출, T는 조세, TR은 이전수입(지출), X는 수출, M은 수입이다.

㉠ 민간소비(C) 감소 $\Rightarrow$ 민간저축(S_P) 증가 $\Rightarrow$ 국민저축(S_N) 증가 $\Rightarrow$ 경상수지($X - M$) 개선

㉡ 민간저축(S_P) 감소 $\Rightarrow$ 국민저축(S_N) 감소 $\Rightarrow$ 경상수지($X - M$) 악화

㉢ 민간투자(I) 감소 $\Rightarrow$ 경상수지($X - M$) 개선

㉣ 정부저축(S_G) 감소 $\Rightarrow$ 국민저축(S_N) 감소 $\Rightarrow$ 경상수지($X - M$) 악화

정답 ④

AK 경제학 실전 동형 모의고사 12						p. 64-68			
01	④	02	①	03	③	04	①	05	④
06	②	07	④	08	②	09	④	10	②
11	④	12	②	13	③	14	①	15	④
16	③	17	①	18	④	19	②	20	④
21	③	22	③	23	①	24	②	25	①

01 소비자 H의 효용함수와 예산제약식이 다음과 같이 주어져 있다.

- $U = x + 2y$
- $10x + 5y = 100$

여기서 U는 효용, x는 X재 소비량, y는 Y재 소비량이다.

소비자 H가 효용을 극대화하기 위한 X재와 Y재의 최적 소비량은?

① $(X, Y) = (10, 0)$ ② $(X, Y) = (8, 4)$

③ $(X, Y) = (5, 10)$ ④ $(X, Y) = (0, 20)$

| 해설 |

효용함수가 선형함수이므로 소비자 균형은 한계대체율(MRS_{XY})과 두 재화의 상대가격$\left(\frac{P_X}{P_Y}\right)$의 크기에 따라 다음과 같이 달성된다.

- $MRS_{XY} > \frac{P_X}{P_Y}$ ⇒ 오직 X재만 소비하는 구석해 존재
- $MRS_{XY} < \frac{P_X}{P_Y}$ ⇒ 오직 Y재만 소비하는 구석해 존재
- $MRS_{XY} > \frac{P_X}{P_Y}$ ⇒ 예산선 상의 모든 점에서 소비 가능

- 주어진 효용함수의 한계대체율(MRS_{XY})은 효용함수의 접선의 기울기(= 효용함수 자체의 기울기)인 '$\frac{1}{2}$'이고, 상대가격은 예산선의 기울기인 '2'이다. 이에 따라 $MRS_{XY} < \frac{P_X}{P_Y}$인 관계가 성립하여, 오직 Y재만 소비하는 구석해가 존재하게 된다. 한편 주어진 예산선을 통해 X재 가격이 10, Y재 가격이 5, 소득이 100임을 알 수 있다. 따라서 소비자 H는 X재는 소비하지 않고, Y재만 20단위만큼 소비하는 것이 최적 소비량이 된다.

(정답) ④

02 다음의 효용함수 중에서 소비자의 선호체계가 동일한 효용함수를 고르면? (단, U는 효용, x는 X재 소비량, y는 Y재 소비량이다)

─ 보기 ─

㉠ $U = \sqrt{x \times y}$ ㉡ $U = \frac{1}{x^2 \times y^2}$

㉢ $U = x^3 + y^3$ ㉣ $U = x^4 \times y^4$

① ㉠, ㉡, ㉣ ② ㉠, ㉣

③ ㉡, ㉢ ④ ㉡, ㉢, ㉣

| 해설 |

어떤 효용함수를 '단조변환'한 함수는 모두 동일한 선호를 가지며, 이러한 관계에 있는 함수를 동조함수라고 한다. 만약 $U = F(X, Y)$라는 효용함수가 있을 때, $U^* = F^*[F(X, Y)]$와 같은 함수를 단조변환한 동조함수라고 한다. 쉽게 말하면 어떤 함수를 변수로 사용하는 함수를 말한다. 이에 따라 소비자의 선호체계가 동일하다는 것은 모든 점에서 소비자의 한계대체율(MRS_{xy})이 동일한 형태를 갖는다는 것을 의미한다.

주어진 각각의 효용함수를 전제로 한계대체율(MRS_{xy})을 구하면 다음과 같다.

- 한계대체율$(MRS_{xy}) = \frac{MU_x}{MU_y}$

㉠ $U = \sqrt{x \times y} = x^{\frac{1}{2}} \times y^{\frac{1}{2}}$ ⇒ $MRS_{xy} = \frac{\frac{1}{2} \times x^{-\frac{1}{2}} \times y^{\frac{1}{2}}}{\frac{1}{2} \times x^{\frac{1}{2}} \times y^{-\frac{1}{2}}} = \frac{y}{x}$

㉡ $U = \frac{1}{x^2 \times y^2} = x^{-2} \times y^{-2}$ ⇒ $MRS_{xy} = \frac{-2x^{-3} \times y^{-2}}{-2x^{-2} \times y^{-3}} = \frac{y}{x}$

㉢ $U = x^3 + y^3$ ⇒ $MRS_{xy} = \frac{3x^2}{3y^2} = \frac{x^2}{y^2} = \left(\frac{x}{y}\right)^2$

㉣ $U = x^4 \times y^4$ ⇒ $MRS_{xy} = \frac{4x^3 \times y^4}{4x^4 \times y^3} = \frac{y}{x}$

따라서 소비자의 선호체계가 동일한 효용함수는 한계대체율이 $\frac{y}{x}$로 동일한 형태인 ㉠, ㉡, ㉣이 된다.

(정답) ①

03 분계선(ridge line)에 관한 설명 중 옳지 않은 것은?

① $MRTS_{LK} = 0$인 점들의 궤적이다.

② $MRTS_{LK} = \infty$인 점들의 궤적이다.

③ 등사곡선은 분계선의 일종이다.

④ 분계선은 원점에서 출발한다.

| 해설 |

분계선은 무수한 등량곡선 상에서 $MRTS_{LK}=0$인 점들의 궤적과 $MRTS_{LK}=\infty$인 점들의 궤적을 함께 일컫는다. 이 분계선으로 경제적 영역과 비경제적 영역으로 나뉜다.

- 등사곡선은 $MRTS_{LK}$가 동일한 점들을 연결시킨 궤적을 총칭한다. 따라서 분계선이 등사곡선의 일종인 것이다.

정답 ③

04 생산비용에 대한 설명으로 옳은 것은? (단, 평균비용과 한계비용은 모두 U자형의 모습을 보인다)

① 규모에 대한 보수가 불변이라면 장기 총비용곡선은 원점을 통과하는 직선이다.

② 규모에 대한 보수가 체증한다면 장기 평균비용곡선은 우상향하는 형태를 취한다.

③ 규모에 대한 보수가 불변이라면 장기 평균비용곡선과 장기 한계비용곡선은 우하향한다.

④ 규모에 대한 보수가 체감한다면 장기 평균비용곡선은 단기 평균비용곡선의 최저점을 연결함으로써 얻어진다.

| 해설 |

규모에 대한 보수와 장기 비용곡선의 관계를 표로 정리하면 다음과 같다.

규모에 대한 보수	장기 평균비용(LAC) 곡선	장기 총비용(LTC)	장기 한계비용(LMC)
체증	우하향	체감(위로 볼록)적 증가	우하향
불변	수평	비례적 증가(원점 통과 직선)	수평
체감	우상향	체증(아래로 볼록)적 증가	우상향

② 규모에 대한 보수가 체증한다면 장기 평균비용곡선은 우하향한다. 이 경우 생산에서 '규모의 경제'가 성립한다.

③ 규모에 대한 보수가 불변이라면 장기 총비용곡선은 원점을 통과하는 직선이다. 이에 따라 장기 평균비용곡선과 장기한계비용곡선은 모두 일정한 값을 갖게 되므로 수평의 모습을 보인다.

④ 규모에 대한 보수가 체감한다면 장기 평균비용곡선이 우상향한다는 의미이다. 따라서 장기 평균비용곡선은 단기 평균비용곡선의 최저점이 아닌 우상향하고 있는 한 점에서 접하는 포락선이 된다.

정답 ①

05 소득이 증가함에 따라 원두커피 소비는 늘어나는 반면 인스턴트커피 소비는 줄어든다고 하자. 이에 대한 설명으로 옳은 것은? (단, 두 시장의 공급곡선이 모두 우상향하며, 다른 조건들은 고려하지 않는다)

① 소득이 증가하면 인스턴트커피 가격은 하락하고, 인스턴트커피 거래량은 증가한다.

② 원두커피 가격상승으로 인한 소득효과는 원두커피 거래량을 증가시킨다.

③ 인스턴트커피 가격이 상승할 때 인스턴트커피 수요량은 증가한다.

④ 소득이 증가할 때 원두커피 가격은 상승한다.

| 해설 |

소득이 증가함에 따라 원두커피 소비는 늘어나므로 원두커피는 정상재이다. 반면에 소득이 증가함에도 불구하고 인스턴트커피 소비는 줄어들므로 인스턴트커피는 열등재이다. 따라서 소득이 증가할 때 원두커피 수요가 증가하게 되고, 가격은 상승하고 거래량은 증가하게 된다.

① 소득이 증가하면 열등재인 인스턴트커피의 수요는 감소하게 된다. 이에 따라 인스턴트커피 가격은 하락하고, 거래량은 감소하게 된다.

② 원두커피 가격상승은 실질소득을 감소시킨다. 이에 따라 정상재인 원두커피의 수요가 감소하여 원두커피 거래량은 감소하게 된다.

③ 인스턴트커피 가격이 상승할 때 인스턴트커피 소비량이 증가하는 것은 인스턴트커피가 기펜재인 경우이다. 그러나 열등재인 경우에도 가격변화에 따른 대체효과가 소득효과보다 더 크다면, 가격이 상승할 때 수요량은 감소하게 된다. 따라서 주어진 자료만 가지고서 인스턴트커피가 기펜재라고 단정지을 수 없다.

정답 ④

06 K기업의 공급곡선은 $Q_S^K=10P$이고, Y기업의 공급곡선은 $Q_S^Y=10+P$이다. 다음 중 가격(P)의 변화에 따른 공급의 가격탄력성에 관한 설명으로 타당한 것은?

① 가격이 상승할수록 K기업의 공급의 가격탄력성은 커진다.

② 가격이 상승할수록 Y기업의 공급의 가격탄력성은 커진다.

③ 가격이 10일 때 K기업의 공급의 가격탄력성과 가격이 20일 때 Y기업의 공급의 가격탄력성은 같아진다.

④ 가격이 20일 때 K기업의 공급의 가격탄력성은 2이다.

해설

Y기업의 공급곡선은 다음 그림과 같이 수량 축을 통과하는 직선의 모습을 보인다.

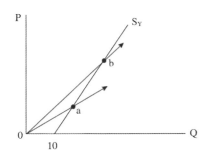

이때 공급의 가격탄력성($E_P = \dfrac{dQ}{dP} \times \dfrac{P}{Q}$)은 공급곡선의 접선기울기의 역수($\dfrac{dQ}{dP}$)와 원점에서 곡선 상의 한 점까지 그은 직선의 기울기($\dfrac{P}{Q}$)에 의해서 그 크기가 결정된다. 앞의 그림에서 a점과 b점에서의 접선기울기의 역수($\dfrac{dQ}{dP}$)는 10으로 동일하지만, 원점에서 그은 직선의 기울기($\dfrac{P}{Q}$)는 a점보다 b점에서 더 커진다. 따라서 공급의 가격탄력성은 a점보다 b점에서 더 커진다. 이것은 가격이 상승할수록 공급의 가격탄력성이 커진다는 것을 의미한다(②).

- K기업의 공급곡선처럼 공급곡선이 원점을 지나는 직선인 경우, 곡선의 기울기와 관계없이 곡선 상의 모든 점에서 가격탄력성은 '1'로 항상 일정한 값을 갖는다. 즉 가격과 무관하게 공급의 가격탄력성은 항상 '1'이 된다(①, ④).
- 가격이 10일 때 K기업의 공급의 가격탄력성은 '1'이다. 한편 가격이 20일 때 Y기업의 공급의 가격탄력성은 다음과 같이 도출된다(③).

$$E_P = \frac{dQ}{dP} \times \frac{P}{Q} = 1 \times \frac{20}{30} = \frac{2}{3}$$

정답 ②

---

07 완전경쟁시장에서 생산자 잉여와 이윤에 대한 설명으로 옳은 것은?

① 단기에 생산자 잉여는 이윤보다 작다.
② 생산자 잉여는 음(−)의 값을 가질 수도 있다.
③ 생산자 잉여는 생산자가 기대하는 최소한의 수익이다.
④ 단기에 한계비용곡선이 우상향하면 생산자 잉여는 항상 양(+)의 값을 갖는다.

해설

생산자 잉여는 시장가격에서 공급가격을 제한 부분의 누적적 합이다. 이러한 내용을 그림으로 그리면 다음과 같다.

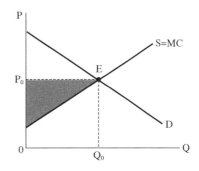

완전경쟁시장에서 단기 공급곡선이 곧 한계비용곡선이다. 따라서 한계비용곡선이 우상향하면, 다시 말해서 단기 공급곡선이 우상향하면 그림의 색칠된 부분에 해당하는 생산자 잉여는 반드시 존재하게 된다.

① 단기에 생산자 잉여와 이윤은 다음과 같이 도출된다.

> - 생산자 잉여: 총수입−한계비용의 누적 합=총수입−총가변비용
> - 이윤=총수입−총비용=총수입−총가변비용−총고정비용=생산자 잉여−총고정비용

그런데 단기에는 총고정비용이 양(+)의 값을 가지므로 '생산자 잉여>이윤'이라는 관계가 성립된다.

② 생산자 잉여가 음(−)의 값을 갖는다는 것은 다음 관계가 성립한다는 의미이다.

> - 총수입($TR: P \times Q$) < 총가변비용($TVC: AVC \times Q$)
> - 가격(P) < 평균가변비용(AVC)

이와 같이 시장가격이 평균가변비용보다 작게 된다면 조업 자체를 중단하게 되므로, 생산자 잉여는 음(−)의 값을 가질 수 없다.

③ 생산자가 기대하는 최소한의 수익은 공급곡선의 높이에 해당하는 공급가격이다. 생산자 잉여는 총수입에서 이러한 생산자가 기대하는 최소한의 수익을 제외한 크기이다.

정답 ④

---

08 독점기업 K의 수요곡선과 총비용곡선이 다음과 같다.

> - $P = 80 - \dfrac{1}{2}Q$, $TC = Q^2 - 10Q + 50$
> 여기서 P는 가격, Q는 수량, TC는 총비용이다.

이윤극대화 수준에서 독점기업 K의 독점도는? (단, 러너(A. Learner)의 독점도(degree of monopoly)를 따른다)

① $\dfrac{1}{11}$ ② $\dfrac{3}{13}$

③ $\dfrac{7}{17}$ ④ $\dfrac{9}{19}$

| 해설 |

독점기업 K의 이윤극대화 수준에서 가격(P), 수량(Q), 한계수입(MR), 한계비용(MC)은 다음과 같이 도출된다.

- $MR = 80 - Q$ (수요함수가 선형함수인 경우 한계수입곡선 절편은 같고 기울기는 2배)
- $MC = 2Q - 10$
- $MR = MC \Rightarrow 80 - Q = 2Q - 10 \Rightarrow 3Q = 90 \Rightarrow Q = 30$, $P = 65$, $MR = MC = 50$

- 러너(A. Learner)의 독점도는 다음과 같이 도출된다.

- $dom = \dfrac{P - MR}{P} = \dfrac{P - MC}{P} = \dfrac{65 - 50}{65} = \dfrac{15}{65} = \dfrac{3}{13}$

(정답) ②

---

09 독점기업 K의 수요함수와 한계비용(MC)이 다음과 같다.

- $Q = 100P^{-2}$, $MC = 100$

여기서 Q는 수량, P는 가격, MC는 한계비용이다.

독점기업 K가 이윤을 극대화할 때 시장가격(P)은?

① 50   ② 100

③ 150   ④ 200

| 해설 |

수요함수가 '$Q = AP^{-\alpha}$'와 같이 지수함수로 주어지면, 수요의 가격탄력성은 'α'가 된다. 따라서 주어진 수요함수의 수요의 가격탄력성은 '2'가 된다. 한편, Amorozo – Robinson 공식에 따르면 한계수입(MR)은 다음과 같이 나타낼 수 있다.

- $MR = P\left(1 - \dfrac{1}{E_P}\right)$, 여기서 E_P는 수요의 가격탄력성이다.

- 독점기업 K의 이윤극대화 조건을 통해 시장가격은 다음과 같이 도출할 수 있다.

- $MR = MC$
- $MR = P(1 - \dfrac{1}{E_P}) = P(1 - \dfrac{1}{2}) = 100 \Rightarrow \dfrac{1}{2} \times P = 100$
  $\Rightarrow P = 200$

(정답) ④

---

10 기업 K가 직면하는 노동공급곡선과 노동의 한계수입생산물(MRP_L)곡선이 다음과 같다고 하자.

- 노동공급곡선: $w = 200 + 5L$
- 한계생산물곡선: $MRP_L = 800 - 5L$
- w는 임금이고, L은 고용량이다.

기업 K가 이윤극대화를 달성하는 수준에서 균형임금은? (단, 기업 K는 노동시장에서 수요독점자이고, 생산물 시장에서 공급독점자이다. 또한 다른 조건들은 고려하지 않는다)

① 300   ② 400

③ 500   ④ 600

| 해설 |

노동시장에서 노동공급곡선은 곧 평균요소비용(AFC)이다. 이에 따라 총요소비용(TFC)을 이용하여 한계요소비용(MFC)을 구하면 다음과 같다.

- $TFC = AFC \times L = 200L + 5L^2$
- $MFC = \dfrac{dTFC}{dL} = 200 + 10L$

- 노동공급곡선을 이용하여 직관적으로 한계요소비용곡선을 구할 수도 있다. 만약 노동시장에서 수요독점자인 기업 K가 직면한 노동공급곡선이 선형함수로 주어지면, 한계요소비용곡선은 노동공급곡선과 절편은 같아지고, 기울기는 2배가 되는 모습을 보인다. 따라서 한계요소비용곡선은 '$MFC = 200 + 10L$'이 된다.
- 노동시장에서 이윤극대화는 다음 조건이 충족될 때 달성된다.

- $MRP = MFC \Rightarrow 800 - 5L = 200 + 10L \Rightarrow 15L = 600$
  $\Rightarrow L = 40$

- 이 결과를 노동공급곡선에 대입하면 이윤극대화를 달성하는 수준에서의 균형임금으로 '$w = 400$'을 구할 수 있다.

(정답) ②

11 폐쇄경제인 K국의 GDP는 1조 5천억 달러, 민간소비는 6,500억 달러이다. 또한 정부지출은 4,500억 달러, 이전지출은 500억 달러, 조세는 5,500억 달러이다. K국의 민간저축(private savings)과 국민저축(national savings)을 각각 구하면?

	민간저축	국민저축
①	2,500억 달러	3,000억 달러
②	3,000억 달러	3,500억 달러
③	3,000억 달러	4,000억 달러
④	3,500억 달러	4,000억 달러

| 해설 |

GDP를 Y, 민간소비를 C, 정부지출을 G, 이전지출을 TR, 조세를 T라고 하면, 민간저축과 국민저축은 다음과 같이 도출된다.

- 민간저축$(S_p) = Y - T + TR - C =$ 1조 5천억 $- 5,500$억 $+ 500$억 $- 6,500$억 $= 3,500$억(달러)
- 정부저축$(S_G) = T - TR - G = 5,500$억 $- 500$억 $- 4,500$억 $= 500$억(달러)
- 국민저축$(S_N) =$ 민간저축 + 정부저축 $= 3,500$억 + 500억 $= 4,000$억(달러)

정답 ④

12 케인스 소비함수에 대한 설명으로 옳은 것은?

① 가처분소득이 존재하지 않으면 소비도 존재하지 않는다.
② 가처분소득이 증가할수록 평균소비성향(APC)은 감소한다.
③ 한계소비성향(MPC)은 0보다 크거나 같고 1보다 작거나 같다.
④ 평균소비성향(APC)은 한계소비성향(MPC)에 비해 항상 작은 값을 갖는다.

| 해설 |

케인스 소비함수의 기본식은 다음과 같다.

- $C = a + bYD$, 여기서 C는 소비, a는 절대(기초)소비, b는 한계소비성향, YD는 가처분소득이다.
- a는 $a > 0$인 상수, b는 $0 < b < 1$인 상수이다.

- 주어진 소비함수의 양 변을 가처분소득(YD)으로 나누어 가처분소득과 평균소비성향과의 관계를 알 수 있다.

- $C = a + bYD \Rightarrow \dfrac{C}{YD} (= APC) = \dfrac{a}{YD} + b$

  $\Rightarrow YD \uparrow \Rightarrow APC \downarrow$ ($\because$ a와 b는 상수)

① 소비함수에서 절대소비(a)가 양($+$)의 상수이므로, 가처분소득이 존재하지 않는다고 해도 절대소비만큼의 소비는 반드시 존재하게 된다.
③ 소비함수의 기울기인 한계소비성향(MPC)이 0인 경우에는 소비함수가 수평이 되고, 1인 경우에는 소비함수가 우상향하는 45°선이 되어, 케인스 소비이론이 설명될 수 없다. 따라서 한계소비성향은 0이나 1이 되어서는 안 된다.
④ 평균소비성향(APC)과 한계소비성향(MPC) 사이에는 다음과 같은 관계가 성립한다.

- $C = a + bYD \Rightarrow \dfrac{C}{YD}(= APC) = \dfrac{a}{YD} + b(MPC)$

  $\Rightarrow APC > MPC$

따라서 가처분소득의 크기와 관계없이 평균소비성향(APC)은 한계소비성향(MPC)에 비해 항상 큰 값을 갖는다.

정답 ②

13 아래 두 그래프는 케인스 단순모형과 IS-LM모형에서 정부지출의 증가($\triangle G$)로 인한 효과를 나타내고 있다. 이에 관한 설명으로 옳은 것을 〈보기〉에서 모두 고른 것은? (단, 그림에서 C는 소비, I는 투자, G는 정부지출이다)

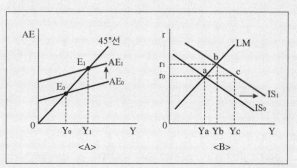

<A>   <B>

┌ 보기 ┐
㉠ <A>에서 $Y_0 \rightarrow Y_1$의 크기는 한계소비성향의 크기에 따라 달라진다.
㉡ <A>에서 $Y_0 \rightarrow Y_1$의 크기는 <B>의 $Y_a \rightarrow Y_b$의 크기와 같다.
㉢ <B>의 새로운 균형점 b는 구축효과를 반영하고 있다.
㉣ <A>에서 정부지출의 증가는 재고의 예기치 못한 증가를 가져온다.

① ㉠, ㉡   ② ㉠, ㉢
③ ㉡, ㉣   ④ ㉢, ㉣

케인스 단순모형에서 국민소득 증가는 승수효과로 설명할 수 있다. 이때 정부지출 승수는 한계소비성향이 클수록(작을수록) 커진다(작아진다)(㉠). 한편 LM곡선이 우상향하는 기울기를 갖는 경우 정부지출이 증가하게 되면 이자율이 상승하고 이로 인해 민간투자가 감소하는 구축효과가 발생하게 된다. <B>에서 구축효과의 크기는 $Y_b \sim Y_c$로 측정된다(㉢).

㉡ <A>에서 $Y_0 \to Y_1$의 크기는 구축효과가 발생하지 않을 경우의 국민소득 증가분이다. 따라서 이 크기는 <B>의 $Y_a \to Y_c$의 크기와 같게 된다.

㉣ <A>에서 정부지출이 증가하면 유효수요가 증가하게 되므로 재고는 오히려 감소하게 된다.

(정답) ②

---

14 2019년 1월 1일 발행된 1년 만기 국채이자율은 3%이고, 2020년과 2021년의 1년 만기 국채이자율은 각각 2%, 1%로 예상되고 있다. 한편 1년 만기 국채 대비 3년 만기 국채의 유동성 프리미엄은 0.5%로 알려져 있다. 기대이론과 유동성 프리미엄이론에 따를 때, 3년 만기 국채이자율을 각각 구하면?

	기대이론	유동성 프리미엄이론
①	2%	2.5%
②	2.5%	2%
③	3%	3.5%
④	6%	6.5%

| 해설 |

기대이론에 따르면 만기가 서로 다른 채권의 완전대체성을 인정한다. 이에 따라 1년 만기 국채와 3년 만기 국채는 완전대체재가 되고, 3년 만기 국채(장기채권)이자율은 1년 만기 국채(단기채권)이자율의 산술평균 값으로 결정된다.

- 기대이론에 따른 3년 만기 국채이자율 = $\frac{3\% + 2\% + 1\%}{3} = 2\%$

- 유동성 프리미엄이론에서는 만기가 서로 다른 채권의 완전대체성을 인정하지 않는다. 유동성 프리미엄이론에서는 미래에 대한 불확실성을 채권이자율에 반영할 것을 주장한다. 이에 따라 3년 만기 국채(장기채권)이자율은 1년 만기 국채(단기채권)이자율에 미래에 대한 불확실성의 정도를 평가한 유동성 프리미엄을 더한 값으로 결정된다.

- 유동성 프리미엄이론에 따른 3년 만기 국채이자율
  = 기대이론에 따른 3년 만기 국채이자율 + 유동성 프리미엄
  = 2% + 0.5% = 2.5%

(정답) ①

---

15 K국의 IS-LM 모형이 다음과 같이 주어져 있다.

- $Y = C + I + G$
- $C = 20 + 0.75Y$
- $I = 50 - 25r$
- $G = 30$
- LM곡선: $r = 1 + 0.02Y$

단, Y는 국민소득, C는 소비, I는 투자, G는 정부지출, r은 이자율(%)이다.

K국 정부가 정부지출의 증대를 통하여 균형국민소득을 현재보다 2배만큼 증가시키기 위하여 필요한 이자율의 변화는?

① 불변이다.
② 1%p 상승한다.
③ 1%p 하락한다.
④ 2%p 상승한다.

| 해설 |

주어진 조건을 전제로 IS곡선을 도출하면 다음과 같다.

- $Y = C + I + G \Rightarrow Y = 20 + 0.75Y + 50 - 25r + 30$
  $\Rightarrow 0.25Y = 100 - 25r \Rightarrow Y = 400 - 100r$

- 앞에서 도출된 IS곡선을 주어진 LM곡선에 대입하여 정리하면 균형이자율과 균형국민소득을 구할 수 있다.

- $r = 1 + 0.02Y \Rightarrow r = 1 + 0.02(400 - 100r) \Rightarrow r = 1 + 8 - 2r$
  $\Rightarrow 3r = 9 \Rightarrow r = 3(\%)$
- $Y = 400 - 100r = 400 - 100 \times 3 = 400 - 300 = 100$

- 균형국민소득을 현재보다 2배만큼 증가한다는 것은 새로운 균형국민소득이 '$Y = 200$'이 된다는 의미이다. 정부지출의 증대는 IS곡선을 오른쪽으로 이동시키지만, LM곡선은 이동하지 않는다. 따라서 새로운 균형점 역시 기존의 LM곡선 상에 존재할 것이다. 결국 '$Y = 200$'을 기존의 LM곡선에 대입하면 필요한 이자율은 다음과 같이 도출된다.

- $r = 1 + 0.02Y = 1 + 0.02 \times 200 = 1 + 4 = 5(\%)$

(정답) ④

16 총수요(AD)-총공급(AS) 모형에서 K국의 총공급 곡선이 다음과 같이 주어졌다.

> • $Y = Y_n + \alpha(P - P^e)$
>
> 여기서 Y는 실제산출량, Y_n는 자연산출량, α는 0보다 큰 상수, P는 실제물가, P^e는 예상물가이다.

현재 장기 균형상태에 있는 K국의 중앙은행은 앞으로 예상되는 경기과열에 선제적으로 대응하기 위하여 긴축 통화정책을 실시할 것을 고려하고 있다. 만약 K국 경제 주체들의 물가예상이 합리적으로 형성되고 통화량 감소가 미리 예측되는 경우, K국 중앙은행이 실시하고자 하는 긴축 통화정책의 효과로서 옳은 것은?

① 물가는 하락하고 산출량도 감소한다.

② 물가는 불변이고 산출량은 감소한다.

③ 물가는 하락하고 산출량은 불변이다.

④ 물가와 산출량 모두 불변이다.

| 해설 |

K국의 현재 상황과 긴축 통화정책을 실시하는 경우의 변화를 그림으로 나타내면 다음과 같다.

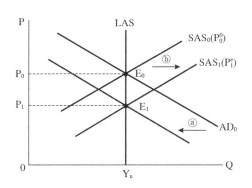

• 현재 K국 경제는 장기 균형 상태인 E_0에 위치하고 있다. 이때 중앙은행의 긴축 통화정책으로 AD곡선은 왼쪽으로 이동하게 된다(ⓐ). 그런데 K국 경제주체들이 물가예상을 합리적으로 형성하고 중앙은행의 통화량 감소를 미리 예측하기 때문에 단기 총공급(SAS)곡선이 즉시 오른쪽으로 이동하게 된다(ⓑ). 이에 따라 K국 경제의 물가는 즉시 하락($P_0 \rightarrow P_1$)하고, 산출량은 자연산출량 수준을 그대로 유지하며, E_1에서 새로운 장기 균형 상태를 유지하게 된다.

정답 ③

17 소비자물가지수를 구성하는 소비지출 구성이 다음과 같다.

> • 식료품비: 30%   • 교육비: 30%
> • 주거비: 20%   • 교통비 및 통신비: 10%
> • 문화비: 10%

전년도에 비해 올해에는 식료품비가 10%, 교육비가 10%, 주거비가 5% 상승한 반면, 교통비 및 통신비는 10%, 문화비는 60%만큼 하락하였다. 전년도 대비 올해의 소비자물가상승률은?

① 불변이다.

② 1% 상승했다.

③ 2% 상승했다.

④ 3% 하락했다.

| 해설 |

물가상승률은 다음과 같이 도출된다.

> • 물가상승률 = $\sum$ (개별상품 가중치) × (개별상품 물가상승률)
>   여기서 가중치는 개별상품이 전체 소비지출에서 차지하는 비중이다.
> • 물가상승률
>   = $0.3 \times 10\% + 0.3 \times 10\% + 0.2 \times 5\% - 0.1 \times 10\% - 0.1 \times 60\%$
>   = $3\% + 3\% + 1\% - 1\% - 6\% = 0\%$

정답 ①

18 다음 주어진 자료를 기초로 생산가능인구를 구하면?

> • 전체인구: 5,000만 명
> • 경제활동참가율: 60%
> • 실업률: 10%
> • 청년실업률: 14%
> • 취업자: 1,890만 명

① 2,500만 명   ② 3,000만 명

③ 3,200만 명   ④ 3,500만 명

| 해설 |

경제활동인구를 L, 취업자를 E, 실업자를 UE라 할 때, 주어진 자료와 실업률(u) 공식을 이용하면 경제활동인구와 실업자 수를 구할 수 있다. 단, 각 단위는 만 명이다.

$$\bullet\ u = \frac{UE}{L} = \frac{UE}{E + UE}$$

$$\Rightarrow 0.1 = \frac{UE}{1,890 + UE} \Rightarrow 189 + 0.1UE = UE \Rightarrow 0.9UE = 189$$

$$\Rightarrow UE = 210(\text{만 명})$$

$$\bullet\ L = E + UE = 1,890 + 210 = 2,100(\text{만 명})$$

한편 경제활동참가율 공식을 이용하면 생산가능인구(LP)를 구할 수 있다.

$$\bullet\ \text{경제활동참가율} = \frac{L}{LP} \Rightarrow 0.6LP = 2,100$$

$$\Rightarrow LP = \frac{2,100}{0.6} = 3,500(\text{만 명})$$

정답 ④

---

19 K국의 단기 필립스곡선이 다음과 같다.

$\bullet\ \pi = \pi^e - 0.4(u - u_n)$, 여기서 u는 실제실업률, u_n은 자연실업률, π는 실제 인플레이션율, π^e는 기대 인플레이션율이고, 자연실업률은 5%이다.

현재 K국 경제는 실제 인플레이션율(π)과 기대 인플레이션율(π^e)이 동일한 수준이다. 만약 경제주체들의 기대 인플레이션율이 불변인 경우, 실제 인플레이션율을 1%p만큼 낮추려고 할 때, 실업률의 변화 추이에 대한 설명으로 옳은 것은?

① 1.5%p만큼 하락해야 한다.

② 2.5%p만큼 상승해야 한다.

③ 3.5%p만큼 하락해야 한다.

④ 4.5%p만큼 상승해야 한다.

| 해설 |

주어진 필립스곡선은 다음과 같이 나타낼 수 있다.

$\bullet\ \pi = \pi^e - 0.4(u - u_n) \Rightarrow \pi - \pi^e = -0.4(u - u_n)$

$\Rightarrow \pi - \pi^e = -0.4(u - 5\%)\ (\because u_n = 5\%)$

• K국 경제는 실제 인플레이션율과 기대 인플레이션율이 동일한 수준이므로 '$\pi - \pi^e = 0$'이 성립한다. 따라서 '$u - 5\% = 0$'도 성립해야 하므로 실제실업률(u)은 5%이다.

• 기대 인플레이션율이 불변인 경우, 실제 인플레이션율을 1%p만큼 낮추기 위해서는 다음 식이 성립해야 한다.

$\bullet\ \pi = \pi^e - 0.4(u - u_n) \Rightarrow -1\% = 0 - 0.4(u - 5\%)\ (\because \pi^e = 0)$

$\Rightarrow u = 7.5\%$

결국 기대 인플레이션율이 불변인 경우, 실제 인플레이션율을 1%p만큼 낮추기 위해서 실업률은 이전에 비해 2.5%p만큼 상승해야 한다.

정답 ②

---

20 다음 중 물가안정 목표제(inflation targeting)에 관한 설명으로 가장 타당하지 못한 것은?

① 물가안정 목표제는 자유재량 정책에 비해 중앙은행 정책 수행의 투명성을 높일 수 있다.

② 물가안정 목표제는 자유재량 정책에 비해 최적정책의 동태적 비일관성 문제를 감소시킨다.

③ 물가안정 목표제는 물가안정에 초점을 맞추기 때문에 자유재량 정책에 비해 생산과 고용의 변동에 적절하게 대응하지 못한다.

④ 우리나라 물가안정 목표제의 기준지표는 GDP 디플레이터이다.

| 해설 |

우리나라 물가안정 목표제의 기준지표는 GDP 디플레이터가 아닌 소비자물가지수(CPI)이다.

• 물가안정 목표제는 정책목표를 구체적 수치로 민간에 사전에 공표하기 때문에 정책의 신뢰도와 투명도를 자유재량 정책에 비해 높일 수 있다. 다만 이러한 목표수치 범위 내에서만 생산과 고용량을 변동시킬 수 있어, 이에 대한 제한이 없는 자유재량 정책에 비해 경기변동에 적절하게 대응하지 못하는 한계가 있다.

정답 ④

---

21 한국은행이 경기예상에 대한 여론조사를 한 결과, 200개의 전체 응답기업 중에서 130개 업체가 경기가 호전 중이라고 답했고, 나머지 70개 업체가 경기가 악화되고 있다고 답했다. 이를 기초로 한 기업실사지수(B.S.I.: business surveying index)를 구하면?

① 110

② 120

③ 130

④ 140

| 해설 |

기업실사지수는 다음과 같이 측정된다.

$$\bullet\ \text{B.S.I.} = \frac{\text{상승(호전)업체수} - \text{하락(악화)업체수}}{\text{전체응답업체수}}$$

$$\times 100 + 100 = \frac{130 - 70}{200} \times 100 + 100 = 130$$

이 결과는 경기가 현재 확장국면에 있다고 평가된다.

정답 ③

22 K국의 수입수요탄력성이 2.5이고, K국의 교역상대국인 외국의 수입수요탄력성이 5.0인 경우, K국의 사회후생을 극대화하기 위한 관세율 수준은?

① 40% ② 30%
③ 25% ④ 20%

| 해설 |

자국의 사회후생을 극대화하기 위한 관세율인 최적 관세율의 수준을 묻고 있다. 최적 관세율은 다음과 같이 도출된다.

- 최적 관세율 $= \dfrac{1}{\text{외국의 수입수요탄력성} - 1} = \dfrac{1}{5-1} = \dfrac{1}{4} = 25\%$

정답 ③

23 명목환율과 국내물가가 동일하게 5%만큼 상승하고, 해외물가는 5%만큼 하락하였다고 하자. 이러한 변화에 따른 실질환율의 변화 추이로 옳은 것은? (단, 명목환율은 자국화폐 또는 재화 단위로 표시한 외국화폐 또는 재화 1단위의 가격을 의미하며, 실질환율은 국내상품 수량으로 나타낸 해외상품의 상대가격이다)

① 5%만큼 하락한다.
② 5%만큼 상승한다.
③ 15%만큼 하락한다.
④ 15%만큼 상승한다.

| 해설 |

문제에서 주어진 명목환율과 실질환율의 의미에 따라 실질환율과 그 변동률은 다음과 같이 나타낼 수 있다.

- 실질환율 $= \dfrac{\text{명목환율}(e) \times \text{해외물가}(P_f)}{\text{국내물가}(P)}$
- 실질환율 변동률 = 명목환율 변동률 + 해외물가 상승률 − 국내물가 상승률
$$= 5\% - 5\% - 5\% = -5\%$$

정답 ①

24 다음 상황에서 1년 후 100엔당 원화의 환율수준은?

일식우동집을 운영하는 갑은 은행에서 운영자금 100만 원을 1년간 빌리기로 했다. 원화로 대출받으면 1년 동안의 대출금리가 21%인 반면, 동일한 금액을 엔화로 대출받으면 대출금리는 10%이지만 대출금은 반드시 엔화로 상환해야 한다. 한편, 일식우동집을 1년 동안 운영할 경우 기대되는 수익은 150만 원이며, 현재 원화와 엔화 사이의 환율은 100엔당 1,000원이다. 단, 갑은 두 대출조건이 동일하다고 생각한다.

① $\dfrac{1{,}000원}{100엔}$ ② $\dfrac{1{,}100원}{100엔}$
③ $\dfrac{1{,}200원}{100엔}$ ④ $\dfrac{1{,}250원}{100엔}$

| 해설 |

문제에서 주어진 상황은 원화 1,000원을 가지고 국내에서 투자하는 경우와 이를 현재의 환율로 환전할 수 있는 100엔을 일본에 투자하는 경우의 수익률이 동일하다는 것과 유사하다. 따라서 이를 이자율평가설로 접근할 수 있다. 여기서 원화를 1,000원으로 제시한 것은 계산의 편의를 위한 가정이다.

- 이자율평가식은 다음과 같다.

- $K(1+r) = \dfrac{K}{E}(1+r^*)E^e$, r은 원화 이자율, r^*은 엔화 이자율, K는 투자금액, E는 현물환율, E^e는 예상환율이다.

- 이제 문제에서 주어진 조건들을 앞의 식에 대입하면 다음과 같은 결과를 도출할 수 있다.

- $1{,}000원(1+0.21) = 100엔(1+0.1) \times E^e \Rightarrow$
$1{,}210원 = 110엔 \times E^e \Rightarrow E^e = \dfrac{1{,}210원}{110엔} = \dfrac{1{,}100원}{100엔}$

- 한편 문제에서 주어진 일식우동집을 1년 동안 운영할 경우의 수익 발생은 대출조건과 관계가 없으므로, 두 대출조건을 비교할 때는 고려하지 않는다.

정답 ②

25 다음 괄호에 들어갈 알맞은 말을 고르면?

자본이동이 불완전하고 변동환율제도를 채택한 소규모 개방경제의 먼델-플레밍 모형(Mundell-Fleming Model)에서 확장적 재정정책을 실시하면 균형국민소득은 (㉠)하고, 균형이자율은 (㉡)한다.

	㉠	㉡
①	증가	상승
②	감소	하락
③	감소	상승
④	불변	불변

| 해설 |

자본이동이 불완전하고 변동환율제도하에서 소국의 확장적 재정정책은 다음 그림과 같은 변화를 가져온다.

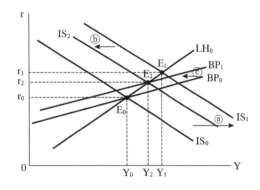

- 확장적 재정정책은 IS곡선을 오른쪽으로 이동시켜(ⓐ), 단기 균형점은 E_0에서 E_1으로 이동하게 된다. 이에 따라 국제수지는 흑자가 되어 외환시장에서 환율이 하락하게 된다. 이러한 환율의 하락은 순수출을 감소시켜, IS곡선을 왼쪽으로 이동시킨다(ⓑ). 또한 환율의 하락은 BP곡선도 왼쪽으로 이동시킨다(ⓒ). 결국 E_2점에서 균형을 이루게 되어 확장적 재정정책 시행 이전 수준(E_0)에 비해 균형국민소득은 증가($Y_0 \rightarrow Y_2$)하고, 균형이자율($r_0 \rightarrow r_2$)은 상승하게 된다.

정답 ①

01	①	02	②	03	③	04	③	05	②
06	③	07	④	08	③	09	④	10	②
11	④	12	①	13	②	14	④	15	④
16	④	17	③	18	④	19	④	20	①

01 소비자 H는 X재와 Y재를 소비하며 효용극대화를 달성하고자 한다. 그런데 소비자 H는 현재의 소비점(A)에서 Y재 2단위 대신 X재 1단위를 소비해도 동일한 만족을 갖는 선호체계를 보인다. 한편 현재 X재와 Y재 가격은 모두 100원으로 동일하다. 다음 그림 중 소비자 H의 소비점(A)을 나타내고 있는 것은? (단, 소비자 H의 무차별곡선은 강볼록성과 강단조성을 충족한다)

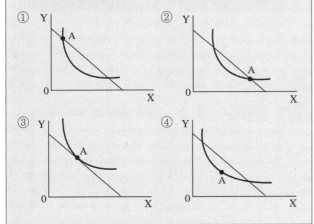

| 해설 |

효용극대화를 달성하기 위한 조건은 다음과 같다.

- 한계대체율(MRS_{XY}) = 상대가격$(\frac{P_X}{P_Y})$

- 주어진 조건에 따른 소비자 H의 한계대체율(MRS_{XY})은 '2'이며, 이것은 현재의 소비점에서 측정되는 무차별곡선의 접선의 기울기이다. 또한 상대가격$(\frac{P_X}{P_Y} = \frac{100}{100})$은 '1'이며, 이것은 예산선의 기울기이다. 따라서 현재 소비점에서는 '한계대체율(MRS_{XY}) > 상대가격$(\frac{P_X}{P_Y})$' 관계가 성립하고 있다.
- 소비자 H는 예산선을 따라 X재 소비를 늘리고 Y재 소비를 줄여야만 지금 수준보다 더 높은 수준의 효용에 도달할 수 있게 된다.

(정답) ①

02 두 재화 모두 정상재인 X재와 Y재가 대체재 관계에 있을 때, X재 가격만이 하락하는 경우의 가격−소비곡선(PCC)은? (단, 소비자의 한계대체율(MRS_{XY})은 체감하며, 다른 조건을 고려하지 않는다)

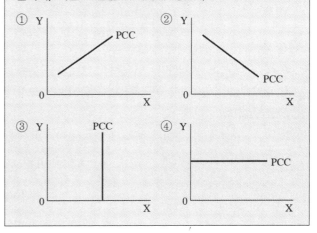

| 해설 |

소득과 Y재 가격이 일정할 때, X재 가격만이 하락하는 경우 예산선은 Y축 절편을 중심으로 밖으로 회전이동을 하게 된다. 이때 수요의 법칙을 따라 X재 소비는 증가하게 되고, X재와 대체재 관계에 있는 Y재 소비는 감소하게 된다. 이에 따라 가격−소비곡선은 우하향하는 모습을 보이게 된다.

(정답) ②

03 X재를 단위당 1,000원에 100단위만큼을 판매하는 기업 A가 있다. 이때 기업 A가 지출하는 총비용(TC)은 80,000원이고 이 중 평균고정비용(AFC)은 300원이라고 알려져 있다. 기업 A의 평균가변비용(AVC)은?

① 300원 ② 400원
③ 500원 ④ 600원

| 해설 |

'총'비용과 '평균'비용 구성을 정리하면 다음과 같다.

- 총비용(TC) = 총고정비용(TFC) + 총가변비용(TVC)
- 평균비용$(AC = \frac{TC}{Q})$ = 평균고정비용$(AFC = \frac{TFC}{Q})$ + 평균가변비용$(AVC = \frac{TVC}{Q})$

- 주어진 조건들을 이용하여 평균가변비용을 구하면 다음과 같다.

- $AFC = \frac{TFC}{Q} \Rightarrow TFC = AFC \times Q$
  $\Rightarrow TFC = 300 \times 100 = 30,000$(원)
- $TC = TFC + TVC$

$$\Rightarrow TVC = TC - TFC = 80,000 - 30,000 = 50,000(원)$$

- $AVC = \dfrac{TVC}{Q} = \dfrac{50,000}{100} = 500(원)$

정답 ③

---

04 수요곡선과 공급곡선이 모두 우상향하고 있는 상황에서 균형(E)이 존재한다. 이 균형(E)의 안정성은? (단, 수요곡선의 기울기가 공급곡선의 기울기보다 크다고 가정한다)

① Walras 기준과 Marshall 기준에서 모두 안정적이다.
② Walras 기준과 Marshall 기준에서 모두 불안정적이다.
③ Walras 기준에서는 안정적이고 Marshall 기준에서는 불안정적이다.
④ Walras 기준에서는 불안정적이고 Marshall 기준에서는 안정적이다.

│ 해설 │

Walras 기준은 가격조정으로, Marshall 기준은 생산량조정으로 통해 불균형 해소를 위해 시장을 움직인다.

- 만약 가격이 P_E에서 $P_W(P_E > P_W)$로 이탈을 하게 되면 다음과 같은 가격조정이 이루어지게 된다.

> - 초과수요(량) 발생 ⇒ 가격 상승 ⇒ P_E에 도달 ⇒ 본래 균형 (E) 회복 ⇒ 본래 균형은 안정적 균형

- 만약 거래량이 Q_E에서 $Q_M(Q_E < Q_M)$로 이탈을 하게 되면 다음과 같은 생산량조정이 이루어지게 된다.

> - 초과수요(가격) 발생 ⇒ 생산량 증가 ⇒ Q_E에서 더욱 멀어짐 ⇒ 본래 균형은 불안정적 균형

정답 ③

---

05 다음은 콜라 수요에 대한 분석 결과이다.

> - 사이다 가격 변화에 대한 수요의 교차탄력성: 1.2
> - 피자 가격 변화에 대한 수요의 교차탄력성: −1.0
> - 수요의 소득탄력성: −1.0

다음 중 콜라의 수요를 가장 크게 감소시키는 경우는?

① 사이다 가격의 1% 상승과 피자 가격의 1% 상승
② 사이다 가격의 1% 하락과 소득의 1% 증가
③ 피자 가격의 1% 상승과 소득의 1% 감소
④ 피자 가격의 1% 하락과 사이다 가격의 1% 하락

│ 해설 │

주어진 분석 결과는 다음과 같은 의미이다.

> - 사이다 가격 변화에 대한 수요의 교차탄력성: 1.2 ⇔ 사이다 가격 1% 상승(하락)할 때 콜라 수요 1.2% 증가(감소)
> - 피자 가격 변화에 대한 수요의 교차탄력성: −1.0 ⇔ 피자 가격 1% 상승(하락)할 때 콜라 수요 1% 감소(증가)
> - 수요의 소득탄력성: −1.0 ⇔ 소득 1% 증가(감소)할 때 콜라 수요 1% 감소(증가) ⇒ 콜라 열등재

- 선택지의 각 경우에 해당하는 콜라 수요 변화에 대한 결과는 다음과 같이 도출된다.

> ① 사이다 가격의 1% 상승과 피자 가격의 1% 상승 ⇒ 1.2% + (−1%) = 0.2% ⇒ 콜라 수요 증가
> ② 사이다 가격의 1% 하락과 소득의 1% 증가 ⇒ −1.2% + (−1%) = −2.2% ⇒ 콜라 수요 감소
> ③ 피자 가격의 1% 상승과 소득의 1% 감소 ⇒ −1% + 1% = 0% ⇒ 콜라 수요 불변
> ④ 피자 가격의 1% 하락과 사이다 가격의 1% 하락 ⇒ 1% + (−1%) = 0% ⇒ 콜라 수요 불변

- 콜라와 사이다는 서로 대체재 관계가 성립하고 콜라가 열등재라는 조건을 이용하면, "콜라의 수요는 대체재인 사이다 가격이 하락할수록, 소득이 증가할수록 수요는 더 크게 감소한다."라는 결과를 쉽게 도출할 수 있다.

정답 ②

---

06 독점기업 K는 현재 한계비용(MC)이 100원인 X재를 1,000개만큼 생산하여 단위당 500원에 판매하면서 이윤을 극대화하고 있다고 한다. 현재 수준에서 X재의 수요의 가격탄력성(E_P)을 구하면?

① 0.5
② 1
③ 1.25
④ 1.5

│ 해설 │

독점기업의 이윤극대화 조건과 Amorozo−Robinson공식은 다음과 같다.

> - 이윤극대화 조건: $MR = MC$
> - Amorozo−Robinson공식: $MR = P\left(1 - \dfrac{1}{E_P}\right)$

- 독점기업 K가 단위당 500원에 판매하면서 이윤을 극대화하고 있으므로 독점기업 K의 한계수입(MR)은 한계비용(MC)의 크기

와 동일한 100원이 된다. 이를 Amorozo – Robinson공식에 대입하면 다음과 같이 수요의 가격탄력성을 구할 수 있다.

- $MR = P(1 - \dfrac{1}{E_P}) \Rightarrow 100 = 500(1 - \dfrac{1}{E_P}) \Rightarrow 1 - \dfrac{1}{E_P} = \dfrac{1}{5}$
  $\Rightarrow \dfrac{1}{E_P} = \dfrac{4}{5} \Rightarrow E_P = \dfrac{5}{4} = 1.25$

정답 ③

07 게임 상황에 있는 두 기업 A와 B가 선택할 수 있는 전략과 전략 선택에 따른 보수(payoff)가 다음과 같이 알려져 있다.

		기업 B	
		B_1	B_2
기업 A	A_1	(100, a)	(c, 200)
	A_2	(b, 300)	(400, d)

다음 중 전략 조합 (A_1, B_2)가 우월전략균형이 되기 위해 필요한 조건은? (단, 보수행렬에서 앞의 숫자는 기업 A의 보수, 뒤의 숫자는 기업 B의 보수를 나타낸다)

① a < 300, b > 100, c > 200, d > 400
② a > 200, b < 100, c < 400, d > 300
③ a < 200, b > 400, c < 100, d < 300
④ a < 200, b < 100, c > 400, d > 300

| 해설 |

우월전략이란 상대방이 어떠한 전략을 선택한다고 하더라도 자신에게 유리한 전략을 의미한다. 전략 조합 (A_1, B_2)가 우월전략균형이 되기 위해서는 기업 A에게 전략 A_1이 우월전략이 되어야 하고, 동시에 기업 B에게는 전략 B_2가 우월전략이 되어야 한다.

- 기업 A에게 전략 A_1이 우월전략이 되기 위해서는 'b가 반드시 100보다 작아야(b < 100)'하고, 동시에 'c가 400보다 커야(c > 400)'한다.
- 기업 B에게 전략 B_2가 우월전략이 되기 위해서는 'a가 반드시 200보다 작아야(a < 200)'하고, 동시에 'd가 300보다 커야(d > 300)'한다.

정답 ④

08 A와 B의 효용가능곡선이 다음과 같이 주어져 있는 경제가 있다.

- $U_A + 2U_B = 90$, U_A와 U_B는 A와 B의 후생이며 각각 $U_A \geq 0$, $U_B \geq 0$이다.

그런데 현재 시장의 배분상태(D_1)에서 A와 B의 후생은 각각 $U_A = 70$, $U_B = 10$이라고 한다. 만약 정부가 소득재분배정책을 시행하면 새로운 배분상태(D_2)에서 A와 B의 후생은 각각 $U_A = 50$, $U_B = 15$가 된다고 한다. 이러한 변화에 대한 설명으로 옳은 것은?

① 주어진 조건 아래에서 정책당국의 소득재분배정책의 시행으로 파레토 개선이 이루어진다.
② 사회후생함수가 $SW = U_A + U_B$라고 주어지면, 정부의 소득재분배정책의 시행으로 사회후생의 극대화 달성은 불가능해진다.
③ 사회후생함수가 $SW = \min[U_A, U_B]$라고 주어지면, 정부의 소득재분배정책의 시행으로 사회후생은 증가하게 된다.
④ 사회후생함수가 $SW = U_A \times U_B$라고 주어지면, 정부의 소득재분배정책의 시행으로 사회후생에는 변화가 없게 된다.

| 해설 |

사회후생함수가 $SW = \min[U_A, U_B]$와 같이 주어진 경우, 정부의 소득재분배정책 시행 전후의 사회후생의 크기는 다음과 같다.

- 정책 시행 전: $SW = \min[U_A, U_B] = \min[70, 10] = 10$
- 정책 시행 후: $SW = \min[U_A, U_B] = \min[50, 15] = 15$

따라서 정부의 소득재분배정책의 시행으로 사회후생은 증가하게 된다.

① 정책당국의 소득재분배정책의 시행 전후 상황을 그림으로 나타내면 다음과 같다.

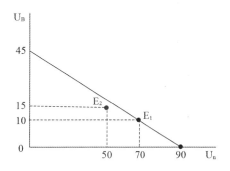

정부의 정책 시행으로 배분 상태는 효용가능곡선 안쪽으로 이동($E_1 \Rightarrow E_2$)한다. 이는 파레토 비효율을 가져온다는 의미이다.

② 사회후생함수가 $SW = U_A + U_B$라고 주어지면, 효용가능곡선의 기울기가 '$\frac{1}{2}$'이고, 사회후생함수의 기울기가 '1'이 되어 '$U_A = 90$'인 수준에서 구석해가 성립하게 된다. 이 수준은 효용가능곡선상에서 이루어지므로 사회후생 극대화를 달성할 수 있게 된다.

④ 사회후생함수가 $SW = U_A \times U_B$와 같이 주어진 경우, 정부의 소득재분배정책 시행 전후의 사회후생의 크기는 다음과 같다.

• 정책 시행 전: $SW = U_A \times U_B = 70 \times 10 = 700$
• 정책 시행 후: $SW = U_A \times U_B = 50 \times 15 = 750$

따라서 정부의 소득재분배정책의 시행으로 사회후생은 증가하게 된다.

정답 ③

---

09 어떤 경제에서 소비(C), 투자(I), 정부지출(G), 순수출(NX)이 다음과 같다. 정부지출이 150으로 증가할 때, 순수출의 변화는?

• $C = 100 + 0.85Y$
• $I = 100$
• $G = 100$
• $NX = 500 - 0.05Y$
• 여기서 Y는 국민소득을 의미한다.
---

① 불변이다.
② 12만큼 감소한다.
③ 12만큼 증가한다.
④ 12.5만큼 감소한다.

| 해설 |

정부지출이 150으로 50만큼 증가하는 경우, 주어진 조건하의 정부지출 승수에 따른 국민소득의 변화는 다음과 같다.

• 정부지출 승수 $= \dfrac{1}{1 - 한계소비성향 + 한계수입성향}$
$= \dfrac{1}{1 - 0.85 + 0.05} = \dfrac{1}{0.2} = 5$
• 국민소득 증가분 = 정부지출 증가분 × 정부지출 승수
$= 50 \times 5 = 250$

• 한계수입성향을 고려한 국민소득 증가에 따른 순수출의 변화는 다음과 같다.

• 수입 증가분 = 국민소득 증가분 × 한계수입성향
$= 250 \times 0.05 = 12.5$

따라서 순수출은 12.5만큼 감소하게 된다.

정답 ④

---

10 토빈(J. Tobin)의 q에 대한 설명으로 옳은 것은?

① q값이 작을수록 투자에 유리한 환경이 조성된다.
② 정부정책의 변화와 긴밀한 상관관계를 보이기도 한다.
③ 투자를 주식시장 상황과 결부시키므로 이자율의 변화와는 전혀 무관하다.
④ 기존 자본재를 대체하는 비용을 시장에서 평가된 설치 자본의 가치로 나눈 값이다.

| 해설 |

q값은 다음과 같이 측정된다.

• $q = \dfrac{주식시장에서 \ 평가된 \ 설치자본의 \ 가치}{기존 \ 자본재 \ 대체 \ 비용}$

이때 q값이 크면 클수록 주식시장에서의 투자에 필요한 자본조달이 용이해져서 투자에 유리한 환경이 조성된다(①, ④).
• 정책당국이 법인세 인하정책을 시행하면 기업의 이윤이 증가하게 되어, 기업 주식에 대한 수요가 증가하게 된다. 따라서 주가가 상승하게 되고, 이것으로 q값은 커진다. 따라서 투자하기 유리한 환경이 조성된다(②).
• 중앙은행의 정책금리 인하는 시장이자율을 하락시키고, 이에 따라 금융권의 자금이 주식시장으로 이동하여 주가 상승을 견인한다. 따라서 q값은 상승하고, 투자하기 유리한 환경이 조성된다(③).

정답 ②

---

11 다음의 통화승수에 대한 설명으로 옳은 것은?

① 현금−통화 비율이 100%이면 통화승수는 0이다.
② 현금−예금 비율이 0%이면 통화승수는 0이다.
③ 현금−통화 비율이 0%이면 통화승수는 1이다.
④ 지급준비율이 100%이면 통화승수는 1이다.

| 해설 |

통화승수는 다음과 같다.

• 통화승수$_1 = \dfrac{1}{c + z - cz}$, c는 현금−통화 비율, z는 지급준비율이다.
• 통화승수$_2 = \dfrac{k+1}{k+z}$, k는 현금−예금 비율, z는 지급준비율이다.
---

① 현금 - 통화 비율이 100%이면 통화승수는 '$\frac{1}{1+z-z} = \frac{1}{1} = 1$' 이다.

② 현금 - 예금 비율이 0%이면 통화승수는 '$\frac{0+1}{0+z} = \frac{1}{z}$'이다.

③ 현금 - 예금 비율이 0%이면 통화승수는 '$\frac{1}{0+z-0} = \frac{1}{z}$'이다.

④ 지급준비율이 100%이면 통화승수는 '$\frac{1}{c+1-c} = \frac{1}{1} = 1$' 또는 '$\frac{k+1}{k+1} = 1$'이 성립한다.

(정답) ④

---

12 보몰(W. Baumol)의 재고이론에 따를 때, 소득이 2배가 되는 경우 화폐수요량의 변화는? (단, 다른 조건들은 고려하지 않는다)

① $\sqrt{2}$ 배만큼 증가한다.

② 2배만큼 증가한다.

③ 4배만큼 증가한다.

④ 불변이다.

| 해설 |

보몰(W. Baumol)의 재고이론에 따르면 화폐수요함수는 다음과 같다.

> • $M_D = \sqrt{\dfrac{bY}{2r}}$, M_D는 화폐수요량, b는 거래비용, Y는 소득, r은 이자율이다.
>
> • $\sqrt{\dfrac{b2Y}{2r}} = \sqrt{2}\sqrt{\dfrac{bY}{2r}} = \sqrt{2}M_D$

따라서 다른 조건이 일정할 때, 소득이 2배가 되는 경우 화폐수요량은 $\sqrt{2}$ 배만큼 증가하게 된다.

(정답) ①

---

13 IS-LM 모형에서 경기침체 국면을 타개하기 위한 확장적 재정정책을 실시하는 경우, 다음과 같은 관계가 성립한다고 한다.

> • 승수효과 > 구축효과 > 0

위의 관계가 성립하기 위한 조건으로 옳은 것은?

	IS곡선	LM곡선
①	수직	수평
②	우하향	우상향
③	우하향	수직
④	우하향	수평

| 해설 |

구축효과 없이 승수효과만 100% 나타나는 것은 화폐시장에서 유동성 함정이 존재하여 LM곡선이 수평인 경우이다. 또한 승수효과 없이 구축효과만 100% 나타나는 것은 화폐수요가 이자율에 대해 완전비탄력적이어서 LM곡선이 수직인 경우이다.

• 주어진 조건은 승수효과와 구축효과가 모두 나타나고 있다. 따라서 IS곡선과 LM곡선은 일반적인 모습을 보이게 된다. 결국 IS곡선은 우하향하고 LM곡선은 우상향하게 된다. 이러한 경우 확장적 재정정책으로 소득은 구축효과로 인해 승수 배만큼 증가하지 못하고, 구축효과로 인한 소득감소분을 제외한 만큼만 소득 증가가 이루어진다.

(정답) ②

---

14 다음 중 예상하지 못한 인플레이션이 발생한 경우에 대한 설명으로 옳은 것은?

① 인플레이션으로 인한 비효율에 대한 부담은 모든 사람이 동일하게 지게 된다.

② 예상하지 못한 인플레이션하에서는 과도한 구두창 비용이 발생한다.

③ 예상하지 못한 인플레이션하에서는 피셔가설이 성립한다.

④ 화폐자산 소유자에게 불리한 부의 재분배가 이루어진다.

| 해설 |

예상하지 못한 인플레이션은 화폐자산 소유자, 고정화폐임금 월급자, 채권자 등에게 불리한 부의 재분배를 가져온다. 반면에, 실물자산 소유자, 기업, 채무자 등에게는 유리한 부의 재분배를 가져온다.

① 사회구성원에게 돌아가는 인플레이션으로 인한 비효율에 대한 부담은 상대적이다. 예컨대 채권자는 부담을 지지만 채무자는 부담을 지지 않는다.

② 예상할 수 있는 인플레이션하에서 경제주체들은 인플레이션으로 인한 화폐구매력 때문에 발생하는 손실을 극소화하기 위해, 화폐보유를 줄이고 이를 은행에 예치하게 된다. 이에 따라 화폐가 필요할 때마다 은행을 방문하기 위한 시간과 노력이 소요된다. 이를 구두창 비용이라고 한다.

③ 피셔가설은 예상된 인플레이션하에서 채권자가 실질이자율을 확보하기 위해 명목이자율에 예상 인플레이션율을 반영하고자 하는 과정에서 성립하게 된다.

(정답) ④

15 다음은 실업률 통계를 측정하기 위한 인구 분류도이다.

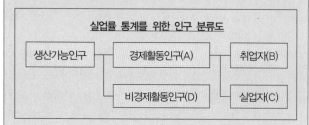

실업률 통계를 위한 인구 분류도

생산가능인구 ─ 경제활동인구(A) ─ 취업자(B)
                              └ 실업자(C)
            └ 비경제활동인구(D)

다음 중 노동시장에서 발생한 사례를 연결한 것으로 옳은 것은?

① $D \to A$: 군에서 제대한 성찬은 구직을 위해 취업박람회에 참가하였다.
② $C \to B$: 고등학생인 수정은 최근 용돈을 벌기 위해 아르바이트를 시작했다.
③ $B \to C$: 직장인이었던 민주는 결혼과 동시에 가사노동에 전념하기로 하였다.
④ $D \to C$: 대학생인 성호는 공무원 시험을 치루기 위해 응시원서를 제출하였다.

| 해설 |

대학생은 비경제활동인구(D)에 속하고, 응시원서를 제출한 것은 구직활동을 하는 것으로 간주되므로 합격하기 전까지는 실업자(C)로 분류된다.
① 군인은 생산가능인구에서 제외되므로 비경제활동인구에도 속하지 않는다.
② 고등학생은 비경제활동인구(D)에 속하고, 아르바이트를 하는 것은 취업자(B)로 분류된다.
③ 직장인은 취업자(B)에 속하고, 전업주부는 비경제활동인구(D)로 분류된다.

정답 ④

16 고전학파 모형과 케인스 모형에 대한 설명으로 옳은 것은?

① 고전학파 모형과 케인스 모형은 이자율이 저축과 투자가 일치하는 수준에서 결정된다고 동일하게 설명한다.
② 고전학파 모형에서 노동공급은 명목임금의 증가함수이고, 케인스 모형에서는 실질임금의 증가함수이다.
③ 고전학파 모형은 임금의 신축성을 전제하고, 케인스 모형에서는 가격의 신축성을 전제한다.
④ 케인스 모형에서 관찰되는 화폐환상 현상이 고전학파 모형에서는 관찰되지 않는다.

| 해설 |

화폐환상은 명목변수의 변화를 실질변수의 변화로 착각하는 것을 말한다. 이는 물가에 대한 정보가 완전하지 못한 이유에서 비롯된다. 예컨대 명목임금과 물가가 동일한 비율만큼 상승하는 경우, 케인스 모형에서는 노동자들이 명목임금이 상승하는 것은 정확히 알 수 있지만 물가에 대한 정확한 정보는 갖지 못해 이를 실질임금의 상승으로 오해하는 화폐환상에 빠질 수 있게 된다. 반면에 고전학파 모형에서는 노동자들이 물가에 대해서도 정확한 정보를 갖고 있다고 전제하므로 실질임금이 변하지 않는다고 인식하게 된다. 즉 고전학파 모형에서는 화폐환상이 발생하지 않는다.
① 고전학파 모형에서는 이자율이 대부시장에서 저축과 투자가 일치하는 수준에서 결정된다고 보고, 케인스 모형에서는 이자율이 화폐시장에서 화폐수요와 화폐공급이 일치하는 수준에서 결정된다고 본다.
② 고전학파 모형에서 노동공급은 화폐환상이 존재하지 않아 실질임금의 증가함수이고, 케인스 모형에서는 화폐환상이 존재하여 명목임금의 증가함수이다.
③ 고전학파 모형은 모든 가격변수의 신축성을 전제하고, 케인스 모형에서는 모든 가격변수의 경직성을 전제한다.

정답 ④

17 솔로(R. Solow) 경제성장 모형이 다음과 같이 주어졌다.

- $Y = L^{0.5}K^{0.5}$, Y는 총산출량, L은 노동량, K는 자본량이다.
- 저축률(s)이 20%, 감가상각률(d)이 3%, 인구증가율(n)이 2%이다.

현재 경제가 균제 상태(steady state)일 때, 이에 대한 설명으로 옳은 것은? (단, 기술진보는 고려하지 않는다)

① 황금률 수준에서 1인당 소득은 100이다.
② 황금률 수준에 도달하기 위해 필요한 저축률은 30%이다.
③ 현재 수준에서 저축률을 증가시키면 1인당 소비는 증가할 수 있다.
④ 현재 균제 상태의 1인당 자본량은 황금률 수준(golden rule level)의 1인당 자본량보다 크다.

| 해설 |

주어진 생산함수를 1인당 생산함수로 변형하면 다음과 같다.

- $Y = L^{0.5}K^{0.5} \Rightarrow \dfrac{Y}{L} = L^{-0.5}K^{0.5} \Rightarrow y = \left(\dfrac{K}{L}\right)^{0.5} \Rightarrow y = k^{0.5}$, y는 1인당 산출량, k는 1인당 자본량

- 균제 상태의 1인당 자본량과 1인당 소득(y)은 다음 균형식을 통해 도출된다.

> - $sy=(n+d)k \Rightarrow 0.2k^{0.5}=(0.03+0.02)k=0.05k \Rightarrow 4\sqrt{k}=k$
> $\Rightarrow 16k=k^2 \Rightarrow k=16(④)$
> - $y=k^{0.5}=\sqrt{k}=\sqrt{16}=4$

- 황금률 수준의 1인당 자본량(k_g)과 1인당 소득(y_g)은 다음 균형식을 통해 도출된다.

> - $MP_k=n+d \Rightarrow MP_k=\dfrac{dy}{dk}=0.5k^{-0.5}$
> $\Rightarrow 0.5k^{-0.5}=0.03+0.02=0.05 \Rightarrow \dfrac{1}{\sqrt{k}}=\dfrac{1}{10}$
> $\Rightarrow k_g=100(④)$
> - $y_g=k_g^{0.5}=\sqrt{k_g}=\sqrt{100}=10(①)$

- 황금률 수준에 도달하기 위한 1인당 자본량(k_g)은 $k_g=100$이다. 따라서 이 수준에서 균제균형식이 성립하여야 한다. 이를 통해 황금률 수준에 도달하기 위해 필요한 저축률은 다음과 같이 도출할 수 있다.

> - $sy_g=(n+d)k_g \Rightarrow s\times10=0.05\times100 \Rightarrow s=0.5(②)$

결국 현재의 저축률(20%)은 황금률 수준에 달성하기 위해 필요한 저축률(50%)보다 작다. 따라서 황금률 수준에 도달하기 위해서는 지금 수준에 비해 저축률이 증가해야 하며, 이를 통해 1인당 소비는 증가하게 된다(③).

정답 ③

18 국제무역에 대한 설명으로 옳은 것은?

① 산업 내 무역은 비교우위가 있는 상품을 수출하는 방향으로 발생한다.

② 비교우위의 존재로 무역이 이루어지는 경우, 교역 당사국은 모두 동일한 무역의 이익을 얻게 된다.

③ 소국에서 수출재 산업 중심으로 경제성장이 이루어지면 오히려 사회후생이 감소할 수 있다는 것이 궁핍화 성장론이다.

④ 상대적으로 풍부한 부존자원이 집약적으로 투입되는 상품이 수입되는 현상을 레온티에프(W. Leontief) 역설이라고 한다.

| 해설 |

헥셔(Heckscher)－올린(Ohlin)의 정리에 따르면 상대적으로 풍부한 부존자원이 집약적으로 투입되는 상품을 수출하게 된다. 그런데 자본 풍부국으로 인식되었던 미국에서 오히려 자본 집약재를 수입하고 노동 집약재를 수입하는 데이터를 통해 헥셔－올린의 정

리가 적용되지 않는 현상을 발견하였다. 그 발견자의 이름으로 명명된 것이 레온티에프(W. Leontief)역설이다.

① 비교우위가 있는 상품을 수출하는 방향으로 무역이 이루어지는 것은 '산업 간 무역'이다. '산업 내 무역'은 상품차별화 또는 규모의 경제 등으로 인해 발생하는 무역 형태이다.

② 비교우위의 존재로 무역이 이루어지는 경우, 교역 당사국이 얻는 무역의 이익은 교역조건에 따라 서로 상이한 크기를 얻을 수 있게 된다.

③ 궁핍화 성장론은 대국에서 수출재 산업 중심으로 경제성장이 이루어지고 이로 인해 교역조건이 악화되면서, 경제성장이 이루어졌음에도 불구하고 오히려 사회후생이 감소할 수 있다는 것을 의미한다. 국제무역에서 소국은 교역조건에 영향을 줄 수 없는 지위에 있다.

정답 ④

19 자본이 부족한 기업 K는 외국은행으로부터 3년 거치, 7년 균등분할상환조건으로 1억 달러 규모의 외환을 차입하였다. 이로 인해 외환 차입 후 5년 후에 발생하는 국제수지 항목으로 옳은 것은?

① 소득수지와 경상이전수지

② 자본－금융계정

③ 서비스수지와 경상이전수지

④ 소득수지와 금융계정

| 해설 |

3년 거치, 7년 분할상환이란 외환 차입 후 3년간은 매 기간마다 이자만 상환하고, 이후의 7년 동안은 매 기간마다 이자는 물론 원금을 분할상환하는 것을 의미한다. 따라서 외환 차입 후 5년 후에는 차입 외환에 대한 이자와 함께 원금의 일부를 상환해야 한다. 여기서 차입 외환에 대한 이자지급은 경상수지의 소득수지 항목에 해당하고, 분할상환하게 되는 원금의 일부는 금융계정 항목에 해당하게 된다.

정답 ④

20 변동환율제도를 채택하고 있는 소규모 개방경제인 K국의 생산물 시장에서 IS_1이 IS_2로 이동하게 되어 현재 B점에 놓여 있다. 이러한 경우에 대한 설명으로 옳은 것은?

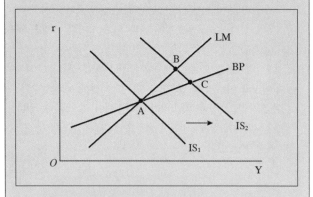

① 순수출이 감소하게 된다.
② 중앙은행의 외환매입이 이루어지게 된다.
③ 국내외환시장으로의 자본유입이 감소하게 된다.
④ 통화량의 증가로 경제는 궁극적으로 C점으로 이동한다.

| 해설 |

경제가 B점에 도달한 이후에 나타나는 현상을 그림으로 설명하면 다음과 같다.

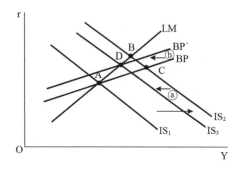

• 경제가 B점인 경우 K국 외환시장에서는 이자율의 상승으로 자본유입이 이루어진다. 이 결과 환율이 하락하게 되어 순수출이 감소하고 IS곡선은 다시 왼쪽으로 이동하게 된다(ⓐ). 또한 환율의 하락으로 BP곡선이 왼쪽으로 이동하게 된다(ⓑ). 이 결과 경제는 궁극적으로 D점으로 이동하여 대내외 동시균형을 달성하게 된다.

정답 ①

01	②	02	③	03	③	04	②	05	③
06	②	07	④	08	③	09	④	10	③
11	④	12	④	13	①	14	③	15	③
16	③	17	①	18	③	19	④	20	②
21	④	22	④	23	②	24	②	25	④

---

01 소비자 H의 효용함수가 다음과 같다.

> • $U = XY$, 여기서 X는 x재의 소비량, Y는 y재의 소비량이다.

소비자 H의 소득(I)이 20만원, x재의 가격이 단위당 1,000원, y재의 가격이 2,000원이라고 할 때 소비자 H가 효용극대화를 달성하기 위한 각 재화에 대한 소비지출액은?

	x재에 대한 소비지출액	y재에 대한 소비지출액
①	80,000원	120,000원
②	100,000원	100,000원
③	120,000원	80,000원
④	150,000원	50,000원

| 해설 |

효용함수가 $U = AX^\alpha Y^\beta$ 형태로 주어진 경우 각 재화의 최적 소비량과 그 재화에 대한 소비지출액을 구하면 다음과 같다.

> • 문제에서 $\alpha = 1$, $\beta = 1$, 소득(I) = 200,000원이다.
>
> • $X = \dfrac{\alpha \times I}{(\alpha + \beta) \times P_X} \Rightarrow P_X \times X = \dfrac{\alpha}{\alpha + \beta} \times I$
>
> ⇒ x재에 대한 소비지출액 $= \dfrac{1}{1+1} \times 200,000 = 100,000$(원)
>
> • $Y = \dfrac{\beta \times I}{(\alpha + \beta) \times P_Y} \Rightarrow P_Y \times Y = \dfrac{\beta}{\alpha + \beta} \times I$
>
> ⇒ y재에 대한 소비지출액 $= \dfrac{1}{1+1} \times 200,000 = 100,000$(원)

(정답) ②

---

02 두 재화만 소비하는 소비자 H의 소득–소비곡선이 우하향한다. 이로부터 추론한 내용으로 옳은 것은?

① 두 재화가 대체재이다.
② 두 재화 중 한 재화는 기펜재이다.
③ 두 재화 중 한 재화는 열등재이다.
④ 두 재화 중 한 재화의 엥겔곡선은 수직이다.

| 해설 |

소득 증가에 따른 소비자 균형점을 연결한 선을 소득–소비곡선(ICC)이라 한다. ICC가 우하향한다는 것은 소득 증가에 따른 소비량이 한 재화는 증가하지만, 나머지 한 재화는 감소한다는 의미이다. 여기서 소비량이 증가하는 재화는 정상재이고, 소비량이 감소하는 재화는 열등재가 된다.

① 두 재화가 대체재인가, 또는 보완재인가 여부는 가격 변화에 따른 소비량의 변화를 보여주는 가격–소비곡선(PCC)의 형태를 통해서 알 수 있다.
② 두 재화 중 한 재화는 열등재이지만 그 재화가 기펜재인가는 알 수 없다. 그 재화가 기펜재인가 여부는 가격–소비곡선의 형태를 알아야만 한다.
④ 정상재의 엥겔곡선은 우상향하고, 열등재의 엥겔곡선은 우하향한다. 따라서 두 재화 중 어떤 재화의 엥겔곡선도 수직일 수 없다.

(정답) ③

---

03 다음 중 규모에 대한 보수 감소를 보여주는 등량곡선에 해당하는 경우는? (단, K는 자본량이고, L은 노동량이다)

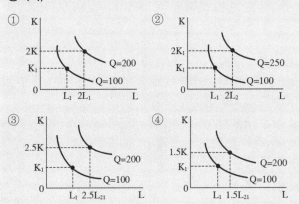

| 해설 |

규모에 대한 보수(returns to scale)는 노동량과 자본량이 동일한 비율로 증가할 때 산출량이 어떤 비율로 증가하는가를 보여주는 것이다. 만약 규모에 대한 보수가 감소하게 되면, 노동량과 자본량의 증가비율보다 산출량의 증가비율이 작은 경우를 의미한다. 또는 일정 비율의 산출량이 증가하기 위해서 노동량과 자본량의 증가비율은 이보다 더 커야 한다는 것을 의미하기도 한다.

① 노동량과 자본량 투입비율의 크기와 산출량 증가비율의 크기가 동일하므로, 규모에 대한 보수 불변의 경우이다.
② 노동량과 자본량 투입비율의 크기보다 산출량 증가비율의 크기가 크므로, 규모에 대한 보수 증가의 경우이다.
④ 산출량 증가비율보다 노동량과 자본량 투입비율의 크기가 더 작으므로, 규모에 대한 보수 증가의 경우이다.

(정답) ③

04 고정비용과 가변비용이 존재할 때 한계비용과 평균비용의 관계에 대한 다음 설명 중 가장 타당한 것은?

① 한계비용이 증가하면 평균비용도 증가한다.
② 평균비용이 감소하면 한계비용은 평균비용보다 반드시 작다.
③ 한계비용이 최저가 되는 생산량 수준에서 한계비용은 평균비용과 일치한다.
④ 한계비용이 생산량과 상관없이 일정하면 평균비용도 일정하다.

| 해설 |

한계비용과 평균비용과의 관계를 그림으로 나타내면 다음과 같다.

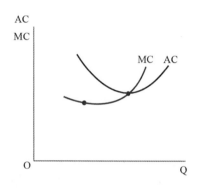

그림에 따르면 평균비용이 감소하는 구간에서 한계비용은 반드시 작다는 것을 확인할 수 있다.
① 한계비용이 증가하는 구간에서 평균비용은 감소하다가 증가하게 된다.
③ 한계비용과 평균비용이 일치하는 수준은 평균비용이 최저가 되는 생산량 수준이다.
④ 고정비용이 존재한다는 것은 생산기간이 단기라는 의미이다. 또한 한계비용이 생산량과 상관없이 일정하다는 것은 총비용 (TC)이 직선의 모습을 한다는 의미이다. 이러한 경우 총비용에 따른 한계비용과 평균비용을 도출하는 과정을 그림으로 나타내면 다음과 같다.

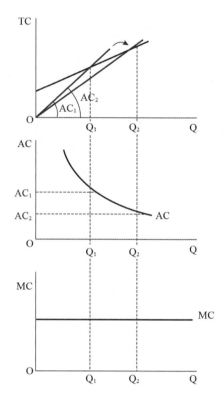

정답 ②

05 수요함수가 $P = 50 - \dfrac{1}{2}Q$로 주어져 있다. 수요의 가격탄력성은?

① $\dfrac{P}{100 - P}$ ② $\dfrac{2P}{50 - P}$

③ $\dfrac{P}{50 - P}$ ④ $\dfrac{P}{50 - 2P}$

| 해설 |

주어진 수요함수는 다음과 같이 나타낼 수 있다.

- $P = 50 - \dfrac{1}{2}Q \implies Q = 100 - 2P$

이에 따라 수요의 가격탄력성은 다음과 같이 도출된다.

- $E_P = -\dfrac{dQ}{dP} \times \dfrac{P}{Q} = -(-2) \times \dfrac{P}{100 - 2P} = \dfrac{P}{50 - P}$

정답 ③

06 소비자잉여에 관한 다음 〈보기〉 진술 중 옳은 것을 모두 고르면?

보기

㉠ 수요곡선의 기울기가 완만할수록 소비자잉여는 커진다.
㉡ 공급곡선의 기울기가 완만할수록 소비자잉여는 작아진다.
㉢ 완전가격차별이 이루어지면 소비자잉여는 극대가 된다.

① ㉠, ㉡, ㉢   ② ㉠, ㉡
③ ㉡, ㉢   ④ 모두 옳지 않다.

| 해설 |

〈보기〉 진술을 분석하면 다음과 같다.

㉠ 수요곡선의 기울기가 완만할수록(가파를수록) 소비자잉여는 작아진다(커진다). 그러나 생산자잉여의 크기에는 영향을 주지 않는다.

㉡ 공급곡선의 기울기가 완만할수록(가파를수록) 생산자잉여는 작아진다(커진다). 그러나 소비자잉여의 크기에는 영향을 주지 않는다.

㉢ 완전가격차별이 이루어지면 모든 소비자잉여는 생산자잉여로 전용되어 소비자잉여는 '0'이 된다.

[정답] ②

07 정책당국이 암시장을 차단하면서도 실효성 있는 최고가격제를 시행하는 경우 나타나는 현상에 대한 설명으로 옳은 것은? (단, 수요곡선은 우하향하고 공급곡선은 우상향하는 직선이다)

① 시장에서 초과공급이 발생한다.
② 생산자 잉여의 크기는 반드시 증가한다.
③ 소비자 잉여의 크기는 반드시 증가한다.
④ 사회적 총잉여의 크기는 반드시 감소한다.

| 해설 |

실효성 있는 최고가격제라는 것은 시장 균형가격보다 낮은 수준에서 최고가격을 설정하는 것을 의미한다. 암시장을 차단하면서도 이러한 실효성 있는 최고가격제를 시행하는 경우를 그림으로 나타내면 다음과 같다.

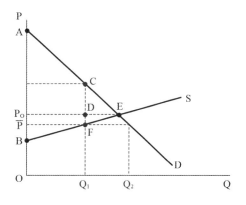

사회적 총잉여는 △AEB에서 사다리꼴 ACFB가 되어 그 크기는 반드시 감소하게 된다. 이때 감소한 사회적 잉여인 △CFE가 사회적(경제적) 순손실(deadweight loss)이 된다.

① 시장에서는 $Q_1 Q_2$만큼의 초과수요가 발생한다.

② 생산자 잉여의 크기는 $\triangle P_0 EB$에서 $\overline{PFB}$가 되어 그 크기는 반드시 감소하게 된다.

③ 소비자 잉여의 크기는 $\triangle AEP_0$에서 사다리꼴 $ACF\overline{P}$가 된다. 이에 따라 최고가격제도 실시 전에 비해 $\triangle CDE$만큼 감소하고, 사각형 $P_0 DF\overline{P}$만큼 증가하게 된다. 따라서 최고가격 실시 후의 소비자 잉여의 크기는 $\triangle CDE$과 사각형 $P_0 DF\overline{P}$의 상대적 크기에 따라 증가할 수도, 감소할 수도, 불변일 수도 있다.

[정답] ④

08 다음 중 가격차별에 해당하는 것을 모두 고르면?

보기

㉠ 영화 관람요금을 성인에게는 10,000원, 청소년에게는 6,000원으로 책정한다.
㉡ 휴대용 선풍기 개당 가격을 여름에는 10,000원, 겨울에는 5,000원으로 책정한다.
㉢ 편의점 근무수당을 주간에는 시간당 10,000원, 야간에는 시간당 12,000원으로 책정한다.

① ㉠   ② ㉡
③ ㉠, ㉡   ④ ㉠, ㉡, ㉢

| 해설 |

가격차별이란 동일한 상품임에도 불구하고 상이한 가격으로 거래하는 전략을 의미한다. 따라서 거래되는 상품은 반드시 동질의 상품이어야 한다. 그런데 편의점에서 근무하는 주간 환경과 야간 환경은 서로 다른 근무 환경이므로 동질이라고 할 수 없다. 따라서 이와 같은 상이한 근무 환경에서 일하는 것에 대한 대가로 지급되는 상이한 시간당 수당을 가격차별이라고 할 수는 없다.

[정답] ③

09 어떤 사회의 사회후생함수가 SW = min[U_A, U_B]로 주어져 있다고 가정하자. 만약 개인 A의 소득이 1,800, 개인 B의 소득이 200이라면 에킨슨 지수의 값은 얼마인가? (단, 각 개인에게 있어서 소득 1원의 효용은 1로 일정하게 주어져 있다고 가정한다)

① 0.5
② 0.6
③ 0.7
④ 0.8

| 해설 |

에킨슨 지수는 다음과 같이 측정된다.

• 에킨슨 지수(A) = $1 - \dfrac{\text{균등분배대등소득}}{\text{사회평균소득}}$, $0 \leq A \leq 1$

• 균등분배대등소득이란 현재의 소득분배 상태와 동일한 사회후생을 얻을 수 있는 완전히 평등한 소득분배 상태에서의 평균소득을 의미하며, 이때 A의 값이 작을수록 소득분배가 평등하다.
• 위 문제에서 사회평균소득은 1,000이고, 균등분배대등소득은 200이므로 에킨슨 지수(A)는 다음과 같이 도출된다.

• $A = 1 - \dfrac{\text{균등분배대등소득}}{\text{사회평균소득}} = 1 - \dfrac{200}{1,000} = 1 - 0.2 = 0.8$

정답 ④

10 공공재에 대한 3명의 소비자 A, C, S가 있다. 이들의 공공재에 대한 수요함수가 다음과 같다.

• $P_A = 20 - Q$
• $P_C = 40 - Q$
• $P_S = 60 - Q$

여기서 P는 가격, Q는 수량을 의미한다.

공공재 공급에 따른 한계비용이 40일 때, 공공재의 최적 공급량 수준은?

① 10
② 20
③ 30
④ 40

| 해설 |

공공재에 대한 시장수요곡선은 개별수요곡선을 수직적으로 합하여 도출한다. 또한 공공재의 최적 공급량은 '$P = MC$ 또는 $MSB = MC$' 조건이 충족되는 수준에서 결정된다. 여기서 'P'는 공공재의 시장가격이고, 여기서는 '$P = P_A + P_C + P_S$'를 의미한다. 또한 'MSB'는 사회적 한계편익을 의미하고, 여기서는 개별수요곡선 높이의 누적적 합을 의미한다. 이러한 내용들을 그림으로 나타내면 다음과 같다. 여기서 시장수요곡선이 개별수요곡선의 수량절편 수준에서 굴절되고 있음을 주의한다.

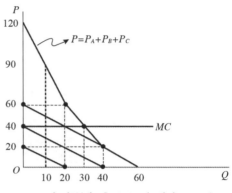

* MC 선 이동(세로축 40으로/교차점 Q=30)

• '$P = MC$ 또는 $MSB = MC$' 조건이 충족되는 수준에서 공공재 최적 생산량이 도출된다. 그런데 MC가 40인 경우 균형은 소비자 C와 소비자 S의 개별수요곡선이 수직적으로 합해진 시장수요곡선 상에서 이루어진다. 소비자 C와 소비자 S의 개별수요곡선을 전제로 한 시장수요곡선을 전제로 MC가 40인 경우, 균형 수준에서 공공재의 최적 공급량은 다음과 같이 도출된다.

• 시장수요곡선 : $P_M = P_C + P_S = 100 - 2Q$, 여기서 P_M은 시장가격이다.
• $P_M = MC \Rightarrow 100 - 2Q = 40 \Rightarrow 2Q = 60 \Rightarrow Q = 30$

정답 ③

11 경제학자 H가 추론한 소비함수는 다음과 같은 특징을 가진다.

ⓐ 소득이 존재하지 않아도 일정한 크기의 소비는 반드시 필요하다.
ⓑ 소득이 증가해도 기존의 소비크기를 바꾸려 하지 않는다.
ⓒ 평균소비성향(APC)은 소득이 증가함에 따라 감소한다.

다음 중 이러한 특징을 가장 잘 반영하는 소비함수에 해당하는 것은?

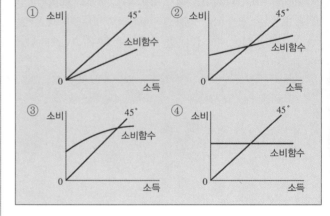

주어진 특징의 내용을 살펴보면 다음과 같다.

ⓐ 소득이 존재하지 않아도 일정한 크기의 소비는 반드시 필요하다는 것은, 절대소비가 존재하여 소비함수가 0이 아닌 절편을 갖는다는 것을 의미한다.

ⓑ 소득이 증가해도 기존의 소비크기를 바꾸려 하지 않는다는 것은, 소득이 증가해도 절대소비만을 한다는 의미이다. 이에 따라 소득의 크기와 관계없이 한계소비성향($MPC = \dfrac{\Delta C}{\Delta Y}$)은 항상 0이 된다. 이것은 곧 소비함수가 수평이라는 의미이다.

ⓒ 평균소비성향(APC)이 소득이 증가함에 따라 감소한다는 것은 원점에서 소비함수의 한 점까지 그은 직선의 기울기가 점점 완만해진다는 의미이다.

정답 ④

---

12 다음은 기업 K의 1년간의 기업 활동에 관한 자료들이다.

> ⊙ 사내유보금 1,000억 원을 사용하여 제2공장을 건설하였다.
>
> ⓛ 사내유보금 100억 원을 사용하여 주식시장에서 자사주 매입을 하였다.
>
> ⓒ 연말에 재고를 조사한 결과 연초에 비해 50억 원어치의 재고품이 증가하였다.
>
> ② 사내 원활한 소통을 위한 시스템 도입을 위해 10억 원을 지출하였다.
>
> ⑪ 협소한 기존 사무공간에서 벗어나기 위해 100억 원 상당의 건물을 매입하였다.

기업 K에 의해 이루어진 1년간의 총투자액은?

① 1,260억 원 　　② 1,160억 원

③ 1,110억 원 　　④ 1,060억 원

| 해설 |

자료들 중에서 ⊙, ②, ⑪은 고정투자, ⓒ은 재고투자에 해당한다. 따라서 기업 K의 1년간의 총투자액은 1,160억 원이 된다. 주의할 것은 거주용 아파트와 같은 비업무용 부동산 구입은 투자행위에 해당하지 않지만, 업무용 건물 구입은 투자에 해당한다는 것이다.

· 주식시장에서 타 기업의 주식을 매입하거나 자사주를 매입(자기 회사의 주식을 자신이 매입)하는 것은 자본재를 증가시키거나 대체하는 것에 해당하지 않기 때문에 투자 범주에서 제외된다.

정답 ②

---

13 다음은 기존의 투자수준(I_1)에서 새로운 투자(I_2)가 이루어지는 경우에 나타나는 결과에 관한 그림이다.

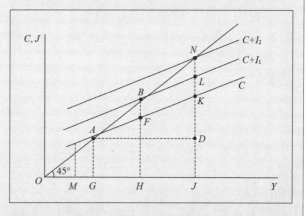

이에 대한 설명으로 옳지 않은 것은?

① 투자승수의 크기는 AD/KD이다.

② 한계소비성향(MPC)은 KD/AD이다.

③ 평균소비성향(APC)이 1일 때의 소득수준은 G이다.

④ 투자가 I_1에서 I_2로 증가하면 균형국민소득은 HJ만큼 증가한다.

| 해설 |

투자승수는 투자로 인해 증가한 국민소득의 증가분을 투자의 크기로 나눈 값을 의미한다. 그림에서 기존의 투자수준(I_1)에서 새로운 투자가 이루어진 후의 총수요(Y_D)가 '$C + I_2$'임을 알 수 있다. 이 것은 새로운 투자가 'NL'만큼 이루어졌다는 것을 의미한다. 이에 따라 균형국민소득(Y)은 H에서 J로 증가하게 된다. 따라서 이 경우 투자승수의 크기는 다음과 같다.

$$\text{투자승수} = \frac{\Delta Y}{\Delta I} = \frac{HJ}{NL}$$

② 한계소비성향(MPC)은 소비함수의 접선의 기울기이다. 그런데 소비함수가 선형함수이므로 한계소비성향은 소비함수 자체의 기울기가 된다.

$$MPC = \frac{KD}{AD}$$

③ 평균소비성향(APC)은 원점에서 소비함수의 한 점까지 그은 직선의 기울기를 의미한다. 그런데 이 값이 1이라는 것은 기울기가 45°이며, 이 점에서는 소득과 소비의 크기가 같다는 것을 의미하기도 한다. 따라서 45°선과 소비함수가 만나는 A점에서의 소득수준인 G가 된다.

④ 균형국민소득은 총수요($Y_D = C + I$)선과 45°선이 일치하는 수준에서 결정된다. 따라서 투자가 I_1일 때 국민소득은 H, 투자가 I_2일 때 국민소득은 J가 된다. 결국 균형국민소득은 HJ만큼 증가하게 된다.

정답 ①

14 정부지출과 동일한 규모의 감세를 하는 경우, 정부지출의 경우보다 국민소득 증가 효과가 작게 나타나는 이유로 가장 타당한 것은?

① 감세는 국민소득 순환과정에서 누출에 해당하기 때문이다.

② 감세를 하게 되면 정부의 재정이 악화되기 때문이다.

③ 감세로 증가한 가처분 소득에 대해 한계소비성향만큼만 유효수요를 증가시키기 때문이다.

④ 감세로 인해 이자율이 상승하기 때문이다.

| 해설 |

감세로 인해 증가한 가처분 소득은 한계소비성향만큼만 유효수요를 증가시키고, 나머지 가처분 소득은 저축된다. 반면에 정부지출이 이루어지게 되면 모두가 유효수요에 포함된다.

(정답) ③

15 1년 만기 채권을 구입하고자 하는 투자자 한길, 영식, 병태는 모두 1,000,000원씩을 가지고 있다. 지금 세 사람의 투자자들은 각각 1년 후의 이자율을 3%, 1%, 4%로 예상하고 있다. 현재의 시장이자율이 2%라고 할 때, 세 사람의 투자자들이 선택할 것이라고 예상되는 것으로 옳은 것은?

① 투자자 한길은 채권을 구입할 것이다.

② 투자자 한길과 병태는 채권을 구입할 것이다.

③ 투자자 영식은 채권을 구입할 것이다.

④ 투자자 영식과 병태는 채권 구입을 포기할 것이다.

| 해설 |

투자자 한길과 병태는 1년 후의 이자율이 현재 수준보다 상승할 것으로 예상하고 있고 투자자 영식은 1년 후의 이자율이 현재 수준보다 하락할 것으로 예상하고 있다. 그런데 1년 후의 이자율이 지금 수준보다 상승하면 채권의 가격이 하락하여 보유 채권의 수익률이 낮아지고, 1년 후의 이자율이 지금 수준보다 하락하면 채권의 가격은 상승하게 되어 보유 채권의 수익률이 높아진다. 따라서 영식은 1년 후의 이자율이 하락하여 보유 채권의 수익률이 높아질 것으로 예상하고 있으므로 채권을 구입할 것이며, 한길과 병태는 1년 후의 이자율이 상승하여 보유 채권의 수익률이 낮아질 것으로 예상하고 있으므로 채권 구입을 포기할 것이다.

(정답) ③

16 피셔(I. Fisher)의 화폐수량설이 성립할 때, 명목 GDP에 대한 설명으로 옳은 것은?

① 화폐시장의 균형하에서 화폐유통속도가 일정할 경우, 화폐수요는 실질 GDP에 비례한다.

② 완전고용하에서 화폐유통속도가 일정할 경우 화폐공급이 증가하면 실질 GDP도 증가한다.

③ 명목 GDP가 100,000이고 통화량이 20,000이면 화폐유통속도는 5이다.

④ 투기적 화폐수요를 설명하고자 교환방정식이 도입되었다.

| 해설 |

피셔(I. Fisher)의 화폐수량설에서의 교환방정식은 다음과 같다.

- $MV = PY$, M은 통화량, V는 화폐유통속도, P는 물가 수준, Y는 실질산출량, PY는 명목 GDP이다.
- $20,000 \times V = 100,000 \Rightarrow V = 5$

① 화폐시장의 균형하에서 화폐유통속도가 일정할 경우, 화폐수요는 명목 GDP에 비례한다.

- $MV = PY \Rightarrow M = \dfrac{1}{V} PY$

② 완전고용하에서 화폐유통속도가 일정할 경우 화폐공급이 증가한다고 하더라도 실질 GDP는 불변이다. 이를 화폐의 중립성이라고 한다.

④ 피셔(I. Fisher)의 화폐수량설에서 화폐는 거래를 위한 수단으로서의 화폐이다. 투기적 화폐수요를 설명하는 것은 케인스(J. M. Keynes)의 유동성 선호설이다.

(정답) ③

17 K국의 IS-LM 모형은 다음과 같다.

- IS곡선 : $Y = 100 + 0.75(Y - T_0) + I + G$
  단, Y는 소득, T_0는 정액세인 조세, G는 정부지출, I는 독립투자를 의미하고, 투자는 실질이자율(r)의 함수이다.

또한 다음 그림은 정책당국의 경기안정화정책 시행으로 IS곡선이 IS_1에서 IS_2로 움직였을 때의 나타나는 결과에 관한 것이다.

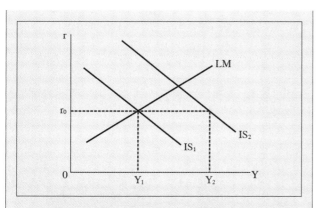

Y_1과 Y_2의 차이의 크기에 대한 설명으로 옳은 것은?

	G를 100만큼 늘렸을 때	T를 100만큼 줄였을 때
①	400	300
②	500	400
③	600	400
④	600	450

| 해설 |

그림에서 Y_1과 Y_2의 차이는 이자율이 r_0 수준에서 불변인 경우에 나타나는 국민소득의 변화분이다. 이자율이 불변일 때 국민소득의 증가는 완전한 승수효과로 인해 발생한다. 한편 주어진 조건에 따른 정액세하의 정부지출승수와 감세승수는 다음과 같다.

- 정부지출승수 $= \dfrac{1}{1-한계소비성향} = \dfrac{1}{1-0.75} = 4$
- 감세승수 $= \dfrac{한계소비성향}{1-한계소비성향} = \dfrac{0.75}{1-0.75} = 3$

따라서 정부지출(G)을 100만큼 늘리면 국민소득은 400만큼 증가하고, 조세(T)를 100만큼 줄이면 국민소득은 300만큼 증가한다.

정답 ①

---

18 다음 자료를 전제로 노동가능인구를 구하면?

- 취업률=90%
- 실업자=300만 명
- 경제활동참가율=60%

① 3,000만 명   ② 4,000만 명
③ 5,000만 명   ④ 6,000만 명

| 해설 |

취업률이 90%이므로 실업률은 10%가 되고, 이를 전제로 경제활동인구를 구하면 다음과 같다.

- 실업률 $= \dfrac{실업자\ 수}{경제활동인구}$
- $0.1 = \dfrac{300만\ 명}{경제활동인구} \Rightarrow$

  경제활동인구 $= \dfrac{300만\ 명}{0.1} = 3,000만\ 명$

- 앞의 결과와 경제활동참가율을 이용하여 노동가능인구를 구하면 다음과 같다.

- 경제활동참가율 $= \dfrac{경제활동인구}{노동가능인구}$
- $0.6 = \dfrac{3,000만\ 명}{노동가능인구} \Rightarrow$

  노동가능인구 $= \dfrac{3,000만\ 명}{0.6} = 5,000만\ 명$

정답 ③

---

19 현재 6명의 노동력을 가진 농가가 쌀 200가마를 생산하고 있다. 만일 4명의 노동력만 가지고도 동일한 토지에서 똑같이 쌀 200가마를 생산할 수 있는 경우 나머지 2명에 해당하는 개념은?

① 자발적 실업   ② 비자발적 실업
③ 기술적 실업   ④ 잠재적 실업

| 해설 |

나머지 2명의 한계생산력은 '0'이고, 이러한 경우를 잠재적 실업이라고 한다.

정답 ④

---

20 새 고전학파와 새 케인스학파에 대한 설명으로 옳은 것은?

① 새 고전학파는 적응적 기대를 기초로 모든 시장은 항상 청산된다고 가정한다.
② 새 케인스학파는 노동시장이 청산되지 못하는 이유 중의 하나로 효율성임금의 존재를 제시한다.
③ 새 케인스학파는 합리적 기대를 수용하는 한, 경기안정화를 위한 정책당국의 노력은 무력해진다고 한다.
④ 새 고전학파의 주장에 따르면 정부의 예상하지 못한 정책만큼은 장기적으로 정책효과를 나타낼 수 있다고 한다.

| 해설 |

새 케인스학파는 경제주체들이 합리적 기대를 함에도 불구하고,

노동시장에서 생산성 향상을 기대하며 기업이 제시하는 효율성임금의 존재로 인해 임금의 하방 경직성이 나타난다고 한다. 따라서 노동시장의 불균형은 청산되지 못하고 비자발적 실업이 존재하게 된다고 주장한다.

① 새 고전학파는 합리적 기대와 가격변수의 신축성으로 인해 모든 시장은 항상 청산될 수 있다고 주장한다.

③ 새 케인스학파는 합리적 기대를 수용한다고 하더라도, 가격변수의 경직성으로 인하여 경기안정화를 위한 정책당국의 개입은 여전히 유효하다고 주장한다.

④ 새 고전학파의 주장에 따르면 합리적 기대를 한다고 하더라도 정부의 예상하지 못한 정책만큼은 효과가 나타날 수 있다고 한다. 그러나 그러한 효과는 극히 단기에서만 나타나고, 장기에는 다시 원상태로 복귀하여 정책의 효과는 사라지게 된다고 주장한다.

정답 ②

---

21 솔로(R. Solow)의 성장 모형은 다음과 같다.

- $Y = (E \times L)^{0.5} K^{0.5}$, 여기서 Y는 총산출량, E는 노동효율성, L은 노동투입량, K는 자본투입량이다.
- 저축률(s): 40%
- 노동증가율$\left(\dfrac{\Delta L}{L} = n\right)$: 2.5%
- 감가상각률(d): 2.5%
- 노동효율성 증가율$\left(\dfrac{\Delta E}{E} = g\right)$: 5%

이 경제가 균제상태일 때의 실효노동 1인당 산출량(A)과 자본축적의 황금률 수준에 도달하기 위해 필요한 실효노동 1인당 산출량(B)은?

	(A)	(B)
①	1	3
②	2	5
③	3	3
④	4	5

| 해설 |

1인당 생산함수($y = f(k)$)와 노동효율성을 반영한 실효노동 1인당 자본량(k_E), 그리고 실효노동 1인당 생산함수($y_E = f(k_E)$)는 다음과 같다.

- 실효노동 1인당 자본량: $k_E = \dfrac{K}{EL}$

- 실효노동 1인당 생산함수:

$$y_E = f(k_E) = \frac{Y}{EL} = \frac{(EL)^{0.5} K^{0.5}}{EL} = \left(\frac{K}{EL}\right)^{0.5} = (k_E)^{0.5} = \sqrt{k_E}$$

- 균제균형식을 통해 균형상태에서의 실효노동 1인당 자본량은 다음과 같이 도출된다.

- $\dfrac{sf(k_E)}{k_E} = n + d + g \Rightarrow \dfrac{0.4(k_E)^{0.5}}{k_E} = 0.025 + 0.025 + 0.05 = 0.1$

  $\Rightarrow \dfrac{0.4}{k_E^{0.5}} = 0.1 \Rightarrow k_E^{0.5} = 4 \Rightarrow k_E = 16$

- 자본축적의 황금률 조건을 통하여 실효노동 1인당 자본량을 다음과 같이 도출할 수 있다.

- $MP_{k_E} = n + d + g$

  $\Rightarrow 0.5(k_E)^{-0.5} = 0.025 + 0.025 + 0.05 = 0.1 \Rightarrow \dfrac{1}{(k_E)^{0.5}} = 0.2$

  $\Rightarrow (k_E)^{0.5} = \dfrac{1}{0.2} = 5 \Rightarrow k_E = 25$

- 앞의 결과들을 실효노동 1인당 생산함수에 대입하면 균제상태에서의 실효노동 1인당 산출량(A)과 자본축적의 황금률 수준에 도달하기 위해 필요한 실효노동 1인당 산출량(B)을 구할 수 있다.

- (A) $= y_E = \sqrt{k_E} = \sqrt{16} = 4$
- (B) $= y_E = \sqrt{k_E} = \sqrt{25} = 5$

정답 ④

---

22 다음 그래프는 국내의 X재 시장 상황을 나타낸다. 자유무역이 실시된다면, 무역이 이루어지지 않은 경우에 비해 생산자 잉여는 얼마만큼 감소하는가? (단, 국내 공급 및 국내 수요곡선은 직선의 형태이며 X재는 국제 가격에서 얼마든지 수출하거나 수입할 수 있다)

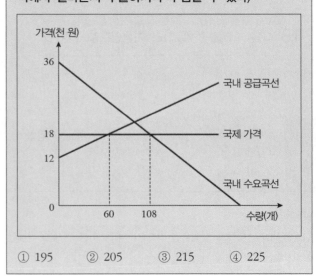

① 195 　② 205 　③ 215 　④ 225

그림에서 주어진 국내 수요곡선의 기울기는 '$\frac{18}{108} = \frac{1}{6}$', 공급곡선의 기울기는 '$\frac{6}{60} = \frac{1}{10}$'이다. 따라서 수요곡선은 '$P = 36 - \frac{1}{6}Q_D$', 공급곡선은 '$P = 12 + \frac{1}{10}Q_S$'가 된다. 두 식을 연립해서 풀면 무역이 이루어지지 않을 때의 국내 거래량(= 생산량)은 '$Q = 90$'이 된다. 이에 따라 무역으로 인한 생산자 잉여는 다음 그림의 빗금 친 부분만큼 감소하게 된다.

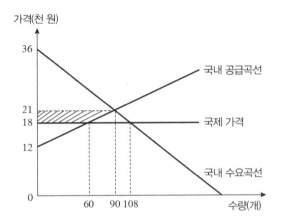

그 크기는 '$\frac{(90+60)}{2} \times 3 = 75 \times 3 = 225$'가 된다.

정답 ④

---

23 자동차 엔진을 수입하여 자동차를 생산하는 K국에서 관련 상품의 관세율은 다음과 같다.

- 외국산 자동차 엔진 수입 관세율: 20%
- 외국산 자동차 수입 관세율: 10%

한편, K국에서 생산되는 자동차의 수입엔진 투입계수가 0.2라고 알려져 있다. 이 경우의 실효보호 관세율은?

① 5%   ② 7.5%

③ 10%   ④ 12.5%

수입중간재(수입엔진)의 투입계수를 a, 최종재(외국산 자동차)에 대한 수입 관세율을 T, 중간재(외국산 자동차 엔진)에 대한 수입 관세율을 t라고 할 때, 실효보호 관세율(q)은 다음과 같이 도출된다.

- $\frac{T-at}{1-a} = \frac{0.1 - 0.2 \times 0.2}{1-0.2} = \frac{0.06}{0.8} = \frac{3}{40} = 0.075 = 7.5\%$

정답 ②

---

24 어느 개방경제의 국제수지와 관련된 행태방정식이 다음과 같다.

- $X = 200 + 0.5E$
- $M = 300 + 0.2Y - 0.5E$
- $K = 100 + 30r - 10r^*$
- 여기서 X는 수출, M은 수입, E는 현물환율, Y는 소득, K는 자본수지, r은 국내이자율, r^*은 해외이자율이다.

현물환율이 1,050, 해외이자율이 5라고 할 때, 국제수지 균형을 나타내는 BP곡선을 의미하는 식으로 가장 적절한 것은?

① $Y = 5,000 + 100r$ ② $Y = 5,000 + 150r$

③ $Y = 6,000 + 100r$ ④ $Y = 6,000 + 150r$

국제수지균형은 경상수지($X - M$) + 자본수지(K) = 0일 때 달성된다. 따라서 다음과 같은 과정을 통해 BP곡선이 도출된다.

- $(200 + 0.5E - 300 - 0.2Y + 0.5E) + (100 + 30r - 10r^*) = 0 \Rightarrow$
  $E - 0.2Y + 30r - 10r^* = 0 \Rightarrow 1,000 - 0.2Y + 30r = 0 \Rightarrow$
  $0.2Y = 1,000 + 30r \Rightarrow Y = 5,000 + 150r$

정답 ②

---

25 자본이동이 완전히 자유로운 소국인 K국의 금융당국이 확장적 금융정책을 실시하고자 한다. 이로 인한 효과에 대한 설명으로 옳지 않은 것은? (단, K국은 변동환율제도를 채택하고 있다)

① 자본수지는 악화된다.

② 국민소득은 증가한다.

③ 단기적으로 이자율은 하락한다.

④ 환율은 하락한다.

K국의 금융당국의 확장적 금융정책의 전달 경로를 그림으로 나타내면 다음과 같다.

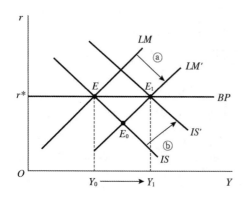

확장적 금융정책으로 LM곡선이 오른쪽으로 이동하여(그림 ⓐ), 대내 균형점이 E에서 E_0로 이동하여 이자율은 하락하고(③), 국민소득은 증가한다. 이에 따라 자본수지는 적자가 되고(①), 경상수지도 적자가 되어, 결국 국제수지 역시 적자가 된다. 그 결과 외환시장에서는 환율이 상승하게 된다(④). 환율의 상승은 순수출의 증가를 가져와 IS곡선이 오른쪽으로 이동하게 되고(그림 ⓑ), 대내외 균형점은 E_1까지 이동하게 되어 국민소득은 더욱 증가하게 된다(②).

정답 ④

01	③	02	①	03	③	04	②	05	④
06	③	07	②	08	④	09	③	10	①
11	④	12	①	13	②	14	③	15	①
16	④	17	③	18	④	19	③	20	④

01 두 재화 X, Y를 소비하는 소비자 M의 효용함수와 지역 A와 B에서의 두 재화 가격은 다음과 같다.

- $U = XY$
- A지역: $(P_{AX}, P_{AY}) = (200, 200)$
- B지역: $(P_{BX}, P_{BY}) = (100, 100)$

소비자 M이 A지역과 B지역에서 동일한 효용을 누릴 수 있기 위해 필요한 A지역에서의 소비지출액은? (단, 소비자 M이 B지역에서 지출하는 금액은 100,000원이다)

① 100,000
② 150,000
③ 200,000
④ 400,000

| 해설 |

B지역에서 소비자 M이 효용을 극대화하기 위해 필요한 X재와 Y재의 소비량과 이때 누릴 수 있는 효용의 크기를 구하면 다음과 같다.

- $X_B = \dfrac{\alpha \times I_B}{(\alpha+\beta) \times P_{BX}} = \dfrac{1 \times 100,000}{(1+1) \times 100} = \dfrac{100,000}{200} = 500$
- $Y_B = \dfrac{\alpha \times I_B}{(\alpha+\beta) \times P_{BY}} = \dfrac{1 \times 100,000}{(1+1) \times 100} = \dfrac{100,000}{200} = 500$
- $U_B = X_B \times Y_B = 500 \times 500 = 250,000 = 500^2$

- 이제 A지역에서 소비자 M이 효용을 극대화하면서도 B지역에서 누릴 수 있었던 250,000만큼의 효용을 얻기 위해 필요한 소비지출액(I_A)의 크기를 구하면 다음과 같다.

- $X_A = \dfrac{\alpha \times I_A}{(\alpha+\beta) \times P_{AX}} = \dfrac{1 \times I_A}{(1+1) \times 200} = \dfrac{I_A}{400}$
- $Y_A = \dfrac{\alpha \times I_A}{(\alpha+\beta) \times P_{AY}} = \dfrac{1 \times I_A}{(1+1) \times 200} = \dfrac{I_A}{400}$
- $U_A = X_A \times Y_A = \dfrac{I_A}{400} \times \dfrac{I_A}{400} = 250,000 = 500^2$
- $\Rightarrow I_A^2 = 400^2 \times 500^2 \Rightarrow I_A = 400 \times 500 = 200,000$

정답 ③

02 가격이 상승하면 수요량이 증가하는 재화에 대한 설명으로 옳은 것은?

① 대체효과는 반드시 음(-)의 값을 갖는다.
② 소득효과는 반드시 음(-)의 값을 갖는다.
③ 가격효과는 반드시 음(-)의 값을 갖는다.
④ 가격효과는 반드시 0의 값을 갖는다.

| 해설 |

기펜재는 우선 가격이 상승할 때 반드시 음(-)의 값을 갖는 대체효과와 반드시 양(+)의 값을 갖는 소득효과를 갖는 열등재이다. 또한 이러한 두 가지 효과 중에서 소득효과의 크기가 대체효과의 크기를 압도하여, 가격효과가 반드시 양(+)의 효과를 갖는다.

정답 ①

03 19명의 노동자가 생산에 참여할 때 1인당 평균생산량(AP_L)은 30단위였다. 그런데 노동자 1명을 더 고용하여 생산하였더니 1인당 평균생산량(AP_L)은 29단위로 줄어들었다. 이 경우 한계생산량(MP_L)은?

① 1단위
② 5단위
③ 10단위
④ 29단위

| 해설 |

노동자를 19명 고용하는 경우 총생산량($Q = L \times AP_L$)은 570단위($= 19 \times 30$), 노동자를 1명 더 고용하여 20명을 고용하는 경우의 총생산량($Q = L \times AP_L$)은 580단위($= 20 \times 29$)이다. 따라서 한계생산량은 10단위가 된다.

- $MP_L = \dfrac{\Delta Q}{\Delta L} = \dfrac{10}{1} = 10$

정답 ③

04 피자 시장에서 민주와 경원은 유일한 소비자이다. 다음은 민주와 경원의 피자에 대한 개별 수요곡선이다.

- $P = 15 - Q_{민주}$
- $P = 36 - 2Q_{경원}$

시장 가격이 'P=20'일 때, 시장 수요량(Q_M)은?

① $Q_M = 6$
② $Q_M = 8$
③ $Q_M = 10$
④ $Q_M = 12$

일반적으로 개별 수요곡선의 가격절편이 같은 경우에는 개별 수요곡선을 수평으로 합하여 시장 수요곡선을 도출한다. 그런데 문제에서 주어진 민주와 경원의 개별 수요함수의 가격절편은 서로 다른 값을 갖는다. 이러한 경우의 시장 수요곡선은 다음과 같은 방법으로 도출한다. 우선 민주와 경원의 역수요함수를 다음과 같이 정리해 본다.

> - $Q_{민주} = 15 - P$
> - $Q_{경원} = 18 - \frac{1}{2}P$

이에 따르면 민주는 '$0 < P < 15$'인 경우에만 피자를 구입하고자 하고 ($Q_{민주} > 0$), 경원은 '$0 < P < 36$'인 경우에만 피자를 구입하고자 한다 ($Q_{경원} > 0$). 따라서 만약 '$15 \leq P < 36$'인 경우에는 경원이 시장의 유일한 소비자가 되어, 경원의 수요곡선이 곧 시장 수요곡선이 된다.

- 이제 가격 구간별로 시장 수요곡선을 도출하면 다음과 같다.

> - $15 \leq P < 36$: $Q_{시장} = Q_{경원} = 18 - \frac{1}{2}P \Rightarrow P = 36 - 2Q_{시장}$
> - $0 < P < 15$: $Q_{시장} = Q_{민주} + Q_{경원} = 33 - \frac{3}{2}P$
> $\Rightarrow P = 22 - \frac{2}{3}Q_{시장}$

이 내용을 그림으로 정리하면 다음과 같다.

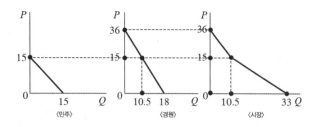

결국 시장가격이 'P = 20'인 경우의 시장 수요곡선은 '$Q_{시장} = 18 - \frac{1}{2}P$'가 되어, 시장 수요량은 '$Q_M = 8$'이 된다.

(정답) ②

---

05 X재의 수요함수가 다음과 같이 주어져 있다.

> - $Q_D = 100P^{-1}$

제시된 수요함수에 대한 설명으로 옳은 것은?

① 수요곡선상의 접선의 기울기는 모든 점에서 1이다.
② X재의 가격이 상승하면 X재의 수요는 반드시 감소한다.
③ 수요곡선상의 모든 점에서 서로 상이한 수요의 가격탄력성이 측정된다.
④ 가격 변화와 관계없이 X재에 대한 소비 지출액은 항상 일정한 값을 갖는다.

주어진 수요함수의 수요의 가격탄력성을 구하면 다음과 같다.

> - $E_P = -\frac{dQ}{dP} \times \frac{P}{Q} = -(-1)100P^{-2} \times \frac{P}{Q} = \frac{100P^{-1}}{Q} = \frac{Q}{Q} = 1$

이에 따라 수요곡선상의 모든 점에서 수요의 가격탄력성이 항상 '1'인 단위 탄력적인 특징을 보인다. 수요의 가격탄력성이 항상 1인 경우, 소비 지출액은 가격 변화와 관계없이 항상 일정한 크기를 갖는다.

① 주어진 수요함수는 직각쌍곡선의 모습을 보인다. 따라서 가격이 하락함에 따라 수요곡선상의 접선의 기울기는 지속적으로 감소하는 모습을 보인다. 수요곡선상의 모든 점에서 1인 것은 접선의 기울기가 아니고, 수요의 가격탄력성이다.
② X재의 가격의 상승은 X재의 '수요'가 아닌 '수요량'의 감소를 가져온다.
③ 수요곡선상의 모든 점에서 수요의 가격탄력성은 항상 '1'로 단위 탄력적이다.

(정답) ④

---

06 완전경쟁기업인 K기업의 단기 공급함수가 다음과 같다고 한다.

> - $Q_D = P - 20$

K기업의 조업중단가격이 'P = 30'인 경우 K기업이 생산 가능한 최소생산량을 구하면?

① $Q = 1$ ② $Q = 5$
③ $Q = 10$ ④ $Q = 20$

K기업의 조업중단가격이 'P = 30'인 경우, 주어진 공급함수는 다음과 같이 변형해서 나타낼 수 있다.

> - $Q_D = (P - 30) + 10$ 단, $P > 30$이다.

이 식은 시장가격이 'P < 30'인 경우에는 생산을 하지 않는다는 것을 의미하고, 'P > 30'이 되어 일단 생산을 시작하게 되면 최소 생산량이 'Q = 10'임을 시사해 준다. 이것은 완전경쟁기업의 시장가격에 따른 실제 생산량이 'Q = 1'에서 시작되는 것이 아님을 의미한다.

(정답) ③

---

07 독점기업이 직면하는 시장수요곡선과 총비용곡선이 각각 다음과 같이 주어져 있다.

- 수요곡선: $Q = 60 - 2P$
- 총비용곡선: $TC = 100 + Q^2$

이때 독점기업의 이윤극대화 생산량과 사회적 최적 생산량은? (단, Q_D는 수요량, P는 가격, TC는 총비용, Q는 생산량이다)

	이윤극대화 생산량	사회적 최적 생산량
①	8	10
②	10	12
③	12	14
④	14	16

| 해설 |

주어진 조건들을 이용하여 독점기업의 이윤극대화 조건을 전제로 이윤극대화 생산량(Q_A)은 다음과 같이 도출한다.

- $Q = 60 - 2P \Rightarrow P = 30 - \dfrac{1}{2}Q \Rightarrow MR = 30 - Q$
- $TC = 100 + Q^2 \Rightarrow MC = 2Q$
- $MR = MC \Rightarrow 30 - Q = 2Q \Rightarrow 3Q = 30 \Rightarrow Q = 10$

• 사회적 최적 생산량 달성조건을 전제로 사회적 최적 생산량(Q_B)을 구하면 다음과 같다.

- $Q = 60 - 2P \Rightarrow P = 30 - \dfrac{1}{2}Q$
- $TC = 100 + Q^2 \Rightarrow MC = 2Q$
- $P = MC \Rightarrow 30 - \dfrac{1}{2}Q = 2Q \Rightarrow \dfrac{5}{2}Q = 30 \Rightarrow Q = 12$

• 앞의 결과를 그림으로 나타내면 다음과 같다.

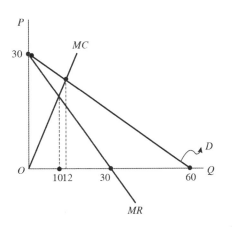

정답 ②

08 금융산업에 있어서의 도덕적 해이(Moral Hazard)에 대한 설명으로 옳지 않은 것은?

① 금융거래의 쌍방 간에 정보의 비대칭성이 없는 경우에는 발생하지 않는다.

② 금융거래계약 후, 차입자가 자금을 원래의 목적대로 이용하지 않을 경우 발생한다.

③ 금융기관의 경영에 대하여 주주와 경영자가 서로 다른 목적을 가지고 있을 경우에 발생한다.

④ 금융거래가 이루어지기 이전에 대부자가 차입자의 위험 수준을 파악할 수 없기 때문에 발생한다.

| 해설 |

도덕적 해이는 거래가 이루어진 이후의 문제로 대리인(agent)이 본인(principal)의 이익에 반하는 행동을 하는 것을 의미한다. 이러한 도덕적 해이가 발생하는 근본 이유는 본인이 대리인의 행동을 감시하는 비용이 높고 대리인의 행동을 완전히 통제할 수 없어, 대리인이 자신의 행위를 숨길 수 있기 때문이다.

④ 금융거래가 이루어지기 이전에 대부자가 차입자의 위험 수준과 같은 '특성'을 파악할 수 없기 때문에 발생하는 것은 역선택에 관한 설명이다.

정답 ④

09 다음 중 *GDP* 개념에 대한 설명으로 옳은 것은?

① *GDP*와 재산은 동일한 유량변수이다.

② 기말 재고의 크기는 *GDP* 측정에서 포함된다.

③ 국채 보유자에 대한 이자지급은 *GDP* 측정에서 제외된다.

④ 시장에서 거래되지 않은 농부의 자가소비농산물은 *GDP* 측정에서 제외된다.

| 해설 |

국채 보유자에 대해 지급되는 것은 생산 활동과 무관한 이전지출로 간주되어 *GDP* 측정에서 제외된다.

① *GDP*는 유량변수이지만 재산은 저량변수이다.

② *GDP* 측정에 포함되는 것은 기말 재고의 크기 자체가 아니라 기말 재고의 '변화분'이다.

④ 농부의 자가소비농산물은 비록 시장에서 거래되지 않는다고 하더라도 *GDP* 측정에 포함시킨다.

정답 ③

10 기업 K는 새로운 2년간의 투자 프로젝트 비용으로 필요한 규모가 500억 원에 달할 것으로 예측하고 있다. 또한 이러한 투자를 통해 투자 1년 차에 240억 원, 2년 차에 432억 원의 수익을 각각 얻을 수 있을 것으로 예측하고 있다. 기업 K가 이 투자 프로젝트를 통해 얻을 수 있는 순현재가치(Net Present Value)는? (단, 현재 시장이자율은 20%이며, 이 수준은 앞으로 2년 동안 유지된다고 가정한다)

① 0원
② 20억 원
③ 50억 원
④ 100억 원

| 해설 |

투자기간이 2년인 경우, 미래 기대수익의 현재가치(PV)와 순현재가치(NPV)를 구하면 다음과 같다.

- $PV = \dfrac{240}{(1+0.2)^1} + \dfrac{432}{(1+0.2)^2} = \dfrac{240}{1.2} + \dfrac{432}{1.44}$
  $= 200 + 300 = 500$(억 원)
- $NPV = PV - TC = 500 - 500 = 0$(원)

정답 ①

11 매년 120만 원의 이자가 영구히 지급되는 채권이 있다. 연이자율이 3%에서 2%로 하락하는 경우, 이 채권의 가격의 변화는?

① 500만 원만큼 상승한다.
② 500만 원만큼 하락한다.
③ 1,000만 원만큼 상승한다.
④ 2,000만 원만큼 상승한다.

| 해설 |

문제에서 제시된 채권의 종류는 영구채이다. 이러한 영구채 가격은 다음과 같이 결정된다.

- 영구채 가격 = $\dfrac{\text{이자}}{\text{이자율}}$

- 주어진 이자율 변화에 따른 영구채 가격을 구하면 다음과 같다.

- 연 이자율 = 3%: $\dfrac{120}{0.03} = 4,000$(만 원)
- 연 이자율 = 2%: $\dfrac{120}{0.02} = 6,000$(만 원)

정답 ④

12 폐쇄경제의 IS-LM 모형에서 화폐공급함수는 다음과 같다.

- 화폐공급: $\dfrac{M^S}{P} = M_0 + wR$

단, M^S는 화폐공급량, P는 물가, M_0는 외생적 화폐공급량, w는 양(+)의 상수, R은 이자율이다.

이에 대한 설명으로 옳은 것은? (단, IS곡선은 우하향하고, LM곡선은 우상향한다)

① '$w = 0$'인 경우에 비해, 재정정책의 효과가 커진다.
② '$w = 0$'인 경우에 비해, 통화정책의 효과가 커진다.
③ '$w = 0$'인 경우에 비해, IS곡선의 기울기가 보다 완만해진다.
④ '$w = 0$'인 경우에 비해, 통화공급은 독자적인 중앙은행의 결정에 의해서만 외생적으로 결정된다.

| 해설 |

주어진 화폐공급함수에 따르면 화폐공급이 이자율의 증가함수이다. 이러한 경우 이자율 상승의 전달경로를 살펴보면 다음과 같다.

- $R\uparrow$ ⇒ 예금↑ ⇒ 은행의 대출능력↑ ⇒ 대출↑
  ⇒ 신용창조 과정을 통한 통화량↑

이러한 과정을 통해 중앙은행에 의해서 이루어지는 독자적 통화공급과 무관하게 통화량이 증가하는 경우를 화폐공급의 내생성이라고 한다.

- 화폐공급이 내생적으로 변화하게 되면 중앙은행에 의해 외생적으로만 화폐가 공급되는 경우에 비해 LM곡선의 기울기는 보다 완만해진다. 이에 따라 재정정책의 효과가 상대적으로 크게 나타나게 된다.

정답 ①

13 케인스의 단순 모형에 기초한 총수요-총공급(AD-AS) 모형에서 경제는 완전고용 상태에 있다고 하자. 심각한 청년 실업문제에 직면한 정부는 공공부문에서 고용을 창출하기 위해 정부지출을 증가시키려고 한다. 동시에 정부는 정부지출로 인해 발생할 수 있는 물가상승을 완전히 억제하려고 한다. 이러한 정부의 정책목표를 실현하기 위한 정책 내용으로 옳은 것은? (단, 단기 총공급곡선은 우상향한다고 가정한다)

① 정부지출과 동일한 규모의 조세를 징수한다.

② 정부지출보다 더 큰 규모의 조세를 징수한다.

③ 정부지출보다 더 작은 규모의 조세를 징수한다.

④ 정부지출과 동일한 규모의 감세를 실시한다.

| 해설 |

단기 총공급곡선이 우상향하고 있으므로 정부지출의 증가는 총수요(AD)를 증가시키고, 물가상승을 수반하게 된다. 따라서 정부지출로 인한 물가상승을 완전히 억제하기 위해서는 정부지출로 증가한 총수요를 정확하게 상쇄시킬 수 있는 조세징수가 필요해진다.

• 정부지출 승수는 조세징수의 절댓값보다 크다. 따라서 정부지출로 인해 증가한 총수요를 정확하게 상쇄하기 위해서 필요한 조세징수의 크기는 정부지출보다 더 커야 한다.

(정답) ②

14 리카도의 등가정리(Ricardian Equivalence Theorem)에 의할 때, 정부지출의 변화 없이 일시적으로 조세를 인하하는 경우 나타나는 현상으로 옳은 것은?

① 민간소비가 증가한다.

② 민간저축이 감소한다.

③ 정부저축이 감소한다.

④ 정부저축이 증가한다.

| 해설 |

리카도의 등가정리에 따르면 가계는 합리적 기대를 하면서 소비의 현재가치와 소득의 현재가치가 고려되는 범위에서 소비의 크기를 결정한다. 이러한 내용이 담긴 가계의 예산제약식은 다음과 같다.

• $C_1 + \dfrac{C_2}{1+r} = (Y_1 - T_1) + \dfrac{(Y_2 - T_2)}{1+r}$

여기서 C_1은 현재소비, C_2는 미래소비, Y_1은 현재소득, Y_2는 미래소득, T_1은 현재조세, T_2는 미래조세, r은 이자율이다.

• 리카도의 등가정리에 따르면 정부 역시 정부지출의 현재가치와 조세의 현재가치가 고려되는 범위에서 재정에 관한 의사결정을 한다. 이러한 내용이 담긴 정부의 예산제약식은 다음과 같다.

• $G_1 + \dfrac{G_2}{1+r} = T_1 + \dfrac{T_2}{1+r}$

여기서 G_1은 현재 정부지출, G_2는 미래 정부지출, T_1은 현재조세, T_2는 미래조세, r은 이자율이다.

• 정부지출의 변화가 없는 정부의 일시적인 조세 인하($T_1 \downarrow$)는 정부의 현재저축($T_1 - \overline{G_1}$)을 감소시킨다. 이러한 정부의 현재조세의 인하는 가계의 예산제약식에서 ($Y_1 - T_1$)을 크게 하므로 현재가처분소득을 증가시킨다. 그러나 합리적 기대를 하는 가계는,

현재조세 인하($T_1 \downarrow$)를 하는 정부가 자신의 예산제약식을 충족시키기 위해 미래 시점에서 조세를 인상($T_2 \uparrow$)할 것이라고 예측하게 된다. 이러한 정부의 미래조세 인상($T_2 \uparrow$)은 가계의 미래소득의 현재가치($\dfrac{Y_2 - T_2}{1+r}$)를 작게 한다.

• 결국 가계는 정부의 일시적인 조세 인하가 자신의 전체가처분소득을 변화시키지 못하는 것으로 이해하게 된다. 이에 따라 정부의 현재조세 인하로 인해 증가한 현재가처분소득은 소비되지 않고 미래를 위해 저축된다.

(정답) ③

15 다음 설명 중 옳은 것은?

① 노동시장이 동태적으로 균형 상태에 있을 때의 실업률과 이직률이 각각 5%와 1%이다. 따라서 노동시장에서의 구직률은 19%이다.

② 예상인플레이션율이 상승하면 경제는 단기 필립스곡선을 따라 좌상방으로 이동한다.

③ 단기 총공급곡선이 우상향하면, 단기 필립스곡선도 우상향한다.

④ 임금이 물가와 정확히 연동될수록 경기안정화정책의 효과가 커진다.

| 해설 |

노동시장이 동태적으로 균형 상태에 있을 때의 실업률은 자연실업률을 의미한다. 이직률을 s, 구직률을 f라고 할 때 자연실업률은 다음과 같이 도출된다.

• 자연실업률 $= \dfrac{s}{f+s} \Rightarrow \dfrac{1\%}{19\% + 1\%} = \dfrac{1\%}{20\%} = 5\%$

② 예상인플레이션율이 상승하면 단기 필립스곡선 자체가 우상방으로 이동한다.

③ 단기 총공급곡선이 우상향하면, 단기 필립스곡선은 우하향한다.

④ 임금이 물가와 정확히 연동된다는 것은 임금이 시장 상황에 따라 매우 신축적이게 된다는 의미이다. 따라서 이 경우에는 단기 총공급곡선의 기울기가 매우 가팔라지므로 경기안정화정책의 효과는 상대적으로 작아진다.

(정답) ①

16 중앙은행의 통화정책 반응함수는 다음과 같다.

$$r = 0.05 + 1.5 \times (\pi - 0.04) - \frac{0.5(Y - Y_P)}{Y_P}$$

여기서 r은 중앙은행의 정책이자율, π는 물가상승률, Y는 실질 GDP, Y_P는 잠재 GDP이다.

전년도에 물가상승률은 5%였고, 실질 GDP와 잠재 GDP는 같았다고 하자. 금년도에 물가상승률이 3%가 되고, 실질 GDP가 잠재 GDP 대비 6%만큼 감소한다면 중앙은행이 취해야 할 행동으로 가장 적절한 것은?

① 정책이자율을 1%p 올린다.

② 정책이자율을 2%p 내린다.

③ 정책이자율을 2%p 올린다.

④ 정책이자율을 그대로 유지한다.

| 해설 |

물가상승률이 5%였고, 실질 GDP와 잠재 GDP가 같았던 전년도 중앙은행의 최적 정책이자율은 다음과 같이 도출된다.

- $r = 0.05 + 1.5 \times (\pi - 0.04) - \dfrac{0.5(Y - Y_P)}{Y_P}$

  $\Rightarrow r = 0.05 + 1.5 \times (0.05 - 0.04) - 0$

  $\Rightarrow r = 0.05 + 0.015 = 0.065$

- 물가상승률이 3%, 실질 GDP가 잠재 GDP 대비 6%만큼 감소하는 금년도 중앙은행의 최적 정책이자율은 다음과 같이 도출된다.

- $r = 0.05 + 1.5 \times (\pi - 0.04) - \dfrac{0.5(Y - Y_P)}{Y_P}$

  $\Rightarrow r = 0.05 + 1.5 \times (0.03 - 0.04) - 0.5 \times (-0.06)$

  $\Rightarrow r = 0.05 - 0.015 + 0.03 = 0.065$

따라서 중앙은행은 금년도에도 작년도의 정책이자율 수준을 그대로 유지한다.

정답 ④

---

17 Harrod의 경제성장론에 의할 때, 저축률이 20%, 자본계수가 5, 인구증가율이 1%인 경우에 국민경제의 성장률과 1인당 경제성장률을 순서대로 구하면?

① 2%, 1%

② 3%, 2%

③ 4%, 3%

④ 5%, 4%

| 해설 |

Harrod의 경제성장론에서 경제성장률과 1인당 경제성장률은 다음과 같이 측정된다.

- 경제성장률 $= \dfrac{\text{저축률}}{\text{자본계수}} = \dfrac{20\%}{5} = 4\%$

- 1인당 경제성장률 = 경제성장률 - 인구증가율 = 4% - 1% = 3%

정답 ③

---

18 다음은 소국 폐쇄경제였던 K국이 쌀 시장을 개방한 후에 발생한 변화에 관한 그림이다.

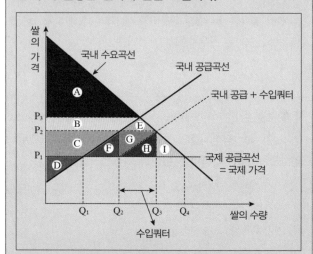

이에 대한 설명으로 옳은 것은?

① $P_1 P_2$만큼 수입관세를 부과하면 국제 가격은 P_2로 상승한다.

② $P_1 P_2$만큼 수입관세를 부과하면 사회적 총잉여는 $(F + I)$만큼 증가한다.

③ $Q_2 Q_3$만큼 수입수량을 할당하면 재정수입은 $(G + H)$만큼 증가한다.

④ $Q_2 Q_3$만큼 수입수량을 할당하면 사회적 총잉여는 $(F + I)$만큼 감소한다.

| 해설 |

수입관세를 부과할 때 이루어지는 수입량과 동일한 크기만큼을 수입할당하는 경우, 수입할당에 따른 자원배분의 결과는 수입관세를 부과할 때와 완전히 같아진다. 다만, 수입관세를 부과하는 경우 얻게 되는 정부의 재정수입이 수입업자의 수입으로 전용될 뿐이다. 이러한 수입할당제 실시로 수입업자가 얻게 되는 수입을 할당지대라고 한다.

	소비자 잉여	생산자 잉여	재정수입	할당지대
수입관세 부과	$-(C + F + G + H + I)$	$+C$	$+(G + H)$	0
수입수량 할당	동일	동일	0	$+(G + H)$

① 소국이 수입관세를 부과해도 국제 가격 자체는 불변이다. 다만 수입품의 국내 판매가격이 국제 가격에 수입관세가 더해진 P_2로 상승할 뿐임을 유의해야 한다.

② $P_1 P_2$만큼 수입관세를 부과하면 사회적 총잉여는 $(F+I)$만큼 감소한다.

③ $Q_2 Q_3$만큼 수입수량을 할당하면 $(G+H)$만큼은 수입업자의 할당지대가 된다.

(정답) ④

19 K국의 국제수지표에서 경상수지는 상품수지로 측정한 순수출$(X-M)$과 같고, 준비자산의 증감이 없었다. 경상수지가 적자를 나타내고 있는 경우에 대한 설명으로 옳은 것은? (단, X는 수출이고 M은 수입이며, 오차 및 누락은 0이다)

① 국민소득의 크기는 소비, 투자, 정부지출의 합보다 크다.

② 순자본유출(net capital outflow)은 양의 값을 가진다.

③ 국내저축의 크기는 국내투자의 크기보다 작다.

④ 순수출과 순자본유입의 부호는 같다.

| 해설 |

국제수지 항등식과 저축－투자 균형식은 각각 다음과 같다.

- 경상수지＋자본수지＋준비자산＋오차 및 누락＝0
  ⇒ 경상수지＋자본수지＝0
- 민간저축(S_P)＋정부저축(S_G)＋해외저축$(M-X)$＝국내 투자(I)
  ⇒ 국내 저축(S_P+S_G)＋해외저축$(M-X)$＝국내 투자(I)

만약 국내저축의 크기가 국내투자의 크기보다 작다면$(S_P+S_G < I)$, 해외저축$(M-X)$은 양$(+)$의 값을 갖게 된다. 이것은 곧 경상수지$(X-M)$가 음$(-)$의 값을 갖는 적자가 된다는 의미이다.

① 국민소득 균형식은 다음과 같다.

- 국민소득＝(소비＋투자＋정부지출)＋순수출
  ⇒ 순수출＝국민소득－(소비＋투자＋정부지출)

그런데 순수출(＝경상수지)이 음$(-)$의 값을 갖게 되므로 국민소득의 크기는 소비, 투자, 정부지출의 합보다 작게 된다.

② 국제수지 항등식에서 경상수지가 적자이므로 자본수지는 흑자가 된다. 이것은 순자본유입(net capital inflow)이 양$(+)$의 값을 갖게 된다는 의미이기도 하다. 따라서 반대로 순자본유출 (net capital outflow)은 음$(-)$의 값을 갖게 된다.

④ 경상수지가 적자이므로 순수출은 음$(-)$의 부호를 갖게 되고, 자본수지가 흑자이므로 순자본유입은 양$(+)$의 부호를 갖게 된다.

(정답) ③

20 자본이동이 자유로운 소규모 개방경제인 K국은 고정환율제도를 시행하고 있다. 먼델－플레밍 모형(Mudell－Fleming Model)에 의할 때, 균형국민소득을 증가시키기 위한 가장 효과적인 정책은?

① 중앙은행에 의한 국공채 매입

② 중앙은행에 의한 재할인율 인하

③ 건전재정을 위한 흑자예산 편성

④ 국공채 발행을 통한 재정지출 확대

| 해설 |

자본이동이 자유로운 소규모 개방에서 환율제도에 따른 경기안정화정책의 효과를 다음과 같이 정리할 수 있다.

	고정환율제도	변동환율제도
확장적 금융정책	효과 無	효과 大
확장적 재정정책	효과 大	효과 無

①은 확장적 금융정책, ②는 확장적 금융정책, ③은 긴축적 재정정책, ④는 확장적 재정정책에 해당한다.

(정답) ④

01	②	02	①	03	④	04	①	05	④
06	①	07	④	08	②	09	②	10	④
11	④	12	③	13	③	14	②	15	④
16	④	17	③	18	③	19	②	20	②
21	①	22	④	23	②	24	④	25	②

01 소비자의 합리적 소비에 대한 설명으로 옳은 것은?

① 합리적 소비자는 주어진 예산으로 각 재화의 한 단위 당 한계효용이 같아지도록 구입하면서 효용을 극대화 한다.

② 합리적 소비자가 물보다 다이아몬드를 더 비싸게 사는 것은 재화의 가격을 총효용보다 한계효용에 의해 평가 하기 때문이다.

③ 합리적 소비자는 열등재인 재화의 가격이 하락하는 경우, 대체효과를 따르면 재화 소비를 줄이고, 소득효과 를 따르면 재화 소비를 늘린다.

④ 합리적 소비자가 재화를 구입할 때 얻게 되는 총효용 은 맨 마지막에 소비한 재화에서 얻는 한계효용에 그 동안 소비한 수량을 곱하면 구할 수 있다.

| 해설 |

한계효용에 따르면 사용가치가 큰 물의 가격보다 사용가치가 작은 다이아몬드의 가격이 더 비싼 것은 맨 마지막에 소비하는 다이아 몬드가 주는 한계효용이 물이 주는 한계효용보다 크기 때문이다.

① 합리적 소비자는 주어진 예산으로 각 재화의 화폐 1단위당 한 계효용이 같아지는 '한계효용 균등의 법칙'에 따른 소비를 하면 서 효용을 극대화한다.

③ 합리적 소비자는 열등재인 재화의 가격이 하락하는 경우, 열등 재의 상대가격이 하락함에 따라 재화 소비를 늘리는 대체효과 를 따르고, 실질소득이 증가함에 따라 재화 소비를 줄이는 소 득효과를 따르게 된다.

④ 합리적 소비자가 재화를 구입할 때 얻게 되는 총효용은 맨 마 지막까지 소비할 때 얻은 그 동안의 한계효용을 누적적으로 합 하여 구하게 된다.

정답 ②

02 X재와 Y재를 소비하여 효용극대화를 추구하는 소 비자 민주의 효용함수가 $Y = \min[2X, Y]$로 알려져 있 다. 소득이 10,000이고 Y재 가격이 200인 경우, 효용극 대화를 추구하는 민주의 X재 수요함수를 구하면?

① $X = \dfrac{10,000}{P_X + 400}$

② $X = \dfrac{5,000}{P_X + 200}$

③ $X = \dfrac{10,000}{P_X + 200}$

④ $X = \dfrac{5,000}{P_X + 400}$

| 해설 |

주어진 효용함수는 X재와 Y재가 항상 '$\frac{1}{2}:1$' 비율로 결합되어 소 비되는 완전보완재인 경우이다. 이에 따라 효용극대화 조건은 다 음과 같이 도출된다.

- $Y = \min[2X, Y] \Rightarrow 2X = Y$ ··· ㉠
- 예산선: $I = P_X \times X + P_Y \times Y \Rightarrow 10,000 = P_X \times X + 200 \times Y$ ··· ㉡

- ㉠의 결과를 ㉡에 대입하여 정리하면 다음과 같은 결과를 얻을 수 있다.

- $10,000 = P_X \times X + 200 Y \Rightarrow 10,000 = P_X \times X + 200 \times 2X \Rightarrow$ $10,000 = (P_X + 400)X \Rightarrow X = \dfrac{10,000}{P_X + 400}$

정답 ①

03 다음과 같은 등량곡선에 대한 설명으로 옳은 것은?

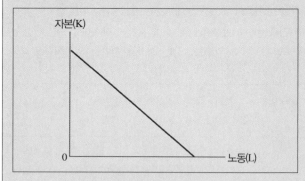

① 모든 등량곡선상에서 자본집약도는 동일하다.

② 동일한 생산량을 생산하는 경우, 생산요소의 결합유형 은 두 가지만 존재한다.

③ 다른 조건이 일정할 때 기술진보가 이루어지는 경우, 등량곡선은 원점으로부터 멀리 이동한다.

④ 다른 조건이 일정하고 노동투입량이 일정한 크기만큼 증가될 때, 항상 노동투입량과 일정한 비율만큼의 자본 투입 감소가 이루어진다.

주어진 등량곡선은 노동과 자본이 완전대체가 이루어지는 선형생산함수의 경우이다. 이에 따라 노동투입량의 증가에 따라 감소하게 되는 자본투입량으로 측정되는 기술적 한계대체율($MRTS_{LK}$)은 등량곡선상의 모든 점에서 동일한 크기를 보이게 된다.

① 등량곡선상에서 자본집약도($\frac{K}{L}$)는 그 점의 위치에 따라 모두 다른 값을 갖게 된다. 이때 자본집약도는 원점에서 등량곡선상의 한 점까지 그은 직선의 기울기와 동일하다.

② 등량곡선이 선형생산함수인 경우, 생산요소의 결합유형은 세 가지가 존재한다.

• $MRTS_{LK} > \frac{P_L}{P_K}$인 경우	오직 노동투입만으로 생산 가능
• $MRTS_{LK} < \frac{P_L}{P_K}$인 경우	오직 자본투입만으로 생산 가능
• $MRTS_{LK} = \frac{P_L}{P_K}$인 경우	무수히 많은 노동 - 자본 결합으로 생산 가능

③ 다른 조건이 일정할 때 기술진보가 이루어지는 경우, 등량곡선은 원점에 가까워진다. 이를 그림으로 나타내면 다음과 같다.

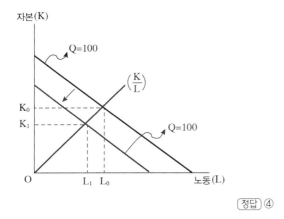

정답 ④

---

04 기업 S의 장기 총비용함수가 다음과 같이 주어져 있다.

$$LTC = Q^3 - 20Q^2 + 1,000Q$$

최소효율규모가 달성되는 생산량 수준에서 장기 한계비용(LMC)의 크기는?

① 900 ② 800
③ 700 ④ 600

| 해설 |

최소효율규모는 장기 평균비용이 최저 수준에 도달할 때 달성된다. 주어진 비용함수를 통해 장기 평균비용(LAC)함수와 장기 평균비용의 최솟값을 구하면 다음과 같다.

• $LAC = \frac{LTC}{Q} = Q^2 - 20Q + 1,000$

• $\frac{dLAC}{dQ} = 2Q - 20 = 0 \Rightarrow Q = 10$에서 'LAC 최솟값 = 900'

• LAC가 U자형일 때, 장기 한계비용(LMC)곡선은 LAC의 최솟값을 뚫고 우상향하는 모습을 보인다. 이것은 곧 LAC의 최솟값은 LMC의 값과 같다는 의미이기도 하다. 따라서 최소효율규모 수준에서 장기 한계비용(LMC)의 크기는 LAC의 최솟값인 '900'이 된다.

• 한편 장기 평균비용곡선이 문제에서 주어진 함수처럼 U자형인 경우, 최소효율규모 수준은 규모의 경제가 끝나고 규모의 비경제가 시작되는 수준이기도 하다.

정답 ①

---

05 탄력성에 대한 설명으로 옳은 것은? (단, 수요의 가격탄력성은 절댓값을 가정할 것)

① 수요의 가격탄력성이 1보다 클 때, 가격이 상승하면 가계의 총지출액은 증가한다.

② 공급의 가격탄력성이 완전탄력적인 경우, 수요 측면의 대체재 가격이 하락하면 그 재화의 균형가격은 상승한다.

③ A재화에 대한 시장가격이 P라고 하고 수요함수가 $Q^D = -2P + 20$, 공급함수가 $Q^S = 10P$라고 할 때 균형점에서 공급의 가격탄력성은 0.5이다.

④ 어떤 상품에 대한 수요의 가격탄력성이 1.5이고 소득탄력성이 0.5인 경우, 그 상품의 가격이 10% 하락했음에도 불구하고 소비량이 변하지 않았다면 소득은 30% 감소하였을 것이다.

| 해설 |

수요의 가격탄력성이 1.5인 경우, 상품가격의 10% 하락은 그 상품의 소비량을 15% 증가시킨다. 그럼에도 불구하고 소비량이 변하지 않았다는 것은 소득의 변화로 인해 15%만큼의 소비량 감소가 동시에 나타났다는 의미이다. 그런데 소득탄력성이 0.5이므로 이 경우의 소득변화분은 다음과 같이 도출할 수 있다.

• 수요의 소득탄력성(E_I) = $\frac{수요(소비량) 변화율}{소득 변화율}$

$\Rightarrow 0.5 = \frac{15\%↓}{소득 변화율↓} \Rightarrow$ 소득 변화율 $= 30\%↓$

따라서 소득은 30%만큼 감소하게 된다.

① 수요의 가격탄력성이 1보다 클 때, 가격이 상승(하락)하면 가계의 총지출액(기업의 총수입)은 감소(증가)한다.

② 공급의 가격탄력성이 완전탄력적이라는 것은 공급곡선이 수평이라는 의미이이다. 따라서 수요 측면의 대체재 가격이 하락

하여 수요가 감소한다고 하더라도 그 재화의 균형가격은 불변이 된다.

③ 주어진 공급함수는 원점을 지나는 직선의 모습을 보인다. 이 경우 공급곡선의 기울기와 관계없이 모든 점에서 공급의 가격탄력성은 '1'이 된다. 따라서 도출된 시장균형가격이 얼마든지 관계없이 균형은 주어진 공급곡선상에서 이루어지게 되므로, 균형점에서 공급의 가격탄력성은 '1'이 된다. 이와 같이 계산과정 없이 정답이 도출될 수 있다.

정답 ④

06 X재의 수요함수와 공급함수가 다음과 같다.

- $Q_X^D = 100 - \frac{1}{2}P$
- $Q_X^S = -50 + 2P$

30만큼의 종량세가 수요자에게 부과될 때, 수요자와 공급자가 각각 부담하게 될 조세의 크기는? (단, Q_X^D는 X재의 수요량, Q_X^S는 X재의 공급량, P는 가격이다)

	수요자	공급자
①	24	6
②	22	8
③	18	12
④	12	18

| 해설 |

수요함수와 공급함수가 다음과 같이 주어질 때, 조세부과에 따른 수요자와 공급자의 조세부담의 크기를 다음과 같이 구할 수 있다.

- $Q^D = a - bP$, $Q^S = c + dP$

  여기서 Q^D는 수요량, Q^S는 공급량, P는 가격, a, b, c, d는 양(+)의 상수이다.

- 수요자 조세부담의 크기: $\frac{d}{b+d} \times$ 조세액

  $\Rightarrow \dfrac{2}{\frac{1}{2}+2} \times 30 = \dfrac{2}{\frac{5}{2}} \times 30 = \dfrac{4}{5} \times 30 = 24$

- 공급자 조세부담의 크기: $\frac{b}{b+d} \times$ 조세액

  $\Rightarrow \dfrac{\frac{1}{2}}{\frac{1}{2}+2} \times 30 = \dfrac{\frac{1}{2}}{\frac{5}{2}} \times 30 = \dfrac{1}{5} \times 30 = 6$

이 결과는 조세를 수요자와 공급자 중에서 누구에게 부과하든 동일하다.

정답 ①

07 완전경쟁시장에서 이윤극대화를 추구하는 기업들의 장기 비용함수와 시장수요함수가 다음과 같이 알려져 있다.

- 장기 평균비용함수: $LAC = \frac{3}{2}q^2 - 9q + \frac{43}{2}$
- 시장수요함수: $Q_D = 32,000 - 1,000P$

여기서 LAC는 개별기업의 총비용, q는 개별기업의 생산량, Q_D는 시장수요량, P는 가격이다.

시장이 장기균형에 도달할 때, 이 시장에 참여하는 기업의 수는? (단, 모든 기업들의 비용조건은 동일하다고 가정한다)

① 1,200개 ② 2,400개
③ 6,400개 ④ 8,000개

| 해설 |

장기균형은 장기 평균비용(LAC)이 극솟값과 시장가격(P)이 일치하는 수준에서 이루어진다. 이러한 장기균형 수준에서의 시장가격을 구하면 다음과 같다.

- $\dfrac{dLAC}{dq} = 3q - 9 = 0 \Rightarrow q = 3$일 때 LAC는 극솟값을 갖는다.
- $LAC = \dfrac{3}{2}q^2 - 9q + \dfrac{43}{2}$

  $\Rightarrow LAC = \dfrac{3}{2} \times 3^2 - 9 \times 3 + \dfrac{43}{2} = \dfrac{27}{2} - 27 + \dfrac{43}{2} = 8$

- 따라서 장기균형 수준에서 시장가격은 '$P=8$'이 된다. 이 결과를 시장수요함수에 대입하면 장기균형에 필요한 시장 전체 공급량(=수요량)은 '$Q=24,000$'이 된다. 이를 충족하기 위해서는 '$q=3$'인 기업 8,000개가 필요하다.

정답 ④

08 독점에 대한 설명으로 옳지 않은 것은?

① 독점기업도 단기에는 손실을 볼 수 있다.
② 독점기업의 공급곡선의 기울기가 완만할수록 독점기업의 독점도는 작아진다.
③ 독점기업이 목표를 총수입의 극대화로 정할 때, 수요의 가격탄력성은 '1'이 된다.
④ 독점기업이 직면하는 수요곡선은 시장수요곡선과 완전히 일치한다.

| 해설 |

균형 상태에서 러너의 독점도(degree of monopoly)는 다음과 같이 나타낼 수 있다.

$$dom = \frac{P - MR}{P} = \frac{P - MC}{P}$$

독점기업의 균형 상태에서는 '$P > MR = MC$'가 충족된다. 그런데 수요곡선의 기울기가 완만할수록 '$P > MR(= MC)$' 정도가 작아져서 독점도 역시 작아진다. 그러나 독점기업에게는 공급곡선이 존재하지 않는다.

① 단기 균형 상태에서 '$AC > P > MR = MC$'가 성립하면 독점기업도 손실을 보게 된다.

③ 독점기업이 목표를 총수입의 극대화로 정할 때, 수요의 가격탄력성은 '1'이 된다.

총수입의 극대화는 한계수입(MR)이 '0'인 수준에서 달성된다. 따라서 다음과 같은 Amorozo – Robinson공식에 의해 수요의 가격탄력성을 도출할 수 있다.

$$MR = P\left(1 - \frac{1}{E_P}\right) \Rightarrow 0 = P\left(1 - \frac{1}{E_P}\right) \Rightarrow E_P = 1 (\because P \neq 0)$$

여기서, MR은 한계수입, P는 시장가격, E_P는 수요의 가격탄력성이다.

④ 독점기업은 시장에 존재하는 유일한 기업이다. 따라서 시장수요곡선이 곧 기업이 직면하게 되는 수요곡선이 된다.

정답 ②

09 노동시장에서 노동수요곡선과 노동공급곡선이 다음과 같이 알려져 있다.

- 노동수요곡선: $L_D = 500 - 2W$
- 노동공급곡선: $L^S = W - 100$

최저임금을 225로 설정할 경우, 최저임금 수준에서의 시장고용량(㉠)과 노동수요의 임금탄력성(㉡)은? (단, L은 노동량, w는 임금이고, 노동수요의 임금탄력성은 절댓값으로 표시한다)

	㉠	㉡
①	50	6
②	50	9
③	100	6
④	100	9

| 해설 |

주어진 노동수요곡선과 노동공급곡선을 연립하여 풀면, 시장 균형임금은 $W = 200$이 된다. 따라서 최저임금을 225에서 설정하는 최저임금제도는 실효성 있는 제도가 된다.

- 실효성 있는 최저임금 225를 노동수요곡선에 대입하면 시장고용량 '$L^D = 50$'을 도출할 수 있다.

- 주어진 노동수요곡선은 다음과 같다.

$$L_D = 500 - 2W \Rightarrow W = 250 - \frac{1}{2}L$$

- 노동수요의 임금탄력성(E_W^L)은 다음과 같이 도출된다.

$$E_W^L = \frac{dL}{dW} \cdot \frac{W}{L} = -(-2) \times \frac{225}{50} = \frac{225}{25} = 9$$

정답 ②

10 소비자 A와 B로 이루어진 교환경제에서 A는 X재만 좋아하고, B는 Y재만 좋아한다고 한다. 이 경우 소비계약곡선의 형태는?

① 에지워스 상자의 직선 형태의 대각선
② 에지워스 상자의 곡선 형태의 대각선
③ 에지워스 상자의 두 변으로 이루어진 L자 형태
④ 에지워스 상자의 꼭짓점 중의 하나

| 해설 |

A와 B의 무차별지도는 수직선과 수평선만의 모습을 보인다. 이에 따라 $MRS_{XY}^A = MRS_{XY}^B$인 점은 존재하지 않지만 구석해가 존재하게 된다.

정답 ④

11 A국의 2018년 경상수지는 수출액과 수입액이 각각 100억 달러로 균형을 이루고 있다. 그런데 2019년에는 기준연도인 2018년에 비해 수출입 상품의 가격만 변했을 뿐, 수출입 상품의 품목, 물량, 여타 수출입 여건 등에 아무런 변화가 없었다. 2019년에 수출품의 가격은 일률적으로 10% 하락한 반면, 수입품의 가격은 일률적으로 10% 상승했다. 2019년에 A국에서 나타난 결과로 인한 실질 GNI의 변화에 대한 설명으로 옳지 않은 것은? (단, 다른 조건은 고려하지 않는다)

① 교역조건 변화를 반영한 명목무역손익은 20억 달러 적자이다.
② 교역조건이 불변일 때의 실질무역손익은 '0'이다.
③ 환가지수는 '1'이다.
④ 교역조건의 변화로 A국의 구매력에는 변화가 없다.

| 해설 |

A국의 2018년 경상수지가 균형이었으므로 다음 식이 성립한다. 단 이해를 쉽게 하기 위하여 단일 상품 X재(수출재)와 Y재(수입

재)만이 교역된다고 가정한다.

$$P_X^{2018} \times Q_X^{2018} = P_Y^{2018} \times Q_Y^{2018} = 100억\ 달러$$

- 2019년에는 다른 모든 조건에 변화가 없고, 수출품의 가격만 일률적으로 10% 하락한 반면, 수입품의 가격은 일률적으로 10% 상승했으므로 A국의 2019년 명목무역손익은 다음과 같다. 여기서 명목무역손익은 2019년도 가격으로 계산된 수출액과 수입액의 차이이다.

- 2019년 명목무역손익
  = 명목수출액 − 명목수입액
  $= P_X^{2019} \times Q_X^{2019} - P_Y^{2019} \times Q_Y^{2019}$
  $= (0.9 \times P_X^{2018}) \times Q_X^{2018} - (1.1 \times P_Y^{2018}) \times Q_Y^{2018}$
  = 90억 달러 − 110억 달러 = −20억 달러

- 교역조건이 불변이라는 것은 2018년 가격으로 계산된다는 것을 의미한다. 따라서 교역조건이 불변일 때의 실질무역손익은 다음과 같이 계산된다. 여기서 실질무역손익은 2018년 가격으로 계산된 수출액과 수입액의 차이이다.

- 2019년 실질무역손익
  = 실질수출액 − 실질수입액
  $= P_X^{2018} \times Q_X^{2019} - P_Y^{2018} \times Q_Y^{2019}$
  = 100억 달러 − 100억 달러 = 0
  ($\because\ Q_X^{2018} = Q_X^{2019},\ Q_Y^{2018} = Q_Y^{2019}$)

- 실질 GNI
  = 실질 GNP + 교역조건의 변화에 따른 실질무역손익
  = 실질 GNP + 교역조건의 변화를 반영한 실질무역손익 − 교역조건이 불변일 때의 실질무역손익
  = 실질 GNP + $\dfrac{\text{교역조건의 변화를 반영한 명목무역손익}}{\text{환가지수}}$
    − 교역조건이 불변일 때의 실질무역손익

- 환가지수는 수출가격지수와 수입가격지수의 평균치이다.

- 수출가격지수: $\dfrac{0.9 \times P_X}{P_X} = 0.9$, 수입가격지수: $\dfrac{1.1 \times P_Y}{P_Y} = 1.1$
- 환가지수: $\dfrac{0.9 + 1.1}{2} = 1$

- 결국 주어진 자료에 따르면 실질 GNI는 2018년에 비해 20억 달러가 감소하게 된다. 이것은 2019년 A국의 구매력이 약화되었다는 것을 의미한다.

정답 ④

---

12 잔여 생애가 60년인 노동자 P씨는 앞으로 은퇴까지 40년간 매년 5,000만 원의 소득을 얻을 것으로 예상하고 있다. 그런데 현재 P씨가 보유하고 있는 자산은 없으며 5억 원의 부채를 지고 있다. 생애주기가설(MBA가설)을 따를 때 P씨가 은퇴하는 시점에서 순자산(=자산−부채)은 얼마가 되는가? (단, 이자율은 항상 0이고, P씨가 사망하는 시점에서 순자산은 0이라고 가정한다)

① 3억 원   ② 4억 원
③ 5억 원   ④ 6억 원

| 해설 |

생애주기가설에서는 예상 총소득을 전제로 잔여 생애 동안 일정한 크기의 소비를 하여 사망 시점에서 순자산이 0이 된다고 가정한다.

- 40년간 매년 5,000만 원의 소득을 얻을 것이라고 예상하고 있으므로 같은 기간 동안 P씨의 예상 총소득은 20억 원이 된다. 한편 부채가 5억 원이 있다고 했으므로 현재 P씨의 예상 순자산은 15억 원이라고 할 수 있다. 따라서 P씨의 잔여 생애 동안의 연간 소비액은 다음과 같이 도출된다.

- 연간 소비액 = $\dfrac{\text{예상 총소득}}{\text{잔여 생애}} = \dfrac{15억\ 원}{60년} = 2,500만\ 원$

- P씨의 은퇴는 40년 후에 이루어지므로 그 사이 소비총액은 다음과 같다.

- 420년간 소비총액 = 연간 소비액 × 40년 = 2,500만원 × 40년 = 10억 원

- P씨가 은퇴하는 시점에서 순자산(=자산−부채)은 예상 총소득에서 은퇴 시점까지의 총소비액을 차감한 값이 되므로 다음과 같이 도출된다.

- 은퇴 시점의 순자산 = 예상 총소득 − 40년간 총소비액
  = 15억 원 − 10억 원 = 5억 원

정답 ③

---

13 가계와 기업으로만 구성되어 있는 경제에서 가계의 저축함수가 $S = -200 + 0.25Y$이고, 기업의 독립투자가 100억 원만큼 증가하였다. 기업의 이러한 투자로 인한 국민소득의 변화분은?

① 100억 원   ② 200억 원
③ 400억 원   ④ 500억 원

| 해설 |

기업의 독립투자가 이루어지는 경우, 승수는 다음과 같다.

- 독립투자승수 $= \dfrac{1}{1-$한계소비성향$} = \dfrac{1}{$한계저축성향$} = \dfrac{1}{0.25} = 4$

따라서 기업의 독립투자가 100억 원만큼 증가하면, 국민소득은 400억 원만큼 증가하게 된다.

정답 ③

---

14 다음 중 화폐발행액을 구성하고 있는 것은?

① 예금은행 지급준비금 및 예금은행 시재금

② 현금통화 및 예금은행 시재금

③ 예금은행 시재금 및 예금은행 지급준비금

④ 현금통화 및 중앙은행 지준예치금

| 해설 |

본원통화의 구성을 표로 정리하면 다음과 같다.

본원통화		
현금통화 (currency in circulation)	예금은행 지급준비금(reserve)	
현금통화	예금은행 시재금 (vault cash)	중앙은행 지준예치금
화폐발행액 = 중앙은행 밖에 남아 있는 현금 총액		중앙은행 지준예치금

정답 ②

---

15 통화량에서 현금통화가 차지하는 비중은 20%인 상태에서 모든 사람들은 현금 이외의 금액은 모두 요구불예금으로 보유하고 있다. 또한 모든 은행은 법정지급준비율을 5%, 초과지급준비율을 3% 수준으로 유지하고 있다. 은행 조직 전체의 지급준비금이 2조 원이라고 할 때, 통화량의 크기는? (단, 다른 조건은 고려하지 않는다)

① 28.25조 원　　　　② 30.15조 원

③ 30.75조 원　　　　④ 31.25조 원

| 해설 |

법정지급준비율이 5%, 초과지급준비율이 3%이므로 실제지급준비율은 8%이다. 그런데 지급준비금이 2조 원이므로 요구불예금(= 예금통화)의 크기는 다음과 같다.

- 지급준비율 $= \dfrac{$지급준비금$}{$요구불 예금$}$

$\Rightarrow$ 요구불 예금 $= \dfrac{$지급준비금$}{$지급준비율$} = \dfrac{2$조 원$}{0.08} = 25$조 원

- 통화량에서 현금통화가 차지하는 비중은 20%(= 현금 – 통화비율)이므로, 현금통화의 크기는 다음과 같이 도출된다.

- 현금 – 통화비율$(c) = \dfrac{$현금통화$(C)}{$통화량$(M)}$

$= \dfrac{$현금통화$(C)}{$현금통화$(C) +$요구불 예금$(= $예금통화$: D)}$

- $0.2 = \dfrac{C}{C+25} \Rightarrow 0.2C+5 = C \Rightarrow 0.8C = 5 \Rightarrow C = 6.25$(조 원)

- 따라서 통화량의 크기는 다음과 같다.

- 통화량 = 현금통화 + 요구불 예금(예금통화) = 6.25 + 25 = 31.25(조 원)

정답 ④

---

16 폐쇄경제인 K국의 총수요 부문이 다음과 같이 주어져 있다.

- IS 곡선: $Y = 1,500 - 100r$
- LM곡선: $Y = 450 + 150i$

단, Y, r, i, π^e 는 각각 총수요(가로축), 실질이자율(세로축), 명목이자율, 기대 인플레이션을 나타낸다.

기대 인플레이션율이 0%에서 3%로 상승하는 경우 나타나게 되는 결과에 대한 설명으로 옳은 것은? (단, K국에서는 피셔효과가 완전히 성립하고 있다고 가정한다)

① IS곡선이 위쪽으로 이동하며 실질이자율은 상승한다.

② LM곡선이 위쪽으로 이동하며 실질이자율은 상승한다.

③ IS곡선이 아래쪽으로 이동하며 실질이자율은 하락한다.

④ LM곡선이 아래쪽으로 이동하며 실질이자율은 하락한다.

| 해설 |

우선 IS곡선은 실질이자율(r)의 함수로, LM곡선은 명목이자율(i)로 표현되고 있음을 유의해야 한다.

- 피셔효과가 완전히 성립하고 있으므로, 다음과 같이 LM곡선을 실질이자율로 표현할 수 있다.

- 피셔방정식: $i = r + \pi^e, i, r, \pi^e$ 은 각각 명목이자율, 실질이자율, 기대 인플레이션율이다.
- LM 곡선 : $Y = 450 + 150i \Rightarrow Y = 450 + 150(r + \pi^e)$

$\Rightarrow r = \dfrac{1}{150}Y - 3 - \pi^e$

- 기대 인플레이션율이 0%에서 3%로 상승하게 되면 LM곡선은 아래쪽으로 이동하게 된다. 이것은 LM곡선의 절편값$(-3 - \pi^e)$이 작아지는 것을 통해 알 수 있다. 이에 따라 IS곡선이 불변인 상태에서 새로운 균형 수준의 실질이자율은 하락하게 된다.

- LM곡선이 실질이자율로 표현되어 있는 경우, 기대 인플레이션율이 상승(하락)하면 LM곡선은 아래쪽(위쪽)으로 이동하게 된

다고 정리해 둔다. 이와 같이 기대 인플레이션의 변화에 따라 실질이자율이 변화하는 현상을 '먼델–토빈(Mundell–Tobin) 효과'라고 한다.

정답 ④

---

17 다음 중 총수요(AD)곡선이 오른쪽으로 이동하는 원인으로 가장 적절한 것은?

① 국내 자동차 제조기업들에 의한 수소 전기차 개발에 대한 기술진보가 이루어졌다.
② 외국인들이 국내 주식시장에서 국내 기업의 주식 매입액을 늘렸다.
③ 국내 주식시장에서 전반적인 주가상승이 이루어졌다.
④ 물가가 하락하여 실질통화량이 증가했다.

| 해설 |

주식시장에서의 전반적인 주가상승은 경제주체들의 실질자산을 증가시킨다. 이로 인해 자산효과가 나타나게 되면 소비지출이 증가하여 IS곡선과 AD곡선 모두를 오른쪽으로 이동시키게 된다.

① 국내 자동차 제조기업들에 의한 수소 전기차 개발에 대한 기술진보는 총공급을 증가시키는 요인으로 작용한다.
② 외국인들이 국내 주식시장에서 주식 매입을 하는 과정에서 외화유입이 증가하게 되고, 이로 인해 외환시장에서는 환율이 하락하게 된다. 그 결과 순수출이 감소하게 되어 IS곡선과 AD곡선은 모두 왼쪽으로 이동하게 된다.
④ 물가 하락으로 인한 실질통화량의 증가는 총수요곡선 자체의 이동없이 총수요곡선을 따라 아래쪽으로 이동하게 되는 '총수요량' 변화 원인이다. 물가변화에 따른 총수요의 변화를 보여주는 것이 총수요곡선이라는 것을 떠올리면 알 수 있는 내용이다.

정답 ③

---

18 미국의 전설적인 메이저 리그 홈런왕인 베이브 루스는 1930년 당시에 연봉 8만 달러를 받았다. 소비자 물가지수가 1930년에는 80, 2021년에는 12,000이라고 할 때, 베이브 루스의 연봉을 2021년의 가치로 환산하면 얼마인가?

① 800만 달러   ② 1,000만 달러
③ 1,200만 달러   ④ 1,500만 달러

| 해설 |

서로 상이한 시기의 연봉(소득)의 실질적 크기는 다음과 같이 측정할 수 있다.

• 비교년도(2021년)로 환산한 연봉

$$= 기준년도(1930년)\ 연봉 \times \frac{비교년도(2021년)\ 물가지수}{기준년도(1930년)\ 물가지수}$$

• 기준년도(1930년)로 환산한 연봉

$$= 비교년도(2021년)\ 연봉 \times \frac{기준년도(1930년)\ 물가지수}{비교년도(2021년)\ 물가지수}$$

• 2021년의 가치로 환산된 1930년의 베이브 루스의 연봉은 다음과 같다.

• 비교년도(2021년)로 환산한 연봉 $= 8만\ 달러 \times \dfrac{12,000}{80}$

$= 8만\ 달러 \times 150 = 1,200만\ 달러$

정답 ③

---

19 우리나라의 실업통계에서 실업률이 상승하는 경우는?

① 대학생이 휴학 후 군에 입대한 경우
② 취업자가 퇴직하여 전업주부가 되는 경우
③ 직장인이 교통사고를 당하여 2주간 병가를 내는 경우
④ 공부만 하던 대학생이 편의점에서 매일 1시간씩 아르바이트를 시작하는 경우

| 해설 |

실업률은 다음과 같이 측정된다.

• 실업률 $= \dfrac{실업자}{경제활동인구} = \dfrac{실업자}{취업자 + 실업자}$

이에 따라 취업자 수가 불변인 상태에서 실업자가 증가하거나, 실업자 수가 불변인 상태에서 취업자가 감소하는 경우에는 실업률이 상승하게 된다. 만약 취업자이던 사람이 전업주부(비경제활동인구)가 되면, 실업자 수가 불변인 상태에서 취업자가 감소하게 되므로 실업률이 상승한다.

① 대학생과 군인 모두는 경제활동인구가 아니므로 실업률에 영향을 주지 않는다.
③ 직장인이 병가로 인하여 실질적으로 일을 하지 못한다고 하더라도 여전히 취업자로 간주된다. 따라서 실업률에는 변화가 없다.
④ 비경제활동인구에 속해 있던 대학생이 편의점에서 매일 1시간씩 아르바이트를 시작하는 경우에는 취업자로 분류된다. 이에 따라 실업자 수가 불변인 상태에서 취업자 수가 늘어나게 되므로 실업률은 하락한다.

정답 ②

20 어느 경제의 필립스곡선이 다음과 같이 추정되었다고 한다.

> • $\pi = 10\% - 2u + \pi^e$, 단, π는 실제인플레이션율, π^e는 예상인플레이션율, u는 실업률이다.

위 필립스곡선에 대한 설명으로 옳은 것은?

① 자연실업률은 3%이다.
② 고정된 기대를 전제하는 경우, 실제인플레이션율이 4%이면 실제실업률은 3%이다.
③ 인플레이션이 2%만큼 하락할 것이라고 예상한다면, 필립스곡선은 우상방으로 이동한다.
④ 인플레이션을 예상하지 않을 때 완전고용을 달성하기 위해서는 감수해야 할 실제인플레이션율은 10%이다.

| 해설 |

고정적 기대를 전제한다는 것은 예상인플레이션율이 $\pi^e = 0\%$라는 의미이다. 따라서 실제인플레이션율이 4%일 때, 실제실업률은 다음과 같이 도출된다.

> • $\pi = 10\% - 2u + \pi^e \Rightarrow 4\% = 10\% - 2u \Rightarrow u = 3\%$

① 주어진 식을 기대부가 필립스곡선의 기본형으로 변화시키면 다음과 같다.

> • $\pi = \pi^e - \alpha(u - u_n)$, 단, π는 실제인플레이션율, π^e는 예상 인플레이션율, u는 실업률, u_n은 자연실업률, α는 양(+)의 상수이다.
> • $\pi = 10\% - 2u + \pi^e \Rightarrow \pi = \pi^e - 2(u - 5\%)$

따라서 자연실업률은 5%이다.
③ 예상인플레이션율이 하락하면 필립스곡선은 좌하방으로 이동한다.
④ 인플레이션을 예상하지 않을 때 완전고용이 달성되는 것은 다음과 같은 경우이다. 이때 완전고용을 달성하기 위한 실제실업률은 5%이다.

> • $\pi = \pi^e - \alpha(u - u_n) \Rightarrow \pi = \pi^e - 2(u - 5\%)$
> $\Rightarrow \pi = 0\% - 2(5\% - 5\%) = 0\%$

따라서 이때 감수해야 할 실제인플레이션율은 0%이다.

정답 ②

21 솔로(R. Solow) 모형에 대한 설명으로 옳은 것은?

① 현재 저축률이 황금률 수준의 저축률보다 낮은 경우에 현재 저축률을 높이면 1인당 소비를 증가시킬 수 있다.
② 인구증가율의 상승은 균제 상태에서의 1인당 소득과 1인당 자본량을 증가시킨다.
③ 1인당 소득이 지속적으로 성장할 수 있는 유일한 요인은 지속적인 저축률 상승이다.
④ 인구증가율의 상승은 균제 상태에서의 총소득증가율을 하락시킨다.

| 해설 |

저축률이 황금률 수준의 저축률에 도달하면 1인당 소비를 극대화할 수 있다. 따라서 현재 저축률이 황금률 수준의 저축률에 미달하는 수준이라면 현재 저축률을 높여야 1인당 소비를 증가시킬 수 있다.
② 인구증가율이 상승하면 필요투자선이 상방으로 이동하여 새로운 균제 상태에서의 1인당 소득과 1인당 자본량을 모두 감소시킨다.
③ 지속적인 저축률 상승은 현실적으로 불가능하다. 아무리 높여도 100%보다 높을 수는 없기 때문이다. 따라서 저축률의 상승만 가지고는 1인당 소득을 지속적으로 성장시킬 수 없다. 솔로(R. Solow) 모형에서 지속적으로 1인당 소득을 높일 수 있는 것은 기술진보가 유일하다.
④ 균제 상태에서 총소득증가율은 인구증가율과 같아진다. 따라서 인구증가율의 상승은 균제 상태에서의 총소득증가율을 높여준다.

정답 ①

22 다음 그림은 갑국의 개방 전 X재, Y재에 대한 생산가능곡선을 나타낸다.

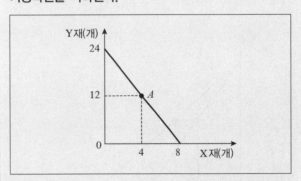

현재 A에서 생산 및 소비를 하고 있는 갑국은 개방하기로 결정하고, 비교우위가 있는 재화에 특화하여 교역에 참여하기로 하였다. 현재 해외시장에서 X재와 Y재는 1:2의 비율로 거래되고 있고, 갑국이 교역에 참여하더라도 해외시장에서 거래 비율은 변하지 않으며 X재와 Y재는 완전경쟁 시장에서 거래된다. 이에 대한 설명 중 가장 타당한 것은?

① 개방 전 갑국에서 X재 1단위 생산에 따른 기회비용은 Y재 $\frac{1}{3}$단위이다.

② 개방 후 교역조건($\frac{P_X}{P_Y}$)은 $\frac{1}{2}$이다.

③ 갑국의 비교우위 상품은 X재이다.

④ 개방 후 갑국의 X재 최대 소비가능량은 6단위이다.

| 해설 |

개방 전 갑국에서의 각 재화의 기회비용은 다음과 같다(①).

• X재의 기회비용: $X = 3Y (= \frac{24}{8}Y)$,

  Y재의 기회비용: $Y = \frac{1}{3}X (= \frac{8}{24}X)$

• 현재 해외시장에서 X재 1단위는 Y재 2단위와 교환된다. 따라서 국제상대가격(교역조건)은 '$\frac{P_X}{P_Y} (= \frac{Y}{X})$'는 '2'이다(②).

• 갑국의 비교우위 상품은 국내상대가격(기회비용)이 국제상대가격(교역조건)보다 작은 상품으로 결정된다. 따라서 갑국의 비교우위 상품은 Y재이다(③).

• 갑국은 비교우위 상품인 Y재에 완전특화를 하여 Y재 24단위를 생산하며 무역에 참여하게 된다. 이때 갑국이 Y재의 현재 소비량인 12단위를 유지하고자 한다면 Y재 12단위를 수출하고 교역조건(X재와 Y재는 1:2로 교환)에 따라 X재 6단위를 수입하여 소비할 수 있게 된다. 반대로 갑국이 X재의 현재 소비량인 4단위를 유지하고자 한다면 Y재 8단위를 수출하고 나머지 Y재 16단위를 소비할 수 있게 된다. 따라서 교역을 통해 갑국이 최대로 소비할 수 있는 X재와 Y재는 각각 X재 6단위, Y재 16단위가 된다(④). 이 결과들을 그림으로 나타내면 다음과 같다.

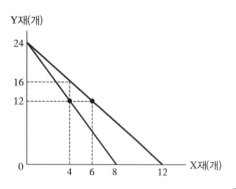

정답 ④

23 개방경제에서 수입관세를 부과할 경우 나타나는 현상으로 옳은 것은? (단, 국내수요곡선은 우하향하고, 국내공급곡선은 우상향한다)

① 대국의 수입관세는 소비자 잉여를 증가시킬 수 있다.

② 대국의 관세 부과로 대국의 사회적 총잉여는 이전보다 증가할 수 있다.

③ 소국의 수입관세 부과에 따른 교역조건의 개선으로 순수출은 증가하게 된다.

④ 수입관세 부과로 인한 소국의 관세수입의 크기는 소비자 잉여 감소분보다 클 수 있다.

| 해설 |

대국의 수입관세 부과로 인한 수입량 감소는 국제 시장에서 수입품에 대한 수요 감소에 따른 국제가격의 하락을 가져온다. 이에 따라 관세 부과 후의 수입품의 국내 판매가격은 부과한 관세 크기보다 작게 상승하게 된다. 이로 인해 대국의 관세수입의 크기는 관세 부과로 인해 발생하는 경제적 순손실(deadweight loss)의 크기보다 커질 수 있어, 관세 부과 전에 비해 오히려 사회적 총잉여를 증가시킬 수 있다.

① 대국이든 소국이든 수입관세의 부과는 소비자 잉여를 반드시 감소시킨다.

③ 소국은 대국과 달리 관세 부과로 교역조건을 개선시킬 수 없다. 순수출의 증가는 수입량 감소에서 비롯될 뿐이다.

④ 수입관세 부과로 인한 소국의 관세수입의 크기와 생산자 잉여 증가분의 합은 소비자 잉여 감소분보다 반드시 작기 때문에 사회적 총잉여는 이전에 비해 감소하게 된다.

정답 ②

24 국제거래 중 우리나라의 경상수지를 악화시키는 요인은?

① 삼성이 애플사로부터 기술특허료를 받았다.

② 외국인이 우리나라 기업의 주식매입을 증가시켰다.

③ 미국 기업인 '(주)사과'가 제주도에 신사옥을 건설하였다.

④ 여름방학이 되어 우리나라 학생들의 해외 어학연수가 증가하였다.

| 해설 |

우리나라 학생들의 해외 어학연수에 필요한 외화지급은 경상수지에 속한 서비스수지에 해당한다. 따라서 이러한 해외 어학연수로 발생하는 외화지급은 경상수지를 악화시키는 요인이 된다.

① 기술특허료는 경상수지에 속하는 서비스수지에 해당한다. 따라서 삼성이 애플사로부터 받은 기술특허료는 경상수지를 개선시키는 요인이다.

② 외국인이 우리나라 기업의 주식매입을 증가시키기 위해 유입된 외화는 금융계정의 증권투자에 해당한다. 즉 자본－금융계정을 개선시키는 요인이다.

③ 미국 기업인 '(주)사과'가 제주도에 신사옥을 건설하기 위해 유입한 외화는 금융계정의 직접투자에 해당한다. 즉 자본－금융계정을 개선시키는 요인이다.

정답 ④

25 원－달러 명목환율, 한국과 미국의 물가지수는 다음과 같다. 2016년을 기준년도로 하였을 때, 2018년 대비 2019년의 원－달러 실질환율의 변화는?

	2018년	2019년
원－달러 명목환율	1,000	1,150
한국의 물가지수	90	108
미국의 물가지수	120	132

① 불변　　　　　　② 5% 상승
③ 8% 상승　　　　④ 10% 상승

| 해설 |

실질환율과 실질환율 변동률은 다음과 같이 얻을 수 있다.

- 실질환율$(q) = \dfrac{e \times P_f}{P}$, e는 명목환율, P_f는 외국 물가수준, P는 국내 물가수준이다.

- 실질환율 변동률$\left(\dfrac{\Delta q}{q}\right) = \dfrac{\Delta e}{e} + \dfrac{\Delta P_f}{P_f} - \dfrac{\Delta P}{P}$

- 표에서 주어진 자료를 기초로 명목환율 변동률, 한국의 물가변동률, 미국의 물가변동률을 구하면 각각 다음과 같다.

- 명목환율 변동률 $= \dfrac{1,150 - 1,000}{1,000} = \dfrac{150}{1,000} = 0.15 = 15\%$

- 한국의 물가변동률 $= \dfrac{108 - 90}{90} = \dfrac{18}{90} = 0.2 = 20\%$

- 미국의 물가변동률 $= \dfrac{132 - 120}{120} = \dfrac{12}{120} = 0.1 = 10\%$

- 이를 토대로 실질환율 변동률을 구하면 다음과 같다.

- 실질환율 변동률$\left(\dfrac{\Delta q}{q}\right) = \dfrac{\Delta e}{e} + \dfrac{\Delta P_f}{P_f} - \dfrac{\Delta P}{P}$

  $= 15\% + 10\% - 20\% = 5\%$

정답 ②

01	③	02	①	03	②	04	①	05	③
06	②	07	②	08	④	09	④	10	②
11	②	12	③	13	②	14	④	15	④
16	②	17	②	18	③	19	②	20	④

01 합리적 소비자인 H는 X재와 Y재, 두 재화만 소비하면서 효용을 극대화하고 있다. 어느 날 Y재 가격이 상승하였음에도 불구하고, 소비자 H의 Y재 소비량에는 변화가 없었다. 이에 대한 설명으로 옳은 것은? (단, 다른 조건은 고려하지 않는다)

① X재는 열등재이다.

② 두 재화는 서로 대체재이다.

③ X재에 대한 소비 지출액은 감소한다.

④ Y재의 소득효과가 대체효과보다 더 크다.

| 해설 |

Y재 가격 상승으로 소비자 H에게는 X재 수량으로 표현된 Y재 상대가격은 상승하고, 실질소득은 감소한다. 그럼에도 불구하고 Y재 소비량에 변화가 없다는 것은 가격 – 소비곡선이 수평이라는 의미이다. 이 내용을 그림으로 나타내면 다음과 같다.

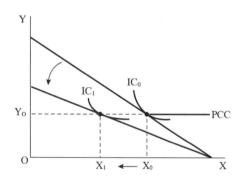

그림에서 보는 바와 같이 Y재 가격 하락으로 Y재 소비량은 불변이고, X재는 가격이 불변임에도 불구하고 소비량은 감소하고 있다. 따라서 X재에 대한 소비 지출액($P_X \times X$)은 감소한다.

① Y재 가격 상승에 따라 실질소득이 감소하고, 이에 따라 X재 소비량이 감소했으므로 X재는 정상재이다.

② 두 재화가 대체재가 되기 위해서는 가격 – 소비곡선이 우하향(좌상향)이어야 한다. 그런데 주어진 조건에 따른 가격 – 소비곡선이 수평이므로 두 재화 사이에 대체재 관계가 성립한다고 할 수 없다.

④ Y재 가격 상승으로 인한 대체효과에 따르면 Y재 소비량은 감소하게 된다. 그런데 Y재 소비량이 불변이라는 것은 Y재 가격 상승으로 인한 실질소득 감소가 Y재 소비량을 증가시켰다

는 것을 의미한다. 그리고 그 크기는 대체효과에 따른 Y재 소비량 감소량과 동일한 크기였다는 것을 의미하기도 한다. 결국 Y재 가격 하락으로 인한 소득효과와 대체효과의 크기가 동일했다는 것을 알 수 있다.

정답 ③

02 소비자 민주의 효용함수와 예산선이 다음과 같다고 알려져 있다.

- $U = -2\sqrt{X} + \dfrac{1}{2}Y$, $\ 5X + 10Y = 1{,}000$, 여기서 U는 효용, $X \geq 0$, $Y \geq 0$이다.

이에 대한 설명으로 옳은 것을 〈보기〉에서 모두 고르면?

┌─ 보기 ─

ㄱ X재는 비재화(bads)이고, Y재는 재화(goods)이다.

ㄴ 효용극대화 수준에서 X재 소비량은 200단위이다.

ㄷ 소비자 민주의 효용함수는 원점에서 멀어질수록 높은 효용 수준에 도달한다.

ㄹ 효용극대화 수준에서 소비자 민주가 얻는 효용의 크기는 'U=100'이다.

① ㄱ

② ㄱ, ㄷ

③ ㄴ, ㄹ

④ ㄴ, ㄷ, ㄹ

| 해설 |

소비자 민주의 효용함수를 그림으로 나타내면 다음과 같다.

- $U = -2\sqrt{X} + \dfrac{1}{2}Y \ \Rightarrow \ Y = 4\sqrt{X} + 2U$

⇒ Y절편이 2U이고 위로 볼록한 효용함수 ⇒ X재 소비량이 증가할수록 효용은 체감적으로 감소

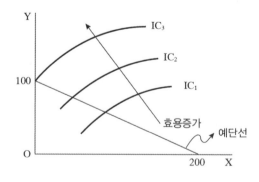

- 소비자 민주의 효용함수에 따르면 X재 소비량이 증가할수록 효용은 체감적으로 감소하고, Y재 소비량이 증가할수록 효용은 비례적으로 증가하고 있다. 이것은 X재는 재화(goods)이고, Y재는 비재화(bads)라는 의미이다. 이에 따라 X재 소비는 감소할수록, Y재 소비는 증가할수록 효용이 증가하므로 효용함수는 좌

상방으로 이동할수록 높은 효용 수준에 도달한다.

• 소비자 균형은 오직 Y재만 소비하는 수준에서 달성되는 구석해
가 존재한다. 이때 X재 소비량은 0, Y재 소비량은 100단위가
되어, 소비자 민주가 얻게 되는 효용의 크기는 'U = 50'이 된다.

정답 ①

03 휴대폰 제조 기업의 생산함수가 다음과 같이 알려져 있다.

$$Q = LK$$

노동의 단위당 가격($P_L = w$)은 100이고, 자본의 단위당
가격($P_K = r$)은 200이다. 휴대폰 200대를 생산할 때 비
용극소화를 달성하기 위해 필요한 노동 투입량을 구하면?

① 10   ② 20
③ 30   ④ 40

| 해설 |

비용극소화가 달성되는 생산자 균형은 다음과 같은 조건 하에서
달성된다.

$$MRTS_{LK} = \frac{P_L(=w)}{P_K(=r)}$$

이에 따라 다음 결과가 도출된다.

$$\frac{MP_L}{MP_K}\left(=\frac{K}{L}\right) = \frac{100}{200}\left(=\frac{1}{2}\right) \implies L = 2K$$

이 결과를 휴대폰 200대를 생산하는 경우의 생산함수에 대입하면
다음과 같은 결과가 도출된다.

$$Q = LK \implies Q = 2K^2 \implies 200 = 2K^2 \implies 10 = K$$

이에 따라 'L = 20'이 된다.
한편 생산함수가 콥−더글라스 생산함수 형태로 주어지면, 다음
공식을 통해서도 도출이 가능하다.

• $Q = AL^\alpha K^\beta$

• $L = Q^{\frac{1}{\alpha+\beta}} \times \left(\frac{r}{w} \times \frac{\alpha}{\beta}\right)^{\frac{\beta}{\alpha+\beta}} \implies L = Q^{\frac{1}{2}}\left(\frac{r}{w} \times \frac{1}{1}\right)^{\frac{1}{2}} \implies$

$L = 200^{\frac{1}{2}}\left(\frac{200}{100}\right)^{\frac{1}{2}} \implies L = (400)^{\frac{1}{2}} = 20$

• $K = Q^{\frac{1}{\alpha+\beta}} \times \left(\frac{w}{r} \times \frac{\beta}{\alpha}\right)^{\frac{\alpha}{\alpha+\beta}} \implies K = Q^{\frac{1}{2}}\left(\frac{w}{r} \times \frac{1}{1}\right)^{\frac{1}{2}} \implies$

$K = 200^{\frac{1}{2}}\left(\frac{100}{200}\right)^{\frac{1}{2}} \implies K = (100)^{\frac{1}{2}} = 10$

정답 ②

04 X재에 대한 수요함수와 공급함수가 다음과 같이 주어졌다.

• $P = 50 - Q^D$

• $P = -100 + \frac{1}{2}Q^S$

시장 균형거래량을 구하면?

① 0   ② 50
③ 100   ④ 150

| 해설 |

주어진 수요함수와 공급함수를 전제로 가격(P)과 거래량(Q)을 구
하면 다음과 같다.

• $50 - Q = -100 + \frac{1}{2}Q \implies \frac{3}{2}Q = 150 \implies Q = 100$

• 이 결과를 수요함수나 공급함수에 대입하면 '$P = -50$'이 된다.
그런데 가격은 음($-$)의 값이 될 수 없다. 즉 가격은 '0'이 되고,
이것은 이 재화가 자유재라는 의미이며, 자유재가 거래되는 시
장은 존재할 수 없으므로 시장 균형거래량 역시 '0'이 된다.

정답 ①

05 완전경쟁시장에 참여하고 있는 기업 K의 단기 총비용곡선(STC)이 다음과 같이 주어져 있다.

• $STC = Q^2 - 20Q + 100$, 여기서 Q는 수량이다.

기업 K의 단기 공급곡선(Q_S)으로 옳은 것은?

① $Q = 5 + \frac{1}{2}P$ ② $Q = 5 + P$

③ $Q = 10 + \frac{1}{2}P$ ④ $Q = 10 + P$

| 해설 |

완전경쟁시장에서 참여하고 있는 개별기업의 단기 공급곡선은
'$P = MC$'를 만족하는 한계비용곡선이다. 따라서 기업 K의 단기
공급곡선은 다음과 같다.

• $MC = \frac{dSTC}{dQ} = 2Q - 20$

• $P = 2Q - 20 \implies Q = 10 + \frac{1}{2}P$

정답 ③

06 이윤극대화를 추구하는 독점기업인 기업 K는 수요의 가격탄력성(E_P)이 3인 수준에서 가격(P)을 600으로 설정하였다. 이 경우 독점기업 K의 한계비용은?

① 300
② 400
③ 500
④ 600

| 해설 |

Amoroso−Robinson 공식을 이용하면 독점기업 K의 한계수입(MR)을 다음과 같이 구할 수 있다.

- $MR = P(1 - \dfrac{1}{E_P})$, 여기서 P는 가격, E_P는 수요의 가격탄력성이다.
- $MR = 600(1 - \dfrac{1}{3}) = 600 \times \dfrac{2}{3} = 400$

- 한편 이윤극대화가 달성되는 수준에서는 '$MR = MC$'가 성립한다. 따라서 한계비용(MC) 역시 400이 된다.

정답 ②

07 다음 〈표〉는 경기에 참여하는 성호와 수정이 얻을 수 있는 보수행렬이다.

		수정		
		가위	바위	보
성호	홀	(300, 240)	(280, 160)	(160, 200)
	짝	(260, 220)	(240, 180)	(100, 280)

이에 대한 설명으로 옳은 것을 〈보기〉에서 모두 고르면? (단, 보수행렬에서 앞의 것은 성호의 보수, 뒤의 것은 수정의 보수이다)

┌─ 보기 ─
㉠ 성호에게는 우월전략이 존재한다.
㉡ 수정에게는 열등전략이 존재한다.
㉢ 내쉬균형에서 수정은 가능한 최대 보수를 얻는다.

① ㉠
② ㉠, ㉡
③ ㉠, ㉢
④ ㉢

| 해설 |

성호는 수정이 '가위', '바위', '보' 전략들 중에서 어떠한 전략을 선택한다고 하더라도 '홀' 전략을 선택하는 것이 유리하다. 즉 성호에게 '홀' 전략은 우월전략이 된다.

- 수정은 성호가 '홀' 전략을 선택할 때는 '가위' 전략이 가장 유리하고, '짝' 전략을 선택할때는 '보' 전략이 가장 유리하다. 따라서 수정에게는 우월전략이 존재하지 않는다.

- 수정은 성호가 '홀' 전략을 선택할 때는 '바위' 전략이 가장 불리하고, '짝' 전략을 선택할 때 역시 '바위' 전략이 가장 불리하다. 즉 수정에게 '바위' 전략은 열등전략이다. 따라서 수정은 어떠한 경우에도 '바위' 전략을 선택하지 않을 것이며, '가위' 전략과 '보' 전략 중에서 선택을 하게 된다.

- 성호는 우월전략인 '홀' 전략을 선택하고, 수정은 '가위' 전략을 선택하여 성호와 수정은 (300, 240)의 보수조합을 얻게 되는 내쉬균형에 도달하게 된다. 그런데 수정의 가능한 최대 보수는 성호가 '짝' 전략을 선택하고, 수정이 '보' 전략을 선택하는 경우 얻을 수 있는 280이다.

정답 ②

08 공공재(Public Goods)에 대한 설명으로 가장 적절하지 않은 것은?

① 소비에 비경합성이 존재한다.
② 국방, 치안, 가로등 및 공원이 해당된다.
③ 공공재의 무임승차 문제의 주된 요인은 비배제성이다.
④ 공공재는 개인이 원하는 양을 얼마든지 소비할 수 있다.

| 해설 |

공공재는 소비에 있어서 비경합성의 특성을 갖는다. 이에 따라 공공재는 모든 소비자가 동일한 양을 소비할 수 있는 재화를 의미한다. 그러나 이것이 개인이 원하는 양을 얼마든지 소비한다는 것을 의미하는 것은 아니다. 소비할 수 있는 동일한 양도 결국 '생산된' 공공재의 양의 범위 내에서 제한을 받게 되는 것이다.

정답 ④

09 폐쇄경제인 K국의 소비(C), 투자(I), 정부지출(G)이 다음과 같다.

- $C = 1,000 + 0.8(Y - T)$
- $I = 500$
- $G = 300$
- $T = 300 + 0.25Y$
- 여기서 Y는 국민소득, T는 조세를 의미한다.

정부가 조세를 200만큼 감면할 때, 저축의 변화분은?

① 320 증가
② 256 증가
③ 80 증가
④ 60 증가

| 해설 |

주어진 조건에 따른 감세승수는 다음과 같다.

- 감세승수 $= \dfrac{b}{1-b(1-t)} = \dfrac{0.8}{1-0.8(1-0.25)} = \dfrac{0.8}{1-0.6} = \dfrac{0.8}{0.4} = 2$

  여기서 b는 한계소비성향, t는 소득세율이다.

- 감세승수가 2이므로 정부가 조세를 200만큼 감면하게 되면, 국민소득은 400만큼 증가하게 된다. 이때 소득의 증가분과 저축의 증가분은 다음과 같이 도출된다.

  - $\triangle C = 0.8 \times \triangle (Y - T) = 0.8 \times (400 - 100) = 0.8 \times 300 = 240$
  - $\triangle S = \triangle YD - \triangle C = \triangle (Y - T) - \triangle C = 300 - 240 = 60$

    여기서 $\triangle C$는 소비 증가분, $\triangle YD$는 가처분소득 증가분, $\triangle S$는 저축 증가분이다.

정답 ④

10 투자자 JB씨는 1억 원을 가지고 '화타제약'과 '신선제약'의 주식에만 투자한다. 다음 표는 '화타제약'의 신약이 FDA의 승인을 받느냐 여부에 따른 두 제약사에 대한 투자수익률이다. 투자자 JB씨는 투자로 인해 발생할 수 있는 위험을 최소화하기 위해 FDA의 승인 여부와 관계없이 동일한 투자 수익을 얻고자 한다. 투자자 JB씨는 '화타제약' 주식에 얼마를 투자해야 하는가?

주식투자 수익률 FDA 승인 여부	승인	미승인
화타제약	50%	0%
신선제약	−20%	30%

① 4,000만 원   ② 5,000만 원
③ 6,000만 원   ④ 8,000만 원

| 해설 |

'화타제약' 주식에 투자하는 금액이 X라면, '신선제약' 주식에 투자하는 금액은 '1억 원−X'가 된다. 이에 따라 FDA의 승인 여부에 따른 기대수익률을 구하면 다음과 같다.

- FDA가 승인하는 경우: $0.5 \times X - 0.2(1억 원 - X)$
- FDA가 승인하지 않는 경우: $0 \times X + 0.3(1억 원 - X)$

따라서 FDA의 승인 여부와 관계없이 동일한 투자 수익을 얻기 위해서는 다음 조건을 충족해야 한다.

- $0.5 \times X - 0.2(1억 원 - X) = 0 \times X + 0.3(1억 원 - X)$
  $\Rightarrow X = 5,000만 원$

정답 ②

11 다음은 화폐수량설이 성립하는 K국 경제의 2010년과 2019년 명목 GDP와 GDP 디플레이터 자료이다.

연도	명목 GDP	GDP 디플레이터
2010	1,500조 원	80
2019	1,800조 원	110

2010년의 화폐유통속도는 3이었으며 그동안 항상 일정한 값을 유지했다. 2010년 대비 2019년의 통화량 변화 추이로 옳은 것은?

① 50조 원 증가   ② 100조 원 증가
③ 150조 원 증가   ④ 200조 원 증가

| 해설 |

화폐수량설이 성립하고 있으므로 교환방정식을 이용한 통화량의 변화를 다음과 같이 도출할 수 있다.

- $MV = PY \Rightarrow M = \dfrac{PY}{V}$
- $M_{2010} = \dfrac{(PY)_{2010}}{V_{2010}} = \dfrac{1,500}{3} = 500(조 원)$
- $M_{2019} = \dfrac{(PY)_{2019}}{V_{2019}} = \dfrac{(PY)_{2019}}{V_{2010}} = \dfrac{1,800}{3} = 600(조 원)$

여기서 M은 통화량, V는 화폐유통속도, P는 물가 수준, Y는 실질 GDP, PY는 명목 GDP이다.

- 표에서 주어진 GDP 디플레이터는 이 문제 해결을 위해 없어도 되는 항목이다.

정답 ②

12 다음 중 IS−LM 모형에서 정부지출증가에 따른 구축효과(crowding out effect)에 대한 설명으로 옳은 것은?

① LM곡선이 수평인 경우 100%의 구축효과가 나타난다.
② 화폐수요의 소득탄력성에 관계없이 구축효과는 일정하게 나타난다.
③ 화폐수요가 이자율에 대해 비탄력적일수록 구축효과는 크게 나타난다.
④ 투자의 이자율 탄력성이 완전비탄력적일 때 100%의 구축효과가 나타난다.

| 해설 |

구축효과란 정부지출의 증가로 화폐시장에서 이자율이 상승하고, 이로 인한 투자 감소로 총수요를 감소시키는 현상을 의미한다. 이러한 구축효과는 투자를 독립투자로 간주한 케인스 단순 모형에서는 나타나지 않고, 투자를 이자율의 감소함수로 전제하고 있는 IS−LM 모

형에서 나타나게 된다.

- 구축효과는 LM곡선의 기울기가 가파를수록 크게 나타난다. 이
것은 화폐수요가 이자율에 대해 비탄력적일수록, 화폐수요가 소
득에 대해 탄력적일수록 크게 나타난다는 의미이기도 하다.
- 구축효과는 투자가 이자율에 대해 탄력적일수록 크게 나타난다.
이것은 IS곡선의 기울기가 완만할수록 크게 나타난다는 의미이
기도 하다.

① LM곡선이 수평이면 화폐수요가 이자율에 대해 완전탄력적인
경우이다. 이에 따라 승수효과가 100%, 구축효과가 0%만큼
나타나게 된다.

② 화폐수요의 소득탄력성이 클수록 LM곡선의 기울기가 가팔라
져 구축효과는 크게 나타난다.

④ 투자의 이자율 탄력성이 완전비탄력적일 때 구축효과는 '0'이
다. 그 이유는 정부지출로 이자율이 상승한다고 하더라도, 투
자가 이자율에 대해 완전비탄력적이기 때문에 투자는 전혀 감
소하지 않기 때문이다.

정답 ③

---

13 다음 중 근로장려세제(EITC: Earned Income Tax Credit)에 대한 설명으로 옳은 것은?

① EITC는 최저임금제와 같이 고용주들에게 저임금 근로
자를 해고할 유인을 제공한다.

② EITC는 저소득 근로자에게 추가적 소득을 제공한다.

③ EITC를 확대 실시하면 정부의 재정수입이 증가한다.

④ 실업자도 EITC의 수혜대상이 될 수 있다.

| 해설 |

EITC는 근로소득에 따라 결정된 근로장려금을 정부가 지급하여
근로의욕을 제고하고, 근로자들의 실질소득이 증가할 수 있도록
하는 근로연계형 소득지원제도이다.

① EITC는 정부재원으로 시행하는 제도이므로 고용주들에게는
지급해야 할 임금이 상승하는 것과 같은 부담이 발생하지 않는
다. 따라서 고용주가 굳이 저임금 근로자를 해고할 유인이 생
기지 않는다.

③ EITC를 확대 실시할수록 정부의 재정부담은 가중된다.

④ EITC는 근로와 연계한 제도이므로, 실업자는 EITC의 수혜대
상이 될 수 없다.

정답 ②

---

14 총수요곡선과 총공급곡선에 대한 설명으로 옳지
않은 것은? (단, 총수요곡선은 우하향하며 단기 총공급
곡선은 우상향한다)

① 기업의 투자 심리의 호전은 총수요곡선을 오른쪽으로
이동시킨다.

② 수입 원자재 가격의 상승은 단기 총공급곡선을 왼쪽으
로 이동시킨다.

③ 예상 물가 수준의 상승은 단기 총공급곡선을 왼쪽으로
이동시킨다.

④ 명목임금이 경직적인 경우 물가 수준이 상승하면 실질
임금이 하락하여 단기 총공급곡선이 오른쪽으로 이동
한다.

| 해설 |

명목임금이 경직적인 경우 물가 수준이 상승하면 실질임금이 하락
하여 기업의 노동에 대한 수요가 증가한다. 이로 인해 고용량과 산
출량이 증가하여 단기 총공급곡선이 우상향하게 된다. 즉, 물가 수
준의 변화는 단기 총공급곡선 자체를 이동시키지 않고, 곡선상의
이동만 가져온다.

정답 ④

---

15 실질이자율과 명목이자율에 대한 다음 설명 중 옳
지 않은 것은? (단, 피셔효과가 완전히 성립한다고 가정
한다)

① 실질이자율은 음(−)의 값이 될 수 있다.

② 명목이자율이 실질이자율보다 높다면, 예상인플레이션
은 양(+)의 값을 가진다.

③ 실질이자율이 명목이자율보다 낮다면, 구매력은 채권
자에서 채무자에게로 이전된다.

④ 실질이자율은 명목이자율에서 금융거래에 따른 제 비
용을 차감한 값이다.

| 해설 |

실질이자율은 명목이자율에서 (예상) 인플레이션을 차감한 값이다.

① 명목이자율에 비해 인플레이션이 더 크게 실현되는 경우, 실질
이자율은 음(−)의 값이 될 수 있다.

② 예상인플레이션이 양(+)의 값을 갖게 되면, 일정 수준의 실질
이자율을 확보하기 위해 명목이자율에 예상인플레이션을 반영
하게 되므로 명목이자율은 실질이자율보다 높아진다.

③ 피셔효과가 완전히 성립하는 경우, 실질이자율(r)과 명목이자
율(i) 간에는 다음 관계가 성립한다.

- $i=r+\pi^e$, $r=i-\pi^e$, $\pi^e=i-r$, 여기서 π^e는 예상인플레이션이다.
- $i=r+\pi$, $r=i-\pi$, $\pi=i-r$, 여기서 π는 실현된 인플레이션이다.

- 실질이자율이 명목이자율보다 낮다면, 예상하지 못한 인플레이션이 발생한 것을 의미한다. 이러한 예상하지 못한 인플레이션은 채권자에게는 불리하고, 채무자에게는 유리한 부의 재분배를 가져 온다.

정답 ④

---

16 올해 대학을 졸업한 병태는 졸업과 동시에 구직을 위해 노력하였으나 번번이 구직에 실패하고 있다. 올 초와 비교할 때 이러한 상황 변화가 국내 실업률과 경제활동참가율에 주는 영향으로 옳은 것은? (단, 다른 조건은 고려하지 않는다)

	실업률	경제활동참가율
①	상승	불변
②	상승	상승
③	불변	불변
④	하락	상승

| 해설 |

대학생이었던 병태는 비경제활동인구에 속했었다. 그런데 졸업과 동시에 구직활동을 했으므로 경제활동인구로 속하게 되었다. 이에 따라 경제활동참가율은 상승하게 된다.

- 실업률은 다음과 같이 측정한다.

$$\text{실업률} = \frac{\text{실업자}}{\text{경제활동인구}} = \frac{\text{실업자}}{\text{취업자} + \text{실업자}}$$

병태의 구직활동은 취업자가 불변인 채로 실업자 수만 증가시켰다. 그런데 이러한 변화는 실업률 계산 공식의 분모의 변화율보다 분자의 변화율을 더 크게 상승시킨다. 따라서 실업률은 상승한다.

정답 ②

---

17 K국의 총생산함수는 $Y=AL^\alpha K^\beta$이다. 만약 K국의 총소득증가율이 5%, 총요소생산성 증가율이 1%, 노동증가율이 3%, 자본증가율이 6%인 경우 자본소득 분배율은? (단, Y는 총생산, A는 총요소생산성, L은 노동, K는 자본, $\alpha + \beta = 1$이다)

① $\frac{1}{2}$ ② $\frac{1}{3}$ ③ $\frac{2}{3}$ ④ $\frac{3}{4}$

| 해설 |

주어진 총생산함수는 1차 동차 생산함수의 특성을 갖는 콥-더글라스 생산함수이다. 따라서 $\alpha(=1-\beta)$는 노동소득 분배율, β는 자본소득 분배율이다.

- 성장회계식을 이용하면 자본소득 분배율(β)은 다음과 같이 도출된다.

$$\frac{\Delta Y}{Y} = \frac{\Delta A}{A} + \alpha \times \frac{\Delta L}{L} + \beta \times \frac{\Delta K}{K}$$

(단, $\frac{\Delta Y}{Y}$는 총소득증가율, $\frac{\Delta A}{A}$는 총요소생산성 증가율, $\frac{\Delta L}{L}$는 노동증가율, $\frac{\Delta K}{K}$는 자본증가율)

- $5\% = 1\% + (1-\beta) \times 3\% + \beta \times 6\%$ $\Rightarrow$ $\beta \times 3\% = 1\%$
$\Rightarrow$ $\beta = \frac{1\%}{3\%} = \frac{1}{3}$

정답 ②

---

18 산업 내 무역이론에 대한 설명으로 옳지 않은 것은?

① 상품 차별화 개념이 무역 발생의 주요 요인이다.
② 규모의 경제 개념이 무역 발생의 주요 요인이다.
③ 국가 간 요소부존도의 차이가 클수록 산업 내 무역이 활성화된다.
④ 후진국 간보다 선진국 간 무역에서 산업 내 무역이 더 활발하게 이루어진다.

| 해설 |

산업 내 무역은 주로 소비구조가 유사한 선진국 사이에서 발생하는 동종 산업 사이에 이루어지는 무역 형태를 말한다. 이러한 산업 내 무역의 발생 원인으로는 '상품 차별화'와 '규모의 경제'가 대표적이다. 후진국 간보다 선진국 간 무역에서 산업 내 무역이 더 활발하게 이루어진다.

③ 국가 간 요소부존도의 차이로 인해 무역이 발생하는 것을 설명하는 대표적 이론은 헥셔-올린(Heckscher-Ohlin)의 정리이다. 이러한 헥셔-올린의 정리는 이종 산업 사이에서 이루어지는 산업 간 무역 형태를 설명하는 이론에 해당한다.

정답 ③

19 전년도에 비해 명목환율이 3% 상승하고, 한국과 미국의 인플레이션율은 각각 6%와 2%라고 가정하자. 이에 따른 금년도의 실질환율의 변화와 한국의 수입량의 변화로 옳은 것은? (단, 명목환율은 1달러와 교환되는 원화의 크기이고, 실질환율은 미국 상품 1단위와 교환되는 한국 상품의 수량으로 정의한다)

	실질환율	수입량
①	1% 하락	감소
②	1% 하락	증가
③	1% 상승	감소
④	1% 상승	증가

| 해설 |

주어진 조건에 따른 실질환율의 변동률은 다음과 같이 도출된다.

- 실질환율$(q) = \dfrac{e \times P_f}{P}$, 여기서 e는 명목환율, P_f는 미국의 물가수준, P는 한국의 물가수준이다.

- $\dfrac{\triangle q}{q} = \dfrac{\triangle e}{e} + \dfrac{\triangle P_f}{P_f} - \dfrac{\triangle P}{P} \;\Rightarrow\; \dfrac{\triangle q}{q} = 3\% + 2\% - 6\% = -1\%$

따라서 실질환율은 전년도에 비해 1%만큼 하락한다.

- 실질환율이 하락한다는 것은 동일한 수입을 할 때 수출량은 이전보다 감소한다는 의미이다. 이것은 동일한 수출을 할 때 수입량은 이전보다 증가한다는 의미이기도 하다.

정답 ②

20 K국은 자본이동이 완전히 자유로운 소규모 개방경제이다. 먼델-플레밍 모형(Mundell-Fleming Model)을 따를 때, K국 정부의 확장적 재정정책 실시에 따른 변화로 옳은 것은? (단, 환율은 외국 통화 1단위에 대한 K국 통화의 교환비율로 정의한다)

① 변동환율제도하에서 확장적 재정정책을 실시하면 환율이 상승한다.

② 변동환율제도하에서 확장적 재정정책을 실시하면 통화량이 증가한다.

③ 고정환율제도하에서 확장적 재정정책을 실시하면 통화량이 감소한다.

④ 고정환율제도하에서 확장적 재정정책을 실시하면 국민소득이 증가한다.

| 해설 |

K국의 확장적 재정정책 실시에 따른 대내 균형의 변화는 다음과 같이 나타난다.

- 확장적 재정정책 ⇒ 이자율 상승 ⇒ 자본유입 증가 ⇒ 국제수지 흑자

- 변동환율제도를 채택한 경우

- 국제수지 흑자 ⇒ 외환시장에서 환율 하락 ⇒ 순수출 감소에 따른 총수요 감소 ⇒ 국민소득 감소

- 고정환율제도를 채택한 경우

- 국제수지 흑자 ⇒ 외환시장에서 환율 하락 압력 발생 ⇒ 환율 하락 압력을 해소하기 위한 중앙은행의 외환 매입 ⇒ 통화량 증가 ⇒ 국민소득 증가

정답 ④

AK 경제학 실전 동형 모의고사 18

p. 93 - 97

01	②	02	③	03	②	04	④	05	④
06	①	07	②	08	③	09	④	10	②
11	②	12	④	13	③	14	②	15	④
16	④	17	④	18	②	19	③	20	④
21	①	22	①	23	④	24	④	25	④

01 다음 〈표〉는 X재와 Y재만의 소비를 통해 효용극대화를 추구하는 합리적 소비자인 한길의 Y재 소비량에 따른 총효용의 변화를 보여주고 있다.

Y재 수량	1	2	3	4
총효용	1,500	2,800	3,900	4,800

Y재의 가격이 100원인 경우, 주어진 소득으로 효용극대화가 달성되는 수준에서 한길의 Y재 소비량은? (단, X재의 가격은 300원이고, 한길은 X재 소비를 통해 얻은 한계효용이 3,900이 되는 수량까지만 X재를 소비한다고 알려져 있다)

① 1
② 2
③ 3
④ 4

| 해설 |

주어진 자료를 한계효용 〈표〉로 정리하면 다음과 같다.

Y재 수량	1	2	3	4
한계효용	1,500	1,300	1,100	900

• 주어진 소득하에서 두 재화를 소비할 때 효용극대화는 각 재화의 화폐 1단위당 한계효용이 같아지는 수준에서 이루어진다. 이것을 '한계효용균등의 법칙'이라고 한다. 이에 따라 다음 식이 충족되는 수준에서 Y재 소비량이 결정된다.

$$\bullet \ \frac{MU_X}{P_X} = \frac{MU_Y}{P_Y} \Rightarrow \frac{3,900}{300} = \frac{MU_Y}{100} \Rightarrow 13 = \frac{MU_Y}{100}$$
$$\Rightarrow MU_Y = 1,300$$

따라서 한길이 효용극대화를 달성할 수 있는 Y재 소비량은 한계효용(MU)이 1,300이 되는 2단위를 소비하는 것이다.

정답 ②

02 X재와 Y재를 소비하며 효용극대화를 추구하는 민주의 효용함수는 '$U = 10X + 5Y$'로 알려져 있다. 현재 민주의 지출가능예산은 2,000이고, X재 가격이 10일 때 효용극대화를 위해 민주는 오직 X재만을 소비한다. 그런데 만약 민주가 Y재를 공동으로 구매하는 유료밴드에 가입하면 Y재를 단위당 4에 구매할 수 있다. 민주가 이 밴드에 가입하기 위해 가입비로 지불할 용의가 있는 최대금액은?

① 200
② 300
③ 400
④ 600

| 해설 |

효용함수의 기울기인 한계대체율(MRS_{XY})이 '2'인 상태에서 X재만을 소비하는 구석해가 성립하고 있다는 것은 현재 '$(MRS_{XY} > \frac{P_X}{P_Y}) = (2 > \frac{10}{P_Y})$'이 성립하고 있다는 의미이다. 이에 따라 현재 Y재 가격(P_Y)은 5보다 높다는 것을 알 수 있다.

• 민주가 현재 예산(= 2,000)으로 주어진 조건 하에서 X재만을 소비하는 경우 얻을 수 있는 효용의 크기는 '$U = 2,000$'이다.

• 만약 민주가 가입비를 지불하고 밴드에 가입하여 Y재를 단위당 4에 구입할 수 있다고 하자. 이에 따라 '$(MRS_{XY} < \frac{P_X}{P_Y}) = (2 < \frac{10}{4})$'이 성립하게 되어 효용극대화를 위해서는 오직 Y재만을 소비하는 것이 합리적이다. 이때 민주가 X재만을 구입할 때 얻을 수 있는 효용인 '$U = 2,000$'과 동일한 크기의 효용을 얻기 위해서는 Y재를 400단위 구입해야 한다. 이 경우 필요한 예산은 1,600이다. 따라서 이전에 비해 400만큼의 잉여예산이 존재하게 된다.

• 이러한 결과는 민주가 밴드에 가입하는 경우 지불해야 하는 가입비는 400을 넘지 않아야 한다는 것을 보여준다.

정답 ③

03 기업 S의 생산함수가 다음과 같다.

• $Q = AL^\alpha K^\beta$, 단, Q는 생산량, A는 기술 수준, L은 노동투입량, K는 자본투입량, $\alpha > 0$, $\beta > 0$이다.

총비용(TC)이 10,000이고 노동과 자본의 가격이 각각 $P_L = 100$, $P_K = 100$일 때, 이에 대한 설명으로 옳은 것은?

① 노동과 자본의 가격이 동일하므로 기업 S는 노동과 자본을 동일한 크기만큼 투입하여 생산한다.

② 노동과 자본 중에서 한 생산요소만을 투입하여 생산하는 것은 절대 불가능하다.

③ $\alpha = \beta = 1$인 경우 생산함수는 규모에 대한 수확불변의 특성을 갖는다.

④ 단기에는 수확체감, 장기에는 규모에 대한 수확체증이 나타난다.

| 해설 |

주어진 생산함수는 대표적인 콥-더글라스 생산함수이다. 이 생산함수의 모습은 원점에 대해 볼록한 대체탄력성이 1인 생산함수이다. 따라서 생산자 균형점에서 노동만 투입하거나 자본만 투입하는 이른바 '구석해'는 성립할 수 없게 된다. 생산에서 구석해는 선형 생산함수인 경우에만 존재할 수 있다.

① 노동과 자본의 최적 투입량은 다음과 같이 결정된다.

- $L = \dfrac{\alpha \times TC}{(\alpha + \beta) \times P_L} = \dfrac{\alpha \times 10,000}{(\alpha + \beta) \times 100} = 100 \times \dfrac{\alpha}{\alpha + \beta}$
- $K = \dfrac{\beta \times TC}{(\alpha + \beta) \times P_K} = \dfrac{\alpha \times 10,000}{(\alpha + \beta) \times 100} = 100 \times \dfrac{\beta}{\alpha + \beta}$

따라서 생산자 균형 수준에서 최적 노동투입량과 자본투입량은 α값과 β값의 크기에 따라 달라진다.

③ $\alpha = \beta = 1$인 경우 이 생산함수는 2차 동차 생산함수가 된다. 따라서 노동과 자본을 동시에 2배만큼 증가시킬 때 생산량은 4배만큼 증가하게 되어 규모에 대한 수확체증의 특성을 갖게 된다.

④ 단기에는 수확체감, 장기에는 규모에 대한 수확체증이 나타나기 위해서는 $\alpha < 0$이면서, $\alpha + \beta > 1$인 조건이 동시에 충족되어야 가능하다.

정답 ②

---

04 기업 A의 단기 생산함수가 다음과 같다.

- $Q = \sqrt{L}$, 여기서 Q는 생산량이고 L은 노동량이다.

고정비용이 10,000이고, 노동가격(P_L)이 단위당 200이라고 할 때, 기업 A의 단기 총비용함수는?

① $10,000 + 100Q^2$
② $10,000 + 200\sqrt{Q}$
③ $10,000 + 100\sqrt{Q}$
④ $10,000 + 200Q^2$

| 해설 |

기업 A의 생산은 오직 노동투입만을 통해 생산되고 있다. 즉 노동이 유일한 가변요소이다. 이를 전제로 기업 A의 총비용(TC)함수를 다음과 같이 나타낼 수 있다.

- $TC =$ 고정비용 + 가변비용 $= 10,000 + 200 \times L$
- $Q = \sqrt{L} \Rightarrow L = Q^2$
- $TC = 10,000 + 200Q^2$

정답 ④

---

05 주유소에서 주유원의 "얼마 넣어드릴까요?"라는 질문에 대해 '진수'는 휘발유 가격과 관계없이 항상 "50l 넣어 주세요!"라고 말한다. 반면에 '성찬'은 "10만 원어치만 넣어 주세요!"라고 한다. 다음 중 '진수'와 '성찬'의 수요의 가격탄력성의 유형으로 옳은 것은? (단, 다른 조건은 고려하지 않는다)

	진수	성찬
①	완전탄력적	단위탄력적
②	완전비탄력적	완전탄력적
③	완전탄력적	완전비탄력적
④	완전비탄력적	단위탄력적

| 해설 |

'진수'의 소비유형은 상품의 가격과 무관하게 일정량을 소비하는 것이다. 이러한 경우 수요곡선은 일정수량(예: 50l) 수준에서 수직의 모습을 보이며, 수요의 가격탄력성은 '0'이 되어 완전비탄력적이 된다.

- 다음과 같이 분석할 수 있다.

- $P \times Q = 100,000 \Rightarrow Q = \dfrac{100,000}{P} \Rightarrow Q = 100,000 \times P^{-1}$

이에 따라 '성찬'의 소비유형은 수요의 가격탄력성이 항상 '1'인 단위탄력적인 성향을 보이게 된다.

정답 ④

---

06 K기업의 공급함수는 $Q_S = 100 + 5P$이다. '$P > 0$'인 경우 공급의 가격탄력성(E_P)으로 가장 적절한 것은?

① $0 < E_P < 1$
② $E_P = 1$
③ $1 < E_P$
④ $E_P = \infty$

| 해설 |

공급곡선이 선형일 때 공급의 가격탄력성은 다음과 같이 정리할 수 있다.

- 공급곡선이 가격 축을 통과 $\Rightarrow$ 곡선 상의 모든 점에서 '$1 < E_P$' 성립

- 공급곡선이 원점을 통과 ⇒ 곡선 상의 모든 점에서 '$E_P = 1$' 성립
- 공급곡선이 수량 축을 통과 ⇒ 곡선 상의 모든 점에서 '$0 < E_P < 1$' 성립

- 주어진 공급곡선은 수량 절편이 100이므로 수량 축을 통과하게 된다. 따라서 '$P > 0$'인 경우 곡선 상의 모든 점에서 공급의 가격탄력성(E_P)은 0보다는 크지만 1보다는 작은 값을 갖게 된다.

(정답) ①

07 경수는 신문기사 (가)를 읽고 (나)와 같은 이론적 결과를 추론하였다. ㉠, ㉡에 들어갈 용어로 옳은 것은?

(가) P제철은 준공 후 계속 놀리고 있는 강판 생산시설을 조만간 가동하기로 했다. 회사 측 관계자는, "이 시설을 놀리면 한 달에 10억 원의 손실이 발생하지만, 가동하면 손실을 3억 원으로 줄일 수 있다."라고 설명했다. P제철이 생산하는 강판은 국내외적으로 경쟁시장을 형성하고 있다.

(나) 현재 강판의 시장가격은 P제철의 강판 생산 수준에서의 (㉠) 비용보다는 높지만, (㉡) 비용보다는 낮은 수준에 있는 것으로 추정할 수 있다.

	㉠	㉡
①	평균	한계
②	평균가변	평균
③	평균고정	평균
④	한계	평균가변

| 해설 |

P제철이 시설을 놀릴 때 발생하는 손실은 고정비용이다. 그런데 가동할 때 손실이 고정비용보다 작다는 것은 상품가격이 평균가변비용보다는 높은 수준이라는 의미이다.
- 시설을 가동해도 여전히 손실이 존재한다는 것은 상품가격이 평균비용보다는 낮은 수준이라는 의미이다.

(정답) ②

08 시장에서 우하향하는 직선의 수요곡선에 직면하는 기업 S가 있다. 기업 S는 현재 가격을 5% 올리면, 총수입은 3% 증가할 것으로 판단하고 있다. 이에 대한 설명으로 옳은 것은?

① 기업 S는 완전경쟁기업이다.
② 현재 가격에서 기업 S의 수요의 가격탄력성은 탄력적이다.
③ 기업 S의 수입극대화는 지금보다 가격을 인상할 때 가능하다.
④ 기업 S가 가격을 올릴수록 수요의 가격탄력성은 비탄력적이 된다.

| 해설 |

수요곡선이 우하향하는 직선인 경우, 수요의 가격탄력성과 기업의 총수입과의 관계를 그림으로 나타내면 다음과 같다.

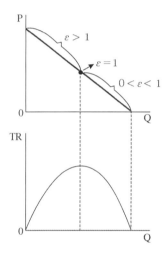

가격이 상승함에도 불구하고 총수입이 증가한다는 것은 현재 수요의 가격탄력성이 비탄력적이라는 의미이다. 따라서 기업 S가 수입을 극대화하기 위해서는 지금보다 가격을 인상해야 한다.
① 직면하는 수요곡선이 우하향하고 있다는 것은 기업 S가 불완전경쟁기업이라는 의미이다.
② 가격을 올릴 때 총수입이 증가한다고 했으므로, 현재 기업 S의 수요의 가격탄력성은 비탄력적이다.
④ 수요곡선이 우하향 직선의 모습을 보이면 가격이 상승할수록 수요의 가격탄력성은 탄력적이 된다.

(정답) ③

09 게임이론에서 우월전략균형(dominant strategy equilibrium)과 내쉬균형(Nash equilibrium)에 대한 설명 중 옳은 것을 〈보기〉에서 모두 고르면?

보기
ⓐ 우월전략균형은 파레토 최적을 보장한다.
ⓑ 게임의 보수를 모두 2배만큼 늘려도 우월전략균형의 조합은 불변이다.
ⓒ 모든 우월전략균형은 내쉬균형이 된다.

① ㉠
② ㉠, ㉢
③ ㉡
④ ㉡, ㉢

| 해설 |

다음과 같은 보수행렬을 가정해보자. 단, 각 보수 쌍에서 왼쪽은 A국의 이익이고, 오른쪽은 B국의 이익이다.

		B국의 선택	
		높은 관세	낮은 관세
A국의 선택	높은 관세	(40, 50)	(70, 40)
	낮은 관세	(20, 80)	(60, 90)

- A국에게 '높은 관세'는 B국에게도 우월전략이므로 우월전략균형은 양국 모두가 '높은 관세'를 선택하는 경우이다. 이때 양국의 이익은 각각 '(A국 이익, B국 이익) = (40, 50)'이 된다. 그런데 양국 모두가 '낮은 관세'를 선택하면, 우월전략균형일 때보다 더 높은 이익을 얻을 수 있다. 따라서 우월전략균형이 반드시 파레토 최적을 보장하는 것은 아니다(㉠).
- 게임의 보수가 다음과 같이 모두 2배가 된다고 하더라도 기존의 우월전략균형 조합은 변화하지 않는다(㉡).

		B국의 선택	
		높은 관세	낮은 관세
A국의 선택	높은 관세	(80, 100)	(140, 80)
	낮은 관세	(40, 160)	(120, 180)

각각의 보수가 2배가 되었음에 불구하고 양국의 우월전략은 여전히 '높은 관세'이다.

- 한편 A국이 '높은 관세'를 유지하는 한, B국은 독자적으로 '낮은 관세'를 선택하지 않는다. 또한 B국이 '높은 관세'를 유지하는 한, A국 역시 독자적으로 '낮은 관세'를 선택하지 않는다. 따라서 양국 모두가 '높은 관세'를 선택하는 것은 우월전략균형이면서 내쉬균형이 된다(㉢).

정답 ④

10 다음은 생산요소 F의 시장수요함수와 시장공급함수이다.

- 시장수요함수: $F_D = 110 - 10p$
- 시장공급함수: $F_S = -100 + 20p$

시장 균형 수준에서 경제지대(economic rent)와 이전수입(transfer earning)은? (단, F_D는 F의 수요량, F_S는 F의 공급량, p는 F의 가격이다)

	이전수입	경제지대
①	0	280
②	240	40
③	280	240
④	280	40

| 해설 |

주어진 조건을 그림으로 나타내면 다음과 같다.

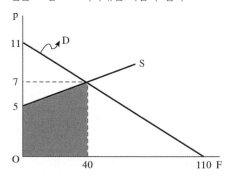

그림에서 생산요소 F에 대한 총보수는 280(= 7×40)이다.

- 전용수입은 생산요소가 다른 용도로 전용되는 것을 막기 위해 지불해야 할 최소한의 금액으로, 생산요소 F의 공급가격의 누적 합을 의미한다. 그림에서 전용수입의 크기는 색칠한 부분이며, 그 크기는 '$\frac{(5+7)}{2} \times 40 = 6 \times 40 = 240$'이 된다.
- 경제지대는 생산요소에 지급되는 총보수에서 전용수입을 차감한 값이다. 따라서 그 크기는 '280 - 240 = 40'이 된다.

정답 ②

11 다음 자료를 기초로 한 2019년도의 실질 GDP는? (단, 기준연도는 2017년이며, 다른 조건을 고려하지 않는다)

연도		2016년	2017년	2018년	2019년
X재	가격	100	200	250	350
	생산량	100	110	160	200
Y재	가격	100	150	200	250
	생산량	100	120	150	200

① 40,000 ② 70,000 ③ 90,000 ④ 120,000

| 해설 |

2019년도의 실질 GDP는 다음과 같이 도출할 수 있다.

- 실질 $GDP = \sum P_{기준연도} \times Q_{비교연도} = \sum P_{2017} \times Q_{2019}$
  $= 200 \times 200 + 150 \times 200 = 40,000 + 30,000 = 70,000$

정답 ②

---

12 케인스 단순 모형에서 현재의 균형국민소득이 200이며, 완전고용국민소득이 350이라고 한다. 한계소비성향이 0.75, 소득세율이 20%인 경우, 완전고용에 도달하기 위해 필요한 정부지출은? 또한 이러한 정부지출로 인한 재정의 변화는? (단, 다른 조건은 고려하지 않는다)

	정부지출	재정
①	50	20 적자
②	50	30 적자
③	60	20 적자
④	60	30 적자

| 해설 |

주어진 조건에 따른 정부지출 승수는 다음과 같다.

- 정부지출 승수
  $= \dfrac{1}{1-b(1-t)} = \dfrac{1}{1-0.75(1-0.2)} = \dfrac{1}{1-0.75 \times 0.8}$
  $= \dfrac{1}{1-0.6} = \dfrac{1}{0.4} = 2.5$
  단, b는 한계소비성향이고 t는 소득세율이다.

- 현재 존재하는 150만큼의 GDP 갭만큼의 국민소득을 증가시키기 위해서는 60만큼의 정부지출이 필요하다.
- 정부지출로 국민소득이 150만큼 증가함에 따라 30만큼의 소득세가 재정에 충당된다. 따라서 재정은 'T − G = 30 − 60 = −30'이 되어 30만큼 적자가 된다.

정답 ④

---

13 다음은 현금잔고수량설에 따른 화폐수요함수이다.

- $M_D = kPY$, 여기서 M_D는 화폐수요량, k는 마샬의 k, P는 물가수준, Y는 실질산출량이다.

인플레이션율이 3%, 실질경제성장률이 2%일 때 화폐수요 증가율은? (단, k는 3으로 일정하다고 가정한다)

① 2% ② 3%
③ 5% ④ 10%

| 해설 |

주어진 화폐수요함수의 양 변에 대수(로그)를 취하고, 각 변수를 미분하면 다음과 같은 결과를 도출할 수 있다.

- $M_D = kPY \Rightarrow \dfrac{\Delta M_D}{M_D} = \dfrac{\Delta k}{k} + \dfrac{\Delta P}{P} + \dfrac{\Delta Y}{Y}$

  $\Rightarrow \dfrac{\Delta M_D}{M_D} = \dfrac{\Delta P}{P} + \dfrac{\Delta Y}{Y} \left(\because \dfrac{\Delta k}{k} = 0 \right)$

- $\dfrac{\Delta M_D}{M_D} = 3\% + 2\% = 5\%$

- $\dfrac{\Delta M_D}{M_D}$ 는 화폐수요 증가율, $\dfrac{\Delta k}{k}$ 는 마샬의 k 변화율, $\dfrac{\Delta P}{P}$ 는 인플레이션율, $\dfrac{\Delta Y}{Y}$ 는 실질산출량 증가율(실질경제성장률)이다.

정답 ③

---

14 다음 중 고성능화폐(High-Powered Money)인 본원통화에 해당하는 것은?

① 화폐발행액 및 예금은행 시재금
② 현금통화 및 예금은행 지급준비금
③ 화폐발행액 및 예금은행 지급준비금
④ 현금통화 및 중앙은행 지준예치금

| 해설 |

본원통화의 구성을 표로 정리하면 다음과 같다.

본원통화		
현금통화 (currency in circulation)	예금은행 지급준비금 (reserve)	
현금통화	예금은행 시재금 (vault cash)	중앙은행 지준예치금
화폐발행액 = 중앙은행 밖에 남아 있는 현금 총액		중앙은행 지준예치금

정답 ②

15 화폐수요와 화폐공급에 대한 설명으로 옳은 것은?

① 본원통화는 현금통화와 중앙은행에 예치한 지급준비금의 합계이다.

② 마샬의 k와 화폐유통속도는 정(+)의 관계를 갖는다.

③ 전액지급준비제도하에서 통화승수는 1보다 크다.

④ 화폐공급이 이자율의 증가함수라면 화폐공급의 내생성이 존재한다.

| 해설 |

화폐공급이 이자율의 증가함수가 되면 기존의 수직이었던 화폐공급곡선은 우상향하게 된다. 이러한 결과는 다음과 같은 경로의 존재를 시사한다.

> • 이자율 상승 ⇒ 예금통화 증가 ⇒ 은행의 대출능력 확대
> ⇒ 신용창조과정을 통한 통화 창출

이에 따라 중앙은행의 독자적인 통화량 결정과 관계없이 통화량의 변화가 나타나게 된다. 이를 화폐공급의 내생성이라고 한다.

① 본원통화는 현금통화와 예금은행의 총지급준비금의 합계이다.

② 마샬의 k는 현금보유비율을 의미한다. 따라서 마샬의 k가 증가하면 현금보유비율이 커져 화폐유통속도가 떨어진다. 따라서 마샬의 k와 화폐유통속도 사이에는 역(−)의 관계가 존재하게 된다.

③ 통화승수는 다음과 같다.

> • 통화승수 $= \dfrac{k+1}{k+z}$, 단 k는 현금−예금비율, z는 지급준비율이다.

전액지급준비제도하에서 지급준비율(z)은 1이다. 이에 따라 통화승수 역시 1이 된다.

[정답] ④

16 먼델−토빈(Mundell−Tobin)효과에 따를 때, 기대 인플레이션율의 하락으로 나타날 수 있는 현상으로 가장 적절한 것은?

① 투자가 증가한다.

② 화폐수요가 감소한다.

③ 명목이자율이 상승한다.

④ 실질이자율이 상승한다.

| 해설 |

명목이자율과 인플레이션율의 1:1 대응관계를 강조하는 피셔효과($i = r + \pi^e$)와 달리, 먼델−토빈효과는 명목이자율과 인플레이션율 사이에는 약 '0.6~0.8:1' 정도의 상관관계가 존재한다는 것을 내용으로 한다.

• 먼델−토빈(Mundell−Tobin)효과에 따르면 인플레이션율이 하락할 것으로 예상되면 그러한 변화는 명목이자율은 물론 실질이자율에도 영향을 미치게 된다. 이에 따라 기대 인플레이션율이 하락할 때, 명목이자율은 이보다 작게 하락하게 된다(③). 이것은 곧 실질이자율이 상승한다는 것을 의미하며(④), 이로 인해 투자가 감소하게 된다(①). 한편 명목이자율의 하락은 화폐보유에 따른 기회비용을 작게 하여 화폐수요가 증가하게 된다(②).

[정답] ④

17 다음 조건을 충족하는 총수요곡선의 형태는?

> • A: 화폐시장이 유동성 함정에 놓이고 피구효과가 존재하는 경우
> • B: 생산물시장에서 투자수요가 이자율에 대하여 완전비탄력적인 경우

① A: 수직,   B: 우하향

② A: 우하향,   B: 우하향

③ A: 수평,   B: 수평

④ A: 우하향,   B: 수직

| 해설 |

피구효과가 존재하면 물가가 하락하는 경우 실질자산의 증가로 소비가 증가하여 IS곡선이 오른쪽으로 이동하게 된다.

• 화폐시장이 유동성 함정에 놓이고 피구효과가 존재하는 경우(A)의 총수요곡선 도출

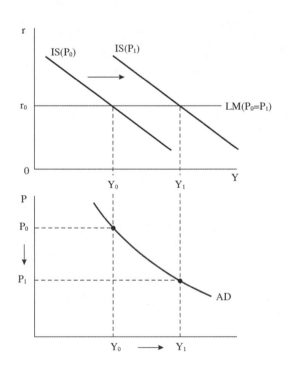

- 생산물시장에서 투자수요가 이자율에 대하여 완전비탄력적인 경우(B)의 총수요곡선의 도출

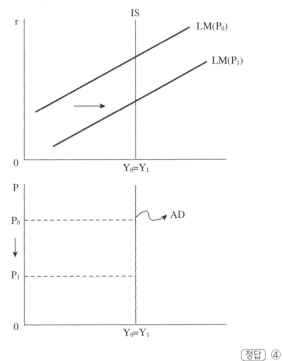

18 W국의 총수요(AD)곡선과 총공급(AS)곡선이 다음과 같다.

- 총수요곡선: $P = 100 - Y$
- 총공급곡선: $P = P^e + (Y - 50)$
- P는 물가수준, P^e는 기대물가, Y는 산출량이다.

기대물가(P^e)가 10인 경우, 다음 진술 중 타당하지 못한 것은?

① 현재의 실제물가수준은 30이다.
② 현재의 국민소득은 자연산출량 수준에 미달하고 있는 상태이다.
③ 장기국민소득은 50이다.
④ 기대물가의 상향 조정으로 장기균형 상태에 도달하게 된다.

시장에서 단기균형은 AD곡선과 SAS곡선이 일치하는 수준에서 달성되므로, 주어진 AD곡선과 AS곡선을 연립하여 풀어 도출한다.

- $100 - Y = 10 + (Y - 50) \Rightarrow 2Y = 140 \Rightarrow Y = 70$, $P = 30 \cdots$ ①

- 장기에는 물가에 대한 정확한 예상이 가능하므로 '$P = P^e$'가 성립하게 된다. 이에 따라 총공급곡선에서 장기국민소득(= 자연산

출량)은 50으로 도출된다(③). 따라서 현재의 국민소득은 자연산출량 수준을 상회하고 있다(②).
- 현재 경제는 자연산출량을 넘는 과열 국면이므로 기대물가 상승으로 SAS곡선이 좌상방으로 이동하여 장기균형 상태에 도달하게 된다(④).
- 앞의 결과들을 그림으로 나타내면 다음과 같다.

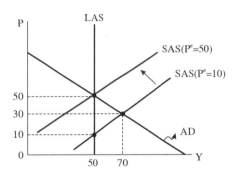

19 어느 나라의 총 인구가 4,500만 명, 15세 이상의 인구가 2,500만 명, 비경제활동인구가 1,000만 명, 실업자가 250만 명이다. 이에 대한 설명으로 가장 타당하지 못한 것은?

① 실업률은 약 16.7%이다.
② 경제활동참가율은 60%이다.
③ 고용률은 약 83%이다.
④ 취업자는 1,250만 명이다.

주어진 자료에 따라 경제활동인구(= 15세 이상 인구 − 비경제활동인구)는 1,500만 명이다.

- 실업률 $= \dfrac{\text{실업자}}{\text{경제활동인구}} \times 100 = \dfrac{250\text{만 명}}{1{,}500\text{만 명}} \times 100 = \dfrac{1}{6}$
  $\fallingdotseq 16.7(\%)$

- 경제활동참가율 $= \dfrac{\text{경제활동인구}}{15\text{세 이상 인구}} \times 100 = \dfrac{1{,}500\text{만 명}}{2{,}500\text{만 명}} \times 100$
  $= 60(\%)$

- 고용률 $= \dfrac{\text{취업자 수}}{15\text{세 이상 인구}} \times 100 = \dfrac{1{,}250\text{만 명}}{2{,}500\text{만 명}} \times 100 = 50(\%)$

- 취업자 = 경제활동인구 − 실업자 = 1,500만 명 − 250만 명
  = 1,250만 명

20 다음 괄호에 들어갈 용어를 옳게 고른 것은?

> 고전학파는 생산물시장의 불균형이 (㉠)의 조정에 의하여 해소되는 반면 케인스학파는 (㉡)의 조정에 의하여 생산물시장의 불균형이 해소되는 것으로 보고 있다.

	㉠	㉡
①	이자율	물가
②	물가	이자율
③	국민소득	물가
④	이자율	국민소득

| 해설 |

고전학파의 생산물시장에서는 투자와 저축이 일치하는 수준에서 이자율이 결정된다. 이러한 이자율을 포함한 가격변수가 신축적인 특성을 가지고 있어, 생산물시장은 항상 균형수준을 유지한다는 것이 고전학파 이론의 핵심이다.

• 케인스학파의 생산물시장에서는 투자와 저축이 일치하는 수준에서 국민소득이 결정된다. 케인스학파는 이자율을 포함한 가격변수가 경직적인 특성을 가지고 있어, 생산물시장에서의 불균형은 수량변수인 산출량(국민소득)의 조정을 통해 해소된다고 본다.

⟨정답⟩ ④

---

21 솔로(R. Solow)의 경제성장 모형에서 균제 상태(steady state)의 1인당 실질국민소득 수준을 변화시키는 외생적 요인에 해당하는 것을 〈보기〉에서 모두 고르면?

> ┌─ 보기 ─────────────
> ㉠ 저축률   ㉡ 기술진보율
> ㉢ 인구증가율   ㉣ 감가상각률
> ㉤ 1인당 자본량
> └─────────────────

① ㉠, ㉡, ㉢, ㉣   ② ㉠, ㉢, ㉣
③ ㉡   ④ ㉤

| 해설 |

솔로(R. Solow)의 경제성장 모형에서 1인당 자본량은 경제가 균제 상태에 도달할 때 결정되는 내생변수이다.

⟨정답⟩ ①

---

22 다음의 헥셔-올린(Heckscher-Ohlin) 모형에 대한 설명 중 가장 옳은 것은?

① 생산요소의 부존량이 각국의 생산가능곡선 형태를 결정한다.

② 각 국가는 절대적으로 풍부한 생산요소를 집약적으로 사용하여 생산한 상품을 수입한다.

③ 양국이 무역을 하게 되는 경우, 풍부한 부존자원 소유자는 손해를 보고 부족한 부존자원 소유자는 이익을 보게 된다.

④ 양국이 무역을 하게 되는 경우, 양국에게는 특화의 이익이 무역의 이익의 전부를 차지한다.

| 해설 |

헥셔-올린(Heckscher-Ohlin) 모형에서는 기회비용이 체증하여 원점에 대하여 오목한 생산가능곡선을 전제로 한다. 이 경우 생산가능곡선은 상대적으로 풍부한 부존자원을 집약적으로 투입해서 생산하는 상품 방향으로 넓어지는 형태를 보인다.

② 각 국가는 상대적으로 풍부한 생산요소를 집약적으로 사용하여 생산한 상품을 수출한다.

③ 양국이 무역을 하게 되는 경우, 상대적으로 풍부한 부존자원을 집약적으로 투입하여 생산하는 상품 중심으로 산업 구조가 재편된다. 이에 따라 상대적으로 풍부한 부존자원에 대한 수요가 증가하여 해당 자원의 가격이 상승하지만, 반면에 상대적으로 부족한 부존자원에 대한 수요는 감소하여 해당 자원의 가격은 하락하게 된다. 이에 따라 상대적으로 풍부한 부존자원 소유자는 이익을 보고, 상대적으로 부족한 부존자원 소유자는 손해를 보게 된다.

④ 양국이 무역을 하게 되는 경우, 양국에게는 상대가격이 변화할 때 발생하는 특화의 이익과 상대가격이 불변일 때 발생하는 교환의 이익이 포함된 무역의 이익을 얻게 된다.

⟨정답⟩ ①

---

23 소국 개방경제인 K국에서 X재의 국내수요함수는 $Q_D = 2,000 - P$, 국내기업들의 공급함수는 $Q_S = P$이다. 현재 X재의 국제가격이 $P = 1,200$일 때, 국내 X재 시장에 대한 설명으로 타당하지 못한 것은?

① K국은 현재 X재를 400단위만큼 수출하고 있다.

② 개방으로 K국의 사회적 순잉여는 40,000만큼 증가하게 된다.

③ 개방으로 인해 K국의 X재 국내시장에서는 초과공급이 발생하게 된다.

④ K국이 대외무역을 중지하게 되면 X재의 국내생산은 증가하고 국내소비는 감소하게 된다.

| 해설 |

주어진 국내수요함수와 국내공급함수를 전제로 하여 국내균형가격을 다음과 같이 도출할 수 있다.

> - $Q_D = 2,000 - P$, $Q_S = P \Rightarrow Q_D = Q_S \Rightarrow 2,000 - P = P$
> $\Rightarrow 2P = 2,000 \Rightarrow P = 1,000$

- X재의 국내균형가격(= 1,000)이 국제가격(= 1,200)보다 낮으므로 K국은 X재를 수출하게 된다. 이때 수출량은 국제가격수준(= 1,200)에서 국내초과공급량만큼 이루어진다. 이때 수출량은 다음과 같다(①, ③).

> - 국내수요량 = 2,000 - 1,200 = 800, 국내공급량 = 1,200
> $\Rightarrow$ 국내초과공급량 = 1,200 - 800 = 400

- 앞의 결과들을 그림으로 나타내면 다음과 같다.

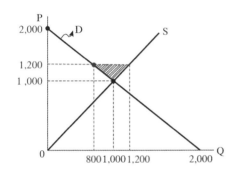

- 앞의 그림에서 빗금 친 부분이 개방으로 인해 K국에서는 40,000 ($= 400 \times 200 \times \frac{1}{2}$)만큼 사회적 순잉여 증가가 나타난다(②).

- 만약 K국이 대외무역을 중지하게 되면 X재 국내시장은 개방 전의 균형수준으로 되돌아오게 된다. 이에 따라 시장균형수준에서 X재의 국내생산량은 1,000이 되어 개방을 하는 경우에 비해 200만큼 감소하고, 국내소비량은 1,000이 되어 개방을 하는 경우에 비해 200만큼 증가하게 된다(④).

정답 ④

---

24 국제수지표의 경상수지에 포함되는 거래가 아닌 것은?

① 중국인의 국내 관광 지출
② 해외 빈국에 대한 무상원조
③ 외국인 근로자의 본국으로 송금
④ 내국인의 해외주식 구입

| 해설 |

내국인의 해외주식 구입은 '증권투자' 항목에 해당하여 금융계정으로 분류된다.

① 중국인의 국내 관광 지출은 '서비스 수지' 항목에 해당하여 경상수지로 분류된다.
② 해외 빈국에 대한 무상원조는 '경상 이전수지' 항목에 해당하여 경상수지로 분류된다.
③ 외국인 근로자의 본국으로 송금은 '본원 소득수지' 항목에 해당하여 경상수지로 분류된다.

정답 ④

---

25 자본이동이 자유로운 소국인 K국 중앙은행은 지속되는 경기침체를 해소하기 위한 방법으로 확장적 금융정책을 실시하기로 결정하였다. 먼델-플레밍(Mundell-Fleming) 모형을 따를 때, 이러한 정책 변화로 나타나게 될 것이라고 예상되는 단기적 결과로 가장 옳은 것은? (단, K국은 고정환율제도를 채택하고 있다)

① 외환시장에서 자본유입이 이루어진다.
② 자국 화폐의 평가절하가 발생할 것이다.
③ 중앙은행의 외환보유고가 증가할 것이다.
④ 통화량이 감소할 것이다.

| 해설 |

문제에서 묻는 단기적 결과란 확장적 금융정책 실시에 따른 대내균형과 관련된 내용이다. 이러한 단기적 결과가 나타나게 되는 경로를 정리해보면 다음과 같다.

> - 확장적 금융정책 ⇒ LM곡선 오른쪽 이동 ⇒ 이자율 하락, 국민소득 증가 ⇒ 외환시장에서 외환유출 발생 ⇒ 환율상승 압력 존재 ⇒ 외환시장 안정을 위해 중앙은행 보유외환 매각 ⇒ 중앙은행 외환보유고 감소, 통화량 감소

- 외환시장에서 존재하는 환율상승 압력을 해소하기 위한 중앙은행 보유의 외환 매각에 따라 통화량 감소가 나타난다.
① 확장적 금융정책에 따른 이자율 하락으로 외환시장에서 자본유출이 이루어진다.
② 고정환율제도를 채택하고 있기 때문에 외환시장에서 환율상승 '압력'만 존재할 뿐, 실제 환율 상승은 나타나지 않고, 자국 화폐의 평가절하 역시 발생하지 않는다.
③ 외환시장에서 존재하는 환율상승 압력을 해소하기 위한 중앙은행 보유의 외환 매각에 따라 중앙은행의 외환보유고는 감소할 것이다.

정답 ④

01	④	02	④	03	②	04	④	05	①
06	④	07	②	08	③	09	②	10	①
11	④	12	①	13	②	14	③	15	①
16	④	17	③	18	③	19	③	20	③

01 다음 〈보기〉 중 비용에 관한 설명으로 옳은 것만으로 묶인 것은?

― 보기 ―

㉠ 모든 고정비용은 매몰비용이다.

㉡ 동일한 이윤이 기대되는 경우의 합리적 선택은 대안을 선택할 때 발생하는 기회비용이 가장 작은 대안을 선택하는 것이다.

㉢ 기회비용은 어떤 선택을 하는 경우 포기해야 하는 다른 대안들을 의미한다.

㉣ 한 재화의 생산량이 증가할수록 기회비용이 체감하는 경우, 두 재화의 생산가능곡선은 원점에 대해 오목한 형태를 보인다.

㉤ 어떤 선택을 하는 경우 기회비용이 발생하는 것은 자원의 희소성에서 비롯된다.

① ㉠, ㉢, ㉣ 　　　　② ㉡, ㉢, ㉣, ㉤
③ ㉡, ㉢, ㉤ 　　　　④ ㉡, ㉤

| 해설 |

〈보기〉의 내용 중 오류를 수정하면 다음과 같다.

㉠ 매몰비용은 어떠한 선택을 한다고 하더라도 회수가 불가능한 비용을 의미한다. 매몰비용은 고정비용이지만 그 역은 성립하지 않는다. 왜냐하면 고정비용에는 회수가 가능한 비용(예: 건물 임대 보증금)이 존재하므로 모든 고정비용이 매몰비용은 아닌 것이다.

㉢ 기회비용은 어떤 선택을 하는 경우 포기해야 하는 대안들 중에서 가장 가치가 큰 것만을 의미한다.

㉣ 한 재화의 생산량이 증가할수록 기회비용이 체감하는 경우, 두 재화의 생산가능곡선은 원점에 대해 볼록한 형태를 보인다. 반면에 한 재화의 생산량이 증가할수록 기회비용이 체증하는 경우의 생산가능곡선은 원점에 대해 오목한 형태를 보이고, 한 재화의 생산량이 증가할 때 기회비용이 일정한 경우의 생산가능곡선은 직선의 모습을 보인다.

정답 ④

02 주어진 소득 범위 내에서 효용극대화를 추구하는 소비자 우혁의 효용함수는 다음과 같다.

• $U(x, y) = \min[x, y]$, 단 x는 X재 소비량, y는 Y재 소비량을 나타낸다.

이에 대한 설명으로 가장 옳은 것은?

① X재와 Y재는 서로 대체재이다.
② 수요의 교차탄력성이 1이다.
③ 수요의 가격탄력성이 1이다.
④ 수요의 소득탄력성이 1이다.

| 해설 |

주어진 효용함수에 따르면 우혁은 항상 X재와 Y재를 X:Y = 1:1로 결합하여 소비한다. 즉 우혁에게 X재와 Y재는 완전보완재이다(①). 이에 따라 수요의 교차탄력성은 음(−)의 값을 갖게 된다(②).

• X재와 Y재의 결합비율이 항상 1:1이므로, 가격−소비곡선(PCC)은 원점을 지나는 우상향하는 45°의 직선이다. 이에 따라 수요의 가격탄력성은 1보다 작게 되어 비탄력적이 된다(③).

• X재와 Y재의 결합비율이 항상 1:1이므로, 소득−소비곡선(ICC)은 원점을 지나는 우상향하는 45°의 직선이다. 이에 따라 수요의 소득탄력성은 항상 1인 단위탄력적이다(④).

정답 ④

03 합리적 소비자인 종화는 지난 한 달 동안 9만 원의 소득으로 X재 450단위와 Y재 450단위를 소비하면서 효용을 극대화하였다. 그런데 이번 달 들어 지난달에 단위당 100원이었던 X재가 150원으로 상승하였고, Y재는 지난달에 비해 오히려 50원 하락하였다. 이번 달 종화의 소비와 관련한 설명으로 옳지 않은 것은? (단, 이번 달 종화의 소득은 변화가 없으며, 종화의 선호체계는 단조성과 이행성, 그리고 강볼록성을 특징으로 한다)

① 종화의 이번 달 효용은 지난 달 효용에 비해 증가한다.
② 종화의 이번 달 X재 소비량은 450단위보다 증가한다.
③ 종화의 이번 달 Y재 소비량은 450단위보다 증가한다.
④ 종화가 이번 달에 Y재만을 소비하는 것은 불가능하다.

| 해설 |

지난 달 100원이었던 X재를 450단위만큼 소비하였으므로 종화의 X재 소비지출액은 45,000원이다. 따라서 나머지 45,000원으로 Y재 450단위를 소비하였다. 이것은 지난 달 Y재 가격 역시 100원이었다는 것을 의미한다. 이에 따라 지난 달 종화의 예산선은 다음과 같이 나타낼 수 있다.

- $100 \times X + 100 \times Y = 90,000$

- 이번 달 들어 X재 가격은 150원, Y재 가격은 50원이 되었다. 이에 따라 이번 달 종화의 예산선은 다음과 같이 나타낼 수 있다.

- $150 \times X + 50 \times Y = 90,000$ ⇒ 이전 소비량(450, 450) 수준은 여전히 소비 가능

- 앞의 결과들을 종합하여 그림으로 나타내면 다음과 같다.

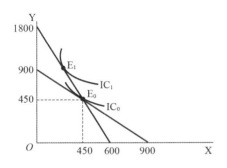

새로운 소비자 균형점은 X재 소비량이 450단위보다 적고, Y재 소비량은 450단위보다 많은 수준에서 이루어진다(②, ③).

- 단조성과 이행성을 전제하고 있으므로 동일한 소비자의 무차별 곡선은 교차할 수 없다. 따라서 상품가격 변화 후의 종화의 소비점은 E_0으로부터 새로운 예산선을 따라 좌상방에 위치해야 한다(①). 또한 종화의 선호체계가 단조적이며 강볼록이므로 무차별곡선의 모습은 원점에 대하여 볼록한 모습을 보인다. 따라서 소비자 균형 수준에서 내부해가 존재해야 하고, Y재만 소비하는 구석해가 존재하는 것은 불가능해진다(④).

(정답) ②

04 기업의 생산에 대한 설명으로 옳은 것은?

① 노동의 한계생산과 노동의 평균생산의 차이를 알고 있으면, 노동투입량 증가에 따라 노동의 한계생산이 증감하는지 여부를 알 수 있다.
② 생산함수에서 규모에 대한 보수가 체증(increasing returns of scale)이면, 단기에서도 수확체증의 모습을 보인다.
③ 원점으로부터 등량곡선의 거리가 2배가 된다는 것은 생산량도 2배가 됨을 의미한다.
④ 기술진보가 이루어지면 등량곡선은 기존의 위치에서 원점에 보다 가깝게 이동한다.

| 해설 |

기술진보가 이루어진다는 것은 동일한 생산량을 생산할 때의 요소 투입량이 기술진보 이전보다 작아진다는 의미이다. 이에 따라 기

술진보가 이루어지면 등량곡선은 안쪽으로 이동하게 된다.

① 노동의 한계생산(MP_L)과 노동의 평균생산(AP_L)의 관계를 다음과 같이 정리할 수 있다.

$MP_L > AP_L$인 경우	노동투입량 증가에 따라 노동의 평균생산은 증가한다. 그러나 노동의 한계생산은 증가하다가 감소하게 된다.
$MP_L < AP_L$인 경우	노동투입량 증가에 따라 노동의 평균생산은 감소한다.

② 콥-더글라스 생산함수가 다음과 같이 주어져 있다고 가정하자.

- $Q = AL^{0.8}K^{0.7}$, 단 Q는 생산량, A는 기술수준, L은 노동량, K는 자본량이다.

이 생산함수는 1.5차 동차 생산함수에 해당되어 장기에는 규모에 대한 보수가 체증하는 모습을 보인다. 그러나 노동(L)의 지수가 1보다 작으므로 단기에는 수확체감의 모습을 보이게 된다.
③ 원점으로부터 등량곡선의 거리가 2배가 될 때, 생산량도 2배가 된다는 것은 규모에 대한 보수가 불변인 경우에만 타당한 진술이다. 만약 규모에 대한 보수가 체증하게 되면, 생산량이 2배일 때 등량곡선의 거리는 2배보다 작아진다.

(정답) ④

05 단기의 생산함수와 비용함수에 대한 설명으로 옳은 것은?

① 평균생산이 감소하면 한계비용은 평균가변비용보다 항상 높다.
② 평균가변비용이 상승하면 평균생산은 한계생산보다 항상 작다.
③ 한계비용이 상승하면 평균생산은 한계생산보다 항상 크다.
④ 한계생산이 감소하면 평균생산은 항상 증가한다.

| 해설 |

생산기간이 단기일 때 평균생산과 평균가변비용, 한계생산과 한계비용 사이에는 다음과 같은 서로 대칭적인 쌍대관계가 성립한다.

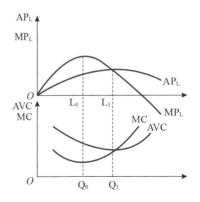

② 평균가변비용이 상승하면 평균생산은 한계생산보다 항상 크다.

③ 한계비용이 상승하면 한계생산은 평균생산보다 크다가 작게 된다.

④ 한계생산이 감소하면 평균생산은 항상 증가한다.

정답 ①

---

06 독점기업 A가 직면하고 있는 X재에 대한 수요곡선은 $Q=96-2P$이고, 총비용함수는 $TC=100+48Q-3Q^2+\frac{1}{3}Q^3$이다. 만약 A 기업의 이윤에 대하여 10%만큼의 조세를 부과할 경우, X재 시장균형가격과 시장균형거래량의 변화 추이로 옳은 것은? (단, Q는 수량, P는 가격이다)

	시장균형가격	시장균형거래량
①	상승한다.	증가한다.
②	상승한다.	감소한다.
③	하락한다.	감소한다.
④	불변이다.	불변이다.

| 해설 |

주어진 조건을 이용하여 굳이 계산할 필요가 없이 직관에 의해 해결할 수 있는 문제이다. 기업에 대하여 이윤세를 부과하는 것은 정액세 부과와 같이 기존의 시장가격과 균형생산량(거래량)에는 아무런 변화가 나타나지 않는다. 따라서 조세 부과로 인한 경제적 순손실은 발생하지 않는다. 이처럼 종량세를 부과하는 것과는 달리, 경제적 순손실을 발생시키지 않을 목적으로 부과되는 조세를 중립세라고 한다.

정답 ④

---

07 독점적 경쟁시장에 대한 설명으로 옳은 것은?

① 기업의 단기 균형이 달성되는 수준에서 가격과 한계수입의 크기는 같다.

② 기업이 직면하는 수요곡선은 우하향하는 형태이다.

③ 신규기업의 진입을 막을 수 있는 장벽이 존재하지 않기 때문에 단기 균형 수준에서 기업은 정상이윤을 얻지 못한다.

④ 장기 평균비용곡선이 U자형인 경우, 기업의 장기 균형 수준에서 수요곡선은 장기 평균비용의 극솟값과 접한다.

| 해설 |

독점적 경쟁기업은 상품차별화가 가능한 범위 내에서, 독점기업보다 약하지만 어느 정도의 시장지배력을 갖게 된다. 이에 따라 독점적 경쟁기업이 직면하는 수요곡선은 우하향한 모습을 보인다.

① 기업의 단기 균형 수준에서 다음과 같은 조건이 충족된다.

- $P > MR = MC$

③ 진입장벽과 무관하게 기업은 단기에 초과이윤을 얻을 수도 있고, 손실을 볼 수도 있다. 따라서 정상이윤 역시 얻을 수도 있고, 얻지 못할 수도 있다.

④ 독점적 경쟁기업이 직면하는 수요곡선은 우하향하는 모습을 보인다. 따라서 수요곡선이 U자형의 장기 평균비용곡선의 극솟값과 접하는 것은 본질적으로 불가능하다. 장기에 수요곡선은 장기 평균비용이 우하향하는 구간에서 접할 뿐이다.

정답 ②

---

08 소비자 진수와 성찬으로 구성된 경제에서 공공재 W에 대한 수요함수와 공공재 생산에 따른 한계비용이 다음과 같다.

- 진수의 수요함수: $Q=300-2P_{진수}$
- 성찬의 수요함수: $Q=300-3P_{성찬}$
- 한계비용: $MC=100+\frac{1}{6}Q$
- Q는 수요량 또는 생산량, P는 가격, MC는 한계비용이다.

사회적으로 바람직한 W의 공급량은? (단, 다른 조건은 고려하지 않는다)

① 100 ② 120 ③ 150 ④ 200

| 해설 |

공공재의 시장수요곡선은 개별소비자의 수요곡선을 '수직적으로 합'하여 도출한다. 주어진 진수와 성찬의 수요곡선을 전제로 시장수요곡선을 도출하면 다음과 같다.

- 진수의 수요함수: $Q=300-2P_{진수} \Rightarrow P_{진수}=150-\frac{1}{2}Q$
- 성찬의 수요함수: $Q=300-3P_{성찬} \Rightarrow P_{성찬}=100-\frac{1}{3}Q$
- 시장수요곡선: $P_{시장}=P_{진수}+P_{성찬}=(150-\frac{1}{2}Q)+(100-\frac{1}{3}Q)=250-\frac{5}{6}Q$
- 이와 같은 도출방법은 개별수요함수의 수량절편이 동일한 경우에만 타당하다는 것을 주의해야 한다. 만약 수량절편이 상이한 경우에는 시장수요곡선은 안쪽으로 꺾이는 모습으로 도출된다.

- 사회적으로 바람직한 공공재의 공급량은 '$P=MC$' 조건을 충족할 때 달성된다.

- $P=MC \Rightarrow 250-\frac{5}{6}Q=100+\frac{1}{6}Q \Rightarrow Q=150$

정답 ③

09 다양한 국민소득 지표에 대한 설명으로 옳은 것은?

① 실질 GNI와 실질 GNP의 크기는 항상 같다.

② 명목 GNI와 명목 GNP의 크기는 항상 같다.

③ 국외 순수취 요소소득이 양(+)의 값을 가질 경우, 실질 GNI는 실질 GDP보다 항상 크다.

④ 교역조건 변화에 따른 실질무역손익이 0의 값을 가질 경우, 실질 GDI는 실질 GDP보다 항상 크다.

| 해설 |

다양한 국민소득 지표는 다음과 같이 정리할 수 있다.

> • 명목 GNI = 명목 GDP + 국외순수취 요소소득 = 명목 GNP
>
> • 실질 GDI = 실질 GDP + 교역조건 변화에 따른 실질무역손익
>
> • 실질 GNI = 실질 GDP + 국외 순수취 요소소득 + 교역조건 변화에 따른 실질무역손익
>
>   = 실질 GDI + 국외 순수취 요소소득
>
>   = 실질 GNP + 교역조건 변화에 따른 실질무역손익
>
>   = 실질 GNP + 교역조건 변화를 반영한 실질무역손익 + 교역조건 불변인 경우 실질무역손익
>
>   = 실질 GNP + $\dfrac{\text{교역조건 변화를 반영한 명목무역손익}}{\text{수출입 환가지수}}$ + 교역조건 불변인 경우 실질무역손익

명목 GNI와 명목 GDP, 그리고 명목 GNP는 모두 비교연도 가격을 가중치로 하여 측정되는 지표이다. 따라서 비교연도에 교역조건 변화가 이미 반영되어, 교역조건 변화에 따른 무역손익은 발생할 여지가 없다. 이에 따라 다음 관계식이 성립하게 된다.

> • 명목 GNI = 명목 GDP + 국외 순수취 요소소득 = 명목 GNP

① 실질 GNI와 실질 GNP의 관계식은 다음과 같다.

> • 실질 GNI = 실질 GNP + 교역조건 변화에 따른 실질무역손익

따라서 '교역조건 변화에 따른 실질무역손익'의 크기에 따라 양자의 크기는 달라질 수 있다.

③ 실질 GNI와 실질 GDP의 관계식은 다음과 같다.

> • 실질 GNI = 실질 GDP + 국외 순수취 요소소득 + 교역조건 변화에 따른 실질무역손익

따라서 국외 순수취 요소소득이 양(+)의 값이라고 하더라도, 교역조건 변화에 따른 실질무역손익이 이보다 더 큰 음(-)의 값이라면 실질 GNI는 실질 GDP보다 작을 수 있다.

④ 실질 GDI와 실질 GDP의 관계식은 다음과 같다.

> • 실질 GDI = 실질 GDP + 교역조건 변화에 따른 실질무역손익

따라서 교역조건 변화에 따른 실질무역손익이 0의 값을 가질 경우, 실질 GDI와 실질 GDP는 항상 같다.

정답 ②

---

10 시점 간 선택(intertemporal choice) 모형에서 효용 극대화를 추구하는 소비자 H의 효용함수는 다음과 같다.

> • $U = C_1^3 \times C_2$, 여기서 U는 효용, C_1은 현재소비, C_2는 미래소비이다.

H의 현재소득은 5,000만 원, 미래소득은 7,500만 원으로 알려져 있다. 또한 H는 주어진 소득에 따른 소비를 하기 위해서 이자율 50%로 대부를 하거나 차입을 할 수 있다. 다음 중 H가 현재시점에서 최적 소비를 위해 필요한 선택으로 옳은 것은? (단, 다른 조건은 고려하지 않는다)

① 2,500만 원을 차입한다.

② 3,750만 원을 차입한다.

③ 2,500만 원을 저축한다.

④ 3,750만 원을 저축한다.

| 해설 |

주어진 효용함수에 따른 한계대체율($MRS_{C_1 C_2}$)은 다음과 같이 도출된다.

> • $MRS_{C_1 C_2} = \dfrac{MU_{C_1}}{MU_{C_2}} = \dfrac{3C_1^2 C_2}{C_1^3} = \dfrac{3C_2}{C_1}$

한편 H의 예산제약식은 다음과 같이 도출할 수 있다.

> • $C_1 + \dfrac{C_2}{1+r} = Y_1 + \dfrac{Y_2}{1+r} \Rightarrow C_1 + \dfrac{C_2}{1+0.5} = 5,000 + \dfrac{7,500}{1+0.5}$
>
> $\Rightarrow C_2 = 15,000 - 1.5C_1$
>
> 여기서 Y_1은 현재소득, Y_2는 미래소득, r은 이자율, 단위는 만 원이다.

이에 따라 미래소비(C_2)의 크기로 나타낸 현재소비(C_1)의 상대가격은 '1.5'가 된다.

그런데 소비자균형은 한계대체율($MRS_{C_1 C_2}$)과 상대가격이 일치하는 수준에서 결정되고, 이를 식으로 나타내면 다음과 같다.

> • $\dfrac{3C_2}{C_1} = 1.5 \Rightarrow C_1 = 2C_2$

이 결과를 예산제약식에 대입하면 다음과 같은 결과를 얻을 수 있다.

> • $C_2 = 15,000 - 1.5C_1 \Rightarrow C_2 = 15,000 - 1.5 \times 2C_2$
>
> $\Rightarrow 4C_2 = 15,000 \Rightarrow C_2 = 3,750$(만 원)

결국 H는 미래소득 7,500만 원 중에서 3,750만 원만을 소비하게 된다. 이것은 나머지 미래소득 3,750만 원이 현재시점에서 차입한 금액을 상환하는 데 사용된다는 것을 의미한다. 그런데 미래소득 3,750만 원을 현재(시점)가치로 환산을 하게 되면 '$\frac{3,750}{1+0.5}=2,500(만 원)$'이 된다. 이것은 H가 현재시점에서 2,500만 원을 차입한다는 의미이다. 이러한 결과를 식으로 정리하면 다음과 같다.

> • $C_1 + \frac{C_2}{1+r} = Y_1 + \frac{Y_2}{1+r}$
>
> ⇒ [5,000(현재소득 전액 소비) + 2,500(현재소비를 위한 차입액)] + $\frac{3,750}{1+0.1}$ = $5,000 + \frac{7,500}{1+0.5}$
>
> ⇒ 10,000 = 10,000
>
> 여기서 Y_1은 현재소득, Y_2는 미래소득, r은 이자율, 단위는 만 원이다.

(정답) ①

---

11 중앙은행의 통화량 증가가 이자율에 미치는 영향에 대한 설명으로 옳은 것은?

① 피셔(I. Fisher)는 인플레이션율이 1%p 상승할 경우, 실질이자율이 1%p 상승한다고 주장한다.

② 단기적으로 명목이자율이 하락하는 예상인플레이션 효과가 발생한다.

③ 명목이자율과 실질이자율이 모두 상승하는 유동성 효과가 발생한다.

④ 피셔 효과와 화폐수량설이 성립하면 명목이자율은 상승한다.

| 해설 |

피셔 효과가 성립하는 경우 다음 식이 성립한다.

> • 명목이자율(i) = 실질이자율(r) + 예상인플레이션율(π^e)

화폐수량설에 따르면 통화량의 증가는 화폐중립성으로 인해 실질이자율에는 영향을 주지 못하고, 인플레이션만 발생시킨다. 이에 따라 통화량의 증가는 예상인플레이션율만큼 명목이자율이 상승하게 된다.

① 인플레이션율이 1%p 상승할 경우, '명목'이자율만 1%p 상승한다는 것이 피셔 효과이다.

② 예상인플레이션 효과에 따른 통화량 증가의 전달경로는 다음과 같다.

> • 통화량 증가 ⇒ 예상인플레이션율 상승, 실질이자율 불변
> ⇒ 명목이자율 상승

③ 유동성 효과에 따른 통화량 증가의 전달경로는 다음과 같다.

> • 통화량 증가
> ⇒ 예상 인플레이션율 불변, 실질이자율 하락
> ⇒ 명목이자율 하락

(정답) ④

---

12 K국에서 이루어진 지금까지의 금융 개혁에 따라 순수출이 이자율 변동에 대하여 이전에 비해 보다 탄력적이 되었다고 한다. IS-LM 모형을 전제로 할 때, K국에서 실시되는 경기안정화를 위한 재정정책과 금융정책 효과는 어떻게 변화하는가?

① 재정정책은 이전보다 효과가 감소하나, 금융정책은 이전보다 효과가 증가한다.

② 금융정책은 이전보다 효과가 감소하나, 재정정책은 이전보다 효과가 증가한다.

③ 재정정책의 효과는 이전과 차이가 없으며, 금융정책은 이전보다 효과가 증가한다.

④ 금융정책의 효과는 이전과 차이가 없으며, 재정정책은 이전보다 효과가 증가한다.

| 해설 |

순수출이 이자율 변동에 대하여 탄력적이 되었다는 것은 K국의 환율제도가 변동환율제도로 변경되는 경우와 동일한 효과가 있다. 예컨대 이자율이 하락하는 경우, 외환시장에서 자본유출이 이루어지고 이로 인해 환율이 상승하게 되어 순수출이 증가하게 되는 것이다.

• 변동환율제도하에서 경기안정화정책으로서 금융정책은 유력하고, 재정정책은 무력하다.

(정답) ①

---

13 폐쇄경제에서 정부지출이 증가하는 경우, 거시경제 균형의 단기 변화에 대한 설명으로 옳은 것은? (단, LM곡선과 단기 총공급(SAS)곡선은 우상향하고, IS곡선과 총수요(AD)곡선은 우하향한다고 가정한다)

① 이자율이 하락하여 민간투자가 증가한다.

② 가격이 신축적일수록 물가 수준의 상승폭이 커진다.

③ 명목임금이 경직적일수록 경기확장 효과가 작아진다.

④ 화폐수요의 소득탄력성이 클수록 총수요 증가폭이 커진다.

| 해설 |

가격이 신축적일수록 단기 총공급곡선의 기울기가 가팔라진다. 이에 따라 정부지출로 인한 총수요(AD)의 증가로 물가는 크게 상승하게 된다.

① LM곡선이 우상향하므로 정부지출의 증가는 이자율을 상승시키고, 이로 인해 민간투자가 감소하는 구축효과가 발생하게 된다.
③ 정부지출이 증가할 때, LM곡선의 기울기가 완만할수록 총수요 증가폭은 커지고, 단기 총공급(SAS곡선)의 기울기가 완만할수록 국민소득 증가폭이 커진다. 예컨대 명목임금이 경직적일수록 단기 총공급곡선의 기울기가 완만해져 정부지출이 증가할 때 국민소득의 증가폭이 커지게 된다. 이에 따라 정부지출로 인한 경기확장 효과가 크게 나타나게 된다.
④ 화폐수요의 소득탄력성이 클수록 LM곡선의 기울기가 가팔라진다. 이에 따라 정부지출의 증가에 따른 총수요 증가폭이 작아지게 된다.

(정답) ②

14 다음은 K국의 명목 GDP와 실질 GDP에 대한 자료이다. 2018년 대비 2019년도의 실질 경제성장률과 물가상승률을 각각 구하면?

	2018년	2019년
명목 GDP	100	144
실질 GDP	80	120

	경제성장률	물가상승률
①	44%	4%
②	44%	20%
③	50%	−4%
④	50%	20%

| 해설 |

경제성장률은 다음과 같이 도출된다.

- 2019년 실질 경제성장률 = $\dfrac{\text{2018년 대비 실질 } GDP \text{ 증가분}}{\text{2018년 실질 } GDP} \times 100$
  $= \dfrac{40}{80} \times 100 = 50(\%)$

- 주어진 자료를 통해 GDP 디플레이터를 구할 수 있고, 이 수치를 이용하여 물가상승률을 구할 수 있다.

- 2018년 GDP 디플레이터 = $\dfrac{\text{명목 } GDP}{\text{실질 } GDP} \times 100 = \dfrac{100}{80} \times 100 = 125$

- 2019년 GDP 디플레이터 = $\dfrac{\text{명목 } GDP}{\text{실질 } GDP} \times 100 = \dfrac{144}{120} \times 100 = 120$

- 2019년 물가상승률 = $\dfrac{\text{2018년 대비 } GDP \text{ 디플레이터 증가분}}{\text{2018년 } GDP \text{ 디플레이터}} \times$
  $100 = \dfrac{-5}{125} \times 100 = -4(\%)$

(정답) ③

15 K국의 생산가능인구는 600만 명, 실업률은 5%, 취업자 수는 380만 명이라고 한다. K국의 실업자 수는?

① 20만 명 ② 25만 명
③ 30만 명 ④ 50만 명

| 해설 |

실업률 공식을 이용하여 실업자 수를 다음과 같이 도출할 수 있다.

- 실업률 = $\dfrac{\text{실업자 수}(UE)}{\text{취업자 수}(E) + \text{실업자 수}(UE)} = \dfrac{UE}{\text{380만 명} + UE} = 0.05$
  $\Rightarrow \text{19만 명} + 0.05UE = UE \Rightarrow 0.95UE = \text{19만 명}$
  $\Rightarrow UE = \text{20만 명}$

(정답) ①

16 A국 경제의 필립스곡선(Philips curve)이 다음과 같다.

- $\pi = \pi^e - \alpha(u - u_n)$
- $\pi^e = \pi_{-1}$

여기서 π^e는 기대물가상승률, π_{-1}는 전기의 물가상승률, u_n는 자연실업률, α는 양(+)의 상수이다.

이에 대한 설명으로 옳은 것은?

① 가격이 신축적일수록 α값은 작아진다.
② 기대물가상승률의 형성은 고정적 기대에 따라 이루어진다.
③ 물가상승률이 예상보다 낮으면 실업률은 자연실업률보다 낮다.
④ 물가상승률을 낮추기 위해 감수해야 할 실업률의 증가폭은 α에 반비례한다.

| 해설 |

필립스곡선에서 세로축은 π, 가로축은 u가 표시되기 때문에, 'α' 값은 필립스곡선의 기울기에 해당하며 그 값이 클수록 필립스곡선은 가팔라진다. 따라서 동일한 정도의 물가상승률을 낮춘다고 할 때, 필립스곡선의 기울기가 가파를수록(= α값이 클수록) 이로 인해 증가하는 실업률의 변화폭은 작아지게 된다. 따라서 물가상승률을 낮추기 위해 감수해야 할 실업률의 증가폭은 α에 반비례한다.
① 단기 총공급(SAS)곡선의 기울기가 가파를수록 필립스곡선의 기울기도 가팔라진다. 그런데 가격이 신축적일수록 SAS곡선은 가팔라진다. 따라서 필립스곡선 역시 가팔라지므로, 필립스곡선의 기울기인 α 역시 큰 값을 갖게 된다.
② 주어진 필립스곡선은 기대가 부가된 경우이다. 이러한 기대부가 필립스곡선에서 기대물가상승률은 적응적 기대에 의해 형성된다. 고정적 기대에서 π^e는 항상 0이어서 기대가 부가될 여지가 없다.

③ 물가상승률이 예상보다 낮으면 실업률과 자연실업률의 관계는 다음과 같다.

- $\pi = \pi^e - \alpha(u - u_n) \Rightarrow \pi - \pi^e = -\alpha(u - u_n)$
- $\pi < \pi^e \Rightarrow (u - u_n) > 0 \Rightarrow u > u_n$

결국 물가상승률이 예상보다 낮으면 실업률은 자연실업률보다 높아야 한다.

정답 ④

17 솔로(Solow) 성장 모형에서 1인당 생산함수가 다음과 같다.

- $y = k^{0.5}$, 여기서 y는 1인당 생산, $f(x)$는 1인당 자본스톡이다.

저축률이 20%, 인구증가율이 5%, 감가상각률이 5%일 때, 균제 상태(steady state)에서 1인당 소비의 크기는? (단, 기술진보는 없다고 가정한다)

① 0.4   ② 1.2
③ 1.6   ④ 2

| 해설 |

솔로 모형에서 균제균형식은 다음과 같다.

- $sy = (n + d + g)k$, 여기서 s는 저축률, y는 1인당 소득, n은 인구증가율, d는 감가상각률, g는 기술진보율, k는 1인당 자본량이다.

· 문제에서 주어진 조건을 고려한 균제 상태에서 1인당 자본량과 1인당 소득을 다음과 같이 도출할 수 있다.

- $sy = (n + d + g)k \Rightarrow 0.2 \times k^{0.5} = (0.05 + 0.05 + 0)k$
  $\Rightarrow 0.2\sqrt{k} = 0.1k \Rightarrow 2\sqrt{k} = k \Rightarrow 4k = k^2 \Rightarrow k(k - 4) = 0$
  $\Rightarrow k = 4 \ (\because k \neq 0)$
- $y = k^{0.5} \Rightarrow y = \sqrt{k} \Rightarrow y = 2 \ (\because k = 4)$

· 1인당 소득(y)이 $y = 2$이고, 저축률(s)이 20%이므로 1인당 저축(sy)은 0.4이다. 따라서 1인당 소비($c = y - sy$)는 $c = 1.6$이 된다.

정답 ③

18 다음 그림의 OK, OA는 각각 쌀과 밀에 대한 한국과 미국의 오퍼곡선이고, OS는 쌀과 밀의 국제상대가격선이다.

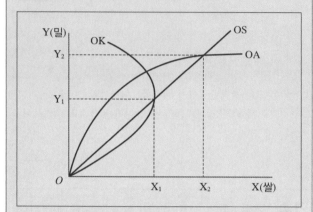

양국이 계속 교역을 하고자 할 때 국제시장에서 나타날 수 있는 현상에 대한 설명으로 옳은 것은?

① 국제시장에서 쌀은 초과공급 상태에 있다.
② 국제시장에서 밀의 가격은 상승하게 된다.
③ 한국의 교역조건은 개선된다.
④ 미국의 오퍼곡선은 아래쪽으로 이동한다.

| 해설 |

한국은 주어진 OS의 국제상대가격(= 교역조건)하에서, 쌀을 OX_1 만큼 수출하고자 하고 그 대가로 밀을 OY_1만큼 수입하고자 한다. 반면에 미국은 밀을 OY_2만큼 수출하고자 하고 쌀을 OX_2만큼 수입하고자 한다.

· 국제시장에서 쌀은 초과수요($\because OX_2 > OX_1$) 상태가 되고, 밀은 초과공급($\because OY_2 > OY_1$) 상태에 놓이게 된다(①). 이에 따라 국제시장에서 쌀의 가격은 상승하고 밀의 가격은 하락하게 된다(②).

· 국제상대가격선 OS의 기울기가 곧 교역조건이다. 여기서 교역조건의 변화를 다음과 같이 나타낼 수 있다.

- 교역조건$(TOT) = \dfrac{P_{쌀}}{P_{밀}} \Rightarrow \dfrac{P_{쌀}\uparrow}{P_{밀}\downarrow}\Uparrow \Rightarrow$ 한국의 교역조건 개선(③)

· 현재 국제상대가격(= 교역조건)하에서 존재하는 불균형은 국제상대가격의 상승으로 국제상대가격선이 상방으로 이동하여, 양국 오퍼곡선의 교차점을 지나면서 균형에 도달하게 된다. 즉 균형 달성은 오퍼곡선의 이동으로 이루어지는 것이 아니고, 국제상대가격선의 이동으로 이루어지는 것이다(④).

정답 ③

19 고정환율제도를 채택하고 있는 K국 중앙은행이 보유하던 미국 달러를 외환시장에서 매각하고 자국 통화를 매입하였다. 이로 인해 발생하는 단기 경로에 대한 설명으로 옳지 않은 것은?

① K국 외환보유고가 감소한다.

② K국 통화공급량이 감소한다.

③ K국 실질 GDP가 증가한다.

④ K국 물가가 하락한다.

| 해설 |

중앙은행의 보유외화 매각으로 인해 나타나는 단기 경로를 정리하면 다음과 같다.

> • 중앙은행 보유외화 매각 ⇒ 외환보유고 감소, 통화공급량 감소
> ⇒ 화폐시장 이자율 상승 ⇒ 투자 감소 ⇒ 총수요 감소 ⇒ 물가 하락, 실질 GDP 감소

• 그러나 장기 경로까지 확대하면 다음과 같다. 여기서 장기 경로는 중앙은행의 보유외화 매각으로 외환시장의 충격을 해소하는 과정이기도 하다.

> • 중앙은행 보유외화 매각 ⇒ 외환시장 외화공급 증가 ⇒ 외환시장에서 환율하락 압력 존재
> ⇒ 환율하락 압력의 해소를 위해 중앙은행 외화 매입 ⇒ 통화공급량 (내생적) 증가
> ⇒ 화폐시장 이자율 하락 ⇒ 투자 증가 ⇒ 총수요 증가 ⇒ 물가 상승, 실질 GDP 증가

[정답] ③

---

20 개방경제인 K국의 국민소득 균형식이 다음과 같이 주어졌다.

> • $Y = C + I + G + (X - M)$
> 여기서 Y는 국민소득, C는 소비, I는 투자, G는 정부지출, X는 수출, M은 수입이다.

또한 재정수지와 순수출에 대한 자료는 다음과 같다.

> • 재정수지: 2018년 적자 폭 > 2019년 적자 폭
> • 순수출: 2018년 흑자 폭 > 2019년 흑자 폭

2018년 상황과 비교할 때 2019년에 나타날 수 있는 상황으로 옳은 것은? (단, 다른 조건은 고려하지 않는다)

① 국내투자는 민간저축에 비해 더 컸을 것이다.

② 경상수지의 누적적 흑자 크기는 감소할 것이다.

③ 민간저축과 국내투자의 차이는 2018년보다 그 절대크기가 감소하였다.

④ 국내투자와 민간저축의 차이는, 재정수지의 절대치와 순수출의 절대치의 차이와 같았을 것이다.

| 해설 |

재정수지(= 정부저축)를 [조세(T) − 정부지출(G)]로 나타내고, 순수출(= 경상수지)을 [수출(X) − 수입(M)]으로 나타내면, 주어진 국민소득 균형식은 다음과 같은 저축 − 투자 균형식으로도 표현할 수 있다.

> • 민간저축($Y - T - C$) + 정부저축($T - G$) + 해외저축($M - X$)
> = 국내투자(I)
> • 민간저축($Y - T - C$) + 정부저축($T - G$)
> = 국내투자(I) + 순수출($X - M$)

• 순수출($X - M$)이 흑자(+)이므로 해외저축($M - X$)은 음(−)의 값을 갖는다는 의미이다. 따라서 정부저축(재정수지)까지 적자(−)인 경우, 2018년과 2019년의 양 기간 모두에서 민간저축은 국내투자에 비해 '정부저축의 절대치와 해외저축의 절대치의 합'만큼 컸었다는 것을 알 수 있다(①, ④).

• 다만 음(−)의 정부저축(재정수지)과 음(−)의 해외저축의 크기가 2019년에 들어 2018년보다 작아졌으므로 민간저축과 국내투자의 차이는 축소되었을 것이다(③).

• 순수출(= 경상수지)의 흑자 폭은 축소되었지만, 여전히 흑자(+)이므로 이전부터 경상수지의 누적적 흑자의 크기는 증가하게 될 것이다(②).

[정답] ③

01	④	02	①	03	③	04	④	05	①
06	③	07	③	08	①	09	④	10	③
11	④	12	①	13	②	14	②	15	②
16	③	17	②	18	②	19	②	20	②
21	③	22	③	23	④	24	④	25	③

01 X재와 Y재를 소비하고 있는 A의 효용함수는 다음과 같다.

$$U = \min[3x+y, \ x+3y]$$

다음 중 소비점 '(x, y) = (1, 1)'을 지나는 무차별곡선의 모습으로 옳은 것은? (단, x는 X재의 소비량, y는 Y재의 소비량을 의미한다)

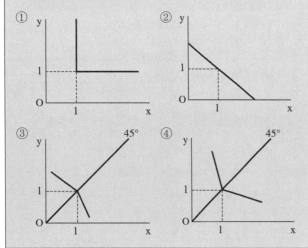

| 해설 |

주어진 효용함수는 Leontief 효용함수이다. 따라서 $(3x+y)$와 $(x+3y)$ 중에서 작은 값에 의해 효용의 크기가 결정된다. '(x, y) = (1, 1)'인 경우에는 '$(3x+y) = (x+3y) = 4$'이므로 이 점은 주어진 효용함수상에 존재하게 된다.

• $(3x+y) > (x+3y) \Leftrightarrow x > y$인 경우

> • 효용함수: $U = x+3y \Rightarrow y = U - \frac{1}{3}x$, 무차별곡선은 $45°$선 아래 부분에 위치한다.

• $(3x+y) < (x+3y) \Leftrightarrow x < y$인 경우

> • 효용함수: $U = 3x+y \Rightarrow y = U - 3x$, 무차별곡선은 $45°$선 위 부분에 위치한다.

정답 ④

02 주어진 소득 100,000원으로 X재와 Y재를 소비하면서 효용극대화를 추구하는 소비자 H가 있다. X재 가격이 5,000원일 때, 소비자 H는 X재 10단위와 Y재 20단위를 소비하여 효용극대화를 달성한다고 한다. 이 경우 X재 수량으로 표시한 Y재의 한계대체율(MRS_{YX})은? (단, 소비자 H의 무차별곡선은 강볼록성을 충족한다고 한다)

① $\frac{1}{2}$ ② 1

③ 1.5   ④ 2

| 해설 |

효용극대화가 달성되는 소비자 균형조건은 다음과 같다.

> • 한계대체율(= 무차별곡선의 접선의 기울기) = 상대가격(= 예산선의 기울기)

• 예산선을 통해 Y재 가격을 다음과 같이 구할 수 있다.

> • $P_X \times X + P_Y \times Y = I \Rightarrow 5,000 \times 10 + P_Y \times 20 = 100,000$
> $\Rightarrow 20P_Y = 50,000 \Rightarrow P_Y = 2,500$

• 한계대체율을 X재 수량으로 표시한 Y재의 한계대체율(MRS_{YX})이라 정의했으므로, 상대가격 역시 X재 수량으로 나타낸 Y재의 상대가격으로 정의해야 한다. 이에 따라 문제에서 주어진 조건들을 충족하는 한계대체율(MRS_{YX})은 다음과 같다.

> • $MRS_{YX} = \dfrac{P_Y}{P_X} = \dfrac{2,500}{5,000} = \dfrac{1}{2}$

정답 ①

03 다음 소비자이론에 관한 설명 중 가장 타당하지 못한 것은?

① 효용함수가 $U = 10X^2 Y^2$인 경우, 한계대체율(MRS_{XY})은 체감한다.

② 효용함수가 $U = 10\sqrt{XY}$인 경우, Y재의 한계효용(MU_Y)은 체감한다.

③ 효용함수가 $U = \min[X, 2Y]$인 경우, 소득-소비곡선(ICC)의 기울기는 2이다.

④ 효용함수가 $U = \min[2X, Y]$인 경우, 수요의 교차탄력성은 0이다.

| 해설 |

효용함수가 $U = \min[X, 2Y]$인 경우 X재와 Y재는 항상 '$1 : \frac{1}{2}$'로

결합되면서 소비된다. 따라서 소득－소비곡선(ICC)은 원점을 지나 기울기가 $\frac{1}{2}$인 우상향 직선의 모습을 보인다.

① 효용함수가 $U=10X^2Y^2$인 경우, 한계대체율(MRS_{XY})은 다음과 같다.

> • $MRS_{XY} = \dfrac{MU_X}{MU_Y} = \dfrac{20XY^2}{20X^2Y} = \dfrac{Y}{X}$

따라서 X재 소비량이 증가할 때 Y재 소비량은 감소하므로 한계대체율(MRS_{XY})은 체감하게 된다.

② 효용함수가 $U=10\sqrt{XY}$인 경우, Y재의 한계효용(MU_Y)은 다음과 같다.

> • $MU_Y = 10\times0.5\times X^{0.5}\times Y^{-0.5} = 5(\dfrac{X}{Y})^{0.5} = 5\sqrt{\dfrac{X}{Y}}$

따라서 Y재 소비량이 증가함에 따라 Y재의 한계효용(MU_Y)은 체감하게 된다.

④ 효용함수가 $U=\min[2X,\ Y]$인 경우, X재와 Y재는 항상 '$\frac{1}{2}:1$'로 결합되어 소비는 완전보완재 관계이다. 따라서 수요의 교차탄력성은 0이다.

정답 ③

---

04 생산함수가 다음과 같이 주어졌다.

> • $Q=100L^{0.4}K^{0.6}$, 여기서 Q, L, K는 각각 생산량, 노동투입량, 자본투입량, Q>0, L>0, K>0이다.

이 생산함수에 대한 설명으로 옳은 것은?

① 규모에 대한 보수가 체증한다.

② 노동소득은 자본소득에 비해 1.5배이다.

③ 노동과 자본 간의 대체탄력성은 노동투입을 증가시킬수록 체감한다.

④ 노동투입이 20, 자본투입이 30인 경우 기술적 한계대체율($MRTS_{LK}$)은 1이다.

| 해설 |

주어진 생산함수는 1차 동차 생산함수인 콥－더글라스 생산함수이며, 그 기본형은 다음과 같다.

> • $Q=AK^{\alpha}L^{\beta}(\alpha+\beta=1)$

• 1차 동차인 콥－더글라스 생산함수는 단기에는 수확체감의 법칙이 성립하고, 장기에는 규모에 대한 보수 불변의 특성을 보인다.

② α는 생산의 노동탄력성이면서 노동소득분배율이며, β는 생산의 자본탄력성이면서 자본소득분배율이다. 따라서 주어진 생산함수에서 노동소득분배율은 0.4, 자본소득분배율은 0.6이 된

다. 즉 노동소득은 자본소득에 비해 $\frac{2}{3}$ 수준이다.

③ 1차 동차인 콥－더글라스 생산함수는 대체탄력성이 일정한 생산함수인 CES 생산함수에 해당하며, 생산함수 모든 점에서 대체탄력성이 '1'이 된다.

④ 노동투입이 20, 자본투입이 30인 경우 기술적 한계대체율($MRTS_{LK}$)은 다음과 같다.

> • $MRTS_{LK} = \dfrac{MP_L}{MP_K} = \dfrac{\alpha}{\beta}\times\dfrac{K}{L} = \dfrac{0.4}{0.6}\times\dfrac{30}{20} = \dfrac{2}{3}\times\dfrac{3}{2} = 1$

정답 ④

---

05 생산함수가 다음과 같이 주어져 있을 때, '$\dfrac{MP_L}{AP_L}$'을 구하면?

> • $Q=AL^{\frac{1}{3}}K^{\frac{2}{3}}$
> • Q는 산출량, A는 기술수준, L은 노동투입량, K는 자본투입량이다.

① $\dfrac{1}{3}$ ② $\dfrac{1}{2}$

③ $\dfrac{2}{3}$ ④ 1

| 해설 |

생산함수가 콥－더글라스 생산함수로 주어지는 경우 $\dfrac{MP_L}{AP_L}$은 다음과 같이 도출된다.

> • $Q=AL^{\alpha}K^{\beta}$
> • $MP_L = \dfrac{dQ}{dL} = \alpha AL^{\alpha-1}K^{\beta}$
> • $AP_L = \dfrac{Q}{L} = AL^{\alpha-1}K^{\beta}$
> • $\dfrac{MP_L}{AP_L} = \dfrac{\alpha AL^{\alpha-1}K^{\beta}}{AL^{\alpha-1}K^{\beta}} = \alpha = \dfrac{1}{3}$

• 일반적으로 생산의 노동탄력성은 다음과 같이 나타낼 수 있다.

> • $E_L^Q = \dfrac{dQ/Q}{dL/L} = \dfrac{dQ}{dL}\dfrac{L}{Q} = \dfrac{dQ}{dL}/\dfrac{Q}{L} = \dfrac{MP_L}{AP_L}$

결국 $\dfrac{MP_L}{AP_L}$은 생산의 노동탄력성(E_L^Q)임을 알 수 있고, 콥－더글라스 생산함수가 주어지는 경우 생산의 노동탄력성이 콥－더글라스 생산함수에서 노동(L)의 지수인 'α'임을 기억한다면 어려움 없이 빨리 풀어낼 수 있을 것이다.

- 당연히 $\frac{AP_L}{MP_L}$을 구하는 것이라면 생산의 노동탄력성(E_L^Q)의 역수를 구하는 것이므로 '$\frac{1}{\alpha}$'이라는 것도 기억해 두자.

- 만약 자본을 중심으로 묻는 경우라면 β가 중심 역할을 한다는 것 역시 기억해 두자.

정답 ①

---

06 평균비용곡선이 U자형인 기업 S가 10,000단위를 생산할 때 한계비용(MC)은 200, 평균비용(AC)은 250이라 한다. 이에 대한 설명으로 옳은 것은?

① 평균비용곡선의 최저점에서 생산량은 10,000보다 작다.
② 기업 S가 생산량을 10,000단위보다 증가시키면 평균비용은 증가한다.
③ 기업 S의 한계수입(MR)이 200으로 일정하다면, 10,000단위를 판매할 때 손실을 보게 된다.
④ 기업 S의 생산량이 10,000일 때 총고정비용(TFC)이 200,000이라면, 평균가변비용(AVC)은 200이 된다.

해설

주어진 상황을 그림으로 나타내면 다음과 같다.

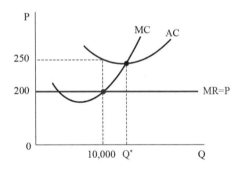

한계수입(MR)이 200으로 일정한 경우, 기업 S는 완전경쟁기업이 되어 가격 역시 'P = 200'이 된다. 이에 따라 다음과 같은 결론이 도출된다.

- $P(200) = MR(200) = MC(200) < AC(250) \Rightarrow$ 1단위당 50만큼 손실 발생

① 평균비용곡선의 최저점(Q^*)에서 생산량은 10,000보다 더 크다.
② 기업 S가 생산량을 10,000단위보다 증가시키면 평균비용은 감소하다가 증가한다.
④ 기업 S의 생산량이 10,000일 때 총고정비용(TFC)이 200,000이라면, 평균고정비용은 20이 된다. 따라서 평균가변비용(AVC = AC − AFC)은 230이 된다.

정답 ③

---

07 X재는 가격이 5% 상승할 때 X재에 대한 소비지출액이 변하지 않는 재화이다. 반면에 Y재는 가격이 5% 상승할 때 Y재에 대한 소비지출액 역시 5% 증가하는 재화이다. 두 재화에 대한 수요의 가격탄력성으로 옳게 연결한 것은?

	X재	Y재
①	완전비탄력적	단위탄력적
②	단위탄력적	완전탄력적
③	단위탄력적	완전비탄력적
④	완전비탄력적	비탄력적

해설

가계의 소비지출액을 전제로 다음과 같은 식이 성립한다.

- 소비지출액(TE) = 가격(P) × 수요량(Q)
- $\Rightarrow$ 소비지출액 증가율 = 가격 변화율($\frac{\triangle P}{P}$) + 수요량 변화율($\frac{\triangle Q}{Q}$)

- X재의 수요의 가격탄력성(E_P)은 다음과 같이 도출된다.

- 소비지출액 증가율 = 가격 변화율($\frac{\triangle P}{P}$) + 수요량 변화율($\frac{\triangle Q}{Q}$)
- $\Rightarrow 0\% = 5\% + (-5\%)$
- $\Rightarrow E_P = -\dfrac{\text{수요량 변화율}}{\text{가격 변화율}} = -\dfrac{-5\%}{5\%} = 1$(단위탄력적)

- Y재의 수요의 가격탄력성(E_P)은 다음과 같이 도출된다.

- 소비지출액 증가율 = 가격 변화율($\frac{\triangle P}{P}$) + 수요량 변화율($\frac{\triangle Q}{Q}$)
- $\Rightarrow 5\% = 5\% + (0\%)$
- $\Rightarrow E_P = -\dfrac{\text{수요량 변화율}}{\text{가격 변화율}} = \dfrac{0\%}{5\%} = 0$(완전비탄력적)

정답 ③

---

08 마늘 시장의 시장수요함수와 시장공급함수가 다음과 같다.

- $Q^D = 500 - 2P$
- $Q^S = -100 + 2P$

여기서 Q^D는 시장수요량, Q^S는 시장공급량, P는 가격이다.

정부가 마늘생산 장려를 위해 생산자에게 단위당 10만 큼의 생산보조금을 지급하기로 결정했다. 이러한 정부의 보조금정책으로 예상되는 시장의 경제적 순손실(deadweight loss)은?

① 50   ② 60

③ 70   ④ 80

| 해설 |

수요곡선과 공급곡선이 다음과 같이 주어질 때, 일정액(A)의 조세부과나 보조금 지급으로 발생하는 경제적 순손실(deadweight loss)은 다음과 같이 도출된다.

- $Q^D = a - bP$, $Q^S = c + dP$, 여기서 a, b, c, d는 양$(+)$의 상수이다.
- $DL = \frac{1}{2} \times \frac{b \times d}{(b+d)} \times A^2$

- 주어진 조건을 전제로 경제적 순손실(DL)을 구하면 다음과 같다.

- $DL = \frac{1}{2} \times \frac{b \times d}{(b+d)} \times A^2 = \frac{1}{2} \times \frac{2 \times 2}{2+2} \times 10^2 = \frac{400}{8} = 50$

(정답) ①

09 동일한 상품을 생산하는 A공장과 B공장을 보유하고 있는 기업 P는 국내에서 철강을 독점적으로 생산하고 있다. 그리고 기업 P가 보유하고 있는 두 공장의 총비용함수와 철강에 대한 시장수요곡선이 다음과 같다.

- A공장의 총비용함수: $TC_A = 2Q_A + Q_A^2$
- B공장의 총비용함수: $TC_B = 3Q_B^2$
- 시장수요곡선: $P = 99 - \frac{1}{2}Q$, $Q = Q_A + Q_B$이다.

기업 P가 이윤극대화를 달성할 때, 두 공장의 생산량 (Q_A, Q_B)은?

	Q_A	Q_B
①	10	29
②	15	25
③	25	15
④	29	10

| 해설 |

문제에서와 같은 '다공장 독점기업'의 이윤극대화 조건은 다음과 같다.

- $MR = MC_A$, $MR = MC_B$ $\Rightarrow$ $MC_A = MC_B$

- 주어진 조건들을 이용하여 Q_A와 Q_B를 각각 구하면 다음과 같다.

- $MC_A = 2 + 2Q_A$, $MC_B = 6Q_B$ $\Rightarrow$ $2 + 2Q_A = 6Q_B$
    $\Rightarrow$ $Q_A = 3Q_B - 1$
- $MR = 99 - Q = 99 - (Q_A + Q_B) = 99 - [(3Q_B - 1) + Q_B]$
    $= 100 - 4Q_B$
- $MR = MC_B$ $\Rightarrow$ $100 - 4Q_B = 6Q_B$ $\Rightarrow$ $10Q_B = 100$
    $\Rightarrow$ $Q_B = 10$
- $Q_A = 3Q_B - 1 = 3 \times 10 - 1 = 29$

(정답) ④

10 기업 S의 생산함수가 $Q = 200L - L^2$이고(Q는 생산량, L은 노동시간), 근로자의 여가 1시간당 가치가 40이다. 상품시장과 생산요소시장이 완전경쟁시장이고, 생산물의 가격은 10이다. 기업 S의 노동수요곡선을 그림으로 그릴 때, 그 기울기의 크기는? (단, 기울기는 절댓값으로 나타낸다)

① 2   ② 10

③ 20   ④ 40

| 해설 |

노동시장에서의 균형은 다음 조건이 충족될 때 이루어진다.

- 한계수입생산물($MRP_L = MR \times MP_L$) = 한계요소비용(MFC_L)

- 상품시장과 생산요소시장이 모두 완전경쟁시장이므로 노동의 한계생산물가치(VMP_L)와 노동수요곡선인 한계수입생산물(MRP_L)은 같아진다.
- 주어진 조건을 이용하여 한계생산물가치(VMP_L)를 구하면 다음과 같다.

- $VMP_L = P \times MP_L = P \times \frac{dQ}{dL} = 10 \times (200 - 2L) = 2,000 - 20L$

- 기업 S의 노동수요곡선인 한계수입생산물(MRP_L)곡선의 기울기는 한계생산물가치(VMP_L)의 기울기인 '20'과 같다.

(정답) ③

11 개방경제인 K국의 국민소득 결정 모형이 다음과 같이 주어져 있다.

- $Y = C + I_0 + G_0 + X_0 - M$
- $C = 100 + 0.8(Y - T)$
- $I_0 = 80$, $G_0 = 40$, $T = 60 + 0.25Y$, $X_0 = 100$
- $M = 80 + 0.1Y$

단, Y는 국민소득, C는 소비지출, I_0는 투자지출, G_0는 정부지출, X_0는 수출, M은 수입이다.

경기부양을 위해 K국 정책당국이 정부지출을 90으로 증가시킬 경우, 균형국민소득과 순수출의 변화분은?

	균형국민소득	순수출
①	180만큼 증가	18만큼 악화
②	180만큼 증가	98만큼 악화
③	100만큼 증가	90만큼 악화
④	100만큼 증가	10만큼 악화

| 해설 |

주어진 조건하의 정부지출 승수와 균형국민소득 증가분은 다음과 같이 도출된다.

- 정부지출 승수

$$= \frac{1}{1 - b(1-t) - i + m} = \frac{1}{1 - 0.8(1 - 0.25) - 0 + 0.1}$$
$$= \frac{1}{1 - 0.6 + 0.1} = \frac{1}{0.5} = 2$$

여기서 b는 한계소비성향, t는 소득세율, i는 유발투자계수, m은 한계수입성향이다.

- 정부지출이 90으로 증가했으므로 정부지출 증가분은 50이다. 이에 따라 균형국민소득은 '100[50(정부지출 증가분)×2(정부지출 승수)]'만큼 증가하게 된다.
- 한계수입성향(m)이 '$m = 0.1$'이므로, 균형국민소득이 100만큼 증가함으로 인한 수입증가분은 10이다. 이때 수출은 독립적 수출 100으로 일정하므로 순수출은 이전보다 10만큼 악화된다.

정답 ④

12 소비함수가 다음과 같이 주어졌다.

- $C = 1,000 + 0.8Y$, 여기서 C는 소비, Y는 가처분소득이다.

이 소비함수에 대한 설명으로 옳은 것은?

① 평균소비성향이 0.6인 경우, 소비의 소득탄력성은 $\frac{4}{3}$이다.
② 소득이 증가할수록 평균소비성향은 항상 한계소비성향보다 작다.
③ 소득이 증가할수록 평균저축성향은 점점 작아진다.
④ 소득이 증가할수록 한계소비성향은 점점 작아진다.

| 해설 |

주어진 소비함수는 케인스(J. M. Keynes)의 전형적인 소비함수 형태이다. 여기서 기초(절대)소비는 1,000, 한계소비성향은 0.8이다. 이때 소비의 소득탄력성(E_Y^C)은 다음과 같이 도출된다.

$$E_Y^C = \frac{\Delta C}{C} \Big/ \frac{\Delta Y}{Y} = \frac{\Delta C}{\Delta Y} \times \frac{Y}{C} = \frac{\Delta C}{\Delta Y} \Big/ \frac{C}{Y} = \frac{MPC}{APC} = \frac{0.8}{0.6} = \frac{4}{3}$$

② 소득이 증가할수록 평균소비성향은 항상 한계소비성향보다 크다.
③ 소득이 증가할수록 평균소비성향은 점점 작아진다. 그런데 평균소비성향(APC)과 평균저축성향(APS)의 합은 1이다. 따라서 소득이 증가할수록 평균저축성향은 점점 커진다.
④ 소득과 관계없이 한계소비성향은 0.8로 일정하다.

정답 ①

13 어느 분기의 실질 GDP는 2.8%, 통화량은 15.9%, GDP 디플레이터는 3.2% 증가하였다면 이 분기의 명목 GDP증가율은?

① 9.9% ② 6.0%
③ 3.2% ④ 2.1%

| 해설 |

'실질 GDP $= \dfrac{\text{명목 GDP}}{\text{GDP 디플레이터}} \times 100$

$\Rightarrow$ 명목 GDP $= \dfrac{\text{실질 GDP} \times \text{GDP 디플레이터}}{100}$', 식에서 양 변에 대수를 취하고 각 변수를 시간 변수로 미분을 하면 다음과 같은 식을 도출할 수 있다.

명목 GDP 증가율=실질 GDP 증가율+GDP 디플레이터 증가율

이에 따라 명목 GDP 증가율=2.8%+3.2%=6%가 된다.
한편 문제에서 주어진 통화량 증가율은 명목 GDP 증가율을 구하

는 데 필요 없는 정보이다.

(정답) ②

---

14 일정기간 동안 재화 1개당 3,000원씩 받고 100개가 판매되었고, 이때 사용된 화폐는 1만 원권 4장, 5천 원권 10장, 1천 원권 10장이 사용되었다. 거래유통속도를 구하면?

① 2   ② 3   ③ 4   ④ 5

| 해설 |

거래유통속도란 화폐가 일정기간 동안 평균적으로 거래에 참여한 횟수, 즉 회전수를 의미한다. 재화 1개당 3,000원(P)씩 받고 100개(T)가 판매된 경우를 보면, 총거래액은 모두 합하여 PT = 3,000원 × 100개 = 300,000원이다. 또한 사용된 화폐의 화폐량이 1만 원권 4장, 5천 원권 10장, 1천 원권 10장이므로 총화폐사용액(M)은 100,000원이 된다. 이에 따라 거래유통속도는 다음과 같이 측정된다.

- $MV = PT \Rightarrow$ 유통속도$(V) \equiv$ 총거래액/통화량(PT/M)
  $= 300,000/100,000 = 3$

- 통화량이 10만 원일 때, 일정기간 동안 30만 원 상당의 거래가 발생하면 화폐는 같은 기간 동안 3번 소유주가 바뀐 것이고 따라서 3번 유통된 셈이다. 만약 통화량은 여전히 10만 원인데 개당 3,000원에 200개가 판매되거나 개당 6,000원에 100개가 판매된다면 유통속도는 두 배인 6으로 올라간다.

- 거래유통속도는 소득지불방법, 금융기관의 발달 정도, 사회일반의 화폐사용 관습 등에 주로 의존하게 된다. 고전학파 경제학자들은 이러한 유통속도가 단기에서는 일정한 값을 갖는다고 생각하였다.

(정답) ②

---

15 이표채에 대한 설명으로 옳은 것을 〈보기〉에서 모두 고르면?

― 보기 ―
㉠ 이표채가격과 만기수익률은 서로 역(−)의 관계를 갖는다.
㉡ 이표채가격이 액면가와 같은 경우 만기수익률은 표면이자율과 같다.
㉢ 이표채가격이 액면가보다 작은 경우, 만기수익률은 표면이자율보다 크다.
㉣ 이미 발행된 이표채권의 이표이자액은 매년 시장수익률에 따라 다르게 지급된다.

① ㉠, ㉡
② ㉠, ㉡, ㉢
③ ㉡, ㉢, ㉣
④ ㉢, ㉣

| 해설 |

이표채의 이표이자액은 이표채 발행 시점의 시장수익률에 의해 고정되어 지급된다.

㉠ 만기수익률(m)은 기대수익의 현재가치와 채권가격을 같게 하는 할인율을 의미하며 다음과 같이 도출된다.

- 채권가격$(P_B) = \dfrac{\text{액면가}(F) + \text{쿠폰이자}(C)}{1 + \text{만기수익률}(m)}$,

  표면(이표)이자율 $= \dfrac{\text{쿠폰이자}(C)}{\text{액면가}(F)}$

따라서 채권가격과 만기수익률 사이에는 서로 음(−)의 관계가 성립한다.

㉡ 이표채권의 가격과 액면가 사이에는 다음과 같은 관계가 성립한다.

- 채권가격$(P_B) = \dfrac{\text{액면가}(F) + \text{쿠폰이자}(C)}{1 + \text{만기수익률}(m)}$
  $\Rightarrow 1 + \text{만기수익률}(m) = \dfrac{\text{액면가}(F)}{\text{채권가격}(P_B)} + \dfrac{\text{쿠폰이자}(C)}{\text{채권가격}(P_B)}$

이에 따라 채권가격(P_B)이 액면가(F)와 같다면, $\dfrac{\text{액면가}(F)}{\text{채권가격}(P_B)} = 1$이 성립하고, 결국 시장(만기)수익률과 $\dfrac{\text{쿠폰이자}(C)}{\text{채권가격}(P_B)} = \dfrac{\text{쿠폰이자}(C)}{\text{액면가}(F)}$ (= 표면이자율)의 값도 일치하게 된다.

㉢ 채권가격(P_B)이 액면가(F)보다 작다면 다음과 같은 관계가 성립한다.

- $1 + \text{만기수익률}(m) = \dfrac{\text{액면가}(F)}{\text{채권가격}(P_B)} + \dfrac{\text{쿠폰이자}(C)}{\text{채권가격}(P_B)}$
  $\Rightarrow \dfrac{\text{액면가}(F)}{\text{채권가격}(P_B)} > 1 \Rightarrow \text{만기수익률}(m) > \dfrac{\text{쿠폰이자}(C)}{\text{채권가격}(P_B)}$
- $\dfrac{\text{쿠폰이자}(C)}{\text{채권가격}(P_B)} >$ 표면(이표)이자율$\left[= \dfrac{\text{쿠폰이자}(C)}{\text{액면가}(F)}\right]$
  $\Rightarrow m > \dfrac{\text{쿠폰이자}(C)}{\text{채권가격}(P_B)} >$ 표면(이표)이자율$= \dfrac{\text{쿠폰이자}(C)}{\text{액면가}(F)}$

(정답) ②

---

16 중앙은행이 긴축통화정책을 실시하고 순차적으로 재정당국이 이자율 수준이 일정하게 유지되도록 재정정책을 실시한다고 하자. 이러한 두 정책이 동시에 실시되는 경우 나타나게 될 현상에 대한 설명으로 옳은 것은? (단, 폐쇄경제 IS−LM 모형을 이용하여 분석하되, IS곡선은 우하향하며 LM곡선은 우상향한다고 가정한다)

① 환율이 하락한다.   ② 물가가 상승한다.
③ 재정적자가 감소한다.   ④ 국민소득이 증가한다.

두 정책이 순차적으로 실시되는 경우를 그림으로 그리면 다음과 같다.

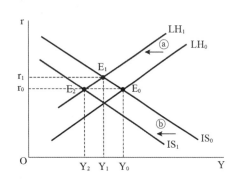

- 중앙은행이 긴축통화정책을 실시하면 통화량 감소로 LM곡선이 왼쪽으로 이동한다(ⓐ). 이에 따라 균형점이 E_0에서 E_1으로 이동하게 되어 이자율이 r_0에서 r_1으로 상승하게 된다.
- 재정당국이 이자율을 이전 수준인 r_0로 유지하기 위해서는 IS곡선이 왼쪽으로 이동하는 긴축재정정책을 실시해야 한다(ⓑ). 이에 따라 균형점은 E_1에서 E_2로 이동하게 되어, 이자율은 r_0 수준을 유지할 수 있고, 국민소득은 Y_0에서 Y_2로 감소하게 된다. 이러한 긴축재정정책으로 재정적자는 감소하게 된다.
① 폐쇄경제를 전제하고 있으므로 환율개념이 성립하지 않는다.
② 긴축통화정책과 긴축재정정책으로 총수요가 감소하여 물가는 하락하게 된다.
④ 긴축정책으로 인한 총수요 감소로 국민소득은 감소하게 된다.

정답 ③

---

17 단기 총공급(SAS)곡선과 관련한 노동자 오인 모형을 전제하자. 명목임금과 물가가 동일한 수준으로 증가하는 경우 나타나는 현상에 대한 설명으로 옳은 것은?

① 노동자는 실질임금이 상승하는 것으로 인식하여 노동공급을 감소시킨다.
② 노동자의 실질임금에 대한 착각으로 단기 총공급(SAS)곡선이 우상향하게 된다.
③ 노동자의 명목임금에 대한 착각으로 단기 총공급(SAS)곡선이 우상향하게 된다.
④ 노동자에게 화폐환상이 생기게 되어 단기 총공급(SAS)곡선은 수직의 모습을 보인다.

노동자 오인 모형에서는 노동자가 명목임금의 변화를 실질임금의 변화로 오인하는 화폐환상이 존재한다는 것을 전제한다. 이에 따라 명목임금과 물가가 동일한 수준으로 증가하는 경우, 실질임금에는 실제 변화가 없음에도 불구하고 물가에 대한 불완전한 정보로 명목임금의 상승을 실질임금의 상승으로 오인하여 노동공급을 증가시키게 된다. 이로 인해 단기 총공급(SAS)곡선은 우상향하게 된다.

정답 ②

---

18 2001년에 공무원이 된 M씨의 2021년 연봉은 5,000만 원이다. M씨의 2021년 연봉을 2001년 기준으로 환산하면? (단, 2001년 물가지수는 40이고, 2021년 물가지수는 160이다)

① 1,000만 원
② 1,250만 원
③ 1,500만 원
④ 1,800만 원

2021년 연봉을 2001년 기준으로 환산하는 방법은 다음과 같다.

- 2001년 기준연봉 = 2021년 연봉 × $\dfrac{2001년 물가지수}{2021년 물가지수}$
= 5,000만 원 × $\dfrac{40}{160}$ = 5,000만 원 × $\dfrac{1}{4}$ = 1,250만 원

정답 ②

---

19 경제 내의 생산가능인구가 5,000만 명이다. 이 중 취업자 수는 3,500만 명, 실업자 수는 500만 명이다. 이 경제의 비경제활동인구, 실업률, 고용률은 각각 얼마인가?

	비경제활동인구	실업률	고용률
①	1,000만 명	10%	80%
②	1,000만 명	12.5%	70%
③	1,500만 명	10%	70%
④	1,500만 명	12.5%	80%

주어진 자료를 이용하면 다음과 같은 결과를 도출할 수 있다.

- 경제활동인구 = 취업자 수 + 실업자 수 = 3,500만 명 + 500만 명 = 4,000만 명
- 비경제활동인구 = 생산가능인구 − 경제활동인구 = 5,000만 명 − 4,000만 명 = 1,000만 명
- 실업률 = $\dfrac{실업자 수}{비경제활동인구}$ = $\dfrac{500만 명}{4,000만 명}$ = $\dfrac{1}{8}$ = 12.5%
- 고용률 = $\dfrac{취업자 수}{생산가능인구}$ = $\dfrac{3,500만 명}{5,000만 명}$ = 70%

정답 ②

20 다음의 괄호에 들어갈 말로 옳은 것은?

> 고전학파는 정부지출을 위한 재원조달을 국공채 발행에 의하든 조세징수에 의하든 정부지출의 증가가 국민소득에 미치는 효과는 (㉠)고 보는 반면, 케인스학파는 국공채 발행을 통한 정부지출이 조세징수를 통한 정부지출보다 국민소득에 미치는 효과가 (㉡)고 본다.

	㉠	㉡
①	같다	작다
②	없다	크다
③	없다	작다
④	있다	크다

| 해설 |

고전학파에 의해 주장되는 '리카도 대등 정리'에 따르면 정부지출을 위한 재원조달을 국공채 발행에 의하든 조세징수에 의하든 정부지출의 증가가 국민소득에 미치는 효과는 나타나지 않는다.

- 반면에 케인스학파에 의하면 국공채 발행을 통한 정부지출이, 가처분소득의 감소를 가져오는 조세징수를 통한 정부지출보다 국민소득에 미치는 효과가 크게 나타난다.

정답 ②

21 K국의 총생산함수가 다음과 같이 주어져 있다.

> - $Y_t = A_t L_t^{0.5} K_t^{05}$

2019년에 발생한 대형 산불과 같은 자연재해로 인해 자본량이 2018년에 비해 36%만큼 감소하였다. 2018년에 비해 K국의 2019년 총생산량 증가율은? (단, 다른 조건들은 고려하지 않는다)

① -6% ② -12%
③ -20% ④ -36%

| 해설 |

2018년과 2019년의 총생산량을 비교하면 다음과 같다.

- $Y_{2018} = A_{2018} L_{2018}^{0.5} K_{2018}^{0.5}$
- $Y_{2019} = A_{2018} L_{2018}^{0.5} (0.64 K_{2018})^{0.5}$
- 2019년 총생산량 증가율 $= \dfrac{Y_{2019} - Y_{2018}}{Y_{2018}}$

$$= \dfrac{A_{2018} L_{2018}^{0.5} (0.64K)^{0.5} - A_{2018} L_{2018}^{0.5} K_{2018}^{0.5}}{A_{2018} L_{2018}^{0.5} K_{2018}^{0.5}}$$

$$= (0.64)^{0.5} - 1 = \sqrt{0.64} - 1 = \sqrt{(0.8)^2} - 1 = 0.8 - 1$$

$$= -0.2 = -20\%$$

정답 ③

22 X재와 Y재만을 생산하는 A국과 B국의 생산가능곡선은 다음과 같다.

> - A국 : $Y = -X + 100$
> - B국 : $Y = -3X + 450$

리카도 모형에 따른 교역이 이루어질 때, 나타나게 되는 현상에 대한 설명으로 옳은 것은? (다른 조건은 고려하지 않는다)

① A국은 Y재 생산에 비교우위가 있다.
② B국은 두 재화 생산에 모두 비교우위가 있다.
③ A국은 X재 50단위와 Y재 100단위를 동시에 소비할 수 있다.
④ 교역을 통해 양국 모두가 이익을 얻을 수 있는 교역조건은 $1 < \dfrac{X}{Y} < 3$ 이다.

| 해설 |

주어진 A, B 양국의 생산가능곡선을 그림으로 나타내면 다음과 같다.

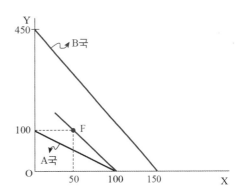

- B국은 A국에 비해 X재와 Y재 모두에서 최대생산가능액이 크다. 즉 절대우위를 갖게 된다. 이에 따라 A국은 두 재화 모두에서 절대열위를 갖는다.
- Y재 수량으로 나타낸 X재의 상대가격(= 기회비용)은 생산가능곡선의 기울기이다. 그런데 이 값이 A국은 '1', B국은 '3'이다. 따라서 A국은 X재에 대해 비교우위를 갖고, B국은 Y재에 대해 비교우위를 갖게 된다(①, ②).
- 교역을 통해 양국 모두가 이익을 얻을 수 있는 교역조건은 '$1 < \dfrac{Y}{X} < 3$' 또는 '$\dfrac{1}{3} < \dfrac{X}{Y} < 1$'이다(④).

- 양국 사이에 교역조건이 '$\frac{Y}{X} = 2$'로 결정되면, A국은 X재에 완전특화를 하여 X재만 100단위를 생산하게 된다. 이후 A국은 50단위의 X재를 B국에게 주고, B국으로부터 이에 대한 대가로 Y재 100단위를 받을 수 있다. 이에 따라 A국의 무역 후 소비량(F점)은 X재 50단위, Y재 100단위가 될 수 있다.

정답 ③

23 현재 1달러당 환율이 1,100원, 1년 후의 1달러당 예상환율이 1,078원이라고 가정하자. 만약 미국의 1년 만기 채권수익률이 5%라 할 때, 한국 채권에 투자하는 것이 유리한 경우를 모두 고르면?

대안	A	B	C	D
한국 채권 연수익률	1.5%	2.5%	3.5%	4%

① A, B
② A, C
③ B, D
④ C, D

| 해설 |

1달러당 환율이 1,100원에서 1년 후의 1달러당 예상환율이 1,078원이 된다는 것은 환율의 예상변동률이 '−2%'가 된다는 의미이다.

- 유위험 이자율 평가설에 따른 한국의 채권수익률은 다음과 같다.

> - 한국의 채권수익률(이자율) − 미국의 채권수익률(이자율)
>   = 예상환율 변동률
>   ⇒ 한국의 채권수익률 = 예상환율 변동률 − 미국의 채권수익률
>   = −2% + 5% = 3%

이 결과는 한국 채권수익률이 3%인 경우, 한국 채권과 미국 채권은 수익률이 동일해져서 무차별하다는 의미이다.
- 한국 채권에 투자하는 것이 유리해지기 위해서는 한국 채권의 연수익률이 3%보다는 높아야 한다.

정답 ④

24 다음 표는 K국과 A국의 2021년과 2022년의 물가지수를 나타낸다.

	2021년	2022년
K국 물가지수	100	121
A국 물가지수	110	121

K국과 A국 사이에 절대적 구매력 평가설이 성립한다고 할 때, 2021년을 기준으로 한 2022년의 명목환율 변동률은? (단, 환율은 A국 통화 1단위와 교환되는 A국 통화의 양으로 정의한다)

① 0%
② 5%
③ 6%
④ 11%

| 해설 |

K국과 A국 사이에 절대적 구매력 평가설이 성립하면, 명목환율의 변동률은 양국의 인플레이션율 차이와 같아진다.

> - $e \times P_A = P_K \Rightarrow e = P_K / P_A$
> - $\frac{\Delta e}{e} = \frac{\Delta P_K}{P_K}(= \pi_K) - \frac{\Delta P_A}{P_A}(\pi_A)$ ·················· ㉠
> - e는 명목환율, P_K는 K국의 물가지수, P_A는 A국의 물가지수, π_K는 K국의 인플레이션율, π_A는 A국의 인플레이션율이다.

- 주어진 표를 전제로 2021년을 기준으로 한 2022년의 인플레이션율(π)을 구하면 다음과 같다.

> - $\pi_{2022} = \frac{P_{2022} - P_{2021}}{P_{2021}}$
> - K국 인플레이션율:
> $\pi_{2022}^K = \frac{P_{2022}^K - P_{2021}^K}{P_{2021}^K} = \frac{121-100}{100} = \frac{21}{100} = 21\%$ ············· ㉡
> - A국 인플레이션율:
> $\pi_{2022}^A = \frac{P_{2022}^A - P_{2021}^A}{P_{2021}^A} = \frac{121-110}{110} = \frac{11}{110} = 10\%$ ············· ㉢

- ㉡과 ㉢을 ㉠에 대입하면 다음과 같은 결과를 얻을 수 있다.

> - $\frac{\Delta e}{e} = \frac{\Delta P_K}{P_K}(= \pi_K) - \frac{\Delta P_A}{P_A}(\pi_A) = 21\% - 10\% = 11\%$

정답 ④

25 자본이동이 불가능한 소규모 개방경제인 K국에서 확대재정정책을 실시한다고 하자. 이 정책의 시행으로 나타나게 되는 최종적인 결과에 대한 설명으로 옳은 것은? (단, K국은 고정환율제도를 채택하고 있다고 가정한다)

① 통화량이 증가한다.
② 자본유입이 이루어진다.
③ 이자율이 상승한다.
④ 국민소득이 증가한다.

| 해설 |

자본이동이 불가능한 소규모 개방경제의 BP곡선은 국제수지가 균형일 때의 국민소득(Y_0) 수준에서 수직의 모습을 보인다. 고정환율제도하에서 BP곡선은 움직이지 않는다. 이러한 특징을 전제로 확대재정정책을 실시하는 경우 나타나는 현상을 다음 그림과 같이 나타낼 수 있다.

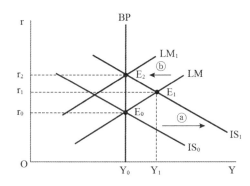

- 확대재정정책 실시로 IS곡선은 오른쪽으로 이동하여(ⓐ), 단기 대내균형은 E_1이 되어, 국민소득이 증가($Y_0 \rightarrow Y_1$)하고 이자율은 상승($r_0 \rightarrow r_1$)한다. 국민소득의 증가로 인한 수입의 증가로 국제수지는 적자가 된다. 이러한 국제수지 적자로 외환시장에서는 '환율상승 압력'이 발생하게 된다. 한편 자본이동이 불가능하므로 이자율은 상승했지만 자본유입은 이루어지지 않는다.
- 환율상승 압력을 해소하기 위해 중앙은행이 보유외화를 매각하게 되면, 통화량이 감소하게 되어 LM곡선이 왼쪽으로 이동하여(ⓑ), 대내외 동시균형은 E_2에서 이루어진다.
- 새로운 대내외 동시균형(E_2)에서는 확대재정정책 실시 전에 비해, 국민소득은 불변(Y_0)이고 이자율은 상승($r_0 \rightarrow r_2$)한다.

정답 ③

AK 경제학 실전 동형 모의고사 21   p. 107 - 110

01	④	02	②	03	④	04	③	05	③
06	②	07	④	08	④	09	④	10	④
11	②	12	④	13	①	14	③	15	③
16	④	17	④	18	④	19	①	20	②

01 효용극대화를 추구하는 소비자 H의 효용함수가 다음과 같다.

> • $U = \min[\frac{X}{2}, \frac{Y}{3}]$

X재 가격이 P_X, Y재 가격이 P_Y일 때 소비자 H의 Y재에 대한 엥겔곡선(Engel curve)의 기울기는? (단, 기울기 $= \frac{\text{소득 변화}}{\text{소비량 변화}}$)

① $\frac{2}{3}P_X$
② $\frac{3}{2}P_Y$
③ $\frac{3}{2}P_X + \frac{2}{3}P_Y$
④ $\frac{2}{3}P_X + P_Y$

해설

주어진 효용함수에 따르면 소비자 H는 X재와 Y재를 항상 'X:Y = 2:3'의 비율로 결합하여 소비하고 있다. 즉, X재와 Y재는 항상 '$\frac{X}{2} = \frac{Y}{3}$' 관계가 성립하는 완전보완재이다. 이에 따라 '$X = \frac{2}{3}Y$' 관계가 성립한다.

• 소비자 H의 예산선을 전제로 엥겔곡선을 구하면 다음과 같다.

> • $I = P_X \times X + P_Y \times Y \Rightarrow I = P_X \times \frac{2}{3}Y + P_Y \times Y$
>
> $\Rightarrow I = (\frac{2}{3}P_X + P_Y) \times Y$

• 문제에서 엥겔곡선의 기울기를 '$\frac{\text{소득 변화}}{\text{소비량 변화}}$'로 정의했으므로 가로축에 Y 소비량, 세로축에 I가 표시된다.

정답 ④

02 두 재화 X와 Y만을 소비하면서 효용극대화를 추구하는 소비자 H가 소비조합 $(x, y) = (3, 6)$을 선택하였다. 이후에 X재 가격은 하락하고 Y재 가격은 상승했음에도 불구하고 새로운 예산선은 소비자 H가 선택한 기존의 소비조합을 여전히 지나고 있다. 소비자 H의 무차별곡선이 원점에 대해 강볼록(strictly convex)하다고 할 때, 다음 설명 중 옳지 않은 것은? (단, x는 X재 소비량, y는 Y재 소비량이다)

① X재 소비량은 반드시 증가한다.
② Y재 소비량은 반드시 증가한다.
③ 가격변화 이후 소비자 H의 효용 수준은 증가한다.
④ 새로운 최적 소비조합에서 이 소비자의 한계대체율은 $(x, y) = (3, 6)$에서의 한계대체율보다 작아진다.

해설

X재 가격은 하락하고 Y재 가격은 상승하는 경우, 예산선은 이전에 비해 완만한 기울기를 갖는다. 주어진 조건에 따른 결과를 그림으로 나타내면 다음과 같다.

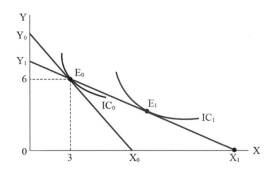

• 동일한 합리적 소비자의 무차별곡선은 교차할 수 없으므로, 가격 변화 이후 소비자 H의 무차별곡선(IC_1)은 소비조합 $(x, y) = (3, 6)$을 지날 수 없다. 이에 따라 새로운 무차별곡선(IC_1)은 새로운 예산선과 $E_0 X_1$ 구간에서 접해야 한다. 이에 따라 X재 소비량은 이전보다 증가하지만, Y재 소비량은 이전보다 감소한다. 또한 새로운 무차별곡선(IC_1)은 기존의 무차별곡선(IC_0)에 비해 원점으로부터 멀어지게 되어 이전보다 높은 효용 수준에 도달한다.

• 새로운 최적 소비조합인 E_1에서 한계대체율(MRS_{XY})은 새로운 예산선의 기울기와 같아진다. 따라서 기존의 소비조합점이었던 E_0상의 한계대체율보다 작아진다.

정답 ②

03 생산함수가 다음과 같이 주어져 있다.

• $K = \dfrac{1}{2}Q - \dfrac{3}{2}L$

단, Q, L, K는 각각 생산량, 노동투입량, 자본투입량,
Q>0, L>0, K>0이다.

노동과 자본 간의 대체탄력성(elasticity of substitution) 은?

① 0
② 1
③ $\dfrac{2}{3}$
④ ∞

| 해설 |

주어진 생산함수는 기울기가 $\dfrac{3}{2}$인 선형생산함수이다. 따라서 노동과 자본이 항상 '2:3'으로 대체되는 특성을 갖는다. 이에 따라 대체 탄력성은 '∞'값을 갖는다.

(정답) ④

04 평균비용(AC)이 'U자형'인 기업 S의 단기비용곡선에 대한 설명으로 옳은 것은? (단, 생산요소가격은 불변이며, 고정생산요소가 존재한다)

① 한계비용이 평균비용보다 큰 경우, 생산량이 감소함에 따라 평균비용은 반드시 증가한다.
② 한계비용이 평균가변비용보다 큰 경우, 생산량이 증가함에 따라 평균비용은 반드시 증가한다.
③ 평균비용곡선 최저점에서의 생산량 수준은 평균가변비용곡선 최저점에서의 생산량 수준보다 반드시 크다.
④ 생산량이 감소함에 따라 평균비용과 평균가변비용의 차이는 점점 작아진다.

| 해설 |

평균비용이 U자형일 때, 각 비용함수를 그림으로 그리면 다음과 같다.

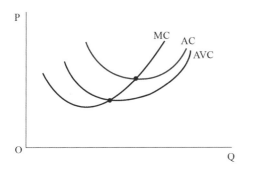

• 평균비용(AC)이 'U자형'인 경우, 평균비용곡선의 최저점은 평균가변비용곡선의 최저점에 비해 반드시 오른쪽에 위치하게 된다.
① 한계비용이 평균비용보다 큰 경우, 생산량이 증가(감소)함에 따라 평균비용은 반드시 증가(감소)한다.
② 한계비용이 평균가변비용보다 큰 경우, 생산량이 증가함에 따라 평균비용은 감소하다가 증가하게 된다.
④ 생산량이 증가(감소)함에 따라 평균비용과 평균가변비용의 차이인 평균가변비용은 점점 작아진다(커진다).

(정답) ③

05 정상재인 X재의 공급곡선은 원점을 지나는 직선이라고 알려져 있다. 그런데 소득이 증가함에 따라 가격이 이전에 비해 3%만큼 변화하였다. 이 경우 X재의 총수입의 변화율은? (단, 다른 조건은 고려하지 않는다)

① 0%
② 3%
③ 6%
④ 9%

| 해설 |

소득의 증가는 정상재인 X의 수요를 증가시켜 가격을 3%만큼 상승시킨다. 그런데 공급곡선이 원점을 지나는 직선이므로 새로운 균형점에서의 공급의 가격탄력성은 '1'이 된다. 이것은 가격이 3%만큼 상승할 때 공급량 역시 3%만큼 증가한다는 의미이다. 또한 균형점에서는 공급량과 수요량의 크기는 동일하므로 가격이 3%만큼 상승할 때 수요량 역시 3%만큼 증가한다는 의미이기도 하다.
• 총수입 변화율은 다음과 같이 나타낼 수 있다.

• 총수입(TR) = 가격(P) × 거래량(Q)
⇒ 총수입 변화율$\left(\dfrac{\Delta TR}{TR}\right) = \dfrac{\Delta P}{P} + \dfrac{\Delta Q}{Q} = 3\% + 3\% = 6\%$

(정답) ③

06 A재의 시장수요곡선은 $Q^D = 900 - 2P$이고, 시장공급곡선은 $Q^S = P$이다. 이 수요곡선과 공급곡선이 일치하는 균형 상태에서 정부가 단위당 120의 물품세를 소비자에게 부과할 때, 시장균형가격은? (단, Q^D는 수요량, Q^S는 공급량, P는 가격이다)

① 200
② 220
③ 240
④ 260

| 해설 |

주어진 시장수요곡선과 시장공급곡선을 연립하여 풀면, 시장균형가격 'P=300'을 구할 수 있다.
• 시장수요곡선과 시장공급곡선이 주어질 때, 부과된 물품세에 대한 소비자와 생산자의 조세부담 크기는 다음과 같이 도출된다.

- $Q^D = a - bP, \quad Q^S = c + dP$
- 소비자 부담의 크기 $= \dfrac{d}{b+d} \times T = \dfrac{1}{2+1} \times 120 = \dfrac{1}{3} \times 120 = 40$
- 생산자 부담의 크기 $= \dfrac{b}{b+d} \times T = \dfrac{2}{2+1} \times 120 = \dfrac{2}{3} \times 120 = 80$

- 정부가 단위당 120의 물품세를 소비자에게 부과하는 경우, 수요 곡선이 120만큼 아래쪽으로 평행이동하게 되고, 시장균형가격은 이전에 비해 하락하게 된다. 이때 하락하는 시장가격의 크기는 부과된 조세 중 생산자 부담의 크기만큼이다. 따라서 새로운 균형점에서의 시장가격은 'P=300'에서 80만큼 하락한 'P=220'이 된다.

정답 ②

07 시장수요함수가 $Q = 1,200 - \dfrac{1}{2}P$이고, 총비용이 $TC = 10,000 + Q^2$ 인 독점기업 K가 있다. 독점기업 K의 단기균형 상태에서 이윤과 생산자 잉여는? (단, 다른 조건은 고려하지 않는다)

	이윤	생산자 잉여
①	440,000	450,000
②	450,000	440,000
③	460,000	490,000
④	470,000	480,000

| 해설 |

주어진 시장수요함수는 $P = 2,400 - 2Q$로 나타낼 수 있다. 이를 전제로 한계수입(MR)을 구하면 $MR = 2,400 - 4Q$이다. 수요함수가 선형함수로 주어지면 한계수입(MR)함수는 수요함수와 절편은 같고, 기울기는 2배가 되기 때문이다. 또한 주어진 총비용함수($TC = 10,000 + Q^2$)를 전제로 한계비용($MC = \dfrac{dTC}{dQ}$)을 구하면 MC = 2Q가 된다. 이에 따라 단기균형에서의 생산량과 가격은 'MR=MC'를 만족하는 수준에서 다음과 같이 도출된다.

- $MR = MC \Rightarrow 2,400 - 4Q = 2Q \Rightarrow 6Q = 2,400 \Rightarrow Q = 400$
- $P = 2,400 - 2Q \Rightarrow P = 2,400 - 800 \Rightarrow P = 1,600$

결국 독점기업 K의 이윤은 다음과 같다.

- 이윤$(\pi) = $ 총수입$(P \times Q) - $ 총비용
  $= 1,600 \times 400 - (10,000 + 400^2)$
  $= 640,000 - (10,000 + 160,000) = 470,000$

한편, 생산자 잉여는 총수입에서 총가변비용을 차감한 값이다. 이에 따라 다음과 같이 도출된다.

- 생산자 잉여 = 총수입$(P \times Q) - $ 총가변비용
  $= 1,600 \times 400 - 400^2 = 640,000 - 160,000$
  $= 480,000$

결과에서 보듯 이윤과 생산자 잉여의 차이는 총고정비용이 된다. 따라서 생산자 잉여는 이윤에 총고정비용을 더해서 구할 수도 있다.

정답 ④

08 외부효과가 존재하는 M시장의 수요곡선과 사적한계비용곡선이 다음과 같이 주어져 있다.

- 시장수요곡선: $P = 200 - Q$
- 사적한계비용곡선(PMC): $PMC = 40 + Q$
- 단, P는 가격, Q는 수량이다.

그런데 M시장에서는 생산량 한 단위를 추가적으로 생산할 때마다 20만큼의 추가적인 비용이 발생하는 것으로 알려져 있다. M시장과 관련한 설명으로 옳지 않은 것은?

① 정부개입이 없는 경우 균형생산량은 80이다.
② 사회적 후생을 극대화하는 생산량은 70이다.
③ 생산량 수준을 70으로 규제함으로써 사회적 후생을 높일 수 있다.
④ 생산량 수준을 70으로 규제하는 것보다 단위당 20만큼의 조세를 부과하는 것이 사회후생을 크게 할 수 있다.

| 해설 |

주어진 조건을 그림으로 나타내면 다음과 같다.

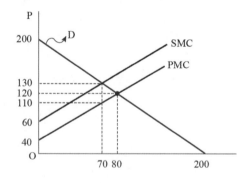

단위당 20만큼의 조세를 부과하는 경우, 생산량 수준을 사회적 최적 수준인 70으로 유지할 수 있으므로, 사회후생 측면에서 양자는 동일하다.

정답 ④

09 K국 경제는 밀 농사를 하는 농부, 밀가루를 제조하는 제분공장, 그리고 빵을 만드는 제과점으로 구성되어 있다. 2019년에 농부는 3억 원어치의 밀을 생산하여 공장에 이를 전부 팔았고, 제분공장은 이를 가지고 6억 원어치의 밀가루를 생산했다. 이 중 가계가 직접 2억 원어치를 사서 소비했고, 제과점이 4억 원어치의 밀가루를 사서 8억 원어치의 빵을 만들었다. 이에 대한 설명으로 옳은 것은?

① 2019년 K국의 GDP(국내총생산)는 최종생산물을 기준으로 할 때 8억 원이다.

② 2019년 K국의 GDP를 부가가치의 총합으로 계산하면 GDP는 8억 원이 된다.

③ 가계의 직접 소비 없이 제과점이 6억 원어치의 밀가루를 전부 사서 8억 원어치의 빵을 만들었다면, GDP는 여전히 10억 원이다.

④ 모든 생산물을 일일이 최종생산물인지 중간투입물인지 확인하기 어렵기 때문에, 실제로는 최종생산물의 합 대신 부가가치의 합을 계산하는 방법이 더 자주 이용된다.

| 해설 |

GDP를 측정할 때, 모든 생산물을 일일이 최종생산물인지 중간투입물인지 확인하는 것은 현실적으로 어렵다. 이러한 이유로 실제로는 최종생산물의 합 대신 최종 소비에 이르는 유통과정에서 측정된 부가가치의 합을 계산하는 방법이 더 자주 이용된다.

• 주어진 유통과정을 정리하면 다음과 같다.

농부 (0을 3억 원으로)	⇒	제분공장 (3억 원을 6억 원으로)	⇒	제과점 (4억 원을 8억 원으로)	⇒	⇒ 소비자 (2억 원) 소비자 (8억 원)

① 최종생산물의 크기는 소비자가 소비하는 단계에서 측정된다. 따라서 최종생산물을 기준으로 측정된 K국의 GDP는 10억 원(2억 원+8억 원)이 된다.

② 2019년 K국의 GDP를 부가가치의 총합으로 계산하면 최종생산물의 가치와 동일하므로 역시 10억 원이 된다.

③ 가계의 직접 소비 없이 제과점이 6억 원어치의 밀가루를 전부 사서 8억 원어치의 빵을 만들었다면, 최종생산물은 빵이 전부이므로 GDP는 8억 원이 된다.

(정답) ④

---

10 K국의 개방거시경제 모형이 다음과 같다.

- $Y = C + I + G + EX - IM$
- $C = 100 + 0.8(Y - T)$
- $I = 100$
- $G = 50$, $T = 50$
- $EX = 70$, $IM = 20 + 0.05Y$
- 여기서 Y, C, I, G, EX, IM, T는 각각 국민소득, 소비, 투자, 정부지출, 수출, 수입, 조세이다.

정부가 정부지출을 100만큼 증가시키고자 할 때, 저축은 얼마나 증가하겠는가?

① 500 증가　　　　② 400 증가

③ 100 증가　　　　④ 80 증가

| 해설 |

주어진 조건하에서 정부지출 승수는 다음과 같다.

$$\text{정부지출 승수} = \frac{1}{1 - \text{한계소비성향} + \text{한계수입성향}}$$
$$= \frac{1}{1 - 0.8 + 0.05} = \frac{1}{0.25} = 4$$

정부지출이 100만큼 증가하면 국민소득은 400만큼 증가한다.

• 조세가 정액세이므로 정부지출 100의 증가는 400만큼의 가처분소득의 증가를 가져온다. 한편 한계소비성향(MPC)이 0.8이므로, 한계저축성향(MPS)은 0.2가 된다. 따라서 저축의 증가분은 80이 된다.

(정답) ④

---

11 K국에서 중앙은행이 공개시장을 통해 1억 원어치의 국채를 매입하였다. 이러한 K국 중앙은행의 국채매입으로 증가하게 되는 통화량의 크기는? (단, 민간의 현금−예금 비율이 0.2이고, 은행의 지급준비율이 0.1이라고 가정하자)

① 1억 원　　　　② 4억 원

③ 8억 원　　　　④ 10억 원

| 해설 |

주어진 조건에 따른 통화승수는 다음과 같다.

• 통화승수 $= \frac{k+1}{k+z} = \frac{0.2+1}{0.2+0.1} = \frac{1.2}{0.3} = 4$, 여기서 k는 현금−예금 비율이고, z는 지급준비율이다.

따라서 중앙은행의 1억 원어치의 국채매입은 4억 원만큼의 통화량 증가를 가져온다.

정답 ②

12 기업이 자금을 조달하는 방법 중 직접금융방식이 아닌 것은?

① 융통어음을 발행하는 경우

② 회사채를 발행하는 경우

③ 주식을 발행하는 경우

④ 은행으로부터 자금을 차입하는 경우

| 해설 |

기업이 필요한 자금을 은행을 통해 조달하는 경우는 간접금융방식이다. 한편 회사채, 주식, 어음 등의 발행을 통해 자금을 조달하는 경우는 직접금융방식에 해당한다.

정답 ④

13 K국의 거시경제 모형이 다음과 같을 때, 균형이자율과 균형국민소득을 구하면?

• 민간소비: $C = 2 + 0.5Y$

• 투자: $I = 2 - r$

• 정부지출: $G = 3$

• 실질화폐수요: $\dfrac{M^D}{P} = 4 + 0.5Y - r$

• 명목화폐공급: $M^S = 3$

단, r은 이자율, Y는 국민소득, P는 물가수준이고, $P = 1$이다.

	균형이자율	균형국민소득
①	4	6
②	6	4
③	6	6
④	8	4

| 해설 |

생산물시장이 균형일 때, 소득(Y)과 이자율(r)의 관계를 보여주는 IS 방정식은 다음과 같이 도출된다.

• $Y = C + I + G \Rightarrow Y = 2 + 0.5Y + 2 - r + 3$
$\Rightarrow 0.5Y = 7 - r$ ⋯⋯⋯⋯⋯ ⓐ

• 화폐시장이 균형일 때, 소득(Y)과 이자율(r)의 관계를 보여주는 LM 방정식은 다음과 같이 도출된다.

• $\dfrac{M^D}{P} = \dfrac{M^S}{P} \Rightarrow 4 + 0.5Y - r = 3 \Rightarrow 0.5Y = r - 1$ ⋯⋯⋯⋯⋯ ⓑ

• ⓐ식과 ⓑ식의 양 변을 서로 더하면 $Y = 6$을 구할 수 있고, 이 결과를 ⓐ식이나 ⓑ식에 대입하면 $r = 4$를 구할 수 있다.

정답 ①

14 1995년 (주) CNC에 입사한 K는 1995년에 연봉으로 2,000만 원을 받았고, 임원으로 승진한 2019년에는 연봉 1억 원을 받았다. 1995년 물가지수가 50이고, 2019년의 물가지수가 125라면 1995년 물가로 환산한 K의 2019년 연봉은 얼마인가?

① 2,000만 원   ② 3,000만 원

③ 4,000만 원   ④ 5,000만 원

| 해설 |

1995년 물가로 환산한 2019년 연봉은 다음과 같이 도출된다.

• 1995년 물가로 환산한 2019년 연봉 $= \dfrac{1995년\ 물가}{2019년\ 물가} \times 2019년$ 연봉 $= \dfrac{50}{125} \times 1$억 원 $= 0.4 \times 1$억 원 $= 4,000$만 원

정답 ③

15 자연실업률에 대한 설명으로 옳은 것은?

① 현재 진행되는 인플레이션을 가속시키지 않는 수준의 실업률을 의미한다.

② 모든 노동시장에 걸쳐 취업자 수와 실업자 수가 같은 수준에서 형성되는 실업률이다.

③ 합리적 기대론자들은 정부의 예상된 경기안정화정책은 장기는 물론 단기에서조차 효과가 없다고 본다.

④ 적응적 기대를 전제로 하면 확장적 금융정책은 단기에서만큼은 자연실업률 수준을 낮출 수 있다고 본다.

| 해설 |

합리적 기대론자들은 경제주체들이 합리적 기대를 하는 한, 경기안정화정책은 물가만 상승시킬 뿐, 장기는 물론 단기에서조차 효과가 없다고 본다.

① 자연실업률은 현재 진행되는 인플레이션을 '가속시키지도 감속시키지도 않는' 수준의 실업률을 의미한다.

② 모든 노동시장에 걸쳐 구직자 수와 이직자 수가 같은 수준에서 형성되는 실업률이다.

④ 적응적 기대를 전제로 하면 확장적 금융정책은 단기에서만큼은 효과가 있다. 그러나 이 경우 낮출 수 있는 것은 실제실업

률이지 자연실업률은 아니다.

정답 ③

---

16 총공급(AS)곡선은 단기에는 우상향하고 장기에는 자연산출량 수준에서 수직이다. 반면에 필립스곡선은 단기에는 우하향하고 장기에는 자연실업률 수준에서 수직이다. 이에 대한 설명으로 옳은 것은?

① 단기 총공급(SAS)곡선에서는 화폐의 중립성이 설명된다.

② 합리적 기대를 가정하면 단기 총공급(SAS)곡선이 우상향하는 이유를 설명할 수 있다.

③ 단기 필립스곡선을 전제로 인플레이션율을 하락시킬수록 국민소득 감소분으로 표현되는 희생비율이 작아진다.

④ 우상향하는 총공급곡선과 우하향하는 필립스곡선은 모두 총수요관리정책을 통하여 국민소득 안정화정책이 가능함을 의미한다.

| 해설 |

우하향하는 필립스곡선은 우상향하는 단기 총공급곡선을 전제로 도출된다. 이 경우 정책당국의 총수요관리정책은 물가상승을 고려하지 않는 한, 국민소득만큼은 원하는 목표 수준에 도달할 수 있게 된다. 또한 국민소득 감소를 고려하지 않는 한, 물가만큼은 원하는 목표 수준에 도달할 수 있게 된다.

① 예상하지 못한 통화량의 증가는 산출량을 증가시킬 수 있어, 단기 총공급(SAS)곡선은 우상향한다. 따라서 단기에서는 예외적으로 화폐의 중립성이 성립하지 못할 수 있음을 보인다.

② 합리적 기대를 가정하면 총공급(AS)곡선은 단기에서도 자연산출량 수준에서 수직의 모습을 보인다.

③ 우하향하는 단기 필립스곡선 하에서는 동일한 크기의 인플레이션율을 하락시킬수록 실업률의 증가속도는 빨라진다. 이에 따라 인플레이션율을 1% 하락시키기 위한 국민소득 감소분으로 표현되는 희생비율이 점점 커지게 된다.

정답 ④

---

17 내생적 성장이론(endogenous growth theory)의 특징에 대한 설명으로 옳지 않은 것은?

① 수렴현상(convergence)을 비판하기 위한 이론이다.

② 자본에 대한 재해석을 통하여 지속적인 성장이 가능함을 보이려는 이론이다.

③ 교육과 연구-개발의 중요성을 제시하며, 이를 위한 정부역할을 강조한다.

④ 외생적으로 주어지는 기술진보가 있는 한, 정체되지 않고 지속적인 성장이 가능하다고 주장한다.

| 해설 |

내생적 성장이론에서는 기술진보를 모형 안에서 설명한다. 기술진보를 외생적으로 주어진다고 전제하는 것은 솔로(R. Solow) 성장 모형이다.

① 내생적 성장이론은 수확체감의 법칙을 전제로 하여 이론을 전개한 솔로(R. Solow) 성장 모형의 수렴현상(convergence)을 비판하기 위해 등장했다.

② 자본의 범주를 기존의 물적자본에서 인적자본과 지식자본까지 확대하여, 이를 통해 지속적인 성장이 가능함을 보이려는 이론이다.

③ 인적자본 형성을 위한 교육 인프라 확대와 지식자본 축적을 위한 연구-개발지원에 대한 정부역할의 중요성을 역설한다.

정답 ④

---

18 완전경쟁상태인 세계시장에서 소규모 개방경제인 한국이 수소 전기차를 수출할 수 있게 되는 것에 대한 설명으로 옳은 것은? (단, 리카도 모형을 이용하고, 다른 조건은 고려하지 않는다)

① 한국이 수출국이 되기 전 수소 전기차의 국제상대가격은 국내의 수소 전기차 생산의 기회비용보다 낮았다.

② 수소 전기차 수출로 인해 한국의 소비자 잉여는 증가하게 된다.

③ 수소 전기차 수출은 국내 물가안정에 기여한다.

④ 수소 전기차 수출이 이루어지면 국내의 수소 전기차 가격은 국제가격 수준으로 상승한다.

| 해설 |

개방 후 자유무역을 하게 되는 경우, 수출국에서는 수출품의 국내구매가격이 국제가격 수준으로 상승하게 되고 수입국에서는 수입품의 국내판매가격이 국제가격 수준으로 하락하게 된다.

① 한국이 수소 전기차 수출국이 된다는 것은 수소 전기차에 대해 비교우위가 있었다는 의미이다. 비교우위는 수출상품의 기회비용(=국내상대가격)이 국제상대가격(=기회비용)보다 낮은 경우 갖게 된다.

② 수소 전기차 수출로 인해 수소 전기차의 국내구매가격이 국제가격 수준으로 상승하게 된다. 이에 따라 한국의 소비자는 이전에 비해 높은 가격으로 적은 수량을 소비하게 되어 소비자 잉여가 감소하게 된다.

③ 수소 전기차 수출은 한국의 총수요를 증가시켜 국내 물가가 상승하는 요인으로 작용한다.

정답 ④

19 현재 자유롭게 수입되던 수입품 X에 대해 대국인 K국이 단위당 2달러만큼의 수입관세를 부과한다고 하자. K국의 수입관세 후 수입품의 국내판매가격이 될 수 없는 것은? (단, 수입품 X의 국제가격은 현재 10달러 수준이며, 다른 조건은 고려하지 않는다)

① 12달러　　　② 11.8달러
③ 11달러　　　④ 10.5달러

| 해설 |

대국의 수입관세 부과로 수입이 감소하게 되면, 세계시장에서 수입품에 대한 수요가 크게 감소하게 되어 국제가격 자체가 하락하게 된다. 이에 따라 단위당 2달러의 수입관세가 부과된 경우, 수입품의 국내판매가격은 기존의 국제가격이던 10달러보다 낮은 수준에서 2달러가 더해지는 수준으로 결정된다. 따라서 수입관세 부과 후 수입품의 국내판매가격은 12달러가 될 수 없다.

(정답) ①

20 자본이동이 완전히 자유로운 소규모 개방경제의 IS－LM－BP 모형에서 대체지급수단의 개발로 화폐수요가 감소할 때, 고정환율제와 변동환율제하에서 균형국민소득의 변화로 옳은 것은? (단, IS곡선은 우하향하고 LM곡선은 우상향한다고 가정한다)

	고정환율제	변동환율제
①	증가	증가
②	불변	증가
③	불변	감소
④	감소	감소

| 해설 |

대체지급수단의 개발과 같은 외생적인 요인에 의해 화폐수요가 감소하게 되면 LM곡선은 오른쪽으로 이동하게 되어, 그 효과는 확장적 통화정책과 같아지게 된다.

• 고정환율제도인 경우

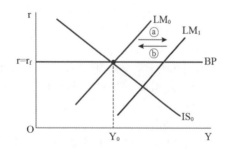

LM곡선 오른쪽 이동(ⓐ) ⇒ 새로운 균형점에서 이자율 하락 ⇒ 자본유출 ⇒ 외환시장에서 환율상승 압력 존재 ⇒ 중앙은행

의 보유외환 매각 ⇒ 통화량 감소 ⇒ LM곡선 다시 왼쪽 이동(ⓑ) ⇒ 국민소득 불변(Y_0)

• 변동환율제도인 경우

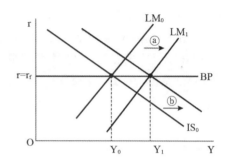

LM곡선 오른쪽 이동(ⓐ) ⇒ 새로운 균형점에서 이자율 하락 ⇒ 자본유출 ⇒ 외환시장에서 환율 상승 ⇒ 순수출 증가 ⇒ IS곡선 오른쪽 이동(ⓑ) ⇒ 국민소득 증가($Y_0 \Rightarrow Y_1$)

(정답) ②

AK 경제학 실전 동형 모의고사 22 p. 111 - 115

01	③	02	④	03	②	04	①	05	③
06	②	07	②	08	①	09	①	10	④
11	④	12	④	13	③	14	①	15	①
16	③	17	①	18	③	19	③	20	②
21	③	22	③	23	④	24	①	25	④

---

01 X재가 재화(goods)이고 Y재가 중립재인 경우의 무차별곡선은?

① $X + Y = 100$ ② $\min[X, Y] = 100$

③ $X = 100$ ④ $Y = 200$

| 해설 |

X재가 재화이면 X재 소비량 증가에 따라 효용은 증가하게 된다. 그리고 Y재가 중립재이면 Y재의 소비량은 효용에 영향을 주지 못한다. 이에 따라 무차별곡선은 X재 소비량 수준에서 수직의 모습을 보이게 된다. 이를 그림으로 나타내면 다음과 같다.

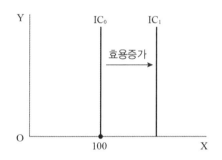

① $X + Y = 100$: 두 재화가 항상 1:1로 대체되며 소비되는 완전대체재인 경우이다. 무차별곡선은 우하향하는 선형효용함수가 된다.

② $\min[X, Y] = 100$: 두 재화가 항상 1:1로 결합되며 소비되는 완전보완재인 경우이다. 무차별곡선은 'L자형'의 모습을 한다.

④ $Y = 200$: X재는 중립재, Y재는 재화인 경우이다. 무차별곡선은 Y재 소비량 수준에서 수평의 모습을 보인다.

(정답) ③

---

02 소비자 민주의 효용함수가 다음과 같다.

- $U = 10\sqrt{Y}$, 여기서 U는 효용이고 Y는 소득이다.

현재 민주는 $\frac{1}{10}$의 확률로 3,600원을 당첨금으로 지급하고, $\frac{9}{10}$의 확률로 100원을 당첨금으로 지급하는 복권을 보유하고 있다. 민주가 보유하고 있는 복권의 확실성 등

가(certainty equivalent)와 위험 프리미엄(risk premium)을 순서대로 구하면?

	확실성 등가	위험 프리미엄
①	225	150
②	450	225
③	150	450
④	225	225

| 해설 |

우선 민주가 보유하고 있는 복권의 기대소득과 기대효용을 구하면 다음과 같다.

- 기대소득$(EY) = \frac{1}{10} \times 3,600 + \frac{9}{10} \times 100 = 360 + 90 = 450(원)$

- 기대효용$(EU) = \frac{1}{10} \times 10\sqrt{3,600} + \frac{9}{10} \times 10\sqrt{100} = 60 + 90$
  $= 150$

- 확실성 등가(CE)는 '$U = EU$'를 만족시키는 확실한 소득(Y)을 의미하며, 다음과 같이 도출할 수 있다.

- $U = EU \Rightarrow 10\sqrt{Y} = 150 \Rightarrow \sqrt{Y} = 15 \Rightarrow Y = 225$

- 위험 프리미엄(RP)은 소비자가 위험(불확실성)에서 벗어나기 위해 기꺼이 지불하고자 하는 금액을 의미하며, 기대소득에서 확실성 등가를 차감한 값으로 측정된다.

- $RP = EY - CE = 450 - 225 = 225$

(정답) ④

---

03 자본투입량이 고정된 상태에서 현재 10명의 노동자가 인형을 생산하고 있으며 평균생산량은 21개이고, 10명째 투입된 노동자의 생산량이 16이라고 한다. 이에 대한 설명으로 옳은 것은? (단, 다른 요인들은 고려하지 않는다)

① 평균생산은 증가하고 있다.

② 한계생산은 감소하고 있다.

③ 총생산은 감소하고 있다.

④ 노동투입을 늘릴수록 평균생산과 한계생산의 크기는 같아지게 된다.

| 해설 |

10명째 투입된 노동자의 생산량이 16이라는 것은 10명째의 한계생산이 16이라는 의미이다. 따라서 현재 생산 수준에서 노동의 평균생산량(AP_L)이 한계생산량(MP_L)보다 많은 상태이다. 또한 자

본투입량이 고정되어 있으므로 생산기간은 단기임을 알 수 있다. 이를 전제로 평균생산량과 한계생산량의 관계를 그림으로 나타내면 다음과 같다.

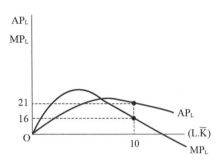

① 평균생산은 감소하고 있다.
③ 한계생산이 양(+)의 값이므로 총생산은 증가하고 있다.
④ 노동투입을 늘릴수록 평균생산과 한계생산의 크기 차이는 점점 커진다.

[정답] ②

---

04 생산함수가 다음과 같이 주어져 있을 때 기술적 한계대체율($MRTS_{LK}$)을 나타내는 식으로 타당한 것은?

> • $Q = AL^{\frac{1}{3}}K^{\frac{2}{3}}$
> • Q는 산출량, A는 기술수준, L은 노동투입량, K는 자본투입량이다.

① $\dfrac{1}{2}\dfrac{K}{L}$ ② $\dfrac{2}{3}\dfrac{K}{L}$

③ $\dfrac{3}{2}\dfrac{K}{L}$ ④ $\dfrac{3}{2}\dfrac{L}{K}$

| 해설 |

생산함수가 다음과 같이 주어지는 경우 기술적 한계대체율($MRTS_{LK}$)은 다음과 같이 도출된다.

> • $Q = AL^{\alpha}K^{\beta}$
> • $MRTS_{LK} = \dfrac{MP_L}{MP_K} = \dfrac{\alpha AL^{\alpha-1}K^{\beta}}{\beta AL^{\alpha}K^{\beta-1}} = \dfrac{\alpha}{\beta}\dfrac{K}{L}$

• 문제에서 주어진 생산함수에서 $\alpha = \dfrac{1}{3}$, $\beta = \dfrac{2}{3}$이므로 기술적 한계대체율($MRTS_{LK}$)은 다음과 같이 도출된다.

> • $MRTS_{LK} = \dfrac{\alpha}{\beta}\dfrac{K}{L} = \dfrac{1/3}{2/3}\dfrac{K}{L} = \dfrac{1}{2}\dfrac{K}{L}$

[정답] ①

---

05 생산함수가 다음과 같이 주어졌다.

> • $Q = L^{0.5}K^{0.5}$, 여기서 Q는 생산량, L은 노동투입량, K는 단기에 고정된 자본투입량이다.

임금이 100인 경우, 한계비용(MC)과 평균가변비용(AVC)은?

	한계비용	평균가변비용
①	$100\left(\dfrac{L}{K}\right)^{0.5}$	$100\left(\dfrac{K}{L}\right)^{0.5}$
②	$200\left(\dfrac{L}{K}\right)^{0.5}$	$100\left(\dfrac{K}{L}\right)^{0.5}$
③	$200\left(\dfrac{L}{K}\right)^{0.5}$	$100\left(\dfrac{L}{K}\right)^{0.5}$
④	$200\left(\dfrac{L}{K}\right)^{0.5}$	$200\left(\dfrac{K}{L}\right)^{0.5}$

| 해설 |

단기의 생산과 비용 사이에는 다음과 같은 쌍대관계가 성립한다.

> • $MC = \dfrac{w}{MP_L} = \dfrac{100}{0.5L^{-0.5}K^{0.5}} = 200\left(\dfrac{L}{K}\right)^{0.5}$
> • $AVC = \dfrac{w}{AP_L} = \dfrac{100}{L^{-0.5}K^{0.5}} = 100\left(\dfrac{L}{K}\right)^{0.5}$

[정답] ③

---

06 X재의 수요함수와 공급함수가 각각 다음과 같이 주어졌다.

> • 수요함수 : $Q^D = 1,000 - 2P$
> • 공급함수 : $Q^S = 100 + P$
> 단, Q^D는 수요량, Q^S는 공급량, P는 가격이다.

시장균형 수준에서 X재에 대한 공급의 가격탄력성(E_P^S)은?

① 0.5   ② 0.75
③ 1   ④ 1.33

| 해설 |

두 함수를 연립해서 풀면, 시장균형 수준에서 'P = 300', 'Q = 400'이다. 이를 전제로 시장균형 수준에서 공급의 가격탄력성은 다음과 같이 도출된다.

> • $E_D^S = \dfrac{dQ}{dP} \times \dfrac{P}{Q} = 1 \times \dfrac{300}{400} = \dfrac{3}{4} = 0.75$

[정답] ②

07 X재의 시장수요함수와 시장공급함수가 각각 다음과 같이 주어졌다.

> • 시장수요함수: $P = 200 - Q$
> • 시장공급함수: $P = -40 + 2Q$
> 단, P는 가격, Q는 수량이다.

정부가 X재의 최저가격을 150으로 설정하고자 할 때, 이 수준에서 발생할 수 있는 불균형을 해소하기 위해 정부가 수요자에게 지급해야 하는 X재 1단위당 보조금은?

① 40
② 45
③ 50
④ 60

| 해설 |

주어진 시장수요함수와 시장공급함수를 연립해서 풀면, 시장균형 수준에서 'Q = 80', 'P = 120'이다. 이를 전제로 문제에서 주어진 조건들을 그림으로 나타내면 다음과 같다.

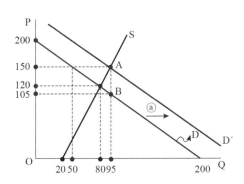

정부가 최저가격을 150에 설정하면 시장 전체에서는 45만큼의 초과공급이 발생하게 된다. 이를 해소하기 위해서는 정부는 수요곡선이 오른쪽으로 이동하여 A점을 지나도록 해야 한다. 이를 위해서는 A와 B의 차이만큼의 단위당 보조금이 필요하다. 따라서 X재 1단위당 보조금의 크기는 45가 된다.

정답 ②

---

08 완전경쟁기업인 S의 비용함수가 다음과 같다.

> • $TC = Q^3 - 20Q^2 + 1,000Q + 12,000$
> 여기서 TC는 총비용, Q는 생산량이다.

기업 S가 조업을 중단하게 되는 생산량 수준은?

① 10
② 20
③ 25
④ 30

| 해설 |

완전경쟁기업의 조업중단은 평균가변비용(AVC)의 최저점 수준에서 이루어진다. 그런데 평균가변비용의 최저점에서 한계비용(MC)이 일치한다. 이를 전제로 조업중단 수준에서의 생산량은 다음과 같이 도출된다.

> • $AVC = \dfrac{TVC}{Q} = \dfrac{Q^3 - 20Q^2 + 1,000Q}{Q} = Q^2 - 20Q + 1,000$
> • $MC = \dfrac{dTC}{dQ} = 3Q^2 - 40Q + 1,000$
> • $AVC = MC \Rightarrow Q^2 - 20Q + 1,000 = 3Q^2 - 40Q + 1,000$
> $\Rightarrow 2Q^2 - 20Q = 0 \Rightarrow 2Q(Q - 10) = 0$
> $\Rightarrow Q = 10 (\because Q \fallingdotseq 0)$

정답 ①

---

09 시장수요곡선이 우하향하는 X재 시장에서 생산자는 오직 기업 K만이 존재한다. 이제 X재에 대해 종량세가 부과된다고 가정하자. 이로 인해 X재 시장과 노동시장에서 발생하는 현상으로 옳은 것을 모두 고르면? (단, 노동시장은 완전경쟁시장이며, X재 생산에 투입되는 자본은 일정 수준에서 고정되어 있다. 또한 다른 조건들은 고려하지 않는다)

> ─ 보기 ─
> ㉠ X재 구매자가 지불하는 상품가격은 상승한다.
> ㉡ X재 시장에서 기업 K의 총수입은 이전에 비해 감소한다.
> ㉢ 노동시장에서 고용량이 감소한다.
> ㉣ 노동시장에서 임금이 하락한다.

① ㉠, ㉡, ㉢
② ㉠, ㉢
③ ㉡, ㉣
④ ㉠, ㉡, ㉢, ㉣

| 해설 |

X재 시장에서 오직 기업 K만이 존재하므로 생산물시장의 형태는 독점시장이다. 이러한 경우 종량세가 부과되면, X재 생산량은 감소하고 가격은 상승하게 된다(㉠). 그런데 독점기업의 균형은 항상 수요의 가격탄력성이 1보다 큰 탄력적인 구간에서 이루어진다. 따라서 이와 같은 X재 가격 상승으로 기업 K의 총수입은 이전에 비해 감소하게 될 것이다(㉡).

• 한편 노동시장에서 노동에 대한 수요는 생산물시장으로부터의 파생수요의 특성을 갖는다. 따라서 생산물시장에서 X재 생산량의 감소는 노동시장에서 노동수요를 감소시켜 노동고용량이 감소하게 된다(㉢). 그러나 노동시장이 완전경쟁시장이므로 임금은 불변이 된다(㉣).

정답 ①

10 5가구만 살고 있는 마을에서 가로등을 설치하려고 한다. 한편 가로등에 대한 마을의 개별가구의 수요함수와 가로등 생산에 따른 한계비용(MC)은 다음과 같다고 알려져 있다.

- 개별 가구의 수요함수: $Q = 10 - 5P$
- 한계비용: $MC = 5$

단, Q는 수요량, P는 가격이다.

마을의 후생을 극대화시킬 수 있는 가로등의 최적 생산량은? (단, 가로등에 대한 개별수요함수는 모두 동일하며, 가로등은 비경합성과 비배제성이라는 특성을 갖고 있다)

① 2   ② 3
③ 4   ④ 5

| 해설 |

가로등이 비경합성과 비배제성을 특성으로 갖고 있으므로, 가로등은 (순수)공공재이다. 한편 공공재의 시장수요함수는 개별수요함수를 수직으로 합하여 다음과 같이 도출된다.

- 개별가구의 수요함수: $Q = 10 - 5P \Rightarrow P = 2 - \dfrac{1}{5}Q$
- 마을 전체의 수요함수: $P = 10 - Q$

- 공공재의 최적 생산량은 'P = MC' 조건을 충족하는 수준에서 결정된다.

- $P = MC \Rightarrow 10 - Q = 5 \Rightarrow Q = 5$

정답 ④

---

11 거시경제 변수에 대한 설명으로 옳지 않은 것은?

① GDP는 유량(flow)변수이다.
② 기준년도의 명목 GDP와 실질 GDP의 크기는 같다.
③ GDP 디플레이터는 명목 GDP를 실질 GDP로 나누어 구한 것으로 물가 수준의 일종이다.
④ 소비, 투자, 정부지출(구매), 수출이 GDP의 크기를 구성하는 네 가지 항목이다.

| 해설 |

GDP를 구성하는 항목에는 수출이 아닌 순수출(수출 – 수입)이 포함된다.

정답 ④

---

12 소비자 P의 효용함수가 다음과 같다.

- $U(C_1, C_2) = C_1^2 \times C_2$, C_1은 현재소비, C_2는 미래소비이다.

P의 현재소득은 4,000만 원, 미래소득은 3,000만 원이고, 이자율은 50% 수준으로 변화가 없다고 알려져 있다. 기간 간 소비선택 모형에서 소비자 P의 최적 선택을 위한 의사결정으로 가장 타당한 것은? (단, 소비자 P에게는 유동성 제약이 존재하지 않으며, 물가는 고정되어 있다고 가정한다)

① 1,000만 원을 차입한다.
② 1,000만 원을 대부한다.
③ 1,500만 원을 차입한다.
④ 차입과 저축 중 어느 것도 하지 않는다.

| 해설 |

소비자 P에게 유동성 제약이 존재하지 않으므로 P는 주어진 이자율 수준에서 자유롭게 차입이나 저축(대부)이 가능하다.

- 효용극대화를 위한 최적 선택을 위해서는 한계대체율($MRS_{C_1 C_2}$)과 현재소비(C_1)의 상대가격이 일치해야 한다. 이를 위해 다음과 같은 과정을 통해 소비자 균형식을 도출할 수 있다.

- $MRS_{C_1 C_2} = \dfrac{MU_{C_1}}{MU_{C_2}} = \dfrac{2C_1 C_2}{C_1^2} = \dfrac{2C_2}{C_1}$

- 예산제약식: $C_1 + \dfrac{C_2}{1+r} = Y_1 + \dfrac{Y_2}{1+r}$

  $\Rightarrow C_2 = [(1+r)Y_1 + Y_2] - (1+r)C_1$

  $\Rightarrow$ 현재소비(C_1)의 상대가격 $= (1+r)$

- 소비자 균형식: 한계대체율($MRS_{C_1 C_2}$) = 현재소비(C_1)의 상대가격 $\Rightarrow \dfrac{2C_2}{C_1} = (1+r) \Rightarrow \dfrac{2C_2}{C_1} = 1.5 \, (\because r = 0.5)$

  $\Rightarrow 2C_2 = 1.5C_1$ ·············· ㉠

- 문제에서 주어진 조건들을 예산제약식에 대입하여 정리하면 다음과 같다.

- $C_2 = [(1+r)Y_1 + Y_2] - (1+r)C_1 \Rightarrow$
  $C_2 = 1.5 \times 4,000 + 3,000 - 1.5C_1 \Rightarrow C_2 = 9,000 - 1.5C_1 \cdots$ ㉡

- ㉠과 ㉡을 연립해서 풀면 다음과 같은 결과를 도출할 수 있다.

- $C_2 = 9,000 - 1.5C_1 \Rightarrow C_2 = 9,000 - 2C_2 \Rightarrow 3C_2 = 9,000 \Rightarrow$
  $C_2 = 3,000, \; C_1 = 4,000$

• 결국 소비자 P는 현재소득 4,000만 원을 모두 현재에서 소비하고, 미래소득 3,000만 원을 모두 미래에서 소비하게 되므로 차입과 대부 중 어느 것도 하지 않게 된다.

정답 ④

---

13 연초에 동일한 투자비용이 소요되는 투자계획 A와 B가 있다. A는 금년 말에 20억 원, 내년 말에 30억 원의 수익을 내고, B는 내년 말에만 52억 원의 수익을 낸다. 수익성 측면에서 A와 B를 동일하게 만드는 이자율 수준은?

① 1% ② 5%

③ 10% ④ 15%

| 해설 |

투자계획 A와 B는 모두 내년 말 30억 원만큼은 수익을 내고 있다. 따라서 내년 말 B계획의 수익인 22억 원의 현재가치를 금년 말 A 계획의 수익인 20억 원의 가치와 동일하게 만들어주면 된다.

• $\dfrac{22억\ 원}{1+r} = 20억\ 원 \Rightarrow r = 0.1 = 10\%$

정답 ③

---

14 한계소비성향이 0.75, 소득세율이 20%인 경우를 상정하자. 정부지출이 100만큼 증가할 때 케인스 국민소득결정론에서의 저축의 변화는? (단, 다른 조건은 고려하지 않는다)

① 50만큼 증가 ② 100만큼 증가

③ 150만큼 증가 ④ 200만큼 증가

| 해설 |

주어진 조건에 따른 정부지출 승수는 다음과 같다.

• 정부지출 승수 $= \dfrac{1}{1-b(1-t)} = \dfrac{1}{1-0.75(1-0.2)}$

$= \dfrac{1}{1-0.75 \times 0.8} = \dfrac{1}{1-0.6} = \dfrac{1}{0.4} = 2.5$

여기서 b는 한계소비성향, t는 소득세율이다.

• 정부지출이 100만큼 증가하게 되면 소득은 250만큼 증가하게 된다. 또한 소득세율이 20%이므로 가처분소득은 소득세 50을 제외한 200만큼 증가하게 된다.

• 한계소비성향이 0.75이므로 한계저축성향은 0.25가 된다. 따라서 저축은 50만큼 증가하고 소비는 150만큼 증가하게 된다.

정답 ①

---

15 K국 경제에서 통화승수가 5, 민간보유 현금이 100, 예금은행의 지불준비금이 500이라고 알려져 있다. 이때 예금통화의 크기는? (단, 예금은 요구불 예금만 존재하고, 통화량은 M_1으로 정의한다)

① 650 ② 550

③ 450 ④ 400

| 해설 |

통화승수와 통화량, 그리고 본원통화의 관계와 그 구성은 다음과 같다.

• 통화승수$(m) = \dfrac{통화량(M_1)}{본원통화(H)}$

• 통화량$(M_1) = $ 현금통화$(C) + $ 예금통화(D)

• 본원통화$(H) = $ 현금통화$(C) + $ 지급준비금(R)

• 앞의 관계를 전제로 예금통화(D)의 크기를 구하면 다음과 같다.

• 통화승수$(m) = \dfrac{통화량(M_1)}{본원통화(H)} \Rightarrow 5 = \dfrac{100+D}{100+50}$

$\Rightarrow 100+D = 750 \Rightarrow D = 650$

정답 ①

---

16 구축효과(crowding out effect)에 대해 옳게 말하고 있는 사람들로만 짝지은 것은?

┌ 보기 ─

진수: 구축효과는 긴축적 통화정책이 이자율을 상승시키기 때문에 발생하는 현상이야.

성찬: 구축효과는 투자 감소 이외에 추가적으로 유발된 소비감소에 따른 소득감소로도 설명할 수 있는 부분이 있어.

철수: 확장적 재정정책을 국채발행으로 하는 경우, 채권시장의 이자율이 상승해서 투자가 감소하는 거지.

영희: IS곡선이 수직이라면 구축효과의 크기와 승수효과의 크기가 같아져서 확장적 재정정책을 시행해도 총수요에는 변화가 없게 되는 거야.

① 진수, 철수 ② 진수, 영희

③ 성찬, 철수 ④ 성찬, 영희

| 해설 |

구축효과는 '확장적 재정정책'이 이자율을 상승시켜, 이로 인해 소비와 투자를 감소시켜 결과적으로 총수요를 감소시키게 되는 것을 의미한다. 확장적 재정정책을 위한 재원 마련을 국채 발행을 통하는 경우, 구축효과가 발생하는 경로를 살펴보면 다음과 같다.

- 확장적 재정정책(국채 발행) ⇒ 국채공급 증가 ⇒ 국채가격 하락 ⇒ 국채 수익률 상승(= 시장이자율 상승) ⇒ 소비와 투자 감소 ⇒ 총수요 감소 ⇒ 소득 감소

- 'LM곡선이 수직'인 경우에는 100%의 구축효과가 나타나고, 이것이 승수효과를 정확히 상쇄시켜 총수요의 크기는 불변이 된다.

정답 ③

17 K국의 총수요곡선과 총공급곡선이 다음과 같이 알려져 있다.

- 총수요(AD)곡선: $P = -Y^D + 100$
- 총공급(AS)곡선: $P = P^e + (Y^S - 50)$

단, P는 물가수준, Y^D는 총수요, Y^S는 총공급, P^e는 기대물가수준이다.

기대물가수준(P^e)이 10일 때, <보기>에서 옳은 것을 모두 고르면?

보기
㉠ 균형물가 수준은 30이다.
㉡ 균형국민소득(Y) 수준은 70이다.
㉢ 이 경제는 장기균형상태이다.
㉣ 장기균형상태에서 물가수준은 $P = 60$이다.

① ㉠, ㉡
② ㉠, ㉡, ㉣
③ ㉠, ㉡, ㉢
④ ㉢, ㉣

해설

주어진 AD곡선과 AS곡선은 다음과 같이 나타낼 수 있다.

- 총수요(AD)곡선: $P = -Y^D + 100$ ⇒ $Y^D = 100 - P$
- 총공급(AS)곡선: $P = P^e + (Y^S - 50)$ ⇒ $Y^S = P - P^e + 50$

- 경제가 균형일 때, $Y^D = Y^S$가 성립하므로 주어진 조건을 이용하여 균형수준에서 소득(Y)과 물가수준(P)을 다음과 같이 도출할 수 있다.

- $Y^D = Y^S$ ⇒ $100 - P = P + 40$ ⇒ $2P = 60$ ⇒ $P = 30$(㉠)
- $Y^D = Y^S = Y = 70$(㉡)

- 경제가 장기균형에 도달하면 '$P = P^e$'가 성립하게 된다. 그런데 현재 K국 경제에서는 '$P(=30) \neq P^e(=10)$'이므로 장기균형상태가 아니다(㉢).
- 장기균형상태에서는 '$P = P^e$'이 성립해야 하므로 AS곡선에서 $Y^S = 50$이어야 한다. 또한 균형수준에서는 $Y^D = Y^S$도 성립해

하므로 $Y^D = 50$이어야 한다. 이 결과를 AD곡선에 대입하면 장기균형상태에서의 물가수준인 $P = 50$을 구할 수 있다.

정답 ①

18 2021년을 기준년도로 2022년의 물가지수를 Paasche지수로 구할 때 그 크기로 가장 가까운 것은?

구분	2021년		2022년	
	가격	수량	가격	수량
식품	10	8	15	10
의류	20	6	25	10

① 123
② 128
③ 133
④ 136

해설

Paasche지수는 비교년도(2021년) 거래량을 가중치로 삼아 다음과 같이 측정된다.

- $P_P = \dfrac{\sum P_{2022} \times Q_{2022}}{\sum P_{2021} \times Q_{2022}} \times 100 = \dfrac{15 \times 10 + 25 \times 10}{10 \times 10 + 20 \times 10} \times 100$
  $= \dfrac{400}{300} \times 100 ≒ 133$

정답 ③

19 실업률, 경제활동참가율, 고용률에 대한 설명으로 옳은 것은?

① 경제활동인구 증가율이 생산가능인구 증가율보다 크다면 경제활동참가율은 하락한다.
② 경제활동인구 증가율이 실업자 수 증가율보다 크다면 실업률은 상승한다.
③ 실업자 중 일부가 구직행위를 포기하면 실업률은 하락한다.
④ 인구증가율이 하락하면 경제활동참가율 역시 하락한다.

해설

실업률은 다음과 같다.

- 실업률 $= \dfrac{\text{실업자 수}}{\text{취업자 수} + \text{실업자 수}}$

만약 실업자가 구직을 포기하게 되면 분모 값의 감소율보다 분자 값의 감소율이 더 크게 나타나 결과적으로 실업률이 하락하게 된다.

① 경제활동참가율은 다음과 같다.

- 경제활동참가율 $=\dfrac{경제활동인구}{생산가능인구}$

따라서 경제활동인구 증가율이 생산가능인구 증가율보다 크다면 경제활동참가율은 상승하게 된다.

② 실업률은 다음과 같다.

- 실업률 $=\dfrac{실업자\ 수}{경제활동인구}$

따라서 경제활동인구 증가율이 실업자 수 증가율보다 크다면 실업률은 하락한다.

④ 경제활동참가율은 다음과 같다.

- 경제활동참가율 $=\dfrac{경제활동인구}{생산가능인구}$

경제활동참가율에 영향을 주는 것은 생산가능인구의 변화이다. 그런데 인구증가율이 하락하는 경우, 생산가능인구의 증감을 알 수 없다. 따라서 인구증가율이 하락한다고 하여 경제활동참가율도 하락한다고 단정할 수 없다.

정답 ③

---

20 다음 〈보기〉 중 케인스학파와 통화주의에 대한 설명으로 옳은 것은?

> ─ 보기 ─
> ㉠ 케인스학파는 경제 자체가 내재적으로 불안정하므로 정부는 단기적으로 총공급능력을 변화시킬 수 있는 경기안정화정책을 적극적으로 실시해야 한다고 주장하였다.
> ㉡ 통화주의자들은 장기적으로 화폐가 중립적이라면 인플레이션과 실업률 간에 역(−)의 관계가 성립할 수 없다고 주장하였다.
> ㉢ 케인스학파는 생산능력의 부족은 낮은 소득과 높은 실업의 원인이라고 주장하였다.
> ㉣ 통화주의자들은 중앙은행이 통화를 공급할 때에 사전에 명시되고 공표된 준칙을 따라야 한다고 주장하였다.

① ㉠, ㉡   ② ㉠, ㉢
③ ㉡, ㉣   ④ ㉢, ㉣

| 해설 |

통화주의는 장기에 필립스곡선은 자연실업률 수준에서 수직이고, 경기안정화를 위한 통화정책은 재량이 아닌 준칙에 의해서 시행되어야 한다고 주장한다.

- 케인스학파는 시장의 내재적 한계로 인해 발생하는 경기변동에

대응하기 위하여 정부의 적극적 개입이 필요하다고 주장한다. 이때 필요한 경기안정화정책은 총공급능력 확충이 아니고 단기적 총수요관리정책이다(㉠). 또한 케인스학파는 생산능력이 충분함에도 불구하고, 구매력이 뒷받침되지 못하는 총수요의 부족은 낮은 소득과 높은 실업의 원인이라고 주장하였다(㉢).

정답 ③

---

21 루카스(R. Lucas)의 경기변동이론에 대한 설명으로 옳지 않은 것은?

① 민간이 예상하지 못한 통화량의 변화가 경기변동을 일으킨다.
② 단기에는 화폐중립성이 성립하지 않는다.
③ 생산함수를 이동시키는 기술적 충격만이 경기변동을 일으킨다.
④ 경기변동과정에서 실제산출량이 자연산출량으로부터 이탈한다고 본다.

| 해설 |

생산함수를 이동시키는 기술적 충격으로 경기변동이 발생한다는 것은 '실물적' 경기변동이론이다.

① 민간이 예상하지 못한 통화량의 변화가 물가를 상승시키고, 이러한 물가상승을 상대가격의 변화로 착각한 기업들의 생산량 증가가 경기변동을 일으킨다고 본다.
② 예상하지 못한 통화량의 변화가 단기에 산출량을 증가시키므로 단기에는 화폐중립성이 성립하지 않는다.
④ 경기변동 과정에서 실제산출량이 자연산출량으로부터 이탈하는 것을 경기변동의 핵심으로 보았다.

정답 ③

---

22 컴퓨터의 국제가격이 2일 때, 소규모 개방경제인 K국의 국내 컴퓨터 수요곡선과 공급곡선은 다음과 같다.

> - $Q^D = 30 - 4P$
> - $Q^S = 6 + 2P$
>
> 여기서 Q^D는 수요량, Q^S는 공급량, P는 가격이다.

K국 정부가 국내 컴퓨터 생산자를 보호하기 위해 단위당 1의 수입관세를 부과한다면, 관세 부과로 인한 경제적 순손실(deadweight loss)은? (단, 관세 이외의 무역장벽은 없다고 가정한다)

① 1   ② 2
③ 3   ④ 5

주어진 조건을 충족하는 그림을 그리면 다음과 같다.

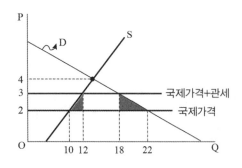

개방 후 K국에서는 국제가격 '2' 수준에서 12단위만큼의 수입이 이루어진다.

- '1'만큼의 관세를 부과하면 수입품의 국내판매가격은 '3'으로 상승하여 국내생산량이 2단위 증가하고, 국내소비량은 4단위 감소한다.
- 경제적 순손실은 위 그림에서 색칠한 부분에 해당한다.

> - 경제적 순손실 $= 2 \times 1 \times \dfrac{1}{2} + 4 \times 1 \times \dfrac{1}{2} = 1 + 2 = 3$

정답 ③

23 소국 개방경제인 K국의 반도체에 대한 국내 시장 수요곡선과 시장공급곡선이 다음과 같다.

- 시장수요곡선: $Q_D = 100 - 2P$
- 시장공급곡선: $Q_S = 10 + P$
- 여기서 Q_D는 수요량, Q_S는 공급량, P는 가격이다.

반도체의 단위당 세계시장가격은 40이고, K국은 현재 세계시장가격으로 반도체를 수출하고 있다. K국 정부는 반도체 수출을 장려하기 위하여 수출되는 반도체 1단위당 5만큼의 수출보조금 정책을 도입하고자 한다. K국의 수출보조금 정책으로 나타나게 되는 변화와 관련된 설명으로 타당하지 못한 것은?

① 수출보조금 지급으로 K국의 반도체 수출량은 15단위만큼 증가한다.

② 수출보조금 지급으로 K국의 소비자는 이전에 비해 75만큼의 잉여를 상실하게 된다.

③ 수출보조금 정책 도입으로 K국 정부가 부담해야 할 보조금 총액은 225이다.

④ 수출보조금 정책 도입으로 K국에서는 125만큼의 경제적 순손실(deadweight loss)이 발생한다.

소국 개방경제인 K국의 수출보조금 정책 도입 전·후 국내시장을 그림으로 나타내면 다음과 같다.

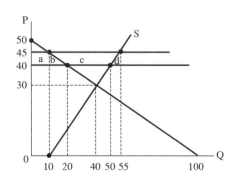

① 수출보조금 정책 도입 전 수출량은 30단위이고, 정책 도입 후 수출량은 45단위가 된다. 이에 따라 수출보조금 정책으로 수출량은 15단위만큼 증가하게 된다.

② 수출보조금 정책 도입으로 K국의 소비자잉여는 (a+b)만큼 감소하게 되며, 그 크기는 75가 된다.

③ 수출보조금 정책 도입으로 K국 정부가 부담해야 할 보조금 총액은 (b+c+d)가 되며, 그 크기는 225(=수출량(45단위)× 단위당 보조금(5))이다.

④ 수출보조금 정책 도입으로 소비자잉여는 75(=a+b)만큼 감소하고, 생산자잉여는 262.5(=a+b+c)만큼 증가하고, 정부의 보조금 지급으로 재정수지가 225(=b+c+d)만큼 악화된다. 이에 따라 수출보조금 정책 도입으로 인해 발생하는 경제적 순손실(deadweight loss)은 37.5(=262.5-75-225=b+d)가 된다.

- 소국은 국제가격에 영향을 줄 수 있는 나라임을 의미한다.

정답 ④

24 다음 ㉠, ㉡에 들어갈 내용으로 옳은 것은? (단, 'η(자국의 수입수요 탄력도)+η^*(해외의 수입수요 탄력도)<1'이 성립하고 있다)

자유변동환율제도를 실시하는 소규모 개방경제 K국에서 대규모의 자본도피가 발생하면 K국의 화폐가치가 (㉠) 하여 순수출(net export)이 (㉡)한다.

	㉠	㉡
①	하락	감소
②	하락	증가
③	상승	감소
④	상승	증가

| 해설 |

대규모의 자본도피가 발생하면 외화에 대한 수요가 급증하여 외화의 환율이 상승(K국의 화폐가치 절하)한다. 이에 따라 수출은 증가하고 수입은 감소한다. 그런데 'η(자국의 수입수요 탄력도)$+\eta^*$(해외의 수입수요 탄력도)<1'이 성립하고 있다. 이에 따라 'η(자국의 수입수요 탄력도)$+\eta^*$(해외의 수입수요 탄력도)>1'라는 Marshall$-$Lerner 조건을 충족하지 못한다. 그 결과 환율이 상승(K국 화폐의 평가절하)했음에도 불구하고 순수출은 오히려 감소하게 된다.

(정답) ①

---

25 다음 중 고정환율제도를 채택한 경제에서 나타나는 현상으로 옳은 것은?

① 국제수지가 적자인 경우 중앙은행은 외환을 매입한다.

② 국제수지 흑자가 발생할 경우 국내 통화 공급이 감소한다.

③ 국내 정책목표를 달성하기 위한 독자적인 재정정책이 제약을 받는다.

④ 해외요인으로 인해 외환시장에서 발생한 충격은 통화량의 변화를 통해 흡수한다.

| 해설 |

변동환율제도에서는 해외로부터 외환시장에 발생한 충격이 환율의 자유로운 변동으로 해결되므로 외환시장에 대한 중앙은행의 개입이 불필요하다. 그러나 고정환율제도에서는 환율의 자유로운 변동이 불가능하므로 환율의 충격 흡수 기능이 상실된다. 이에 따라 외환시장에 발생한 충격을 해소하기 위해 중앙은행이 개입할 수밖에 없고, 그 과정에서 중앙은행이 의도하지 않은 통화량의 '내생적 변화'가 발생하게 된다. 이런 이유로 고정환율제도하에서는 경기안정화를 위한 독자적 통화정책을 수행하는 것이 어려워진다.

① 국제수지 적자로 인한 외환시장에서의 환율상승 '압력'을 해소하기 위해 중앙은행은 보유외환을 매각한다. 그 결과 '내생적인' 통화량 감소가 나타나게 된다.

② 국제수지 흑자가 발생할 경우 외환시장에서는 환율하락 '압력'이 발생한다. 이를 해소하기 위해 중앙은행이 외환을 매입하게 되고, 그 과정에서 '내생적인' 통화량 증가가 이루어진다.

③ 고정환율제도하에서 제약을 받는 경기안정화정책은 재정정책이 아닌 통화정책이다.

(정답) ④

01	③	02	④	03	②	04	③	05	③
06	④	07	②	08	③	09	③	10	④
11	①	12	①	13	④	14	②	15	④
16	④	17	③	18	①	19	②	20	④

01
채식주의자(vegetarian)인 '채 만식'씨에게 브로콜리(B)의 소비는 효용을 증가시키지만, 고기(M)의 소비는 효용을 감소시킨다. '채 만식'씨의 무차별곡선으로 옳은 것은? (단, 브로콜리 소비량은 가로축, 소고기 소비량은 세로축에 나타낸다)

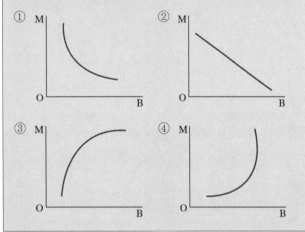

│ 해설 │

한 상품이 재화(goods)이고 다른 한 상품이 비재화(bads)인 경우 무차별곡선은 우상향하게 된다. 채식주의자 '채 만식'씨에게 브로콜리는 재화이고 고기는 비재화이다. 이러한 조건을 충족하는 무차별곡선을 그림으로 나타내면 다음과 같다.

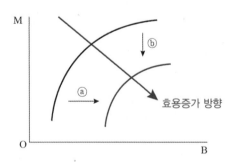

이에 따라 브로콜리(B)의 소비량이 증가할수록(ⓐ), 고기(M)의 소비량이 감소할수록(ⓑ) 소비자의 효용은 증가하게 된다.

정답 ③

02
주어진 소득으로 X재와 Y재만 소비하면서 효용극대화를 추구하는 소비자 H의 효용함수가 다음과 같다.

- $U(x, y) = \min[x, 2y]$ 여기서 x는 X재 소비량, y는 Y재 소비량을 나타낸다.

주어진 효용함수에 대한 설명으로 옳은 것을 〈보기〉에서 모두 고르면?

┌─ 보기 ──────────────────────────
- ⊙ 소득이 증가해도 두 재화의 소비량은 변화가 없다.
- ⓛ 한 재화의 가격변화에 따른 대체효과와 소득효과의 크기는 서로 상쇄된다.
- ⓒ 소득-소비곡선(ICC)은 기울기가 $\frac{1}{2}$인 직선이다.
- ⓔ X재와 Y재 소비량이 2배가 되면 효용도 2배가 된다.
└──────────────────────────────

① ⊙, ⓛ   ② ⊙, ⓔ

③ ⓛ, ⓒ   ④ ⓒ, ⓔ

│ 해설 │

주어진 효용함수는 레온티에프(Leontief) 효용함수로 소비자 H가 X재와 Y재를 항상 '2:1'로 결합하여 소비한다는 것을 보여준다. 즉 X재와 Y재는 완전보완재이다. 이에 따라 소득이 증가할 때, 소득-소비곡선(ICC)은 원점을 지나는 직선의 모습을 보인다. 그런데 소비자 균형점에서 X재와 Y재의 결합비율은 항상 '2:1'이므로 소득-소비곡선의 기울기는 모든 점에서 '$\frac{1}{2}$'이 된다(ⓒ).

- 두 재화의 소비량이 모두 2배가 되는 경우, 효용은 다음과 같다.

- $U = \min[x, 2y] \Rightarrow \min[2x, 2 \times (2y)] \Rightarrow 2 \times \min[x, 2y]$ $\Rightarrow 2U$

이에 따라 효용함수는 두 재화의 소비량이 모두 2배가 되면 효용도 2배가 되는 1차 동차 효용함수의 특징을 보인다(ⓔ).

⊙ 소득-소비곡선(ICC)이 우상향하므로 소득이 증가하면 두 재화의 소비량도 증가하게 된다.

ⓛ 두 재화가 완전보완재이므로 한 재화의 가격변화에 따른 대체효과는 발생하지 않고, 소득효과만이 발생한다. 이에 따라 가격효과와 소득효과의 크기가 같아지게 된다.

정답 ④

03 K기업의 생산함수는 $Q = 12L^{\frac{2}{3}}K^{\frac{1}{3}}$ 이다. K기업의 노동(L)과 자본(K)의 투입량이 각각 8, 27일 때, 노동의 한계생산(MP_L)과 노동의 평균생산(AP_L)은?

	노동의 한계생산(MP_L)	노동의 평균생산(AP_L)
①	10	12
②	12	18
③	18	14
④	14	16

| 해설 |

수학적으로 '$A^{\frac{\beta}{\alpha}} = \sqrt[\alpha]{A^\beta}$'가 성립한다. 이를 전제로 노동의 한계생산과 평균생산은 다음과 같이 도출된다.

우선 노동의 한계생산은 정의에 따라 다음과 같이 도출된다.

$$\bullet \; MP_L = \frac{dQ}{dL} = \frac{d(12L^{\frac{2}{3}}K^{\frac{1}{3}})}{dL} = 8L^{-\frac{1}{3}}K^{\frac{1}{3}} = 8\sqrt[3]{\frac{K}{L}} = 8\sqrt[3]{\frac{27}{8}}$$
$$= 8\sqrt[3]{\left(\frac{3}{2}\right)^3} = 8 \times \frac{3}{2} = 12$$

또한 노동의 평균생산은 정의에 따라 다음과 같이 도출된다.

$$\bullet \; AP_L = \frac{Q}{L} = \frac{12L^{\frac{2}{3}}K^{\frac{1}{3}}}{L} = 12L^{-\frac{1}{3}}K^{\frac{1}{3}} = 12\sqrt[3]{\frac{K}{L}}$$
$$= 12\sqrt[3]{\frac{27}{8}} = 12\sqrt[3]{\left(\frac{3}{2}\right)^3} = 12 \times \frac{3}{2} = 18$$

정답 ②

---

04 기업 S의 단기 총비용함수가 다음과 같이 주어졌다.

• $TC = 1,000 + 50Q$, 여기서 TC는 총비용, Q는 양 (+)의 생산량이다.

이 비용함수에 대한 설명으로 옳은 것은?

① 한계비용곡선은 우상향하는 직선이다.

② 평균고정비용은 1,000으로 항상 일정하다.

③ 모든 생산량 수준에서 평균비용은 한계비용보다 크다.

④ 생산량이 증가함에 따라 평균가변비용곡선은 우하향한다.

| 해설 |

주어진 비용함수를 전제로 각 비용함수를 구하면 다음과 같다.

• $TC = 1,000 + 50Q$

• 한계비용(MC) $= \frac{dTC}{dQ} = 50$(일정)

• 평균고정비용(AFC) $= \frac{TFC}{Q} = \frac{1,000}{Q}$ ⇒ 직각쌍곡선

• 평균비용(AC) $= \frac{TC}{Q} = \frac{1,000}{Q} + 50 = AFC + MC$

• 평균가변비용(AVC) $= \frac{TVC}{Q} = \frac{50Q}{Q} = 50$(일정)

'$AC = AFC + MC$'이므로 모든 생산량 수준에서 평균비용은 한계비용보다 AFC만큼 크다.

① 한계비용은 50으로 일정하므로 한계비용곡선은 수평의 모습을 보인다.

② 평균고정비용은 '$\frac{1,000}{Q}$'이므로, 생산량이 증가함에 따라 지속적으로 감소하게 된다.

④ 평균가변비용은 50으로 일정하므로, 평균가변비용곡선은 수평의 모습을 보인다.

정답 ③

---

05 공급곡선이 다음과 같이 주어져 있다고 하자.

• $Q^S = aP + b$, 여기서 Q^S는 공급량, P는 가격이며, $a > 0$, $b > 0$이 성립한다.

이에 대한 설명으로 옳은 것은?

① 공급의 가격탄력성은 항상 1보다 크며 원점에서 멀어질수록 커진다.

② 공급의 가격탄력성은 항상 1보다 크며 원점에서 멀어질수록 작아진다.

③ 공급의 가격탄력성은 항상 1보다 작으며 원점에서 멀어질수록 커진다.

④ 공급의 가격탄력성은 항상 1보다 작으며 원점에서 멀어질수록 작아진다.

| 해설 |

주어진 공급곡선은 다음과 같이 변형할 수 있다.

• $Q^S = aP + b \Rightarrow P = \frac{1}{a}Q^S - \frac{b}{a}$

그런데 '$a > 0$, $b > 0$'이므로 '$\frac{b}{a} > 0$'이 되고, 이에 따라 공급곡선의 가격절편 값은 음(−)의 값을 갖는다. 이것은 공급곡선이 수량축을 지나는 우상향하는 직선이라는 의미이다. 이와 같이 공급곡선이 수량축을 지나면 공급곡선상의 모든 점에서 공급의 가격탄력성은 항상 1보다 작은 값을 갖는다.

• 공급의 가격탄력성은 수학적으로 다음과 같이 도출된다.

- $E_P^S = \dfrac{dQ}{dP} \times \dfrac{P}{Q}$

- $\dfrac{dQ}{dP} \Rightarrow$ 공급곡선의 접선의 기울기

- $\dfrac{P}{Q} \Rightarrow$ 원점에서 공급곡선상의 한 점까지 그은 직선의 기울기

공급곡선이 수량축을 통과하는 직선이므로 곡선상의 모든 점에서 $\dfrac{dQ}{dP}$는 동일한 값을 갖는다. 그러나 동일한 공급곡선상의 점이라고 하더라도 $\dfrac{P}{Q}$는 원점에서 멀어질수록 더 큰 값을 갖는다. 따라서 원점에서 멀어질수록 공급의 가격탄력성은 큰 값을 갖게 된다.

정답 ③

06 시장을 독점하고 있는 기업 A의 한계비용은 생산량에 상관없이 8로 일정하며, 시장수요는 $Q = 50 - P$이다. 이 기업은 매출액의 20%를 세금으로 부담하여야 한다. 독점이윤을 극대화하기 위해 이 기업은 가격을 얼마로 책정해야 하는가?

① 10 ② 20
③ 25 ④ 30

해설

주어진 시장수요곡선을 전제로 한계수입을 다음과 같이 도출할 수 있다.

- $Q = 50 - P \Rightarrow P = 50 - Q \Rightarrow MR = 50 - 2Q$

- 매출액의 20%를 세금으로 부담하고 난 후의 이윤극대화 수준에서의 가격은 다음과 같은 과정을 통해 도출할 수 있다.

- $\pi = TR - TC - 0.2TR = 0.8TR - TC$
- $\dfrac{d\pi}{dQ} = \dfrac{d0.8TR}{dQ} - \dfrac{dTC}{dQ} = 0.8 \times \dfrac{dTR}{dQ} - \dfrac{dTC}{dQ} = 0.8 \times MR - MC$
  $= 0 \ (\because \text{이윤극대화} \Rightarrow \dfrac{d\pi}{dQ} = 0)$
- $0.8 \times MR - MC = 0.8 \times (50 - 2Q) - 8 = 40 - 1.6Q - 8$
  $= 32 - 1.6Q = 0$
  $\Rightarrow Q = 20, \ P = 30$

정답 ④

07 완전경쟁시장에서 조업하고 있는 기업 S의 생산함수가 다음과 같이 주어졌다.

- $Q = L^{0.5}K^{0.5}$, 여기서 Q는 생산량, L은 노동투입량, K는 자본투입량이다.

단기적으로 자본이 4단위만큼 투입된다고 할 때, 기업 S의 손익분기점에서 시장가격은? (단, 노동과 자본의 가격은 각각 100이라고 가정한다)

① 100 ② 200
③ 300 ④ 400

해설

단기적으로 자본이 4단위만큼 투입되므로, 주어진 생산함수를 통해 다음 조건을 도출할 수 있다.

- $Q = L^{0.5}K^{0.5} \Rightarrow Q = L^{0.5}4^{0.5} \Rightarrow Q = \sqrt{L}\sqrt{4} \Rightarrow Q = 2\sqrt{L}$
  $\Rightarrow \sqrt{L} = \dfrac{Q}{2} \Rightarrow L = \dfrac{Q^2}{4}$

- 주어진 조건을 이용하여 기업 S의 총비용(TC)곡선을 구해본다.

- $TC = P_L \times L + P_K \times K \Rightarrow TC = 100L + 100 \times 4$
  $\Rightarrow TC = 100 \times \dfrac{Q^2}{4} + 400 = 25Q^2 + 400$

- 손익분기점은 단기평균비용(AC)의 극솟값 수준에서 이루어지며, '$P = MC = AC$'가 성립한다.
  따라서 다음과 같이 손익분기점에서의 시장가격을 구할 수 있다.

- $AC = \dfrac{TC}{Q} = 25Q + \dfrac{400}{Q}$
- $MC = \dfrac{dTC}{dQ} = 50Q$
- $AC = MC \Rightarrow 25Q + \dfrac{400}{Q} = 50Q \Rightarrow 25Q - \dfrac{400}{Q} = 0$
  $\Rightarrow 25Q^2 - 400 = 0 \Rightarrow Q^2 = 16 \Rightarrow Q = 4$
- $MC = 50Q = 50 \times 4 = 200 = P$

정답 ②

08 오염자 A는 공해를 발생시켜 피해자 B의 생산에 영향을 주고 있고, 이를 고려한 오염자의 A의 사회적 한계비용(SMC_A)과 사적 한계비용(PMC_A)이 각각 다음과 같다고 하자.

- $SMC_A = 100Q$　　　　• $PMC_A = 50Q$

코즈(R. Coase) 정리에 따라 상호 협상을 통하여 사회적 최적생산량을 달성할 수 있는 협상 금액을 X라 할 때, 그 범위는? (단, 오염자 A가 생산하는 제품의 시장가격은 100원으로 일정하다고 가정한다)

① 0 < X < 25　　　　　② 25 < X < 50

③ 25 < X < 75　　　　　④ 50 < X < 75

| 해설 |

문제에서 주어진 조건을 그림으로 그리면 다음과 같다.

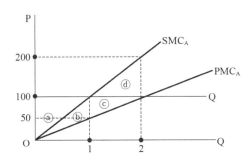

- 그림에서 재산권이 A에게 있는 경우, 사회적 최적생산량이 1인 반면에 오염자 A가 재산권을 행사하는 경우의 시장생산량은 2가 되어 피해자 B는 사회적 최적생산량 수준에 비해 'ⓒ+ⓓ'(=75)만큼 피해를 입게 된다.
- 반면에 오염자 A가 사회적 최적생산량을 생산하게 되면 재산권을 행사하여 생산하는 수준에 비해 'ⓒ'(=25)만큼의 이익이 감소하게 된다. 이에 따라 피해자 B는 오염자 A에게 최소한 'ⓒ'만큼의 보상금을 지급해야 한다. 또한 오염자 A가 재산권을 행사할 때 입게 되는 피해인 'ⓒ+ⓓ'보다는 적은 보상금을 지급하고자 할 것이다. 결과적으로 협상금액 범위(X)는 'ⓒ(=25) < X < ⓒ+ⓓ(=75)'가 성립한다.
- 한편 재산권이 B에게 있는 경우, 오염자 A는 B에게 피해를 줄 수 없으므로 생산을 할 수 없다. 그런데 오염자 A가 사회적 최적생산량인 1을 생산할 수 있다면, 오염자 A는 'ⓐ+ⓑ'(=75)만큼 이익을 얻을 수 있다.
- 반면에 오염자 A가 사회적 최적생산량을 생산하게 되면 재산권을 갖고 있는 B에게는 'ⓑ'(=25)만큼의 피해가 발생한다. 이에 따라 오염자 A는 피해자 B에게 최소한 'ⓑ'(=25)의 보상금을 지급해야 한다. 또한 사회적 최적생산량인 1만큼을 생산할 때

얻을 수 있는 이익인 'ⓐ+ⓑ'(=75)보다는 적은 보상금을 지급하고자 할 것이다. 결과적으로 협상금액 범위(X)는 'ⓑ(=25) < X < ⓐ+ⓑ(=75)'가 성립한다.
- 결국 재산권이 누구에게 있든 관계없이 협상금액의 범위는 b(=25) < X < a+b(=75)로 동일하다.

정답 ③

---

09 K국의 올해 민간소비지출이 800조 원, 정부지출이 500조 원, 투자가 100조 원, 수출이 1,500조 원, 수입이 1,600조 원, 대외순수취요소소득이 100조 원이라고 할 때, K국의 국민총생산(GNP)은?

① 1,200조 원　　　　　② 1,300조 원

③ 1,400조 원　　　　　④ 1,500조 원

| 해설 |

국민총생산(GNP)은 일정 기간 동안 자국민에 의해서 생산된 총생산액을 의미하며 다음과 같이 측정된다.

- GNP = GDP − 대외지급요소소득 + 대외수취요소소득
  = GDP + 대외순수취요소소득

- 국내총생산(GDP)은 자국 내에서 생산된 총생산액을 의미하며 다음과 같이 측정된다.

- GDP = 소비지출(C) + 투자지출(I) + 정부지출(G) + 순수출(X − M) = 800 + 500 + 100 + (1,500 − 1,600) = 1,300(조 원)

- 따라서 K국의 국민총생산(GNP)은 다음과 같이 측정된다.

- GNP = 1,300조 원 + 100조 원 = 1,400조 원

정답 ③

---

10 1기와 2기를 사는 소비자 H의 효용함수는 다음과 같다.

- $U = \sqrt{C_1} + \sqrt{C_2}$, 여기서 U는 총효용, C_1는 1기의 소비, C_2는 2기의 소비이다.

만약 1기와 2기의 소득이 각각 100이고 실질이자율이 0%일 경우, 이 소비자의 행동으로 옳은 것은?

① 1기와 2기 모두 저축을 한다.

② 1기에 저축을 하고 2기에 차입을 한다.

③ 1기에 차입을 하고 2기에 저축을 한다.

④ 1기와 2기 모두 저축과 차입 어느 것도 하지 않는다.

주어진 조건에 따른 예산제약식을 다음과 같이 나타낼 수 있다.

$$Y_1 + \frac{Y_2}{1+r} = C_1 + \frac{C_2}{1+r}$$

여기서 C_1은 현재소비, C_2는 미래소비, Y_1은 현재소득, Y_2는 미래소득, r은 이자율이다.

- 실질이자율이 0%이므로 예산제약식은 다음과 같다.

$$Y_1 + \frac{Y_2}{1+r} = C_1 + \frac{C_2}{1+r} \Rightarrow 100 + \frac{100}{1+0} = C_1 + \frac{C_2}{1+0}$$
$$\Rightarrow C_2 = 200 - C_1$$

여기서 C_1은 현재소비, C_2는 미래소비, Y_1은 현재소득, Y_2는 미래소득, r은 이자율이다.

이에 따라 미래소비(C_2)의 크기로 나타낸 현재소비(C_1)의 상대가격은 '1'이 된다.

- 주어진 효용함수를 전제로 한계대체율($MRS_{C_1 C_2}$)을 구하면 다음과 같다.

$$MRS_{C_1 C_2} = \frac{MU_{C_1}}{MU_{C_2}} = \frac{\frac{1}{2}C_1^{-\frac{1}{2}}}{\frac{1}{2}C_2^{-\frac{1}{2}}} = \left(\frac{C_2}{C_1}\right)^{\frac{1}{2}}$$

- 소비자 균형은 예산제약식의 기울기인 상대가격과 효용함수의 기울기인 한계대체율($MRS_{C_1 C_2}$)이 일치하는 수준에서 이루어진다.

- 상대가격 = 한계대체율($MRS_{C_1 C_2}$) $\Rightarrow 1 = \left(\frac{C_2}{C_1}\right)^{\frac{1}{2}} \Rightarrow C_1 = C_2$
- $C_2 = 200 - C_1 \Rightarrow C_1 = 200 - C_1 \Rightarrow 2C_1 = 200 \Rightarrow C_1 = 100$
  $\Rightarrow C_2 = 100$

따라서 1기 소비(C_1)와 2기 소비(C_2)의 크기를 동일하게 유지하게 된다.

- 실질이자율이 0%라는 것은 저축을 해도 이자수입이 존재하지 않는다는 것이고, 차입을 해도 이자지급의 필요가 없다는 것이다. 즉, 대부시장 자체가 존재하지 않는다는 것과 동일한 의미이다.

정답 ④

---

11 다음에 제시된 자료를 전제로 통화승수를 구하면?

- $M_1 = C + D$
- $H = C + R$
- $c = \dfrac{C}{M_1} = \dfrac{1}{4}$
- $z = \dfrac{R}{D} = \dfrac{1}{5}$

단, C는 현금통화, D는 요구불 예금, H는 본원통화, R은 지급준비금, c는 현금－통화비율, z는 지급준비율이다.

① 2.5 ② 3

③ 4.5 ④ 5

주어진 조건을 전제로 통화승수(m)는 다음과 같이 도출된다.

$$m = \frac{1}{c+z-cz} = \frac{1}{\frac{1}{4} + \frac{1}{5} - \frac{1}{4} \times \frac{1}{5}} = \frac{1}{\frac{5}{20} + \frac{4}{20} - \frac{1}{20}} = \frac{1}{\frac{8}{20}}$$
$$= \frac{20}{8} = \frac{5}{2} = 2.5$$

정답 ①

---

12 다음은 단순한 폐쇄경제의 IS－LM모형이다.

- 소비(C) $= 100 + 0.8Y$
- 투자(I) $= 20 - 10r$
- 정부지출(G) $= 40$
- 통화공급(M^S) $= 50$
- 화폐수요(M^D) $= 10 + 0.2Y - 10r$

단, 여기서 Y는 국민소득, r은 이자율이다.

정부지출이 10만큼 증가하는 경우, 구축효과(crowding－out effect)에 의한 소득의 감소 크기는?

① 25 ② 30

③ 35 ④ 45

생산물시장이 균형일 때, 소득(Y)과 이자율(r)의 관계를 보여주는 IS곡선은 다음과 같이 도출된다.

- $Y = C + I + G \Rightarrow Y = 100 + 0.8Y + 20 - 10r + 40$
  $\Rightarrow 0.2Y = 160 - 10r$

- 화폐시장이 균형일 때, 소득(Y)과 이자율(r)의 관계를 보여주는 LM곡선은 다음과 같이 도출된다.

- $M^S = M^D \Rightarrow 50 = 10 + 0.2Y - 10r \Rightarrow 0.2Y = 40 + 10r$

IS곡선과 LM곡선을 연립해서 풀면 'Y = 500'과 'r = 6'이다.

- 정부지출이 10만큼 증가할 때 IS곡선은 다음과 같이 도출된다.

$\bullet\ Y = C + I + G \Rightarrow Y = 100 + 0.8Y + 20 - 10r + 50$

$\Rightarrow 0.2Y = 170 - 10r$

이 식을 기존의 LM곡선과 연립해서 풀면 'Y = 525'와 'r = 6.5'이다.

• 주어진 조건하에서 정부지출 승수는 다음과 같다.

• 정부지출 승수: $\dfrac{1}{1 - 한계소비성향} = \dfrac{1}{1 - 0.8} = \dfrac{1}{0.2} = 5$

따라서 이자율이 'r = 6' 수준에서 변동이 없다면, 정부지출이 10만큼 증가할 때 소득은 50만큼 증가하여, 'Y = 550'까지 증가할 수 있다. 그런데 정부지출이 이자율을 상승시켜, 이로 인한 투자 감소가 소득을 25만큼 감소시키는 구축효과가 발생한 것이다.

• 앞의 결과들을 그림으로 나타내면 다음과 같다.

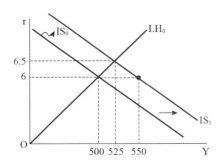

(정답) ①

---

13 루카스 총공급(AS)함수는 다음과 같다.

$$Y = Y_N + \alpha(P - P^e),\ \alpha > 0$$

이 함수가 가지는 특징에 대한 각 학파의 입장으로 옳은 것은?

① Keynes학파의 경우 단기에 P^e가 불변이므로, AS곡선은 수평이 된다.

② 합리적 기대학파의 경우 단기와 장기에 모두 AS곡선은 항상 우상향한다.

③ 합리적 기대학파의 경우 예상하지 못한 인플레이션이 일어나면, 단기와 장기에 모두 AS곡선이 Y_N 수준에서 수직선이 된다.

④ 통화주의의 경우 단기에는 AS곡선이 우상향하지만, 장기에는 자연산출량 수준 Y_N 수준에서 수직선이 된다.

| 해설 |

루카스 총공급함수는 P^e가 불변인 경우에는 우상향하고, $P = P^e$인 경우에는 자연산출량 수준과 실제산출량 수준은 같아진다. 그런데 통화주의의 경우 단기에는 P^e가 불변이 되어 AS곡선이 우상향하게 되지만, 장기에는 $P = P^e$가 성립하게 되어 AS곡선은 자연산출량 수준에서 수직의 모습을 보이게 된다.

① Keynes학파의 경우 단기에 P^e가 불변이므로, AS곡선은 우상향하게 된다.

② 합리적 기대학파의 경우 단기와 장기에 모두 $P = P^e$가 성립하게 되어 AS곡선은 항상 자연산출량 수준에서 수직이 된다.

③ 합리적 기대학파의 경우 예상하지 못한 인플레이션이 일어나면, $P = P^e$가 성립할 수 없어, 단기에서만큼은 AS곡선은 우상향하게 된다.

(정답) ④

---

14 피셔효과가 완벽히 성립하는 경제에서 실질이자율이 2%, 기대인플레이션율이 4%이다. 이자소득세율이 20%인 경우 세후 명목이자율과 세후 기대실질이자율은?

	세후 명목이자율	세후 기대실질이자율
①	6%	−2.4%
②	4.8%	0.8%
③	8%	−2.4%
④	4.8%	1.2%

| 해설 |

피셔효과가 완전히 성립하는 경우 다음 식이 성립한다.

• 명목이자율(i) = 실질이자율(r) + 기대인플레이션율(π^e)

= 2% + 4% = 6%

• 세후 명목이자율 = 명목이자율 − 명목이자율 × 이자소득세율

= 6% − 6% × 0.2 = 6% − 1.2% = 4.8%

• 세후 기대실질이자율 = 세후 명목이자율 − 기대인플레이션율

= 4.8% − 4% = 0.8%

(정답) ②

---

15 다음 중 실업자로 분류되는 경우는?

① 주중 내내 부모님의 식당일을 돕고 있는 M씨

② 내년에 있을 공무원 시험에 응시하기 위해 공부하고 있는 L씨

③ 서류 전형에서 거듭 탈락한 후, 산 속에 들어가 양봉업을 시작한 J씨

④ 다니던 직장에 만족하지 못해 사직한 후, 외국계 회사에 면접을 보러 다니는 K씨

| 해설 |

다니던 직장에 만족하지 못해 사직한 후, 다른 직장을 찾고 있는 것은 자발적 실업에 해당하는 마찰적 실업에 해당한다.

① 가계 단위의 사업장에서 1주일에 18시간 동안 일을 하게 되면, 급료의 유무와 관계없이 취업자로 간주된다.

② 공무원 수험생이 아직 응시원서를 제출하지 않는 한 비경제활동인구로 분류된다.

③ 양봉업에 종사하게 되면 자영업자에 해당되어 취업자로 분류된다.

정답 ④

---

16 다음 중 화폐의 중립성에 대한 설명으로 옳은 것은?

① 케인스학파는 화폐의 중립성이 단기에 성립한다고 주장한다.

② 임금을 비롯한 가격변수가 신축적인 경우에는 성립하지 않는다.

③ 통화공급이 변화할 때 명목변수가 영향을 받지 않는 경우를 말한다.

④ 고전학파는 화폐의 중립성이 장기에서는 물론 단기에서도 성립한다고 주장한다.

| 해설 |

고전학파는 중앙은행의 통화량 증가는 물가만 상승시킬 뿐 실질산출량과 같은 실질변수에는 영향을 주지 못한다고 본다. 이를 화폐의 중립성 또는 화폐의 베일관이라고 한다. 이러한 화폐의 중립성은 가격변수가 신축적인 경우에 나타나는 현상이다.

① 케인스학파는 가격변수의 경직성을 전제하므로 화폐의 중립성이 성립하지 않는다고 본다. 이에 따라 가격변수가 경직적이면 단기 총공급곡선은 우상향하며, 확장적 통화정책은 실질산출량을 증가시킬 수 있다.

② 가격변수가 신축적이면 단기 총공급곡선이 수직이 된다. 이에 따라 확장적 통화정책은 물가수준만 상승시킬 뿐 산출량은 불변이 된다.

③ 화폐의 중립성이란 통화공급이 변화할 때 '실질'변수가 영향을 받지 않는 경우를 말한다.

정답 ④

---

17 생산함수가 다음과 같이 주어져 있다.

- $Y = AL^{0.5}K^{0.5}$, 여기서 Y는 총산출량, A는 총요소생산성, L은 노동투입량, K는 자본투입량이다.

이 경제에서 총요소생산성(A)이 3%, 노동투입량(L)이 2%, 자본투입량(K)이 6% 증가한다면 1인당 산출량 증가율은?

① 3%   ② 4%

③ 5%   ④ 6%

| 해설 |

총생산함수가 $Y = AL^{\alpha}K^{\beta}$로 주어진 경우 성장회계식을 통해 총산출량 증가율을 다음과 같이 도출할 수 있다.

- $\dfrac{\triangle Y}{Y} = \dfrac{\triangle A}{A} + \alpha \times \dfrac{\triangle L}{L} + \beta \times \dfrac{\triangle K}{K}$ ⇒

$\dfrac{\triangle Y}{Y} = 3\% + 0.5 \times 2\% + 0.5 \times 6\% = 3\% + 1\% + 3\% = 7\%$

- 1인당 산출량 증가율은 다음과 같이 도출된다.

- 1인당 산출량 증가율 = 총산출량 증가율 - 노동(인구) 증가율 = 7% - 2% = 5%

정답 ③

---

18 다음 그림은 K국의 생산가능곡선, 국제가격선, 사회무차별곡선을 나타낸 것이다. 헥셔 – 올린(Heckscher – Ohlin) 정리에 대한 설명으로 옳은 것은?

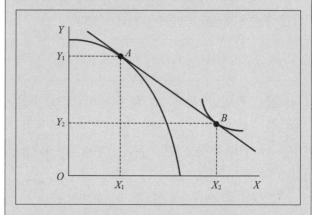

① K국에서 X재 수량으로 나타낸 Y재의 상대가격이 무역이전보다 무역 이후에 상승한다.

② X재가 노동집약재, Y재가 자본집약재라면 K국은 노동풍부국이다.

③ K국은 X재를 OX_2만큼 수출한다.

④ K국은 Y재를 OY_2만큼 수입한다.

| 해설 |

K국은 생산가능곡선상의 A점에서 X재를 OX_1, Y재를 OY_1만큼 생산하고, 국제상대가격선상의 B점에서 X재를 OX_2, Y재를 OY_2

만큼 소비한다. 이것은 K국이 Y재에 대하여 비교우위를 갖는다는 것을 의미한다. 따라서 X재 수량으로 나타낸 Y재의 상대가격은 무역 이전보다 무역 이후에 증가하게 된다.

② 헥셔–올린의 정리에 따르면 상대적으로 풍부한 부존자원을 집약적으로 투입하여 생산하는 재화에 대하여 비교우위를 갖게 된다. K국의 수출재는 Y재이다. 따라서 Y재가 자본집약재라면 K국은 자본풍부국이다.

③ K국은 Y재를 OY_1만큼 생산하여 OY_2만큼 소비한다. 이것은 K국의 Y재 수출량이 Y_1Y_2라는 것을 의미한다.

③ K국은 X재를 OX_1만큼 생산하여 OX_2만큼 소비한다. 이것은 K국의 X재 수입량이 X_1X_2라는 것을 의미한다.

정답 ①

---

19 한국과 미국의 내년도 예상물가상승률이 각각 5%와 3%라고 가정하자. 현재 환율은 1,100원/달러이다. 구매력 평가설을 적용할 때, 내년도 원/달러 환율의 예측치는?

① 1,078원/$ 　　　 ② 1,122원/$

③ 1,133원/$ 　　　 ④ 1,155원/$

| 해설 |

구매력 평가설이 적용되면 다음 식이 성립한다.

- $P = P_f \times e \Rightarrow e = \dfrac{P}{P_f}$, 여기서, P는 국내 물가 수준, P_f는 해외 물가 수준, e는 명목환율이다.

- $\dfrac{\Delta e}{e} = \dfrac{\Delta P}{P} - \dfrac{\Delta P_f}{P_f}$, 여기서, $\dfrac{\Delta e}{e}$는 명목환율변동률, $\dfrac{\Delta P}{P}$는 국내 예상물가상승률, $\dfrac{\Delta P_f}{P_f}$는 해외 예상물가상승률이다.

- 주어진 자료를 이용하면 내년도 원/달러 환율의 예측치를 다음과 같이 구할 수 있다.

- $\dfrac{\Delta e}{e} = \dfrac{\Delta P}{P} - \dfrac{\Delta P_f}{P_f} \Rightarrow \dfrac{\Delta e}{e} = 5\% - 3\% = 2\%$

따라서 원/달러 환율은 올해에 비해 2% 상승한 1,122원이 될 것이라고 예측된다.

정답 ②

---

20 자본이동이 불가능한 소규모 개방경제인 K국에서 확대통화정책을 실시한다고 하자. 이 정책의 시행으로 나타나게 되는 최종적인 결과에 대한 설명으로 옳은 것은? (단, K국은 변동환율제도를 채택하고 있다고 가정한다)

① 통화량이 증가한다.

② 자본유입이 이루어진다.

③ IS곡선은 왼쪽으로 이동한다.

④ 국민소득이 증가한다.

| 해설 |

자본이동이 불가능한 소규모 개방경제의 BP곡선은 국제수지가 균형일 때의 국민소득(Y_0) 수준에서 수직의 모습을 보인다. 이러한 특징을 전제로 확대통화정책을 실시하는 경우 나타나는 현상을 다음 그림과 같이 나타낼 수 있다.

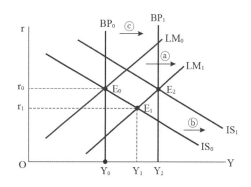

- 확대통화정책 실시로 LM곡선은 오른쪽으로 이동하고(ⓐ), 단기 대내균형은 E_1이 되어, 국민소득이 증가($Y_0 \rightarrow Y_1$)하고 이자율은 하락($r_0 \rightarrow r_1$)한다. 국민소득의 증가로 인한 수입의 증가로 국제수지는 적자가 된다. 이러한 국제수지 적자로 외환시장에서는 '환율상승'이 발생하게 된다. 한편 자본이동이 불가능하므로 이자율은 하락했지만 자본유출은 이루어지지 않는다.

- 환율이 상승하면 순수출이 증가하여 IS곡선이 오른쪽으로 이동하고(ⓑ), BP곡선도 오른쪽으로 이동한다(ⓒ). 이에 따라 대내외 동시균형은 E_2에서 이루어진다.

- 새로운 대내외 동시균형(E_2)에서는 확대통화정책 실시 전에 비해, 국민소득은 증가($Y_0 \rightarrow Y_2$)하게 된다.

정답 ④

AK 경제학 실전 동형 모의고사 24   p. 120 - 125

01	①	02	④	03	②	04	③	05	③
06	③	07	①	08	③	09	①	10	②
11	③	12	②	13	④	14	②	15	④
16	③	17	③	18	④	19	①	20	①
21	③	22	②	23	④	24	④	25	④

01 상업자본주의에 대한 설명으로 옳은 것은?

① 무역에서는 수출을 장려하고 수입을 억제하기 위한 정부의 역할을 강조하였다.

② 기업 간 경쟁을 자제하고 기업 연합 등을 통한 시장 지배 시도가 강화되었다.

③ 정부의 간섭을 최소화하는 자유방임주의를 환영하였다.

④ 시장 기능의 한계를 인식하고 이를 해결하기 위한 정부의 조정 기능을 강조하였다.

| 해설 |

상업자본주의는 국부는 생산활동이 아닌 상품의 유통과정에서 창출된 가치에 의해서 축적된다고 주장한다. 이는 중상주의라고도 한다. 또한 국부의 측정은 국가가 보유하고 있는 금과 은과 같은 귀금속 보유량에 의해 이루어진다고 보았다. 중금주의라고도 불리는 이유이다. 한편 무역에 있어서는 금·은의 유입을 위해 수출을 장려하고, 금·은의 유출을 막기 위해 수입을 억제하는 보호무역을 기본정책으로 삼았다.

② 독점자본주의에 대한 설명이다.

③ 산업자본주의에 대한 설명이다.

④ 수정자본주의에 대한 설명이다.

• 자본주의 변천과정은 다음과 같다.

> 상업자본주의 ⇒ 산업자본주의 ⇒ 독점자본주의 ⇒ 수정자본주의 ⇒ 신자유주의

정답 ①

02 소비자이론에 대한 설명으로 옳은 것은?

① 효용함수 $U = (X + Y)^2$는 1차 동차함수이다.

② 직각쌍곡선 형태의 수요곡선상에서 수요량이 증가할수록 가격탄력성은 작아진다.

③ 효용함수 $U = \min[X, Y]$에서 X재 가격이 하락하는 경우, 대체효과에 따라 X재 수요량은 증가한다.

④ 소비자가 기펜재와 정상재에 모든 소득을 지출하는 경우, 기펜재의 가격 하락은 정상재의 수요를 증가시킨다.

| 해설 |

기펜재는 가격과 수요량이 같은 방향으로 움직이는 재화이다. 따라서 기펜재의 가격 하락은 기펜재에 대한 수요량을 감소시킨다. 이에 따라 남은 소득으로 정상재 수요를 증가시킬 수 있다.

① 효용함수 $U = (X + Y)^2$에서 X재와 Y재 소비량을 각각 t배 증가시키는 경우를 상정하자.

> • $(tX + tY)^2 = [t(X + Y)]^2 = t^2(X + Y)^2 = t^2 U$

따라서 주어진 효용함수는 2차 동차 효용함수이다.

② 직각쌍곡선 형태의 수요곡선은 모든 점에서 수요의 가격탄력성이 항상 '1'인 단위탄력적이다.

③ 효용함수가 $U = \min[X, Y]$라면 X재와 Y재는 항상 '1:1' 결합되어 소비되는 완전보완재이다. 이 경우 한 재화의 가격 변화에 따른 대체효과는 발생하지 않고, 오직 소득효과만이 발생하게 된다. 따라서 X재 가격이 하락하는 경우, X재 소비량이 증가한다면 이것은 대체효과가 아닌 소득효과에 의한 것이다.

정답 ④

03 A국과 B국의 생산함수가 다음과 같다.

- A국 생산함수: $Y_A = A_A L^{0.2} K^{0.8}$,
  $L_A = 100$, $K_A = 100$
- B국 생산함수: $Y_B = A_B L^{0.8} K^{0.2}$,
  $L_B = 200$, $K_B = 200$
- Y는 총산출량, A는 기술수준, L은 노동투입량,
  K는 자본투입량이다.

두 나라의 노동의 한계생산성(MP_L)의 크기를 올바르게 비교한 것은? (단, 두 나라의 기술수준은 동일하며, 모든 시장은 완전경쟁적이라고 가정한다)

① $MP_L^A > MP_L^B$

② $MP_L^A < MP_L^B$

③ $MP_L^A = MP_L^B$

④ 주어진 조건만으로는 비교할 수 없다.

| 해설 |

생산함수가 1차 동차 생산함수 형태의 콥-더글러스 생산함수로 주어지는 경우 노동의 한계생산성은 다음과 같이 도출된다.

- $Y = AL^\alpha K^{1-\alpha}$
- $MP_L = \dfrac{dY}{dL} = \alpha A L^{\alpha-1} K^{1-\alpha} = \alpha A \left(\dfrac{K}{L}\right)^{1-\alpha}$

- 두 나라의 기술수준이 동일하므로 '$A_K = A_Y$'가 성립한다. 이에 따라 두 나라의 노동의 한계생산성(MP_L)을 각각 도출하여 비교하면 다음과 같다.

- K국 노동의 한계생산성:
  $MP_L^K = \dfrac{dY_K}{dL_K} = 0.2 A_K \left(\dfrac{100}{100}\right)^{0.8} = 0.2 A_K$
- Y국 노동의 한계생산성:
  $MP_L^Y = \dfrac{dY_Y}{dL_Y} = 0.8 A_Y \left(\dfrac{200}{200}\right)^{0.2} = 0.8 A_Y$
- $MP_L^K (= 0.2 A_K) < MP_L^Y (= 0.8 A_Y)$ ($\because A_K = A_Y$)

정답 ②

04 다음 그림은 Q_1, Q_2, Q_3가 1차 동차 생산함수의 등량곡선이다. 이에 대한 설명으로 옳은 것은? (단, Q_i, L_i, K_i($i = 1, 2, 3$)는 등량곡선에서 생산하는 생산량, 노동량, 자본량을 의미하고, OE는 직선이다)

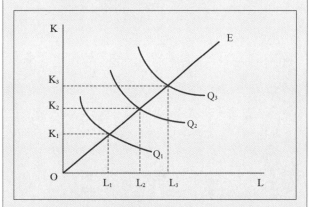

① L_2가 L_1의 2배이면, K_2가 K_1의 2배보다 크다.

② L_3가 L_1의 2배이면, Q_3는 Q_1의 2배보다 크다.

③ 노동투입량이 L_3로 고정되었을 때, 자본투입량이 2배로 증가하면 생산량은 2배보다 작게 증가한다.

④ 자본투입량이 K_2로 고정되었을 때, 노동투입량이 2배로 증가하면 생산량은 2배보다 크게 증가한다.

| 해설 |

콥-더글러스 생산함수는 원점에 볼록하고 1차 동차 생산함수의 특징을 지니는 대표적인 생산함수이다. 따라서 이 문제는 1차 동차인 콥-더글러스 생산함수를 전제로 접근하면 보다 수월해진다. 1차 동차 생산함수는 한 생산요소 투입이 고정된 단기인 경우, 다른 생산요소를 투입할 때 수확체감의 법칙이 나타나게 된다. 따라서 노동투입량이 고정되었을 때, 자본투입량이 2배로 증가하면 생산량은 2배보다 작게 증가한다.

① 'OE'선이 원점을 지나는 직선이므로, 'OE'선상의 모든 점에서 자본-노동비율($\dfrac{K}{L}$)은 일정한 값을 갖는다. 이것은 노동의 증가비율과 자본의 증가비율이 항상 같다는 것을 의미한다. 따라서 L_2가 L_1의 2배이면, K_2 역시 K_1의 2배가 되어야 한다.

② 주어진 생산함수가 1차 동차 생산함수이므로 L_3가 L_1의 2배이면, Q_3는 역시 Q_1의 2배가 되어야 한다.

④ 자본투입량이 K_2로 고정되었을 때, 노동투입량이 2배로 증가하면 수확체감의 법칙에 따라 생산량은 2배보다 작게 증가한다.

정답 ③

05 기업 S의 단기 총비용함수가 다음과 같이 주어졌다.

- $TC = 10,000 + 25Q$, 여기서 TC는 총비용, Q는 생산량이다.

이 비용함수에 대한 설명으로 옳은 것은?

① 모든 생산량 수준에서 평균가변비용은 감소하다가 증가한다.

② 모든 생산량 수준에서 평균고정비용은 일정하다.

③ 모든 생산량 수준에서 한계비용은 평균비용보다 항상 작다.

④ 생산량이 증가함에 따라 한계비용은 감소하다가 증가한다.

| 해설 |

주어진 총비용함수를 전제로 각각의 비용함수를 다음과 같이 도출할 수 있다.

- 평균비용(AC) $= \dfrac{TC}{Q} = \dfrac{10,000}{Q} + 25$

- 평균고정비용(AFC) $= \dfrac{TFC}{Q} = \dfrac{10,000}{Q}$

- 평균가변비용(AVC) $= \dfrac{TVC}{Q} = \dfrac{25Q}{Q} = 25$

- 한계비용(MC) $= \dfrac{dTC}{dQ} = 25$

이에 따라 모든 생산량 수준에서 한계비용($= 25$)은 평균비용($= \dfrac{10,000}{Q} + 25$)보다 항상 '$\dfrac{10,000}{Q}$'만큼 작다.

① 모든 생산량 수준에서 평균가변비용은 '25'로 일정한 값을 갖는다.

② 평균고정비용은 '$\dfrac{10,000}{Q}$'이 되어 생산량이 증가함에 따라 감소한다.

④ 모든 생산량 수준에서 한계비용은 '25'로 일정한 값을 갖는다.

정답 ③

06 수요의 가격탄력성에 대한 설명으로 옳은 것은?

① 수요곡선이 직선이면 모든 점에서 수요의 가격탄력성은 일정하다.

② 재화가격이 1% 상승할 때 그 재화 수요량의 변화 크기를 나타낸다.

③ 가격-소비곡선이 수평이면 수요의 가격탄력성은 항상 1의 값을 갖는다.

④ 가격탄력성이 1보다 큰 재화의 가격이 상승하면 이 재화의 판매수입액은 증가한다.

| 해설 |

가격-소비곡선이 수평이면 두 재화는 독립재 관계에 있게 되고, 수요의 가격탄력성은 항상 '1'인 단위탄력적이 된다.

① 수요곡선이 직선이면 가격이 높은(낮은) 수준일수록 수요의 가격탄력성도 커진다(작아진다). 모든 점에서 수요의 가격탄력성이 일정한 경우는 수요곡선이 직각쌍곡선일 때이다.

② 수요의 가격탄력성은 재화가격이 1% 상승할 때 그 재화 수요량 크기의 '변화율(%)' 정도를 의미한다.

④ 가격탄력성이 1보다 큰 재화의 가격이 상승하면 이 재화의 판매수입액은 감소하게 된다.

정답 ③

07 X재의 시장수요함수와 시장공급함수가 각각 다음과 같이 주어져 있다.

- 시장수요함수: $Q^D = 100 - 5P$
- 시장공급함수: $Q^S = 50$

단, Q^D는 수요량, Q^S는 공급량, P는 가격이다.

정부가 X재 한 단위당 10원의 세금을 소비자에게 부과할 때, 경제적 순손실(deadweight loss)의 크기는?

① 0   ② 25원

③ 50원   ④ 60원

| 해설 |

시장수요함수와 시장공급함수가 다음과 같이 주어질 때, 조세(T) 부과에 따른 경제적 순손실은 다음과 같다.

- 시장수요함수 : $Q^D = a - bP$, 시장공급함수 : $Q^S = c + dP$
  여기서 c와 d는 양(+)의 상수이다.

- 경제적 순손실 $= \dfrac{1}{2} \times \dfrac{b \times d \times T^2}{(b+d)}$

- 앞의 식에 문제에서 주어진 조건을 대입하면 다음과 같다.

정답 ①

08
X재 한 단위의 가격은 P, 노동의 단위당 가격이 5라고 할 때, X재에 대한 생산함수가 다음과 같이 알려져 있다.

- $Q = 10\sqrt{L}$, 단, Q는 생산량, L은 노동투입량이다.

X재 시장에서 X재의 공급의 가격탄력성은? (단, X재 시장은 완전경쟁시장이다)

① 항상 0이다.
② 항상 1보다 작다.
③ 항상 1이다.
④ 항상 1보다 크다.

| 해설 |

한계생산과 한계비용 사이에는 쌍대관계가 성립한다. 이를 이용하여 노동의 한계생산을 통해 공급함수를 다음과 같이 도출한다.

- $MP_L = \frac{dQ}{dL} = 5L^{-\frac{1}{2}} = \frac{5}{\sqrt{L}}$
- $MC = \frac{P_L}{MP_L} = \frac{5}{\frac{5}{\sqrt{L}}} = \sqrt{L} = \frac{Q}{10} \left(\because Q = 10\sqrt{L} \Leftrightarrow \sqrt{L} = \frac{Q}{10} \right)$

- 완전경쟁시장에서 'P = MC'가 성립하고, 한계비용(MC)곡선이 공급곡선이므로 공급함수는 다음과 같다.

- $MC = \frac{Q}{10} \Rightarrow P = \frac{Q}{10}$

- 공급함수가 원점을 통과하는 직선이므로 공급곡선상의 모든 점에서 공급의 가격탄력성은 '1'의 값을 갖게 된다.

정답 ③

09
기업 A와 기업 B의 선택 전략에 따른 보수행렬이 다음과 같이 주어져 있다고 가정하자.

기업 A \ 기업 B	B_1	B_2
A_1	(1, -1)	(-1, 1)
A_2	(-1, 1)	(1, -1)

다음 중 기업 A와 기업 B 사이에 내쉬균형이 달성되는 혼합전략 조합으로 가장 타당한 것은?

① [(기업 A), (기업 B)] = $[(\frac{1}{2}, \frac{1}{2}), (\frac{1}{2}, \frac{1}{2})]$

② [(기업 A), (기업 B)] = $[(\frac{1}{2}, \frac{1}{2}), (\frac{1}{3}, \frac{2}{3})]$

③ [(기업 A), (기업 B)] = $[(\frac{1}{3}, \frac{2}{3}), (\frac{1}{2}, \frac{1}{2})]$

④ [(기업 A), (기업 B)] = $[(\frac{1}{3}, \frac{2}{3}), (\frac{2}{3}, \frac{1}{3})]$

| 해설 |

각 경기자가 하나의 순수전략을 유지하지 않고, 각각의 전략을 특정한 확률로 사용할 때의 그 확률을 의미한다. 이때 확률은 자신이 어떠한 전략을 선택한다고 하더라도 기대보수를 동일하게 만들어주는 상대방의 전략선택 확률이다.

- 이제 기업 A의 혼합전략을 구해본다.

  이때 기업 B가 q의 확률로 B_1 전략을, (1-q)의 확률로 B_2 전략을 채택한다고 가정하자.

  만약 기업 A가 A_1 전략을 채택할 때의 기업 A의 기대보수는 $q \times 1 + (1-q) \times (-1)$이 되고, 기업 A가 A_2 전략을 채택할 때의 기업 A의 기대보수는 $q \times (-1) + (1-q) \times 1$이 된다. 이 경우에 기업 A의 기대보수가 동일해지는 확률 q는 $q \times 1 + (1-q) \times (-1) = q \times (-1) + (1-q) \times 1$을 만족하는 값이다. 이를 풀면 $q = \frac{1}{2}$을 구할 수 있다. 이에 따라 기업 B가 $\frac{1}{2}$의 확률로 B_1 전략을, $\frac{1}{2}$의 확률로 B_2 전략을 채택하는 한, 기업 A는 A_1 전략과 A_2 전략 중 어떤 전략을 선택한다고 하더라도 기대보수가 동일하므로, 자신의 기존 전략을 바꿀 유인이 존재하지 않는다.

- 이번에는 기업 B의 혼합전략을 구해본다.

  이때 기업 A가 p의 확률로 A_1 전략을, (1-p)의 확률로 A_2 전략을 채택한다고 가정하자.

  만약 기업 B가 B_1 전략을 채택할 때의 기업 B의 기대보수는 $p \times 1 + (1-p) \times (-1)$이 되고, 기업 B가 B_2 전략을 채택할 때의 기업 B의 기대보수는 $p \times (-1) + (1-p) \times 1$이 된다. 이 경우에 기업 B의 기대보수가 동일해지는 확률 p는 $p \times 1 + (1-p) \times (-1) = p \times (-1) + (1-p) \times 1$을 만족하는 값이다. 이를 풀면 $p = \frac{1}{2}$을 구할 수 있다. 이에 따라 기업 A가 $\frac{1}{2}$의 확률로 A_1 전략을, $\frac{1}{2}$의 확률로 A_2 전략을 채택하는 한, 기업 B는 B_1 전략과 B_2 전략 중 어떤 전략을 선택한다고 하더라도 기대보수가 동일하므로, 자신의 기존 전략을 바꿀 유인이 존재하지 않는다.

- 결국 기업 A가 $\frac{1}{2}$의 확률로 A_1 전략이나 A_2 전략을 채택하고, 기업 B가 $\frac{1}{2}$의 확률로 B_1 전략이나 B_2 전략을 채택하는 한, 두 기업 모두는 현재의 선택한 전략을 바꿀 유인이 없으므로 '[(기업 A의 혼합 전략), (기업 B의 혼합전략)] = $[(\frac{1}{2}, \frac{1}{2}), (\frac{1}{2}, \frac{1}{2})]$'이라는 혼합전략 내쉬균형에 도달하게 된다.

- 한편 앞에서 제시된 보수행렬에서 보는 바와 같이 순수전략 내쉬균형이 존재하지 않는다. 그러나 앞의 결과와 같이 혼합전략 내쉬균형은 존재할 수 있다. 즉 혼합전략 내쉬균형은 반드시 한 개 이상 존재하게 되는 것이다.

정답 ①

---

10 개인 A와 B만으로 구성된 사회의 사회후생함수는 다음과 같다.

> - $SW = \min[U_A, U_B]$, 여기서 SW는 사회후생, U_A는 개인 A의 효용, U_B는 개인 B의 효용이다.

개인 A의 소득이 8,000만 원, 개인 B의 소득이 2,000만 원인 경우, 에킨슨 지수는? (단, 각 개인에게 있어서 소득 1원의 효용은 1로 일정하게 주어져 있다고 가정한다)

① 0.5 ② 0.6
③ 0.7 ④ 0.8

| 해설 |

에킨슨 지수는 다음과 같이 도출된다.

> - 에킨슨 지수(A) $= 1 - \dfrac{\text{균등분배대등소득}}{\text{사회평균소득}}$, $0 \leq A \leq 1$

여기서 균등분배대등소득이란 현재의 소득분배 상태와 동일한 사회후생을 얻을 수 있는 완전히 평등한 소득분배 상태에서의 평균소득을 의미한다.

- 현재의 소득분배 상태를 전제로 사회후생과 균등분배대등소득을 구하면 다음과 같다.

> - $SW = \min[U_A, U_B] = \min[8,000만 원, 2,000만 원] = 2,000만 원$
> - 2,000만 원 $= U_A = U_B \Rightarrow$ 균등분배대등소득 $= 2,000만$ 원

- 두 사람으로 구성된 사회평균소득이 5,000만 원이므로 에킨슨 지수는 다음과 같이 도출된다.

> - $A = 1 - \dfrac{2,000만\ 원}{5,000만\ 원} = 1 - \dfrac{2}{5} = \dfrac{3}{5} = 0.6$

정답 ②

---

11 다음 중 국민소득 계산에 포함되는 것은?

① 은퇴자에게 지급된 국민연금
② 국공채 보유에 대해 지급된 이자
③ 회사채 보유에 대해 지급된 이자
④ 주식매매를 통해 얻게 된 매매차익

| 해설 |

국민소득은 '생산활동'과 관련된 것만을 대상으로 집계하므로 임금, 투자를 위해 발행된 회사채 이자 등은 여기에 포함된다.
① 은퇴자에게 지급된 국민연금은 이전지출로 분류되어 국민소득 계산에서 제외된다.
② 국공채 보유에 대해 지급된 이자는 이전지출로 분류되어 국민소득 계산에서 제외된다.
④ 주식매매를 통해 얻게 된 매매차익은 단순한 재산권 이전의 결과물일 뿐, 생산활동과는 관계가 없으므로 국민소득 계산에서 제외된다.

정답 ③

---

12 소비자 P의 효용함수가 다음과 같다.

> - $U(C_1, C_2) = C_1 \times C_2^2$, C_1은 현재소비, C_2는 미래소비이다.

P의 현재소득은 4,000만 원, 미래소득은 3,000만 원이고, 이자율은 50% 수준에서 변화가 없다고 알려져 있다. 기간 간 소비선택 모형에서 소비자 P의 최적 선택을 위한 의사결정으로 가장 타당한 것은? (단, 소비자 P에게는 유동성 제약이 존재하지 않으며, 물가는 고정되어 있다고 가정한다)

① 2,000만 원을 차입한다.
② 2,000만 원을 대부한다.
③ 1,500만 원을 차입한다.
④ 차입과 저축 중 어느 것도 하지 않는다.

| 해설 |

소비자 P에게 유동성 제약이 존재하지 않으므로 P는 주어진 이자율 수준에서 자유롭게 차입이나 저축(대부)이 가능하다.

- 효용극대화를 위한 최적 선택을 위해서는 한계대체율($MRS_{C_1 C_2}$)과 현재소비(C_1)의 상대가격이 일치해야 한다. 이를 위해 다음과 같은 과정을 통해 소비자 균형식을 도출할 수 있다.

> - $MRS_{C_1 C_2} = \dfrac{MU_{C_1}}{MU_{C_2}} = \dfrac{C_2^2}{2C_1 C_2} = \dfrac{C_2}{2C_1}$
>
> - 예산제약식: $C_1 + \dfrac{C_2}{1+r} = Y_1 + \dfrac{Y_2}{1+r}$
> $\Rightarrow C_2 = [(1+r)Y_1 + Y_2] - (1+r)C_1$
> $\Rightarrow$ 현재소비(C_1)의 상대가격 $= (1+r)$
>
> - 소비자 균형식: 한계대체율($MRS_{C_1 C_2}$)
> $=$ 현재소비(C_1)의 상대가격 $\Rightarrow \dfrac{C_2}{2C_1} = (1+r)$

$$\Rightarrow \frac{C_2}{2C_1} = 1.5 \,(\because r = 0.5) \Rightarrow C_2 = 3C_1 \,\cdots\cdots\cdots\cdots\cdots \bigcirc$$

• 문제에서 주어진 조건들을 예산제약식에 대입하여 정리하면 다음과 같다.

$$C_2 = [(1+r)Y_1 + Y_2] - (1+r)C_1 \Rightarrow$$
$$C_2 = 1.5 \times 4,000 + 3,000 - 1.5C_1 \Rightarrow C_2 = 9,000 - 1.5C_1 \,\cdots\cdots \bigcirc$$

• ⊙과 ⓒ을 연립해서 풀면 다음과 같은 결과를 도출할 수 있다.

$$C_2 = 9,000 - 1.5C_1 \Rightarrow 3C_1 = 9,000 - 1.5C_1 \Rightarrow 4.5C_1 = 9,000$$
$$\Rightarrow C_1 = 2,000, \ C_2 = 6,000$$

• 결국 소비자 P는 현재소득 4,000만 원 중 2,000만 원만 현재에서 소비하고, 나머지 2,000만 원은 저축하게 된다.

정답 ②

13 투자이론에 대한 설명으로 옳은 것은?

① 케인스의 투자이론에서는 내부수익률이 투자의 한계효율보다 클 경우 투자가 이루어진다고 한다.

② 고전학파에서 투자는 현재가치와 역(−)의 관계에 있다고 한다.

③ 토빈의 q이론에 의하면 q > 1인 경우 이루어지는 투자를 유발투자라고 한다.

④ 신고전학파 투자이론에 따르면 인플레이션율이 높을수록 투자가 이루어진다.

| 해설 |

신고전학파에서는 다음 조건이 충족될 때 투자가 이루어진다고 한다.

• 자본 사용 비용 < 자본의 한계생산물 가치 ⇒
$$P_K(i + d - \pi) < P \times MP_K$$
여기서 P_K는 자본재 가격, i는 명목이자율, d는 감가상각률, π는 인플레이션율, P는 상품의 가격, MP_K는 자본의 한계생산성이다.

인플레이션율이 높아지면 자본사용비용을 작게 하여 투자가 이루어지게 된다.

① 케인스의 투자이론에서는 내부수익률과 투자의 한계효율은 같은 개념이다. 내부수익률 또는 투자의 한계효율이 이자율보다 클 경우 투자가 이루어진다.

② 고전학파에서는 현재가치가 커서 순현재가치가 양(+)의 값을 가질 때 투자가 이루어진다. 따라서 투자와 현재가치는 정(+)의 관계에 있다.

③ 유발투자는 소득증가에 따른 소비가 증가할 때, 이에 대응하여 이루어지는 투자를 의미한다.

정답 ④

14 만기가 1년이고, 이자는 만기에 한 번 5만 원을 지급하는 액면가 100만 원인 이표채권이 있다고 가정하자. 현재 이표채권의 가격이 95만 원이라고 할 때, 이에 관련된 설명으로 가장 타당하지 못한 것을 고르면?

① 채권의 만기수익률은 약 10.5%이다.

② 채권의 표면이자율은 경상수익률보다 더 높다.

③ 채권의 표면이자율은 5%이다.

④ 채권의 만기수익률과 채권의 가격은 역(−)의 관계에 있다.

| 해설 |

선택지 내용을 살펴보면 다음과 같다.

• 채권가격 = $\dfrac{\text{액면가} + \text{쿠폰이자}}{1 + \text{만기수익률}(m)} \Rightarrow 95 = \dfrac{100 + 5}{1 + m}$
$$\Rightarrow m \doteqdot 10.5(\%)$$

한편 채권의 만기수익률(m)과 채권의 가격 사이에는 역(−)의 관계가 존재한다(①, ④).

• 경상수익률과 표면이자율은 다음과 같이 도출된다.

• 경상수익률 = $\dfrac{\text{이자}(5만 원)}{\text{채권가격}(95만 원)} \doteqdot 5.26(\%)$
$$\Rightarrow \frac{5}{95} \doteqdot 5.26(\%)$$

• 표면(이표)이자율 = $\dfrac{\text{이자}(5만 원)}{\text{액면가}(100만 원)} = 5(\%)$

이에 따라 채권의 표면이자율(= 5%)은 경상수익률(≒ 5.26%)보다 더 낮다(②, ③).

정답 ②

15 정부가 민간의 소비를 증가시키고자 국채발행을 통해 마련한 재원으로 재정지출을 확대한다고 가정해 보자. 그럼에도 불구하고 민간소비지출이 오히려 감소할 수 있다. 그 이유로 옳은 것은? (단, 민간의 합리적 기대를 전제한다)

① 민간이 유동성 제약에 직면해 있기 때문이다.

② 민간이 보유하고 있는 국채를 자산으로 인식하고 있기 때문이다.

③ 민간이 근시안적 의사결정을 내리기 때문이다.

④ 정부가 국채상환을 위해 미래조세를 증가시킬 것이라 이해하기 때문이다.

| 해설 |

합리적 기대를 하는 민간이 정부가 발행한 국채를 자산으로 인식

하지 않고, 미래조세 증가 원인이라고 생각하게 되면 민간은 이에 대비하기 위해 현재소비를 줄일 것이다. 이러한 내용을 담고 있는 것이 '리카도의 대등성 정리'이다. 이러한 상황이 발생하게 되면 정부지출의 증가는 민간소비 감소로 상쇄되어 총수요에는 아무런 변화가 없게 된다.

정답 ④

---

16 다음 두 그래프는 케인스 모형과 IS－LM 모형에서 정부지출의 증가(ΔG)로 인한 효과를 나타내고 있다. 이에 대한 설명으로 옳은 것은? (단, 그림에서 C는 소비, I는 투자, G는 정부지출이다)

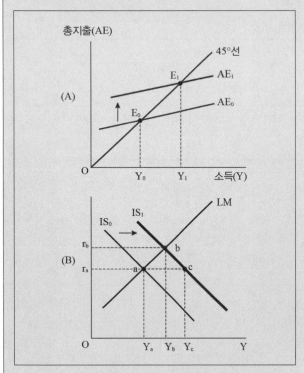

① 그림 (A)에서 AE_0와 AE_1의 기울기는 한계저축성향의 역수와 같다.

② 그림 (A)에서 Y_0Y_1을 ΔG로 나누면 한계소비성향의 역수가 된다.

③ 그림 (A)의 Y_1은 그림 (B)의 Y_c와 대응된다.

④ 그림 (B)에서 구축효과의 크기는 Y_aY_b이다.

| 해설 |

그림 (A)는 화폐시장에서 이자율이 불변인 경우를 전제한 케인스 단순 모형에 관한 것이다. 따라서 정부지출이 증가(ΔG)할 때, 소득 증가 크기인 Y_0Y_1은 정부지출 증가(ΔG)분에 정부지출 승수를 곱한 크기와 같다. 이것을 그림 (B)에 대응시킬 때, 이자율은 r_a 수준에서 불변이어야 하므로 정부지출 증가에 따른 IS곡선의 이동으로 소득은 Y_C까지 증가해야 한다.

① 그림 (A)에서 AE_0와 AE_1의 기울기는 한계소비성향과 같다. 한계소비성향은 '1'에서 한계저축성향을 차감한 값이다.

② 그림 (A)에서 Y_0Y_1을 ΔG로 나누면 정부지출 승수가 되는데, 그 값은 한계저축성향의 역수이다.

④ 그림 (B)에서 정부지출 증가로 인해 이자율이 r_a에서 r_b로 상승했기 때문에 소득은 Y_b까지만 증가하는 데 그친다. 만약 승수효과가 100% 나타났다면 소득은 Y_c까지 증가했을 것이다. 이때 Y_bY_c의 크기가 구축효과로 인해 증가하지 못한 소득의 크기이다.

정답 ③

---

17 장기 총공급(LAS)곡선에 대한 설명으로 옳은 것은?

① 실제실업률이 하락하면 왼쪽으로 이동한다.

② 예상물가수준이 상승하면 왼쪽으로 이동한다.

③ 새로운 자원이 발견되면 오른쪽으로 이동한다.

④ 기술진보가 이루어지면 우상향한다.

| 해설 |

새로운 자원의 발견, 기술진보가 이루어지면 장기 총공급곡선은 오른쪽으로 이동한다.

① 실제실업률이 하락해도 장기 총공급곡선은 자연실업률에 대응되는 자연산출량 수준에서 불변이다.

② 예상물가수준이 상승할 때 왼쪽으로 이동하는 것은 단기 총공급(SAS)곡선이다.

④ 기술진보가 이루어지면 오른쪽으로 이동한다.

정답 ③

---

18 경제활동참가율이 70%인 K국의 노동시장에서 취업자 수가 900, 실업자 수가 100이라고 한다. K국의 고용률은?

① 48% ② 54%

③ 58% ④ 63%

| 해설 |

현재 K국의 취업률은 다음과 같다.

$$\bullet \text{ 취업률} = \frac{\text{취업자 수}}{\text{취업자 수} + \text{실업자 수}} = \frac{900}{900 + 100}$$
$$= \frac{900}{1,000} = 0.9 = 90\%$$

• 고용률은 다음과 같이 측정된다.

$$\bullet \text{ 고용률} = \text{경제활동참가율} \times \text{취업률} = 0.7 \times 0.9 = 0.63 = 63\%$$

정답 ④

19 필립스곡선에 대한 설명으로 옳은 것은?

① 국제 원자재 가격의 상승은 단기 필립스곡선 자체를 우상방으로 이동시킨다.

② 기대 인플레이션율의 하락은 경제 상태를 단기 필립스곡선상에서 우하방으로 이동시킨다.

③ 적응적 기대하에서 통화정책은 경제 상태를 장기 필립스곡선상에서 이동시킨다.

④ 합리적 기대하에서 예상치 못한 통화정책은 단기 필립스곡선 자체를 좌하방으로 이동시킨다.

해설

국제 원자재 가격의 상승은 단기 총공급곡선을 왼쪽으로 이동시킨다. 이에 따라 단기 필립스곡선은 자체가 우상방으로 이동하게 된다. 이는 스태그플레이션 발생의 원인이다.

② 기대 인플레이션율의 하락은 단기 필립스곡선 자체를 좌하방으로 이동시킨다.

③ 적응적 기대하에서 통화정책은 경제 상태를 단기 필립스곡선상에서 이동시킨다.

④ 합리적 기대하에서 예상치 못한 통화정책은 경제상태를 단기 필립스곡선상에서 이동시킨다.

정답 ①

20 K국 경제의 거시경제 변수들이 다음과 같다.

- $C = 120 + 0.8Y$
- $I_0 = 50$
- $Y = C + I$
- $Y_F = 1,000$
- C는 소비, Y는 소득, I_0는 독립투자, Y_F는 완전고용국민소득이다.

K국 경제에서 존재하는 GDP 갭과 디플레이션 갭을 구하면?

	GDP 갭	디플레이션 갭
①	150	30
②	150	40
③	200	30
④	200	40

해설

K국의 균형국민소득은 다음과 같이 도출된다.

- $Y = C + I \Rightarrow Y = 120 + 0.8Y + 50 \Rightarrow 0.2Y = 170 \Rightarrow Y = 850$

- 균형국민소득이 완전고용국민소득보다 150만큼 작다. 이 크기가 GDP 갭이다.
- 투자승수와 이를 전제로 하는 디플레이션 갭이 다음과 같이 도출된다.

- 투자승수: $\dfrac{1}{1 - MPC} = \dfrac{1}{1 - 0.8} = \dfrac{1}{0.2} = 5$
- GDP 갭 = 투자승수 × 디플레이션 갭 $\Rightarrow$ 150 = 5 × 디플레이션 갭 $\Rightarrow$ 디플레이션 갭 = 30

정답 ①

21 솔로(Solow)의 경제성장 모형에서 인구증가율이 높아질 때, 새로운 균제 상태(steady state)에서 나타나는 현상에 대한 설명으로 옳은 것은?

① 이전의 균제 상태(steady state)와 비교할 때 1인당 소득은 증가한다.

② 이전의 균제 상태(steady state)와 비교할 때 1인당 자본량은 불변이다.

③ 새로운 균제 상태(steady state)에서 1인당 소득증가율은 0이 된다.

④ 새로운 균제 상태(steady state)에서 경제성장률은 인구증가율에 비해 낮다.

해설

일단 균제 상태에 도달하게 되면, 모든 1인당 변수 변화율은 0이 된다. 따라서 새로운 균제 상태에서 1인당 소득증가율과 1인당 자본량 증가율은 모두 0이 된다.

① 이전의 균제 상태(steady state)와 비교할 때 1인당 소득은 감소한다.

② 이전의 균제 상태(steady state)와 비교할 때 1인당 자본량은 감소한다.

④ 균제 상태에서 경제성장률과 인구증가율은 같아진다. 따라서 새로운 균제 상태(steady state)에서 경제성장률은 높아진 인구증가율과 같아지게 된다.

정답 ③

22 소규모 개방경제에서 수입소비재 Y재에 종량세 형태의 수입관세를 부과할 때, 이 시장에서 나타나게 될 경제적 효과에 대한 설명으로 옳지 않은 것은? (단, 국내 수요곡선은 우하향, 국내 공급곡선은 우상향하며, Y재의 국제가격은 교역 이전의 국내가격보다 낮다)

① 재정수지는 개선된다.

② 국내 생산은 감소한다.

③ 국내 소비자 잉여는 감소한다.

④ 국내 사회적 총잉여는 감소한다.

| 해설 |

소규모 개방경제에서 종량세 형태의 수입관세를 부과하면 수입재의 국내 판매가격은 부과된 종량세 크기만큼 상승하게 된다. 이에 따라 국내 생산이 증가하는 수입대체효과가 발생한다.

① 수입관세 부과로 재정수입이 증가하여 재정수지가 개선된다.

③ 수입관세 부과로 수입품의 국내 판매가격이 상승하여 국내 소비량은 감소하고 국내 구입가격은 증가한다. 이에 따라 국내 소비자 잉여가 감소하게 된다.

④ 수입관세 부과로 소비자 잉여가 감소한다. 감소한 소비자 잉여의 일부는 생산자 잉여 증가로 전환되고, 일부는 정부의 재정수입으로 전환된다. 그런데 감소한 소비자 잉여가 경제적 순손실로 사라지게 되어 그만큼의 국내 사회적 총잉여가 감소하게 된다.

정답 ②

23 다음 표는 일정 시점에 5개 국가의 빅맥(Big Mac) 가격과 실제 환율을 기록한 것이다. 당시 미국에서 빅맥은 3달러에 판매되었다고 하자. 빅맥에 대해 구매력 평가설이 성립한다고 가정할 때, 장기적으로 실제 환율이 오를 것으로 예상되는 국가를 모두 고르면?

	국가	빅맥 가격	실제 환율
㉠	일본	270엔	100엔/달러
㉡	중국	30위안	12위안/달러
㉢	태국	40바트	10바트/달러
㉣	베트남	60,000동	15,000동/달러

① ㉠, ㉡   ② ㉠, ㉡, ㉢

③ ㉡, ㉢, ㉣   ④ ㉢, ㉣

| 해설 |

구매력 평가설이 성립하는 경우의 적정한 구매력 평가환율 $(=\dfrac{\text{현지 빅맥 가격}}{\text{미국 빅맥 가격}})$을 정리하면 다음과 같다.

	국가	빅맥 가격	구매력평가환율
㉠	일본	270엔	90엔/달러
㉡	중국	30위안	10위안/달러
㉢	태국	40바트	13.3바트/달러
㉣	베트남	60,000동	20,000동/달러

• 구매력 평가설은 실제 환율이 장기적으로 구매력 평가환율에 수렴한다는 것을 내용으로 한다. 따라서 실제 환율이 구매력 평가환율보다 낮은 태국과 베트남에서는 장기적으로 실제 환율이 상승할 것으로 예상할 수 있다. 한편 실제 환율이 구매력 평가환율보다 높은 일본과 중국에서는 장기적으로 실제 환율이 하락할 것으로 예상할 수 있다.

정답 ④

24 현재 미국의 인플레이션율은 3%로 앞으로도 이 수준을 유지할 것으로 예상되고 있으며, 명목이자율은 1% 수준을 유지하고 있다. 또한 현재 미국과 한국의 실질이자율은 동일하다. 한편 미 달러화 대비 원화의 현물환율은 1,100(₩/$)이며, 1년 선물환율은 1,121(₩/$)이라고 한다. 이에 관련한 다음 진술 중 옳지 않은 것은? (단, 양국 모두에서 이자율 평가설(interest rate parity theory), 피셔효과, 화폐수량설이 성립하고 있다고 가정한다)

① 한국의 명목이자율은 3%이다.

② 미국의 실질이자율은 −2%이다.

③ 한국의 인플레이션율은 1%이다.

④ 한국의 실질 GDP 증가율이 2%, 통화량 증가율이 3%라면 유통속도 증가율은 3%이다.

| 해설 |

이자율 평가설이 성립한다고 했으므로 다음과 같은 결론을 도출할 수 있다.

> • $i_K - i_A =$ 선물환율 변동률 $\Rightarrow$
> $i_K - 1\% = 2\%(=\dfrac{1,122-1,100}{1,100}=\dfrac{22}{1,100}) \Rightarrow i_K = 3\%$
> • i_K는 한국의 명목이자율, i_A는 미국의 명목이자율이다.

• 피셔효과가 성립한다고 했으므로 다음과 같은 결론을 도출할 수 있다.

> • $i=r+\pi$, $r=i-\pi$, i는 명목이자율, r은 실질이자율, π는 인플레이션율이다.
> • $r_A=i_A-\pi_A=1\%-3\%=-2\%$
> • $r_K=i_K-\pi_K \Rightarrow -2\%=3\%-\pi_K \Rightarrow \pi_K=5\%$

- 화폐수량설이 성립한다고 했으므로 다음과 같은 결론을 도출할 수 있다.

$$\frac{\Delta M}{M} + \frac{\Delta V}{V} = \frac{\Delta P}{P} + \frac{\Delta Y}{Y} \Rightarrow 3\% + \frac{\Delta V}{V} = 5\% + 2\%$$

$$\Rightarrow \frac{\Delta V}{V} = 4\%$$

- $\frac{\Delta M}{M}$ 은 통화량 증가율, $\frac{\Delta V}{V}$ 는 유통속도 증가율, $\frac{\Delta P}{P}$ 는 물가상승률, $\frac{\Delta Y}{Y}$ 는 실질 GDP 증가율이다.

정답 ④

25 자본이동성이 완전히 자유로운 소국 개방경제 K국의 국내이자율이 세계이자율에 비해 낮은 수준이다. 먼델-플레밍 모형(Mundell-Fleming Model)에 따른 K국의 경제상황의 변화로 옳은 것은? (단, 소국은 고정환율제를 채택하고 있다)

① 이자율은 불변이다.

② 국민소득이 증가한다.

③ 순자본유입이 이루어진다.

④ 외환시장에서 환율상승 압력이 존재하게 된다.

| 해설 |

주어진 상황을 그림으로 나타내면 다음과 같다.

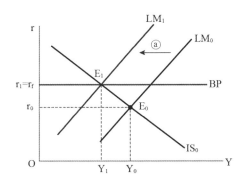

- 소국인 K국의 국내이자율이 세계이자율(r_f) 수준보다 낮은 수준(r_0)에서는 자본유출이 이루어진다. 이러한 자본유출로 외환시장에서는 '환율상승 압력'이 존재하게 된다. 이러한 '환율상승 압력'을 해소하기 위해 중앙은행은 보유외환을 매각하고, 이에 따라 통화량이 감소하여 LM곡선은 왼쪽으로 이동한다(ⓐ).
- K국 경제의 이자율(r_1)은 세계이자율 수준으로 상승한다. 또한 국민소득은 Y_0에서 Y_1으로 감소한다.

정답 ④

AK 경제학 실전 동형 모의고사 25　　p. 126 - 129

01	①	02	④	03	①	04	②	05	③
06	②	07	④	08	②	09	②	10	④
11	③	12	④	13	④	14	③	15	②
16	④	17	②	18	①	19	③	20	④

01 X재와 Y재에 대한 선호체계를 $X-Y$ 평면에서 무차별곡선으로 나타낸다고 하자. 이때 동일한 Y재 소비량 수준에서 진수의 무차별곡선의 기울기가 성찬의 무차별곡선의 기울기보다 더 가파르다고 한다. 진수와 성찬의 선호체계에 대한 설명으로 옳은 것은? (단, X 재의 소비량은 가로축이며, Y재의 소비량은 세로축이 다)

① 진수는 성찬보다 X재를 상대적으로 더 선호한다.
② 진수는 성찬보다 Y재를 상대적으로 더 선호한다.
③ 진수는 성찬보다 가격효과가 더 크다.
④ 진수는 성찬보다 가격효과가 더 작다.

| 해설 |

동일한 Y재 소비량 수준에서 무차별곡선의 기울기가 더 가파르다 는 것은 Y재 수량으로 표시된 X재의 한계대체율(MRS_{XY})이 더 크다는 것을 의미한다.

- 한계대체율(MRS_{XY})이 더 크다는 것은 동일한 크기의 X재 소 비를 위해서 줄여도 좋다고 생각하는 Y재 수량이 더 많다는 의 미이다. 이는 곧 X재를 좋아하는 정도가 더 크다는 것을 의미하 는 것이기도 하다. 따라서 진수가 X재를 좋아하는 정도는 성찬 보다 크게 된다.

정답 ①

02 기대효용을 극대화하는 운전자 H에게는 1%의 확 률로 발생하는 교통사고로 1,000만 원의 손실을 입을 가능성이 있다고 한다. 이에 대한 설명으로 옳은 것은?

① 운전자 H가 위험기피자라면 교통사고로 발생할 수 있 는 손실에 대비하기 위하여 20만 원의 보험료는 기꺼 이 지불할 것이다.
② 교통사고가 발생하면 1,000만 원을 지급하겠다고 할 때의 공정한 보험료는 20만 원일 것이다.
③ 운전자 H가 위험선호자라면 완전한 보험이 제공될 때 기꺼이 공정한 보험료를 지불할 것이다.

④ 운전자 H가 위험중립자라면 완전한 보험이 제공될 때 공정한 보험료를 지불하지 않을 수 있다.

| 해설 |

운전자 H에게 발생할 수 있는 기대손실액은 다음과 같다.

- 기대손실액 = 사고확률×손실발생액 = $0.01 \times 10,000,000$
  = 10(만 원)

- 기대손실액과 크기가 동일한 보험료를 공정한 보험료라고 한다. 따라서 공정한 보험료는 10만 원이 된다. 한편 완전한 보험이란 사고로 인한 손해액 전부를 보상해주는 보험을 의미한다.
- 위험기피자는 완전한 보험을 위해 기꺼이 공정한 보험료를 지불 하는 보험에 가입하지만, 위험선호자는 보험에 가입하지 않는다.
- 보험에 가입하는 것과 가입하지 않는 것을 무차별하게 생각하는 위험중립자는 공정한 보험료가 필요한 보험에 가입하지 않을 수 도 있다.

정답 ④

03 모든 시장이 완전경쟁적인 K국의 총생산량이 다음 과 같이 결정된다.

- $Y = AL^{\alpha}K^{1-\alpha}$
  여기서 Y는 총생산량, A는 총요소생산성, L은 노동투입 량, K는 자본투입량, $0 < \alpha < 1$이다.

다음 설명 중 옳은 것은?

① 노동소득분배율과 자본소득분배율의 합은 1이다.
② 총생산함수는 수확체증의 특성을 보인다.
③ 총생산함수는 규모에 대한 보수체증의 특성을 보인다.
④ 기술진보에 따른 총요소생산성이 증가하면, 노동소득분 배율 대비 자본소득분배율의 상대적 비율이 증가한다.

| 해설 |

주어진 생산함수는 1차 동차 생산함수이다. 한편 완전경쟁시장인 경우 '오일러의 정리'가 성립하여 노동과 자본에 대해 한계생산성 에 따른 분배를 하게 되면, 총생산량은 완전한 분배가 이루어진다. 이때 노동소득분배율은 α가 되고, 자본소득분배율은 $(1-\alpha)$가 되 어, 양자의 합은 1이 된다.

② 1차 동차 생산함수는 단기에 수확체감의 특성을 보인다.
③ 1차 동차 생산함수는 장기에 규모에 대한 보수불변의 특성을 보인다.
④ 총요소생산성의 크기와 관계없이 노동소득분배율과 자본소득 분배율은 α와 $(1-\alpha)$로 일정하다.

정답 ①

04 단기에 총생산비용(TC)의 생산량 탄력성에 대한 설명으로 옳은 것은? (단, 시장의 형태는 완전경쟁시장이다)

① 일정 수준의 생산량을 넘게 되면 총생산비용의 생산량 탄력성은 음(−)의 값을 가질 수도 있다.

② 총생산비용(TC)의 생산량 탄력성은 한계비용(MC)과 평균비용(AC)으로 구성된다.

③ 초과이윤이 존재하는 생산량 수준에서 총생산비용(TC)의 생산량 탄력성은 1보다 작아진다.

④ 한계비용(MC)이 평균비용(AC)보다 큰 경우 총생산비용(TC)의 생산량 탄력성은 1보다 작아진다.

| 해설 |

총생산비용의 생산량 탄력성은 생산량이 1%만큼 변할 때, 총생산비용이 몇 %만큼 변하는가를 보여주는 수치이며, 다음과 같은 수식으로 나타낼 수 있다.

$$\bullet \ E_Q^{TC} = \frac{dTC}{TC} \Big/ \frac{dQ}{Q} \ \Rightarrow \ E_Q^{TC} = \frac{dTC}{dQ} \times \frac{Q}{TC}$$

$$\Rightarrow \ E_Q^{TC} = MC \times \frac{1}{AC} \ \Rightarrow \ E_Q^{TC} = \frac{MC}{AC}$$

앞의 식에서 보는 것처럼 총생산비용(TC)의 생산량 탄력성은 한계비용(MC)과 평균비용(AC)으로 구성되어 있다.

① 생산량이 증가할수록 총생산비용은 지속적으로 증가한다. 이것은 한계비용은 항상 양(+)의 값을 갖는다는 것을 의미한다. 또한 총생산비용과 생산량(Q)은 항상 양(+)이므로 평균비용 역시 항상 양(+)의 값을 갖게 된다. 결국 총생산비용의 생산량 탄력성은 항상 양(+)이 되어야 하며, 음(−)의 값을 가질 수 없다.

③ 초과이윤이 존재하는 생산량 수준에서 총생산비용(TC)의 생산량 탄력성은 1보다 커진다($\because$ P = MC > AC).

④ 초과이윤이 존재하는 생산량 수준에서는 'P = MR = MC > AC'이 성립한다. 따라서 한계비용(MC)은 평균비용(AC)보다 큰 값을 가지므로 총생산비용(TC)의 생산량 탄력성은 반드시 1보다 커진다.

(정답) ②

---

05 수요의 가격탄력성에 대한 설명으로 옳은 것은?

① 수요의 가격탄력성이 클수록 기업의 독점도는 커진다.

② 완전경쟁시장에서 개별기업이 직면하는 수요곡선은 완전비탄력적이다.

③ 독점기업의 이윤극대화 생산량에서 수요의 가격탄력성은 반드시 탄력적이다.

④ 가격변화에 대한 적응기간이 길어질수록 수요의 가격탄력성은 비탄력적이 된다.

| 해설 |

독점기업의 이윤극대화는 'MR = MC'가 충족될 때 성립한다. 한편 Amorozo − Robinson 공식은 다음과 같다.

$\bullet \ MR = P\left(1 - \dfrac{1}{E_P}\right)$, 여기서 MR은 한계수입, P는 가격, E_P는 수요의 가격탄력성이다.

그런데 'MR = MC > 0'이므로 수요의 가격탄력성(E_P)의 값은 항상 1보다 커야 한다. 즉 탄력적이어야 한다.

① Hicks의 독점도는 수요의 가격탄력성의 역수($\dfrac{1}{E_p}$)로 측정된다. 따라서 수요의 가격탄력성이 클수록 기업의 독점도는 작아진다.

② 완전경쟁시장에서 개별기업이 직면하는 수요곡선은 시장가격 수준에서 수평이다. 따라서 수요의 가격탄력성은 무한대가 되어 완전탄력적이다.

④ 가격변화에 대한 적응기간이 길어질수록 수요자는 대안을 찾을 수 있게 되어 수요의 가격탄력성은 탄력적이 된다.

(정답) ③

---

06 노트북의 시장수요곡선과 시장공급곡선이 다음과 같다.

• 시장수요곡선: $Q = 300 - P$

• 시장공급곡선: $Q = -100 + 2P$

여기서 P는 가격, Q는 수량, $P > 0$, $Q > 0$이다.

정부가 노트북 1대당 30만큼의 조세를 수요자에게 부과하고자 한다. 노트북 공급자가 부담하게 될 것으로 예상되는 노트북 1대당 조세의 크기는?

① 0　　　　　　　　② 10

③ 20　　　　　　　　④ 30

| 해설 |

시장수요곡선과 시장공급곡선이 주어지면, 조세(T) 부과에 따른 수요자와 공급자의 조세 부담의 크기는 다음과 같이 도출할 수 있다.

• 시장수요곡선 : $Q = a - bP$, 시장공급곡선 : $Q = c + dP$

• 수요자의 조세 부담 : $\dfrac{d}{b+d} \times T = \dfrac{2}{1+2} \times 30 = \dfrac{2}{3} \times 30 = 20$

• 공급자의 조세 부담 : $\dfrac{b}{b+d} \times T = \dfrac{1}{1+2} \times 30 = \dfrac{1}{3} \times 30 = 10$

(정답) ②

07 완전경쟁시장에서 시장수요함수가 다음과 같이 주어져 있다.

> • $Q=1,200-5P$, 여기서 Q는 수요량, P는 가격이다.

한편 개별기업들의 장기평균비용 곡선은 U자형의 모습을 가지며, 생산량이 50단위일 때 장기평균비용은 40원으로 최소화된다. 이때 장기균형 상태에 대한 설명으로 옳지 않은 것은? (단, 모든 기업들의 비용조건은 동일하다고 가정한다)

① 개별기업의 정상이윤은 양(+)의 값이다.

② 시장에 참여하는 개별기업의 수는 20개이다.

③ 시장균형가격은 40원이다.

④ 시장에는 1,200개의 수요량이 존재한다.

| 해설 |

완전경쟁시장의 장기균형은 장기평균비용(LAC)의 극솟값과 시장가격이 같은 수준에서 달성된다. 장기평균비용은 생산량이 50단위일 때 40원으로 최소화되고 있으므로, 장기균형에서의 시장가격은 40원이 된다.

• 시장가격이 40원이면 시장 전체 수요량은 1,000개이므로, 균형에 도달하기 위해서는 생산량이 50단위인 20개의 기업이 필요해진다.

• 장기균형에서는 'P=MR=MC=LAC'가 성립하므로 개별기업의 초과이윤은 0이다. 그러나 이미 비용 속에 포함된 정상이윤은 양(+)의 값이다.

정답 ④

---

08 공공재에 대한 3명의 소비자 A, C, S가 있다. 이들의 공공재에 대한 수요함수가 다음과 같이 알려져 있다.

> • $P_A=20-Q$
> • $P_C=40-Q$
> • $P_S=60-Q$
> • 여기서 P는 가격, Q는 수량을 의미한다.

공공재 공급에 따른 한계비용이 90일 때, 공공재의 최적 공급량 수준은?

① 5   ② 10   ③ 15   ④ 20

| 해설 |

공공재에 대한 시장수요곡선은 개별수요곡선을 수직적으로 합하여 도출한다. 또한 공공재의 최적 공급량은 'P=MC 또는 MSB=MC' 조건이 충족되는 수준에서 결정된다. 여기서 'P'는 공공재의 시장가격이고, 여기서는 'P=P_A+P_C+P_S'를 의미한다. 또한 'MSB'는

사회적 한계편익을 의미하고, 여기서는 개별수요곡선 높이의 누적적 합을 의미한다.

• 앞의 내용들을 그림으로 나타내면 다음과 같다.

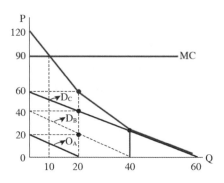

그림에서 'P=MC 또는 MSB=MC'조건이 충족되는 수준에서 공공재 최적 생산량 'Q=10'이 도출된다.

• 만약 공공재 공급자가 무임승차를 이유로 공공재를 공급하지 않으면 공공재가 부족해지는 시장 실패가 나타나게 되며, 시장수요곡선이 개별수요곡선의 수량절편 수준에서 굴절되고 있음을 주의한다.

정답 ②

---

09 다음의 폐쇄 거시경제 모형에서 이자율이 5%로 유지될 경우, 총생산이 잠재 총생산을 달성하기 위해 필요한 정부지출 규모는?

> • $\dfrac{C}{Y}=0.8-0.3(r-0.03)$
> • $\dfrac{I}{Y}=0.2-0.7(r-0.03)$
> • $Y_F=1$조 달러
>
> 여기서 C는 소비, Y는 총생산, r은 이자율, I는 투자, Y_F는 잠재 총생산이다.

① 100억 달러   ② 200억 달러
③ 300억 달러   ④ 400억 달러

| 해설 |

국민소득 균형식이 $Y=Y_D(=C+I+G)$이고, 총생산이 잠재 총생산을 달성하게 되면 $Y=Y_F$이 성립하게 되므로, 국민소득 균형식은 $Y_F=C+I+G$로 나타낼 수 있다.

• 주어진 식에 이자율 5%(=0.05)를 대입하여 정리하면 $C=0.794Y_F$, $I=0.186Y_F$가 되므로 $C+I$는 $0.98Y_F$가 된다. 따라서 $G=0.02Y_F$가 되므로 필요한 정부지출의 규모는 200억 달러가 된다.

정답 ②

10 소비이론에 대한 설명으로 옳은 것은?

① 케인스(J. M. Keynes)의 절대소득가설에 따르면 소비의 이자율탄력성이 매우 높다.

② 항상소득가설에 따르면 소비자는 소득의 일시적인 변동에 맞게 소비 조정을 신속하게 한다.

③ 생애주기가설에 의하면 소비자는 소득이 높을 때 소비도 높은 수준으로 유지한다.

④ 피셔(I. Fisher)의 2기간 소비선택 모형에 의하면 가계에 유동성 제약이 존재하면 현재소득을 초과하는 현재소비는 불가능하다.

| 해설 |

피셔(I. Fisher)의 2기간 소비선택 모형은 2기간 동안 저축과 차입이 자유롭게 이루어져 유동성 제약이 존재하지 않는 것을 전제로 전개된다. 만약 현재시점에서 유동성 제약이 존재하게 되면 현재시점에서 차입이 불가능하게 되므로 아무리 현재소비를 늘리려고 해도 현재소득보다 더 큰 소비를 할 수는 없게 된다.

① 케인스(J. M. Keynes)의 절대소득가설에 따르면 이자율이 소비에 미치는 영향은 무시해도 좋을 만큼 미미하다. 이에 따라 소비는 현재소득의 절대적인 크기에 의해서만 영향을 받게 된다.

② 항상소득가설에 따르면 소비는 항상소득의 흐름에만 영향을 받는다. 따라서 소득의 일시적인 변동이 있다고 하더라도 소비가 즉각적으로 조정되지는 않는다.

③ 생애주기가설에 의하면 소득이 낮은 청년기나 노년기에 소득보다 높은 소비가 이루어진다.

(정답) ④

11 화폐수량설이 성립하고 있는 경제에서 통화량이 증가했음에도 불구하고 실질산출량과 물가에는 전혀 변화가 없었다. 그 이유로 옳은 것은?

① 유휴생산설비가 존재하고 있기 때문이다.

② 화폐의 중립성이 성립하고 있기 때문이다.

③ 화폐의 소득유통속도가 감소했기 때문이다.

④ 경제가 불완전 고용상태에 있음을 의미한다.

| 해설 |

화폐수량설이 성립하고 있으므로 피셔(I. Fisher)의 교환방정식으로 설명이 가능해진다.

* $M \times V = P \times Y$, 여기서 M은 통화량, V는 소득유통속도, P는 물가수준, Y는 실질산출량이다.
  $\Rightarrow M\uparrow \times V\downarrow = \overline{P} \times \overline{Y}$

* 화폐의 중립성은 통화량이 실질변수에는 영향을 주지 못하고 물가변동을 통해 명목변수에만 영향을 주는 것을 의미한다. 따라서 문제에서처럼 물가도 변화가 없는 상황에 적용하는 것은 적절하지 못하다.

(정답) ③

12 폐쇄경제인 K국의 거시경제 모형이 다음과 같다.

* C=180+0.8(Y−T), I=100−20r, G=T=100
* Md=7,000+2Y−300r, Ms=8,000
* 여기서 Y는 국민소득, C는 소비, I는 투자, r은 이자율, G는 정부지출, T는 조세, Md는 화폐수요, Ms는 화폐공급이다.

생산물시장과 화폐시장이 동시에 균형에 도달할 때, 균형이자율과 균형국민소득의 크기는?

	균형이자율	균형국민소득
①	3	1,000
②	4	1,000
③	3	1,100
④	4	1,100

| 해설 |

주어진 식에서 생산물시장의 균형은 Y=C+I+G=180+0.8(Y−100)+100−20r+100에서 이루어진다. 이 식을 정리하면 Y=1,500−100r이라는 IS 방정식을 구할 수 있다.

* 화폐시장의 균형은 Md=Ms에서 이루어진다. 이에 따라 7,000+2Y−300r=8,000의 식을 정리하면 Y=500+150r이라는 LM 방정식을 구할 수 있다.
* 앞의 두 식을 연립해서 풀면 Y=1,100, r=4이다.

(정답) ④

13 다음 중 물가 수준이 하락할 때 총수요곡선이 우하향하는 이유로 옳지 않은 것은?

① 실질화폐공급이 증가하여 실질이자율이 하락하고 이에 따라 투자가 증가하기 때문이다.

② 수입품 가격에 비해 수출품 가격이 상대적으로 하락하여 순수출이 증가하기 때문이다.

③ 가계의 실질자산가치가 상승하여 소비가 증가하는 피구(A. Pigou)효과 때문이다.

④ 환율이 하락하여 순수출이 증가하기 때문이다.

| 해설 |

구매력평가설에 따르면 다른 조건이 일정할 때, 물가의 하락은 명목환율을 하락시킨다. 따라서 순수출은 감소하게 된다.

정답 ④

14 어떤 나라의 단기 총수요(AD)곡선과 단기 총공급(SAS)곡선이 다음과 같이 주어져 있다.

- AD곡선: $Y = 60 - P$
- SAS곡선: $Y = 20 + P$
- 여기서 Y는 국민소득, P는 물가이다.

이에 대한 설명으로 옳은 것은? (단, 잠재GDP(Y_P)는 50이다)

① 단기 균형물가 수준은 50이다.
② 경기침체 갭(recessionary gap)은 20이다.
③ 정부가 단기적으로 잠재 GDP를 달성하기 위해 필요한 총수요의 크기는 20이다.
④ 노동시장에서는 장기적으로 임금이 상승할 것이다.

| 해설 |

주어진 단기 AD곡선과 SAS곡선을 전제로 경제 상태를 그림으로 나타내면 다음과 같다.

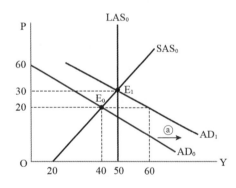

정부가 단기적으로 잠재 GDP를 달성하기 위해서는 AD곡선을 오른쪽으로 이동시켜야 한다(ⓐ). 이때 필요한 총수요의 크기는 AD곡선의 이동 폭과 같다. 정부개입 이후의 AD곡선은 E_1점을 지나야 하므로, 다음과 같이 도출된다.

- $Y = a - P \Rightarrow 50 = a - 30 \Rightarrow a = 80$
- 정부개입 후의 AD곡선: $Y = 80 - P$

도출된 새로운 AD곡선에 물가수준 P = 20을 대입하면 Y = 60을 구할 수 있다. 결국 AD곡선의 이동 폭은 20이 됨을 알 수 있다.
① 주어진 단기 AD곡선과 SAS곡선을 연립해서 풀면 단기 균형물가수준은 P = 20이다.

② 주어진 단기 AD곡선과 SAS곡선을 연립해서 풀면 균형국민소득은 Y = 40이다. 따라서 경기침체 갭(recessionary gap)은 10이다.
④ 현재 경기침체 갭(recessionary gap)이 존재하는 상황이므로 노동시장에서는 비자발적 실업이 존재하는 상태이다. 따라서 이러한 비자발적 실업을 해소하기 위해서 노동시장에서는 명목임금이 하락하게 될 것이다.

정답 ③

15 주식시장을 분석하고 투자자문을 해주는 인공지능(AI)의 등장으로 기존의 증권 애널리스트들이 일자리를 잃을 때 발생하는 실업은?

① 마찰적 실업
② 구조적 실업
③ 계절적 실업
④ 경기적 실업

| 해설 |

구조적 실업이란 기술진보나 산업구조의 급격한 변화로 경쟁력 상실이나 사양화되는 과정에서 발생하는 비자발적 실업을 의미한다.
① 마찰적 실업: 직장을 옮기는 과정에서 발생하는 자발적 실업을 의미한다.
③ 계절적 실업: 계절적 요인에 의해서 발생하는 비자발적 실업을 의미한다.
④ 경기적 실업: 경기침체로 발생하는 비자발적 실업을 의미한다.

정답 ②

16 고전학파의 이자율에 대한 설명으로 옳은 것은?

① IS-LM 모형에 의해 균형이자율이 결정된다.
② 화폐시장에서 화폐에 대한 수요와 공급이 일치하는 수준에서 균형이자율이 결정된다.
③ 화폐 부문과 실물 부문의 연결고리 역할을 한다.
④ 신축적인 특성으로 총공급과 총수요를 항상 일치시켜 준다.

| 해설 |

고전학파는 이자율의 신축성으로 총공급과 총수요가 항상 일치한다는 세(J. B. Say)의 법칙을 주장한다.
① 고전학파이론에서 이자율은 대부시장에서 투자와 저축이 일치하는 수준에서 결정된다. 이때 이자율은 실질이자율이다.
② 화폐시장에서 화폐에 대한 수요와 공급이 일치하는 수준에서 균형이자율이 결정된다는 것은 케인스의 유동성 선호설이다.
③ 고전학파는 화폐의 중립성을 통해 화폐 부문과 실물 부문이 단절된다. 이자율이 화폐 부문과 실물 부문의 연결고리 역할을 한다는 것은 케인스학파의 주장이다.

정답 ④

17 기술진보가 없는 솔로(R. Solow) 경제성장 모형에서 1인당 생산함수가 다음과 같이 주어졌다.

> • $y = 6k^{\frac{1}{2}}$, 여기서 y는 1인당 생산량, k는 1인당 자본량이다.

저축률(s)이 0.25, 감가상각률(d)이 2%, 인구증가율이 3%일 때, 1인당 생산량의 황금률(golden rule) 수준은?

① 250 ② 360
③ 380 ④ 420

| 해설 |

황금률 달성조건은 다음과 같다.

> • $MP_k = (n+d+g) \Rightarrow 3k^{-\frac{1}{2}} = 0.02 + 0.03 + 0 = 0.05$
>
> $\Rightarrow \dfrac{3}{\sqrt{k}} = 0.05 \Rightarrow \sqrt{k} = k^{\frac{1}{2}} = 60$

• 이 결과를 주어진 1인당 생산함수에 대입하면 다음 결과를 얻는다.

> • $y = 6k^{\frac{1}{2}} = 6 \times 60 = 360$

정답 ②

---

18 소규모 개방경제 모형에서 수입관세 부과와 수출보조금 지급의 무역정책 효과에 대한 설명으로 옳은 것은? (단, 국내 수요곡선은 우하향, 국내 공급곡선은 우상향한다)

① 수입관세 부과와 수출보조금 지급은 모두 국내생산량을 증가시킨다.
② 수입관세 부과와 수출보조금 지급은 모두 국내소비량을 증가시킨다.
③ 수입관세 부과와 수출보조금 지급은 모두 국내 소비자잉여를 증가시킨다.
④ 수입관세 부과와 수출보조금 지급은 모두 국내 생산자잉여를 감소시킨다.

| 해설 |

수입관세 부과와 수출보조금 지급은 모두 국내생산량 증가, 국내소비량 감소, 국내 소비자잉여 감소, 국내 생산자잉여 증가를 가져온다.

• 수입관세 부과의 효과: 수입품 국내 판매가격 상승, 국내생산량 증가(⇒국내 생산자잉여 증가), 국내소비량 감소(⇒ 국내 소비자잉여 감소), 재정수입 증가

• 수출보조금 지급의 효과: 수출품 국내 구매가격 상승, 국내생산량 증가(⇒국내 생산자잉여 증가), 국내소비량 감소(⇒국내 소비자잉여 감소), 재정수입 감소

정답 ①

---

19 달러화에 대한 원화의 명목환율과 실질환율에 대한 설명으로 옳은 것은?

① 명목환율이 상승하면 장기적으로 우리나라의 순수출은 감소한다.
② 양국의 물가수준이 일정할 때 명목환율이 상승하면 실질환율은 하락한다.
③ 명목환율이 일정할 때 실질환율이 상승하면 우리나라의 교역조건이 악화된다.
④ 구매력 평가설이 성립할 때, 미국의 물가수준이 상승하고 우리나라 물가수준이 하락할 때 명목환율이 상승한다.

| 해설 |

실질환율과 명목환율의 관계는 다음과 같다.

> • 실질환율$(q) = \dfrac{e \times P_A}{P}$, 여기서 e는 명목환율, P_A는 미국물가수준, P는 한국물가수준이다.

이에 따라 명목환율이 일정할 때 실질환율이 상승한다는 것은 미국물가는 상승하고 한국물가는 하락한다는 의미이다. 따라서 국제상대가격$(= \dfrac{P}{P_A})$이 하락하게 되고, 이는 곧 교역조건이 악화된다는 것과 동일한 의미를 갖는다.

① 장기에는 마샬-러너조건이 충족된다. 따라서 명목환율이 상승하면 우리나라의 순수출은 증가한다.
② 양국의 물가수준이 일정할 때 명목환율과 실질환율 사이에는 정(+)의 관계가 성립한다. 따라서 양국의 물가수준이 일정할 때 명목환율이 상승하면 실질환율 역시 상승한다.
④ 구매력 평가설의 내용은 다음과 같다.

> • $P = e \times P_A \Rightarrow e = \dfrac{P}{P_A} \Rightarrow \dfrac{\Delta e}{e} = \dfrac{\Delta P}{P} - \dfrac{\Delta P_A}{P_A}$

따라서 미국의 물가수준이 상승하고 우리나라 물가수준이 하락할 때 명목환율은 하락하게 된다.

정답 ③

20 자본이동이 완전히 자유롭고 변동환율제도를 채택한 소규모 개방경제의 IS−LM−BP 모형을 고려할 때, 다음 중 국민소득을 증가시키는 것은? (단, IS곡선은 우하향하고, LM곡선은 우상향한다)

① 조세감면 대상의 확대

② 기업의 법인세율 인하

③ 중앙은행의 보유채권 매각

④ 신용거래 확대에 따른 화폐수요 감소

| 해설 |

변동환율제도를 채택하고 있으며, 자본이동이 완전히 자유로운 소국에서 국민소득을 증가시키는 경우는 확장적 통화정책의 경우이다. 그런데 외생적으로 화폐수요가 감소하는 경우는 중앙은행이 확장적 통화정책을 실시하는 경우와 효과가 동일하다. 변동환율제도하에서 확장적 통화정책은 경기안정화정책으로 유력한 수단이 된다.

① 조세감면 대상의 확대: 확장적 재정정책과 효과가 같다. 변동환율제도하에서는 무력하다.

② 기업의 법인세율 인하: 확장적 재정정책과 효과가 같다. 변동환율제도하에서는 무력하다.

③ 중앙은행의 보유채권 매각: 통화량의 감소를 초래하여 긴축적 통화정책의 효과와 동일하다.

정답 ④

01	④	02	②	03	④	04	④	05	③
06	①	07	④	08	④	09	④	10	②
11	①	12	④	13	②	14	②	15	②
16	④	17	②	18	④	19	④	20	③
21	④	22	②	23	④	24	②	25	①

01 준서가 오렌지 3개를 소비할 때와 귤 3개를 소비할 때의 총효용이 동일하다. 이에 대한 설명으로 옳은 것은?

① 오렌지와 귤의 가격이 동일하다.

② 준서가 오렌지 2개를 소비할 때의 총효용과 귤 2개를 소비할 때의 총효용도 같다.

③ 3번째 오렌지를 소비할 때와 3번째 귤을 소비할 때의 한계효용이 동일하다.

④ 귤 2개를 소비할 때의 총효용이 오렌지 2개를 소비할 때의 총효용보다 크다면 3번째 단위 귤의 한계효용은 3번째 단위의 오렌지의 한계효용보다 작다.

| 해설 |

오렌지 3개와 귤 3개를 소비할 때의 한계효용 표가 다음과 같다고 하자.

수량	1	2	3	총효용
오렌지	5	3	2	10
귤	6	3	1	10

따라서 귤 2개를 소비할 때의 총효용(9)이 오렌지 2개를 소비할 때의 총효용(8)보다 크다면 3번째 단위 귤의 한계효용(1)은 3번째 단위의 오렌지의 한계효용(2)보다 작게 된다.

정답 ④

02 주어진 소득으로 X재와 Y재만을 소비하면서 효용 극대화를 추구하는 소비자 H가 2018년에 선택한 소비 조합은 E_{2018}이다. 2019년에 X재와 Y재의 상대가격은 변화하였지만 기존의 소비조합 E_{2018}은 여전히 소비할 수 있다. 이에 대한 설명으로 옳은 것은? (단, 소비자 H의 무차별곡선은 단조성과 이행성 및 강볼록성을 충족하고 있으며, 다른 조건은 고려하지 않는다)

① 2019년에는 2018년에 비해 두 재화의 소비량은 모두 증가하게 된다.

② 소비자 H의 효용은 2018년도에 비하여 2019년도에 증가한다.

③ 주어진 자료만으로는 소비자 H의 효용 변화를 알 수 없다.

④ 2019년도에 소비자 H는 여전히 E_{2018}을 선택한다.

| 해설 |

X재와 Y재의 상대가격이 상승했다는 가정하에서 주어진 조건을 그림으로 표현하면 다음과 같다.

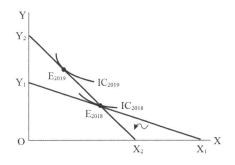

- 무차별곡선이 단조성과 이행성을 전제하고 있으므로 동일한 소비자의 무차별곡선은 교차할 수 없다. 따라서 상품가격 변화 후의 소비자 H의 소비점은 E_{2018}로부터 새로운 예산선을 따라 이동해야 한다(④).
- 새로운 소비자 균형점인 E_{2019}를 누릴 수 있는 무차별곡선은 기존의 소비자 균형점인 E_{2018}을 누릴 수 있는 무차별곡선에 비해 원점에서 보다 멀리 위치하고 있다. 이것은 2018년에 비해 효용 수준이 증가했다는 것을 보여준다(②, ③).
- 새로운 소비자 균형점인 E_{2019}에서는 이전에 비해 한 재화의 소비량은 증가하지만 다른 한 재화의 소비량은 감소하고 있음을 확인할 수 있다(①).

정답 ②

03 현재 10,000원에 해당하는 재산을 소유하고 있는 진수의 효용함수가 다음과 같다.

- $U = \sqrt{X}$, 여기서 U는 효용, X는 재산의 크기이다.

그런데 만약 10%의 확률로 화재가 발생하게 되면 진수가 소유한 재산의 크기는 0이 된다. 현재 상황에 대한 설명으로 옳은 것은?

① 진수가 공정한 보험에 가입할 때 납입하게 되는 보험료는 1,900원이다.

② 진수가 보험에 가입하고자 할 때 보험료로 납부할 용의가 있는 최대금액은 1,000원이다.

③ 진수가 9,000원의 현금과 현재의 재산 중에 현금 9,000원을 선택한다면, 진수는 위험선호자이다.

④ 성찬이 진수에게 진수의 재산을 8,200원에 구입하겠다고 제의하면, 진수는 성찬의 제의에 응하게 된다.

진수의 기대재산과 기대효용을 구하면 다음과 같다.

- 기대재산(EX) $= 0.9 \times 10,000 + 0.1 \times 0 = 9,000$(원)
- 기대효용(EU) $= 0.9 \times \sqrt{10,000} + 0.1 \times \sqrt{0} = 0.9 \times 100 = 90$(원)

• 공정한 보험료는 기대손실액과 동일한 크기의 보험료이다.

- 기대손실액 $=$ 화재발생확률$\times$손실액 $= 0.1 \times 10,000 = 1,000$(원)
  $\Rightarrow$ 공정한 보험료…①

• 확실성 등가와 위험프리미엄을 통해 최대보험료를 구하면 다음과 같다.

- $U = EU \Rightarrow \sqrt{X} = 90 \Rightarrow X = 8,100$(원)
  $\Rightarrow$ 확실성 등가(CE) $= 8,100$(원)
- 위험프리미엄(RP) $=$ 기대재산 $-$ 확실성 등가 $= 9,000 - 8,100$
  $= 900$(원)
- 최대보험료 $=$ 공정한 보험료 $+$ 위험프리미엄 $= 1,000 + 900$
  $= 1,900$(원)…②

③ 진수가 확실한 재산인 현금 9,000원을 불확실한 9,000원의 가치가 있는 현재 재산보다 더 선호한다는 것은 진수가 위험기피자라는 의미이다.

④ 진수에게 현재 불확실한 9,000원의 가치인 현재 재산과 확실성 등가인 8,100원은 서로 무차별하다. 따라서 불확실한 9,000원의 가치가 있는 진수의 재산을 8,200원에 구입하겠다는 성찬의 제의에 진수는 응하게 된다.

정답 ④

---

04 노동(L)과 자본(K)을 생산요소로 투입하여 비용을 최소화하는 기업 S의 생산함수가 다음과 같이 주어졌다.

- $Q = LK^2$, 여기서 Q는 생산량, L은 노동투입량, K는 자본투입량이다.

생산함수에 대한 설명으로 옳은 것은?

① 규모에 대한 보수가 불변인 특성을 갖는다.

② 자본투입량이 일정할 때, 노동투입량이 증가할수록 노동의 한계생산은 체감한다.

③ 노동투입량이 일정할 때, 자본투입량이 증가할수록 자본의 한계생산은 체감한다.

④ 노동과 자본의 단위당 가격이 동일할 때, 노동투입량은 자본투입량의 $\frac{1}{2}$ 배이다.

생산자 균형이 달성되는 수준에서 노동과 자본투입량을 구하면 다음과 같다.

- $L = \dfrac{\alpha \times TC}{(\alpha + \beta)P_L} = \dfrac{TC}{3P_L}$
- $K = \dfrac{\beta \times TC}{(\alpha + \beta)P_K} = \dfrac{2TC}{3P_K}$
- $P_L = P_K \Rightarrow K = 2L$

여기서 α는 L의 지수, β는 K의 지수, P_L은 노동가격, P_K는 자본가격, TC는 총비용이다.

① 주어진 생산함수는 3차 동차 생산함수이다. 따라서 규모에 대한 보수는 체증한다.

② 자본투입량이 일정할 때, 노동의 한계생산은 다음과 같다.

- $MP_L = \dfrac{dQ}{dL} = K^2 \Rightarrow$ 항상 일정

③ 자본의 한계생산은 다음과 같다.

- $MP_K = \dfrac{dQ}{dK} = 2LK \Rightarrow$ 자본투입량 증가에 따라 체증

정답 ④

---

05 단기에 기업 S가 노동 투입만을 증가시키는 경우, 노동의 한계생산(MP_L)은 증가하다가 감소하는 모습을 보인다. 기업 S의 단기 비용함수에 대한 설명으로 옳은 것은?

① 평균가변비용곡선은 한계비용곡선의 최저점을 통과한다.

② 평균가변비용곡선의 최저점은 한계비용곡선의 최저점보다 왼쪽에 위치한다.

③ 평균가변비용곡선, 평균비용곡선, 한계비용곡선은 모두 U자의 모양을 갖는다.

④ 평균비용곡선과 한계비용곡선 간의 수직거리는 평균고정비용의 크기를 나타낸다.

노동의 한계생산(MP_L)이 증가하다가 감소한다는 것은, 생산과 비용의 쌍대관계에 따라 한계비용곡선은 감소하다가 증가하는 U자형이라는 의미이다. 한계비용(MC)이 U자 형이라면 평균가변비용(AVC)이나 평균비용(AC) 모두 U자형이 된다. 이러한 비용들의 관계를 그림으로 그리면 다음과 같다.

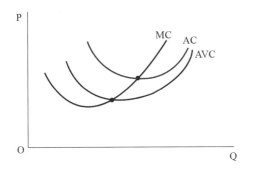

① 평균가변비용곡선의 최저점을 한계비용곡선이 통과한다.

② 평균가변비용곡선의 최저점은 한계비용곡선의 최저점보다 오른쪽에 위치한다.

④ 평균고정비용은 평균비용곡선과 평균가변비용곡선 간의 수직 거리를 의미한다.

(정답) ③

---

06 X재 시장에 소비자는 A와 B만이 존재하고, X재에 대한 A와 B의 개별수요함수가 각각 다음과 같이 주어졌다.

- A의 수요함수: $Q^D = 10 - 2P$
- B의 수요함수: $Q^D = 9 - 3P$

여기서, Q는 수량, P는 가격이다.

X재의 시장가격이 4일 때, 시장수요의 가격탄력성은?

① 4   ② 3

③ 2   ④ 1

| 해설 |

시장수요함수는 개별수요함수를 수평으로 합하여 구한다. 소비자 A와 B의 개별수요함수를 전제로 시장전체의 수요함수를 도출하면 다음과 같다.

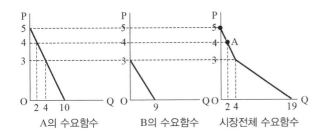

A의 수요함수   B의 수요함수   시장전체 수요함수

- X재 시장가격이 4일 때, 시장수요의 가격탄력성은 앞의 그림 A 점에서 수요의 가격탄력성을 의미한다. 주의할 것은 시장가격이 4인 경우, B는 구매의사가 없고 이에 따라 A의 수요함수가 시장전체 수요함수를 대표한다는 것이다.

- 시장가격이 4일 때, A의 수요함수를 전제로 수요의 가격탄력성을 구하면 다음과 같다.

$$E_P = -\frac{dQ}{dP} \times \frac{P}{Q} = -(-2) \times \frac{4}{2} = 4$$

(정답) ①

---

07 정부가 상품 1단위당 100원만큼의 종량세를 부과할 때 나타나는 결과에 대한 설명으로 가장 타당한 것은? (단, 우하향하는 수요곡선과 우상향하는 공급곡선은 모두 직선이다)

① 종량세가 수요자에게 부과되면 시장균형가격은 상승한다.

② 종량세를 수요자에게 부과하는 것이 공급자에게 부과하는 것보다 소비량 감소를 크게 한다.

③ 종량세를 공급자에게 부과하는 것이 수요자에게 부과하는 것보다 생산량 감소를 크게 한다.

④ 수요의 가격탄력성이 공급의 가격탄력성보다 클 경우 종량세 부과에 따른 조세부담은 수요자보다 공급자가 더 크다.

| 해설 |

종량세 부과에 따른 조세부담의 크기에는 다음과 같은 관계가 성립한다.

- $\dfrac{\text{수요의 가격탄력성}}{\text{공급의 가격탄력성}} = \dfrac{\text{공급자의 조세부담 크기}}{\text{수요자의 조세부담 크기}}$
- '수요의 가격탄력성 > 공급의 가격탄력성' ⇒ '공급자의 조세부담 크기 > 수요자의 조세부담 크기'

① 종량세가 수요자에게 부과되면 수요곡선이 아래로 이동하여 시장균형가격은 하락한다.

② 종량세를 수요자에게 부과하든 공급자에게 부과하든 새로운 균형점에서 소비량은 같다.

③ 종량세를 공급자에게 부과하든 수요자에게 부과하든 새로운 균형점에서 생산량은 같다.

(정답) ④

08 보수행렬(payoff matrix)을 갖는 게임에 대한 설명으로 옳은 것은? (단, α와 β는 경기자 A와 B의 전략이며, 괄호 안의 앞의 숫자는 경기자 A의 보수, 뒤의 숫자는 경기자 B의 보수를 나타낸다)

		경기자 B	
		α	β
경기자 A	α	(5, 5)	(1, 8)
	β	(8, 1)	(2, 2)

① 두 경기자 모두에게 우월전략(dominant strategy)은 서로 상이한 전략이다.
② 두 개의 내쉬균형(Nash equilibrium)이 존재한다.
③ 우월전략균형이면서 내쉬균형인 전략배합은 파레토 효율성(Pareto efficiency)을 달성한다.
④ 명시적 담합의 불안정성을 설명할 수 있다.

| 해설 |

(A전략, B전략) = (α, α) 배합을 위해 명시적 담합을 하는 경우, 두 경기자는 자신의 우월전략을 선택할 수 있어 이러한 담합은 지속되기 어렵다.

경기자 A에게 β전략이 우월전략이며, 경기자 B에게 β전략이 우월전략이다. 즉, 두 경기자의 우월전략은 동일한 전략이다. 이에 따라 (A전략, B전략) = (β, β) 배합은 우월전략균형이다(①).

- 경기자 B가 α전략을 선택하면 경기자 A는 β전략을 선택한다. 따라서 (A전략, B전략) = (α, α) 배합은 내쉬균형이 될 수 없다.
- 경기자 A가 β전략을 선택하면 경기자 B는 β전략을 선택한다. 따라서 (A전략, B전략) = (β, α) 배합 역시 내쉬균형이 될 수 없다.
- 경기자 B가 β전략을 선택하면 경기자 A는 α전략을 선택할 유인이 없다.
  따라서 (A전략, B전략) = (β, β) 배합은 내쉬균형이 되고, (A전략, B전략) = (α, β) 배합은 내쉬균형이 될 수 없게 된다. 결국 유일한 내쉬균형만이 존재하게 된다(②).
- (A전략, B전략) = (α, α) 배합은 우월전략이면서 내쉬균형인 (A전략, B전략) = (β, β) 배합보다 파레토 효율적이다(③).

정답 ④

09 단기적으로 자본량이 100으로 고정되어 있는 K국의 대표적인 기업 S의 생산함수가 다음과 같다.

- $Q = 10L^{\frac{1}{2}}K^{\frac{1}{2}}$
- Q는 산출량, A는 기술수준, L은 노동투입량, K는 자본투입량이다.

생산물 가격이 4이고 명목임금이 8인 경우, 이윤극대화를 위한 기업 S의 단기 생산량은? (단, K국의 모든 시장은 완전경쟁적이고, 모든 상품은 동질적이다)

① 1,000
② 1,500
③ 2,000
④ 2,500

| 해설 |

단기에 한계비용(MC)과 노동의 한계생산(MP_L) 사이에 존재하는 쌍대관계를 이용하여 결과를 도출한다.

- $MC = \dfrac{w}{MP_L}$, 여기서 w는 임금이다.
- $MC = \dfrac{w}{MP_L} \Rightarrow P = \dfrac{w}{MP_L}$ ($\because$ 완전경쟁시장에서 $P = MC$)
- $MP_L = 5L^{-\frac{1}{2}}K^{\frac{1}{2}} = 50L^{-\frac{1}{2}}$ ($\because K = 100$)
- $P = \dfrac{w}{MP_L} \Rightarrow 4 = \dfrac{8}{50L^{-\frac{1}{2}}} \Rightarrow 4 = \dfrac{8}{50\frac{1}{\sqrt{L}}} \Rightarrow 200 = 8\sqrt{L}$
  $\Rightarrow \sqrt{L} = 25$
- $Q = 10L^{\frac{1}{2}}K^{\frac{1}{2}} \Rightarrow Q = 10\sqrt{L}\sqrt{K} = 10 \times 25 \times 10 = 2,500$

정답 ④

10 에지워드 상자도 내의 소비계약곡선에 대한 설명으로 옳은 것은?

① 두 소비자의 무차별곡선이 서로 교차하는 점의 궤적이다.
② 소비계약곡선상에서는 모든 점들은 파레토 효율적이다.
③ 소비계약곡선상에서 두 소비자의 기술적 한계대체율은 같다.
④ 소비계약곡선상에서 두 소비자의 예산선의 기울기는 다르다.

| 해설 |

소비계약곡선은 두 소비자의 한계대체율이 서로 일치하여 파레토 최적을 달성하는 점들로부터 도출된다.
① 두 소비자의 한계대체율이 서로 일치한다는 것은 두 소비자의 무차별곡선이 서로 접한다는 의미이다.

③ 기술적 한계대체율이 일치하는 점들의 궤적은 생산계약곡선이다.

④ 개별소비자의 소비자 균형은 한계대체율과 상대가격이 일치하는 수준에서 이루어진다. 여기서 상대가격은 소비자의 의사와 관계없이 시장에서 결정되는 객관적인 교환조건이다. 따라서 모든 소비자에게 상대가격은 동일하다. 한편 소비자의 예산선의 기울기가 곧 상대가격이므로 두 소비자의 예산선의 기울기는 동일해진다.

(정답) ②

---

11 국민소득에 대한 설명으로 옳은 것을 〈보기〉에서 모두 고르면?

— 보기 —

㉠ 생산국민소득, 분배국민소득, 지출국민소득이 사후적으로 모두 같다는 것을 국민소득 3면 등가의 법칙이라고 한다.

㉡ 국민소득 순환에서 투자와 정부지출은 주입(injection)에 해당하고, 저축과 조세는 누출(leakage)에 해당한다.

㉢ GDP란 일정기간 동안 한 국가 내에서 생산된 모든 재화와 서비스의 시장가치이다.

① ㉠, ㉡   ② ㉡, ㉢

③ ㉠, ㉢   ④ ㉠, ㉡, ㉢

| 해설 |

GDP란 일정기간 동안 한 국가 내에서 생산된 모든 '최종' 재화와 서비스의 시장가치이다. 따라서 재화와 서비스 중에서 중간재는 GDP 집계에서 제외된다.

(정답) ①

---

12 폐쇄경제인 K국의 거시경제지표가 다음과 같다.

• 국민소득(Y) = 10,000
• 정부지출(G) = 2,000
• 소비함수: $C = 3,000 - 200r$
• 투자함수: $I = 6,000 - 300r$

국민경제가 균형 상태에 있을 때, 총저축의 크기는? (단, 총저축은 민간저축과 정부저축의 합이다)

① 2,400   ② 3,400

③ 4,400   ④ 5,400

| 해설 |

국민소득 균형식을 이용하여 균형이자율(r)을 구하면 다음과 같다.

• $Y = C + I + G \Rightarrow 10,000 = 3,000 - 200r + 6,000 - 300r + 2,000$
  $\Rightarrow 500r = 1,000 \Rightarrow r = 2$

• 민간저축과 정부저축, 총저축은 다음과 같다.

• 민간저축 $= Y - C = 10,000 - (3,000 - 400) = 10,000 - 2,600$
  $= 7,400$

• 정부저축 = 조세 − 정부지출 = $0 - 2,000 = -2,000$

• 총저축 = 민간저축 + 정부저축 = $7,400 - 2,000 = 5,400$

(정답) ④

---

13 일반적으로 이자율이 상승하면 단기에 통화공급량이 증가하는 경향이 있다. 다음 중 이러한 경향을 발생시키는 원인으로 옳은 것은?

① 은행의 대출 감소

② 화폐유통속도의 증가

③ 민간의 현금−통화비율 증가

④ 은행의 초과지급준비율 증가

| 해설 |

이자율의 상승은 민간의 화폐수요를 감소시켜 현금−통화비율이 낮아져 통화승수를 크게 한다. 한편 민간의 화폐수요가 감소한다는 것은 화폐유통속도가 증가한다는 의미와 같다.

① 은행의 대출이 감소한다는 것은 통화공급을 줄인다는 말과 같은 의미이다.

③ 민간의 현금−통화비율 증가는 통화승수를 작게 하여 통화공급량을 감소시킨다.

④ 은행의 초과지급준비율 증가는 은행의 대출 감소와 동일한 효과를 가진다.

(정답) ②

---

14 고전학파 경제모형에서 '세(J. B. Say)의 법칙'이 항상 성립하기 위해 필요한 전제조건은?

① 광범위한 유휴생산 설비가 존재해야 한다.

② 대부시장에서 이자율이 신축적으로 조정되어야 한다.

③ 노동시장에서 완전고용이 달성되어야 한다.

④ 화폐의 중립성이 성립해야 한다.

② 유동성 효과란 통화량 증가가 화폐시장에서 명목이자율을 하락시키는 것을 의미한다. 이러한 유동성 효과는 고전학파가 아닌 케인스학파의 주장이다.

③ 유동성 함정은 화폐수요의 이자율 탄력성이 무한대인 경우 발생한다. 이 경우 LM곡선은 수평의 모습을 보이게 된다.

(정답) ④

| 해설 |

고전학파 경제모형에서 이자율은 실물자본시장(대부자금시장)에서 결정되며, 여기서 결정된 실질이자율의 신축적인 조정에 의해 시장은 항상 청산된다는 것이 고전학파가 전제하는 '세(J. B. Say)의 법칙'이다.

(정답) ②

---

15 시중금리가 연 4%에서 연 3%로 하락하는 경우, 매년 120만 원씩 영원히 지급받을 수 있는 채권의 현재가치의 변화로 옳은 것은?

① 960만 원 증가 ② 1,000만 원 증가

③ 1,200만 원 증가 ④ 1,440만 원 증가

| 해설 |

문제에서는 영구채의 가격변화를 묻고 있다. 영구채의 가격은 다음과 같다.

- 영구채 가격 $= \dfrac{\text{이자}}{\text{이자율}}$

- 시중금리가 연 4%인 경우:

  영구채 가격 $= \dfrac{1,200,000}{0.04} = 30,000,000$(만 원)

- 시중금리가 연 3%인 경우:

  영구채 가격 $= \dfrac{1,200,000}{0.03} = 40,000,000$(만 원)

따라서 영구채의 현재가치는 3,000만 원에서 4,000만 원으로 1,000만 원만큼 상승한다.

(정답) ②

---

16 유동성 함정과 부(富: wealth)의 효과에 대한 설명으로 옳은 것은?

① 유동성 함정은 IS곡선의 수평구간에 존재한다.

② 케인스의 유동성 함정에 대한 반론으로서 고전학파는 통화공급에 따른 유동성 효과를 주장하였다.

③ 유동성 함정은 화폐수요의 이자율 탄력성이 영(0)일 때 발생한다.

④ 유동성 함정에 빠진 경제라도 부(富: wealth)의 효과가 존재하면, 정부의 개입 없이 유동성 함정에서 빠져나올 수 있다.

| 해설 |

경제가 유동성 함정에 빠져 있다는 것은 경기가 불황 국면이라는 의미이다. 이러한 불황 국면에서는 물가가 하락하고, 물가의 하락은 민간의 실질자산가치를 증가시키고, 실질자산가치 증가는 소비 증가를 가져 오게 한다. 이를 부(富: wealth)의 효과라고 한다. 이러한 부(富: wealth)의 효과는 정부의 개입 없이도 경제를 유동성 함정에서 벗어나게 해 준다.

---

17 단기 총공급곡선에 대한 설명으로 옳은 것을 〈보기〉에서 모두 고르면?

┌─ 보기 ─

ⓐ 불완전정보 모형에서 기대물가 수준이 상승하면 단기 총공급곡선은 상방으로 이동한다.

ⓑ 가격경직성 모형(sticky-price model)에서 물가 수준이 기대물가 수준보다 낮다면 실제산출량은 자연산출량 수준보다 높다.

ⓒ 불완전정보 모형(imperfect information model)에서 가격에 대한 불완전한 정보로 인하여 단기 총공급곡선은 자연산출량 수준에서 수직이 된다.

ⓓ 케인스(J. M. Keynes)에 따르면 명목임금이 고정되어 있는 단기에서 물가가 상승하면 고용량이 증가하여 산출량이 증가한다.

① ⓐ, ⓑ   ② ⓐ, ⓓ

③ ⓑ, ⓒ   ④ ⓒ, ⓓ

| 해설 |

단기 총공급(SAS)곡선의 기본 모형은 다음과 같다.

- $Y = Y_N + \alpha(P - P^e)$ 또는 $P = P^e + \dfrac{1}{\alpha}(Y - Y_N)$

  여기서 Y는 실제산출량, Y_N은 자연산출량, α는 양(+)의 상수, P는 실제물가, P^e는 기대물가이다.

ⓐ 기대물가 수준(P^e)이 상승하면 단기 총공급(SAS)곡선은 상방으로 이동한다.

ⓓ 명목임금(W)이 고정되어 있는 경우, 물가 상승은 실질임금($\dfrac{W}{P}$)을 하락시켜 기업에 의한 노동수요를 증가시킨다. 따라서 노동고용량이 증가하고 산출량이 증가한다.

ⓑ 만약 물가 수준이 기대물가 수준보다 낮다면($P < P^e$), 실제산출량은 자연산출량 수준보다 낮다($Y < Y_n$).

ⓒ 불완전정보 모형(imperfect information model)에서 가격에 대한 불완전한 정보로 인하여 단기 총공급(SAS)곡선은 우상향하게 된다.

(정답) ②

18 2020년을 기준년도로 하였을 때 2021년의 물가지수가 80이었다. 이 기간 동안 화폐구매력의 변화는?

① 20% 하락하였다.　　② 20% 상승하였다.

③ 25% 하락하였다.　　④ 25% 상승하였다.

| 해설 |

화폐가치는 물가지수와 역($-$)의 관계를 가진다. 이에 따라 화폐가치(구매력)는 다음과 같이 측정된다.

- 화폐구매력 $= \dfrac{100}{물가지수} = \dfrac{100}{80} = 1.25$

이에 따라 2020년을 기준으로 하는 2021년의 화폐구매력은 25%만큼 상승하게 된다.

정답 ④

19 K국의 필립스곡선이 아래와 같이 추정되었을 때 이에 대한 설명으로 옳은 것은?

- $\pi = \pi^e + 2.4 - 0.6u$, 여기서 π는 실제인플레이션율, π^e는 기대인플레이션율, u는 실제실업률이다.

① 단기에 기대인플레이션이 상승하면 필립스곡선의 기울기는 가팔라진다.

② 장기 필립스곡선은 2.4%인 자연실업률 수준에서 수직인 형태를 취한다.

③ 기대인플레이션이 상승하면 장기 필립스곡선이 오른쪽으로 이동한다.

④ 3%의 인플레이션이 예상되는 상황에서 정부가 실업률을 5%에서 3%로 낮추고자 한다면 인플레이션율이 1.2%p 상승하는 것을 감수하여야 한다.

| 해설 |

기대가 부가된 필립스곡선의 기본형은 다음과 같다.

- $\pi = \pi^e - \alpha(u - u_n)$ 여기서 π는 실제인플레이션율, π^e는 기대인플레이션율, α는 양($+$)의 상수, u는 실제실업률, u_n은 자연실업률이다.

문제에서 주어진 필립스곡선을 기본형으로 변형하면 다음과 같다.

- $\pi = \pi^e + 2.4 - 0.6u \Rightarrow \pi = \pi^e - 0.6(u - 4)$
  $\Rightarrow$ 자연실업률(u_n) = 4%

- 필립스곡선의 기울기인 α값은 $\dfrac{\triangle\pi}{\triangle u}$와 같다. 따라서 다음 식이 성립한다.

- $\dfrac{\triangle\pi}{\triangle u} = -0.6 \Rightarrow \triangle\pi = -0.6 \times \triangle u$
  $\Rightarrow \triangle\pi = -0.6 \times (-2\%) = 1.2\%$

① 단기에 기대인플레이션이 상승하면 필립스곡선은 자체가 상방으로 이동한다.

② 주어진 필립스곡선에서 자연실업률은 4%이다. 따라서 장기 필립스곡선은 4%인 자연실업률 수준에서 수직인 형태를 취한다.

③ 장기 필립스곡선은 자연실업률 자체가 상승하는 경우에만 오른쪽으로 이동한다.

정답 ④

20 실물적 경기변동이론(RBC: real business cycle theory)에 대한 설명으로 옳지 않은 것은?

① 노동시장과 생산물시장의 가격은 신축적이다.

② 화폐는 장기는 물론이고 단기에도 중립적이다.

③ 실제산출량이 자연산출량으로부터 이탈하는 것을 경기변동으로 본다.

④ 기술혁신과 같은 생산함수에 영향을 주는 요인으로 인하여 경기변동이 발생한다.

| 해설 |

실물적 경기변동이론에서는 경기변동을 야기하는 외부충격에 대해 경제주체들이 최적으로 대응하는 과정에서 자연산출량이 변하는 것을 경기변동이라 본다. 실제산출량이 자연산출량으로부터 이탈하는 것을 경기변동으로 보는 것은 화폐적 균형경기변동이론(MBC)의 관점이다.

정답 ③

21 K국의 총생산함수가 다음과 같다.

- $Y = A\sqrt{LK}$
- 여기서 Y는 총생산, A는 기술, L은 노동, K는 자본이다.

노동자 1인당 소득증가율은 5%이고, 노동자 1인당 자본증가율은 3%이다. 총요소생산성 증가율은 얼마인가?

① 2%　　　　　　② 2.5%

③ 3%　　　　　　④ 3.5%

| 해설 |

주어진 총생산함수를 전제로 1인당 생산함수를 다음과 같이 도출할 수 있다.

- $Y=A\sqrt{LK} \Rightarrow Y=AL^{\frac{1}{2}}K^{\frac{1}{2}} \Rightarrow \dfrac{Y}{L}=AL^{-\frac{1}{2}}K^{\frac{1}{2}}$

  $\Rightarrow \dfrac{Y}{L}=A(\dfrac{K}{L})^{\frac{1}{2}} \Rightarrow y=Ak^{\frac{1}{2}}$

- y는 1인당 산출량, k는 1인당 자본량이다.

- 앞의 결과를 전제로 성장회계를 하면 다음과 같은 결과를 도출할 수 있다.

- $y=Ak^{\frac{1}{2}} \Rightarrow \dfrac{\Delta y}{y}=\dfrac{\Delta A}{A}+\dfrac{1}{2}\times\dfrac{\Delta k}{k} \Rightarrow 5\%=\dfrac{\Delta A}{A}+\dfrac{1}{2}\times3\%$

  $\Rightarrow \dfrac{\Delta A}{A}=3.5\%$

- $\dfrac{\Delta y}{y}$는 1인당 소득증가율, $\dfrac{\Delta A}{A}$는 총요소생산성 증가율, $\dfrac{\Delta k}{k}$는 1인당 자본량 증가율이다.

정답 ④

---

22 현재 소규모 개방경제인 K국의 X재의 국내 수요곡선과 공급곡선이 다음과 같다.

- 국내수요곡선: $P=100-Q$
- 국내공급곡선: $P=-20+Q$

여기서, P는 가격, Q는 수량이다.

K국 당국은 수입품인 X재의 빠른 보급을 위해 수입 X재에 대하여 단위당 10만큼의 수입보조금을 지급하기로 결정하였다. 이러한 정부당국의 조치로 인해 발생할 수 있는 영향에 대한 설명으로 옳은 것은? (단, 수입보조금 지급 전 X재의 국제가격은 30이었다)

① 수입보조금정책으로 인한 국내생산량 감소분보다 수입량 증가분이 더 작다.

② 수입보조금정책으로 발생하는 자중손실(deadweight loss)은 100이다.

③ 수입보조금정책으로 정부가 부담해야 하는 보조금의 액수는 500이다.

④ 수입보조금정책으로 수입량은 정책 이전에 비해 1.5배가 된다.

| 해설 |

소국은 국제가격(=30)에 영향을 주지 못한다. 따라서 K국 정부의 수입보조금(=10) 지급 후에도 수입품의 국제가격은 불변이다. 그러나 수입품의 국내판매가격은 수입보조금 크기만큼 하락하게 된다. 이러한 결과들을 반영하여 문제에서 제시된 조건들을 그림으로 나타내면 다음과 같다.

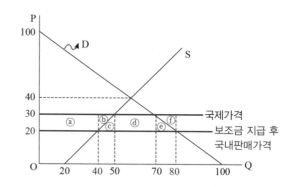

- 앞의 그림을 전제로 수입보조금 지급에 따른 변화를 표로 정리하면 다음과 같다.

	보조금 지급 전	보조금 지급 후	비교
국내생산량	50	40	10 감소
국내소비량	70	80	10 증가
수입량	20	40	20만큼 증가
소비자 잉여 변화분		+(ⓐ+ⓑ+ⓒ+ⓓ+ⓔ)	
생산자 잉여 변화분		−(ⓐ+ⓑ)	
정부재정		−(ⓑ+ⓒ+ⓓ+ⓔ+ⓕ)	40×10＝400 지급
사회적 총잉여		−(ⓑ+ⓕ)	자중손실＝50+50＝100

① 수입보조금정책으로 인한 국내생산량 감소분(＝10)보다 수입량 증가분(＝20)이 더 크다.

③ 수입보조금정책으로 정부가 부담해야 하는 보조금의 액수는 400이다.

④ 수입보조금정책으로 수입량은 정책 이전에 비해 2배가 된다.

정답 ②

---

23 고정환율제하의 균형 상태에 있던 외환시장에서 자국화폐의 가치상승이 예상되는 경우, 외환시장에서 나타나는 현상에 대한 설명으로 옳은 것을 〈보기〉에서 모두 고르면?

┌─ 보기 ─────────────────────
│ ㉠ 외환수요곡선과 외환공급곡선이 모두 이동하지 않는다.
│ ㉡ 외환수요곡선이 오른쪽으로 이동하고, 외환공급곡선은 왼쪽으로 이동한다.
│ ㉢ 환율하락 압력이 존재하게 된다.
│ ㉣ 중앙은행의 외환보유고가 증가한다.
└──────────────────────────

① ㉠, ㉡　　② ㉠, ㉢　　③ ㉡, ㉣　　④ ㉢, ㉣

자국화폐의 가치상승이 예상된다는 것은 환율이 하락한다는 것과 동일한 의미이다. 이에 따라 가치가 하락하는 외환에 대한 수요는 감소하여 외환수요곡선은 왼쪽으로 이동하고, 외환에 대한 공급은 증가하여 외환공급곡선은 오른쪽으로 이동한다(㉠, ㉡).

- 외환에 대한 수요감소와 외환에 대한 공급증가로 외환시장에서는 고정환율 수준에서 초과공급이 발생하고 이로 인해 '환율하락 압력'이 존재하게 된다(㉢).
- 외환시장에서 발생한 초과공급으로 인한 '환율하락 압력'을 해소하기 위해서 중앙은행은 외환을 매입하게 된다. 이에 따라 중앙은행의 외환보유고는 증가하고(㉣), 통화량이 내생적으로 증가하게 된다.

정답 ④

---

24 현재 K국은 kg당 10달러에 땅콩을 수입하며, 세계 가격에는 영향을 미칠 수 없다. K국의 땅콩에 대한 수요곡선과 공급곡선은 각각 다음과 같다.

- 수요곡선: $Q_D = 4,000 - 100P$
- 공급곡선: $Q_S = 500 + 50P$
- Q_D는 수요량, Q_S는 공급량, P는 가격이다.

K국에서 수입을 500kg으로 제한하는 수입할당제를 시행하는 경우와 동일한 결과를 가져오는 관세의 크기는?

① 5달러　　　　　② 10달러

③ 12달러　　　　④ 15달러

| 해설 |

문제에서 주어진 조건들을 고려한 내용을 그림으로 나타내면 다음과 같다.

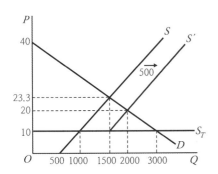

- 우선 국내 수요 – 공급곡선 하에서 10달러의 가격으로 개방이 이루어지면 국내수요량은 3,000, 국내공급량은 1,000이 되어 초과수요량인 2,000만큼의 수입이 이루어진다.

- 500kg만큼의 수입할당을 실시하게 되면 국내공급곡선은 가로축으로 500만큼 이동하여 다음과 같아진다.

- $Q_S = 500 + 50P \Rightarrow Q_S - 500 = 500 + 50P$

이에 따라 기존의 국내수요곡선과 새롭게 도출된 국내공급곡선을 연립해서 풀면 수입품의 국내 판매가격은 20달러가 된다.

- 관세를 통하여 수입품의 판매가격이 20달러가 되기 위해 필요한 관세의 크기는 10달러이다. 이와 같이 수입할당제와 동일한 결과를 가져오는 관세 수준을 '동등관세'라고 한다.

정답 ②

---

25 고정환율제도하에 놓인 개방경제가 IS_1에서 IS_2가 되어 현재 B점에 놓여 있다. 이러한 경우에 대한 설명으로 옳은 것은?

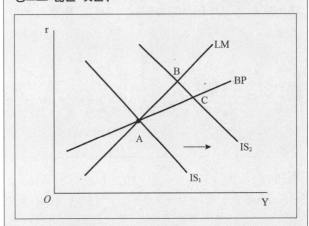

① 국제수지가 흑자가 된다.
② 통화량이 감소하게 된다.
③ 정부당국이 확대금융정책을 실시하고 있다.
④ 궁극적으로 경제는 A점으로 복귀한다.

| 해설 |

B점에서는 대외균형 수준보다 이자율이 높은 수준이다. 이에 따라 자본유입이 이루어져 국제수지가 흑자가 된다.

② 국제수지의 흑자로 외환시장에서는 환율하락 압력이 존재하게 된다. 이를 해소하기 위한 중앙은행의 외환매입으로 통화량의 내생적 증가가 이루어진다.

③ IS곡선이 오른쪽으로 이동하고 있으므로 정부당국이 확대재정정책을 실시하고 있는 경우에 해당한다.

④ 통화량의 내생적 증가로 LM곡선이 오른쪽으로 이동하게 되어 경제는 궁극적으로 C점에 도달하게 되어, 대내외 동시 균형을 달성하게 된다.

정답 ①

AK 경제학 실전 동형 모의고사 27 p. 135 - 138

01	②	02	②	03	①	04	④	05	②
06	③	07	④	08	③	09	④	10	③
11	④	12	①	13	④	14	③	15	④
16	②	17	④	18	①	19	①	20	④

01 주어진 소득으로 X재와 Y재만 소비하면 효용을 극대화하는 소비자 H의 효용함수가 다음과 같이 주어져 있다.

- $U = \min[X, Y]$, 여기서 U는 효용, X와 Y는 각각 두 재화의 소비량이다.

소비자 H의 소득이 10,000이고 Y재의 가격(P_Y)이 100인 경우, X재의 수요함수는? (단, P_X는 X재의 가격이다)

① $X = 100 + \dfrac{10,000}{P_X}$ ② $X = \dfrac{10,000}{P_X + 100}$

③ $X = \dfrac{100}{P_X + 100}$ ④ $X = 10,000 + \dfrac{100}{P_X}$

| 해설 |

주어진 효용함수에 따르면 X재와 Y재는 항상 1:1로 결합되어 소비되는 '완전보완재'이다. 또한 소비자 균형 수준에서는 '$U = X = Y$' 관계가 성립한다.

- 주어진 조건에 따른 예산제약식을 통하여 X재 수요함수는 다음 과정을 통하여 도출할 수 있다.

- $P_X \times X + P_Y \times Y = I \Rightarrow P_X \times X + 100 \times Y = 10,000$
  $\Rightarrow P_X \times X + 100 \times X = 10,000 \Rightarrow X(P_X + 100) = 10,000$
  $\Rightarrow X = \dfrac{10,000}{P_X + 100}$

정답 ②

02 영화배우 S씨의 기대효용함수는 다음과 같다.

- $U(M) = \sqrt{M}$, 여기서 M은 소득의 크기이다.

영화배우 S씨는 영화제작사 MGM과 성공할 확률이 0.5인 새 영화에 출연하는 대가로 1,600만 달러의 기본 출연료와 영화가 성공할 경우 추가로 2,000만 달러, 실패할 경우 0달러를 받는 런닝 개런티 계약을 맺었다. 그런데 이 영화 출연을 강하게 희망하고 있는 또 다른 영화배우 R씨가 S씨에게 만족할 만한 대가를 지불할 것이니 자신에게 영화출연 기회를 넘겨줄 것을 요청하였다. R씨가 최소한 얼마의 대가를 지불해야 S씨는 R씨의 요청을 받아들이겠는가?

① 2,000만 달러
② 2,500만 달러
③ 3,200만 달러
④ $(4,000 + 0.5\sqrt{2,400})$만 달러

| 해설 |

주어진 문제는 확실성 등가를 구하는 문제이다. 확실성 등가란 기대효용(EU)과 동일한 효용(U)을 줄 수 있는 확실한 소득(M)의 크기를 의미한다. 문제에서 영화배우 S씨는 0.5의 확률로 영화가 성공하면 총액 3,600만 달러의 소득을 얻을 수 있고, 0.5의 확률로 영화가 실패하더라도 1,600만 달러의 소득을 얻을 수 있다.

- 먼저 기대효용(EU)을 다음과 같이 도출한다.

- $EU = 0.5 \times \sqrt{36,000,000} + 0.5 \times \sqrt{16,000,000}$
  $= 0.5 \times 6,000 + 0.5 \times 4,000 = 3,000 + 2,000 = 5,000$

- 확실성 등가는 다음과 같이 도출된다.

- $U = EU \Rightarrow U = \sqrt{M} = 5,000 \Rightarrow M = 25,000,000$(달러)

- 영화배우 S씨는 R씨가 최소한 2,500만 달러의 대가를 지급할 때 자신의 영화출연 기회를 넘겨주려고 할 것이다.

정답 ②

03 기업 S의 생산함수는 다음과 같다.

- $Q = 3L + 2K$, 여기서 Q는 생산량, L은 노동, K는 자본이다.

노동과 자본의 단위당 가격이 모두 1이라고 할 때, 12단위를 생산할 수 있는 최소 비용을 구하면?

① 4 ② 6
③ 8 ④ 12

| 해설 |

생산자 균형은 다음 조건이 충족될 때 달성된다.

- 기술적 한계대체율($MRTS_{LK}$) = 생산요소의 상대가격($\dfrac{P_L}{P_K}$)

- 그런데 주어진 생산함수는 선형생산함수이다. 이에 따라 다음과 같은 생산자 균형이 존재한다.

> - $MRTS_{LK}(=\frac{3}{2}) > \frac{P_L}{P_K}(\frac{1}{1}=1)$ ⇒ 오직 노동(L)만을 투입해서 생산하는 구석해 존재

- 결국 생산자 균형 수준에서 12단위를 생산하기 위한 생산비용은 다음과 같이 도출된다.

> - $Q=3L+2K$ ⇒ $12=3L$ ⇒ $L=4$
> - $TC=P_L \times L+P_K \cdot K$ ⇒ $TC=1\times4+1\times0=4$

정답 ①

04 휴대폰 제조 기업의 생산함수가 다음과 같이 알려져 있다.

$$Q=L+K$$

노동의 단위당 가격($P_L=w$)은 100이라고 할 때, 휴대폰 200대를 생산하기 위한 자본(K)에 대한 수요곡선의 형태로 올바른 것은?

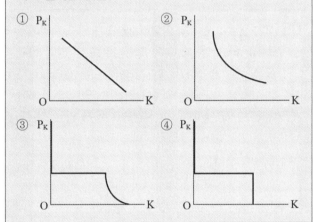

| 해설 |

주어진 생산함수에 따르면 노동(L)과 자본(K) 사이에는 완전대체 관계가 성립하고 있다. 따라서 기술적 한계대체율($MRTS_{LK}$ $(=\frac{MP_L}{MP_K}=1)$)과 요소상대가격($\frac{P_L}{P_K}(=\frac{w}{r}=\frac{100}{P_K})$)과의 관계에 따라 다음 내용이 도출된다.

> - $P_K(=r) > 100$ ⇒ $1 > \frac{100}{P_K}$ ⇒ 오직 200단위의 노동(L)만을 투입해서 'Q=200'을 생산하게 되는 구석해가 성립한다(ⓐ). 따라서 이 경우의 자본(K) 투입량은 0이 된다.
> - $P_K(=r) = 100$ ⇒ $1 = \frac{100}{P_K}$ ⇒ 등비용선상의 모든 점에서 생산자 균형점이 존재한다. 이에 따라 자본(K) 투입량은 $0 \le K \le 20$ 구간 모두가 가능해진다(ⓑ).

> - $P_K(=r) \le 100$ ⇒ $1 < \frac{100}{P_K}$ ⇒ 오직 200단위의 자본(K)만을 투입해서 'Q=200'을 생산하게 되는 구석해가 성립한다(ⓒ).

- 이 결과를 그림으로 나타내면 다음과 같다.

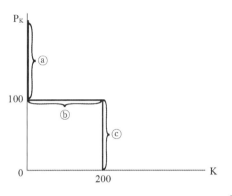

정답 ④

05 곡물가게에서 쌀을 구입하는 모든 소비자들은 항상 "20kg만큼 주세요"라고 하는 반면, 잡곡을 구입하는 모든 소비자들은 항상 "3만 원어치 주세요"라고 한다고 가정하자. 현재 쌀시장과 잡곡시장이 균형인 상태에서 쌀 공급은 증가하고 잡곡 공급은 감소한다면, 가계가 쌀과 잡곡 구매에 지출하는 금액의 변화로 옳은 것은? (단, 두 시장은 모두 완전경쟁시장이고, 각 시장의 공급곡선은 우상향한다. 또한 다른 조건들은 고려하지 않는다)

	쌀 구매지출액	잡곡 구매지출액
①	감소	증가
②	감소	불변
③	불변	증가
④	감소	증가

| 해설 |

쌀시장에서 모든 소비자들은 쌀 가격과 관계없이 항상 일정한 수량만을 구매하고 있다. 이것은 소비자들의 쌀에 대한 수요의 가격탄력성이 '완전비탄력적'이라는 의미이다. 수요의 가격탄력성이 완전비탄력적인 경우, 소비자의 구매지출액은 상품가격에 따라 결정된다. 예컨대 상품가격이 상승하면 구매지출액도 증가하고, 상품가격이 하락하면 구매지출액도 감소하게 된다. 한편 쌀시장에서 쌀 공급의 증가는 쌀 가격 하락을 가져온다. 따라서 쌀 소비자들의 구매지출액은 반드시 감소하게 된다.

- 잡곡시장에서 모든 소비자들은 잡곡 가격과 관계없이 항상 일정 금액에 해당하는 수량만을 구매하고 있다. 이것은 소비자들의 잡곡에 대한 수요의 가격탄력성이 '단위탄력적'이라는 의미이다. 수요의 가격탄력성이 단위탄력적인 경우, 소비자의 구매지출액

은 상품가격과 관계없이 항상 일정한 크기를 갖는다. 한편 잡곡시장에서 잡곡 공급의 감소는 잡곡 가격 상승을 가져온다. 따라서 잡곡 소비자들의 구매지출액은 불변이 된다.

정답 ②

---

06 완전경쟁기업에 대한 설명으로 옳은 것은?

① 완전경쟁기업의 이윤극대화점은 기업의 한계비용곡선이 하락하는 부분에서 한계수입과 교차하는 점이다.

② 완전경쟁기업의 단기 공급곡선은 단기 한계비용곡선 중 단기 평균비용곡선을 상회하는 부분이다.

③ 생산요소의 공급이 비탄력적일수록 완전경쟁기업의 단기 공급곡선은 기울기가 가파르게 된다.

④ 장기 평균비용곡선의 최저점과 접하는 단기 평균비용곡선에 상응하는 시설규모를 최소효율규모라고 한다.

| 해설 |

생산요소에 대한 수요는 생산물시장으로부터 비롯되는 파생수요이다. 생산요소공급곡선의 기울기가 가팔라서 비탄력적이 되면, 생산요소에 대한 수요가 증가할 때 생산요소가격은 크게 상승한다. 이에 따라 생산물을 공급할 때 생산자가 받고자하는 최소가격인 공급가격 역시 크게 상승하게 된다. 결국 공급곡선의 기울기가 가팔라지게 되는 것이다.

① 완전경쟁기업의 이윤극대화점은 기업의 한계비용곡선이 '상승'하는 부분에서 한계수입과 교차하는 점이다.

② 완전경쟁기업의 단기 공급곡선은 단기 한계비용곡선 중 단기 '평균가변비용곡선'을 상회하는 부분이다.

④ 장기 평균비용곡선의 최저점과 접하는 단기 평균비용곡선에 상응하는 시설규모를 '최적생산규모'라고 한다.

정답 ③

---

07 독점기업 K의 수요곡선과 총비용곡선이 다음과 같이 주어져 있다.

- $P = 70 - \dfrac{1}{3}Q$, $TC = Q^2 - 10Q + 50$, 여기서 P는 가격, Q는 수량, TC는 총비용이다.

이윤극대화 수준에서 독점기업 K의 독점도는? (단, 힉스(J. R. Hicks)의 독점도(degree of monopoly)를 따른다)

① $\dfrac{1}{2}$ 　　　　② $\dfrac{1}{3}$

③ $\dfrac{1}{4}$ 　　　　④ $\dfrac{1}{6}$

| 해설 |

독점기업 K의 이윤극대화 수준에서 가격(P), 수량(Q), 한계수입(MR), 한계비용(MC)은 다음과 같이 도출된다.

- $MR = 70 - \dfrac{2}{3}Q$ (수요함수가 선형함수인 경우 한계수입곡선 절편은 같고 기울기는 2배)
- $MC = 2Q - 10$
- $MR = MC \Rightarrow 70 - \dfrac{2}{3}Q = 2Q - 10 \Rightarrow \dfrac{8}{3}Q = 80 \Rightarrow Q = 30$, $P = 60$

- 이윤극대화가 달성되는 수준에서 수요의 가격탄력성은 다음과 같다.

- $P = 70 - \dfrac{1}{3}Q \Rightarrow Q = 210 - 3P$
- $E_P = -\dfrac{dQ}{dP} \times \dfrac{P}{Q} = -(-3) \times \dfrac{60}{30} = 6$

- 힉스(J. R. Hicks)의 독점도는 다음과 같이 도출된다.

- $dom = \dfrac{1}{E_P} = \dfrac{1}{6}$

정답 ④

---

08 과수원 주인인 A와 양봉업자인 B가 인근 지역에서 경제활동을 하고 있는데, A가 과실나무를 더 많이 심자 B의 꿀 생산이 증가하고, B가 꿀벌의 수를 증가시키자 과수원 수확이 늘어나는 것을 확인할 수 있다. A와 B에게 발생하는 외부성에 대한 설명으로 옳지 않은 것은?

① A와 B 사이에는 서로에게 경제적 이익을 주고 있는 양(+)의 외부성이 존재한다.

② A가 양봉장을 인수하거나, B가 과수원을 인수하게 된다면 사회적 최적생산이 가능해진다.

③ A와 B 사이에 서로 양(+)의 외부성을 주고받는 경우이므로, 시장실패에 관한 교정은 불필요하다.

④ 거래비용이 존재하지 않는다면, A와 B 간의 협상을 통해 사회적 최적생산이 가능해진다.

| 해설 |

A와 B 사이에 서로 양(+)의 외부성을 주고받는 경우, 시장생산량은 사회적 최적생산량에 미치지 못하는 과소생산이라는 시장의 실패를 발생시킨다. 따라서 여전히 시장실패를 해결하기 위한 교정 수단이 필요하다.

① A는 B에게 꿀 생산을 위한 꽃을 제공하고, B는 꽃가루 수분을 위한 꿀벌을 제공하는 양(+)의 외부성이 존재하게 된다.

② 시장실패를 해결하기 위한 방법으로 양 당사자가 합병을 통해 하나의 기업이 되는 것이 있다.

④ 거래비용이 존재하지 않을 때, A와 B 간의 협상을 통해 사회적 최적생산이 가능하다는 것은 이른바 '코즈의 정리'이다.

정답 ③

09 쌀과 고기, 두 재화만 생산하는 K국의 경제 데이터가 아래 표와 같다고 하자. 이 표에 대한 설명으로 옳은 것은?

구분	쌀		고기	
	가격(원)	생산량(병)	가격(원)	생산량(개)
2018년 (기준년도)	10	150	12	50
2019년	20	200	15	100

① 2018년의 명목 GDP는 2,200원이다.

② 2018년의 GDP 디플레이터는 105이다.

③ 2019년의 실질 GDP는 5,500원이다.

④ 2019년의 실질 경제성장률은 약 52.4%이다.

| 해설 |

주어진 표에 따른 각 연도의 명목 GDP와 실질 GDP를 구하면 다음과 같다.

- 2018년 명목 GDP: $\sum P_{2018} \times Q_{2018} = 10 \times 150 + 12 \times 50 = 1,500 + 600 = 2,100$(원)
- 2018년 실질 GDP: $\sum P_{2018} \times Q_{2018} = 10 \times 150 + 12 \times 50 = 1,500 + 600 = 2,100$(원)
- 2019년 명목 GDP: $\sum P_{2019} \times Q_{2019} = 20 \times 200 + 15 \times 100 = 4,000 + 1,500 = 5,500$(원)
- 2019년 실질 GDP: $\sum P_{2018} \times Q_{2019} = 10 \times 200 + 12 \times 100 = 2,000 + 1,200 = 3,200$(원)

- 2018년은 기준년도이므로 명목 GDP와 실질 GDP의 크기가 동일하다. 이에 따라 GDP 디플레이터는 '100'이 된다.
- 실질 경제성장률은 실질 GDP의 증가율이다. 따라서 다음과 같이 도출된다.

- 실질 경제성장률 $= \dfrac{\text{금년도 실질 } GDP - \text{전년도 실질 } GDP}{\text{전년도 실질 } GDP}$

$= \dfrac{3,200 - 2,100}{2,100} = \dfrac{1,100}{2,100} \fallingdotseq 0.524$

정답 ④

10 현재 K국에서는 주식가격의 급락이 이루어지는 경제상황 속에서 미래에 대한 불확실성이 가속화되고 있다. 이러한 상황에서 K국 거시경제의 변화로 옳지 않은 것은?

① 예비적 저축가설에 의하면 현재저축이 증가한다.

② 토빈(J. Tobin)의 q가 감소하여 투자가 감소한다.

③ 불확실성의 증가에 따라 환율이 급락하게 된다.

④ 투자옵션 모형에 의하면 비가역적인 투자의 크기는 감소한다.

| 해설 |

주식과 같은 금융자산가격이 급락하고 미래에 대한 불확실성 정도가 커지면, 경제주체들은 상대적으로 안정적인 자산으로 분류되는 달러에 대한 보유를 늘리려고 한다. 이에 따라 자금이 외환시장에 몰리면서 단기적으로 환율은 급등하게 된다.

① 예비적 저축가설에 의하면 미래에 대한 불확실성이 커지면 이에 대비하기 위한 저축이 증가한다.

② 주식가격의 급락은 토빈(J. Tobin)의 q를 감소시켜 이에 따라 투자는 감소하게 된다.

④ 딕싯(A. Dixit)의 투자옵션 모형에 의하면 투자가 비가역적인 특성을 갖는다. 이에 따라 미래에 대한 불확실성이 커지면, 섣부른 투자보다는 경제 흐름을 관망하게 되어 비가역적인 투자가 감소하게 된다.

정답 ③

11 화폐수요와 화폐공급이 다음과 같이 주어졌을 때의 설명으로 옳은 것은?

- 화폐수요곡선: $\dfrac{M^D}{P} = aY + bR + c$
- 화폐공급곡선: $\dfrac{M^S}{P} = M_0 + dR$
- 단, a, b, c, d는 상수, M^D는 화폐수요량, P는 물가, M^S는 화폐공급량, Y는 실질소득, R은 이자율, M_0는 외생적 화폐공급량이다.

① 거래적 동기에 의한 화폐수요가 존재할 경우, a는 음수(−)이다.

② 투기적 동기에 의한 화폐수요가 존재할 경우, b는 0이다.

③ 화폐시장의 균형에서 외생적 화폐공급량이 물가를 결정한다.

④ 화폐공급에 예금화폐 공급을 포함할 경우, 일반적으로 d는 양수이다.

화폐수요함수에서 거래적 동기에 의한 화폐수요는 소득의 증가함수이므로 a는 양수(+)이고, 투기적 동기에 의한 화폐수요는 이자율의 감소함수이므로 b는 음수(-)가 된다. 또한 화폐공급에 예금화폐 공급을 포함할 경우, 이자율이 상승할 경우 예금이 증가하게 되므로 이를 통해 화폐공급은 증가하게 된다. 이에 따라 일반적으로 d는 양수(+)이다. 한편 물가는 외생변수이므로 화폐시장에서 결정되지 않는다.

정답 ④

12 민간봉쇄경제인 K국의 IS곡선과 LM곡선이 다음과 같다.

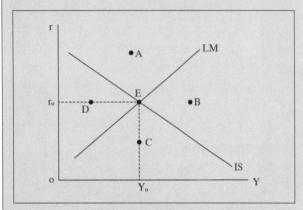

이에 대한 설명으로 옳은 것은?

① A점과 B점에서는 투자가 저축을 초과한다.

② D점에서는 화폐수요가 화폐공급을 초과한다.

③ 현재 균형 상태에서 정부지출이 증가하면 새로운 균형 수준에서 화폐시장은 초과수요 상태에 놓이게 된다.

④ C점에서 국민소득은 변하지 않고 이자율만 상승한다면 화폐시장과 생산물시장의 불균형은 모두 축소된다.

| 해설 |

C점은 생산물시장과 화폐시장에서 모두 초과수요인 상태이다. 이 경우 국민소득은 변하지 않고 이자율만 상승한다면 E점에 접근하게 되어 화폐시장과 생산물시장에서 발생하고 있는 불균형은 모두 축소된다.

① A점과 B점에서는 생산물시장에서 저축이 투자를 초과하고 있는 초과공급 상태이다.

② D점에서는 화폐공급이 화폐수요를 초과하고 있는 초과공급 상태이다.

③ 현재 균형 상태(E)에서 정부지출이 증가하면 IS곡선이 오른쪽으로 이동한다. 이에 따라 새로운 균형은 LM곡선을 따라 우상향하게 되고, 이 균형점은 LM곡선상에 존재하기 때문에 화폐시장은 계속해서 균형 상태에 놓이게 된다.

정답 ④

13 거시경제의 총공급곡선에 대한 설명으로 옳은 것은?

① 장기 총공급곡선은 실제산출량 수준에서 수직이다.

② 임금경직성으로 단기 총공급곡선은 수직의 모습을 보인다.

③ 중동지역의 정치적 불안은 단기 총공급곡선을 왼쪽으로 이동시킬 수 있다.

④ 상대가격 변화에 관한 일시적 착각은 단기 총공급곡선을 상방으로 이동시킨다.

| 해설 |

중동지역의 정치적 불안은 국제유가를 상승시킬 수 있다. 이러한 유가와 같은 원자재가격의 상승은 기업의 공급능력을 감소시켜 단기 총공급곡선을 왼쪽으로 이동시킨다.

① 장기 총공급곡선은 '자연'산출량 수준에서 수직이다. 이때 장기 필립스곡선 역시 수직의 모습을 보인다.

② 임금경직성은 단기 총공급곡선을 우상향하게 하는 요인이다.

④ 상대가격 변화에 관한 일시적 착각은 단기 총공급곡선을 우상향하게 하는 요인이다.

정답 ③

14 인플레이션에 대한 설명으로 옳지 않은 것은? (단, 다른 조건은 고려하지 않는다)

① 예상치 못한 인플레이션이 발생하면 실제실업률이 하락한다.

② 인플레이션을 완전히 예상한다고 하더라도 구두창비용은 발생한다.

③ 인플레이션율이 예상보다 높으면 고정된 연금으로 생활하는 사람들은 유리해진다.

④ 예상 인플레이션율이 상승할 경우 실제 인플레이션도 상승하게 된다.

| 해설 |

예상하지 못한 인플레이션이 발생하게 되면, 고정연금이나 고정월급과 같이 고정된 명목가치의 구매력이 하락하게 된다. 이에 따라 이전에 비해 불리한 상황에 놓이게 된다.

① 예상치 못한 인플레이션이 발생하면 단기에서만큼은 실제실업률이 하락하여 자연실업률보다 낮아질 수도 있다. 그러나 이 경우 자연실업률 자체는 하락하지 않는다는 것을 주의한다.

② 인플레이션을 완전히 예상한다고 하더라도 은행을 자주 방문함으로써 감수해야 할 거래비용인 구두창비용만큼은 존재한다.

④ 예상 인플레이션율이 상승할 경우 총공급곡선이 상방으로 이동하게 되어 새로운 균형수준에서의 실제 인플레이션도 상승하게 된다.

정답 ③

15 일부 사람들이 실업급여를 계속 받기 위해 형식적으로만 일자리를 탐색하고, 실제로는 실업상태를 계속 유지하고자 하는 것이 현실에서 종종 관찰된다. 만약 이들을 실업자가 아니라 일할 의사가 없다는 이유로 비경제활동인구로 분류하는 경우에 발생하게 되는 결과로 옳은 것은? (단, 다른 조건은 고려하지 않는다)

① 취업률과 경제활동참가율 모두 상승한다.
② 취업률과 경제활동참가율 모두 하락한다.
③ 취업률은 하락하는 반면, 경제활동참가율은 상승한다.
④ 취업률은 상승하는 반면, 경제활동참가율은 하락한다.

| 해설 |

실업자는 경제활동인구로 분류되고 일할 의사가 없는 구직포기자는 비경제활동인구로 분류된다. 주어진 조건에 따르면 취업자 수는 불변인 상태에서 경제활동인구와 실업자 수는 감소하게 되고, 비경제활동인구는 증가하게 된다.

• 취업자 수가 불변인 상태에서 실업자 수만 감소하게 되면 취업률은 상승하고 실업률은 하락하게 된다.
• 생산가능인구가 불변인 상태에서 경제활동인구가 감소하게 되면 경제활동참가율은 하락하게 된다.

(정답) ④

16 통화주의에 대한 설명으로 옳은 것은?

① 화폐수요함수는 매우 불안정적이다.
② 통화정책의 중간목표로는 통화량이 적절하다.
③ 통화주의학파는 풍부한 유휴자원의 존재를 전제로 한다.
④ 통화공급은 경제상황에 맞추어 재량적으로 증감시켜야 한다.

| 해설 |

통화주의는 이자율이 잘못된 정보를 줄 수 있기 때문에, 통화정책을 수행하는 경우 중앙은행은 통화량을 중간목표로 삼아야 한다고 주장한다.

① 통화주의는 화폐수요가 이자율에 영향을 받기는 하지만 그 정도는 매우 미미하기 때문에 화폐수요함수는 기본적으로 안정적이라고 주장한다.
③ 풍부한 유휴자원의 존재를 전제로 하여 이론을 전개하는 이들은 케인스학파이다.
④ 통화주의는 경기안정화정책으로 재정정책보다는 통화정책이 더욱 효과적이라고 한다. 그러나 이러한 경우에도 최적정책의 동태적 비일관성으로 인한 문제점을 강조하며 재량정책을 반대하고 k%의 통화준칙을 주장한다.

(정답) ②

17 K국의 총생산함수가 다음과 같이 주어졌다.

• $Y = A\sqrt{LK}$, 여기서 Y는 총생산, A는 기술, L은 노동, K는 자본이다.

K국의 노동자 1인당 소득증가율은 2%이고, 노동자 1인당 자본증가율은 1%인 경우, 기술증가율은?

① 0.5%   ② 1%
③ 1.5%   ④ 2%

| 해설 |

주어진 총생산함수의 양 변을 L로 나누어 정리하면 다음과 같이 1인당 생산함수를 도출할 수 있다.

• $Y = A\sqrt{LK} \Rightarrow \dfrac{Y}{L} = A \times \sqrt{\dfrac{K}{L}} \Rightarrow y = A\sqrt{k}$

여기서 y는 1인당 소득, k는 1인당 자본량이다.

• 1인당 생산함수를 전제로 성장회계를 하면, 1인당 소득증가율($\dfrac{\Delta y}{y}$)이 2%, 1인당 자본증가율($\dfrac{\Delta k}{k}$)이 1%이므로 다음과 같이 기술증가율($\dfrac{\Delta A}{A}$)을 도출할 수 있다.

• $y = A\sqrt{k} \Rightarrow \dfrac{\Delta y}{y} = \dfrac{\Delta A}{A} + \dfrac{1}{2} \times \dfrac{k}{\Delta k}$

$\Rightarrow 2\% = \dfrac{\Delta A}{A} + \dfrac{1}{2} \times 1\% \Rightarrow \dfrac{\Delta A}{A} = 1.5\%$

(정답) ③

18 다음 그림의 직선은 양국의 생산가능곡선을 나타내고 있다. 이 중, 양국 사이에서 무역이 발생할 수 없는 경우에 해당하는 경우로 옳은 것은?

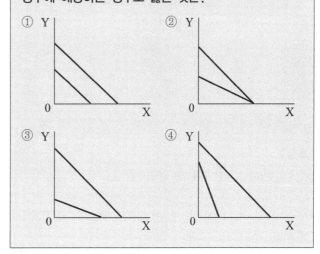

| 해설 |

국가 간 무역은 양국의 국내 상대가격이 서로 다른 경우에 발생한다.

이때 국내 상대가격이 작은 상품에 대해 비교우위를 갖고, 이 상품을 수입하게 된다.

- 각 국의 국내 상대가격은 생산가능곡선의 기울기이다. 그런데 ①은 기울기가 같으므로 양국의 국내 상대가격이 같다. 따라서 양국 사이에는 무역이 발생할 수 없게 된다.

정답 ①

19 개방경제체제인 K국 중앙은행이 공개시장에서 채권을 매입하였다. 이에 대한 효과로 옳은 것은? (단, K국은 변동환율제도를 채택하고 있으며, 외환시장에서는 달러만이 거래되고 있다)

① 이자율 하락, 원/달러 환율 상승, 순수출 증가
② 이자율 하락, 원/달러 환율 하락, 순수출 감소
③ 이자율 상승, 원/달러 환율 상승, 순수출 증가
④ 이자율 상승, 원/달러 환율 하락, 순수출 감소

| 해설 |

중앙은행이 채권을 매입하는 경우, 경제에 미치는 경로를 다음과 같이 정리할 수 있다.

- 채권 매입 ⇒ 채권가격 상승 ⇒ 이자율 하락 ⇒ 외환시장에서 자본유출 ⇒ 원/달러 환율 상승 ⇒ 순수출 증가

정답 ①

20 개방경제의 IS곡선과 LM곡선에 대한 설명으로 옳은 것은?

① 변동환율제도하에서 IS곡선은 폐쇄경제의 IS곡선에 비해 기울기가 더 가파르다.
② 변동환율제도하에서 IS곡선은 폐쇄경제에 비해 실질환율 변화에 의해 영향을 덜 받는다.
③ 고정환율제도하에서 국제수지 적자가 발생하면 LM곡선이 오른쪽으로 이동한다.
④ 변동환율제도하에서는 개방경제하에서의 LM곡선과 폐쇄경제하에서의 LM곡선이 동일하다.

| 해설 |

변동환율제도하에서는 국제수지 불균형을 해소하기 위한 중앙은행의 별도 개입이 필요 없다. 이에 따라 중앙은행의 개입에 따른 통화량의 변화가 나타나지 않는다. 이것은 곧 개방 여부와 관계없이 LM곡선이 동일하다는 것을 의미한다.

①② 폐쇄경제와 개방경제하에서 이자율의 하락이 총수요에 미치는 영향을 비교하면 다음과 같다.

- 폐쇄경제: 이자율 하락 ⇒ 투자 증가 ⇒ 총수요 증가
- 개방경제: 이자율 하락 ⇒ 투자 증가 ⇒ 총수요 증가
  ⇒ 자본유출 ⇒ (실질)환율상승 ⇒ 순수출 증가 ⇒ 총수요 증가

③ 고정환율제도하에서 국제수지 적자가 발생하면 외환시장에서 '환율상승 압력'이 존재하고, 이를 해소하기 위해 중앙은행은 보유외환을 매각한다. 이에 따라 통화량이 감소하게 되어 LM곡선은 왼쪽으로 이동하게 된다.

정답 ④

01 소비자이론에 대한 설명으로 옳은 것은? (단, 소비자는 X재와 Y재만 소비한다)

① 소비자의 효용함수가 $U=2XY$일 때, 한계대체율은 일정하다.

② 소비자의 효용함수가 $U=\sqrt{XY}$일 때, Y재의 한계효용은 체감한다.

③ 소비자의 효용함수가 $U=\min[X,\ Y]$일 때, 소득-소비곡선의 기울기는 음$(-)$이다.

④ 소비자의 효용함수가 $U=X+Y$일 때, X재의 가격이 Y재의 가격보다 작으면 X재 소비량은 0이다.

| 해설 |

효용함수가 '$U=\sqrt{XY}$'인 경우, Y재의 한계효용은 다음과 같다.

- $MU_Y=\dfrac{dU}{dY}=\dfrac{1}{2}X^{\frac{1}{2}}Y^{-\frac{1}{2}}=\dfrac{1}{2}\sqrt{\dfrac{X}{Y}}$

따라서 Y재 소비량이 증가함에 따라 MU_Y는 체감하게 된다.

① 소비자의 효용함수가 $U=2XY$일 때, 한계대체율은 다음과 같다.

- $MRS_{XY}=\dfrac{MU_X}{MU_Y}=\dfrac{2Y}{2X}=\dfrac{Y}{X}$

X재 소비량을 증가시키고, Y재 소비량을 감소시킬수록 한계대체율은 체감하게 된다.

③ 소비자의 효용함수가 $U=\min[X,\ Y]$인 경우, X재와 Y재는 항상 1:1로 결합되어 소비된다. 즉, 소비자 균형점에서 $\dfrac{Y}{X}$는 항상 '1'의 값을 갖는다. 이는 곧 소득-소비곡선이 원점을 통과하는 '1'의 기울기를 갖는다는 것을 의미한다.

④ 소비자의 효용함수가 $U=X+Y$인 경우 X재의 가격이 Y재의 가격보다 작으면 '$MRS_{XY}(=1)>\dfrac{P_X}{P_Y}$'가 성립한다. 이에 따라 X재만 소비하는 구석해가 존재하게 되어 Y재 소비량은 0이 된다.

정답 ②

02 기대효용이론에 대한 설명으로 옳은 것은? (단, U는 효용수준, M은 자산액)

① 폰 노이만-모겐스턴(Von Neumann-Morgenstern) 효용함수에서 효용은 서수적 의미만 갖는다.

② 성호가 가지고 있는 복권의 기대상금의 크기가 10,000원일 때 8,800원이면 이 복권을 팔 의사가 있다면, 1,200원만큼을 성호의 확실성 등가라고 할 수 있다.

③ 위험기피자는 순기대가치가 0인 복권을 반드시 구입한다.

④ 수정의 폰 노이만-모겐스턴 효용함수가 $U=M^{1.5}$로 주어졌다면, 수정은 위험선호자이다.

| 해설 |

효용함수가 $U=M^{1.5}$이면 M의 값이 증가할수록 U의 값이 체증하므로 이 효용함수는 위험선호자의 효용함수이다.

① 모든 함수는 변수와 변수와의 관계식을 의미한다. 따라서 양 변수의 관계를 일정한 수치로 나타낼 수 있다. 결국 효용함수에서의 효용 역시 일정한 수치로 나타낼 수 있으므로 기수적 의미가 담겨 있는 것이다.

② 성호가 가지고 있는 복권의 기대상금의 크기가 10,000원일 때 8,800원이면 이 복권을 팔 의사가 있다면, 1,200원만큼을 성호의 위험프리미엄(risk premium)으로 볼 수 있다.

③ 복권의 순기대가치가 0이라는 것은 복권의 기대상금액과 복권의 가격이 같다는 의미이다. 이러한 복권을 공정한 복권이라고 할 수 있다. 그런데 위험기피자는 공정한 복권을 절대로 구입하지 않고, 위험선호자는 반드시 구매한다.

정답 ④

03 A국과 B국의 생산함수가 다음과 같다.

- A국 생산함수: $Y_A=A_AL^{0.2}K^{0.8}$,
  $L_A=100,\ K_A=100$
- B국 생산함수: $Y_B=A_BL^{0.8}K^{0.2}$,
  $L_B=200,\ K_B=200$
- Y는 총산출량, A는 기술수준, L은 노동투입량, K는 자본투입량이다.

두 나라의 노동소득분배율(T_L)의 크기를 올바르게 비교한 것은? (단, 두 나라의 모든 시장은 완전경쟁적이라고 가정한다)

① $T_L^A>T_L^B$

② $T_L^A<T_L^B$

③ $T_L^A = T_L^B$

④ 주어진 조건만으로는 비교할 수 없다.

| 해설 |

생산함수가 1차 동차 생산함수 형태의 콥－더글러스 생산함수로 주어지고, 모든 시장이 완전경쟁적인 경우에는 오일러의 정리가 성립하게 된다. 이에 따라 노동소득분배율과 자본소득분배율은 다음과 같다.

- $Y = AL^\alpha K^\beta (\alpha + \beta = 1)$
- 노동소득분배율 $= \alpha$, 자본소득분배율 $= \beta$

- 두 나라의 노동소득분배율(T_L)의 크기를 각각 도출하여 비교하면 다음과 같다.

- K국 노동소득분배율(T_L^K) $= 0.2$
- Y국 노동소득분배율(T_L^Y) $= 0.8$

- 결국 문제에서 주어진 다른 조건들과 관계없이 생산함수에서 노동의 지수 크기를 비교하면 바로 답을 구할 수 있다.

(정답) ②

04 이윤극대화를 추구하는 기업 S의 생산함수와 노동과 자본의 가격이 다음과 같이 주어져 있다.

- $Q = 5L^{0.5}K^{0.5}$, 여기서 Q는 생산량, L은 노동투입량, K는 자본투입량이다.
- 노동의 가격: $P_L = 20$, 자본의 가격: $P_K = 10$

기업 S가 노동과 자본투입에 사용할 수 있는 총비용(TC)이 1,000일 때, 최적 노동투입량과 생산량은?

	노동투입량	생산량
①	25	$125\sqrt{2}$
②	50	$125\sqrt{2}$
③	25	$25\sqrt{2}$
④	50	$25\sqrt{2}$

| 해설 |

생산함수가 '$Q = AL^\alpha K^\beta$'로 주어진 경우 이윤극대화를 위한 생산요소의 최적 투입량은 다음과 같이 도출된다.

- $L = \dfrac{\alpha \times TC}{(\alpha + \beta) \times P_L} = \dfrac{0.5 \times 1,000}{(0.5 + 0.5) \times 20} = \dfrac{500}{20} = 25$
- $K = \dfrac{\beta \times TC}{(\alpha + \beta) \times P_K} = \dfrac{0.5 \times 1,000}{(0.5 + 0.5) \times 10} = \dfrac{500}{10} = 50$

- 이 경우 생산량은 다음과 같다.

- $Q = 5L^{0.5}K^{0.5} = 5 \times 25^{0.5} \times 50^{0.5} = 5\sqrt{25 \times 50} = 5\sqrt{25 \times 25 \times 2}$ $= 125\sqrt{2}$

(정답) ①

05 노량진에서 판매되고 있는 컵밥의 수요의 가격탄력성이 1.5, 공급의 가격탄력성이 1이라고 하자. 컵밥의 수요 증가로 컵밥의 가격이 1%만큼 상승할 때, 컵밥 판매에 따른 매출액의 변화율은?

① 0%

② 약 1% 증가

③ 약 1.5% 증가

④ 약 2% 증가

| 해설 |

컵밥의 수요 증가로 균형점은 공급곡선을 따라 이동한다. 이때 공급의 가격탄력성이 1이므로 컵밥 가격이 1%만큼 증가한다면 균형점에서의 컵밥 공급량 역시 1%만큼 증가할 것이다.

- 균형점에서의 공급량은 곧 수요량이므로 컵밥 가격이 1%만큼 상승하는 경우 수요량 역시 1%만큼 상승하게 된다.
- 매출액(TR) 변화율은 다음과 같이 나타낼 수 있다.

- $TR = P \times Q \Rightarrow \dfrac{\Delta TR}{TR} \fallingdotseq \dfrac{\Delta P}{P} + \dfrac{\Delta Q}{Q} = 1\% + 1\% = 2\%$

(정답) ④

06 소비자 민주가 X재와 Y재를 소비함으로써 얻을 수 있는 한계효용이 다음 〈표〉와 같다. 효용극대화를 추구하는 민주가 14의 예산으로 두 재화를 소비할 때 얻을 수 있는 소비자 잉여의 크기는? (단, 화폐 1단위와 효용 1단위의 가치는 동일하며, X재와 Y재의 가격은 각각 3과 1이라고 가정한다)

소비량	1	2	3	4	5	6
X재 한계효용	18	12	6	3	1	0
Y재 한계효용	10	8	6	4	2	1

① 42

② 52

③ 62

④ 66

| 해설 |

두 재화를 소비할 때 효용극대화를 달성하기 위해서는 주어진 예산제약식을 전제로 다음과 같은 '한계효용균등의 법칙'을 충족해야 한다.

- 예산제약식: $P_X \times X + P_Y \times Y = I \Rightarrow 3X + Y = 14$
- 한계효용균등의 법칙: $\dfrac{MU_X}{P_X} = \dfrac{MU_Y}{P_Y} \Rightarrow \dfrac{MU_X}{3} = \dfrac{MU_Y}{1}$

- 예산제약식을 충족하는 두 재화의 소비조합은 다음과 같다.

> - $(X,\ Y) \Rightarrow (1,\ 11),\ (2,\ 8),\ (3,\ 5),\ (4,\ 2)$

- 앞의 소비조합 중 한계효용균등의 법칙을 만족하는 소비조합은 $(3,\ 5)$이다.

> - 소비조합 $(1,\ 11)$과 $(2,\ 8)$
> $\Rightarrow$ 주어진 <표>에서 고려하지 않음
> - $(3,\ 5) \Rightarrow \dfrac{MU_X}{P_X} = \dfrac{MU_Y}{P_Y} \Rightarrow \dfrac{6}{3} = \dfrac{2}{1}$
> $\Rightarrow$ 한계효용균등의 법칙 충족
> - $(4,\ 2) \Rightarrow \dfrac{MU_X}{P_X} = \dfrac{MU_Y}{P_Y} \Rightarrow \dfrac{3}{3} \neq \dfrac{8}{1}$
> $\Rightarrow$ 한계효용균등의 법칙 충족하지 못함

- 한편 화폐 1단위와 효용 1단위의 가치는 동일하므로 소비자 잉여는 총잉여에서 실제지불금액을 차감한 값으로 도출되며, 총잉여는 한계효용의 누적적 합이다.

> - 총잉여(X재 소비로 얻은 총효용$+ Y$재 소비로 얻은 총효용)
> $-$ 실제지불금액
> $= [(18+12+6) + (10+8+6+4+2)] - 14 = [36+30] - 14$
> $= 66 - 14 = 52$

정답 ②

---

07 X재에 부과되던 종량세가 기존보다 단위당 2배로 상향 조정되었다. 이러한 조세의 변화에 따른 결과로 가장 타당한 것은? (단, X재의 수요곡선은 우하향하는 직선이고 공급곡선은 수평이다)

① 정부의 재정수입은 2배만큼 증가한다.
② 경제적 순손실(deadweight loss)은 2배보다 더 크게 증가한다.
③ 새로운 균형점에서 수요의 가격탄력성은 불변이다.
④ 부과된 조세는 모두 공급자가 부담한다.

| 해설 |
문제에서 주어진 내용을 그림으로 나타내면 다음과 같다.

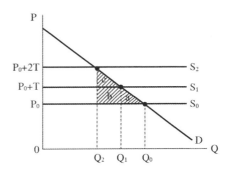

그림에서 경제적 순손실(deadweight loss)은 'a'에서 '$a+b+c$'가 되어 종량세 조정 전에 비해 2배보다 더 크게 증가하게 된다.

① 정부의 재정수입은 '거래량(Q)$\times$단위당 조세(T)'로 측정된다. 그런데 종량세 조정으로 단위당 조세(T)는 2배($T \to 2T$)가 되었지만 거래량(Q)은 이전보다 감소($Q_1 \to Q_2$)하게 된다. 이에 따라 정부의 재정수입은 이전에 비해 2배보다 작게 증가 $[Q_2 \times 2T < 2 \times (Q_1 \times T)]$하게 된다.

③ 수요곡선이 우하향하는 직선이므로 가격이 상승함에 따라 수요의 가격탄력성도 커지게 된다. 따라서 종량세 조정으로 시장 균형가격이 상승하게 됨에 따라 수요의 가격탄력성도 이전보다 커지게 된다. 수요곡선이 우하향하는 직선인 경우 수요곡선 상의 모든 점에서 수요의 가격탄력성의 크기는 다르다는 것을 유의한다.

④ 가격탄력성과 조세부담의 크기와 관계는 다음과 같다.

> - $\dfrac{\text{수요의 가격탄력성}}{\text{공급의 가격탄력성}} = \dfrac{\text{공급자의 조세부담 크기}}{\text{수요자의 조세부담 크기}}$

공급곡선이 수평이므로 공급의 가격탄력성은 완전탄력적 ($E_S = \infty$)이 되어, 공급자의 조세부담은 '0'이 되고 부과된 조세는 전액 수요자에게 귀착된다.

정답 ②

---

08 완전경쟁시장에서 모자를 생산하는 개별기업의 장기총비용(LTC)곡선과 모자의 시장수요곡선이 각각 다음과 같다.

> - $LTC = Q^3 - 10Q^2 + 35Q$, 여기서 Q는 수량이다.
> - $Q = 500 - 10P$, 여기서 P는 가격, Q는 수량이다.

개별기업의 비용조건이 모두 동일할 때, 장기균형 상태에서 모자시장에 존재하는 기업의 수는?

① 100개   ② 90개
③ 80개   ④ 60개

| 해설 |
완전경쟁시장의 장기균형은 장기평균비용의 극솟값과 시장가격이

일치하는 수준에서 이루어진다. 그런데 장기평균비용의 극솟값에서 장기한계비용은 일치하게 된다. 이를 전제로 장기균형이 달성되는 수준에서 개별기업의 생산량은 다음과 같이 도출된다.

- $LTC = Q^3 - 10Q^2 + 35Q \Rightarrow LAC = \dfrac{LTC}{Q} = Q^2 - 10Q + 35$
- $LTC = Q^3 - 10Q^2 + 35Q \Rightarrow LMC = 3Q^2 - 20Q + 35$
- $LAC = LMC \Rightarrow Q^2 - 10Q + 35 = 3Q^2 - 20Q + 35$
  $\Rightarrow 2Q^2 - 10Q = 0 \Rightarrow 2Q(Q - 5) = 0 \Rightarrow Q = 5$

- 이 결과를 장기평균비용곡선에 대입하면 장기균형 수준에서의 시장가격을 구할 수 있다.

- $LAC = Q^2 - 10Q + 35 = 5^2 - 10 \times 5 + 35 = 10$

- 따라서 장기 균형을 달성하기 위해 필요한 수량은 다음과 같다.

- $Q = 500 - 2P = 500 - 10 \times 10 = 400$

- 결국 개별기업의 생산량이 '$Q = 5$'이므로 장기균형에 도달하기 위해서는 80개 기업이 필요하게 된다.

정답 ③

---

09 시장을 독점하고 있는 기업 S가 직면하는 시장수요함수가 다음과 같다.

- $Q = 40 - P$, 여기서 Q는 수량, P는 가격이다.

그런데 기업 S는 매출액의 25%를 조세로 납부해야 한다. 기업 S가 이윤극대화를 달성할 때 판매가격은? (단, 기업 S의 한계비용은 생산량과 관계없이 3으로 일정하다)

① 16 ② 18
③ 20 ④ 22

| 해설 |

주어진 시장수요곡선과 이에 따른 한계수입은 다음과 같이 나타낼 수 있다.

- $Q = 40 - P \Rightarrow P = 40 - Q \Rightarrow MR = 40 - 2Q$

- 한편 매출액(TR)의 25%를 세금으로 부담하고 난 후의 이윤(π)은 다음과 같다.

- $\pi = TR - $ 총비용$(TC) - 0.5TR = 0.75TR - TC$

- 이윤이 극대화되기 위해서는 한계이윤($\dfrac{d\pi}{dQ}$)이 0이 되어야 하므로, 이윤극대화 수준에서 생산량은 다음과 같이 도출된다.

- $\dfrac{d\pi}{dQ} = \dfrac{d75\,TR}{dQ} - \dfrac{dTC}{dQ} = 0.75 \times \dfrac{dTR}{dQ} - \dfrac{dTC}{dQ} = 0.75 \times MR - MC = 0$
- $0.75(40 - 2Q) = 3 \Rightarrow 30 - 1.5Q = 3 \Rightarrow 1.5Q = 27 \Rightarrow Q = 18$

- 이 결과를 수요함수에 대입하게 되면 'P = 22'가 된다.

정답 ④

---

10 소득분배에 대한 설명으로 옳은 것은?

① 누진세제를 강화하면 5분위 분배율은 커진다.
② 10분위 분배율의 크기는 0과 0.5 사이에 있다.
③ 지니(Gini) 계수는 로렌츠곡선으로부터 도출된다.
④ 직접세 비중이 상승하면 로렌츠곡선은 대각선에서 멀어진다.

| 해설 |

소득분배를 측정할 수 있는 지표들을 정리하면 다음과 같다.

소득분배 지표	측정방법		평가
10분위 분배율(D_{10})	하위 40% 누적 소득	상위 20% 누적 소득	$0 \leq D_{10} \leq 2$, 수치가 클수록 소득분배 개선
5분위 분배율(D_5)	하위 20% 누적 소득	상위 20% 누적 소득	$1 \leq D_5 \leq \infty$, 수치가 작을수록 소득분배 개선
로렌츠곡선	인구(가구)누적비율과 소득 누적비율을 그림으로 표현		대각선에 가까울수록 소득분배 개선
지니(Gini) 계수	대각선과 로렌츠곡선으로 이루어지는 부분의 상대적 크기		$0 \leq G \leq 1$, 수치가 작을수록 소득분배 개선
엣킨슨 지수(A)	$1 - \dfrac{\text{균등 분배 대등 소득}}{\text{사회 평균 소득}}$		$0 \leq A \leq 1$, 수치가 작을수록 소득분배 개선

- 지니(Gini) 계수는 로렌츠곡선이 나타나는 공간에서 대각선과 로렌츠곡선으로 이루어지는 면적을, 대각선을 빗변으로 하는 삼각형의 면적으로 나눈 값으로 측정한다.
① 누진세제를 강화하면 소득분배가 개선되고, 이에 따라 5분위 분배율은 작아진다.
② 10분위 분배율의 크기는 0과 2 사이에 있다.
④ 직접세 비중이 상승하면 소득분배가 개선되고, 이에 따라 로렌츠곡선은 대각선에 가까워진다.

정답 ③

---

11 투자가 독립투자로만 이루어지는 K국의 한계소비성향이 0.8이다. 만약 K국 정부가 정부지출을 100만큼 증가시키는 경우와 조세를 100만큼 감면하는 경우에 나타나는 국민소득의 변화로 옳게 짝지어진 것은? (단, 소비는 현재소득의 절대적인 크기에 의해서만 영향을 받으며, 다른 조건들은 고려하지 않는다)

	정부지출 증가의 경우	조세감면의 경우
①	500	500
②	500	400
③	400	400
④	400	300

| 해설 |

투자가 독립투자로만 이루어지고, 소비는 현재소득의 크기에 의해서만 영향을 받으므로 구축효과는 발생하지 않는다.

• 정부지출이 100만큼 증가하는 경우 국민소득의 변화는 다음과 같다.

> • 정부지출 승수 $= \dfrac{1}{1 - \text{한계소비성향}} = \dfrac{1}{1 - 0.8} = \dfrac{1}{0.2} = 5$
>
> • $\triangle Y = \triangle G \times \text{정부지출 승수} = 100 \times 5 = 500$

• 조세를 100만큼 감면하는 경우 국민소득의 변화는 다음과 같다.

> • 감세 승수 $= \dfrac{\text{한계소비성향}}{1 - \text{한계소비성향}} = \dfrac{0.8}{1 - 0.8} = \dfrac{0.8}{0.2} = 4$
>
> • $\triangle Y = \triangle T \!\downarrow \times \text{감세 승수} = 100 \times 4 = 400$

〔정답〕②

---

12 상대소득가설에 대한 설명으로 옳은 것은?

① 이전에 비해 소득이 감소하면 단기에 평균소비성향이 낮아진다.

② 장기 한계소비성향과 장기 평균소비성향이 동일하다.

③ 단기 한계소비성향과 단기 평균소비성향이 동일하다.

④ 소비행위의 비가역성 때문에 전시효과가 생긴다.

| 해설 |

상대소득가설에서는 장기 소비함수가 원점을 지나는 직선이다. 따라서 장기 소비함수의 한 점에서 접선의 기울기인 장기 한계소비성향과 원점에서 장기 소비함수의 한 점까지 그은 직선의 기울기인 장기 평균소비성향의 크기는 같아진다.

① 이전에 비해 소득이 감소하면 소비의 비가역성으로 인해 소비가 즉각적으로 변하지는 않는다. 이에 따라 소득이 감소하는 경우의 단기 평균소비성향은 이전에 비해 높아진다.

③ 단기 소비함수는 절편을 갖는 우상향의 직선이다. 이에 따라 단기에는 평균소비성향(APC)이 한계소비성향(MPC)에 비해 높다.

④ 소비행위의 비가역성 때문에 톱니효과가 발생하고, 소비행위의 상호의존성 때문에 전시효과가 발생한다.

〔정답〕②

---

13 T국에서는 1년 동안 오직 쌀만 100톤이 생산되어 거래되었다. 거래기간 동안 쌀 가격은 톤당 1만 달러였으며 그 가격은 1년 내내 유지되었다. 한편 1년 동안 공급된 화폐량은 50만 달러였다. 화폐의 거래유통속도를 구하면? (단, T국에서는 화폐수량설이 완벽하게 성립한다)

① 1　　　② 2　　　③ 3　　　④ 4

| 해설 |

화폐수량설이 성립하는 경우 교환방정식은 다음과 같이 표현된다.

> • $M \times V = P \times T$, 여기서 M은 화폐량, V는 화폐의 거래유통속도, P는 물가수준, T는 거래량이다.

• 이에 따라 화폐의 거래유통속도는 다음과 같이 도출된다.

> • $M \times V = P \times T$
>
> $\Rightarrow V = \dfrac{P \times T}{M} = \dfrac{1(\text{만 달러/톤}) \times 100(\text{톤})}{50\text{만 달러}} = \dfrac{100}{50} = 2$

〔정답〕②

---

14 은행이 대출의 형태로만 자금을 운용하고 초과지급준비금을 보유하지 않는다. 또한 요구불예금만 존재하고 은행조직 밖으로의 현금누출은 없다고 가정하자. 만약 본원적 예금이 1억 원이고 법정지급준비율이 5%라면, 은행조직 전체의 대출가능총액은?

① 20억 원　　　　② 19억 원

③ 18억 원　　　　④ 10억 원

| 해설 |

은행조직 전체의 대출가능총액은 순예금창조액을 의미한다.

• 순신용승수는 다음과 같다.

> • 순신용승수 $= \dfrac{1 - \text{지급준비율}}{\text{지급준비율}} = \dfrac{1 - 0.05}{0.05} = \dfrac{0.95}{0.05} = 19$

• 본원적 예금이 1억 원이므로 이에 따른 대출가능총액, 즉 순예금창조액은 19억 원이 된다.

〔정답〕②

---

15 신용등급이 낮은 기업 B가 1년 후 105만 원을 상환하는 회사채를 100만 원에 발행하였다. 다음 중 1년 후 105만 원을 상환하는 국채가격으로 추론할 수 있는 것은?

① 95만 원　　　　② 100만 원 미만

③ 100만 원　　　　④ 100만 원 초과

채권의 가격은 다음과 같이 도출된다.

$$\text{채권의 가격}(P_B) = \frac{\text{액면가}}{1 + \text{만기수익률(이자율)}}$$

여기서 만기수익률은 액면가의 현재가치를 채권의 가격과 같게 만들어주는 할인율을 의미하는데, 그 크기는 이자율과 같다.

• 현재 액면가가 105만 원인 회사채의 현재 가격이 100만 원이므로 만기수익률은 다음과 같다.

$$\text{채권의 가격}(P_B) = \frac{\text{액면가}}{1 + \text{만기수익률(이자율)}}$$
$$\Rightarrow 100 = \frac{105}{1 + \text{만기수익률}} \Rightarrow \text{만기수익률} = 0.05 = 5\%$$

• 그런데 문제에서 국내기업은 신용등급이 낮은 기업으로, 이러한 기업이 채권을 발행하는 경우에는 채권발행기업의 신용 위험도가 반영되어 채권가격이 결정된다. 이에 따라 문제에서 국내기업이 발행하는 채권에 대해서는 가장 안전한 채권인 국채에 적용되는 할인율(만기수익률＝이자율)에 '위험프리미엄률'이 더해져 상대적으로 높은 할인율이 적용된다. 이것은 기업 B의 만기수익률은 국채만기수익률에 위험프리미엄률이 더해진 값이라는 추론이 가능해진다. 즉 국채만기수익률은 5%보다 낮다는 추론이 가능해지는 것이다.

• 국채만기수익률이 5%보다 낮으므로 국채가격은 100만 원보다 높게 결정될 것이다.

정답 ④

---

16 다음은 A국의 2021년 GDP와 재정에 관한 통계자료이다.

GDP	세출(정부지출)	세입(조세)
8,000억 달러	1,400억 달러	1,300억 달러

다른 조건이 일정할 때 2020년 GDP 대비 2021년 말의 정부부채 비율을 구하면? (단, 2020년 말 A국의 정부부채는 900억 달러였다)

① 10% ② 11.5%
③ 12% ④ 12.5%

| 해설 |

2021년 A국의 세입은 1,300억 달러, 세출은 1,400억 달러이므로 정부부채(＝세입－세출)의 크기는 100억 달러가 된다.

• 2020년 말 A국의 정부부채가 900억 달러였으므로 2021년 말의 정부부채는 1,000억 달러가 된다.

• 이에 따라 2021년 말 정부부채 비율은 다음과 같이 도출된다.

$$\text{정부부채 비율} = \frac{\text{정부부채}}{GDP} = \frac{1,000억 \text{ 달러}}{8,000억 \text{ 달러}} = 0.125$$
$$= 12.5(\%)$$

정답 ④

---

17 현재 자본시장은 균형 상태에 있으며, K씨는 A주식에 투자하여 수익을 얻고자 하고 있다. 그런데 A주식과 시장포트폴리오의 공분산은 10%이고, 시장포트폴리오 분산은 2%이다. 또한 A주식의 기대수익률은 4%이고, 시장포트폴리오 기대수익률은 8%로 알려져 있다. 자산가격 결정모형(CAPM)에 따를 때 무위험수익률을 구하면?

① 3% ② 5%
③ 7% ④ 9%

| 해설 |

자산가격 결정모형에서는 다음과 같은 식이 성립한다.

$$\frac{\text{주식과 시장포트폴리오 공분산}}{\text{시장포트폴리오 분산}} =$$
$$\frac{\text{주식 기대수익률} - \text{무위험수익률}}{\text{시장포트폴리오 기대수익률} - \text{무위험수익률}}$$

위 식에 문제에서 주어진 조건을 대입하면 다음과 같다.

$$\frac{10\%}{2\%} = \frac{4\% - \text{무위험수익률}}{8\% - \text{무위험수익률}}$$

이 식을 풀면 무위험수익률은 9%가 된다.

정답 ④

---

18 IS－LM 모형 및 AD－AS 모형에 대한 설명으로 옳은 것은?

① IS곡선은 재화시장을 균형시키는 총공급과 이자율의 조합을 나타낸다.
② LM곡선은 화폐시장을 균형시키는 통화량과 이자율의 조합을 나타낸다.
③ IS곡선과 LM곡선의 교차점에서 총수요(AD)의 크기가 결정된다.
④ 정부지출과 통화량은 IS곡선과 AD곡선을 이동시키는 변수이다.

| 해설 |

IS곡선과 LM곡선이 교차점에서 결정되는 것은 생산물시장과 화폐시장이 동시에 균형에 도달하는 수준의 이자율과 소득이다. 그런

데 이때의 소득은 총수요의 크기를 의미한다.
① IS곡선은 재화시장을 균형시키는 소득과 이자율의 조합을 나타낸다.
② LM곡선은 화폐시장을 균형시키는 소득과 이자율의 조합을 나타낸다.
④ 정부지출은 IS곡선과 AD곡선을 이동시키는 변수이다. 그리고 통화량은 LM곡선과 AD곡선을 이동시키는 변수이다.

정답 ③

---

19 노동시장과 실업에 대한 설명으로 옳은 것은?

① 완전고용은 자발적 실업이 없는 경우이다.
② 실업보험이 확대되면 자연실업률은 높아진다.
③ 최저임금제 도입은 비자발적 실업 발생과 무관하다.
④ 실망노동자(discouraged worker)는 자발적 실업자에 해당한다.

| 해설 |

실업보험과 같은 사회안전망 확충은 자연실업률을 높이는 요인이다.
① 완전고용은 비자발적 실업이 없고, 자발적 실업은 존재하는 상황을 의미한다.
③ 균형임금 수준보다 높은 수준에서 최저임금이 설정되면 노동시장에서는 초과공급이 발생하게 되어 비자발적 실업이 존재하게 된다.
④ 실망노동자(discouraged worker)는 비경제활동인구로 분류되어 자발적 실업자나 비자발적 실업자에 해당하지 않는다.

정답 ②

---

20 K국의 필립스곡선은 다음과 같다.

• $\pi = 7.5 - 2.5u + \pi^e$, 여기서 π는 실제 인플레이션율, u는 실제실업률, π^e는 예상 인플레이션율이다.

예상 인플레이션율(π^e)이 0%인 경우와 5%인 경우, K국의 정책당국이 실업률(u)을 자연실업률 수준보다 1%p 더 낮추려고 할 때 감수해야 할 각각의 인플레이션율(π)은? (단, 현재 K국 경제는 자연실업률 수준에 있다고 한다)

	π^e가 0%인 경우	π^e가 5%인 경우
①	2.5%	5%
②	2.5%	7.5%
③	3%	7.5%
④	3%	8%

| 해설 |

자연실업률은 실제 인플레이션율(π)과 예상 인플레이션율(π^e)이

같아지는 수준에서의 실업률을 의미한다. 따라서 주어진 식을 통해 자연실업률을 다음과 같이 구할 수 있다.

• $\pi = 7.5 - 2.5u + \pi^e \Rightarrow \pi - \pi^e = -2.5(u-3)$
$\Rightarrow$ 자연실업률 = 3%

• 실업률(u)을 자연실업률 수준보다 1%p 더 낮추려고 한다는 것은 실제실업률을 2% 수준으로 낮춘다는 의미이다. 이 결과를 주어진 예상 인플레이션율을 전제로 하여 필립스곡선에 대입하면 감수해야 할 인플레이션율을 구할 수 있다.

• π^e가 0%인 경우

• $\pi = 7.5 - 2.5u + \pi^e \Rightarrow \pi = 7.5 - 2.5 \times 2 + 0 = 2.5(\%)$

• π^e가 5%인 경우

• $\pi = 7.5 - 2.5u + \pi^e \Rightarrow \pi = 7.5 - 2.5 \times 2 + 5 = 7.5(\%)$

정답 ②

---

21 솔로(Solow)의 경제성장 모형에 대한 설명으로 옳은 것은?

① 자본과 노동의 투입량을 모두 k배 늘리면 생산량은 k배보다 작게 증가한다.
② 저축률의 상승은 균제 상태(steady state)에서의 1인당 소득증가율을 높여준다.
③ 감가상각률이 상승하면 새로운 균제 상태에서 1인당 자본과 1인당 소득은 감소한다.
④ 균제 상태의 1인당 소득을 극대화하는 1인당 자본량을 황금률(golden rule) 자본량이라고 한다.

| 해설 |

감가상각률이 상승하면 필요투자선을 상방으로 이동시켜 새로운 균제 상태에서 1인당 자본량과 1인당 소득을 감소시킨다. 이것을 그림으로 나타내면 다음과 같다.

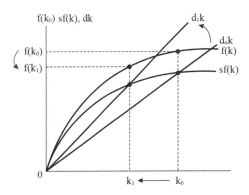

① 솔로(Solow)의 경제성장 모형에서는 자본과 노동이 대체가능한 1차 동차 생산함수를 가정한다. 1차 동차 생산함수는 장기에

규모에 대한 보수 불변의 특성을 갖는다. 따라서 자본과 노동의 투입량을 모두 k배 늘리면 생산량 역시 k배만큼 증가한다.
② 저축률의 상승으로 새로운 균제 상태(steady state)에 도달하게 되면 1인당 변수 변화율은 0이 된다. 따라서 1인당 소득증가율은 0이 되어 불변이다.
④ 황금률(golden rule) 자본량이란 균제 상태의 1인당 소비가 극대화되는 수준의 1인당 자본량을 의미한다.

(정답) ③

---

22 대국(large country)이 수입재에 대하여 종량세 형태의 관세를 부과하고자 한다. 이로 인해 발생하는 현상에 대한 설명으로 옳은 것은? (단, 국내수요곡선은 우하향하고 국내공급곡선은 우상향한다)

① 대국의 수입재 소비량은 불변이다.
② 세계시장에서 수입재가격은 상승하게 된다.
③ 대국의 사회후생은 증가할 수도 있고, 감소할 수도 있다.
④ 관세부과 후 수입재의 국내 판매가격은 관세부과 이전 국제가격에 관세를 더한 금액보다 높아진다.

| 해설 |

대국의 관세부과로 수입량이 감소하고, 이로 인해 수입재의 국제가격 자체가 하락하게 된다. 이에 따라 대국의 교역조건이 개선되어 사회후생을 증가시키는 요인으로 작용한다. 한편 대국의 관세부과는 국내생산 증가와 소비 감소를 가져와 사회후생을 감소시키는 요인으로도 작용한다. 따라서 이러한 두 가지 효과의 상대적 크기에 따라 대국의 관세부과로 사회후생은 증가할 수도 있고 감소할 수도 있게 된다.
① 대국과 소국을 불문하고 수입재에 대한 관세부과는 수입재의 국내 소비량을 감소시킨다.
② 대국의 수입재에 대한 관세부과는 대국의 수입량을 감소시키고, 이로 인해 세계시장에서 수입재에 대한 수요가 감소하게 된다. 그 결과 수입재의 국제가격 자체가 하락하게 된다.
④ 대국의 수입재에 대한 관세부과로 수입재의 국제가격이 하락하게 된다. 이에 따라 관세부과 후 수입재의 국내 판매가격은 관세부과 이전 국제가격에 관세를 더한 금액보다 낮아진다.

(정답) ③

---

23 다음 중 외환시장에서 외부충격이 발생했을 때, 환율 수준이 장기 균형환율 수준에서 크게 이탈한 후 시간이 경과함에 따라 점차 장기 균형환율 수준을 회복하는 것을 의미하는 것은?

① 오버슈팅(overshooting) 현상
② J 곡선(curve)효과
③ 교두보(beach head)효과
④ 환율전가(exchange rate pass-through)효과

| 해설 |

오버슈팅(overshooting) 현상이란 외환시장에서 발생한 급격한 충격으로 단기간에 환율이 급격히 변하는 현상을 의미한다. 이후 환율은 점진적으로 장기 균형환율로 수렴하게 된다.
② J 곡선(curve)효과란 환율상승으로 초기에는 경상수지가 오히려 악화되다가 시간이 경과함에 따라 점차 경상수지가 개선되는 현상을 의미한다.
③ 교두보(beach head)효과는 수출과 수입에 따른 고정비용(해외시장 진출을 위한 네트워크 구축비용 등)의 특성 때문에 환율의 변동이 경상수지에 미치는 효과가 지연되는 것을 말한다.
④ 환율전가(exchange rate pass-through)효과는 환율이 상승할 때 수입품의 국내판매가격의 인상효과를 의미한다.

(정답) ①

---

24 변동환율제도를 채택하고 있는 자본이동이 완전한 소규모 개방경제에서 이자율 평형조건이 성립하는 경우, 환율과 국내이자율의 관계를 그림으로 나타내면? (단, 환율을 가로축에, 국내이자율을 세로축에 표시한다)

① 우하향(좌상향)이다.
② 우상향(좌하향)이다.
③ 수직이다.
④ 수평이다.

| 해설 |

자본이동이 완전하므로 국내이자율이 상승하면 국내 금융자산의 수익률이 높아지게 되어 자본유입이 증가하게 된다. 이에 따라 외환시장에서 환율이 하락하게 된다. 결국 국내이자율과 환율 사이에는 역(-)의 관계가 성립하게 되어 이를 그림으로 나타내면 우하향하게 된다.

• 국내이자율 상승 ⇒ 국내 금융자산 수익률 상승 ⇒ 자본유입 ⇒ 환율 하락

(정답) ①

25 다음 그림은 자본이동이 자유로운 소규모 개방경제를 나타낸다. IS_0, LM_0, BP_0 곡선이 만나는 점 E에서 균형이 이루어졌을 때, 이에 대한 설명으로 옳은 것은?

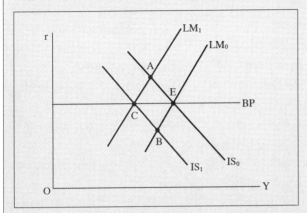

① 고정환율제하에서 긴축적 통화정책의 최종 균형점은 E이다.

② 고정환율제하에서 긴축적 재정정책의 최종 균형점은 A이다.

③ 변동환율제하에서 긴축적 통화정책의 최종 균형점은 B이다.

④ 변동환율제하에서 긴축적 재정정책의 최종 균형점은 C이다.

| 해설 |

고정환율제하에서 긴축적 통화정책의 경로는 다음과 같다.

> • 긴축적 통화정책 ⇒ LM곡선 왼쪽 이동(LM_1) ⇒ 대내균형(A)에서 자본유입에 따른 국제수지 흑자 ⇒ 외환시장에서 환율하락 압력 발생 ⇒ 중앙은행 외환 매입 ⇒ 통화량 증가 ⇒ LM곡선 오른쪽 이동(LM_0) ⇒ 최종 균형점은 E

② 고정환율제하에서 긴축적 재정정책의 경로는 다음과 같다.

> • 긴축적 재정정책 ⇒ IS곡선 왼쪽 이동(IS_1) ⇒ 대내균형(B)에서 자본유출에 따른 국제수지 적자 ⇒ 외환시장에서 환율상승 압력 발생 ⇒ 중앙은행 외환 매각 ⇒ 통화량 감소 ⇒ LM곡선 왼쪽 이동(LM_1) ⇒ 최종 균형점은 C

③ 변동환율제하에서 긴축적 통화정책의 경로는 다음과 같다.

> • 긴축적 통화정책 ⇒ LM곡선 왼쪽 이동(LM_1) ⇒ 대내균형(A)에서 자본유입에 따른 국제수지 흑자 ⇒ 외환시장에서 환율하락 ⇒ 순수출 감소 ⇒ IS곡선 왼쪽 이동(IS_1) ⇒ 최종 균형점은 C

④ 변동환율제하에서 긴축적 재정정책의 경로는 다음과 같다.

> • 긴축적 재정정책 ⇒ IS곡선 왼쪽 이동(IS_1) ⇒ 대내균형(B)에서 자본유출에 따른 국제수지 적자 ⇒ 외환시장에서 환율상승 ⇒ 순수출 증가 ⇒ IS곡선 오른쪽 이동(IS_0) ⇒ 최종 균형점은 E

정답 ①

AK 경제학 실전 동형 모의고사 29   p. 144 - 148

01	①	02	④	03	④	04	①	05	②
06	③	07	④	08	②	09	②	10	④
11	①	12	③	13	④	14	③	15	③
16	④	17	②	18	③	19	②	20	④

01

소비자 H는 항상 X재와 Y재, 두 재화를 2:1 비율로 묶어서 소비한다. 소비자 H의 소득이 1,000이고 X재 가격이 100이라고 할 때, 소비자 H의 Y재 수요함수로 옳은 것은? (단, 소비자 H는 효용을 극대화하기 위해 소득을 X재와 Y재 소비에 모두 지출하며, X재의 가격과 수요량은 각각 P_X와 Q_X이다)

① $Q_Y = \dfrac{1,000}{(200 + P_Y)}$ ② $Q_Y = \dfrac{1,000}{(100 + P_Y)}$

③ $Q_Y = \dfrac{500}{(200 + P_Y)}$ ④ $Q_Y = \dfrac{500}{(100 + P_Y)}$

| 해설 |

소비자 H에게 X재와 Y재는 완전보완재이며, 효용함수는 다음과 같다.

- $U = \min[\dfrac{Q_X}{2}, \ Q_Y]$, 여기서 U는 효용, Q_X와 Q_Y는 각 재화의 소비량이다.

따라서 소비자균형은 '$\dfrac{Q_X}{2} = Q_Y \Leftrightarrow Q_X = 2Q_Y$'가 성립할 때 달성된다.

- 소비자 H의 예산제약식을 이용하여 다음과 같이 수요함수를 도출할 수 있다.

- $P_X \times Q_X + P_Y \times Q_Y = I \Rightarrow 100 \times 2Q_Y + P_Y \times Q_Y = 1,000$
$\Rightarrow (200 + P_Y)Q_Y = 1,000 \Rightarrow Q_Y = \dfrac{1,000}{200 + P_Y}$

(정답) ①

02

규모에 대한 보수(returns of scale)에 대한 설명으로 가장 옳은 것은?

① 생산함수가 Q=LK이면 규모에 대한 보수는 불변이다.

② 생산함수가 $Q = \sqrt{LK}$이면 규모에 대한 보수는 체감한다.

③ 생산함수가 Q=min[L, K]이면 규모에 대한 보수는 체감한다.

④ 어떤 산업에서의 생산기술이 규모에 대한 보수체증의 성격을 가지는 경우에 자연독점이 발생할 수 있다.

| 해설 |

어떤 산업에서의 생산기술이 규모에 대한 보수체증이면, 장기 평균비용곡선은 우하향하는 모습을 보인다. 자연독점은 이와 같이 장기 평균비용곡선이 우하향하는 경우에 발생한다.

① 생산함수 Q=LK는 2차 동차 생산함수이다. 따라서 규모에 대한 보수는 체증한다.

② 생산함수 $Q = \sqrt{LK}$는 1차 동차 생산함수이다. 따라서 규모에 대한 보수는 불변이다.

③ 생산함수 Q=min[L, K]는 1차 동차 생산함수이다. 따라서 규모에 대한 보수는 불변이다.

(정답) ④

03

기업 S의 생산함수는 다음과 같다.

- $Q = 16\sqrt{LK}$, 여기서 Q는 생산량, L은 노동투입량, K는 자본투입량이다.

기업 S의 노동(L)과 자본(K)의 투입량이 각각 16, 25일 때, 노동의 평균생산(AP_L)과 노동의 한계생산(MP_L)은?

	노동의 평균생산(AP_L)	노동의 한계생산(MP_L)
①	5	10
②	10	5
③	15	5
④	20	10

| 해설 |

노동의 평균생산은 정의에 따라 다음과 같이 도출된다.

- $AP_L = \dfrac{Q}{L} = \dfrac{16\sqrt{LK}}{L} = \dfrac{16L^{\frac{1}{2}}K^{\frac{1}{2}}}{L} = 16L^{-\frac{1}{2}}K^{\frac{1}{2}}$
$= 16\sqrt{\dfrac{K}{L}} = 16\sqrt{\dfrac{25}{16}} = 16 \times \dfrac{5}{4} = 20$

- 노동의 한계생산은 정의에 따라 다음과 같이 도출된다.

- $MP_L = \dfrac{dQ}{dL} = \dfrac{d(16\sqrt{LK})}{dL} = \dfrac{d(16L^{\frac{1}{2}}K^{\frac{1}{2}})}{dL} = 8L^{-\frac{1}{2}}K^{\frac{1}{2}}$
$= 8\sqrt{\dfrac{K}{L}} = 8\sqrt{\dfrac{25}{16}} = 8 \times \dfrac{5}{4} = 10$

(정답) ④

04 GGV 시네마가 극장 입장료를 5,000원에서 9,000원으로 인상하였더니 매출액이 1,500,000원에서 1,800,000원으로 증가하였다. 이러한 입장료 인상에 따른 수요의 가격탄력성을 구하면? (단, 반올림하여 소수점 둘째 자리까지 구한다)

① 0.42   ② 0.71   ③ 1.23   ④ 1.56

| 해설 |

입장료와 매출액을 이용하여 다음과 같이 판매량을 구할 수 있다.

- 매출액(TR) = 입장료(P) × 판매량(Q)
- $1,500,000 = 5,000 \times Q \Rightarrow Q = 300$
- $1,800,000 = 9,000 \times Q \Rightarrow Q = 200$

- 앞의 결과를 이용하여 입장료가 5,000원에서 9,000원으로 인상될 때 수요의 가격탄력성(E_P)을 다음과 같이 도출할 수 있다.

- $E_P = \dfrac{\text{판매량 변화율}}{\text{입장료 변화율}} = \dfrac{\Delta Q / Q}{\Delta P / P} = \dfrac{100/300}{4,000/5,000} = \dfrac{5}{12} = 0.42$

정답 ①

05 수요곡선이 우하향하고 공급곡선이 우상향하는 X재 시장을 가정하자. 조세 당국은 X재 1단위당 종량세 형태의 조세를 소비자에게 10만큼 부과하였다. 그 결과 균형거래량이 10,000단위에서 8,000단위로 감소하였다. 이러한 조세 부과 결과 나타나는 경제적 순손실(deadweight loss)의 크기는?

① 5,000

② 10,000

③ 15,000

④ 주어진 자료만으로는 구할 수 없다.

| 해설 |

주어진 조건을 반영한 그림은 다음과 같다.

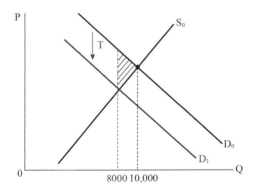

- 조세당국의 소비자에 대한 10만큼의 종량세 부과는 수요곡선을 종량세 크기인 10만큼 아래쪽으로 이동시킨다($D_0 \rightarrow D_1$). 즉, 수요곡선 이동 폭은 종량세 크기와 동일하다.
- 종량세 부과 후 나타나는 경제적 순손실(deadweight loss)의 크기는 그림의 색칠한 부분의 크기이다. 그 크기는 다음과 같다.

- 경제적 순손실 = 단위당 조세 × 거래량 감소분 × $\dfrac{1}{2}$
  $= 10 \times 2,000 \times \dfrac{1}{2} = 10,000$

정답 ②

06 이윤극대화를 추구하는 철강 산업에서 독점기업인 P기업의 제1 공장과 제2 공장의 비용함수가 각각 다음과 같다.

- $TC_1 = 20Q_1 + 2Q_1^2$
- $TC_2 = 20Q_2 + Q_2^2$

P기업의 제1 공장에서 생산하는 산출량이 20단위인 경우 제2 공장에서의 산출량은 얼마인가?

① 20   ② 30

③ 40   ④ 50

| 해설 |

다공장 독점기업의 이윤극대화 조건은 $MR = MC_1 = MC_2$이다. 따라서 다음과 같은 결과가 도출된다.

- $MC_1 = 20 + 4Q_1 \Rightarrow MC_1 = 100 (\because Q_1 = 20)$
- $MC_2 = 20 + 2Q_2 \Rightarrow 100 = 20 + 2Q_2 (\because MC_1 = MC_2)$
  $\Rightarrow Q_2 = 40$

정답 ③

07 과점시장에 참여하고 있는 기업 S가 직면하고 있는 수요곡선이 다음과 같이 알려져 있다.

- $P_1 = 70 - Q (P \geq 60)$, $P_2 = 100 - 4Q (P \leq 60)$

기업 S의 한계비용(MC)은 생산량과 관계없이 일정하다고 한다. 가격이 60에서 경직적이기 위한 한계비용(MC)의 범위는?

① $10 \leq MC \leq 30$ ② $10 \leq MC \leq 40$

③ $20 \leq MC \leq 40$ ④ $20 \leq MC \leq 50$

| 해설 |

주어진 수요곡선을 전제로 하는 한계수입곡선을 구하면 다음과
같다.

> - $P_1 = 70 - Q(P \geq 60) \Rightarrow MR_1 = 70 - 2Q(P \geq 60)$
> - $P_2 = 100 - 4Q(P \leq 60) \Rightarrow MR_2 = 100 - 8Q(P \geq 60)$

- 문제에서 주어진 수요곡선은 'P=60' 수준에서 굴절된 모습을
  보이며, 이때 수요량은 'Q=10'이다. 굴절되는 수준에서의 수량
  을 각각의 한계수입(MR)곡선에 대입하면 한계수입은 각각
  '$MR_1 = 50$', '$MR_2 = 20$'을 구할 수 있다. 이러한 내용을 반영하
  여 그림으로 나타내면 다음과 같다.

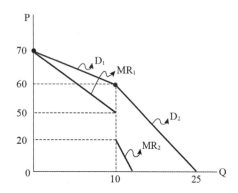

- 기업 S의 한계비용(MC)의 변화에도 불구하고 가격이 60에서
  경직적이기 위해서는 한계비용(MC)은 한계수입(MR)곡선의
  불연속구간을 지나야 한다. 따라서 그 범위는 20과 50 사이가
  된다.

정답 ④

08 K국 경제에서 각 개인은 공공재 X에 대한 가치를
모두 동일하게 $P = 0.05 - 0.002Q$만큼으로 평가하고 있
다고 알려져 있다. 한편 K국 경제에서 공공재 생산에 따
른 총비용함수는 $TC = Q^2 + 10Q$라고 한다. K국 경제에
최적의 공공재 생산량은? (단, Q는 공공재 수량이며, K
국의 인구는 1,000명이라고 가정한다)

① 5   ② 10
③ 20   ④ 30

| 해설 |

공공재는 경제 구성원 모두가 동일한 수량을 소비할 수 있는 재화
이다. 이에 따라 공공재의 시장수요곡선은 개별수요곡선을 수직으
로 합하여 도출한다.

> - $P = 0.05 - 0.002Q \Rightarrow$ 1,000명을 수직으로 합 $\Rightarrow P = 50 - 2Q$

- 주어진 총비용함수를 통해 공공재 생산에 따른 한계비용함수를
  구할 수 있다.

> - $TC = Q^2 + 10Q \Rightarrow MC = 2Q + 10$

- 공공재의 최적 생산량은 'P=MC'조건에서 결정된다.

> - $P = MC \Rightarrow 50 - 2Q = 2Q + 10 \Rightarrow 4Q = 40 \Rightarrow Q = 10$

정답 ②

09 생수와 반도체만 생산하는 K국의 생산량과 가격
이 다음과 같다. 2018년을 기준연도로 할 때, 2019년
의 물가상승률은? (단, 물가 수준은 GDP 디플레이터로
측정한다)

	생수		반도체	
	가격(원)	생산량(개)	가격(원)	생산량(개)
2018년	10	50	30	100
2019년	15	100	45	200

① 25%   ② 50%
③ 75%   ④ 100%

| 해설 |

2018년과 2019년의 명목 GDP와 실질 GDP를 각각 구하면 다음
과 같다.

2018년 명목 GDP	$\sum P_{2018} \times Q_{2018} = 10 \times 50 + 30 \times 100 = 500 + 3,000 = 3,500$
2018년 실질 GDP	$\sum P_{2018} \times Q_{2018} = 10 \times 50 + 30 \times 100 = 500 + 3,000 = 3,500$
2019년 명목 GDP	$\sum P_{2019} \times Q_{2019} = 15 \times 100 + 45 \times 200 = 1,500 + 9,000 = 10,500$
2019년 실질 GDP	$\sum P_{2018} \times Q_{2019} = 10 \times 100 + 30 \times 200 = 1,000 + 6,000 = 7,000$

- GDP 디플레이터는 명목 GDP를 실질 GDP로 나눈 값에 100
  을 곱하여 도출한다.

2018년 GDP 디플레이터	$\frac{3,500}{3,500} \times 100 = 1 \times 100 = 100$
2019년 GDP 디플레이터	$\frac{10,500}{7,000} \times 100 = 1.5 \times 100 = 150$

- 도출된 GDP 디플레이터를 이용하여 2018년을 기준연도로 할
  때, 2019년의 물가상승률을 구하면 다음과 같다.

> - 2019년의 물가상승률
> $= \frac{GDP \text{ 디플레이터 증가분}}{2018년 GDP \text{ 디플레이터}} = \frac{50}{100} = 0.5 = 50\%$

정답 ②

10 K국의 2018년 처분가능소득(YD: disposable income)과 소비가 각각 100만 달러와 80만 달러였다. 그런데 2019년에 K국의 처분가능소득과 소비(C)가 각각 120만 달러와 96만 달러로 증가하였다. 다음 중 K국의 소비함수의 모습으로 옳게 추론한 것은? (단, 다른 조건은 고려하지 않는다)

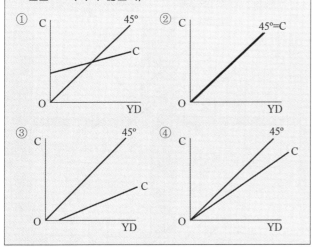

K국의 가처분소득의 변화와 이에 따른 소비 변화에 따른 평균소비성향과 한계소비성향을 표로 정리하면 다음과 같다.

가처분 소득(YD)	소비(C)	평균소비성향 $(= \frac{C}{YD})$	한계소비성향 $(= \frac{\Delta C}{\Delta YD})$
100만 달러	80만 달러	$\frac{80만 \ 달러}{100만 \ 달러} = 0.8$	-
120만 달러	96만 달러	$\frac{96만 \ 달러}{120만 \ 달러} = 0.8$	$\frac{16만 \ 달러}{20만 \ 달러} = 0.8$

• 2019년 K국에서는 평균소비성향과 한계소비성향이 0.8로 동일하다. 이것은 소비함수가 원점을 지나고 기울기가 0.8인 직선임을 시사해준다.

정답 ④

11 다음은 신고전학파의 투자 모형이 적용되는 K국 경제에 대한 자료이다.

• 생산물 시장에서의 상품가격: $P = 10$
• 생산함수: $Y = K^{0.5}(\overline{L})^{0.5}$
• 자본재 구입비용: $P_K = 100$
• 실질 이자율: $r = 2\%$
• 고정된 노동량(L): $\overline{L} = 100$, 감가상각률(δ): $\delta = 3\%$
• 여기서 Y는 산출량, K는 자본량, $\overline{L}$는 고정된 노동량이다.

K국 경제의 정상 상태(steady state)에서 적정 자본량은?

① 100   ② 125
③ 225   ④ 400

신고전학파의 투자 모형에 따르면 적정 자본량 수준은 다음 조건을 충족할 때 결정된다.

> • 자본의 한계생산물 가치($VMP_K = P \times MP_K$)
>   = 사용자 비용$[= p_K(r + \delta)]$

• 주어진 조건을 이용하여 자본의 한계생산(MP_K)을 구하면 다음과 같다.

> • $Y = K^{0.5}(\overline{L})^{0.5} = K^{0.5}100^{0.5} = 10K^{0.5}$
> $\Rightarrow MP_K = \frac{dY}{dK} = 5K^{-0.5} = \frac{5}{\sqrt{K}}$

• 이에 따라 신고전학파의 투자 모형에 따른 적정 자본량 수준은 다음과 같이 결정된다.

> • $VMP_K(= P \times MP_K) = p_K(r + d) \Rightarrow$
> $10 \times \frac{5}{\sqrt{K}} = 100(0.02 + 0.03) \Rightarrow \frac{50}{\sqrt{K}} = 5 \Rightarrow \sqrt{K} = 10$
> $\Rightarrow K = 100$

정답 ①

12 화폐는 종종 실제 시장에서 퇴장하기도 한다. 이와 관련한 화폐의 기능과 관련 있는 것은?

① 교환의 매개수단   ② 가치척도의 수단
③ 가치저장수단   ④ 거래비용 절감수단

경제 주체들은 자신의 부(富)를 귀금속이나 골동품 또는 부동산 등 재화의 형태로 보유한다. 이러한 기능을 가치저장수단이라고 하는데 가장 일반적인 가치저장수단이 바로 화폐이다. 이처럼 화폐가 자산의 일종으로 인식되어 가치저장수단으로 사용되면 다른 상품을 거래하기 위한 실제 매매에서 사용되지 않기 때문에 시장에서 퇴장하게 된다.

• 거래비용 절감수단이 곧 교환의 매개수단이다.

정답 ③

13 한 경제의 실물시장균형을 나타내는 IS곡선에 대한 설명으로 옳은 것은? (단, IS곡선의 기울기는 세로축을 이자율, 가로축을 소득으로 하는 그래프 상의 기울기를 말한다)

① 한계소비성향이 작아지면 IS곡선의 기울기는 완만해진다.

② 교역상대국의 한계수입성향이 커질수록 IS곡선의 기울기는 가팔라진다.

③ 유발투자가 존재하면, 존재하지 않을 때에 비하여 IS곡선의 기울기는 가팔라진다.

④ 정액세만 존재하는 경우, 비례세가 존재하는 경우에 비해 IS곡선의 기울기는 완만해진다.

| 해설 |

모든 조건들을 반영한 IS곡선의 기울기는 다음과 같다.

> • IS곡선의 기울기 $= \dfrac{1-b(1-t)-i+m}{d}$, 여기서 b는 한계소비성향, t는 비례세율, i는 유발투자계수, m은 한계수입성향, d는 투자의 이자율 탄력성이다.

• 정액세만 존재하는 경우(A)와 비례세가 존재하는 경우(B)의 기울기 크기를 비교하면 다음과 같다.

> • $A(= \dfrac{1-b-i+m}{d}) < B(= \dfrac{1-b(1-t)-i+m}{d} = \dfrac{1-b+bt-i+m}{d})$

① 한계소비성향(b)이 작아지면 IS곡선의 기울기는 가팔라진다.

② IS곡선의 기울기에 영향을 주는 것은 교역상대국의 한계수입성향이 아니라 자국의 한계소비성향이다. 이때 자국의 한계수입성향이 커질수록 IS곡선의 기울기는 가팔라진다.

③ 유발투자가 존재하는 경우(C)와 존재하지 않는 경우(D)의 기울기 크기를 비교하면 다음과 같다.

> • $C(= \dfrac{1-b(1-t)-i+m}{d}) < D(= \dfrac{1-b(1-t)+m}{d})$

정답 ④

14 어떤 경제가 장기 균형 상태(a)에 있다. 중앙은행이 확장적 통화정책을 시행할 때, IS–LM곡선과 AD–AS곡선의 이동으로 인한 균형점의 변화를 나타낸 것으로 옳은 것은? (단, r은 이자율, Y는 총생산량, $\overline{Y}$는 장기균형 총생산량, P는 물가, LAS는 장기 총공급곡선, SAS는 단기 총공급곡선을 나타낸다)

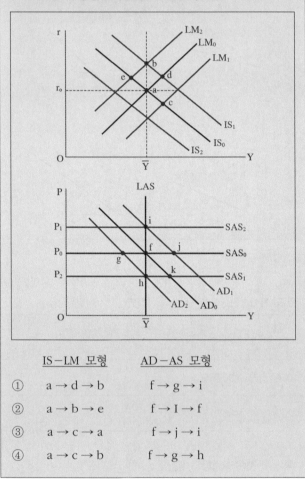

	IS-LM 모형	AD-AS 모형
①	a → d → b	f → g → i
②	a → b → e	f → I → f
③	a → c → a	f → j → i
④	a → c → b	f → g → h

| 해설 |

중앙은행의 확장적 통화정책은 LM곡선을 오른쪽으로 이동시켜($LM_0 \rightarrow LM_1$), 균형점은 a점에서 c점으로 이동한다. 또한 확장적 통화정책으로 인한 이자율 하락으로 투자가 증가하여 AD곡선이 오른쪽으로 이동하여($AD_0 \rightarrow AD_1$), 균형점은 f점에서 j점으로 이동한다.

• 총수요의 증가로 인한 새로운 균형점(j)에서는 실제 총생산량이 장기균형 총생산량($\overline{Y}$)을 넘는 호황이 된다. 이에 따라 기대물가의 상승으로 단기 총공급곡선이 상방으로 이동하여($SAS_0 \rightarrow SAS_2$), 새로운 균형점 i점에 도달하여 물가가 상승하게 된다. 이러한 물가의 상승은 화폐시장에서 실질통화량을 감소시켜 LM곡선은 다시 왼쪽으로 이동하게 되어($LM_1 \rightarrow LM_0$), 원래 균형 수준이었던 a점으로 복귀한다.

정답 ③

15 실업률을 하락시키는 변화로 옳은 것을 〈보기〉에서 모두 고른 것은? (단, 취업자 수와 실업자 수는 모두 0보다 크다)

┌─ 보기 ─────────────────────────
ⓐ 취업자가 비경제활동인구로 전환
ⓑ 실업자가 비경제활동인구로 전환
ⓒ 비경제활동인구가 취업자로 전환
ⓓ 비경제활동인구가 실업자로 전환
└───────────────────────────────

① ㉠, ㉡   ② ㉠, ㉣
③ ㉡, ㉢   ④ ㉡, ㉣

| 해설 |

실업률은 다음과 같이 측정된다.

• 실업률 $= \dfrac{\text{실업자 수}}{\text{경제활동인구}} = \dfrac{\text{실업자 수}}{\text{취업자 수}+\text{실업자 수}}$

• 다른 조건이 일정할 때, 실업률은 다음과 같은 경우에 하락한다.
 ⅰ) 실업자가 취업자가 되는 경우
 ⅱ) 비경제활동인구가 취업자가 되는 경우
 ⅲ) 실업자가 비경제활동인구가 되는 경우

(정답) ③

---

16 K국의 통화당국의 손실함수와 필립스곡선이 다음과 같이 주어져 있다.

• K국 통화당국의 손실함수: $L = \pi + 2u^2$
• 필립스곡선: $\pi = \pi^e - 2.5(u - u_n)$

현재 K국의 통화당국은 통화정책을 시행할 때 발생할 수 있는 손실을 극소화하려고 한다. 이를 가능하게 하는 실업률(u)은? (단, L은 통화당국의 손실, π는 실제 인플레이션율, π^e는 기대 인플레이션율, u는 실제실업률, u_n은 자연실업률이다. 또한 가로축 변수는 u, 세로축 변수는 π이며, 모든 변수의 측정단위는 %이다)

① 0.425   ② 0.475
③ 0.5%   ④ 0.625

| 해설 |

통화당국의 손실이 극소화되는 경우는 손실함수와 필립스곡선이 접하는 경우이다. 이를 위해서는 손실함수에서의 한계대체율($MRS_{u\pi}$)과 필립스곡선의 기울기(d)의 크기가 같아야 한다. 따라서 다음 과정을 통해 손실극소화에 도달하게 된다.

• $MRS_{u\pi} = \dfrac{MU_U}{MU_\pi} = \dfrac{4u}{1} = 4u$

• 필립스곡선의 기울기: $d = 2.5$

• $4u = 2.5 \implies u = 0.625$

• 참고로 손실함수의 한계대체율($MRS_{u\pi}$)이 '$MRS_{u\pi} = 4u$'가 되어 실업률(u)이 상승함에 따라 한계대체율($MRS_{u\pi}$)도 증가하게 된다. 이것은 한계대체율($MRS_{u\pi}$)이 체증한다는 의미이고, 손실함수는 원점에 대해 오목하게 된다. 또한 손실함수는 원점에서 멀어질수록(가까워질수록) 손실은 커지는(작아지는) 특성을 갖게 된다. 이 결과를 그림으로 나타내면 다음과 같다.

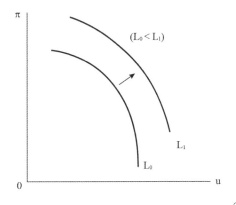

(정답) ④

---

17 실물적 균형경기변동론에 대한 설명으로 옳은 것은?

① 경기침체기에는 균형산출량이 완전고용산출량보다 작다.
② 화폐적 균형경기변동론과 달리 경기변동의 지속성에 대한 설명이 가능하다.
③ 경기변동이 주로 민간저축의 변화 등의 화폐적 충격으로 발생한다고 설명한다.
④ 예상치 못한 통화량 증가는 유리한 공급충격을 가져와 경기를 호황으로 이끌게 된다.

| 해설 |

실물적 균형경기변동(RBC)에서는 경기변동을 가져오는 실물적 충격이 일시적이라고 하더라도 그로 인한 영향은 여러 기에 걸쳐 나타나게 되어 경기변동이 지속적으로 이루어진다는 설명이 가능해진다.
① RBC에서는 경기변동을 자연산출량 자체의 변화로 이해한다. 따라서 경기침체기에도 균형산출량은 여전히 완전고용산출량을 유지한다.
③ RBC에서는 경기변동이 주로 생산성 충격, 민간저축의 변화 등과 같은 실물적 충격으로 발생한다고 설명한다.
④ RBC에서는 장기는 물론 단기에서도 화폐의 중립성이 성립하여 통화량은 경기변동과 무관하다고 본다.

(정답) ②

18 노동(L)과 자본(K)을 사용하여 X재와 Y재를 생산하는 헥셔-올린(Heckscher-Ohlin) 모형을 고려하자. 아래 그래프에 대한 설명에서 ㉠과 ㉡을 바르게 짝지은 것은? (단, IQ_X와 IQ_Y는 X재와 Y재의 등량곡선(IQ: Iso-Quant)을 나타내며, 상대임금은 '노동가격/자본임대료'를 의미한다. 등비용선은 각 등량곡선과 한 점에서 접한다)

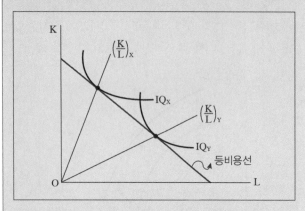

- X재 가격이 상승하면, 상대임금은 (㉠).
- Y재 가격이 상승하면, 상대임금은 (㉡).

	㉠	㉡
①	하락한다	하락한다
②	상승한다	하락한다
③	하락한다	상승한다
④	상승한다	상승한다

| 해설 |

생산자 균형점에서 요소집약도($\frac{K}{L}$)를 통해 다음과 같은 결론을 얻을 수 있다.

- $(\frac{K}{L})_X > (\frac{K}{L})_Y \Rightarrow$ X재는 자본집약재, Y재는 노동집약재

- X재 가격이 상승하면 X재 생산이 증가하게 된다. 이에 따라 X재에 집약적으로 투입되는 자본에 대한 수요가 증가하고, 자본임대료가 상승하게 된다. 결국 상대임금(=노동가격/자본임대료)은 하락하게 된다.
- Y재 가격이 상승하면 Y재 생산이 증가하게 된다. 이에 따라 Y재에 집약적으로 투입되는 노동에 대한 수요가 증가하고, 노동가격이 상승하게 된다. 결국 상대임금(=노동가격/자본임대료)은 상승하게 된다.

정답 ③

19 구매력 평가설과 이자율 평가설, 그리고 피셔 방정식이 완벽하게 성립한다고 하자. 한국의 명목이자율은 연 5%, 미국의 명목이자율은 연 3%이며, 한국의 물가상승률은 연 3%로 예상될 경우, 이에 대한 설명으로 옳은 것은?

① 한국의 실질이자율은 연 −1%이다.
② 한국과 미국의 실질이자율은 동일하다.
③ 미국의 물가상승률은 연 2%일 것으로 예상된다.
④ 1년 후 원/달러 환율은 3% 상승할 것으로 예상된다.

| 해설 |

이자율 평가설에 따르면 다음과 같은 식이 성립한다.

- 명목환율 변동률=국내 명목이자율(5%)−해외 명목이자율(3%)

앞의 식에 따라 1년 후 원/달러 환율은 2% 상승할 것으로 예상된다(④).

- 구매력 평가설에 따르면 다음과 같은 식이 성립한다.

- 명목환율 변동률(2%)=국내 물가상승률(3%)−해외 물가상승률
- 해외 물가상승률=국내 물가상승률(3%)−명목환율 변동률(2%)=1%

앞의 식에 따라 미국 물가상승률은 1%가 된다(③).

- 한편, 피셔 방정식에 따르면 다음과 같은 식이 성립한다.

- 실질이자율=명목이자율−물가상승률

따라서 한국의 실질이자율은 '2%(=5%−3%)'가 되고, 미국의 실질이자율 역시 '2%(=3%−1%)'가 된다(①, ②).

정답 ②

20 자본이동이 완전히 자유로운 소국 개방경제를 가정하자. 먼델-플레밍의 IS-LM-BP 모형에 대한 설명으로 옳은 것을 〈보기〉에서 모두 고르면?

─ 보기 ─

㉠ BP곡선은 '국민소득, 이자율' 평면에서 완만하게 우상향하는 모습을 보인다.

㉡ 고정환율제하에서 통화정책은 국민소득에 영향을 미치지 못한다.

㉢ 변동환율제하에서 통화정책은 통화량의 내생적 변화를 가져온다.

㉣ 재정정책의 국민소득에 대한 효과는 변동환율제보다 고정환율제하에서 더욱 커진다.

① ㉠, ㉡　　　　　② ㉠, ㉡, ㉢
③ ㉡, ㉢, ㉣　　　④ ㉡, ㉣

| 해설 |

고정환율제하에서 중앙은행의 통화정책은 이자율의 변화가 외환시장에서 환율변동 '압력'을 발생시킨다. 이때 외환시장의 안정을 위한 중앙은행의 개입은 통화량의 '내생적' 변화를 가져와 중앙은행의 독자적인 통화정책은 무력해진다(㉡). 이에 따라 통화정책은 변동환율제하에서 유력한 경기안정화 정책이 된다. 반면에 재정정책은 고정환율제하에서 유력한 경기안정화 정책이 된다(㉣).

㉠ 자본이동이 완전히 자유로운 소국 개방경제의 BP곡선은 '국민소득, 이자율' 평면에서 수평의 모습을 보인다.

㉢ 통화정책으로 인한 통화량의 내생적 변화는 고정환율제하에서 나타나는 현상이다.

[정답] ④

AK 경제학 실전 동형 모의고사 30   p. 149 - 154

01	②	02	①	03	④	04	①	05	③
06	②	07	①	08	③	09	③	10	②
11	④	12	②	13	④	14	②	15	④
16	④	17	③	18	④	19	③	20	②
21	③	22	③	23	④	24	①	25	①

01 소비자 H는 주어진 소득으로 기펜재(Giffen good)인 X재와 정상재인 Y재만 소비하면서 효용극대화를 추구하고 있다. 이에 대한 설명으로 옳은 것은?

① X재 가격이 상승하면 소비자 H의 효용은 증가하게 된다.

② Y재 가격이 하락하면 Y재 소비량은 반드시 증가하게 된다.

③ X재 가격이 상승하면 Y재 소비량은 반드시 증가하게 된다.

④ X재 가격이 상승하면 이에 따른 대체효과가 소득효과보다 크게 나타난다.

| 해설 |

Y재는 정상재이므로 가격이 하락할 때 소비량이 증가하는 '수요의 법칙'이 반드시 나타나게 된다.

① X재 가격이 상승하면 예산선이 안쪽으로 회전이동을 하게 되고, 이에 따라 소비자 H가 직면하는 소비가능영역(예산집합)이 축소되어 소비자 H의 효용은 감소하게 된다.

③ 소비자 H는 주어진 소득 범위 안에서 소비를 하고 있다. X재 가격이 상승하면 기펜재인 X재 소비량은 증가하게 되어 X재 소비지출액이 증가하게 된다. 따라서 주어진 소득 범위 안에서 Y재 소비에 지출할 금액이 감소하게 된다. 이에 따라 Y재 소비량은 반드시 감소하게 된다.

④ X재는 기펜재이므로 가격이 상승할 때, 이에 따른 대체효과가 소득효과보다 반드시 작게 나타난다.

(정답) ②

02 두 재화 X와 Y만을 소비하는 M의 효용함수가 다음과 같이 주어져 있다.

- $U = X^{0.5} + 2Y^{0.5}$, 여기서 U는 효용이고 X와 Y는 각 재화의 소비량이다.

X재와 Y재의 가격이 각각 $P_X = 4$, $P_Y = 1$일 때, 소비자 M이 효용을 극대화하기 위한 X와 Y재의 최적소비량은? (단, 소비자 M의 가처분 소득은 680이라고 가정하자)

	X재 소비량	Y재 소비량
①	10	640
②	20	600
③	30	560
④	40	520

| 해설 |

주어진 조건을 이용하여 한계대체율과 상대가격을 구하면 각각 다음과 같다.

- $MRS_{XY} = \dfrac{MU_X}{MU_Y} = \dfrac{0.5X^{-0.5}}{Y^{-0.5}} = \dfrac{1}{2}\left(\dfrac{Y}{X}\right)^{0.5}$
- $\dfrac{P_X}{P_Y} = \dfrac{4}{1} = 4$

- 효용의 극대화를 위해서는 주어진 예산제약 내에서 한계대체율($MRS_{XY} = \dfrac{MU_X}{MU_Y}$)과 상대가격($= \dfrac{P_X}{P_Y}$)이 일치해야 한다. 이에 따라 다음 관계가 도출된다.

- $\dfrac{1}{2}\left(\dfrac{Y}{X}\right)^{0.5} = 4 \Rightarrow \left(\dfrac{Y}{X}\right)^{0.5} = 8 \Rightarrow \dfrac{Y}{X} = 64 \Rightarrow Y = 64X$

- 이 결과를 예산제약식에 대입하여 정리하면 두 재화의 최적소비량을 구할 수 있다.

- $P_X \times X + P_Y \times Y = I \Rightarrow 4 \times X + 1 \times 64X = 680 \Rightarrow 68X = 680 \Rightarrow X = 10, \ Y = 640$

(정답) ①

03 모든 시장이 완전경쟁적인 K국의 대표적 기업인 A의 생산함수가 다음과 같이 주어져 있다.

> - $Q = AL^{\alpha}K^{\beta}\ (\alpha + \beta = 1)$
> - Q는 산출량, A는 기술수준, L은 노동투입량, K는 자본투입량이다.

$L = 10$, $MP_L = 5$, $AP_L = 8$인 경우 α와 β 값으로 옳게 묶인 것은? (단, 모든 시장은 완전경쟁적이라고 가정한다)

	α	β
①	$\dfrac{1}{2}$	$\dfrac{1}{2}$
②	$\dfrac{1}{3}$	$\dfrac{2}{3}$
③	$\dfrac{3}{5}$	$\dfrac{2}{5}$
④	$\dfrac{5}{8}$	$\dfrac{3}{8}$

| 해설 |

주어진 생산함수가 1차 동차 생산함수인 콥－더글라스 생산함수이므로 α와 β는 각각 노동소득분배율과 자본소득분배율이다.

- 생산함수가 1차 동차 생산함수이고, 모든 시장이 완전경쟁적이므로 다음과 같이 '오일러(Euler)의 정리'가 성립한다.

> - $MP_L \times L + MP_K \times K = Q$ $\Leftrightarrow$ 노동보수총량(노동분배소득) + 자본보수총량(자본분배소득) = 산출량
> - MP_L은 노동의 한계생산성, MP_K는 자본의 한계생산성, Q는 산출량이다.

- 문제에서 주어진 조건들과 앞에서 설명한 오일러의 정리를 이용하여 노동소득분배율과 자본소득분배율을 다음과 같이 도출할 수 있다.

> - $MP_L \times L + MP_K \times K = Q \Rightarrow 5 \times 10 + MP_K \times K = 80$
> ($\because Q = AP_L \times L$) $\Rightarrow MP_K \times K = 30$

- 앞에서 도출한 결과들을 전제로 노동소득분배율(α)과 자본소득분배율(β)을 도출하면 다음과 같다.

> - 노동소득분배율(α) = $\dfrac{\text{노동분배소득}(MP_L \times L)}{\text{산출량}(Q)} = \dfrac{50}{80} = \dfrac{5}{8}$
> - 자본소득분배율(β) = $\dfrac{\text{자본분배소득}(MP_K \times K)}{\text{산출량}(Q)} = \dfrac{30}{80} = \dfrac{3}{8}$

정답 ④

04 비용극소화를 추구하는 기업 S는 현재 노동 30단위와 자본 10단위를 사용하여 100단위의 제품을 생산하고 있다. 노동의 단위당 임금과 자본의 단위당 임대료는 각각 10, 10으로 일정하다고 할 때, 기업 S에게 나타나는 현상에 대한 설명으로 옳은 것은? (단, 기업 S에게 노동과 자본은 완전대체관계가 성립하고, 다른 조건은 고려하지 않는다)

① 앞으로도 노동과 자본의 가격이 변화하지 않는다면, 노동 5단위와 자본 35단위를 사용해도 동일한 생산비용으로 100단위를 생산할 수 있다.

② 현재보다 자본의 단위당 가격이 상승하면, 노동 12단위, 자본 16단위를 사용하는 것이 최적이 될 수 있다.

③ 현재보다 노동의 단위당 가격이 상승하면 노동 7단위, 자본 25단위를 사용하는 것이 최적이 될 수 있다.

④ 현재 노동의 한계생산은 자본의 한계생산의 3배이다.

| 해설 |

노동과 자본이 완전대체관계에 있으므로 기업 S의 비용극소화를 위한 생산방법은 다음 3가지 중 하나가 된다.

> - $MRTS_{LK} > \dfrac{P_L}{P_K}$인 경우: 오직 노동(L)만을 투입해서 생산
> - $MRTS_{LK} < \dfrac{P_L}{P_K}$인 경우: 오직 자본(K)만을 투입해서 생산
> - $MRTS_{LK} = \dfrac{P_L}{P_K}$인 경우: 등비용선상의 모든 점에서 생산 가능

- 현재 기업 S가 노동과 자본을 모두 투입하면서 생산하고 있다는 것은 '$MRTS_{LK} = \dfrac{P_L}{P_K}(=1)$'이 성립하고 있다는 것을 의미한다. 또한 현재 생산비는 $400(= 20 \times 10 + 20 \times 10)$임을 알 수 있다. 따라서 앞으로도 노동과 자본의 가격이 변화하지 않는다면, 노동 5단위와 자본 35단위를 사용해도 동일한 생산비용 400으로 100단위를 생산할 수 있다.

② 현재보다 자본의 단위당 가격이 상승하면, '$MRTS_{LK} > \dfrac{P_L}{P_K}$'가 성립하며 이에 따라 오직 노동(L)만을 40단위 투입하여 100단위를 생산하게 된다.

③ 현재보다 노동의 단위당 가격이 상승하면, '$MRTS_{LK} < \dfrac{P_L}{P_K}$'가 성립하며 이에 따라 오직 자본(K)만을 40단위 투입하여 100단위를 생산하게 된다.

④ 현재 생산 수준에서 '$MRTS_{LK} = \dfrac{P_L}{P_K}(=1)$'이 성립하고 있다. 그런데 '$MRTS_{LK}(= \dfrac{MP_L}{MP_K}) = 1$'이 성립하므로, 현재 노동의 한계생산과 자본의 한계생산의 크기는 동일하다.

정답 ①

05 K기업의 공급함수는 $Q_S = 5P - 100$이다. '$P > 20$'인 경우 공급의 가격탄력성(E_P)으로 가장 적절한 것은?

① $0 < E_P < 1$ ② $E_P = 1$

③ $1 < E_P$ ④ $E_P = \infty$

| 해설 |

공급곡선이 선형일 때 공급의 가격탄력성은 다음과 같이 정리할 수 있다.

> • 공급곡선이 가격 축을 통과
>   ⇒ 곡선상의 모든 점에서 '$1 < E_P$'
> • 공급곡선이 원점을 통과
>   ⇒ 곡선상의 모든 점에서 '$E_P = 1$'
> • 공급곡선이 수량 축을 통과
>   ⇒ 곡선상의 모든 점에서 '$0 < E_P < 1$'

• 주어진 공급곡선은 가격 절편이 20이므로 가격 축을 통과하게 된다. 따라서 '$P > 20$'인 경우 곡선상의 모든 점에서 공급의 가격탄력성(E_P)은 1보다 큰 값을 갖게 된다.

(정답) ③

06 어느 상품의 수요와 공급은 다음 표와 같다고 가정하자. 정부가 상품 1단위당 30원의 소비세를 공급자에게 부과할 경우, 이에 대한 설명으로 옳은 것은? (단, 수요곡선은 우하향하는 직선이고, 공급곡선은 우상향하는 직선이다)

가격(원)	10	20	30	40	50	60	70
수요량(개)	130	110	90	70	50	30	10
공급량(개)	40	50	60	70	80	90	100

① 과세 후에 정부의 조세수입은 1,200원이다.

② 과세 후에 후생 순손실(deadweight loss)은 300원이다.

③ 과세 후에 수요자가 공급자에게 지불하는 가격은 20원이다.

④ 과세 후에 조세의 공급자부담은 상품 한 단위당 10원이 된다.

| 해설 |

공급자에게 30원의 조세가 부과된 후의 수요-공급 표를 구하면 다음과 같다.

가격(원)	10	20	30	40	50	60	70
수요량	130	110	90	70	50	30	10
공급량	40	50	60	70	80	90	100
조세부과 후 공급량	-	-	-	40	50	60	70

• 공급자는 조세부과 전에는 단위당 50원인 경우 80개를 판매하고자 했지만, 이제 단위당 30원의 조세를 부담하기 위해서는 50원을 20원으로 인식해야 하므로 공급량이 80개에서 50개로 감소하게 된다. 표에서 조세부과 후의 시장가격은 40원에서 10원만큼 상승한 50원, 시장거래량은 70개에서 20개만큼 감소한 50개가 된다(③).

• 시장거래량이 50단위, 단위당 조세가 30원이므로 정부의 조세수입은 1,500원(= 50×30)이 된다(①).

• 공급자가 받게 되는 실제가격은 40원에서 20원이 되어(∵ 수요자에게 받은 단위당 50원에서 30원만큼을 정부에게 조세로 납부), 공급자의 조세부담은 단위당 20원이 된다(④).

• 조세부과에 따른 20개만큼의 판매량 감소는 '$20 \times 30 \times \frac{1}{2} = 300$원'만큼의 후생 손실을 초래한다(②).

• 이러한 결과를 그림으로 나타내면 다음과 같다.

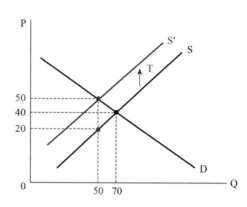

(정답) ②

07 독점기업인 K 기업이 직면하는 시장수요곡선이 다음과 같다.

> • 수요곡선: $P = 100Q^{-\frac{1}{2}}$

시장가격이 '$P = 100$'인 수준에서 이윤극대화가 달성된다고 할 때, 한계비용(MC)의 크기는?

① 50   ② 100

③ 150   ④ 200

| 해설 |

수요함수가 다음의 형태와 같다고 가정하자.

> • $Q = AP^{-\alpha}$

이 경우의 수요의 가격탄력성은 '$E_P = \alpha$'이다.

• 한편 주어진 시장수요곡선을 통상의 수요곡선으로 변형시키면 다음과 같다.

- $P = 100Q^{-\frac{1}{2}}$

  $\Rightarrow$ 양 변을 제곱하면 $P^2 = 10,000Q^{-1} = \dfrac{10,000}{Q}$

  $\Rightarrow Q = \dfrac{10,000}{P^2} \Rightarrow Q = 10,000P^{-2}$

따라서 문제에서 주어진 수요함수에서 수요의 가격탄력성은 '2'가 된다.

- Learner와 Hicks의 독점도와 관련하여 다음 식이 성립한다.

- $\dfrac{P - MC}{P} = \dfrac{1}{E_P}$, 여기서 E_P는 수요의 가격탄력성이다.

여기서 좌변은 Learner의 독점도 공식이고, 우변은 Hicks의 독점도 공식이다.

- 앞의 결과를 이용하면 다음과 같은 결과를 도출할 수 있다.

- $\dfrac{100 - MC}{100}\left(= \dfrac{P - MC}{P}\right) = \dfrac{1}{2}\left(= \dfrac{1}{E_P}\right) \Rightarrow MC = 50$

결국 시장가격이 'P = 100'인 수준에서 독점기업 K가 이윤극대화를 달성할 때의 한계비용은 'MC = 50'이 된다.

정답 ①

08 기업 S는 두 개의 공장을 운영하여 단일 시장에 공급하고 있는 다공장 독점기업이다. 기업 S의 1공장과 2공장의 비용함수는 각각 다음과 같다.

- $TC_1 = 1.5Q_1^2$, $TC_2 = 0.5Q_2^2$

여기서 TC_i와 Q_i는 각각 i공장의 총비용과 생산량이고, $Q(= Q_1 + Q_2)$는 기업의 생산량이다.

기업 S의 비용함수에 대한 설명으로 옳은 것은?

① 기업 S의 총비용함수는 $TC = \dfrac{3}{4}Q^2$이다.

② 1공장은 2공장에 비해 효율적인 생산이 가능하다.

③ 기업 S가 80단위를 생산하는 데 필요한 총비용은 2,400이다.

④ 기업 S가 이윤극대화를 달성할 때, 1공장의 생산량은 2공장의 생산량의 $\dfrac{1}{2}$ 수준이다.

| 해설 |

기업 S의 한계비용은 각 공장의 한계비용을 수평으로 합한 크기이다.

- $Q_1 = \dfrac{1}{3}MC_1$, $Q_2 = MC_2$

  $\Rightarrow Q = Q_1 + Q_2 = \dfrac{1}{3}MC + MC = \dfrac{4}{3}MC$

  $\Rightarrow MC = \dfrac{3}{4}Q$

한편 기업 S의 총비용은 기업 S의 한계비용을 적분하여 도출된다. 이를 통하여 기업 S가 80단위를 생산하는 데 필요한 총비용은 다음과 같이 도출된다.

- $MC = \dfrac{3}{4}Q \Rightarrow TC = \dfrac{3}{8}Q^2$

  $\Rightarrow TC = \dfrac{3}{8} \times 80^2 = \dfrac{3}{8} \times 6,400 = 3 \times 800 = 2,400$

두 기업 모두 고정비용이 존재하지 않으므로 기업 S의 전체비용에도 고정비용은 존재하지 않는다.

① 기업 S의 총비용함수는 $TC = \dfrac{3}{8}Q^2$이다.

② 1공장의 단위당 비용은 2공장에 비해 3배이다. 따라서 2공장에 비해 비효율적인 생산이 이루어지고 있다.

④ 다공장 독점기업의 이윤극대화 조건은 다음과 같다.

- $MC_1 = 3Q_1$, $MC_2 = Q_2 \Rightarrow MC_1 = MC_2 \Rightarrow 3Q_1 = Q_2$

따라서 기업 S가 이윤극대화를 달성할 때, 1공장의 생산량은 2공장의 생산량의 $\dfrac{1}{3}$ 수준이다.

정답 ③

09 완전경쟁적인 생산물시장과 생산요소시장을 상정하자. 노동의 한계생산물이 100, 생산물가격이 120원이고, 노동의 임금이 10,000원일 때, 이윤극대화를 위한 기업 B의 최선의 선택은 무엇인가?

① 임금을 상승시킨다.

② 현 상태를 유지한다.

③ 노동고용량을 증가시킨다.

④ 현 상태에서 자본투입량을 증가시킨다.

| 해설 |

생산요소시장이 완전경쟁시장일 때, 이윤극대화를 달성하기 위한 조건은 다음과 같다.

- $VMP_L(P \times MP_L) = w$, 여기서 VMP_L은 한계생산물가치, P는 상품의 가격, MP_L은 노동의 한계생산, w은 노동 단위당 임금이다.

- 만약 이 조건이 충족되지 않는다면 기업의 최선의 선택은 다음과 같다.

- $VMP_L(P \times MP_L) > w \Rightarrow$ 고용량 증가
- $VMP_L(P \times MP_L) < w \Rightarrow$ 고용량 감소

- 주어진 조건에 따른 기업 B의 최선의 선택은 다음과 같다.

- $VMP_L(P \times MP_L) = 120 \times 100 = 12,000$(원), $w = 10,000$(원)
  $\Rightarrow VMP_L(P \times MP_L) > w \Rightarrow$ 고용량 증가

정답 ③

10 다음 ㉠–㉢에 들어갈 용어로 옳은 것은?

음(−)의 외부성(negative externality)으로 인한 (㉠) 소비 문제는 (㉡)을 통해 (㉢)시킴으로써 해결할 수 있다.

	㉠	㉡	㉢
①	과소	보조금	외부화
②	과잉	범칙금	내부화
③	과잉	범칙금	외부화
④	과소	보조금	내부화

| 해설 |

소비에서 음(−)의 외부성이 발생하게 되면 시장소비량(= 생산량)은 사회적 최적소비량(= 생산량) 수준에 비해 '과잉소비(= 생산)'된다. 여기서 소비량과 생산량을 같이 표기하고 있는 것은 소비량만큼 실제 생산되고 있기 때문이다.

- 이러한 과잉소비 문제는 소비자에게 '범칙금' 부과와 같은 제재 수단을 통해 해결할 수 있다. 소비자는 부과된 범칙금을 소비를 위해 필요한 지출액을 증가시키는 요인으로 인식하게 되고, 이를 소비 조건에 반영하게 되는데 이러한 과정을 '내부화'라고 한다.

정답 ②

11 소비이론에 대한 설명으로 옳은 것은?

① 절대소득가설에 의하면 소비의 소득탄력성은 0이다.
② 항상소득가설에 의하면 임시소득은 대부분 소비로 처분된다.
③ 생애주기가설에 의하면 소득 수준이 낮아지는 시기에는 소비 수준도 낮아진다.
④ 상대소득가설에 의하면 장기에는 한계소비성향과 평균소비성향의 크기가 일치한다.

| 해설 |

상대소득가설에 의하면 장기소비함수는 원점을 통과하는 직선의 모습을 보인다. 이것은 장기에는 한계소비성향(MPC)과 평균소비성향(APC)의 크기가 일치한다는 것을 의미한다.

① 절대소득가설에 의하면 소비는 현재소득의 절대적인 크기에 의존하므로 소득의 증가는 소비의 증가를 가져온다. 따라서 소비의 소득탄력성은 0보다 큰 값을 갖는다.
② 항상소득가설에 의하면 소비는 항상소득에 의해서만 영향을 받고, 임시소득은 대부분 저축된다.
③ 생애주기가설에 의하면 소득 수준이 낮아지는 노년기에 접어들어도 소비 수준은 낮아지지 않는다.

정답 ④

12 K국의 거시경제모형은 다음과 같다.

- $Y = C + I + G + X - M$
- $C = 0.75 Y + 100$
- $I = 0.15 Y + 100$
- $M = 0.1 Y + 100$

단, Y는 국민소득, C는 소비지출, I는 투자지출, G는 정부지출, X는 수출, M은 수입이며 수출은 외생적으로 주어진다고 가정한다.

K국 정부가 정부지출을 100만큼 증가시키는 경우, 균형 수준에서의 소비지출(C)의 증가분은?

① 350
② 375
③ 400
④ 425

| 해설 |

주어진 조건에 따른 정부지출을 구하면 다음과 같다.

- 정부지출 승수 $= \dfrac{1}{1-b-i+m} = \dfrac{1}{1-0.75-0.15+0.1} = \dfrac{1}{0.2} = 5$

  여기서 b는 한계소비성향, i는 유발투자계수, m은 한계수입성향이다.

- 정부지출 '100'만큼의 증가는 국민소득을 500만큼 증가시킨다. 한편 한계소비성향은 0.75이다. 이에 따라 소비지출의 증가분은 다음과 같이 도출된다.

- $MPC = \dfrac{\triangle C}{\triangle Y} \Rightarrow 0.75 = \dfrac{\triangle C}{500} \Rightarrow \triangle C = 375$

정답 ②

13 통화량에 대한 설명으로 옳은 것은?

① 은행들이 지급준비율을 낮게 유지할수록 통화승수는 감소한다.

② 한국은행이 공개시장을 통하여 채권을 매입하였다면 본원통화가 감소한다.

③ 중앙은행이 법정지급준비율을 100%로 설정하게 되면 본원통화와 통화량의 크기는 같아진다.

④ 지급준비금이 부족한 시중은행이 한국은행으로부터 긴급대출지원을 받을 때 적용되는 금리를 콜금리라고 한다.

| 해설 |

중앙은행이 법정지급준비율(z)을 100%로 설정하는 경우, 통화승수는 다음과 같다.

- 통화승수 $= \dfrac{1}{c+z-cz} = \dfrac{1}{c+1-c} = \dfrac{1}{1} = 1$, 여기서 c는 현금-통화비율, z는 지급준비율이다.

따라서 이 경우에는 본원통화의 크기와 통화량의 크기가 같아지게 된다.

① 은행들이 지급준비율을 낮게 유지할수록 통화승수는 증가한다.

② 한국은행이 공개시장을 통하여 채권을 매입하였다면 본원통화가 증가한다.

④ 지급준비금이 부족한 시중은행이 한국은행으로부터 긴급대출지원을 받을 때 적용되는 금리는 재할인율이다. 콜금리는 시중은행 간 초단기 금융거래에서 적용되는 금리를 의미한다.

정답 ③

14 현재 자본시장은 균형 상태에 있으며, K씨는 A주식에 투자하여 수익을 얻고자 하고 있다. 그런데 A주식과 시장포트폴리오의 공분산은 12%이고, 시장포트폴리오 분산은 3%이다. 또한 A주식의 기대수익률은 16%이고, 시장포트폴리오 기대수익률은 7%로 알려져 있다. 자산가격결정 모형(CAPM)에 따를 때 무위험수익률은?

① 3%   ② 4%   ③ 5%   ④ 6%

| 해설 |

자산가격결정 모형에서는 다음과 같은 식이 성립한다.

- $\dfrac{\text{주식과 시장 포트폴리오 공분산}}{\text{시장 포트폴리오 분산}}$
$= \dfrac{\text{주식 기대수익률} - \text{무위험수익률}}{\text{시장 포트폴리오 기대수익률} - \text{무위험수익률}}$

- 위 식에 문제에서 주어진 조건을 대입하면 다음과 같다.

- $\dfrac{12\%}{3\%} = \dfrac{16\% - \text{무위험수익률}}{7\% - \text{무위험수익률}}$

이 식을 풀면 무위험수익률은 4%가 된다.

정답 ②

15 다음 중 정부지출이 증가할 때 완전한 구축효과 (crowding out effect)가 나타나는 경우는? (단, IS-LM 모형을 전제한다)

① 투자의 이자율 탄력성이 탄력적이고 화폐수요의 이자율 탄력성이 비탄력적인 경우

② 투자의 이자율 탄력성이 비탄력적이고 화폐수요의 이자율 탄력성이 탄력적인 경우

③ 투자의 이자율 탄력성이 완전비탄력적이고 화폐수요의 이자율 탄력성이 완전탄력적인 경우

④ 투자의 이자율 탄력성이 비탄력적이고 화폐수요의 이자율 탄력성이 완전비탄력적인 경우

| 해설 |

정부지출 증가에 따른 구축효과의 발생경로는 다음과 같다.

- 정부지출 증가 ⇒ 이자율 상승 ⇒ 민간소비 및 민간투자 감소 ⇒ 총수요 감소

- 정부지출 증가에 따른 완전한 구축효과(crowding out effect)는 LM곡선이 수직인 경우에 나타난다. 이때 LM곡선이 수직이라는 것은 화폐수요의 이자율 탄력성이 완전비탄력적이라는 것을 의미한다.

- 구축효과는 IS곡선이 수평에 가까울수록, LM곡선이 수직에 가까울수록 크게 나타난다.

정답 ④

16 총수요-총공급 모형의 단기 균형분석에 대한 설명으로 옳지 않은 것을 〈보기〉에서 모두 고르면? (단, 총수요곡선은 우하향하고, 총공급곡선은 우상향한다)

┌ 보기 ─────────────────────
ⓛ 중앙은행이 재할인율을 인하하면 총생산은 증가한다.
ⓛ 국제 원유가 상승은 총수요곡선을 왼쪽으로 이동시켜 총생산이 감소한다.
ⓒ 정부지출이 증가하면 총공급곡선이 오른쪽으로 이동하여 물가가 하락한다.
ⓔ 물가 수준이 하락하면 총수요곡선이 오른쪽으로 이동하여 총생산이 증가한다.
└─────────────────────────

① ㉠, ㉡, ㉢   ② ㉠, ㉡, ㉣

③ ㉠, ㉢, ㉣   ④ ㉡, ㉢, ㉣

중앙은행이 재할인율을 인하하면 시장이자율도 하락하여 투자가 증가한다. 따라서 총수요곡선이 오른쪽으로 이동하여 총생산은 증가하고 물가는 상승한다.

ⓛ 국제 원유가 상승은 불리한 공급충격의 원인으로 총공급곡선을 왼쪽으로 이동시킨다. 따라서 총생산은 감소하고 물가는 상승한다.

ⓒ 정부지출이 증가하면 총수요곡선이 오른쪽으로 이동하여 총생산은 증가하고 물가는 하락한다.

ⓔ 물가 수준이 하락하면 총수요곡선은 이동하지 않고, 총수요곡선을 따라 우하방으로 이동할 뿐이다.

정답 ④

---

17 K국은 X재와 Y재, 두 재화만을 생산하고 있다. 다음 표에 대한 설명으로 옳지 않은 것은?

구분	X재		Y재	
	가격	수량	가격	수량
2018년(기준년도)	10	300	15	400
2019년	20	200	10	500

① 2018년의 GDP 디플레이터는 100이다.

② 2019년의 라스파이레스 수량지수에 따르면 2019년은 2018년에 비해 생활수준이 개선되었다고 평가된다.

③ 2019년의 파셰 수량지수에 따르면 2019년은 2018년에 비해 생활수준이 개선되었다고 평가된다.

④ 2019년의 실질소득은 2018년에 비해 증가하였다.

| 해설 |

선택지 내용을 각각 살펴보면 다음과 같다.

① GDP 디플레이터는 명목 GDP를 실질 GDP로 나눈 값에 100을 곱하여 도출한다. 그런데 2018년도는 기준연도이므로 명목소득과 실질소득의 크기가 같다. 따라서 2018년도의 GDP 디플레이터는 100이 된다.

② 2019년의 라스파이레스 수량지수는 기준연도(2018년) 가격을 가중치로 삼아 측정된다.

$$\bullet\ Q_L = \frac{\sum P_{2018}Q_{2019}}{\sum P_{2018}Q_{2018}} = \frac{10\times200+15\times500}{10\times300+15\times400} = \frac{2,000+7,500}{3,000+6,000}$$
$$= \frac{9,500}{9,000} > 1$$

이에 따라 2019년의 생활수준은 기준연도인 2018년에 비해 개선된 것으로 평가된다.

③ 2019년의 파셰 수량지수는 비교연도(2019년) 가격을 가중치로 삼아 측정된다.

$$\bullet\ Q_P = \frac{\sum P_{2019}Q_{2019}}{\sum P_{2019}Q_{2018}} = \frac{20\times200+10\times500}{20\times300+10\times400} = \frac{4,000+5,000}{6,000+4,000}$$
$$= \frac{9,000}{10,000} < 1$$

이에 따라 2019년의 생활수준은 기준년도인 2018년에 비해 악화된 것으로 평가된다.

④ 2018년의 실질소득과 2019년의 실질소득을 각각 구하면 다음과 같다.

$$\bullet\ 2018년\ 실질소득 = \sum P_{2018} \times Q_{2018}$$
$$= 10\times300+15\times400 = 3,000+6,000 = 9,000$$
$$\bullet\ 2019년\ 실질소득 = \sum P_{2018} \times Q_{2019}$$
$$= 10\times200+15\times500 = 2,000+7,500 = 9,500$$

따라서 2019년의 실질소득은 2018년에 비해 증가했다.

정답 ③

---

18 최저임금제가 실시되고 있는 노동시장에서 노동수요곡선과 노동공급곡선이 다음과 같이 주어져 있다.

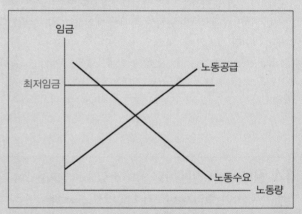

노동시장에서 노동수요곡선과 노동공급곡선이 동일한 크기만큼 우측으로 평행하게 이동할 경우 취업자 수와 실업자 수의 변화로 옳은 것은?

	취업자 수	실업자 수
①	증가	감소
②	불변	불변
③	불변	증가
④	증가	불변

| 해설 |

주어진 조건에 따른 내용을 그림으로 나타내면 다음과 같다.

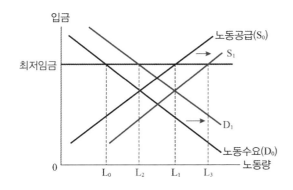

- 실효성 있는 최저임금제하에서 노동고용량은 노동수요의 크기에 의해 결정된다. 주어진 최저임금은 균형임금보다 높은 수준에서 결정되었으므로 실효성 있는 최저임금제이다. 노동수요곡선이 우측으로 이동하기 전의 노동고용량은 L_0이고, 노동수요곡선이 우측으로 이동한 후의 노동고용량은 L_2이다. 따라서 취업자 수는 이동 전에 비해 증가하게 된다.
- 노동수요곡선과 노동공급곡선의 이동 전의 실업자의 수는 최저임금 수준에서의 초과공급의 크기였던 L_0L_1이었다. 또한 노동수요곡선과 노동공급곡선의 이동 후의 실업자의 수는 동일한 최저임금 수준에서의 초과공급의 크기인 L_2L_3이었다. 그런데 노동수요곡선과 노동공급 곡선의 우측 이동 폭이 동일한 크기이므로 L_0L_1의 크기와 L_2L_3의 크기는 동일하다. 따라서 이동 전후의 실업자 수는 변화가 없다.

정답 ④

---

19 기술진보가 단기 총공급(SAS)곡선과 장기 총공급(LAS)곡선, 그리고 단기 필립스(SPC)곡선과 장기 필립스(LPC)곡선에 미치는 영향으로 옳은 것은?

	SAS곡선	LAS곡선	SPC곡선	LPC곡선
①	오른쪽 이동	오른쪽 이동	오른쪽 이동	오른쪽 이동
②	오른쪽 이동	불변	오른쪽 이동	불변
③	오른쪽 이동	오른쪽 이동	왼쪽 이동	왼쪽 이동
④	불변	오른쪽 이동	불변	왼쪽 이동

| 해설 |

장기 총공급(LAS)곡선의 이동요인은 단기 총공급(SAS)곡선의 이동요인도 되고, 장기 필립스(LPC)곡선의 이동요인은 단기 필립스(SPC)곡선의 이동요인도 된다.
- 기술진보는 자연산출량 수준을 증가시킬 수 있어 LAS를 오른쪽으로 이동시킨다. 또한 단기에도 총공급 능력을 증가시켜 SAS곡선도 오른쪽으로 이동시킨다.
- 기술진보는 노동수요를 증가시킬 수 있어 자연실업률 자체를 낮출 수 있어, 자연실업률 수준에서 수직인 LPC곡선을 왼쪽으로 이동시킨다. 또한 단기에도 노동수요 증가로 실업률이 하락하여 SPC도 왼쪽으로 이동시킨다.

정답 ③

---

20 K국의 중앙은행이 장래의 소비지출 계획이나 경기 전망에 대해 소비자들에게 설문조사한 결과가 다음 표와 같이 나타났다.

구분	매우 좋아짐	약간 좋아짐	약간 나빠짐	매우 나빠짐	합계
응답 가구 수	10	20	30	40	100

K국의 소비자 동향지수(Consumer Survey Index)를 구하면?

① 30　　② 65　　③ 75　　④ 80

| 해설 |

소비자 동향지수는 장래의 소비지출 계획이나 경기 전망에 대한 소비자들의 설문조사 결과를 지수로 환산해 나타낸 지표이다. 소비자 동향지수는 다음과 같은 방법으로 측정한다.

- $C.S.I = $
$$\left(\frac{\text{매우 좋아짐} \times 1 + \text{약간 좋아짐} \times 0.5 - \text{약간 나빠짐} \times 0.5 - \text{매우 나빠짐} \times 1}{\text{전체 응답 가구수}}\right)$$
$$\times 100 + 100$$

- 주어진 표를 전제로 소비자 동향지수가 다음과 같이 도출된다.

- $$C.S.I = \frac{10 \times 1 + 20 \times 0.5 - 30 \times 0.5 - 40 \times 1}{100} \times 100 + 100$$
$$= \frac{10 + 10 - 15 - 40}{100} \times 100 + 100$$
$$= \frac{-35}{100} \times 100 + 100 = -35 + 100 = 65$$

- C.S.I는 100을 기준으로 그 수치가 100보다 크면 낙관적 전망, 100보다 작으면 비관적 전망이 우세하다는 것을 의미한다.

정답 ②

---

21 다음과 같은 Cobb-Douglas 생산함수를 가진 경제가 완전경쟁하에 있으며, 노동소득이 전체 소득의 40%를 차지한다고 가정한다.

- $Y = AL^\alpha K^{1-\alpha}$, 여기서 Y는 총생산, A는 기술, L은 노동량, K는 자본량이다.

노동자 1인당 소득증가율은 3%이고, 노동자 1인당 자본량증가율은 3%이다. 이때 성장회계에 의한 총요소생산성(A) 증가율은?

① 0.8%　　② 1%　　③ 1.2%　　④ 1.8%

주어진 Cobb – Douglas 생산함수는 1차 동차 생산함수이므로 완전경쟁시장에서는 오일러의 정리가 성립한다. 따라서 노동소득이 전체 소득의 40%를 차지한다는 것은 'α = 0.4'라는 의미이다. 따라서 주어진 총생산함수는 다음과 같다.

- $Y = AL^{0.4}K^{0.6}$

- 주어진 총생산함수의 양 변을 노동(L)으로 나누어 정리하면 다음과 같은 1인당 생산함수로 나타낼 수 있다.

- $Y = AL^{0.4}K^{0.6}$ $\Rightarrow$ $\frac{Y}{L} = AL^{-0.6}K^{0.6}$ $\Rightarrow$ $y = A(\frac{K}{L})^{0.6}$ $\Rightarrow$ $y = Ak^{0.6}$

  여기서 y는 1인당 소득, k는 1인당 자본량이다.

- 1인당 생산함수의 성장회계를 통하여 총요소생산성 증가율을 다음과 같이 도출할 수 있다.

- $y = Ak^{0.6}$ $\Rightarrow$ $\frac{\Delta y}{y} = \frac{\Delta A}{A} + 0.6 \times \frac{\Delta k}{k}$ $\Rightarrow$ $3\% = \frac{\Delta A}{A} + 0.6 \times 3\%$ $\Rightarrow$ $\frac{\Delta A}{A} = 1.2\%$

  여기서 $\frac{\Delta y}{y}$ 는 1인당 소득증가율, $\frac{\Delta A}{A}$ 는 총요소생산성 증가율, $\frac{\Delta k}{k}$ 는 1인당 자본증가율이다.

정답 ③

22 다음 그림은 소국인 K국이 수입 개방 후 Q_2Q_3만큼 수입쿼터를 허용하는 경우 나타나게 되는 변화와 관련한 그림이다.

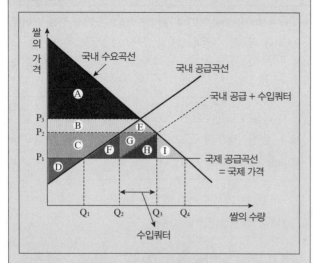

이에 대한 설명으로 옳은 것은?

① 수입쿼터 도입 전 생산자잉여의 크기는 'C+D'이다.
② 수입쿼터 도입 후 K국의 정부수지는 'G+H'만큼 개선된다.

③ 동등수입관세(equivalent import tariff)의 크기는 P_1 P_2이다.
④ 수입쿼터 도입 후 발생하는 경제적 순손실은 'E+F+G +H+I'이다.

개방 전후와 수입쿼터제 실시 후의 각 잉여 등에 관해 정리하면 다음과 같다.

	수입량	소비자 잉여	생산자 잉여	정부의 재정수입 또는 수입업자의 쿼터 잉여	수입품의 국내판매 가격	경제적 순손실
수입 개방 전	-	A	B+C+D	-	-	-
수입 개방 후	Q_1Q_4	A+B+C +E+F+ G+H+I	D	-	P_1	-(E+F+ G+H+I)
수입쿼터 (Q_2Q_3) 도입	Q_2Q_3	A+B+E	C+D	G+H (수입업자 쿼터 잉여)	P_2	F+I
수입관세 (P_1P_2) 부과	Q_2Q_3	A+B+E	C+D	G+H (정부 재정수입)	P_2	F+I

- 동등수입관세(equivalent import tariff)란 수입관세를 부과해도 수입쿼터제 도입과 가격과 수입량에 미치는 효과가 동일한 경우의 수입관세의 크기이다. 만약 수입관세로 P_1P_2만큼을 부과하면 수입량은 Q_2Q_3가 되고, 수입품의 국내판매가격은 P_2가 된다. 이것은 Q_2Q_3만큼 수입쿼터를 허용하는 경우와 동일한 결과이다.

① 수입쿼터 도입 전 생산자잉여의 크기는 'D'이다.
② 수입쿼터 도입 후 K국의 정부수지는 0이다. 따라서 정부수지의 크기는 변화가 없다.
④ 수입쿼터 도입 후 발생하는 경제적 순손실은 'F+I'이다.

정답 ③

23 다음 중 외환시장에서 원 – 달러 환율을 하락시키는 요인을 〈보기〉에서 모두 고른 것은? (단, 변동환율제도를 전제한다)

─ 보기 ─
ⓖ 국내 체류 외국인들이 자신들의 본국으로 송금하는 급여의 크기가 증가하였다.
ⓛ 한국은행이 기준금리를 1.75%에서 1.5%로 인하하였다.
ⓒ 세계경기의 호전으로 국내 수출기업들의 수출액이 증가하고 있다.

① ⓖ, ⓛ   ② ⓖ, ⓒ   ③ ⓛ   ④ ⓒ

| 해설 |

세계경기의 호전으로 국내 수출기업들의 수출액이 증가하는 것은 외환시장에서 공급 증가요인이다. 이러한 외환공급 증가는 외환시장에서 환율을 하락시킨다.

㉠ 국내 체류 외국인들이 자신들의 본국으로의 송금 증가는 외환시장에서 외화에 대한 수요를 증가시킨다. 이에 따라 외환시장에서는 환율이 상승하게 된다.

㉡ 한국은행이 기준금리를 1.75%에서 1.5%로 인하하게 되면 외화유출이 발생하게 된다. 이에 따른 외환시장에서의 외화에 대한 수요 증가는 환율을 상승시키게 된다.

(정답) ④

---

24 다음 표에 기초한 설명으로 가장 타당한 것은? (단, 다른 요소들은 고려하지 않는다)

나라	빅 맥 가격 (각국 통화)		대미 명목환율 (각국 통화/달러)	
	2021년	2022년	2021년	2022년
미국	3	4	-	-
갑국	300	400	150	200
을국	60	80	20	10
병국	6.6	4.4	2.0	1.1

① 빅 맥 지수에 따르면 2021년 갑국의 통화는 저평가되어 있다.

② 빅 맥 지수에 따르면 2022년 병국의 통화는 저평가되어 있다.

③ 명목 환율이 구매력 평가설에 가장 근접한 시기와 나라는 2021년의 갑국이다.

④ 빅 맥으로 구매력 평가가 성립한다면 2021년 병국의 구매력 평가환율은 달러당 3.3이 되어야 한다.

| 해설 |

빅 맥(Big Mac) 지수란 자국의 빅 맥 가격을 당시의 명목환율을 기준으로 달러로 환산한 수치를 의미한다. 이러한 빅 맥 지수가 미국의 빅 맥 가격보다 낮은(높은) 경우에는 그 나라의 통화가 저평가(고평가)되었다고 판단한다. 주어진 표를 기초로 각국의 빅 맥 지수를 구하여 정리하면 다음과 같다.

나라	빅 맥 지수(달러)		대미 명목환율 (각국 통화/달러)	
	2021년	2022년	2021년	2022년
미국	3	4	-	-
갑국	2	2	150	200
을국	3	8	20	10
병국	3.3	4	2.0	1.1

① 2021년 빅 맥 지수를 전제로 그 나라의 통화가 저평가되고 있는 나라는 갑국이고, 고평가되고 있는 나라는 병국이다.

② 2022년 병국의 빅 맥 지수는 4.4이고 미국의 빅 맥 가격은 4달러이므로 병국의 통화는 고평가되고 있다.

③ 빅 맥 지수가 미국의 빅 맥 가격과 일치하는 경우, 구매력 평가설이 성립하고 있다고 판단한다. 따라서 명목환율이 구매력 평가설에 가장 근접한 시기와 나라는 2021년 을국과 2022년 병국이다.

④ 빅 맥으로 구매력 평가설이 성립한다면 2021년 병국의 구매력 평가환율은 달러당 2.2가 되어야 한다.

(정답) ①

---

25 명목 GDP 증가율이 매년 3%로 동일하다고 알려진 소규모 개방국가인 K국과 Y국의 통화량 증가율이 매년 각각 2%와 5% 수준이라고 한다. 화폐수량설을 전제로 할 때, K국과 Y국의 국민경제에 대한 설명으로 옳은 것은? (단, 양국의 명목환율은 Y국 통화 1단위와 교환되는 K국 통화의 수량으로 정의하며, 다른 모든 조건들은 동일하다고 가정한다)

① 명목환율은 하락할 것이다.

② K국의 물가상승률이 Y국보다 더 높을 것이다.

③ K국의 실질 GDP 성장률이 Y국보다 더 낮을 것이다.

④ K국의 명목이자율은 Y국보다 더 높을 것이다.

| 해설 |

화폐수량설에 의하면 양국의 물가상승률은 통화량 증가율($\frac{\Delta M}{M}$)에 의해 결정된다. 또한 구매력평가설에 의하면 명목환율(e)은 양국의 물가상승률(π)의 차이에 의해서 결정된다. 따라서 K국 입장에서 명목환율의 변동 추이는 다음과 같이 추론할 수 있다.

	통화량 증가율	물가상승률	명목환율 변화율($\frac{\Delta e}{e}$)
K국	2%	2%	$\frac{\Delta e}{e} = \pi_K - \pi_Y = 2\% - 5\% = -3\%$
Y국	5%	5%	-

② K국의 물가상승률은 2%이고 Y국의 물가상승률은 5%이다.

③ 실질 GDP 증가율은 다음과 같이 도출된다.

> - 실질 GDP $= \dfrac{\text{명목 GDP}}{\text{GDP 디플레이터}} \times 100$
> ⇒ 실질 GDP 증가율 = 명목 GDP 증가율 − GDP 디플레이터 변화율(물가상승률)
> - K국 실질 GDP 증가율 $= 3\% - 2\% = 1\%$
> - Y국 실질 GDP 증가율 $= 3\% - 5\% = -2\%$

④ 피셔 방정식에 따르면 실질이자율이 불변일 때 명목이자율의 크기는 물가상승률과 정(+)의 관계를 갖는다. 따라서 물가상승률이 낮은 K국의 명목이자율이 Y국의 명목이자율에 비해 더 낮을 것이다.

정답 ①

memo